SANTOS

La historia de
La Iglesia de Jesucristo
en los Últimos Días

SANTOS

La historia de La Iglesia de Jesucristo en los Últimos Días

Tomo I

El estandarte de la verdad

1815–1846

Publicado por
La Iglesia de Jesucristo de los Santos de los Últimos Días
Salt Lake City, Utah

Impreso en los Estados Unidos de América
Versión 1, 8/18

Aprobación del inglés: 1/18
Aprobación de la traducción: 1/18
Traducción de Saints: The Story of the Church of Jesus Christ in the Latter Days, Volume 1, The Standard of Truth, 1815–1846
Spanish
PD60001624 002

saints.lds.org

Arte de la cubierta por Greg Newbold
Diseño de la cubierta y del interior por Patric Gerber

El estandarte de la verdad se ha izado. Ninguna mano impía puede detener el progreso de la obra: las persecuciones se encarnizarán, el populacho podrá conspirar, los ejércitos podrán congregarse y la calumnia podrá difamar; mas la verdad de Dios seguirá adelante valerosa, noble e independiente hasta que haya penetrado en todo continente, visitado toda región, abarcado todo país y resonado en todo oído; hasta que se cumplan los propósitos de Dios y el gran Jehová diga que la obra está concluida.

—José Smith, 1842

COLABORADORES

SANTOS
LA HISTORIA DE LA IGLESIA DE JESUCRISTO EN
LOS ÚLTIMOS DÍAS

Historiador y registrador de la Iglesia
Director ejecutivo, Departamento de Historia de la Iglesia
Élder Steven E. Snow

Director ejecutivo adjunto,
Departamento de Historia de la Iglesia
Élder J. Devn Cornish

Historiador y registrador adjunto de la Iglesia
Director gerente, Departamento de Historia de la Iglesia
Reid L. Neilson

Director, División de Publicaciones
Matthew J. Grow

Historiador gerente
Steven C. Harper

Gerente de productos
Ben Ellis Godfrey

Gerente de contenidos digitales
Matthew S. McBride

Gerente editorial
Nathan N. Waite

TOMO I
EL ESTANDARTE DE LA VERDAD
1815–1846

Editores generales
Matthew J. Grow
Richard E. Turley Jr.
Steven C. Harper
Scott A. Hales

Redactores
Scott A. Hales
James Goldberg
Melissa Leilani Larson
Elizabeth Palmer Maki
Steven C. Harper
Sherilyn Farnes

Editores de reseñas históricas
Jed L. Woodworth
Lisa Olsen Tait

Editores
Leslie Sherman Edgington
Nathan N. Waite

Especialistas de documentación
Kathryn Burnside
Chad O. Foulger
Brian D. Reeves

ÍNDICE DE TEMAS

PARTE 3: *Arrojado al abismo*
abril de 1836–abril de 1839

PARTE 4: *La plenitud de los tiempos*
abril de 1839–abril de 1846

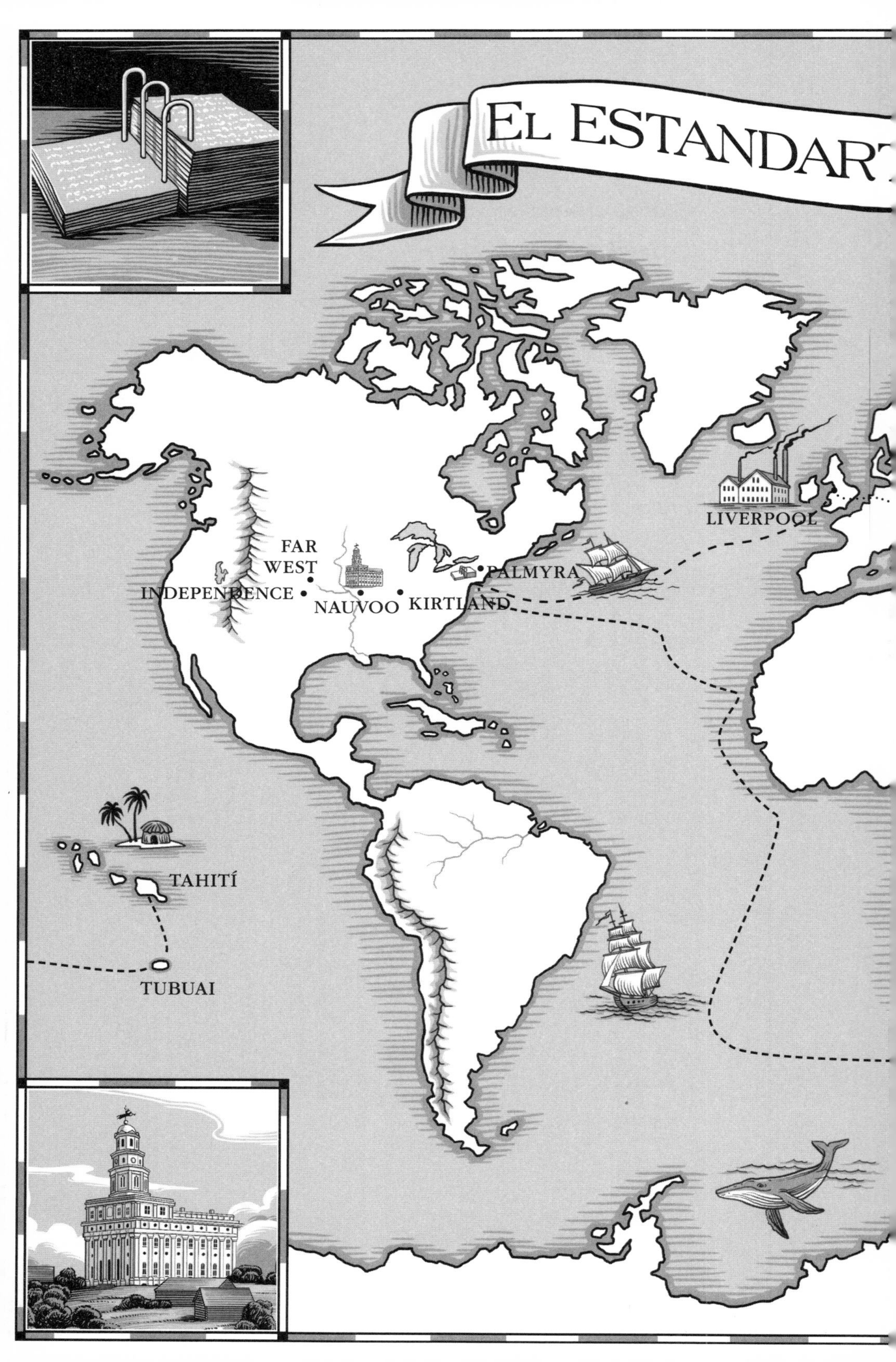

El Estandart
FAR WEST
INDEPENDENCE
NAUVOO
KIRTLAND
PALMYRA
LIVERPOOL
TAHITÍ
TUBUAI

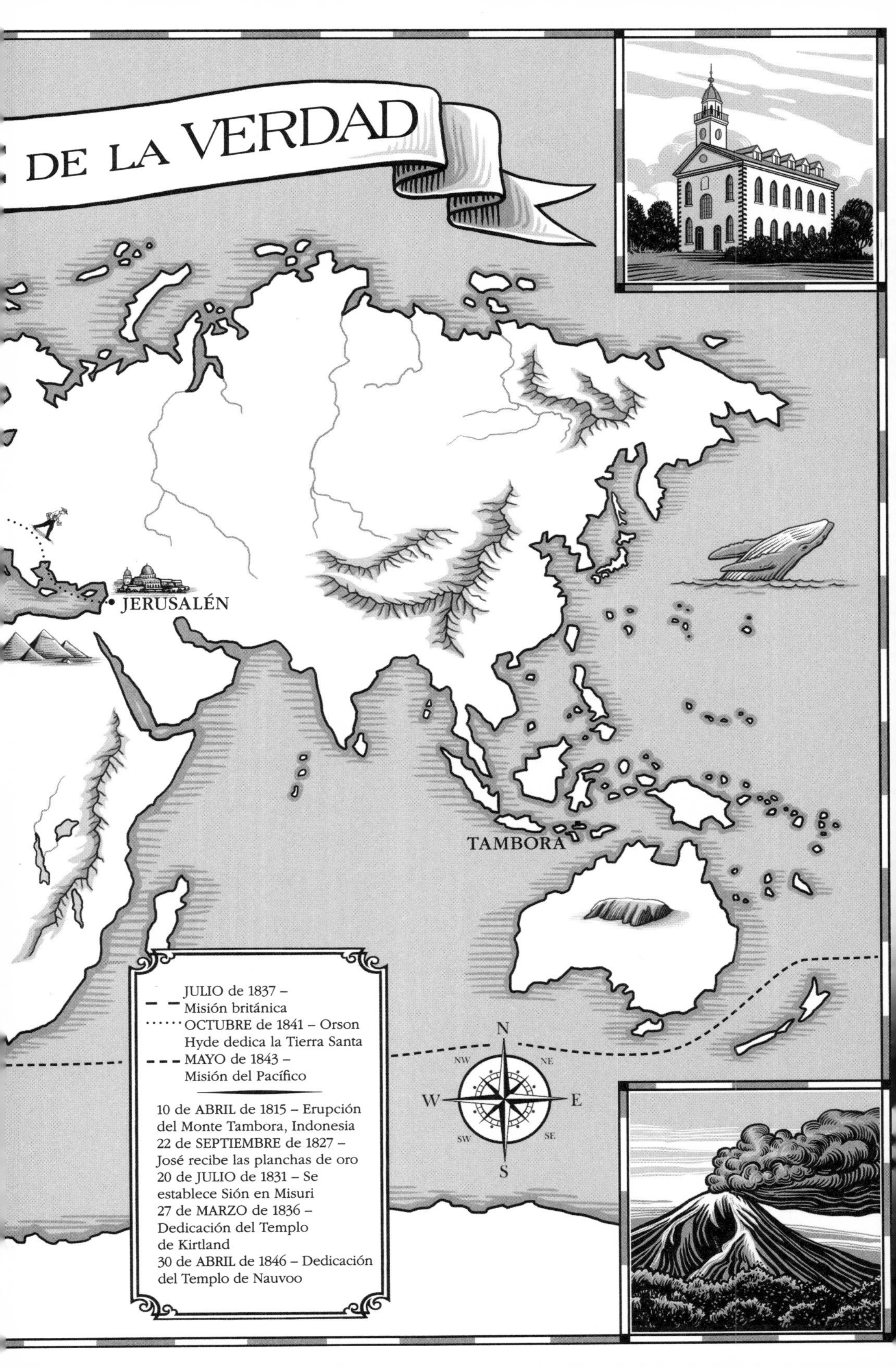
DE LA VERDAD
JERUSALÉN
TAMBORA
JULIO de 1837 – Misión británica
OCTUBRE de 1841 – Orson Hyde dedica la Tierra Santa
MAYO de 1843 – Misión del Pacífico
10 de ABRIL de 1815 – Erupción del Monte Tambora, Indonesia
22 de SEPTIEMBRE de 1827 – José recibe las planchas de oro
20 de JULIO de 1831 – Se establece Sión en Misuri
27 de MARZO de 1836 – Dedicación del Templo de Kirtland
30 de ABRIL de 1846 – Dedicación del Templo de Nauvoo
N
NW
NE
W
E
SW
SE
S

UN MENSAJE DE LA PRIMERA PRESIDENCIA

El Señor nos ha pedido en las Escrituras que *recordemos*. Recordar el legado de fe, devoción y perseverancia que compartimos nos da perspectiva y fortaleza para enfrentar los retos de nuestra época.

Es con este deseo de que recordemos "cuán misericordioso ha sido el Señor con los hijos de los hombres" (Moroni 10:3) que presentamos *Santos: La historia de la Iglesia de Jesucristo en los últimos días*. Este es el primer tomo de una serie de cuatro; es una historia narrada que contiene relatos de fieles Santos de los Últimos Días del pasado. Alentamos a todos a que lean el libro y hagan uso del material suplementario que hay disponible en línea.

Ustedes son una parte importante de la historia continua de esta Iglesia. Les damos las gracias por todo lo que hacen para edificar sobre el cimiento de fe que establecieron nuestros antepasados.

Testificamos que Jesucristo es nuestro Salvador y que Su evangelio es el estandarte de la verdad en la actualidad. El Señor llamó a José Smith para que fuese Su profeta, vidente y revelador en los últimos días, y sigue llamando a profetas y apóstoles vivientes para guiar Su Iglesia.

Rogamos que este tomo amplíe su entendimiento del pasado, fortalezca su fe y les ayude a hacer y observar los convenios que conducen a la exaltación y la vida eterna.

Atentamente,
LA PRIMERA PRESIDENCIA

PREFACIO

Las historias verídicas, bien relatadas, pueden inspirar, advertir, entretener e instruir. Brigham Young entendía el poder de un buen relato cuando aconsejó a los historiadores de la Iglesia que hicieran más que simplemente registrar datos aburridos del pasado. "Escriban con un estilo narrativo", les aconsejó, y "escriban solo en torno a una décima parte como mucho"[1].

La presente obra es una narración histórica diseñada para brindar a los lectores un entendimiento básico de la historia de la Iglesia. Cada escena, cada personaje y cada línea de diálogo se sustenta en fuentes históricas que se citan al final del libro. Quienes deseen leer dichas fuentes, comprender mejor los temas relacionados y descubrir aún más relatos, encontrarán enlaces a recursos adicionales en línea en history.lds.org.

Este libro es el primero de una historia de La Iglesia de Jesucristo de los Santos de los Últimos Días en cuatro tomos. Juntos, estos tomos cuentan la historia de la restauración del evangelio de Jesucristo desde los albores de la Iglesia hasta el presente. Se han escrito con un estilo atractivo y accesible para los Santos de todo el mundo.

La Iglesia publicó anteriormente dos historias en varios tomos. La primera fue una historia documental iniciada por José Smith en la década de 1830 que se publicó a principios de 1842. La segunda fue escrita por B. H. Roberts, historiador adjunto de la Iglesia, y se publicó en 1930[2]. Desde entonces, la difusión mundial del Evangelio restaurado, junto con el mandamiento del Señor de llevar continuamente la historia "para el bien de la iglesia, y para las generaciones futuras"[3], es una señal de que ha llegado el momento de actualizarla e incluir a más Santos en ella.

Aun más que en las historias anteriores, *Santos* presenta la vida y los relatos de hombres y mujeres corrientes de la Iglesia, además de ofrecer nuevos detalles y perspectivas sobre personas y acontecimientos más conocidos de la historia de la Iglesia. Cada capítulo ayudará a los lectores a comprender y valorar a los Santos que los precedieron e hicieron de la Iglesia lo que esta es en la actualidad. Entrelazadas, sus historias crean el rico tapiz de la Restauración.

Santos no es escritura pero, al igual que las Escrituras, cada tomo contiene verdades divinas e historias de personas imperfectas que tratan de llegar a ser Santos mediante la expiación de Jesucristo[4]. Sus relatos, como los de todos los Santos pasados y presentes, sirven a los lectores de recordatorio de cuán misericordioso ha sido el Señor con Su pueblo que se ha congregado en todo el mundo para hacer avanzar la obra de Dios.

PARTE 1

Mi siervo José

ABRIL DE 1815–ABRIL DE 1830

. . . yo, el Señor, sabiendo las calamidades
que sobrevendrían a los habitantes de la
tierra, llamé a mi siervo José Smith, hijo,
y le hablé desde los cielos. . . para que
se establezca mi convenio sempiterno. . .

Doctrina y Convenios 1:17, 22

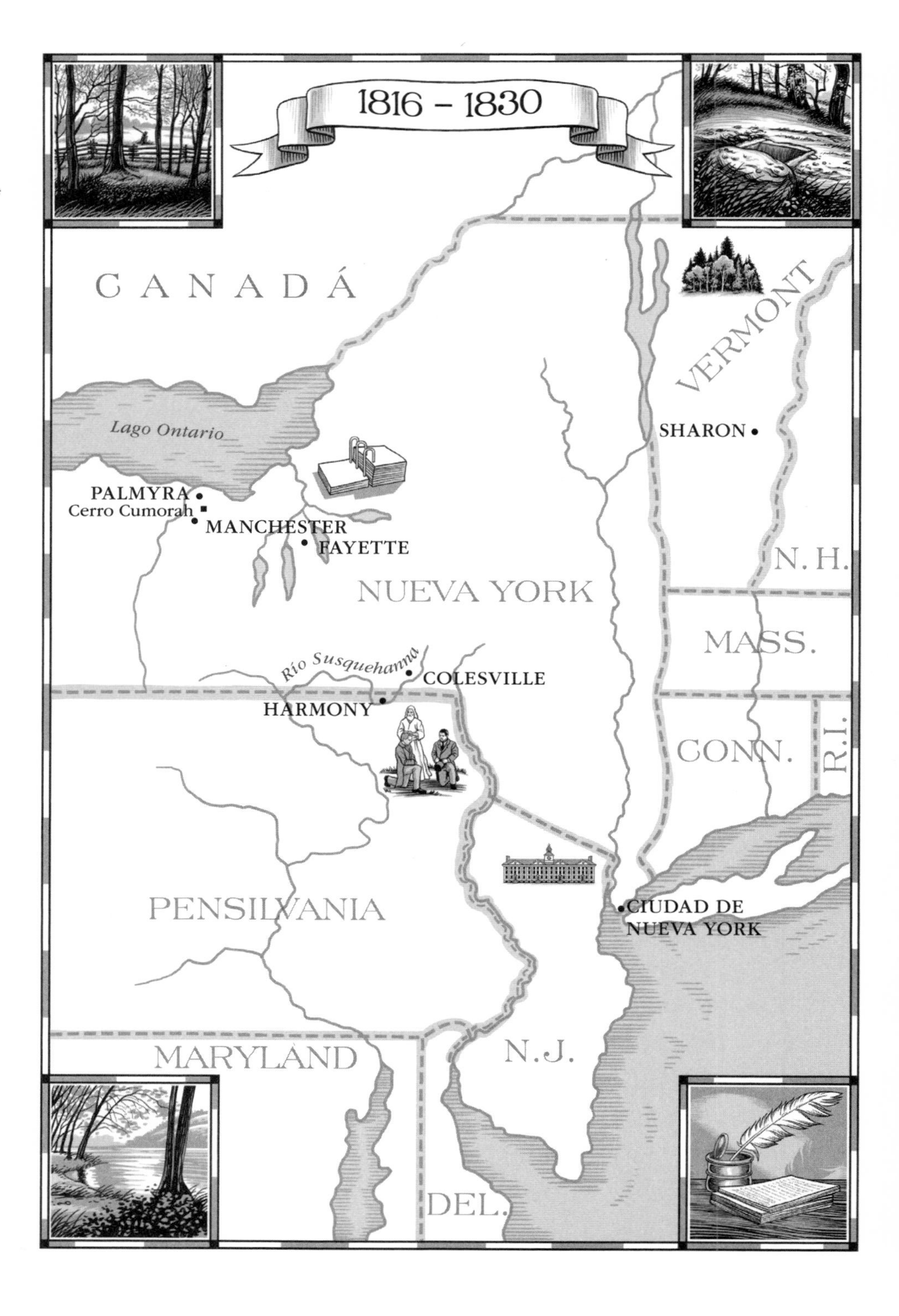
1816 – 1830
CANADÁ
Lago Ontario
PALMYRA
Cerro Cumorah
MANCHESTER
FAYETTE
NUEVA YORK
VERMONT
SHARON
N.H.
MASS.
Río Susquehanna
COLESVILLE
HARMONY
CONN.
R.I.
PENSILVANIA
CIUDAD DE
NUEVA YORK
MARYLAND
N.J.
DEL.

CAPÍTULO 1

Pedir con fe

En 1815, la isla indonesia de Sumbawa lucía frondosa y verde gracias a las recientes lluvias. Las familias se preparaban para la llegada de la estación seca, tal como lo habían hecho cada año por generaciones, cultivando arrozales a la sombra de un volcán llamado Tambora.

El 5 de abril, tras décadas de inactividad, la montaña despertó rugiendo y arrojando cenizas y fuego. A cientos de kilómetros de distancia, las personas escuchaban lo que parecían disparos de cañón. Se produjeron pequeñas erupciones durante varios días. Entonces, la noche del 10 de abril, la montaña entera estalló. Tres columnas ardientes salieron disparadas hacia el cielo y se fusionaron en una enorme explosión. Fuego líquido descendió por la ladera de la montaña y rodeó la aldea que se encontraba al pie del monte. Los torbellinos asolaron la región, arrancando árboles y arrasando las casas[1].

El caos continuó toda aquella noche y al día siguiente, hasta el anochecer. Las cenizas cubrían kilómetros de tierra y mar, y en algunos lugares se acumulaban hasta alcanzar más de medio metro de altura. El mediodía parecía la medianoche. El mar embravecido se precipitó sobre la costa, arruinando las cosechas e inundando las aldeas. Durante semanas, Tambora hizo llover cenizas, rocas y fuego[2].

En los meses subsiguientes, los efectos de la erupción se propagaron por todo el planeta. Por todo el mundo, las personas se asombraban de las espectaculares puestas de sol, pero aquellos colores resplandecientes ocultaban los efectos mortales de la ceniza volcánica que circunvolaba la Tierra. Al año siguiente, el clima se tornó impredecible y devastador[3].

La erupción hizo que las temperaturas descendieran en la India, y el cólera mató a miles de personas, destrozando familias. En los fértiles valles de China, unas tormentas de nieve reemplazaron al habitual clima apacible del verano, y las lluvias torrenciales destruyeron los cultivos. En Europa, el abastecimiento de alimentos disminuyó, lo que produjo hambre y pánico[4].

En todas partes, la gente buscaba una explicación para el sufrimiento y las muertes que el insólito clima había causado. Las plegarias y los cánticos de hombres santos resonaban en los templos hindúes de la India. Los poetas chinos intentaban darle sentido al dolor y las pérdidas. En Francia y Gran Bretaña, sus habitantes caían de rodillas temiendo que les hubiesen sobrevenido las terribles calamidades predichas en la Biblia. En Norteamérica, los ministros religiosos predicaban que Dios estaba castigando a los cristianos desobedientes, y elevaban advertencias para avivar los sentimientos religiosos.

En esas regiones, la gente acudía en masa a las iglesias y a las reuniones de resurgimiento religioso, ansiosa por saber cómo podían salvarse de la destrucción inminente[5].

La erupción del Tambora afectó el clima de Norteamérica todo el año siguiente. La primavera terminó con nevadas y heladas fatales, y 1816 pasó a la historia como el año que no hubo verano[6]. En Vermont, en el extremo noreste de los Estados Unidos, los cerros pedregosos habían frustrado durante años a un granjero llamado Joseph Smith, padre. Pero esa temporada, cuando él y su esposa, Lucy Mack Smith, vieron que sus cultivos se congelaban bajo las interminables heladas, supieron que afrontarían la ruina económica y un futuro incierto si permanecían donde estaban.

A sus 45 años, Joseph, padre, ya no era un joven, y la idea de volver a empezar en nuevas tierras le desalentaba. Él sabía que sus hijos mayores, Alvin, de 18 años, y Hyrum, de 16 años, podrían ayudarlo a limpiar el terreno, construir una casa y plantar y cosechar cultivos. Sophronia, su hija de 13 años, tenía edad suficiente para ayudar a Lucy con las tareas de la casa y la granja. Sus hijos menores, Samuel, de 8 años, y William, de 5 años, ayudaban cada vez más, y Katharine, de 3 años, y el recién nacido Don Carlos algún día tendrían la edad suficiente para contribuir.

En cuanto a José, su hijo de 10 años, la situación era diferente. Cuatro años antes, José se había sometido a una operación para sanar de una infección que tenía en la pierna, y desde entonces caminaba con una muleta. Aunque comenzaba a sentir que su pierna recuperaba la fuerza, José cojeaba con dolor, y Joseph, padre, no sabía si llegaría a ser tan fuerte como Alvin y Hyrum[7].

Confiando en que podrían apoyarse mutuamente, los Smith tomaron la determinación de abandonar su hogar en Vermont para ir en busca de mejores tierras[8]. Al igual que muchos de sus vecinos, Joseph, padre, decidió ir al estado de Nueva York, donde esperaba conseguir una buena granja que pudieran comprar a crédito. Luego, mandaría a traer a Lucy y los niños, y la familia podría volver a comenzar.

Cuando Joseph, padre, partió para Nueva York, Alvin y Hyrum caminaron junto a él un trecho del camino antes de decirle adiós. Joseph, padre, amaba entrañablemente a su esposa y sus hijos, pero él no había podido brindarles mucha estabilidad en la vida. La mala fortuna y algunas inversiones fallidas habían mantenido a la familia en la pobreza y el desarraigo. Tal vez, en el estado de Nueva York todo sería diferente[9].

AL INVIERNO SIGUIENTE, JOSÉ Smith caminó cojeando a través de la nieve junto a su madre, sus hermanos y hermanas Se dirigían rumbo al oeste hacia una aldea del estado de Nueva York, llamada Palmyra, en cuyas cercanías Joseph, padre, había hallado buenas tierras y esperaba por su familia.

Debido a que su esposo no podía ayudarla con la mudanza, Lucy había contratado a un hombre llamado Sr. Howard para que condujera su carromato. En el trayecto, el

Sr. Howard trató con rudeza las pertenencias de la familia y malgastó en alcohol y apuestas el dinero que le pagaron. Más adelante, al unírseles otra familia que viajaba hacia el oeste, el Sr. Howard echó a José del carromato para que las hijas de la otra familia se sentaran con él mientras dirigía la yunta.

Sabiendo cuánto le dolía caminar a José, Alvin y Hyrum hicieron frente al Sr. Howard en varias ocasiones, pero una y otra vez, él los derribó con la empuñadura de su látigo[10].

Si hubiese sido mayor, probablemente José habría intentado enfrentarse, él mismo, al Sr. Howard. Su pierna herida le había impedido trabajar y jugar, pero su férrea voluntad compensaba su cuerpo debilitado. Antes que los médicos le abrieran la pierna y le extirparan trozos infectados de hueso, ellos quisieron atarlo y darle brandy para mitigar el dolor, pero José solo pidió que su padre lo sostuviera.

Él se mantuvo despierto y alerta durante la operación, con el rostro pálido y cubierto de sudor. Su madre, normalmente una persona muy fuerte, estuvo a punto de colapsar al escuchar sus gritos. Tras esa experiencia, ella pensó que probablemente ahora podría soportar cualquier cosa[11].

Mientras caminaba cojeando junto al carromato, José veía que su madre ciertamente estaba esforzándose por aguantar al Sr. Howard. Ya habían viajado más de 300 kilómetros y hasta ese momento, ella había sido más que paciente con el mal comportamiento del conductor.

UNA MAÑANA, FALTANDO UNOS 160 kilómetros para llegar a Palmyra, Lucy se preparaba para otra jornada de viaje cuando Alvin llegó corriendo hasta ella. El Sr. Howard había arrojado sus bienes y maletas a la calle y estaba a punto de marcharse con los caballos y el carromato de la familia Smith.

Lucy encontró al hombre en un bar. —Como hay un Dios en el cielo —exclamó—, el carromato y esos caballos, así como también los bienes que los acompañan, son míos.

Miró a su alrededor; el bar estaba lleno de hombres y mujeres, la mayoría de los cuales eran viajeros como ella. —Este hombre —prosiguió Lucy con la mirada fija en ellos— está decidido a despojarme de todos los medios que poseo para proseguir mi viaje, y quiere dejarme totalmente desamparada con ocho niños pequeños.

El Sr. Howard dijo que ya había gastado el dinero que ella le había pagado para conducir el carromato, y que él no podía seguir adelante.

—Usted ya no me sirve para nada —le increpó Lucy—. Me encargaré de la yunta yo misma.

Dejó al Sr. Howard en el bar y juró que reuniría a sus hijos con su padre a como diera lugar[12].

El resto del trayecto fue a través del fango y con frío, pero Lucy condujo a su familia a salvo hasta Palmyra. Cuando vio a los niños abrazar a su padre y besarle el rostro, se sintió recompensada por todo lo que habían sufrido para llegar hasta allí.

La familia alquiló rápidamente una pequeña casa en el pueblo y deliberaron sobre cómo podrían comprar su propia granja[13]. Decidieron que la mejor opción era trabajar hasta que ahorrasen suficiente dinero para pagar el anticipo por unas tierras en un bosque cercano. Joseph, padre, y los hijos mayores cavaron pozos, cortaron madera para hacer cercos y cosecharon heno a cambio de dinero, mientras que Lucy y las hijas prepararon y vendieron pasteles, refrescos y telas decorativas para traer el pan a la mesa[14].

A medida que José fue creciendo, su pierna se fue fortaleciendo y llegó a poder andar con facilidad por Palmyra. En el pueblo, tuvo contacto con personas de toda la región, muchas de las cuales se volcaban en la religión para satisfacer sus anhelos espirituales y darle explicación a las adversidades de la vida. José y su familia no pertenecían a ninguna iglesia, pero muchos de sus vecinos asistían o bien a alguna de las espigadas capillas presbiterianas, o bien al centro de reuniones de los bautistas, o al salón cuáquero o al campamento donde los predicadores viajeros metodistas hacían reuniones de vez en cuando para reavivar el sentimiento religioso[15].

Cuando José tenía 12 años, los debates religiosos cundían por toda Palmyra. A pesar de que leía poco, le gustaba analizar profundamente las ideas. Escuchaba a los predicadores con la esperanza de aprender más acerca de su alma inmortal, pero sus sermones a menudo lo perturbaban. Le decían que él era un pecador en un mundo pecaminoso, desamparado sin la gracia salvadora de Jesucristo. Y aunque José creyó en ese mensaje y se sentía mal por sus pecados, no sabía cómo hallar el perdón[16].

José pensaba que asistir a la iglesia le serviría de ayuda, mas no lograba decidirse por un lugar de adoración. Las diversas iglesias discutían incesantemente acerca de la forma en que la gente podía ser libre del pecado. Luego de escuchar aquellos debates por un tiempo, José se sintió angustiado al ver que la gente leía la misma Biblia pero llegaba a diferentes conclusiones en cuanto a su significado. Él creía que la verdad de Dios estaba en algún lugar, pero no sabía cómo hallarla[17].

Sus padres tampoco lo sabían con seguridad. Tanto Lucy como Joseph, padre, provenían de familias cristianas, y ambos creían en la Biblia y en Jesucristo. Lucy asistía a la iglesia, y a menudo llevaba a sus hijos a las reuniones. Ella había estado buscando la verdadera Iglesia de Jesucristo desde la muerte de su hermana hacía muchos años.

En una ocasión, antes de que José naciera, ella enfermó gravemente, y sintió temor de que muriera antes de encontrar la verdad. Ella sintió que había un abismo oscuro y desolado entre ella y el Salvador, y supo que no estaba preparada para la vida venidera.

Despierta en su lecho toda la noche, oraba a Dios y le prometía que si Él le permitía vivir, ella encontraría la Iglesia de Jesucristo. Mientras oraba, la voz del Señor le habló a ella, asegurándole que si buscaba, encontraría. Desde ese entonces, había visitado más iglesias, pero aún no había encontrado la correcta. Aun cuando parecía que la Iglesia del Salvador ya no estaba más en la Tierra, ella siguió buscando, pensando en que ir a la iglesia era mejor que no hacerlo[18].

Al igual que su esposa, Joseph, padre, tenía hambre de la verdad, pero pensaba que era preferible no asistir a ninguna iglesia antes que asistir a la denominación incorrecta. Joseph, padre, seguía el consejo de su padre y escudriñaba las Escrituras, oraba fervientemente y creía que Jesucristo había venido para salvar al mundo[19]. Sin embargo, no podía conciliar lo que pensaba que era verdadero con la confusión y discordia que veía en las iglesias a su alrededor. Una noche soñó que los predicadores que contendían eran como vacas que mugían mientras removían la tierra con sus cuernos; lo que hizo crecer su inquietud en cuanto a lo poco que ellos sabían acerca del reino de Dios[20].

El descontento de sus padres con las iglesias de la localidad solo aumentó aún más la confusión de José[21]. Estaba en juego su alma, pero nadie le daba respuestas satisfactorias.

Después de ahorrar por más de un año, la familia Smith tuvo suficiente para hacer un pago por la compra de 40 hectáreas de bosque en Manchester, justo al sur de Palmyra. Allí, en los momentos en que no trabajaban como jornaleros, pinchaban los arces para recolectar su sabia azucarada, plantaron un huerto y prepararon el terreno para plantar cultivos[22].

Mientras labraba la tierra, José seguía preocupado por sus pecados y el bienestar de su alma. El resurgimiento religioso en Palmyra se había aplacado, pero los predicadores continuaban compitiendo por ganar conversos allí y en toda la región[23]. Día y noche, José contemplaba el sol, la luna y las estrellas que surcan el firmamento en perfecto orden y majestuosidad, y admiraba la belleza de la tierra rebosante de vida. También observaba a la gente que lo rodeaba y se maravillaba de su fuerza e inteligencia. Todo parecía testificar que Dios existía y que había creado al género humano a Su propia imagen. Pero, ¿cómo podía José comunicarse con él?[24].

En el verano de 1819, cuando José tenía 13 años, varios predicadores metodistas se congregaron para una conferencia a pocos kilómetros de la granja de los Smith y recorrieron toda la comarca para instar a familias, como la de José, a que se convirtieran. El éxito de esos predicadores preocupó a otros ministros religiosos de la zona y, en poco tiempo, la lucha por ganar conversos se volvió intensa.

José asistió a reuniones, escuchó sermones conmovedores y presenció los gritos de gozo de los conversos. Deseaba exclamar junto con ellos, pero se sentía a menudo en medio de una guerra de palabras y opiniones. "¿Cuál de todos estos grupos tiene razón; o están todos en error?", se preguntaba. "Si uno de ellos es verdadero, ¿cuál es, y cómo podré saberlo?". Él sabía que necesitaba la gracia y la misericordia de Cristo, pero no sabía dónde hallarlas por causa de las muchas personas e iglesias que contendían en cuanto a religión[25].

La esperanza de hallar respuestas y paz para su alma parecía alejarse de él. Se preguntaba cómo alguien podría encontrar la verdad en medio de tanto alboroto[26].

UN DÍA, MIENTRAS OÍA un sermón, José escuchó que el ministro citó un pasaje del primer capítulo de Santiago, en el Nuevo Testamento. "Y si alguno de vosotros tiene falta de sabiduría —dijo él—, pídala a Dios, quien da a todos abundantemente y sin reproche. . ."[27].

José regresó a su casa y leyó el versículo en la Biblia. "Ningún pasaje de las Escrituras jamás penetró el corazón de un hombre con más fuerza que este en esta ocasión, el mío", recordaría él posteriormente. "Pareció introducirse con inmenso poder en cada fibra de mi corazón. Lo medité repetidas veces, sabiendo que si alguien necesitaba sabiduría de Dios, esa persona era yo". Hasta entonces, él había escudriñado la Biblia como si esta tuviera todas las respuestas, pero ahora la Biblia le decía que podía acudir directamente a Dios para recibir respuestas personales a sus preguntas.

José se decidió a orar. Nunca había orado en voz alta, pero confiaba en la promesa de la Biblia. "Pida con fe, no dudando nada", enseñaba[28]. Dios escucharía sus preguntas, aun si las expresaba con palabras torpes.

CAPÍTULO 2

¡Escúchalo!

José se levantó temprano una mañana de la primavera de 1820, y se dirigió a un bosque cercano a su casa. El día era despejado y hermoso, y la luz del sol se filtraba por las ramas de los árboles. Deseaba estar a solas para orar, y conocía un lugar tranquilo en el bosque donde recientemente había estado cortando árboles; había dejado allí su hacha clavada en la cepa de un árbol talado[1].

Al llegar al lugar, José miró alrededor para asegurarse de que estaba solo. Se sentía inquieto porque iba a orar en voz alta y no quería que lo interrumpieran.

Al comprobar que estaba solo, José se arrodilló sobre la tierra fresca y comenzó a expresar los deseos de su corazón a Dios. Él suplicó por misericordia y perdón, y pidió sabiduría para encontrar respuestas a sus preguntas. "Oh Señor, oró, ¿a qué iglesia debo unirme?"[2].

Mientras oraba, su lengua comenzó a hincharse hasta el punto de no poder hablar. Escuchó pisadas a sus espaldas pero, al girarse, no vio a nadie. Intentó orar nuevamente, pero las pisadas se hicieron más fuertes como si alguien viniera a prenderle. Se puso de pie de un salto y se dio vuelta, mas no vio a nadie[3].

Entonces un poder invisible se apoderó de él. Trató de volver a hablar, pero su lengua estaba trabada. Densas tinieblas se formaron a su alrededor hasta impedirle ver la luz del sol. Vinieron a su mente dudas e imágenes terribles que lo confundían e inquietaban. Sentía como si un ser terrible, real e inmensamente poderoso quisiera destruirlo[4].

Esforzándose con todas sus fuerzas, José clamó a Dios una vez más. Su lengua fue desatada, y suplicó a Dios que lo librara. Sin embargo, vio que se hundía en la desesperación, que era superado por una oscuridad insoportable y que estaba a punto de entregarse a la destrucción[5].

En ese momento, una columna de luz apareció sobre su cabeza, la cual descendió lentamente y pareció prender fuego a la arboleda. Cuando la luz reposó sobre él, José se sintió libre de la atadura de aquel poder invisible y, en su lugar, el Espíritu de Dios lo colmó de una paz y un gozo inefables.

Al mirar hacia la luz, José vio a Dios el Padre de pie en el aire, arriba de él. Su faz era más brillante y gloriosa que cualquier cosa que José había visto jamás. Dios lo llamó por su nombre, y señaló a otro Ser que apareció a Su lado. "Este es mi Hijo Amado —dijo Él—. ¡Escúchalo!"[6].

José vio la faz de Jesucristo; era tan resplandeciente y gloriosa como la del Padre.

—José —dijo el Salvador—, tus pecados te son perdonados[7].

Una vez aliviada su carga, José repitió su pregunta: "¿A qué iglesia debo unirme?"[8].

—No te unas a ninguna de ellas — le dijo el Salvador—. Enseñan como doctrinas los mandamientos de los hombres, teniendo apariencia de piedad, mas negando el poder de ella.

El Señor le dijo a José que el mundo estaba inmerso en el pecado. "Nadie hace lo bueno —explicó Él—; se han apartado del Evangelio y no guardan mis mandamientos". Le dijo que las verdades sagradas se habían perdido o corrompido, pero prometió revelar la plenitud de Su evangelio a él, José Smith, en el futuro[9].

Mientras el Salvador hablaba, José vio a huestes de ángeles, y la luz que los rodeaba resplandecía más que el sol a mediodía. "He aquí, vengo pronto —dijo Jesús—, vestido con la gloria de mi Padre"[10].

José pensaba que las llamas habrían consumido el bosque, pero los árboles ardieron como la zarza de Moisés sin consumirse[11].

CUANDO LA LUZ SE desvaneció, José yacía de espaldas en el suelo mirando hacia el cielo. La columna de luz se había ido; así también su sentimiento de culpa y su confusión. Su corazón rebosaba de sentimientos de amor divino[12]. Dios el Padre y Jesucristo habían hablado con él, y él había aprendido por sí mismo la manera de hallar la verdad y el perdón.

Encontrándose demasiado débil para moverse por motivo de la visión, José permaneció acostado en el bosque hasta que recuperó algo de sus fuerzas. Logró llegar hasta la casa, y se apoyó sobre la chimenea. Su madre lo vio y le preguntó qué le sucedía.

—Todo está bien —le aseguró—; me siento bastante bien[13].

Unos días más tarde, mientras conversaba con un predicador, José le contó lo que había visto en el bosque. El predicador había participado activamente en los recientes resurgimientos religiosos, y José esperaba que tomara en serio su visión.

Al principio, el predicador trató con ligereza sus palabras —había personas que, de tiempo en tiempo, aseguraban tener visiones celestiales[14]— pero luego se enojó y se puso a la defensiva; y le dijo a José que su historia era del diablo. Los días de visiones y revelaciones habían quedado atrás desde hacía mucho tiempo, le dijo, y no volverían jamás[15].

José se sorprendió, pero pronto descubriría que nadie creía en su visión[16]. ¿Por qué habrían de creerle? Tan solo tenía catorce años y, prácticamente, no había recibido instrucción escolar alguna. Provenía de una familia pobre y probablemente pasaría el resto de su vida trabajando la tierra y haciendo trabajos esporádicos para apenas sobrevivir.

No obstante, su testimonio inquietó a algunas personas lo suficiente como para exponer a José al ridículo público. Cuán extraño, pensaba él, que un simple joven, sin trascendencia alguna en el mundo, fuese blanco de tantas amarguras y burlas. "¿Por qué me persiguen por decir la verdad? —quería preguntarles—. ¿Por qué piensa el mundo hacerme negar lo que realmente he visto?".

José se hizo estas preguntas durante toda su vida. "Yo efectivamente había visto una luz, y en medio de la luz vi a dos Personajes, los cuales en realidad me hablaron —relataría más tarde—; y aunque se me odiaba y perseguía por decir que había visto una visión, no obstante, era cierto".

"Yo lo sabía, y sabía que Dios lo sabía —testificó—; y no podía negarlo"[17].

UNA VEZ QUE JOSÉ comprendió que la gente se ponía en su contra cuando él relataba su visión, la reservó mayormente para sí, satisfecho del conocimiento que Dios le había dado[18]. Posteriormente, después de mudarse del estado de Nueva York, intentó registrar la sagrada experiencia que había tenido en el bosque. En su relato, describió su anhelo por recibir perdón y la admonición del Salvador para un mundo que tenía necesidad de arrepentirse. Lo escribió con sus propias palabras, con un lenguaje imperfecto, en un intento ferviente por capturar la majestuosidad de aquel momento.

En los años subsiguientes, él relató la visión más públicamente, haciendo uso de escribas que pudieron ayudarle a expresar mejor lo que no admitía descripción. En estos relatos, habló de su deseo de hallar la iglesia verdadera; contó que Dios el Padre se apareció primero para presentar al Hijo; y escribió menos acerca de su propia búsqueda del perdón y más sobre el mensaje universal de la verdad del Salvador y la necesidad de la restauración del Evangelio[19].

En cada esfuerzo que hizo por registrar su experiencia, José testificó que el Señor había escuchado y contestado su oración. Había aprendido, siendo un jovencito, que la Iglesia del Salvador ya no estaba en la tierra; pero que el Señor había prometido revelar más acerca de Su evangelio a Su debido tiempo. Por tanto, José decidió confiar en Dios, permanecer fiel al mandamiento que había recibido en el bosque y esperar pacientemente hasta recibir guía adicional[20].

CAPÍTULO 3

Las planchas de oro

Pasaron tres años y tres cosechas. José se ocupaba casi todos los días desmalezando terrenos, removiendo la tierra y trabajando como jornalero a fin de ahorrar dinero para el pago en efectivo que la familia hacía una vez al año por su propiedad. Debido a estas labores, le era imposible ir a la escuela muy a menudo y pasaba la mayor parte del tiempo libre con su familia o con otros jornaleros.

José y sus amigos eran jóvenes y desenfadados, y a veces hacían tonterías, pero José aprendió que ser perdonado una vez no significaba que nunca más tendría que volver a arrepentirse. Tampoco su gloriosa visión dio respuesta a todas sus preguntas ni acabó para siempre con su confusión[1], así que trató de permanecer cerca de Dios. Leyó la Biblia, confió en el poder de Dios para salvarle y obedeció el mandamiento del Señor de que no debía unirse a ninguna iglesia.

Al igual que mucha gente del lugar y como su padre, José creía que Dios podía revelar conocimiento por medio de objetos como varas y piedras, como lo había hecho con Moisés, Aarón y otras personas de la Biblia[2]. Un día, mientras ayudaba a un vecino a cavar un pozo, encontró una pequeña piedra enterrada profundamente. Consciente de que a veces la gente usaba piedras especiales para buscar objetos perdidos o tesoros ocultos, José se preguntó si habría encontrado una de esas piedras, y al examinarla vio cosas que eran invisibles para el ojo natural[3].

El don que José tenía para usar la piedra impresionó a su familia, que lo vio como una señal del favor divino[4]. Pero aun cuando tenía el poder de un vidente, José aún no estaba seguro de si Dios estaba complacido con él. Ya no sentía el perdón ni la paz que había sentido después de la visión del Padre y el Hijo. En cambio, solía sentirse censurado a causa de sus debilidades e imperfecciones[5].

El 21 de septiembre de 1823, José, que ya tenía 17 años, estaba acostado despierto en la habitación del ático que compartía con sus hermanos. Esa noche se había quedado levantado hasta tarde, escuchando a su familia hablar de las diferentes iglesias y las doctrinas que enseñaban. Ahora todos dormían y el silencio reinaba en la casa[6].

En la oscuridad de su habitación, José comenzó a orar, suplicando con fervor que Dios le perdonara sus pecados. Anhelaba entrar en contacto con un mensajero celestial que pudiera asegurarle su condición y posición ante el Señor y darle el conocimiento del Evangelio que se le había prometido en la arboleda. José sabía que Dios había contestado sus oraciones antes y confiaba plenamente en que lo haría otra vez.

Mientras oraba, junto a la cama apareció una luz que se hizo más brillante hasta iluminar toda la estancia. José miró hacia arriba y vio a un ángel en el aire. El ángel llevaba puesta una túnica blanca que le llegaba hasta las muñecas y los tobillos. La luz parecía emanar de él, y su rostro brillaba como un relámpago.

Al principio José tuvo miedo, pero pronto rebosó de paz. El ángel lo llamó por su nombre y dijo que se llamaba Moroni; le declaró que Dios le había perdonado sus pecados y que ahora tenía una obra para él. Dijo que el nombre de José se tomaría para bien y para mal entre todo pueblo[7].

Moroni habló de unas planchas de oro enterradas en un cerro cercano. En ellas estaba grabada la historia de un pueblo que habitó antiguamente en las Américas. El registro relataba sus orígenes y narraba cómo el Salvador los había visitado y les había enseñado la plenitud de Su evangelio[8]. Moroni dijo que enterradas con las planchas había dos piedras de vidente que, tiempo después, José llamó el Urim y Tumim, o intérpretes. El Señor había preparado esas piedras para ayudar a José a traducir el registro. Ambas piedras diáfanas estaban sujetas una a la otra y aseguradas a un pectoral[9].

Durante el resto de la visita Moroni citó profecías de los libros bíblicos de Isaías, Joel, Malaquías y Hechos, y explicó que el Señor vendría pronto, y que la familia humana no cumpliría el propósito de su creación a menos que antes se renovara el antiguo convenio de Dios[10]. Moroni dijo que Dios había escogido a José para renovar el convenio y que si decidía ser fiel a los mandamientos, él sería quien revelaría el registro que se hallaba en las planchas[11].

Antes de partir, el ángel mandó a José que cuidara de las planchas y no las mostrara a nadie, a menos que se le indicara hacerlo, y le advirtió de que sería destruido si desobedecía ese consejo. Entonces la luz se concentró alrededor de Moroni y este ascendió al cielo[12].

Mientras José permanecía acostado pensando en la visión, la luz inundó el cuarto nuevamente y Moroni se apareció y repitió el mismo mensaje de antes. Luego partió, solo para volver a aparecer y comunicar su mensaje por tercera vez.

"Ahora bien, José, ten cuidado", dijo. "Cuando vayas a obtener las planchas, tu mente se llenará de oscuridad, y por ella pasará toda clase de mal para evitar que guardes los mandamientos de Dios". A fin de que José recibiera apoyo, Moroni lo instó a hablarle a su padre acerca de las visiones.

—Él creerá cada una de tus palabras —le prometió el ángel[13].

A LA MAÑANA SIGUIENTE, José no dijo nada en cuanto a Moroni, aunque sabía que su padre también creía en las visiones y los ángeles. Junto con su padre y Alvin, pasó la mañana cosechando un campo cercano.

El trabajo era arduo y José no lograba seguirle el paso a su hermano mientras oscilaban sus guadañas de un lado a otro entre las altas espigas, pues las visitas de Moroni lo habían tenido despierto toda la noche y sus pensamientos se dirigían una y otra vez al registro antiguo y al cerro donde estaba enterrado.

Pronto dejó de trabajar y Alvin se dio cuenta. "Debemos seguir trabajando —le gritó—, o no acabaremos nuestra labor"[14].

José intentó trabajar con mayor ahínco y rapidez, pero no importaba lo que hiciera, no podía seguir el ritmo de Alvin. Tras unos momentos, su padre notó que estaba pálido y que había dejado de trabajar de nuevo. "Vete a casa", le dijo, creyendo que su hijo estaba enfermo.

José obedeció a su padre y se dirigió a casa tambaleante, pero al tratar de cruzar una cerca, se desplomó y quedó exhausto en el suelo.

Mientras yacía allí, recobrando las fuerzas, vio una vez más a Moroni arriba de él, rodeado de luz. "¿Por qué no le dijiste a tu padre lo que te conté?", le preguntó.

José respondió que tenía miedo de que su padre no le creyera.

—Te creerá —le aseguró Moroni, y entonces repitió el mensaje que había comunicado la noche anterior[15].

SU PADRE LLORÓ CUANDO JOSÉ le habló del ángel y su mensaje. "Fue una visión de Dios —le dijo—. Haz lo que te ha mandado"[16].

José partió de inmediato hacia el cerro. Durante la noche, Moroni le había mostrado en una visión dónde estaban escondidas las planchas, por lo que sabía a donde ir. El cerro, uno de los mayores del lugar, estaba a unos cinco kilómetros de su casa. Las planchas estaban enterradas bajo una piedra grande y redonda en la ladera occidental, no lejos de la cima.

Mientras caminaba, José pensaba en las planchas; aunque sabía que eran sagradas, le costaba resistirse a pensar en cuánto valdrían. Había oído relatos de tesoros escondidos, protegidos por espíritus guardianes, pero Moroni y las planchas que describió eran diferentes de esos relatos. Moroni era un mensajero celestial designado por Dios para entregar el registro de forma segura a Su vidente escogido, y las planchas no eran valiosas porque fueran de oro, sino porque testificaban de Jesucristo.

Aun así, José no podía dejar de pensar en que ahora sabía exactamente dónde encontrar un tesoro lo bastante grande como para librar a su familia de la pobreza[17].

Al llegar al cerro, José halló el sitio que había visto en la visión y comenzó a cavar en la base de la roca hasta que logró ver las orillas. Entonces tomó una rama de buen tamaño y la utilizó como palanca para levantar la piedra y moverla a un lado[18].

Debajo de la roca había una caja cuyas paredes, al igual que la base, estaban hechas de piedra. Al mirar dentro, José vio las planchas de oro, las piedras de vidente y el pectoral[19]. Las planchas estaban cubiertas de una escritura antigua y unidas entre sí por tres anillas o aros; cada plancha era delgada y medía unos 15 centímetros de ancho por 20 largo. Además, una sección de las planchas parecía estar sellada para que nadie pudiera leerlas[20].

Asombrado, José se preguntó nuevamente cuánto valdrían las planchas. Extendió la mano para tocarlas y sintió como una descarga que recorrió su cuerpo. Alejó rápidamente la mano, aunque luego intentó tomar las planchas dos veces más, y cada vez volvió a recibir una sacudida.

—¿Por qué no puedo obtener el libro? —exclamó.

—Porque no has guardado los mandamientos del Señor —declaró una voz cercana[21].

José se dio la vuelta y vio a Moroni. En ese mismo instante el mensaje de la noche anterior colmó su mente y entendió que había olvidado el verdadero propósito del registro. Comenzó a orar y su mente y su alma se abrieron al Espíritu Santo.

"Mira", mandó Moroni. Se desplegó otra visión ante José y vio a Satanás rodeado de sus innumerables huestes. "Todo esto se te muestra: lo bueno y lo malo, lo santo y lo impuro, la gloria de Dios y el poder de las tinieblas", declaró el ángel, "para que de aquí en adelante conozcas ambos poderes y nunca influya en ti, ni te venza, lo inicuo".

Mandó a José que purificara su corazón y fortaleciera su mente para recibir el registro. "Si estas cosas sagradas han de obtenerse, debe ser por la oración y la fidelidad para obedecer al Señor", explicó Moroni. "No se hayan depositadas aquí a fin de acumular ganancias y riqueza para la gloria de este mundo. Fueron selladas por la oración de fe"[22].

José preguntó cuándo podría tener las planchas.

—El próximo 22 de septiembre —dijo Moroni—, si la persona correcta viene contigo.

—¿Quién es la persona correcta? —inquirió José.

—Tu hermano mayor[23].

Ya desde niño, José sabía que podía confiar en su hermano mayor. Alvin tenía 25 años y probablemente se podría haber comprado su propia granja si hubiera querido, pero había decidido quedarse en la granja de la familia porque deseaba ayudar a sus padres a establecerse y estar seguros en sus tierras cuando envejecieran. Alvin era serio y muy trabajador, y José lo amaba y admiraba muchísimo[24].

Tal vez Moroni sintió que José necesitaba de la sabiduría y fortaleza de su hermano para llegar a ser la clase de persona a la que el Señor podía confiar las planchas.

CUANDO REGRESÓ A CASA esa noche, José estaba cansado, pero no bien cruzó la puerta, los miembros de su familia se juntaron alrededor de él, ansiosos por saber qué había encontrado en el cerro. José comenzó a hablarles de las planchas, pero Alvin lo interrumpió cuando se dio cuenta de lo agotado que se veía.

"Vamos a dormir —dijo—, y nos levantaremos temprano en la mañana para ir a trabajar". Al día siguiente habría tiempo de sobra para escuchar el resto del relato de José. "Si madre nos prepara la comida temprano —prosiguió—, entonces tendremos una linda y larga velada para sentarnos a escucharte"[25].

La noche siguiente José compartió lo que había sucedido en el cerro y Alvin le creyó. Por ser el hijo mayor de la familia, siempre se había sentido responsable del bienestar físico de sus padres ya entrados en años. Él y sus hermanos habían comenzado, incluso, a edificar una casa más grande para la familia para que estuvieran más cómodos.

Ahora parecía que José estaba velando por el bienestar espiritual de ellos. Noche tras noche cautivaba a la familia hablándoles de las planchas de oro y del pueblo que las había escrito. La familia se volvió más unida y en su hogar reinó la paz y la felicidad. Todos sentían que algo maravilloso estaba a punto de suceder[26].

Pero entonces, una mañana de otoño, menos de dos meses después de la visita de Moroni, Alvin volvió a casa con un intenso dolor en el estómago. Sumido en la agonía, le rogó a su padre que pidiera ayuda. Cuando finalmente llegó un médico, le dio a Alvin una abundante dosis de una medicina blancuzca que solo empeoró las cosas.

Alvin pasó varios días en cama, retorciéndose de dolor. Sabiendo que posiblemente iba a morir, mandó llamar a José. "Haz todo lo que esté a tu alcance para obtener el registro —le dijo Alvin—. Sé fiel para recibir instrucciones y guardar todo mandamiento que se te dé"[27].

Alvin murió poco tiempo después y el hogar se sumió en el pesar. En su funeral, un predicador dio a entender que Alvin había ido al infierno y utilizó su muerte para advertir a los demás de lo que les sucedería a menos que Dios intercediera para salvarlos. Joseph Smith, padre, estaba furioso. Su hijo había sido un buen muchacho y no podía creer que Dios lo condenaría[28].

Sin Alvin, se acabaron las conversaciones sobre las planchas. Él había sido un defensor tan acérrimo del llamamiento divino de José, que cualquier mención de ellas les recordaba su muerte y la familia no podía soportarlo.

José echaba terriblemente de menos a Alvin y su muerte fue un mal trago para él. Había tenido la esperanza de contar con su hermano mayor para obtener el registro, pero ahora se sentía abandonado[29].

CUANDO FINALMENTE LLEGÓ EL día de regresar al cerro, José fue solo. Sin Alvin, no estaba seguro de si el Señor le confiaría las planchas, pero pensó que podría guardar todo mandamiento que el Señor le había dado, como le había aconsejado su hermano. Las instrucciones de Moroni para obtener las planchas eran claras. "Debes tomarlas e ir directamente a casa sin demora", le había dicho el ángel, "y asegurarlas bajo llave"[30].

Una vez en el cerro, José movió la roca, metió las manos en la caja de piedra y sacó las planchas. Entonces le pasó por la mente el pensamiento de que los demás objetos de la caja eran valiosos y que debía ocultarlos antes de irse. Depositó las planchas en el suelo y se dio la vuelta para cubrir la caja, pero cuando volvió a donde las había dejado, estas habían desaparecido. Alarmado, se arrodilló y suplicó para saber dónde se hallaban.

Se apareció Moroni, quien le dijo que una vez más no había seguido las instrucciones. No sólo había depositado las planchas en el suelo sin haberlas asegurado, sino que también las había apartado de su vista. Aun cuando el joven vidente estaba dispuesto a hacer la obra del Señor, todavía no era capaz de proteger el antiguo registro.

José estaba decepcionado consigo mismo, pero Moroni le dijo que volviera a por las planchas al año siguiente. También le enseñó más sobre el plan del Señor para el reino de Dios y la gran obra que empezaba a desplegarse.

Sin embargo, después de la partida del ángel, José descendió el cerro cabizbajo, preocupado por lo que pudiera pensar su familia cuando lo vieran llegar con las manos vacías[31]. Al entrar en la casa, todos le estaban aguardando. Su padre le preguntó directamente si tenía las planchas.

—No —dijo—, no pude obtenerlas.

—¿Las viste?

—Sí, pero no pude traerlas.

—Si yo fuera tú, las habría traído —dijo su padre.

—No sabes lo que dices —dijo José—. No pude obtenerlas porque el ángel del Señor no me lo permitió[32].

CAPÍTULO 4

Estar alerta

Emma Hale era una joven de 21 años cuando escuchó hablar de José Smith por primera vez, en el otoño de 1825, fecha en que él comenzó a trabajar para Josiah Stowel. Josiah había contratado al joven y a su padre para que lo ayudaran a encontrar tesoros enterrados en su propiedad[1]. Las leyendas locales afirmaban que, siglos atrás, un grupo de exploradores había explotado una mina de plata y habían escondido el tesoro en la zona. Como sabía que José tenía un don para usar piedras de vidente, Josiah le ofreció una buena paga y parte de lo que encontraran, si lo ayudaba con la búsqueda[2].

El padre de Emma, Isaac Hale, apoyaba el proyecto. Al llegar José y su padre a la granja de Stowell en Harmony, Pensilvania —una aldea a unos 240 kilómetros al sur de Palmyra—, Isaac actuó de testigo cuando ellos firmaron sus contratos. Él también permitió que los trabajadores se hospedaran en su casa[3].

Emma conoció a José poco después. Él era más joven que ella, medía más de 1,80 de estatura y tenía el aspecto de alguien acostumbrado al trabajo arduo. Tenía ojos azules y tez clara, y mostraba una leve cojera al andar. Su gramática era deficiente y, a veces, utilizaba demasiadas palabras para expresarse, pero al hablar, exhibía una inteligencia natural. Su padre y él eran hombres buenos que preferían adorar a Dios por su cuenta antes que asistir a la iglesia donde asistían Emma y su familia[4].

A José y a Emma les gustaba estar al aire libre. Desde su infancia, Emma había montado a caballo y utilizado canoas en el río cerca de su casa. José no era un diestro jinete, pero sobresalía en la lucha y los juegos de pelota. Se sentía a gusto entre las personas y era presto a sonreír y dado a contar chistes y relatos graciosos. Emma era más reservada, pero le gustaba el buen humor y podía conversar con cualquiera; también le gustaba leer y cantar[5].

Con el correr de las semanas, Emma fue conociendo mejor a José, y los padres de ella comenzaron a inquietarse en cuanto a esa relación. José era un trabajador pobre, proveniente de otra provincia, por lo que ellos esperaban que su hija perdiera interés en él y se casara con alguien de las familias prósperas del valle. El padre de Emma comenzó a mirar con recelo la búsqueda del tesoro y desconfiaba del papel que José desempeñaba en ella. Isaac Hale no consideraba el hecho de que José había tratado de convencer a Josiah Stowell de suspender la búsqueda, cuando llegó a ser evidente que nada se obtendría de ella[6].

Emma se sentía atraída por José más que por cualquier otro hombre que ella conocía, y no dejó de pasar tiempo con él. Tras lograr convencer a Josiah que dejaran de buscar la plata, José permaneció en Harmony para trabajar en la granja de Josiah. En ocasiones, también iba a trabajar para Joseph y Polly Knight, otra familia de granjeros de la región; y cuando no estaba trabajando, visitaba a Emma[7].

JOSÉ Y SU PIEDRA de vidente se habían convertido rápidamente en objeto de chismes y habladurías en Harmony. Algunas de las personas mayores en la ciudad creían en videntes, pero muchos de sus hijos y nietos no creían. El sobrino de Josiah, afirmando que José se había aprovechado de su tío, llevó al joven ante la corte y lo acusó de fraude.

Al comparecer ante el juez local, José explicó cómo había encontrado la piedra. Joseph, padre, testificó que constantemente le había pedido a Dios que les mostrara Su voluntad en cuanto al maravilloso don de vidente que tenía José. Finalmente, Josiah se puso de pie ante el tribunal y declaró que José no lo había estafado.

—¿Debo entender —preguntó el juez— que usted cree que el prisionero puede ver con la ayuda de la piedra?

—No —insistió Josiah—. Sé con toda seguridad que es verdad.

Josiah era un hombre muy respetado en la comunidad, y la gente aceptaba su palabra. Al final, no se presentó ante la audiencia ninguna evidencia de que José lo había engañado, por lo que el juez desestimó los cargos[8].

En septiembre de 1826 José volvió al cerro para obtener las planchas, pero Moroni le dijo que él no estaba listo aún. "Abandona la compañía de los buscadores de dinero", le dijo el ángel. Había hombres inicuos entre ellos[9]. Moroni le dio un año más para adaptar su vida a la voluntad de Dios. Si no lo hacía, nunca se le confiarían las planchas.

El ángel también le mandó que viniera acompañado la próxima vez. Era lo mismo que le había pedido al final de la primera visita de José al cerro. Pero debido a que Alvin estaba muerto, José se sintió confundido.

—¿Quién es la persona correcta? —inquirió.

—Lo sabrás —respondió Moroni.

José procuró la guía del Señor por medio de su piedra de vidente. Y supo que la persona correcta era Emma[10].

José se había sentido atraído hacia Emma desde el momento en que la conoció. Al igual que Alvin, ella era alguien que podía ayudarle a ser el hombre que el Señor necesitaba para llevar a cabo Su obra. Pero su interés en Emma iba más allá; José la amaba y quería casarse con ella[11].

En diciembre, José cumplió veintiún años. En el pasado, se había dejado llevar de un lado a otro por las expectativas de los buscadores de tesoros y otras personas que querían aprovecharse de su don[12]. Pero después de su última visita al cerro, él sabía que debía esforzarse más a fin de prepararse para recibir las planchas.

Antes de regresar a Harmony, José habló con sus padres. "He decidido casarme —les dijo—; y si ustedes no tienen ninguna objeción, la señorita Emma Hale sería mi elección". Sus padres estaban complacidos con su decisión, y Lucy insistió en que ambos vinieran a vivir con ellos después de casarse[13].

Aquel invierno, José pasó tanto tiempo como pudo con Emma. Cuando la nieve hacía difícil el andar, José tomaba a veces prestado un trineo de la familia Knight para llegar a la casa de los Hales. Pero los padres de ella aún no lo miraban con buenos ojos, y sus esfuerzos por ganarse la aceptación de la familia fueron infructuosos[14].

En enero de 1827, Emma estuvo frecuentando el hogar de Josiah Stowell, donde ella y José pudieron pasar tiempo juntos sin estar bajo la mirada de desaprobación de su familia. Allí, José le propuso matrimonio a Emma quien, al principio, pareció estar sorprendida. Ella sabía que sus padres se opondrían al matrimonio[15], pero José insistió en que lo pensara; ellos podrían fugarse para casarse de inmediato.

Emma consideró la propuesta. Casarse con José desilusionaría a sus padres, mas esa fue su decisión, porque ella lo amaba[16].

POCO TIEMPO DESPUÉS, EL 18 de enero de 1827, José y Emma se casaron en la casa del juez de paz de la localidad. Luego, se fueron a Manchester y comenzaron su vida juntos en la nueva casa de los padres de José. La casa era cómoda, pero Joseph, padre, y Lucy habían gastado demasiado en ella y se habían atrasado con los pagos, por lo que habían perdido la propiedad. Ahora, los nuevos dueños se la alquilaban a ellos[17].

Los Smith disfrutaban de tener a José y a Emma con ellos, pero el llamamiento divino de su hijo los inquietaba. Las personas de la región habían oído acerca de las planchas de oro y, en ocasiones, habían ido a buscarlas[18].

Un día, José fue al pueblo para ocuparse de un asunto. Como lo esperaban para la hora de la cena, sus padres se alarmaron al ver que no regresaba. Esperaron durante horas, sin poder conciliar el sueño. Finalmente, José apareció por la puerta y se dejó caer en una silla, luciendo agotado.

—¿Por qué llegas tan tarde? —le preguntó su padre.

—Acaban de darme la más dura reprimenda que he recibido en mi vida —dijo José.

—¿Quién te ha reprendido? —inquirió su padre.

—Fue el ángel del Señor —respondió José—. Dice que he sido negligente. —El día de su próxima reunión con Moroni se acercaba rápidamente—. Debo poner manos a la obra de inmediato —prosiguió—. Debo empezar a hacer las cosas que Dios me ha mandado[19].

FINALIZADA LA COSECHA DE otoño, Josiah Stowell y Joseph Knight viajaron a la región de Harmony por asuntos de negocios. Ambos sabían que pronto sería el cuarto aniversario de la visita de José al cerro, y estaban ansiosos de saber si Moroni finalmente le confiaría las planchas.

Los buscadores de tesoros locales también sabían que había llegado la hora de que José obtuviera el registro. Uno de ellos, un hombre llamado Samuel Lawrence, últimamente había estado merodeando por el cerro en busca de las planchas. Preocupado por los problemas que podía causar

Samuel, José envió a su padre a la casa de Samuel la noche del 21 de septiembre para que lo vigilara y lo enfrentara si veía que tenía la intención de ir al cerro[20].

Entonces, José se preparó para obtener las planchas. Su visita anual al cerro tendría lugar al día siguiente pero, a fin de adelantarse a los buscadores de tesoros, planeó llegar al cerro poco después de la medianoche —al comenzar la madrugada del 22 de septiembre—, cuando nadie esperaba que él saliera.

Aun así, necesitaba encontrar la forma de proteger las planchas una vez que las tuviera. Cuando se hubieron acostado casi todos los miembros de la familia, le preguntó en voz baja a su madre si tenía una caja fuerte. Lucy no tenía, y se preocupó.

—Pierde cuidado —le dijo José—. Por ahora, me arreglo bien sin ella[21].

Enseguida apareció Emma, vestida como para viajar, y ella y José subieron al carruaje de Joseph Knight y partieron envueltos en la oscuridad de la noche[22]. Cuando llegaron al cerro, Emma esperó en el carruaje mientras José subía la cuesta hasta el lugar en que estaban escondidas las planchas.

Apareció Moroni, y José sacó las planchas de oro y las piedras de vidente de la caja de piedra. Antes de que José iniciara el descenso, Moroni le recordó que no debía mostrar las planchas a nadie sino a los que el Señor designara, prometiéndole que las planchas serían protegidas si él hacía todo lo que estaba en su poder por preservarlas.

—Has de estar alerta y ser fiel a lo que se te ha confiado —le advirtió Moroni—, o serás vencido por hombres inicuos, porque urdirán cada plan y estratagema que sea posible para quitártelas. Y si no tienes cuidado continuamente, lo lograrán[23].

José descendió del cerro con las planchas pero, antes de llegar al carruaje, las resguardó en un tronco hueco donde estarían seguras hasta que pudiera encontrar una caja fuerte. Luego llegó hasta donde estaba Emma, y ambos volvieron a casa para cuando comenzaba a salir el sol[24].

EN CASA DE LA familia Smith, Lucy esperaba con ansias a José y a Emma mientras servía el desayuno a Joseph, padre, Joseph Knight y Josiah Stowell. Su corazón latía rápidamente mientras realizaba sus labores, temiendo que su hijo volviera sin las planchas[25].

Poco después, José y Emma entraron en la casa. Lucy levantó la vista para ver si José tenía las planchas, y al ver que tenía las manos vacías, abandonó la habitación temblando. José la siguió.

—Madre —le dijo—, no estés preocupada. Le entregó un objeto envuelto en un pañuelo. A través de la tela, Lucy sintió al tacto lo que parecía ser un par de anteojos de gran tamaño. Era el Urim y Tumim, las piedras de vidente que el Señor había preparado para traducir las planchas[26].

Lucy estaba eufórica. José daba la impresión de que acababa de liberarse de la enorme carga que llevaba sobre sus hombros. Pero en presencia de los demás presentes en la casa, desayunó en silencio con una expresión de tristeza. Cuando terminó, apoyó la cabeza tristemente sobre su mano. —Estoy decepcionado —le dijo a Joseph Knight.

—Bueno —expresó el anciano—, lo siento.

—Estoy enormemente decepcionado —repitió José, mientras su expresión se tornaba en sonrisa—. ¡Es diez veces mejor de lo que esperaba! Pasó a describir el tamaño y el peso de las planchas y habló con entusiasmo acerca del Urim y Tumim.

—Puedo ver lo que sea —declaró—. Son maravillosos[27].

El día después de recibir las planchas, José fue a trabajar en la reparación de un pozo en una aldea cercana a fin de ganar dinero para comprar una caja fuerte. Esa misma mañana, Joseph, padre, iba a atender un asunto cuando, justo al pasar la colina después de su casa, escuchó a un grupo de hombres que tramaban robar las planchas de oro. "Tendremos las planchas —afirmó uno de ellos—, a pesar de Joe Smith y de todos los demonios del infierno".

Joseph, padre, volvió a casa alarmado y se lo contó a Emma. Ella le dijo que no sabía dónde estaban las planchas, pero estaba segura de que José las había resguardado.

—Sí —contestó Joseph, padre—, pero recuerda que por algo pequeño, Esaú perdió su bendición y primogenitura; lo mismo podría sucederle a José[28].

Para asegurarse de que las planchas estuvieran a salvo, Emma cabalgó por más de una hora hasta la granja donde José se encontraba trabajando. Lo encontró junto al pozo, empapado en sudor y barro por la jornada de trabajo. Cuando supo del peligro, José miró en el Urim y Tumim y vio que las planchas estaban a salvo.

En casa de los Smith, Joseph, padre, caminaba de un lado a otro por fuera de la casa, echando un vistazo hacia el camino a cada minuto hasta que vio a José y a Emma.

—Padre —le dijo José cuando llegaron—, todo está perfectamente a salvo; no hay razón para alarmarse[29].

Pero era hora de actuar.

JOSÉ FUE RÁPIDAMENTE AL cerro, encontró el tronco donde se hallaban escondidas las planchas y las envolvió con cuidado en una camisa[30]. Manteniéndose bien alerta ante cualquier peligro, se adentró en la profundidad del bosque en dirección a su casa. El bosque le permitía ocultarse de la gente que transitaba el camino principal, pero representaba un escondite perfecto para los ladrones.

Esforzándose al límite debido al peso del registro, José atravesó el bosque tan rápido como pudo. Un árbol caído bloqueaba el camino delante de él, y al saltarlo por encima, sintió que algo duro lo golpeó por detrás. Al darse vuelta vio a un hombre que venía hacia él empuñando un arma como un garrote.

Apretando firmemente las planchas con un brazo, José tiró al hombre al suelo de un golpe y se escabulló entre la maleza. Había corrido alrededor de un kilómetro, cuando otro hombre lo sorprendió desde atrás de un árbol y lo golpeó con la culata de su arma. José luchó contra aquel hombre y se alejó a toda velocidad, desesperado por salir del bosque. Pero no había avanzado mucho cuando lo atacó un tercer hombre, quien le propinó un fuerte golpe que lo hizo tambalearse. Recobrando la fuerza, José lo golpeó duramente y corrió a casa[31].

Al llegar, José irrumpió por la puerta con el pesado bulto debajo del brazo. "Padre —exclamó—, tengo las planchas".

Katherine, su hermana de 14 años, le ayudó a colocar el bulto sobre la mesa mientras el resto de la familia se juntaba alrededor de él. José se dio cuenta de que su padre y su hermano menor, William, deseaban desenvolver las planchas, pero él los contuvo.

—¿No podemos verlas? —preguntó Joseph, padre.

—No —respondió José—. Fui desobediente la primera vez, pero tengo la intención de ser fiel esta vez.

Les dijo que podían palpar las planchas a través de la tela, y su hermano William tomó el bulto en sus manos. Era más pesado que una roca, y el joven se dio cuenta de que tenía hojas que se movían como las páginas de un libro[32]. José entonces envió a su hermano menor, Don Carlos, a buscar una caja fuerte que tenía Hyrum, quien vivía a poca distancia con su esposa, Jerusha, y su bebé recién nacida.

Hyrum llegó poco tiempo después, y una vez que las planchas estuvieron seguras en la caja, José se dejó caer en una cama y comenzó a contarle a su familia acerca de los hombres que lo atacaron en el bosque.

Mientras hablaba, advirtió que le dolía la mano; en algún momento durante los ataques se había dislocado el pulgar.

—Debo dejar de hablar, padre —dijo de repente—, y pedirte que me vuelvas a colocar el pulgar en su sitio[33].

CAPÍTULO 5

Todo está perdido

Durante varias semanas, los buscadores de tesoros intentaron robar las planchas de oro que José había traído a casa. Para mantener a salvo el registro, él tuvo que cambiar las planchas de lugar continuamente, escondiendo las planchas bajo la chimenea, debajo del piso de la tienda de su padre y en las pilas de grano. No podía bajar la guardia en ningún momento.

Vecinos curiosos pasaban por la casa y le suplicaban que les mostrara el registro. José siempre se rehusó a hacerlo, aun cuando alguien le ofreció dinero a cambio. Estaba decidido a salvaguardar las planchas, confiando en la promesa del Señor que las planchas serían protegidas si él hacía todo de su parte[1].

Estas interrupciones le impedían, a menudo, examinar las planchas y aprender más acerca del Urim y Tumim. Él sabía que los intérpretes tenían el propósito de ayudarlo a traducir las planchas, pero nunca había utilizado piedras de vidente para leer un idioma antiguo. Estaba ansioso por comenzar la obra, pero no tenía claro cómo hacerlo[2].

Mientras José aún examinaba las planchas, un respetado terrateniente de Palmyra, llamado Martin Harris, había mostrado interés en su obra. Martin tenía edad suficiente como para ser el padre de José y, en ocasiones, había contratado a José para trabajar en sus tierras. Martin había escuchado de las planchas de oro, pero no le había dado mucha importancia al asunto hasta que la madre de José lo invitó a hablar con su hijo[3].

José se encontraba trabajando fuera, cuando Martin pasó por la casa, así que hizo preguntas a Emma y otros miembros de la familia en cuanto a las planchas. Cuando José llegó a casa, Martin lo tomó del brazo y le pidió que le diera más detalles. José le contó sobre las planchas de oro y las instrucciones de Moroni para traducir y publicar los escritos que contenían.

—Si es la obra del diablo, no tendré nada que ver con ella —dijo Martin. Sin embargo, si era la obra del Señor, él deseaba ayudar a José a proclamarla al mundo.

José permitió que Martin sopesara las planchas dentro de la caja fuerte. Martin se dio cuenta de que había algo pesado en su interior, pero no estaba convencido de que fueran planchas de oro. "No debe culparme por no creer en su palabra", le dijo a José.

Cuando Martin llegó a su casa después de medianoche, entró sigilosamente en su habitación y oró, prometiéndole a Dios que daría todo lo que tenía si él pudiese saber que José estaba llevando a cabo una obra divina.

Mientras oraba, Martin sintió que una voz apacible y delicada habló a su alma. En ese momento, supo que las planchas eran de Dios, y supo que debía ayudar a José a compartir con el mundo el mensaje que contenían[4].

A FINALES DE 1827, Emma supo que estaba embarazada y escribió a sus padres. Había pasado casi un año desde que ella y José se habían casado, y sus padres aún estaban disconformes. Sin embargo, los Hale accedieron a que la joven pareja regresara a Harmony para que Emma diera a luz cerca de su familia.

Aunque se tendría que alejar de sus propios padres y hermanos, José estaba ansioso de ir. En el estado de Nueva York aún había personas que acechaban para robarle las planchas, y mudarse a otro lugar podría brindarle la paz y privacidad que necesitaba para hacer la obra del Señor. Desafortunadamente, estaba endeudado y no tenía dinero para mudarse[5].

Con la esperanza de poner sus cuentas en orden, José fue al pueblo para saldar algunas de sus deudas. Mientras se encontraba realizando un pago en una tienda, Martin Harris se acercó a él con gran resolución. "Sr. Smith, aquí tiene 50 dólares —le dijo—. Se los doy para hacer la obra del Señor".

A José le incomodaba aceptar el dinero y prometió devolverlo, pero Martin le dijo que no se preocupara por ello. El dinero era un obsequio, y pidió a todos los presentes que fueran testigos de que se lo había dado sin reservas[6].

Prontamente, José pagó sus deudas, cargó su carreta y partió con Emma hacia Harmony, llevando las planchas de oro escondidas en un barril de frijoles[7].

El matrimonio llegó a la espaciosa casa de la familia Hales una semana después[8]. Al poco tiempo, el padre de Emma exigió ver las planchas de oro, pero José dijo que sólo podía mostrarle la caja donde las guardaba. Molesto, Isaac alzó la caja de seguridad y sintió el peso, pero se mantuvo escéptico. Dijo que José no podría tenerla en la casa a menos que le mostrara lo que había dentro[9].

Con el padre de Emma por el medio, no iba a ser fácil traducir, pero José lo intentó lo mejor que pudo. Con la ayuda de Emma, él transcribió muchos de los extraños caracteres de las planchas a papel[10]. Luego, durante varias semanas, José trató de traducirlos con el Urim y Tumim. El proceso lo obligaba a hacer más que mirar en los intérpretes; él tenía que ser humilde y ejercer fe en tanto estudiaba los caracteres[11].

Unos meses después, Martin llegó a Harmony. Dijo sentirse llamado por el Señor para viajar hasta la ciudad de Nueva York para consultar a expertos en lenguas antiguas. Tenía la esperanza de que pudieran traducir los caracteres[12].

José copió varios caracteres adicionales de las planchas, escribió su traducción y entregó el papel a Martin. Él y Emma vieron partir a su amigo hacia el este para consultar a distinguidos eruditos[13].

AL LLEGAR ALLÍ, MARTIN fue a ver a Charles Anthon, un profesor de latín y griego de la Universidad de Columbia. El profesor Anthon era joven —unos 15 años menor que Martin— y era muy conocido por haber publicado una enciclopedia popular sobre las culturas griega y romana. Recientemente había empezado a recoger historias sobre los indios americanos[14].

Anthon era un erudito estricto que se molestaba cuando lo interrumpían, pero recibió a Martin y examinó los caracteres y la traducción que José había hecho[15]. Aunque no sabía egipcio, el profesor había leído algunos estudios sobre el idioma y podía reconocerlo. Al observar los caracteres, apreció algunas similitudes con el egipcio y le dijo a Martin que la traducción era correcta.

Martin le mostró más caracteres, y Anthon los examinó. Declaró que representaban caracteres de muchas lenguas antiguas y le dio a Martin un certificado que confirmaba su autenticidad. Además le recomendó que mostrara los caracteres a otro académico llamado Samuel Mitchill, que solía dar clases en Columbia[16].

—Él es muy versado en estas lenguas antiguas —afirmó Anthon—, y no tengo dudas de que podrá darle alguna satisfacción[17].

Martin guardó el certificado en el bolsillo, pero cuando estaba a punto de partir, Anthon lo llamó. Quería saber cómo había hallado José las planchas de oro.

—Un ángel de Dios se lo reveló —respondió Martin, y testificó que la traducción de las planchas cambiaría el mundo y lo salvaría de la destrucción; y ahora que tenía una prueba de su autenticidad, tenía pensado vender su granja y donar dinero para que se publicara la traducción.

—Permítame ver el certificado —dijo Anthon.

Martin lo sacó del bolsillo y se lo entregó. Anthon lo hizo pedazos y dijo que no había tales cosas como la ministración de ángeles. Si José deseaba que se tradujeran las planchas, podía llevarlas a Columbia y dejar que un erudito las tradujese.

Martin le explicó que parte de las planchas estaban selladas y que José tenía prohibido mostrarlas a otros.

—No puedo leer un libro sellado —dijo Anthon, y le advirtió a Martin que José probablemente lo estaba engañando—. Tenga cuidado con los timadores —le dijo[18].

Martin dejó al profesor Anthon, y fue a ver a Samuel Mitchill. Él recibió a Martin con toda amabilidad, escuchó su historia y observó los caracteres y la traducción. No logró comprenderlos, pero dijo que le recordaban a los jeroglíficos egipcios y que eran los escritos de una nación extinta[19].

Martin abandonó la ciudad poco tiempo después y regresó a Harmony más convencido que antes de que José tenía las planchas de oro y contaba con el poder para traducirlas. Le relató a José sus visitas a los profesores y llegó a la conclusión de que si algunos de los hombres más instruidos de Estados Unidos no podían traducir el libro, José tendría que hacerlo.

"No puedo —dijo José, abrumado por la tarea—, porque no soy instruido". No obstante, él sabía que el Señor había preparado los intérpretes para que él pudiera traducir las planchas[20].

Martin estaba de acuerdo. Tenía pensado volver a Palmyra, poner su negocio en orden y regresar lo antes posible para servir como escribiente de José[21].

PARA ABRIL DE 1828, Emma y José vivían en una casa a orillas del río Susquehanna, no lejos de la casa de sus padres[22]. Emma, quien estaba ya avanzada con su embarazo, servía a menudo como escribiente de José cuando él comenzó a traducir el registro. Un día, mientras él traducía, José de pronto se puso pálido. "Emma, ¿Jerusalén tenía una muralla a su alrededor?", le preguntó.

—Sí —dijo ella, recordando las descripciones en la Biblia.

—Ah —dijo José con alivio—, tuve miedo de que me hubieran engañado[23].

Emma se maravillaba de que la falta de conocimientos de su esposo en cuanto a historia y a las Escrituras no fuera un obstáculo para la traducción. José ni siquiera podía escribir una carta coherentemente. No obstante, él le dictaba a ella hora tras hora del registro, sin la ayuda de libro o manuscrito alguno, mientras ella escribía sentada a su lado. Ella sabía que solo Dios podía inspirarlo a traducir de esa manera[24].

Con el tiempo, Martin regresó de Palmyra y asumió la función de escriba, lo que dio a Emma la oportunidad de descansar antes de que naciera el bebé[25]. Sin embargo, no le fue fácil reposar. La esposa de Martin, Lucy, había insistido en venir con él a Harmony, y ambos tenían una fuerte personalidad[26]. Lucy desconfiaba del deseo de Martin de apoyar económicamente a José y estaba enfadada porque él había ido a la ciudad de Nueva York sin ella. Cuando él le comentó que viajaría a Harmony para ayudar con la traducción, ella se autoinvitó a acompañarlo porque estaba empeñada en ver las planchas.

Lucy estaba perdiendo su capacidad auditiva, y cuando no podía entender lo que la gente decía, a veces, pensaba que la estaban criticando. Además tenía poco respeto por la privacidad. Cuando José rehusó mostrarle las planchas, ella comenzó a registrar la casa, revolviendo los baúles, la alacena y las arcas de la familia con la esperanza de encontrarlas. José no tuvo más opción que ocultar las planchas en el bosque[27].

Tras un corto tiempo, Lucy los dejó y se alojó con unos vecinos. Emma había recuperado sus baúles y la alacena, pero ahora Lucy estaba diciendo a los vecinos que José estaba resuelto a quitarle el dinero a Martin. Luego de causar problemas durante varias semanas, Lucy regresó a su casa en Palmyra.

Teniendo paz nuevamente, José y Martin tradujeron rápidamente. José fue creciendo en su función divina como vidente y revelador. Valiéndose de los intérpretes o de otra piedra de vidente, él podía traducir, ya fuera que las planchas estuviesen frente a él o envueltas en una de las telas de Emma sobre la mesa[28].

Durante los meses de abril, mayo y principios de junio, Emma escuchó el ritmo de la voz de José mientras dictaba la traducción[29]. Él hablaba lenta pero claramente, deteniéndose de vez en cuando hasta que Martin apuntara lo que José había dictado, y dijera "escrito"[30]. Emma también servía como escribiente, y le sorprendía que luego de las interrupciones y pausas, José siempre continuaba donde lo había dejado, sin contar con ninguna indicación[31].

Pronto llegó la hora del nacimiento del bebé de Emma. La pila de hojas manuscritas había crecido, y Martin estaba convencido de que si su esposa pudiera leer la traducción, reconocería su valor y dejaría de interferir con la obra que llevaban a cabo[32]. También tenía la esperanza de que Lucy estaría complacida con el hecho de que él hubiese dedicado tiempo y dinero para ayudar a sacar a la luz la palabra de Dios.

Un día, Martin le pidió permiso a José para llevar el manuscrito a Palmyra por unas pocas semanas[33]. José tenía sus reservas en cuanto a esa idea, tras haber visto cómo se había comportado Lucy Harris mientras estuvo en su casa; pero quería complacer a Martin, quien le había creído cuando tantos otros habían dudado de su palabra[34].

Sin saber qué hacer, José oró en busca de guía, y el Señor le dijo que no permitiera que Martin se llevara las páginas[35]. Pero Martin estaba seguro de que la situación cambiaría si pudiera mostrárselas a su esposa, por lo que suplicó a José que preguntara de nuevo. José lo hizo, recibiendo la misma respuesta. Martin lo presionó a preguntar una tercera vez, y en esta ocasión Dios les permitió que obraran según sus deseos.

José le dijo a Martin que podría llevarse las páginas por dos semanas si hacía convenio de guardarlas bajo llave y mostrarlas únicamente a ciertos miembros de la familia. Martin prometió hacerlo y regresó a Palmyra con el manuscrito[36].

Luego que Martin hubo partido, Moroni se apareció a José y le retiró los intérpretes[37].

Al día siguiente, luego de un parto agónico, Emma dio a luz a un niño. El bebé estaba débil y pálido, y no vivió mucho tiempo. El sufrimiento dejó a Emma físicamente agotada y emocionalmente devastada y, por un tiempo, ella también estuvo al borde de la muerte. José la atendió constantemente y permaneció a su lado por un largo tiempo[38].

Después de dos semanas, la salud de Emma comenzó a mejorar, y sus pensamientos se volvieron hacia Martin y el manuscrito. "Me siento tan preocupada —le dijo a José—, que no puedo descansar y no estaré tranquila hasta saber algo de lo que el Sr. Harris está haciendo con el manuscrito".

Instó a José a ir a buscar a Martin, mas él no quería dejarla sola. "Envía a alguien a buscar a mi madre —propuso Emma—, y ella se quedará conmigo mientras tú no estés"[39].

José tomó una diligencia hacia el norte. Comió y durmió poco durante el viaje, temiendo haber ofendido al Señor al no escuchar cuando Él le dijo que no permitiera que Martin se llevara el manuscrito[40].

Despuntaba el alba, cuando llegó a casa de sus padres, en Manchester. Los Smith estaban preparando el desayuno y le enviaron una invitación a Martin para que viniera a acompañarlos. A las ocho en punto, los alimentos estaban sobre la mesa, pero Martin no había llegado. Conforme lo esperaban, la preocupación de José y su familia iba haciéndose mayor.

Finalmente, después de más de cuatro horas de espera, Martin apareció a la distancia, caminando despacio hacia la casa y con los ojos fijos en el suelo[41]. Se detuvo en el portón, se sentó sobre el cercado y se cubrió los ojos con el sombrero; luego, entró en la casa y tomó asiento para comer en silencio.

La familia observó que Martin tomó los cubiertos, como si se dispusiera a comer, y luego los soltó. —¡He perdido mi alma! —exclamó, presionando sus manos contra la sien—. ¡He perdido mi alma!

José se puso de pie de un salto. —Martin, ¿has perdido el manuscrito?

—Sí —respondió Martin—. Ha desaparecido, y no sé dónde está.

—Oh, Dios mío, Dios mío —gimió José, apretando los puños—. ¡Todo está perdido!

Comenzó a caminar de un lado a otro; no sabía qué hacer. —Regresa —le ordenó a Martin—. Busca de nuevo.

—Todo es en vano —se lamentó Martin—. He buscado en todos los rincones de la casa; hasta he rasgado camas y almohadas, y sé que no está allí.

—¿Debo regresar a mi esposa con este cuento? —José tenía miedo de que la noticia la matara—. ¿Y cómo podré presentarme ante el Señor?

Su madre trató de consolarlo; le dijo que tal vez el Señor lo perdonaría si se arrepentía humildemente. Pero José sollozaba, furioso consigo mismo por no haber obedecido al Señor la primera vez. Apenas pudo comer durante el resto del día. Pasó allí la noche y partió a la mañana siguiente hacia Harmony[42].

Cuando Lucy lo vio partir se sintió apesadumbrada; era como si todo lo que habían esperado como familia, todo lo que les había dado gozo a lo largo de los últimos años hubiera desaparecido en un instante[43].

CAPÍTULO 6

El don y el poder de Dios

Cuando José regresó a Harmony en el verano de 1828, Moroni apareció nuevamente ante él y se llevó las planchas. "Si eres suficientemente humilde y te arrepientes —le dijo el ángel—, volverás a recibirlas el 22 de septiembre"[1].

Las tinieblas ofuscaban la mente de José[2]; él sabía que se había equivocado al ignorar la voluntad de Dios y confiarle el manuscrito a Martin. Ahora, Dios ya no le confiaba las planchas ni los intérpretes. José sentía que merecía cualquier castigo que los cielos le enviasen[3].

Agobiado por la culpa y el remordimiento, se arrodilló, confesó sus pecados y suplicó perdón; reflexionó sobre lo que había hecho mal y lo que podía hacer mejor, si el Señor le permitía volver a traducir[4].

Un día de julio, mientras José caminaba a poca distancia de su casa, Moroni apareció ante él. El ángel le entregó los intérpretes, y José vio un mensaje divino en ellos: "Las obras, los designios y los propósitos de Dios no se pueden frustrar ni tampoco pueden reducirse a la nada"[5].

Las palabras eran alentadoras, pero enseguida dieron lugar a una fuerte reprimenda. "Cuán estrictos fueron tus mandamientos —dijo el Señor—. No debiste haber temido al hombre más que a Dios". Le mandó a José que se arrepintiera y que fuera más cuidadoso con las cosas sagradas. El registro escrito en las planchas de oro era más importante que la reputación de Martin y que el deseo de José de complacer a la gente. El Señor lo había preparado para renovar Su antiguo convenio y enseñar a todo pueblo a confiar en Jesucristo para obtener la salvación.

El Señor instó a José a recordar Su misericordia. "Arrepiéntete, pues, de lo que has hecho —le mandó—, y todavía eres escogido". Una vez más, Él llamó a José para que fuera Su profeta y vidente; pero le advirtió que diera oído a Su palabra.

"A menos que hagas esto, serás desamparado, y llegarás a ser como los demás hombres, y no tendrás más don"[6].

En el otoño de ese año, los padres de José viajaron al sur, a Harmony. Habían pasado casi dos meses desde que José había estado con ellos en Manchester, y no habían vuelto a oír nada de él; temían que las tragedias del verano lo hubiesen devastado. En cuestión de semanas, él había sufrido la pérdida de su primer hijo, casi había perdido a su esposa y había perdido las páginas manuscritas. Ellos querían asegurarse de que él y Emma estuvieran bien.

Faltando poco más de un kilómetro para llegar a su destino, Joseph, padre, y Lucy se llenaron de gran gozo al encontrarse con José en el camino y ver que estaba calmado y feliz. Él les contó de cómo había perdido la confianza de Dios, se había arrepentido de sus pecados y había recibido la revelación. La reprimenda del Señor lo había afligido, pero la escribió para que otras personas la leyeran, tal como hicieron los profetas de la antigüedad. Esa fue la primera vez que él registró por escrito las palabras que el Señor le comunicaba.

José también les contó a sus padres que desde entonces, Moroni le había vuelto a dar las planchas y los intérpretes. El ángel parecía estar complacido, relató José. "Me dijo que el Señor me amaba por mi fidelidad y humildad".

El registro ahora se encontraba guardado de manera segura en la casa, oculto en un baúl. "Emma es mi escribiente ahora —les contó José—, pero el ángel dijo que el Señor enviaría a alguien para ser mi escriba, y yo tengo confianza de que así será"[7].

LA PRIMAVERA SIGUIENTE, MARTIN Harris viajó a Harmony llevando malas noticias; su esposa había hecho una denuncia en la corte, declarando que José era un estafador que fingía traducir planchas de oro. Martin ahora estaba a la espera de una citación para testificar en la corte; tendría que declarar que José lo había estafado o Lucy también lo acusaría de engaño[8].

Martin presionó a José para que le diera más evidencias de que las planchas eran reales. Quería relatar en la corte todo lo relativo a la traducción, pero le preocupaba que la gente no le creyera; después de todo, Lucy había inspeccionado la casa de los Smith sin poder dar con el registro. Y aunque había servido como escribiente de José por dos meses, Martin nunca había visto las planchas, por lo que no podía testificar que las había visto[9].

José dirigió la pregunta al Señor y recibió una respuesta para su amigo. El Señor no le diría a Martin qué debía decir en la corte ni tampoco le daría más evidencia hasta que Martin decidiera ser humilde y ejercer la fe. "Si no quieren creer mis palabras, no te creerían a ti, mi siervo José —le dijo Él—, aunque te fuese posible mostrarles todas estas cosas que te he encomendado".

No obstante, el Señor prometió tratar a Martin con misericordia si hacía lo que José había hecho ese verano y se humillaba, confiaba en Dios y aprendía de sus errores. A su debido tiempo, tres testigos verían las planchas, declaró el Señor, y Martin podría ser uno de ellos si dejaba de procurar la aprobación de los demás[10].

Antes de concluir Sus palabras, el Señor hizo una declaración. "Si los de esta generación no endurecen sus corazones —declaró—, estableceré. . . mi iglesia"[11].

José meditó en esas palabras mientras Martin copiaba la revelación. Luego, él y Emma escucharon cuando Martin las leyó para comprobar su exactitud. Mientras leían, el padre de Emma entró en la habitación y escuchó. Cuando terminaron, preguntó de quién eran esas palabras.

—Son palabras de Jesucristo —explicaron José y Emma.

—Considero que todo esto es un engaño —replicó Isaac—. Déjenlo[12].

Haciendo caso omiso de las palabras del padre de Emma, Martin tomó su copia de la revelación y abordó una diligencia para irse a casa. Había venido a Harmony buscando evidencia de las planchas, y ahora partía con una revelación que testificaba de su realidad. No podía usarla en la corte, pero Martin regresó a Palmyra sabiendo que Dios estaba al tanto de su existencia.

Posteriormente, cuando Martin compareció ante el juez, ofreció un sencillo y poderoso testimonio. Con una mano elevada al cielo, dio testimonio de la veracidad de las planchas de oro, y declaró que le había dado libremente 50 dólares a José para que hiciera la obra de Dios. Sin evidencias que respaldaran las acusaciones de Lucy, la corte desestimó el caso[13].

Mientras tanto, José continuó la traducción, pidiendo en oración que el Señor pronto le enviara otro escribiente[14].

EN MANCHESTER, UN JOVEN llamado Oliver Cowdery estaba alojado en casa de los padres de José. Oliver era un año menor que José y, en el otoño de 1828, había comenzado a enseñar en una escuela que se encontraba a unos dos kilómetros al sur de la granja de la familia Smith.

Los maestros como Oliver a menudo se hospedaban con las familias de sus alumnos. Cuando Oliver escuchó los rumores sobre José y las planchas de oro, él procuró alojarse con los Smith. Al principio no pudo averiguar más que unos pocos detalles de parte de la familia; el manuscrito robado y los chismes de la localidad los habían vuelto cautelosos hasta el punto de no hablar del asunto[15].

Sin embargo, durante el invierno de 1828–1829, mientras Oliver enseñaba a los niños de la familia Smith, se ganó la confianza de sus anfitriones. Por ese tiempo, Joseph, padre, había regresado de un viaje a Harmony con una revelación que declaraba que el Señor estaba a punto de comenzar una obra maravillosa[16]. Para entonces, Oliver había dado muestras de ser sincero en su búsqueda de la verdad, y los padres de José le hablaron del llamamiento divino de su hijo[17].

Oliver se sintió cautivado por lo que ellos le relataron, y sintió un profundo deseo de ayudar en la traducción. Al igual que José, Oliver estaba descontento con las iglesias modernas y creía en un Dios de milagros que aún revelaba Su voluntad a las personas[18]. No obstante, José y las planchas de oro se hallaban lejos, y Oliver no sabía cómo podría ayudar en la obra si permanecía en Manchester.

Un día de primavera, mientras la lluvia azotaba el tejado de los Smith, Oliver le expresó a la familia su deseo de ir a Harmony para ayudar a José cuando terminara el curso escolar. Lucy y Joseph, padre, lo instaron a preguntarle al Señor si sus deseos eran correctos[19].

Al irse a la cama, Oliver oró en privado para saber si lo que había oído acerca de las planchas de oro era verdadero. El Señor le mostró una visión de las planchas de oro y a José esforzándose por traducirlas. Un sentimiento de paz descansó sobre él, y entonces, supo que él debía ofrecerse para ser el escriba de José[20].

Oliver no le contó a nadie acerca de su oración. Tan pronto finalizó el curso escolar, él y Samuel, el hermano de José, partieron a pie hacia Harmony, a más de ciento sesenta kilómetros de distancia. El camino estaba frío y lleno de lodo, debido a las lluvias de primavera, y para cuando él y Samuel llegaron ante la puerta de José y Emma, Oliver tenía un dedo del pie congelado. Sin embargo, estaba ansioso por conocer a la pareja y ver por sí mismo cómo el Señor obraba por medio del joven profeta[21].

EN CUANTO OLIVER LLEGÓ a Harmony, se sintió como si siempre hubiese vivido allí. José habló con él hasta bien entrada la noche, escuchó su historia y contestó sus preguntas. Era evidente que Oliver tenía una buena formación, y José aceptó de buen grado su ofrecimiento de servir como escribiente.

Tras la llegada de Oliver, José se dispuso primeramente a asegurarse un lugar para trabajar. Le pidió a Oliver que redactara un contrato en el que José prometía pagarle a su suegro la pequeña casa de madera donde él y Emma vivían, así como también el granero, las tierras de cultivo y un manantial cercano[22]. Teniendo presente el bienestar de su hija, los padres de Emma aceptaron las condiciones y prometieron ayudar a calmar los temores de los vecinos con respecto a José[23].

Entretanto, José y Oliver comenzaron a traducir. Trabajaron muy bien juntos, semana tras semana; con frecuencia, estando Emma en la misma habitación haciendo sus faenas cotidianas[24]. En ocasiones, José traducía mirando a través de los intérpretes y leyendo en inglés los caracteres de las planchas.

A menudo, le resultaba más conveniente trabajar con una sola piedra de vidente. José colocaba la piedra de vidente en su sombrero, apoyaba el rostro en el sombrero para bloquear la luz y miraba detenidamente la piedra. La luz que provenía de la piedra brillaba en la oscuridad y revelaba palabras que José dictaba, y Oliver las escribía rápidamente[25].

Siguiendo la dirección del Señor, José no intentó traducir nuevamente lo que había perdido. En vez de ello, él y Oliver siguieron adelante con el registro. El Señor reveló que Satanás había seducido a hombres inicuos para que se llevaran las páginas, cambiaran las palabras y las emplearan para sembrar dudas en cuanto a la traducción. Pero el Señor le aseguró a José que Él había inspirado a los antiguos profetas que prepararon las planchas, a que incluyeran otro relato más completo del material perdido[26].

—Confundiré a los que han alterado mis palabras —dijo el Señor a José—, sí, les mostraré que mi sabiduría es más potente que la astucia del diablo"[27].

A Oliver le encantaba servir como escribiente de José. Día tras día, escuchaba conforme su amigo iba dictando la compleja historia de dos grandes civilizaciones: los nefitas y los lamanitas. Él fue aprendiendo acerca de reyes justos y reyes inicuos, de pueblos que cayeron en el cautiverio y que fueron librados, y de un profeta de la antigüedad que utilizaba piedras de vidente para traducir anales encontrados en campos cubiertos de huesos. Al igual que José, ese profeta era un revelador y un vidente bendecido con el don y el poder de Dios[28].

El registro testificaba una y otra vez de Jesucristo, y José y Oliver vieron cómo los profetas dirigían la Iglesia en la antigüedad; y cómo hombres y mujeres comunes hacían la obra de Dios.

Sin embargo, Oliver tenía aún muchas preguntas sobre la obra del Señor, y tenía hambre de hallar las respuestas. José oró pidiendo una revelación para él por medio del Urim y Tumim, y el Señor respondió. "Por consiguiente, si me pedís, recibiréis —Él declaró—, y si preguntas, conocerás misterios grandes y maravillosos".

El Señor también instó a Oliver a recordar el testimonio que había recibido antes de ir a Harmony, que Oliver no lo había dicho a nadie. "¿No hablé paz a tu mente en cuanto al asunto? ¿Qué mayor testimonio puedes tener que de Dios? —preguntó el Señor— Si te he declarado cosas que ningún hombre conoce, ¿no has recibido un testimonio?"[29].

Oliver estaba atónito. Inmediatamente, le contó a José acerca de su oración secreta y el testimonio divino que había recibido. Nadie podría haber sabido eso, salvo Dios, dijo Oliver, por lo que él ahora sabía que la obra era verdadera.

Continuaron con la labor, y Oliver comenzó a preguntarse si él podría traducir también[30]. Él creía que Dios podía valerse de instrumentos, como piedras de vidente, y de vez en cuando había utilizado una vara de adivinación para encontrar agua y minerales. Sin embargo, no estaba seguro si su vara funcionaba por el poder de Dios. El proceso de revelación seguía siendo un misterio para él[31].

José nuevamente planteó las preguntas de Oliver ante el Señor, y el Señor le dijo a Oliver que él tenía el poder para adquirir conocimiento si pedía con fe. El Señor confirmó que la vara de Oliver funcionaba por el poder de Dios, al igual que la vara de Aarón en el Antiguo Testamento; y le enseñó entonces más acerca de la revelación. "Hablaré a tu mente y a tu corazón por medio del Espíritu Santo—dijo Él—. He aquí, este es el espíritu de revelación".

También le dijo a Oliver que podría traducir el registro como lo hacía José, siempre y cuando tuviera fe. "Recuerda —declaró el Señor—, que sin fe no puedes hacer nada"[32].

Después de la revelación, Oliver estaba ansioso por traducir; siguió el ejemplo de José, pero como las palabras no llegaban fácilmente, se sintió frustrado y confuso.

Viendo el esfuerzo de su amigo, José sintió compasión por él. A José le había llevado tiempo poner su corazón y su mente a tono con la obra de traducción, pero Oliver parecía creer que podría aprenderlo y dominarlo rápidamente. Que tuviera un don espiritual no era suficiente; debía cultivarlo y desarrollarlo con el tiempo para emplearlo en la obra de Dios.

Oliver pronto se dio por vencido, y le preguntó a José por qué no había podido traducir.

José preguntó al Señor. "Has supuesto que yo te lo concedería cuando no pensaste sino en pedirme —respondió el Señor—. Debes estudiarlo en tu mente; entonces has de preguntarme si está bien".

El Señor le mandó a Oliver que fuera paciente. "No es oportuno que traduzcas ahora —dijo Él—. La obra a la cual has sido llamado es la de escribir por mi siervo José".

Le prometió a Oliver que tendría otras oportunidades de traducir más adelante, pero por ahora, él sería el escriba y José, el vidente[33].

CAPÍTULO 7

Consiervos

La primavera de 1829 fue fría y húmeda hasta bien entrado mayo. Mientras los granjeros de los alrededores de Harmony permanecían en sus viviendas, postergando la siembra de primavera hasta que mejorara el tiempo, José y Oliver trabajaron en la traducción del registro todo lo que pudieron[1].

Habían llegado a una parte del registro donde se relataba lo sucedido entre los nefitas y los lamanitas cuando Jesús murió en Jerusalén. Narraba sobre terremotos y tormentas enormes que diezmaron a la población y alteraron el relieve de esas tierras. Algunas ciudades se hundieron en las profundidades de la tierra, mientras que otras se incendiaron y ardieron; los relámpagos rasgaron el cielo durante horas, y el sol desapareció, dejando a los sobrevivientes sumidos en una densa oscuridad. Durante tres días, el pueblo gimió y lamentó la muerte de sus seres queridos[2].

Finalmente, la voz de Jesucristo traspasó las tinieblas. —¿No os volveréis a mí ahora —preguntó Él—, y os arrepentiréis de vuestros pecados, y os convertiréis para que yo os sane?[3]. Él dispersó la oscuridad, y el pueblo se arrepintió. Poco tiempo después, muchos de ellos se reunieron en el templo que estaba en una tierra llamada Abundancia, y hablaban de los increíbles cambios que había sufrido la tierra[4].

Fue mientras conversaban unos con otros, que vieron al Hijo de Dios descender del cielo. —Yo soy Jesucristo —afirmó—, de quien los profetas testificaron que vendría al mundo[5]. Él permaneció con ellos por un tiempo, les enseñó Su evangelio y les mandó que se bautizaran por inmersión para la remisión de pecados.

—Cualquiera que crea en mí, y sea bautizado, este será salvo —declaró—; y son ellos los que heredarán el reino de Dios[6]. Antes de ascender al cielo, otorgó a hombres justos la autoridad para bautizar a aquellos que creyeran en Él[7].

Esas enseñanzas causaron una gran impresión en José y Oliver, mientras traducían. Al igual que su hermano Alvin, José jamás había sido bautizado, y deseaba saber más de la ordenanza y de la autoridad necesaria para realizarla[8].

El 15 de mayo de 1829 cesaron las lluvias y José y Oliver se adentraron en el bosque, cerca del río Susquehanna. Poniéndose de rodillas, le preguntaron a Dios en cuanto al bautismo y la remisión de los pecados. Mientras oraban, la voz del Redentor les habló paz y apareció un ángel en una nube de luz. Se presentó como Juan el Bautista, y puso sus manos sobre sus cabezas. El gozo se adueñó de sus corazones y fueron envueltos en el amor de Dios.

—Sobre vosotros, mis consiervos —declaró Juan—, en el nombre del Mesías, confiero el Sacerdocio de Aarón, el cual tiene las llaves del ministerio de ángeles, y del evangelio de arrepentimiento, y del bautismo por inmersión para la remisión de pecados[9].

La voz del ángel era suave, pero pareció penetrar en José y Oliver hasta lo más profundo[10]. El mensajero explicó que el Sacerdocio Aarónico los autorizaba a efectuar bautismos, y les mandó que se bautizaran el uno al otro después de que él partiese. También mencionó que más adelante recibirían más poder del sacerdocio, el cual les daría autoridad para conferir el don del Espíritu Santo el uno al otro y a quienes bautizaran.

Después que Juan el Bautista partió, José y Oliver caminaron hasta el río y entraron en el agua. Primero, José bautizó a Oliver, y al salir del agua, Oliver empezó a profetizar acerca de cosas que pronto ocurrirían. Luego, Oliver bautizó a José, quien emergió del río profetizando acerca del surgimiento de la Iglesia de Cristo, la cual el Señor había prometido que establecería entre ellos[11].

Siguiendo las instrucciones de Juan el Bautista, volvieron al bosque y se ordenaron el uno al otro al Sacerdocio Aarónico. Frecuentemente, tanto en su estudio de la Biblia como en su traducción del registro antiguo, José y Oliver habían leído sobre la autoridad para actuar en el nombre de Dios. Ahora ellos poseían esa autoridad.

Después de su bautismo, José y Oliver notaron que las Escrituras que alguna vez les habían parecido enigmáticas y misteriosas, de repente se volvieron más claras. La verdad y el entendimiento inundaron sus mentes[12].

Mientras tanto, en el estado de Nueva York, un amigo de Oliver llamado David Whitmer estaba ansioso por saber más acerca de la obra de José. Aunque David vivía en Fayette, a unos cincuenta kilómetros de Manchester, él se había hecho amigo de Oliver, cuando este enseñaba en la escuela y vivía con la familia Smith. Conversaban a menudo acerca de las planchas de oro, y cuando Oliver se mudó a Harmony, le prometió a David que le escribiría para contarle sobre la traducción.

Poco tiempo después, las cartas comenzaron a llegar. Oliver escribió que José Smith conocía detalles acerca de su vida que nadie podría haber sabido excepto por revelación de Dios. Describió las palabras del Señor a José y la traducción del registro. En una carta, Oliver compartió algunas líneas de la traducción y testificó de su veracidad.

Otra carta le informó a David que era la voluntad de Dios que trajera su yunta y carromato a Harmony para ayudar a José, Emma y Oliver a mudarse a la casa de los Whitmer en Fayette, donde terminarían la traducción[13]. La gente de Harmony se estaba volviendo intolerante con la familia Smith; algunos hombres hasta habían amenazado con atacarlos, y de no haber sido por la influencia de la familia de Emma, podrían haberles ocasionado mucho daño[14].

David compartió las cartas de Oliver con sus padres y hermanos, quienes aceptaron hospedar a José, Emma y Oliver en su casa. Los Whitmer eran descendientes de colonos de habla alemana y tenían la reputación de ser personas devotas y trabajadoras. Su granja estaba lo suficientemente cerca de la casa de los Smith como para ir a visitarlos, pero a suficiente distancia como para eludir las molestias de los ladrones[15].

David quería partir hacia Harmony inmediatamente, pero su padre le recordó que tenía dos días de trabajo pesado antes de que pudiera partir. Era la época de la siembra, y David debía arar ocho hectáreas y fertilizar la tierra con yeso para que el trigo creciese con más fuerza. Su padre le indicó que primero debía orar para saber si era absolutamente necesario partir en ese momento.

David aceptó el consejo de su padre, y mientras oraba sintió que el Espíritu le dijo que terminara su trabajo en casa antes de viajar a Harmony.

A la mañana siguiente, David salió al campo y contempló que había hileras de surcos oscuros en un terreno que no había sido arado la tarde anterior. Al explorar el campo con más detenimiento, vio que alrededor de dos hectáreas y media habían sido aradas durante la noche, y el arado estaba esperándolo en el último surco, listo para que él terminara el trabajo.

El padre de David quedó atónito cuando supo lo que había sucedido. "Debe haber un poder superior en esto —le dijo—, y pienso que deberías ir a Pensilvania tan pronto como hayas esparcido el yeso".

David trabajó con empeño arando el resto del campo y preparó la tierra para una siembra exitosa. Cuando terminó, enganchó su carromato a un fuerte tiro de caballos y partió hacia Harmony antes de lo esperado[16].

Cuando José, Emma y Oliver se mudaron a Fayette, la madre de David se vio recargada de trabajo. Mary Whitmer y su esposo, Peter, tenían ocho hijos de entre 15 y 30 años, y los pocos que ya no vivían en casa, residían muy cerca. Para atender a sus necesidades, Mary trabajaba mucho todo el día, y tener tres huéspedes le significó un aumento de trabajo. Mary tenía fe en el llamamiento de José, y no se quejaba, pero sus fuerzas se estaban agotando[17].

Ese verano en Fayette, el calor era sofocante. Mientras Mary lavaba la ropa y preparaba la comida, José dictaba la traducción en una habitación de la planta alta. Por lo general, Oliver era su escribiente pero, en ocasiones, Emma o alguno de la familia Whitmer se turnaban para escribir[18]. A veces, cuando José y Oliver se cansaban del esfuerzo de traducir, salían a caminar junto a un estanque cercano y lanzaban piedras que rebotaban sobre la superficie del agua.

Mary tenía poco tiempo para sí misma o para relajarse, y la carga de trabajo adicional y la presión que sentía eran difíciles de sobrellevar.

Un día, mientras se encontraba cerca del establo donde se ordeñaban las vacas, vio a un hombre de cabello gris que cargaba un morral cruzado sobre el hombro. Su súbita aparición la asustó pero, al acercarse él, le habló con una voz amable que la tranquilizó.

—Mi nombre es Moroni —le dijo—. Estás muy cansada con todo el trabajo adicional que tienes que hacer. Se quitó el morral del hombro, y Mary vio que comenzaba a abrirlo[19].

—Has sido muy fiel y diligente en tus labores — prosiguió—. Por lo tanto, es apropiado que recibas un testimonio a fin de que se fortalezca tu fe[20].

Moroni abrió el morral y sacó las planchas de oro; Las sostuvo frente a Mary y dio vuelta a sus páginas para que ella pudiera ver los escritos que había en ellas. Después de pasar la última página, la instó a ser paciente y fiel mientras soportaba un poco más la carga adicional de trabajo. Le prometió que sería bendecida por ello[21].

El anciano desapareció un momento después, dejando a Mary a solas. Ella seguía teniendo mucho trabajo por hacer, pero eso ya no la preocupaba[22].

En la granja de los Whitmer, José traducía rápidamente, pero algunos días eran difíciles. Su mente se distraía con otros asuntos, y no podía enfocarse en las cosas espirituales[23]. La pequeña casa de los Whitmer siempre estaba llena de gente y distracciones; mudarse allí había significado renunciar a la relativa privacidad que él y Emma habían tenido en Harmony.

Una mañana, cuando se preparaba para traducir, José se enfadó con Emma. Más tarde, cuando se unió a Oliver y a David en la habitación superior donde trabajaban, no pudo traducir ni una sílaba.

Salió de la habitación y se dirigió hasta el huerto; permaneció afuera alrededor de una hora, orando. Cuando regresó, se disculpó con Emma y le pidió perdón. Luego, continuó traduciendo como de costumbre[24].

José se encontraba traduciendo la última parte del registro, conocida como las planchas menores de Nefi, que en realidad constituirían el principio del libro. Las planchas menores revelaban un relato similar al que él y

Martin habían traducido y perdido; narraban la historia de un joven llamado Nefi y de su familia, y cómo Dios los había guiado desde Jerusalén hasta una nueva tierra prometida. En ellas se explicaban los orígenes del registro y las primeras contiendas entre el pueblo de los nefitas y los lamanitas; y lo que era más importante, daban un potente testimonio de Jesucristo y Su expiación.

Cuando José tradujo lo escrito sobre la última plancha, descubrió que explicaba el propósito del registro y que le daba un título, El Libro de Mormón, en honor al profeta e historiador que lo había compilado[25].

Desde que comenzó a traducir el Libro de Mormón, José había estado aprendiendo mucho sobre su futura función en la obra de Dios. En sus páginas, él pudo reconocer enseñanzas básicas que había aprendido de la Biblia y, además, aprendió nuevas verdades y obtuvo nuevos conocimientos acerca de Jesucristo y Su evangelio. Asimismo, el libro desveló pasajes sobre los últimos días en los que se profetizaba acerca de un vidente escogido llamado José, quien sacaría a luz la palabra del Señor y restauraría convenios y conocimientos que se habían perdido[26].

En el registro, José descubrió que Nefi explicaba más en detalle la profecía de Isaías acerca de un libro sellado que los instruidos no podrían leer. Cuando José leyó esa profecía, pensó en la conversación que Martin Harris tuvo con el profesor Anthon; eso confirmaba que solo Dios podía hacer brotar el libro de la tierra y establecer la Iglesia de Cristo en los últimos días[27].

Cuando José y sus amigos terminaron la traducción, recordaron una promesa que el Señor había hecho en el Libro de Mormón y en Sus revelaciones: que se mostraría las planchas a tres testigos. Por esos días, Martin Harris y los padres de José se encontraban de visita en la granja de la familia Whitmer; y, una mañana, Martin, Oliver y David le rogaron a José que les permitiera ser los testigos. José oró, y el Señor le respondió, indicando que si confiaban en Él con todo su corazón y se comprometían a testificar de la verdad, ellos podrían ver las planchas[28].

—Debes humillarte ante tu Dios en este día —José le dijo específicamente a Martin—, y obtener, si es posible, el perdón de tus pecados[29].

Más tarde, ese mismo día, José se dirigió con los tres hombres al bosque que se hallaba cerca de la casa de los Whitmer. Se arrodillaron, y se turnaron para orar y pedir que les fueran mostradas las planchas, pero no sucedió nada. Lo intentaron una segunda vez, pero tampoco hubo respuesta. Finalmente, Martin se puso de pie y se alejó, comentando que él era la razón por la que los cielos seguían cerrados.

José, Oliver y David continuaron orando, y pronto un ángel apareció en una luz brillante arriba de ellos[30]. Tenía las planchas en sus manos y las fue pasando una por una, mostrándoles los símbolos que estaban grabados en cada página. Junto a él apareció una mesa, sobre la cual había artefactos antiguos que se describían en el Libro de Mormón: los intérpretes, el pectoral, una espada y la milagrosa brújula que guio a la familia de Nefi desde Jerusalén hasta la tierra prometida.

Lo hombres oyeron la voz de Dios declarar: "Estas planchas se han revelado por el poder de Dios y han sido traducidas por el poder de Dios. Su traducción, la cual habéis visto, es correcta, y os mando dar testimonio de lo que ahora veis y oís"[31].

Al partir el ángel, José se adentró más en el bosque y halló a Martin de rodillas. Martin le dijo que aún no había recibido un testimonio del Señor, pero que aún deseaba ver las planchas. Le pidió a José que orase con él. José se arrodilló a su lado y, antes de que pronunciaran palabra, vieron al mismo ángel, quien les mostró las planchas y los demás objetos antiguos.

—¡Es suficiente! ¡Es suficiente! —exclamó Martin—. ¡Mis ojos han visto! ¡Mis ojos han visto![32]

José y los Tres Testigos regresaron a la casa de los Whitmer por la tarde. Mary Whitmer estaba conversando con los padres de José, cuando este entró corriendo en la habitación. —¡Padre! ¡Madre! —exclamó—. ¡No saben ustedes lo feliz que soy!

Se dejó caer al lado de su madre. —El Señor ha hecho que se mostraran las planchas a otros tres, aparte de mí —explicó—. Ahora ellos saben por sí mismos que no ando engañando a la gente.

Sentía que acababa de liberarse de la carga que llevaba sobre sus hombros. —Ahora ellos tendrán que sobrellevar una porción —dijo—. Ya no tendré que estar enteramente solo en el mundo.

Entonces, Martin entró en la habitación, rebosante de alegría. —¡He visto ahora a un ángel del cielo! —exclamó—. ¡Alabo a Dios con toda la sinceridad de mi alma por haber condescendido para que yo, aun yo, sea un testigo de la grandeza de Su obra![33].

Unos días más tarde, los Whitmer visitaron a la familia Smith en su granja en Manchester. Sabiendo que el Señor había prometido que establecería Sus palabras "en la boca de cuantos testigos a él le plazca", José fue al bosque con su padre, Hyrum y Samuel, y con cuatro de los hermanos de David Whitmer —Christian, Jacob, Peter, hijo, y John— y el cuñado de ellos, Hiram Page[34].

Los hombres se reunieron en un lugar donde la familia Smith solía ir a orar en privado. Con el permiso del Señor, José descubrió las planchas y las mostró al grupo. Ellos no vieron a un ángel, como los Tres Testigos, pero José les permitió sostener el registro en sus manos, pasar sus páginas y examinar su arcaica caligrafía. Sostener las planchas en sus manos reafirmó su fe en que era verdadero el testimonio de José acerca del ángel y el registro antiguo[35].

Ahora que había finalizado la traducción y contaba con testigos que respaldaban su milagroso testimonio, José ya no necesitaba las planchas. Después que los hombres salieron del bosque y regresaron a la casa, el ángel apareció y José le devolvió el registro sagrado[36].

CAPÍTULO 8

El establecimiento de la Iglesia de Cristo

A principios de julio de 1829, y con el manuscrito en su poder, José entendía que el Señor quería que él publicara el Libro de Mormón y llevara su mensaje a todos los rincones de la tierra. Mas ni él ni su familia estaban familiarizados con la industria editorial. José debía mantener a salvo el manuscrito, tenía que encontrar un impresor y debía hacer llegar el libro, de alguna manera, a personas que estuvieran dispuestas a considerar la posibilidad de que hubiera nuevas Escrituras.

Además, publicar un libro tan extenso como el Libro de Mormón no costaría poco. La situación económica de José no había mejorado desde que comenzó la traducción, y todo el dinero que ganaba estaba destinado a mantener su familia. Sus padres se hallaban en una situación similar; ellos seguían siendo unos granjeros pobres que labraban tierras ajenas. El único amigo de José que podía financiar el proyecto era Martin Harris.

José puso manos a la obra enseguida. Antes de finalizar la traducción, él había solicitado los derechos de autor del libro para proteger el texto de cualquiera que pudiera robarlo o plagiarlo[1]. Con la ayuda de Martin, José comenzó a buscar un impresor que aceptara publicar el libro.

Primero, acudieron a Egbert Grandin, un impresor de Palmyra que tenía la misma edad que José. Grandin rechazó la propuesta de inmediato, pensando que el libro era un fraude. José y Martin siguieron buscando con determinación, y en una ciudad cercana hallaron a un impresor que estaba dispuesto a hacer el trabajo. Pero antes de aceptar su oferta, regresaron a Palmyra y le preguntaron a Grandin una vez más si deseaba publicar el libro[2].

Esta vez, Grandin estuvo más dispuesto a aceptar el proyecto, pero quería que se le pagase $3.000 para imprimir y encuadernar cinco mil ejemplares antes de siquiera empezar a trabajar. Martin había prometido que ayudaría a cubrir los costos de impresión, pero se dio cuenta de que para reunir tal cantidad de dinero debía hipotecar su granja. Era una carga enorme para Martin, pero él sabía que ningún otro amigo de José podía ayudarlo con esa cantidad de dinero.

Afligido, Martin comenzó a cuestionarse si era prudente financiar el Libro de Mormón. Él tenía una de las mejores granjas de la región. Si hipotecaba sus tierras, se arriesgaba a perderlas. La riqueza que había acumulado durante toda su vida podía desaparecer en un instante, si el Libro de Mormón no se vendía.

Martin compartió su preocupación con José, y le pidió que procurara una revelación para él. En respuesta, el Salvador habló del sacrificio que Él hizo para hacer la voluntad de Su Padre, sin importar el costo. Él describió Su sufrimiento supremo al pagar el precio por el pecado a fin de que todos puedan arrepentirse y ser perdonados. Luego, mandó a Martin que sacrificara sus propios intereses para llevar a cabo el plan de Dios.

"Te mando no codiciar tus propios bienes —dijo el Señor—, sino dar liberalmente de ellos para imprimir el Libro de Mormón". El Señor le aseguró a Martin que el libro contenía la verdadera palabra de Dios, y que ayudaría a la gente a creer en el Evangelio[3].

Aunque sus vecinos no entendieran su decisión, Martin obedeció al Señor e hipotecó su granja para garantizar el pago[4].

Grandin firmó el contrato y comenzó a organizar el magno proyecto[5]. José había traducido el texto del Libro de Mormón en tres meses con la ayuda de solo un escribiente a la vez; a Grandin y a sus doce ayudantes les llevaría siete meses imprimir y encuadernar los primeros ejemplares de una obra de 590 páginas[6].

HABIENDO CONTRATADO A UN editor, José regresó a Harmony en octubre de 1829 para trabajar en su granja y estar con Emma. Mientras tanto, Oliver, Martin y Hyrum supervisarían la impresión y mantendrían a José informado del progreso de Grandin[7].

Recordando la desesperación que había sentido cuando perdió las primeras páginas de la traducción, José le pidió a Oliver que copiara el manuscrito del Libro de Mormón página por página, a fin de crear un duplicado para entregar al impresor, quien añadiría la puntuación y dispondría los caracteres tipográficos[8].

Oliver disfrutó la tarea de copiar el libro, y las cartas que escribió en esa época estaban impregnadas del lenguaje del libro. Haciendo eco de las palabras de Nefi, Jacob y Amulek del Libro de Mormón, Oliver le escribió a José acerca de la gratitud que sentía por la expiación infinita de Cristo.

"Cuando empiezo a escribir sobre las misericordias de Dios —le dijo a José—, no puedo parar, y el tiempo y el papel me son insuficientes"[9].

Ese mismo espíritu atrajo a otras personas al Libro de Mormón mientras se estaba imprimiendo. Thomas Marsh, que había sido aprendiz de impresor, había intentado hallar su lugar en otras iglesias, pero ninguna de ellas parecía predicar el Evangelio que él encontraba en la Biblia. Él creía que pronto se organizaría una iglesia nueva que enseñaría la verdad restaurada.

Aquel verano, Thomas se sintió guiado por el Espíritu a viajar cientos de kilómetros desde su casa en Boston hasta el oeste del estado de Nueva York. Permaneció en la región unos tres meses antes de iniciar el regreso a casa, sin saber por qué había viajado tan lejos. Sin embargo, en una parada que hizo en el camino, la mujer que lo hospedó le preguntó si había escuchado acerca del "libro de oro" de José Smith. Thomas le dijo que no, y sintió la impresión de que debía averiguar más.

La mujer le dijo que debía hablar con Martin Harris y le indicó que fuera a Palmyra. Thomas se dirigió hacia allá inmediatamente y encontró a Martin en la imprenta de Grandin. El impresor le dio 16 páginas del Libro de Mormón, y Thomas se las llevó a Boston, ansioso por compartir con su esposa Elizabeth las primeras sensaciones de aquella nueva fe.

Elizabeth leyó las páginas y también creyó que eran la obra de Dios[10].

AQUEL OTOÑO, MIENTRAS LOS impresores hacían progresos constantes con la impresión del Libro de Mormón, un antiguo juez, llamado Abner Cole, empezó a publicar un periódico en la imprenta de Grandin. Debido a que trabajaba en la imprenta durante la noche, después de que el personal de Grandin se iba a casa, Abner tenía acceso a las páginas impresas del Libro de Mormón, el cual aún no estaba encuadernado ni listo para la venta.

Pronto comenzó Abner a burlarse de la "Biblia de oro" en su periódico y, durante el invierno, publicó fragmentos del libro acompañados de comentarios sarcásticos[11].

Cuando Hyrum y Oliver se enteraron de lo que Abner estaba haciendo, lo confrontaron. —¿Qué derecho tiene a imprimir el Libro de Mormón de esta manera? —le reclamó Hyrum—. ¿No sabe usted que tenemos los derechos de autor?

—No es asunto suyo —dijo Abner—. He contratado la imprenta e imprimiré lo que me plazca.

—Le prohíbo imprimir cualquier otra parte del libro en su periódico —le dijo Hyrum.

—No me importa —respondió Abner.

Sin saber qué hacer, Hyrum y Oliver mandaron a avisar a José en Harmony, quien regresó a Palmyra de inmediato. José halló a Abner en la oficina de la imprenta, hojeando su propio periódico.

—Parece que está trabajando duro —comentó José.

—¿Cómo le va, Sr. Smith —contestó Abner secamente.

—Sr. Cole —dijo José—, el Libro de Mormón y el derecho de publicarlo me pertenecen, y le prohíbo que se entrometa.

Abner se quitó bruscamente el abrigo y se arremangó la camisa. —¿Quiere pelear, señor? —vociferó, juntando los puños—. Si quiere pelear, adelante.

José sonrió. —Es mejor que se ponga el abrigo —le dijo—. Hace frío, y no voy a pelear con usted. Pero usted debe dejar de imprimir mi libro —prosiguió con calma.

—Si usted cree que es más hombre que yo —dijo Abner—, quítese el abrigo y compruébelo.

—Existen las leyes —respondió José—, y usted va a descubrirlo si es que no lo ha sabido hasta ahora. Pero yo no pelearé con usted porque no serviría de nada.

Abner sabía que estaba violando la ley; se tranquilizó y dejó de imprimir fragmentos del Libro de Mormón en su periódico[12].

SOLOMON CHAMBERLIN, UN PREDICADOR que iba camino a Canadá, escuchó hablar de la "Biblia de oro" por primera vez de boca de una familia con la que se hospedó cerca de Palmyra. Al igual que Thomas Marsh, había ido de iglesia en iglesia a lo largo de su vida pero no se sentía satisfecho con lo que había visto. Algunas iglesias predicaban principios del Evangelio y creían en los dones espirituales, pero no tenían profetas de Dios ni Su sacerdocio. Solomon sentía que se aproximaba el tiempo en que el Señor establecería Su Iglesia.

Cuando la familia le habló a Solomon acerca de José Smith y las planchas de oro, se sintió electrizado de pies a cabeza, y tomó la determinación de encontrar a los Smith y averiguar más acerca del libro.

Se dirigió a la casa de la familia Smith y halló a Hyrum en la puerta. —La paz esté en esta casa —dijo Solomon.

—Espero que haya paz —respondió Hyrum.

—¿Hay alguien aquí que crea en visiones o revelaciones?

—Sí —contestó Hyrum—, todos en esta casa creemos en visiones.

Solomon le relató a Hyrum una visión que había visto hacía años. En ella, un ángel le había dicho que Dios no tenía una iglesia sobre la tierra pero que pronto establecería una que tendría el mismo poder que la iglesia de los apóstoles de antaño. Hyrum y el resto de la familia comprendieron lo que Solomon decía y le expresaron que compartían sus creencias.

—Desearía que compartieran conmigo algo de lo que han descubierto —expresó Solomon—. Creo que puedo aceptarlo.

Hyrum lo invitó a hospedarse en la granja de los Smith y le mostró el manuscrito del Libro de Mormón. Solomon lo estudió por dos días y acompañó a Hyrum a la imprenta de Grandin, donde uno de los impresores le entregó 64 páginas impresas. Con las páginas sin encuadernar en su poder, Solomon prosiguió su viaje a Canadá, predicando a lo largo del camino todo lo que sabía acerca de la nueva religión[13].

Para el 26 de marzo de 1830, se habían encuadernado los primeros ejemplares del Libro de Mormón y estaban a la venta en la planta baja de la oficina de la imprenta de Grandin. Estaban encuadernados firmemente con cuero de becerro y olían a cuero, pegamento, papel y tinta. Las palabras *Libro de Mormón* aparecían en el lomo en letras doradas[14].

Lucy Smith atesoraba las nuevas Escrituras y las veía como una señal de que Dios pronto recogería a Sus hijos y restauraría Su antiguo convenio. La portada declaraba que el propósito del libro era manifestar las grandes cosas que Dios había hecho por Su pueblo en el pasado, extender las mismas bendiciones a Su pueblo hoy en día y convencer a todo el mundo de que Jesucristo era el Salvador del mundo[15].

Al final del libro se encontraban los testimonios de los Tres Testigos y de los Ocho Testigos, quienes declaraban al mundo que habían visto las planchas y que sabían que la traducción era verdadera[16].

A pesar de esos testimonios, Lucy sabía que algunas personas pensaban que el libro era una ficción. Muchos de sus vecinos creían que tenían suficientes Escrituras con la Biblia, y no concebían que Dios hubiera bendecido con Su palabra a más de una nación. Ella sabía, además, que algunas personas rechazaban su mensaje porque creían que Dios había hablado una vez al mundo y ya no volvería a hacerlo.

Por esas y otras razones, la mayoría de la gente de Palmyra no compró el libro[17]. Sin embargo, algunos estudiaron sus páginas, sintieron el poder de sus enseñanzas y se arrodillaron para preguntarle al Señor si era verdadero. Lucy sabía que el Libro de Mormón era la palabra de Dios y deseaba compartirlo con los demás[18].

Casi inmediatamente después de publicarse el Libro de Mormón, José y Oliver hicieron preparativos para organizar la Iglesia de Jesucristo. Unos meses antes, Pedro, Santiago y Juan, apóstoles del Señor en la antigüedad, habían aparecido ante ellos y les habían conferido el Sacerdocio de Melquisedec, tal como Juan el Bautista había prometido. Esa autoridad adicional les permitía a José y a Oliver conferir el don del Espíritu Santo sobre aquellos que bautizaran. Adicionalmente, Pedro, Santiago y Juan los ordenaron a ellos como apóstoles de Jesucristo[19].

Por esos días, mientras se hospedaban en la casa de los Whitmer, José y Oliver habían pedido en oración más conocimiento sobre esa autoridad. En respuesta, la voz del Señor les mandó ordenarse el uno al otro como élderes de la Iglesia, pero no antes de que los creyentes consintieran en seguirlos como líderes en la Iglesia del Salvador. Se les dijo también que debían ordenar a otros oficiales de la Iglesia y conferir el don del Espíritu Santo a quienes habían sido bautizados[20].

El 6 de abril de 1830, José y Oliver se reunieron en la casa de los Whitmer para cumplir el mandamiento del Señor y organizar Su iglesia. A fin de cumplir con los requisitos de la ley, ellos eligieron a seis personas para que fueran los primeros miembros de la nueva iglesia. Alrededor de cuarenta hombres y mujeres abarrotaron la pequeña casa para presenciar la ocasión[21].

Obedeciendo las instrucciones que el Señor les había dado previamente, José y Oliver pidieron a la congregación que los sostuvieran como líderes en el reino de Dios y manifestaran si creían que era apropiado que se organizaran como iglesia. Cada uno de los miembros de la congregación estuvo de acuerdo, y José puso sus manos sobre la cabeza de Oliver y lo ordenó élder de la Iglesia. Luego intercambiaron posiciones, y Oliver ordenó a José.

Entonces, administraron el pan y el vino de la Santa Cena en memoria de la expiación de Cristo. Luego pusieron sus manos sobre la cabeza de aquellos que habían bautizado, los confirmaron miembros de la Iglesia y les dieron el don del Espíritu Santo[22]. El Espíritu del Señor se derramó sobre la congregación, y algunos de ellos empezaron a profetizar. Otros alababan al Señor y todos se regocijaron juntamente.

Además, José recibió la primera revelación dirigida a todos los miembros de la nueva iglesia. "He aquí, se llevará entre vosotros una historia", mandó el Señor, recordando a Su pueblo que debían escribir su historia sagrada para preservar un registro de sus acciones y testificar de la función de José como profeta, vidente y revelador.

"Yo lo he inspirado para impulsar la causa de Sion con gran poder para hacer lo bueno —declaró el Señor—, Recibiréis su palabra con toda fe y paciencia como si viniera de mi propia boca. Porque si hacéis estas cosas, las puertas del infierno no prevalecerán contra vosotros"[23].

POSTERIORMENTE, JOSÉ OBSERVÓ DE pie, junto a un arroyo, el bautismo de su madre y de su padre para unirse a la Iglesia. Luego de años siguiendo diferentes caminos en su búsqueda de la verdad, por fin estaban unidos en la fe. Cuando Joseph, padre, salió del agua, José lo tomó de la mano, lo ayudó a llegar a la orilla y lo abrazó.

"¡Mi Dios —exclamó hundiendo su rostro en el pecho de su padre—, he vivido hasta ver a mi padre bautizarse en la Iglesia verdadera de Jesucristo!"[24].

Aquella tarde, José se escabulló a un bosque cercano con el corazón rebosante de gozo. Quería estar a solas, apartado de la mirada de sus amigos y familiares. En los diez años desde la Primera Visión, había contemplado los cielos abiertos, había sentido el Espíritu de Dios y había recibido instrucción por medio de ángeles. Asimismo, él había pecado y había perdido su don, pero se había arrepentido, había recibido la misericordia de Dios y había traducido el Libro de Mormón por Su poder y gracia.

Ahora, Jesucristo había restaurado Su Iglesia y había autorizado a José con el mismo sacerdocio que los apóstoles habían poseído en la antigüedad cuando llevaron el Evangelio al mundo[25]. La felicidad que sentía no cabía en él, y cuando Joseph Knight y Oliver lo encontraron por la noche, él estaba llorando.

Su gozo era completo. La obra había comenzado[26].

PARTE 2

Una casa de fe

ABRIL DE1830–ABRIL DE 1836

Organizaos; preparad todo lo que fuere necesario; y estableced una casa, sí, una casa de oración, una casa de ayuno, una casa de fe, una casa de instrucción, una casa de gloria, una casa de orden, una casa de Dios. . .

Doctrina y Convenios 88:119

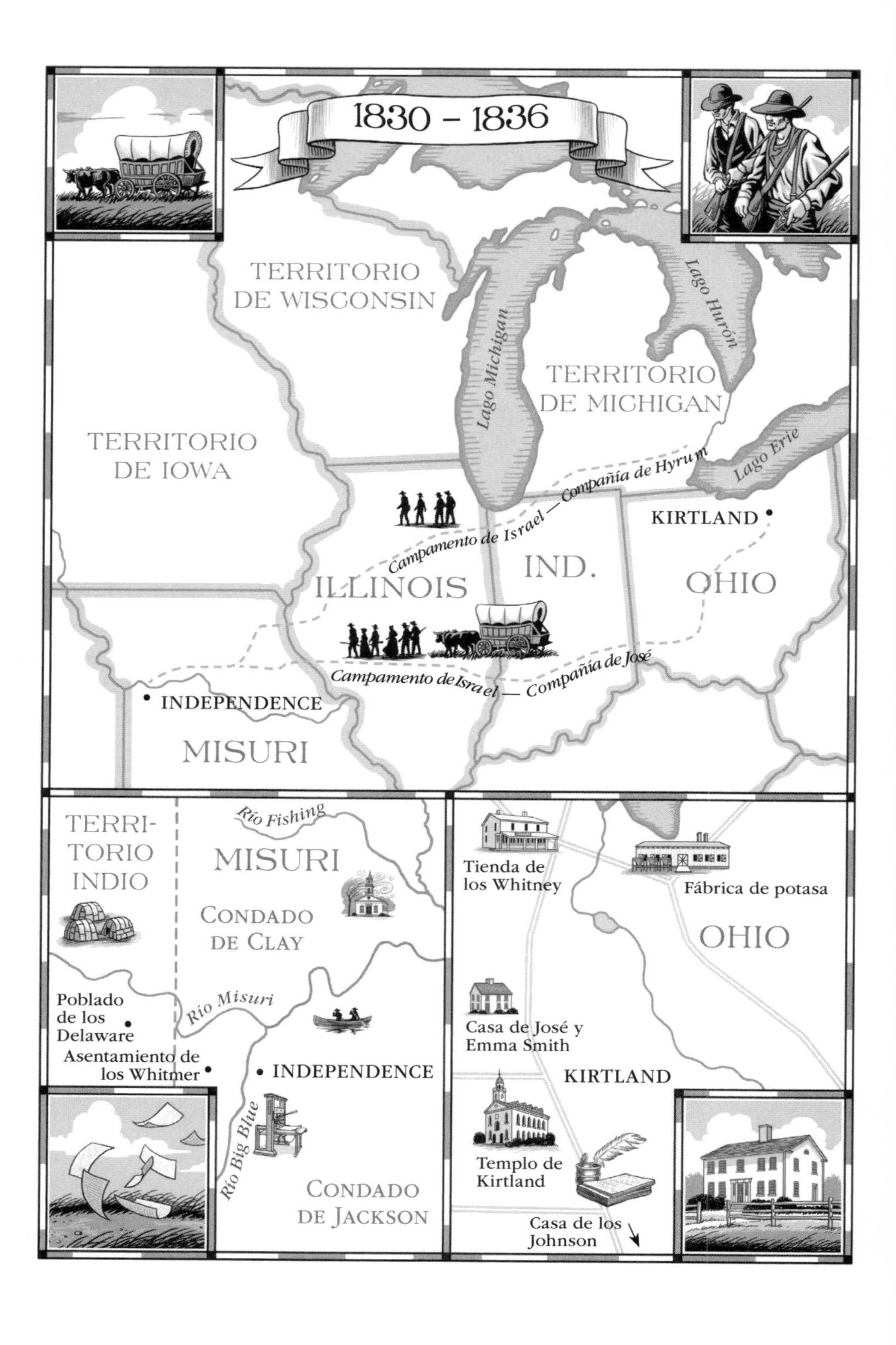
1830 - 1836
TERRITORIO DE WISCONSIN
Lago Michigan
Lago Hurón
TERRITORIO DE MICHIGAN
TERRITORIO DE IOWA
Lago Erie
Campamento de Israel — Compañía de Hyrum
KIRTLAND
ILLINOIS
IND.
OHIO
Campamento de Israel — Compañía de José
INDEPENDENCE
MISURI
TERRI-TORIO INDIO
Río Fishing
MISURI
CONDADO DE CLAY
Poblado de los Delaware
Río Misuri
Asentamiento de los Whitmer
INDEPENDENCE
Río Big Blue
CONDADO DE JACKSON
Tienda de los Whitney
Fábrica de potasa
OHIO
Casa de José y Emma Smith
KIRTLAND
Templo de Kirtland
Casa de los Johnson

CAPÍTULO 9

Ya sea para vida o para muerte

Al domingo siguiente de haberse organizado la Iglesia, Oliver predicó a la familia Whitmer y a sus amigos en Fayette. Muchos de ellos habían apoyado la traducción del Libro de Mormón pero aún no se habían unido a la Iglesia. Cuando Oliver terminó de hablar, seis personas le pidieron que los bautizara en un lago cercano[1].

A medida que se unían más personas a la nueva Iglesia, más agobiaba a José la inmensidad del mandato del Señor de llevar el Evangelio al mundo. Había publicado el Libro de Mormón y organizado la Iglesia del Señor, pero el libro no se estaba vendiendo bien y quienes deseaban bautizarse eran en su mayoría sus amigos y familiares. Y José todavía tenía mucho que aprender sobre el cielo y la tierra.

Con frecuencia, las personas que se unían a la Iglesia venían en busca de los dones del Espíritu y otros milagros sobre los cuales leían en el Nuevo Testamento[2]. Pero el

Evangelio restaurado les prometía a los creyentes algo más grande que las maravillas y las señales. Benjamín, un sabio profeta y rey del Libro de Mormón, había enseñado que si las personas se sometían al Santo Espíritu, podrían despojarse de su naturaleza pecaminosa y hacerse santos por medio de la expiación de Jesucristo[3].

Para José, el desafío ahora era cómo hacer avanzar la obra del Señor. Él y Oliver sabían que tenían que proclamar el arrepentimiento a todas las personas. El campo estaba listo para la siega y el valor de cada alma era grande a los ojos de Dios. Pero, ¿cómo podían hacer avanzar una obra tan grande dos noveles apóstoles —uno, agricultor y el otro, maestro de escuela— ambos de poco más de veinte años?

Y, ¿cómo podría una pequeña iglesia de la zona rural del estado de Nueva York elevarse por encima de sus humildes comienzos y crecer hasta llenar el mundo entero?

DESPUÉS DE LOS BAUTISMOS en Fayette, José emprendió el viaje de regreso a su granja en Harmony, a ciento sesenta kilómetros de distancia. Tan ocupado como estaba con la nueva Iglesia, él aún tenía que plantar sus campos, y pronto, si quería tener una cosecha productiva en el otoño. Se había retrasado con los pagos por la granja y, si fallaban sus cosechas, tendría que encontrar otra manera de pagar su deuda al padre de Emma.

De camino a casa, José se detuvo en la granja de Joseph y Polly Knight en Colesville, Nueva York. Los Knight lo habían respaldado por mucho tiempo, pero aún no se habían unido a la Iglesia. Joseph Knight, en particular, quería leer el Libro de Mormón antes de abrazar la nueva religión[4].

José se quedó unos días en Colesville, predicando a la familia Knight y a sus amigos. Newel Knight, uno de los hijos de Joseph y Polly, a menudo hablaba con el Profeta acerca del Evangelio. Un día, José lo invitó a orar en una reunión, pero Newel dijo que prefería orar solo en el bosque.

A la mañana siguiente, Newel fue al bosque e intentó orar. Una sensación incómoda le invadió, la cual empeoró cuando quiso volver a casa. Para cuando llegó, la sensación era tan opresiva que le rogó a su esposa, Sally, que buscara al Profeta.

José fue corriendo a ver a Newel y encontró a los familiares y vecinos contemplando atemorizados mientras el joven sufría violentas contorsiones en su cara, sus brazos y piernas. Cuando Newel vio a José, gritó: "¡Echa fuera al demonio!".

Hasta entonces, José nunca había intentado reprender al demonio o sanar a alguien, pero sabía que Jesús había prometido a Sus discípulos el poder de hacerlo. Actuando rápidamente, tomó a Newel de la mano. "En el nombre de Jesucristo —dijo José—: ¡apártate de él!".

Tan pronto como habló José, las contorsiones se detuvieron. Newel se desplomó en el suelo, exhausto pero ileso, murmurando que había visto al diablo abandonar su cuerpo.

Los Knight y sus vecinos estaban asombrados por lo que José había hecho. Mientras llevaban a Newel a la cama, José les dijo que ese era el primer milagro que se había efectuado en la Iglesia.

"Fue hecho por Dios — testificó—, y por el poder de la divinidad"[5].

A CIENTOS DE KILÓMETROS hacia el oeste, un granjero llamado Parley Pratt sintió que el Espíritu lo instaba a abandonar su hogar y su familia para predicar sobre las profecías y los dones espirituales que veía en la Biblia. Vendió su granja a pérdida y confió en que Dios lo bendeciría por haber dejado todo por Cristo.

Con tan solo algunas prendas de vestir y el dinero suficiente para hacer el viaje, él y su esposa, Thankful, abandonaron su hogar y se dirigieron al este para visitar a su familia antes de partir a predicar. Sin embargo, mientras viajaban por el canal, Parley se volvió hacia Thankful y le pidió que continuara sin él. Sintió que el Espíritu le mandaba a bajar del bote.

"Volveré pronto —le prometió—. Tengo una obra que realizar en esta región"[6].

Parley desembarcó y caminó dieciséis kilómetros por el campo, hasta encontrar la casa de un diácono bautista quien le contó acerca de un nuevo y extraño libro que había adquirido. Afirmaba ser un registro antiguo, dijo el hombre, traducido de planchas de oro con la ayuda de ángeles y visiones. El diácono no tenía el libro consigo, pero prometió mostrárselo a Parley al día siguiente.

A la mañana siguiente, Parley regresó a la casa del diácono. Abrió el libro ansiosamente y leyó la portada. Luego pasó a la parte posterior del libro y leyó los testimonios de varios testigos. Las palabras lo atrajeron y comenzó a leer el libro desde el principio. Las horas pasaban, pero él no podía dejar de leer. Comer y dormir le resultaban una carga. El Espíritu del Señor estaba sobre él, y supo que el libro era verdadero[7].

Parley se dirigió rápidamente al pueblo de Palmyra, que quedaba cerca, con la determinación de conocer al traductor del libro. Unos lugareños le indicaron cómo llegar a la granja, que estaba a pocos kilómetros por el camino. De camino, Parley vio a un hombre y le preguntó dónde podía encontrar a José Smith. El hombre le dijo que José vivía en Harmony, a unos ciento sesenta kilómetros al sur, pero se presentó como Hyrum Smith, hermano del Profeta.

Ellos conversaron hasta bien avanzada la noche, y Hyrum le testificó del Libro de Mormón, la restauración del sacerdocio y la obra del Señor en los últimos días. A la mañana siguiente, Parley tenía citas para predicar que deseaba cumplir, por lo que Hyrum le dio un ejemplar del libro y se despidieron.

En la siguiente oportunidad que tuvo, Parley retomó la lectura del libro y descubrió, para su alegría, que el Señor resucitado había visitado al pueblo de la antigua América y les había enseñado Su evangelio. Parley comprendió que el mensaje del libro era de más estima que todas las riquezas del mundo.

Cuando cumplió con sus citas de predicación, Parley regresó a la casa de la familia Smith. Hyrum lo recibió nuevamente y lo invitó a visitar la granja de la familia Whitmer, donde podría conocer a una creciente congregación de miembros de la Iglesia.

Deseoso de aprender más, Parley aceptó la invitación. Pocos días más tarde, él fue bautizado[8].

A FINES DE JUNIO de 1830, Emma viajó con José y Oliver hacia Colesville. Las noticias del milagro que José había efectuado esa primavera se habían esparcido por toda la región, y ahora los Knight y varias otras familias deseaban unirse a la Iglesia.

Emma también estaba lista para su bautismo. Al igual que los Knight, ella creía en el Evangelio restaurado y en el llamamiento profético de su esposo, pero todavía no se había unido a la Iglesia[9].

Después de llegar a Colesville, José trabajó con otras personas construyendo un dique en un arroyo cercano para poder llevar a cabo una reunión bautismal al día siguiente. Sin embargo, cuando llegó la mañana, descubrieron que alguien había destruido el dique durante la noche para evitar que se efectuaran los bautismos.

Decepcionados, llevaron a cabo una reunión dominical en su lugar y Oliver predicó sobre el bautismo y el Espíritu Santo. Después del sermón, un ministro local y algunos miembros de su congregación interrumpieron la reunión e intentaron arrastrar afuera a uno de los creyentes.

Emma estaba bien familiarizada con la violencia de quienes se oponían a José y su mensaje. Algunas personas lo tildaban de fraude y lo acusaban de tratar de sacar provecho de sus seguidores. Otros se burlaban de los creyentes y los llamaban "Mormonitas"[10]. Al día siguiente, Emma y los demás regresaron al río temprano para evitar problemas, y repararon el dique. Una vez que el agua era suficientemente profunda, Oliver entró en el estanque, y bautizó a Emma, a Joseph y Polly Knight y a otras diez personas.

Durante los bautismos, algunos hombres se mantuvieron a lo largo de la orilla, a poca distancia, interrumpiendo con sus burlas a los creyentes. Emma y los demás trataron de ignorarlos pero, cuando el grupo regresó a la granja de la familia Knight, esos hombres los siguieron, vociferando amenazas contra el Profeta por el camino. En la casa de la familia Knight, José y Oliver querían confirmar a las mujeres y los hombres recién bautizados, pero el grupo de agitadores que estaban afuera se convirtió en un ruidoso populacho de unas cincuenta personas.

Temiendo ser atacados, los creyentes huyeron a una casa vecina, con la esperanza de terminar las confirmaciones en paz. Pero antes de que pudieran llevar a cabo las ordenanzas, un alguacil arrestó a José y lo llevó a la cárcel por causar un alboroto en la comunidad al predicar el Libro de Mormón.

José pasó la noche bajo custodia, sin saber si el populacho lo capturaría y llevaría a cabo sus amenazas. Mientras tanto, Emma esperaba ansiosamente en la casa de su hermana, y tanto ella como sus amigos de Colesville oraban porque José fuera liberado sano y salvo[11].

DURANTE LOS DOS DÍAS siguientes, José fue juzgado en la corte y fue absuelto, solo para ser arrestado y juzgado nuevamente por cargos similares. Tras su segunda audiencia, él fue liberado, y regresó con Emma a su granja de Harmony antes de que ella y los hermanos de Colesville pudieran ser confirmados como miembros de la Iglesia[12].

De vuelta en casa, José empezó nuevamente a trabajar en su granja, pero el Señor le dio una nueva revelación sobre cómo debía utilizar su tiempo. "Porque dedicarás todo tu servicio a Sion —declaró el Señor—. Mas para los trabajos temporales no tendrás fuerza, porque este no es tu llamamiento". Se le dijo a José que plantara sus campos y luego partiera para confirmar a los nuevos miembros de Nueva York[13].

La revelación creó muchas incertidumbres en la vida de Emma. ¿Cómo se ganarían la vida si José dedicaba todo su tiempo a los santos? ¿Y qué haría ella mientras él estuviera fuera, sirviendo a la Iglesia? ¿Debía quedarse ella en casa, o el Señor quería que fuera con él? Y si esto era lo que Él deseaba, ¿cuál sería la función de ella en la Iglesia?

Conociendo el deseo que Emma tenía de recibir guía, el Señor le habló en una revelación dada por medio de José. El Señor le perdonó sus pecados y la llamó "dama elegida". Le mandó que fuera con José en sus viajes y le prometió: "Serás ordenada por su mano para explicar las Escrituras y para exhortar a la iglesia".

También calmó sus temores sobre sus finanzas: "No tienes por qué temer —le aseguró—, porque tu marido te sustentará".

Luego, el Señor le indicó que hiciera una selección de himnos sagrados para la Iglesia; "porque mi alma se deleita en el canto del corazón"[14].

Poco después de la revelación, José y Emma viajaron a Colesville, donde Emma y los santos de allí fueron confirmados finalmente. Al recibir los nuevos miembros el don del Espíritu Santo, el Espíritu del Señor llenó la habitación. Todos se regocijaron y alabaron a Dios[15].

Mas tarde ese verano, José y Emma pagaron la totalidad de su granja con la ayuda de amigos y se mudaron a Fayette para que José pudiera dedicar más tiempo a la Iglesia[16]. Sin embargo, al llegar allí se enteraron de que Hiram Page, uno de los Ocho Testigos, había empezado a buscar revelaciones para la Iglesia a través de lo que él pensaba que era una piedra de vidente[17]. Muchos santos, entre ellos Oliver y algunos miembros de la familia Whitmer, creían que esas revelaciones provenían de Dios[18].

José sabía que estaba enfrentando una crisis. Las revelaciones de Hiram imitaban el lenguaje de las Escrituras, hablaban del establecimiento de Sion y de la organización de la Iglesia, pero a veces contradecían el Nuevo Testamento y las verdades que el Señor había revelado por medio de José.

Sin saber cómo proceder, José se quedó levantado una noche orando, suplicando por guía. Había experimentado oposición antes, pero no de sus amigos. Si actuaba demasiado enérgicamente contra las revelaciones de Hiram, podía ofender a quienes creían en ellas o desalentar a los santos fieles de buscar revelación por sí mismos[19]. Pero si no condenaba las revelaciones falsas, podían socavar la autoridad de la palabra del Señor y dividir a los santos.

Después de muchas horas sin dormir, José recibió una revelación dirigida a Oliver. "Nadie será nombrado para recibir mandamientos y revelaciones en esta iglesia sino mi siervo José Smith —declaró el Señor—, porque es preciso que todas las cosas se hagan con orden y de común acuerdo en la iglesia". El Señor le indicó a Oliver que le enseñara este principio a Hiram.

Luego, la revelación llamó a Oliver a viajar casi mil seiscientos kilómetros hasta la frontera occidental de los Estados Unidos para predicar el Evangelio restaurado a los indios americanos, quienes eran un remanente de la casa de Israel. El Señor dijo que la ciudad de Sion se edificaría cerca de esos pueblos, haciéndose eco de la promesa del Libro de Mormón de que Dios establecería la Nueva Jerusalén en el continente americano antes de la segunda venida de Cristo. No identificaba la ubicación exacta de la ciudad, pero prometía revelar esa información en un momento posterior[20].

Unos días más tarde, en una conferencia de la Iglesia, los santos renunciaron a las revelaciones de Hiram y sostuvieron unánimemente a José como el único que podía recibir revelación para la Iglesia[21].

El Señor llamó a Peter Whitmer, hijo, a Ziba Peterson y a Parley Pratt para que se unieran a Oliver en la misión al Oeste[22]. Emma y otras mujeres, mientras tanto, comenzaron a hacer ropa para los misioneros. Trabajando largas horas, hilaron lana en hilos, con los cuales tejieron telas y cosieron la tela a mano, pieza por pieza[23].

Parley había regresado recientemente a Fayette con Thankful después de compartir el Evangelio con ella y con otros miembros de su familia. Cuando él partió hacia el Oeste, Thankful se mudó con Mary Whitmer, quien con gusto la recibió en su casa.

De camino a Misuri, Parley planeó llevar a los otros misioneros al estado de Ohio, donde vivía su antiguo pastor, Sidney Rigdon. Parley confiaba que él estaría interesado en su mensaje[24].

ESE MISMO VERANO, EN un pueblo a dos días de camino de Fayette, Rhoda Greene encontró a Samuel Smith, el hermano del Profeta, en la puerta de su casa. Rhoda había conocido a Samuel anteriormente, en ese mismo año, cuando él dejó un ejemplar del Libro de Mormón en la casa de ella. Su esposo, John, era un predicador viajante de otra religión y pensaba que el libro era un disparate, pero había prometido llevarlo con él en su recorrido y recopilar los nombres de aquellos que estuvieran interesados en su mensaje.

Rhoda invitó a Samuel a entrar, y le dijo que nadie había mostrado interés en el Libro de Mormón hasta ese momento. "Tendrá que llevarse el libro —le dijo—. El señor Greene no parece querer comprarlo".

Samuel tomó el Libro de Mormón y se volvía para marcharse cuando Rhoda mencionó que ella lo había leído y que le había gustado. Samuel hizo una pausa. "Le daré este libro —le dijo, devolviéndole el ejemplar—. El Espíritu de Dios me prohíbe que me lo lleve".

Rhoda se sintió profundamente emocionada al tomar de nuevo el libro. "Pídale a Dios que le dé un testimonio de la veracidad de la obra —dijo Samuel—, y sentirá una sensación de ardor en su pecho, la cual es el Espíritu de Dios".

Más tarde, luego de volver su esposo a casa, Rhoda le contó acerca de la visita de Samuel. Al principio, John se mostró reacio a orar acerca del libro, pero Rhoda lo convenció de que confiara en la promesa de Samuel.

"Sé que no diría una mentira —dijo ella—. Si alguna vez hubo un buen hombre, él es uno de ellos".

Rhoda y John oraron en cuanto al libro y recibieron un testimonio de su veracidad. Luego lo compartieron con sus familiares y vecinos, entre ellos el hermano menor de Rhoda, Brigham Young, y su amigo, Heber Kimball[25].

EN EL OTOÑO, SIDNEY Rigdon, de treinta y ocho años, escuchó cortésmente mientras Parley Pratt y sus tres compañeros testificaban de un nuevo libro de Escrituras, el Libro de Mormón. Pero Sidney no estaba interesado. Durante años, él había exhortado a las personas de los alrededores del pueblo de Kirtland, Ohio, a leer la Biblia y regresar a los principios de la iglesia del Nuevo Testamento. La Biblia siempre había guiado su vida, dijo a los misioneros, y eso era suficiente[26].

—Usted trajo la verdad a mi vida —le recordó Parley a Sidney—. Ahora le pido, como amigo, que lea esto; por consideración a mí[27].

—No debe discutir conmigo sobre el tema — insistió Sidney—. Pero leeré su libro y veré qué efecto tiene en mi fe[28].

Parley le preguntó a Sidney si podían predicarle a su congregación. Aunque era escéptico de su mensaje, Sidney les dio permiso.

Luego que los misioneros se fueron, Sidney leyó partes del libro y descubrió que no podía desecharlo[29]. Para cuando Parley y Oliver le predicaron a su congregación, él no tenía deseos de advertir a nadie en contra del libro. Cuando se levantó para hablar al final de la reunión, citó la Biblia.

"Examinadlo todo —dijo—, y retened lo bueno"[30].

Pero Sidney seguía sin saber qué hacer. Aceptar el Libro de Mormón significaría perder su empleo como pastor. Tenía una buena congregación, y le proporcionaban una vida cómoda a él, a su esposa Phebe y a sus seis hijos. Algunas personas de la congregación, incluso, estaban construyendo una casa para ellos[31]. ¿Podía realmente pedirle a su familia que se alejara de la comodidad de la que disfrutaban?

Sidney oró hasta que una sensación de paz descansó sobre él. Sabía que el Libro de Mormón era verdadero. "No me lo reveló carne ni sangre —exclamó—, sino mi Padre que está en los cielos"[32].

Sidney compartió sus sentimientos con Phebe. "Querida —le dijo—, una vez me seguiste hacia la pobreza. ¿Estás dispuesta a volver a hacer lo mismo?".

"He considerado el precio" —respondió ella—. Es mi deseo hacer la voluntad de Dios, ya sea para vida o para muerte"[33].

CAPÍTULO 10

Congregados

En el otoño de 1830, no lejos de Kirtland, Lucy Morley, de quince años, terminó su trabajo doméstico habitual y se sentó junto a su empleadora, Abigail Daniels. Mientras Abigail trabajaba en su telar, moviendo la lanzadera de un lado al otro a través de los hilos entrecruzados, Lucy enrollaba el hilo en carretes delgados. La tela que tejían sería para la madre de Lucy a cambio de los servicios de Lucy en la casa de la familia Daniels. Con muchos niños bajo su techo y sin hijas adolescentes, Abigail dependía de Lucy para que le ayudara a mantener a su familia limpia y alimentada.

Mientras las dos trabajaban lado a lado, oyeron un golpe en la puerta. "Adelante", exclamó Abigail.

Levantando la vista de su carrete, Lucy vio a tres hombres entrar a la habitación. Eran desconocidos, pero estaban bien vestidos y parecían amigables. Los tres parecían ser unos años más jóvenes que Abigail, que tenía poco más de treinta años.

Lucy se puso de pie y trajo más sillas a la habitación. Cuando los hombres se sentaron, ella tomó sus sombreros y volvió a su asiento. Los hombres se presentaron como Oliver Cowdery, Parley Pratt y Ziba Peterson, predicadores de Nueva York que cruzaban la ciudad rumbo al Oeste. Dijeron que el Señor había restaurado Su verdadero evangelio al amigo de ellos, un profeta llamado José Smith.

Mientras ellos hablaban, Lucy atendía en silencio su trabajo. Los hombres hablaron acerca de ángeles y de un conjunto de planchas de oro que el Profeta había traducido por revelación. Testificaron que Dios los había enviado en su misión de predicar el Evangelio por última vez antes de la segunda venida de Jesucristo.

Cuando terminaron su mensaje, el ruido rítmico del telar de Abigail se detuvo y la mujer dio media vuelta en su banco. "No quiero que se enseñe ninguna de sus condenables doctrinas en mi casa", dijo, agitando furiosa la lanzadera ante sus caras.

Los hombres trataron de persuadirla, testificando que su mensaje era verdadero; pero Abigail les ordenó que se fueran, diciendo que no quería que contaminaran a sus hijos con doctrina falsa. Los hombres le preguntaron si al menos les daría de comer. Tenían hambre y no habían comido en todo el día.

"No pueden comer nada en mi casa —contestó Abigail bruscamente—. No alimento a impostores".

De repente, Lucy habló, horrorizada de que Abigail les hablara a los siervos de Dios de forma tan grosera.

"Mi padre vive a un kilómetro y medio de aquí —dijo—. Él nunca rechaza a nadie que llegue hambriento hasta su puerta. Vayan allí y se les alimentará y atenderá".

Lucy recogió sus sombreros, siguió a los misioneros afuera y les mostró cómo llegar hasta la casa de sus padres. Los hombres le dieron las gracias y comenzaron a caminar.

"Que Dios la bendiga", dijeron.

Después de que los hombres se perdieron de vista, Lucy regresó a la casa. Abigail estaba en su telar otra vez, pasando la lanzadera de un lado al otro. —Espero que te sientas mejor ahora —le dijo a Lucy, claramente irritada.

—Sí, me siento bien —respondió Lucy[1].

COMO HABÍA PROMETIDO LUCY, los tres misioneros hallaron una comida abundante en la casa de la familia Morley. Sus padres, Isaac y Lucy, eran miembros de la congregación de Sidney Rigdon y creían que los seguidores de Cristo debían compartir sus bienes y propiedades unos con otros como una gran familia. Siguiendo el ejemplo de los santos del Nuevo Testamento, que trataban de tener "en común todas las cosas", habían abierto su extensa granja a otras familias que deseaban vivir juntas y poner en práctica sus creencias, apartados del mundo competitivo y a menudo egoísta que los rodeaba[2].

Esa noche, los misioneros enseñaron a la familia Morley y a sus amigos. Las familias respondieron al mensaje de los misioneros de prepararse para el regreso del Salvador y Su reinado milenario, y alrededor de la medianoche diecisiete personas se bautizaron.

En los días que siguieron, más de cincuenta personas de todo Kirtland se congregaron en las reuniones de los misioneros y pidieron unirse a la Iglesia[3]. Muchos de ellos vivían en la granja de los Morley, entre ellos Pete, un esclavo liberado cuya madre había venido de África Occidental[4]. Incluso Abigail Daniels, que había rechazado a los misioneros tan rápidamente, abrazó su mensaje después de que ella y su esposo los escucharon predicar[5].

A medida que la Iglesia crecía en Ohio, particularmente entre los seguidores de Sidney, Oliver le informaba las buenas noticias a José. Cada día más personas pedían escuchar su mensaje. "Aquí hay una considerable demanda de libros —escribió—, y desearía que enviaras quinientos"[6].

Sin embargo, aunque estaba contento con su éxito en Ohio, Oliver sabía que el Señor los había llamado a predicar a los indios americanos que vivían más allá de la frontera occidental de los Estados Unidos. Él y los demás misioneros pronto abandonaron Kirtland, llevándose consigo a un nuevo converso llamado Frederick Williams. Frederick era médico y, con 43 años, era el hombre de más edad de la compañía[7].

Al dirigirse hacia el oeste, a fines del otoño de 1830, recorrieron fatigosamente praderas y pequeñas colinas nevadas. Se detuvieron brevemente para predicarles a los indios Wyandot en el centro de Ohio, antes de reservar un pasaje en un barco de vapor con destino a Misuri, el estado más occidental de la nación.

Los misioneros avanzaron a ritmo constante por el río hasta que el hielo les bloqueó el paso. Sin inmutarse, desembarcaron y caminaron cientos de kilómetros a lo largo de la orilla congelada del río. Para entonces, la nieve que había caído era espesa y profunda, por lo que era más difícil viajar por las amplias praderas. A veces, los vientos que cruzaban el paisaje parecían lo suficientemente penetrantes como para quitarles la piel de la cara[8].

MIENTRAS LOS MISIONEROS VIAJABAN hacia el oeste, Sidney viajó hacia el este con su amigo Edward Partridge, un fabricante de sombreros de treinta y siete años perteneciente a su congregación. Los dos hombres se dirigieron a Manchester, a casi quinientos kilómetros de Kirtland, para encontrarse con José. Sidney ya se había unido a la Iglesia, pero Edward quería conocer al Profeta antes de decidir si debía hacer lo mismo[9].

Cuando llegaron, los amigos fueron primero a la granja de los padres de José, solo para enterarse de que la familia Smith se había mudado más cerca de Fayette. Pero antes de caminar otros cuarenta y dos kilómetros hasta la casa de la familia Smith, Edward quiso echar un vistazo a la propiedad, pensando que las destrezas manuales de la familia Smith podían revelar algo sobre su carácter. Sidney y él vieron sus huertos bien cuidados, sus casas y cobertizos y los muros bajos de piedra que habían construido. Cada uno de ellos daba testimonio del orden y la laboriosidad de la familia[10].

Edward y Sidney regresaron al camino y anduvieron todo el día, llegando a la casa de la familia Smith por la noche. Cuando llegaron allí, se estaba llevando a cabo una reunión de la Iglesia. Entraron a hurtadillas en la casa y se unieron a una pequeña congregación que escuchaba predicar a José Smith. Cuando el Profeta terminó, dijo que cualquiera de la sala podía pararse y hablar como se sintiera inspirado a hacerlo.

Edward se puso de pie y les dijo a los santos lo que él había visto y sentido en su viaje. Luego dijo: —Estoy listo para bautizarme, hermano José. ¿Podría bautizarme?.

—Has recorrido un largo camino —dijo José—. Creo que es mejor que descanses y comas algo y que te bautices mañana por la mañana.

—Como usted juzgue conveniente —respondió Edward—. Estoy listo cuando quiera[11].

ANTES DE QUE EL bautismo tuviera lugar, José recibió una revelación en la que se llamaba a Edward a predicar y a prepararse para el día en el que Cristo vendría a Su templo[12]. Edward se bautizó y rápidamente se marchó para compartir el Evangelio con sus padres y familiares[13]. Sidney, mientras tanto, se quedó en Fayette para actuar como el escriba de José y pronto lo ayudó en un nuevo proyecto[14].

Meses antes, José y Oliver habían comenzado una traducción inspirada de la Biblia. Gracias al Libro de Mormón, sabían que algunas verdades preciosas se habían corrompido a lo largo de las épocas y se habían quitado del Antiguo y el Nuevo Testamento. Utilizando una Biblia que Oliver compró en la librería de Grandin, habían comenzado a estudiar el libro de Génesis, buscando inspiración sobre pasajes que parecían incompletos o poco claros[15].

Poco tiempo después, el Señor le había revelado a José una visión recibida por primera vez por Moisés, la cual faltaba en el Antiguo Testamento. En las Escrituras recién restauradas, Dios le mostró a Moisés "incontables mundos"; le dijo que Dios había creado todas las cosas espiritualmente antes de crearlas físicamente y le enseñó que el propósito de esta gloriosa creación era ayudar a los hombres y mujeres a recibir la vida eterna[16].

Después que Oliver hubo partido a su misión al Oeste, José había continuado traduciendo, actuando John Whitmer y Emma como escribas, hasta que llegó Sidney. Más recientemente, el Señor había comenzado a revelar más sobre la historia del profeta Enoc, cuya vida y ministerio apenas se mencionan brevemente en Génesis[17].

A medida que Sidney registraba lo que José le dictaba, aprendieron que Enoc había sido un profeta que congregó a un pueblo obediente y bendito. Al igual que los nefitas y los lamanitas, que crearon una sociedad justa después de la visita del Salvador a las Américas, el pueblo de Enoc aprendió a vivir pacíficamente el uno con el otro. "Eran uno en corazón y voluntad, y vivían en rectitud —se registraba en las Escrituras—, y no había pobres entre ellos"[18].

Bajo el liderazgo de Enoc, el pueblo edificó una ciudad santa llamada Sion, a la que Dios finalmente recibiría en Su presencia. Allí, Enoc habló con Dios mientras contemplaban la tierra, y Dios lloró a causa de la iniquidad y el sufrimiento de Sus hijos. El día vendría, le dijo a Enoc, cuando la verdad saldría de la tierra y Su pueblo edificaría otra ciudad de Sion para los justos[19].

Al reflexionar Sidney y José acerca de la revelación, supieron que había llegado el día en que el Señor volvería a establecer Sion sobre la tierra. Al igual que el pueblo de

Enoc, los santos debían prepararse, uniéndose en corazón y mente, a fin de estar listos para edificar la ciudad santa, y su templo, tan pronto como el Señor revelara su ubicación.

A FINES DE DICIEMBRE, el Señor les mandó a José y a Sidney que hicieran una pausa en su trabajo de traducción. "Un mandamiento doy a la iglesia —declaró—, que se congreguen en Ohio". Debían congregarse con los nuevos conversos en el área de Kirtland y esperar a que los misioneros regresaran del Oeste.

"En esto hay sabiduría —declaró el Señor—, y escoja todo varón por sí mismo hasta que yo venga"[20].

El llamado a mudarse a Ohio pareció acercar a los santos al cumplimiento de antiguas profecías sobre el recogimiento del pueblo de Dios. Tanto la Biblia como el Libro de Mormón prometían que el Señor congregaría a Su pueblo del convenio para protegerlos de los peligros de los últimos días. En una revelación reciente, el Señor le había dicho a José que ese recogimiento comenzaría pronto[21].

Pero aun así, el llamado causó un gran impacto. En la tercera conferencia de la Iglesia, llevada a cabo en la casa de la familia Whitmer poco después del año nuevo, muchos de los santos estaban preocupados y tenían muchas preguntas sobre el mandamiento[22]. Ohio estaba escasamente poblado y quedaba a cientos de kilómetros de distancia. La mayoría de los miembros de la Iglesia sabía muy poco acerca de esa región.

Muchos de ellos también habían trabajado arduamente para mejorar sus propiedades y cultivar granjas prósperas en Nueva York. Si se mudaban en grupo a Ohio, tendrían que vender sus propiedades apresuradamente y probablemente perderían dinero. Algunos incluso podrían quedar arruinados económicamente, en especial si la tierra de Ohio resultaba ser menos rica y fértil que su tierra en Nueva York.

Con la esperanza de aliviar las preocupaciones sobre el recogimiento, José se reunió con los santos y recibió una revelación[23]. "Os ofrezco y estimo conveniente daros riquezas más grandes, sí, una tierra de promisión —declaró el Señor—, y os la daré como tierra de vuestra herencia, si es que la procuráis con todo vuestro corazón". Al congregarse, los santos podrían florecer como un pueblo justo y ser protegidos de los inicuos.

El Señor también prometió dos bendiciones adicionales para quienes se congregaran en Ohio. "Allí os daré mi ley —dijo—, y allí seréis investidos con poder de lo alto"[24].

La revelación calmó la mente de la mayoría de los santos en la sala, aunque algunas personas se negaron a creer que provenía de Dios. La familia de José y las familias Whitmer y Knight estaban entre los que creyeron y decidieron seguirla[25].

Como líder de la rama de la Iglesia de Colesville, Newel Knight regresó a casa y comenzó a vender todo lo que podía. También pasó gran parte de su tiempo visitando a los miembros de la Iglesia. Siguiendo el ejemplo del pueblo de Enoc, él y otros santos de Colesville trabajaron juntos y se sacrificaron para asegurar que los pobres pudieran realizar el viaje antes de la primavera[26].

José, mientras tanto, sintió la necesidad urgente de llegar a Kirtland y reunirse con los nuevos conversos.

Aunque Emma estaba embarazada de gemelos y se estaba recuperando de una larga enfermedad, ella subió al trineo, decidida a irse con él[27].

En Ohio, la Iglesia estaba teniendo problemas. Después de que los misioneros partieron hacia el Oeste, el número de conversos en Kirtland continuó creciendo, pero muchos de los santos no estaban seguros de cómo practicar su nueva religión. La mayoría buscaba guía en el Nuevo Testamento, como lo habían hecho antes de unirse a la Iglesia, pero sin una guía profética parecía haber tantas formas de interpretar el Nuevo Testamento como santos había en Kirtland[28].

Elizabeth Ann Whitney estaba entre los que deseaban experimentar los dones espirituales de la iglesia cristiana primitiva. Antes de que los misioneros llegaran a Kirtland, Ann y su esposo, Newel, habían orado muchas veces para saber cómo podían recibir el don del Espíritu Santo.

Una noche, mientras oraban para pedir orientación divina, tuvieron una visión de una nube que descansaba sobre su hogar. El Espíritu los llenó y su casa se desvaneció a medida que la nube los envolvía. Oyeron una voz del cielo: "Prepárense para recibir la palabra del Señor, porque está en camino"[29].

Ann no había crecido en un hogar religioso y ninguno de sus padres había asistido a la Iglesia. A su padre no le gustaban los clérigos, y su madre estaba siempre ocupada con las tareas del hogar o atendiendo a los hermanos menores de Ann. Ambos habían alentado a Ann a disfrutar de la vida antes que buscar a Dios[30].

Pero Ann siempre se había sentido atraída por las cosas espirituales y cuando se casó con Newel, expresó el deseo de encontrar una iglesia. Ante su insistencia, se unieron a la congregación de Sidney Rigdon porque creía que sus principios eran los más cercanos a los que ella encontraba en las Escrituras. Más tarde, cuando ella oyó por primera vez a Parley Pratt y sus compañeros predicar el Evangelio restaurado, supo que lo que enseñaban era verdad[31].

Ann se unió a la Iglesia y se regocijó con su nueva religión, pero las diferentes maneras en las que las personas la practicaban la confundieron. Sus amigos Isaac y Lucy Morley continuaron invitando a las personas a vivir en su granja y a compartir sus recursos[32]. Leman Copley, quien era propietario de una gran granja al este de Kirtland, continuó aferrándose a algunas enseñanzas que aprendió en el tiempo que vivió entre los tembladores, una comunidad religiosa que tenía un asentamiento cerca de allí[33].

Algunos de los santos de Kirtland llevaron sus creencias a extremos disparatados, deleitándose en lo que consideraban dones del Espíritu. Varias personas afirmaban tener visiones que no podían explicar. Otros creían que el Espíritu Santo los hacía escurrirse o deslizarse por el suelo[34]. Un hombre daba vueltas por las habitaciones o se mecía desde las vigas del techo cada vez que creía sentir el Espíritu. Otro actuaba como un mono babuino[35].

Al ver este comportamiento, algunos conversos se desanimaron y abandonaron la nueva Iglesia. Ann y Newel continuaron orando, seguros de que el Señor les mostraría el camino a seguir[36].

El 4 de febrero de 1831 llegó un trineo a la tienda que Newel poseía y operaba en Kirtland. Un hombre de veinticinco años se bajó del trineo, entró en la tienda dando saltitos y extendió la mano por encima del mostrador. "¡Newel K. Whitney! —exclamó—. ¡Usted es el hombre!"

Newel le estrechó la mano. "Usted me lleva ventaja —le dijo—; no me es posible llamarlo por su nombre, como usted lo ha hecho conmigo.

—Soy José, el Profeta,—exclamó el hombre—. Usted ha orado para que yo viniera. ¿Qué desea de mí?"[37].

CAPÍTULO 11

Recibiréis mi ley

Ann y Newel Whitney estaban agradecidos de tener a José y a Emma en Kirtland. Aunque el matrimonio Whitney tenía tres niños pequeños y una tía vivía con ellos, invitaron al matrimonio Smith a quedarse en su casa hasta que encontraran un lugar propio. Como Emma estaba muy avanzada en su embarazo, Ann y Newel se mudaron a una habitación en el piso de arriba para que ella y José pudieran tener la habitación de la planta baja[1].

Después de establecerse en la casa de la familia Whitney, José comenzó a visitar a los nuevos conversos. Kirtland estaba conformada por un pequeño grupo de casas y tiendas en una colina al sur de la tienda de la familia Whitney. Un pequeño arroyo corría a lo largo de la ciudad, proporcionando energía a los molinos, y vertía sus aguas en un río más grande hacia el norte. Alrededor de mil personas vivían allí[2].

Al visitar José a los miembros de la Iglesia, vio su entusiasmo por los dones espirituales y su deseo sincero de regir sus vidas conforme al modelo de los santos del Nuevo Testamento[3]. El mismo José amaba los dones del Espíritu y sabía que cumplían una función en la Iglesia restaurada, pero le preocupaba que algunos santos de Kirtland se extralimitaran al ir en pos de ellos.

Comprendió que tenía un trabajo serio por delante. Los santos de Kirtland ya constituían más de la mitad de la membresía de la Iglesia, pero estaba claro que necesitaban instrucciones adicionales del Señor.

A UNOS MIL TRESCIENTOS kilómetros hacia el oeste, Oliver y los otros misioneros llegaron a la pequeña ciudad de Independence, en el condado de Jackson, Misuri, en la frontera occidental de los Estados Unidos. Encontraron alojamiento y trabajo para mantenerse y luego hicieron planes para visitar a los indios Delaware que vivían en la región, a pocos kilómetros al oeste de la ciudad[4].

Los Delaware se habían mudado recientemente a la región después de haber sido expulsados de sus tierras debido a las políticas del gobierno de los Estados Unidos concernientes a la deportación de los indios. Su líder, Kikthawenund, era un anciano que había luchado durante más de veinticinco años para mantener unido a su pueblo mientras los colonos y las fuerzas armadas de los Estados Unidos los empujaban hacia el oeste[5].

En un frío día de enero de 1831, Oliver y Parley partieron para reunirse con Kikthawenund. Lo encontraron sentado junto a una fogata en el medio de una gran cabaña en el asentamiento de los Delaware. El jefe les estrechó la mano cálidamente y les hizo señas para que se sentaran sobre unas mantas. Luego, sus esposas colocaron una bandeja de hojalata llena de frijoles y maíz humeantes frente a los misioneros, y ellos comieron con una cuchara de madera.

Con la ayuda de un intérprete, Oliver y Parley hablaron con Kikthawenund acerca del Libro de Mormón y le pidieron la oportunidad de compartir su mensaje con su consejo gobernante. Normalmente, Kikthawenund se oponía a permitir que misioneros le hablaran a su pueblo, pero les dijo que lo pensaría y les haría saber su decisión pronto.

Los misioneros regresaron a su cabaña a la mañana siguiente y, después de conversar unos momentos, el jefe convocó a su consejo e invitó a los misioneros a hablarles.

Dándoles las gracias, Oliver miró a los rostros de su público. "Hemos viajado por extensiones despobladas, hemos cruzado ríos anchos y profundos y hemos andado con dificultad por entre nieves profundas —dijo— para comunicarles un gran conocimiento que recientemente ha llegado a nuestros oídos y corazones".

Él les presentó el Libro de Mormón como una historia de los antepasados de los indios americanos. "El libro fue escrito en planchas de oro —explicó—, y fue transmitido de padres a hijos durante muchas épocas y generaciones". Contó de qué manera Dios le había ayudado a José a encontrar y traducir las planchas para que sus escritos pudieran publicarse y compartirse con todas las personas, entre ellas los indios.

Al concluir sus palabras, Oliver le entregó un Libro de Mormón a Kikthawenund y esperó mientras este y el consejo lo examinaban. "Nos sentimos realmente agradecidos a nuestros amigos blancos que han llegado tan lejos y que se han tomado tantas molestias para darnos buenas noticias —dijo el anciano—, y especialmente estas nuevas noticias sobre el libro de nuestros antepasados".

Pero explicó que el severo clima invernal había sido duro con su pueblo. Sus refugios eran deficientes y sus animales estaban muriendo. Tenían que construir casas y vallas y preparar granjas para la primavera. Por ahora, no estaban listos para recibir misioneros.

"Construiremos una casa para el consejo y nos reuniremos —prometió Kikthawenund—, y nos leerán y nos enseñarán más sobre el libro de nuestros padres y la voluntad del Gran Espíritu"[6].

UNAS SEMANAS MÁS TARDE, José recibió un informe de Oliver. Después de describir la visita de los misioneros a Kikthawenund, Oliver admitió que aún no estaba seguro de si los Delaware aceptarían el Libro de Mormón. "No estoy seguro de cómo resultará este asunto con esta tribu", escribió[7].

José se mantuvo optimista acerca de la misión entre los indios, aun cuando volvió su atención al fortalecimiento de la Iglesia en Kirtland. Poco después de reunirse con los santos de allí, recibió una revelación para ellos. "Por vuestra oración de fe recibiréis mi ley —prometió nuevamente el

Señor—, para que sepáis cómo gobernar mi iglesia y poner todas las cosas en orden delante de mí"[8].

Por su estudio de la Biblia, José sabía que Dios le había dado una ley a Moisés mientras este conducía a su pueblo a la tierra prometida. También sabía que Jesucristo había venido a la tierra y había aclarado el significado de Su ley durante todo Su ministerio. Ahora, Él revelaría la ley una vez más a Su pueblo del convenio.

En la nueva revelación, el Señor elogió a Edward Partridge por su corazón puro y lo llamó a ser el primer obispo de la Iglesia. El Señor no describió los deberes de un obispo en detalle, pero dijo que Edward debía dedicar su tiempo completamente a la Iglesia y ayudar a los santos a obedecer la ley que el Señor les daría[9].

Una semana más tarde, el 9 de febrero, Edward se reunió con José y con otros élderes de la Iglesia para orar a fin de recibir la ley. Los élderes hicieron una serie de preguntas a José con respecto a la ley, y el Señor reveló respuestas a través de él[10]. Algunas de esas respuestas repetían verdades conocidas, afirmando los principios de los Diez Mandamientos y las enseñanzas de Jesús. Otras les dieron a los santos nuevas perspectivas sobre cómo guardar los mandamientos y ayudar a quienes los transgredían[11].

El Señor también dio mandamientos para ayudar a los santos a llegar a ser como el pueblo de Enoc. En lugar de compartir propiedades en común, como lo hacían las personas en la granja de la familia Morley, debían pensar en todas sus tierras y sus riquezas como en una mayordomía sagrada por parte de Dios, dada a ellos para que pudieran cuidar de sus familias, aliviar a los pobres y edificar Sion.

Los santos que escogieran obedecer la ley debían consagrar sus propiedades a la Iglesia y entregarlas al obispo. Este luego les devolvería tierras y bienes como herencia en Sion, según las necesidades de sus familias. Los santos que obtuvieran herencias debían actuar como mayordomos de Dios, utilizando las tierras y las herramientas que habían recibido y devolviendo todo aquello que no se usara, a fin de ayudar a los necesitados y edificar Sion y construir el templo[12].

El Señor instó a los santos a obedecer esa ley y a continuar buscando la verdad. "Si pides, recibirás revelación tras revelación, conocimiento sobre conocimiento —prometió el Señor—, a fin de que conozcas los misterios y las cosas apacibles, aquello que trae gozo, aquello que trae la vida eterna"[13].

José recibió otras revelaciones que trajeron orden a la Iglesia. En respuesta a los comportamientos extremos de algunos santos, el Señor advirtió que hay espíritus falsos que andan por la tierra y que engañan a las personas al hacerles creer que el Espíritu Santo los hace actuar de forma descontrolada. El Señor dijo que el Espíritu no intranquilizaba ni confundía a las personas sino que las edifica y las instruye.

"Lo que no edifica no es de Dios", declaró Él[14].

POCO DESPUÉS DE QUE el Señor reveló su ley en Kirtland, los santos de Nueva York hicieron los preparativos finales para congregarse en Ohio. Vendieron sus tierras y propiedades con grandes pérdidas, empacaron sus pertenencias en carromatos y le dijeron adiós a la familia y los amigos.

Elizabeth y Thomas Marsh estaban entre los santos que se preparaban para mudarse. Después de que Thomas recibió las páginas del Libro de Mormón y regresó a su casa en Boston, se habían mudado a Nueva York para estar más cerca de José y la Iglesia. El llamado a congregarse en Ohio se produjo unos pocos meses más tarde, por lo que Elizabeth y Thomas empacaron nuevamente, resueltos a congregarse con los santos y a edificar Sion adonde el Señor los dirigiera.

La determinación de Elizabeth era resultado de su conversión. Aunque ella creía que el Libro de Mormón era la palabra de Dios, no se había bautizado de inmediato. Sin embargo, después de dar a luz un hijo en Palmyra, le pidió al Señor un testimonio de que el Evangelio era verdadero. Poco tiempo después, recibió el testimonio que buscaba y se unió a la Iglesia, no queriendo negar lo que sabía y sintiéndose lista para ayudar en la obra.

"Se ha producido un gran cambio en mí, tanto en el cuerpo como en la mente —le escribió Elizabeth a la hermana de Thomas poco antes de partir hacia Ohio—. Siento el deseo de estar agradecida por lo que he recibido y de buscar aún más".

En la misma carta, Thomas compartió las noticias sobre el recogimiento. "El Señor llama a todos a que se arrepientan —declaró— y se congreguen en Ohio rápidamente". No sabía si los santos iban a Ohio a edificar Sion o si se estaban preparando para una mudanza más importante en el futuro. Pero no importaba. Si el Señor les mandaba congregarse en Misuri, o incluso en las montañas Rocosas a unos mil seiscientos kilómetros más allá de la frontera occidental de la nación, él estaba listo para partir.

"No sabemos nada de los que debemos hacer, a menos que se nos revele —le explicó a su hermana—. Pero esto sí sabemos: se edificará una ciudad en la tierra prometida"[15].

CON LA LEY DEL Señor revelada y los santos de Nueva York congregándose en Ohio, José y Sidney reanudaron la traducción inspirada de la Biblia[16]. Pasaron del relato de Enoc a la historia del patriarca Abraham, a quien el Señor prometió hacer padre de muchas naciones[17].

El Señor no reveló grandes cambios en el texto, pero cuando José leyó la historia de Abraham, reflexionó mucho acerca de la vida del patriarca[18]. ¿Por qué no había condenado el Señor a Abraham y a otros patriarcas del Antiguo Testamento por haberse casado con varias esposas, una práctica que aborrecían los lectores de la Biblia en Estados Unidos?

El Libro de Mormón brindaba un respuesta. En los días de Jacob, el hermano menor de Nefi, el Señor mandó a los hombres nefitas que tuvieran una sola esposa. Pero también declaró que podía mandarles actuar de otra manera, si las circunstancias lo requerían, a fin de levantar una descendecia justa[19].

José oró sobre el asunto y el Señor reveló que a veces le mandaba a Su pueblo practicar el matrimonio plural. El momento para restaurar esa práctica aún no había llegado, pero llegaría el día en que se les pediría a algunos de los santos que lo hicieran[20].

El terreno todavía estaba frío cuando el primer grupo de santos partió de Nueva York. El segundo grupo, en el que iban Lucy Smith y unas ochenta personas más, partió poco después. Ellos reservaron pasajes en una barcaza que los llevaría a un gran lago al oeste. En el lago, abordarían un barco de vapor que los llevaría a un puerto cerca de Kirtland. Desde allí, viajarían por tierra para el tramo final de su viaje de casi quinientos kilómetros[21].

Al principio, el viaje transcurrió sin problemas, pero, a mitad de camino hacia el lago, una exclusa rota del canal detuvo al grupo de Lucy en la orilla. Como no habían planeado la demora, muchas personas no habían llevado suficiente alimento. El hambre y la ansiedad sobre el recogimiento provocaron que algunos de ellos se quejaran.

"Sean pacientes y dejen de murmurar —les dijo Lucy—. No tengo duda alguna de que la mano del Señor nos protegerá".

A la mañana siguiente, los obreros repararon el canal y los santos comenzaron a moverse nuevamente. Llegaron al lago unos días más tarde pero, para su decepción, una gruesa capa de hielo bloqueaba el puerto, impidiéndoles avanzar[22].

La compañía tenía la esperanza de alquilar una casa en la ciudad mientras esperaban, pero solo encontraron una habitación grande para compartir. Afortunadamente, Lucy se encontró con un capitán de barco de vapor que conocía a su hermano e hizo arreglos para que su grupo se subiera al barco de él mientras esperaban a que el hielo se quebrara[23].

En el barco, los santos parecían desanimados. Muchos estaban hambrientos, y todos estaban mojados y con frío. No veían ninguna forma de avanzar y comenzaron a discutir entre ellos[24]. Las discusiones se volvieron acaloradas y atrajeron la atención de observadores. Preocupada porque los santos estaban haciendo un espectáculo, Lucy los confrontó.

"¿Dónde está su fe? ¿Dónde está su confianza en Dios? —reclamó ella—. Ahora, hermanos y hermanas, si todos ustedes elevan al cielo sus deseos de que se rompa el hielo y quedemos en libertad, tan cierto como que el Señor vive, así será hecho".

En ese momento, Lucy oyó un ruido como el estallido de un trueno cuando el hielo del puerto se quebró con una anchura suficiente como para que el barco lo atravesara. El capitán ordenó a sus hombres que acudieran a sus puestos y condujeron la nave por la estrecha abertura, pasando peligrosamente cerca del hielo que estaba a ambos lados de ellos[25].

Atónitos y agradecidos, los santos se unieron en oración en la cubierta[26].

MIENTRAS SU MADRE Y los santos de Nueva York viajaban hacia el oeste, José se mudó con Emma a una pequeña cabaña en la granja de la familia Morley. Su liderazgo y la ley recién revelada habían producido más orden, comprensión y armonía en los santos de Ohio. Ahora, muchos élderes y sus familias estaban haciendo grandes sacrificios para difundir el Evangelio por las ciudades y pueblos vecinos.

En Misuri, los esfuerzos misionales eran menos alentadores. Durante un tiempo, Oliver creyó que estaban progresando con Kikthawenund y su pueblo. "El jefe principal dice que cree cada palabra del libro —le había informado a José —, y hay muchos más en la nación que creen"[27]. Pero después de que un agente del gobierno amenazó con arrestar a los misioneros por predicarles a los indios sin permiso, Oliver y los misioneros tuvieron que detener su labor[28].

Oliver pensó en llevar el mensaje a otra nación india, el pueblo navajo, que vivía a unos mil seiscientos kilómetros hacia el oeste, pero no se sintió autorizado a viajar tan lejos. En vez de eso, envió a Parley de regreso al este para obtener una licencia del gobierno para predicar, al tiempo que él y los demás misioneros trataban de convertir a los pobladores de Independence[29].

José y Emma, mientras tanto, se enfrentaban a otra tragedia. El último día de abril, Emma dio a luz mellizos, una niña y un niño, con la ayuda de algunas mujeres de la familia Morley. Pero al igual que su hermano antes que ellos, los mellizos se hallaban muy débiles y murieron a las pocas horas de nacer[30].

El mismo día, una conversa reciente llamada Julia Murdock falleció después de dar a luz mellizos. Cuando José se enteró de su muerte, le envió un mensaje a su esposo, John, haciéndole saber que Emma y él estaban dispuestos a criarlos. Con el corazón roto por la pérdida y sin poder hacerse cargo de los recién nacidos, John aceptó la oferta[31].

José y Emma se llenaron de alegría y dieron la bienvenida a los bebés a su casa. Y cuando la madre de José llegó sana y salva desde Nueva York, pudo acunar a sus nuevos nietos en sus brazos[32].

CAPÍTULO 12

Tras mucha tribulación

En la primavera de 1831, Emily Partridge, de siete años, vivía en un pueblo al noreste de Kirtland junto con sus padres, Edward y Lydia, y cuatro hermanas. Tenían una linda casa de madera con una habitación grande y dos dormitorios en la planta baja. Arriba había un dormitorio, otra habitación grande y un ropero donde guardaban la ropa. En el sótano había una cocina y una bodega para vegetales, tan oscura que asustaba a Emily.

Afuera, el gran patio de los Partridge le brindaba a Emily un lugar para jugar y explorar. Tenían un jardín de flores y árboles frutales, un granero y un terreno en donde su padre planeaba construir una casa aún más bonita algún día. La tienda de sombreros de su padre también estaba cerca. Debajo del mostrador de la tienda, ella siempre podía encontrar cintas de colores vivos y otros tesoros. Todo el edificio estaba lleno de herramientas y máquinas que su padre utilizaba para teñir telas y pieles y darles forma para convertirlas en sombreros para sus clientes[1].

Ahora que su padre era obispo de la Iglesia, ya no pasaba mucho tiempo haciendo sombreros. Él tenía que ayudar a establecerse en casas y a encontrar trabajo a los santos que se congregaban en Ohio desde Nueva York. Entre los recién llegados se encontraban la familia Knight y su rama de la Iglesia proveniente de Colesville. Sabiendo que Leman Copley tenía una granja de gran tamaño a unos treinta y dos kilómetros al noreste de Kirtland, la cual había acordado consagrar al Señor, el padre de Emily envió a los santos a establecerse allí[2].

Algunos de los santos de Nueva York llegaron a Ohio con sarampión y, dado que a menudo se alojaban en la casa de la familia Partridge, no pasó mucho tiempo antes de que Emily y sus hermanas presentaran fiebre alta y erupciones en la piel. Emily se recuperó al poco tiempo, pero su hermana de once años, Eliza, contrajo neumonía. En poco tiempo, sus padres observaban impotentes cómo su respiración se hacía más trabajosa y su fiebre se elevaba[3].

Mientras la familia cuidaba de Eliza, su padre asistió a una importante conferencia de la Iglesia en una escuela cerca de la granja de la familia Morley. Estuvo fuera varios días, y al regresar le dijo a su familia que tenía que marcharse nuevamente[4]. José había recibido una revelación que decía que la conferencia siguiente se llevaría a cabo en Misuri. Varios líderes de la Iglesia, entre ellos el padre de Emily, fueron llamados a ir allí lo antes posible[5].

Muchas personas comenzaron a hacer planes para el viaje. En la revelación, el Señor llamó a Misuri la tierra de la herencia de los santos, haciendo eco de las descripciones bíblicas de una tierra prometida "en la que fluye leche y miel". Allí los santos habrían de edificar la ciudad de Sion[6].

El padre de Emily no estaba deseoso de dejar a su familia. Eliza todavía estaba enferma y podía morir durante su ausencia[7]. Emily podía ver que su madre también estaba preocupada. Aun cuando Lydia Partridge estaba muy comprometida con la causa de Sion, no estaba acostumbrada a que la dejaran sola para cuidar de las niñas y de la casa. Ella parecía saber que sus pruebas solo estaban comenzando[8].

POLLY KNIGHT ESTABA ENFERMA cuando ella y los santos de Colesville se instalaron en la tierra de Leman Copley. La granja tenía unas trescientas hectáreas de tierra de excelente calidad y ofrecía suficiente espacio para que muchas familias construyeran casas, graneros y tiendas[9]. Allí, la familia Knight podría comenzar de nuevo y practicar su nueva religión en paz, aunque a muchos les preocupaba que Polly no estaría mucho más tiempo con ellos.

El esposo y los hijos de Polly trabajaron rápidamente, construyendo cercas y plantando campos para mejorar el terreno. José y el obispo Partridge también alentaron a los santos de Colesville a consagrar sus propiedades de acuerdo con la ley del Señor[10].

Sin embargo, después de que el asentamiento comenzó a tomar forma, Leman se retiró de la Iglesia y les dijo a los santos de Colesville que salieran de su propiedad[11]. Sin otro lugar a donde ir, los santos expulsados le pidieron a José que buscara la guía del Señor para ellos.

"Iréis a las regiones del oeste —les dijo el Señor—, a la tierra de Misuri"[12].

Ahora que sabían que Sion sería en Misuri, no en Ohio, los santos de Colesville entendieron que estarían entre los primeros miembros de la Iglesia en establecerse allí. Comenzaron a prepararse para el viaje y, unas dos semanas después de la revelación, Polly y el resto de la rama abandonaron el área de Kirtland y abordaron las barcazas que los llevarían al oeste[13].

Al navegar Polly y su familia corriente abajo, su mayor deseo era poner un pie en Sion antes de que ella falleciera. Ella tenía cincuenta y cinco años y su salud se estaba deteriorando. Durante la travesía, su hijo Newel ya había bajado a tierra a fin de comprar madera para un ataúd en caso de que muriera antes de llegar a Misuri.

Pero Polly estaba decidida a no ser enterrada en ningún otro lugar que no fuera Sion[14].

POCO DESPUÉS DE LA partida de los santos de Colesville, el Profeta, Sidney y Edward Partridge se dirigieron a Misuri junto con varios élderes de la Iglesia. Viajaron principalmente por tierra, predicando el Evangelio por el camino y hablando de sus esperanzas en cuanto a Sion[15].

José hablaba con optimismo acerca de la Iglesia en Independence. Les dijo a algunos de los élderes que Oliver y los demás misioneros estaban seguros de haber edificado una rama fuerte de la Iglesia allí, como lo habían hecho en Kirtland. Algunos de los élderes lo tomaron como una profecía.

A medida que se acercaban al condado de Jackson, los hombres admiraron la llanura suavemente ondulada que los rodeaba. Contando con tal abundancia de tierras para que los santos se diseminaran, Misuri parecía ser el lugar ideal para Sion. E Independence, gracias a su proximidad a un gran río y a las tierras indias, podía ser el lugar perfecto para congregar al pueblo del convenio de Dios[16].

Pero cuando llegaron al poblado, los élderes quedaron poco impresionados por lo que vieron. Ezra Booth, un ex ministro que se había unido a la Iglesia después de ver a José sanar el brazo paralizado de una mujer, pensó que la región parecía inhóspita y sin explotar. Tenía un juzgado, algunas tiendas, varias casas de troncos y poco más. Los misioneros habían bautizado a solo un puñado de personas de la zona, por lo que la rama no era tan fuerte como José había esperado. Sintiéndose engañados, Ezra y otros más comenzaron a cuestionar los dones proféticos de José[17].

José también estaba decepcionado. Fayette y Kirtland eran pueblos pequeños, pero Independence era poco más que un mísero puesto de comercio en medio de la nada. El poblado era un punto de partida para los caminos que se dirigían hacia el oeste, por lo que atraía a los cazadores de pieles y conductores de carromatos así como a granjeros y pequeños empresarios. José había conocido personas de la mayoría de esos oficios durante toda su vida, pero descubrió que los hombres de Independence eran especialmente impíos y rudos. Además, los agentes del gobierno de la ciudad desconfiaban de los misioneros y probablemente harían difícil, si no imposible, la predicación a los indios[18].

Desanimado, José llevó sus preocupaciones al Señor: "¿Cuándo florecerá el desierto como la rosa? —preguntó—. ¿Cuándo será edificada Sion en su gloria, y en dónde estará Tu templo?"[19].

El 20 de julio, seis días después de su llegada, las oraciones de José fueron contestadas. "Esta tierra —le dijo el Señor—, [es la que] he señalado y consagrado para el recogimiento de los santos".

No tenían motivos para buscar en otro lado. "Esta es la tierra prometida —declaró—, y el sitio para la ciudad de Sion". Los santos debían comprar tanta tierra como fuera posible, construir casas y plantar campos. Y en un peñasco al oeste del juzgado debían edificar un templo[20].

INCLUSO DESPUÉS DE QUE el Señor reveló Su voluntad en cuanto a Sion, algunos santos permanecieron escépticos con respecto a Independence. Al igual que Ezra Booth, Edward esperaba encontrar una gran rama de la Iglesia en la región. En cambio, él y los santos debían edificar Sion en un pueblo donde la gente desconfiaba de ellos y no estaba interesada en absoluto en el Evangelio restaurado.

Como obispo de la Iglesia, también entendió que gran parte de la responsabilidad de poner los cimientos de Sion recaía sobre sus hombros. A fin de preparar la tierra prometida para los santos, tendría que comprar la mayor cantidad posible de tierra para distribuirla como herencia a quienes llegaran a Sion y guardaran la ley de consagración[21]. Esto significaba que tendría que quedarse en Misuri y trasladar a su familia a Sion de manera permanente.

Edward quería ayudar a establecer Sion, pero le preocupaban muchas cosas acerca de la revelación, sus nuevas responsabilidades y la región. Un día, mientras inspeccionaba la tierra en Independence, le indicó a José que esta no era tan buena como otras tierras cercanas. Estaba frustrado con el Profeta y no veía de qué manera podían los santos establecer Sion allí.

"Yo sí lo veo —testificó José—, y así será"[22].

Pocos días después, el Señor volvió a revelar Su palabra a José, Edward y los demás élderes de la Iglesia. "Por lo pronto no podéis ver con vuestros ojos naturales el designio de vuestro Dios concerniente a las cosas que vendrán más adelante, ni la gloria que seguirá después de mucha tribulación —Él declaró—. Porque tras mucha tribulación vienen las bendiciones".

En la revelación, el Señor también reprendió la incredulidad de Edward. "Si no se arrepiente de sus pecados —dijo acerca del obispo—, cuídese, no sea que caiga. He aquí, le es designada su misión, y no se volverá a dar"[23].

La advertencia hizo que Edward se humillara. Le pidió al Señor que perdonara su dureza de corazón y le dijo a José que permanecería en Independence y prepararía la tierra de Sion para los santos. Sin embargo, todavía le preocupaba no estar a la altura de la enorme tarea que le esperaba.

"Temo que mi cargo vaya más allá de lo que yo pueda efectuar que sea aceptable para mi Padre Celestial —confesó en una carta a Lydia—. Ora por mí para que no falle"[24].

Luego de tres semanas de viaje, Polly Knight llegó a Independence con los santos de Colesville. Sin fuerzas, se puso de pie sobre el terreno, agradecida de haber llegado a la tierra de Sion. Sin embargo, su cuerpo se estaba deteriorando rápidamente, y dos conversos recientes de la región la llevaron a la casa de ellos para que pudiera descansar con relativa comodidad.

Al buscar la familia Knight un lugar en la zona donde establecerse, hallaron que la campiña era hermosa y agradable, con tierras ricas que podían cultivar y labrar. Las personas también parecían amistosas, a pesar de que eran desconocidos. A diferencia de algunos de los élderes de Kirtland, los miembros de Colesville creían que los santos podían edificar Sion allí.

El 2 de agosto, los santos de Misuri se reunieron a varios kilómetros al oeste de Independence para comenzar a trabajar en la primera casa de Sion. José y doce hombres de la Rama Colesville, que representaban simbólicamente a las tribus de Israel, colocaron el primer tronco para el edificio. Luego, Sidney dedicó la tierra de Sion para el recogimiento de los santos.

Al día siguiente, en una parcela al oeste del juzgado de Independence, José colocó con cuidado una sola piedra para marcar la esquina del futuro templo[25]. Entonces, alguien abrió una Biblia y leyó del salmo ochenta y siete: "Ama Jehová las puertas de Sion más que todas las moradas de Jacob. Cosas gloriosas se dicen de ti, ciudad de Dios"[26].

Unos días más tarde, falleció Polly, alabando al Señor por haberla sostenido en su sufrimiento[27]. El Profeta pronunció el sermón en el funeral y su esposo enterró su cuerpo en un área boscosa no lejos del terreno del templo. Ella fue la primera miembro sepultada en Sion[28].

El mismo día, José recibió otra revelación: "Dice el Señor, benditos son aquellos que han subido a esta tierra con la mira puesta únicamente en mi gloria, de acuerdo con mis mandamientos. Porque los que vivan heredarán la tierra; y los que mueran descansarán de todos sus trabajos"[29].

Poco después del funeral, Ezra y otros élderes de la Iglesia comenzaron su viaje de regreso a Kirtland con José, Oliver y Sidney. Ezra se sentía aliviado de regresar a su hogar en Ohio. A diferencia de Edward, él no había cambiado de opinión con respecto a José o la ubicación de Sion.

Los hombres lanzaron canoas al agua en el ancho río Misuri, al norte de Independence, y remaron río abajo. Al final del primer día de viaje, estaban de buen humor y disfrutaron de una cena de pavo salvaje al lado de la orilla del río. Al día siguiente, sin embargo, el clima de agosto estaba caluroso y el río se encontraba revuelto y difícil de navegar. Los hombres se cansaron rápidamente y pronto comenzaron a criticarse unos a otros[30].

"Como vive el Señor Dios —les gritó finalmente Oliver a los hombres—, si no se comportan mejor, les sobrevendrá algún accidente".

La tarde siguiente, José tomó la delantera con su canoa, pero algunos de los élderes estaban molestos con él y con Oliver y se negaron a remar. En una curva peligrosa del río, golpearon un árbol sumergido y casi volcaron.

Temiendo por las vidas de todos los de la compañía, José y Sidney les ordenaron a los élderes que salieran del río[31].

Después de establecer campamento, José, Oliver y Sidney intentaron hablar con el grupo y aliviar las tensiones. Irritados, los hombres llamaron cobardes a José y a Sidney por haber salido del río, se burlaron del modo en el que Oliver remaba en su canoa y acusaron a José de actuar como un dictador. La disputa duró hasta bien entrada la noche.

En lugar de quedarse levantado con la compañía, Ezra se acostó temprano, aunque abundando en críticas contra José y los élderes. Él se preguntaba, ¿por qué confiaría el Señor las llaves de Su reino a hombres como estos?[32].

POSTERIORMENTE EN ESE VERANO, Lydia Partridge recibió la carta de Edward enviada desde Misuri. Además de compartir sus inquietudes en cuanto a su llamamiento, él le explicaba que no regresaría a casa como estaba planeado sino que se quedaría en el condado de Jackson a fin de comprar tierras para los santos. Adjunta a la carta había una copia de la revelación dada a Edward, en la que se mandaba a su familia que se establecieran en Sion.

Lydia se sorprendió mucho. Cuando Edward se fue, él les había dicho a sus amigos que regresaría a Ohio tan pronto como terminara su trabajo en Misuri. Ahora, con tantas responsabilidades en Sion, no estaba seguro de si podría regresar para ayudar a Lydia y las niñas a hacer el viaje. Sin embargo, él sabía que otras familias de Ohio se mudarían a Misuri ese otoño, entre ellos sus consejeros del obispado. También lo harían Sidney Gilbert, un comerciante de Kirtland, y William Phelps, un impresor, quienes establecerían negocios para la Iglesia en Sion[33].

"Probablemente será mejor que vengas con ellos", le escribió él[34].

Sabiendo que Independence ofrecía pocos lujos, Edward también le dio a Lydia una larga lista de cosas para empacar y cosas para dejar atrás. "Tendremos que sufrir —le advirtió—, y por algún tiempo tendremos muchas privaciones aquí, a las que tú y yo no estamos acostumbrados"[35].

Lydia inició los preparativos para la mudanza. Las niñas estaban ahora lo suficientemente sanas como para viajar, y ella hizo arreglos para hacer el viaje con las familias Gilbert y Phelps. Al vender las propiedades de la familia, sus vecinos expresaron incredulidad de que ella y Edward abandonaran su hermoso hogar y su próspero negocio para seguir a un joven profeta al desierto[36].

Lydia no deseaba darle la espalda al mandato del Señor de edificar Sion. Sabía que el abandonar su hermosa casa sería una prueba, pero creía que sería un honor ayudar a poner los cimientos de la ciudad de Dios[37].

CAPÍTULO 13

El don ha vuelto

Cuando José regresó a Kirtland a fines de agosto de 1831, la tensión aún persistía entre él y algunos de los élderes que lo habían acompañado a Independence. Luego de la discusión a orillas del río Misuri, José y la mayoría de los élderes que viajaban con él se humillaron, confesaron sus pecados y buscaron el perdón. A la mañana siguiente, el Señor los había perdonado y les había ofrecido consuelo y aliento[1].

"Por cuanto os habéis humillado ante mí —había dicho—, vuestras son las bendiciones del reino"[2].

Otros élderes, entre ellos Ezra Booth, no prestaron atención a la revelación ni resolvieron sus diferencias con José. Cuando Ezra regresó a Kirtland, continuó criticando a José y quejándose de sus acciones en la misión[3]. Pronto, una conferencia de los santos revocó la licencia para predicar de Ezra y él comenzó a escribir cartas mordaces a sus amigos en las que atacaba el carácter de José[4].

El Señor reprendió esos ataques a principios de septiembre y pidió a los élderes que dejaran de condenar los errores de José y de criticarlo sin causa. "Él ha pecado —reconoció el Señor—; mas de cierto os digo, que yo, el Señor, perdono los pecados de aquellos que los confiesan ante mí y piden perdón".

Él exhortó a los santos a perdonar también. "Yo, el Señor, perdonaré a quien sea mi voluntad perdonar —declaró—, mas a vosotros os es requerido perdonar a todos los hombres".

También instó a los santos a hacer el bien y edificar Sion, en lugar de permitir que sus desacuerdos los dividieran. "No os canséis de hacer lo bueno, porque estáis poniendo los cimientos de una gran obra —les recordó—. El Señor requiere el corazón y una mente bien dispuesta; y los de buena voluntad y los obedientes comerán de la abundancia de la tierra de Sion en estos postreros días".

Antes de concluir Sus palabras, el Señor llamó a algunos miembros de la Iglesia a vender sus propiedades e ir a Misuri. Sin embargo, la mayoría de los santos debían quedarse en Ohio y continuar compartiendo el Evangelio allí. "Porque yo, el Señor —le dijo a José—, deseo retener una firme posesión en la tierra de Kirtland por el período de cinco años"[5].

ELIZABETH MARSH ESCUCHABA CON entusiasmo cuando los élderes que regresaban a Ohio describían la tierra de

Sion. Ellos hablaban de una tierra negra y profunda, de praderas sinuosas tan extensas como el océano y de un río turbulento que parecía tener vida propia. Aunque tenían muy pocas cosas buenas que decir sobre los habitantes de Misuri, muchos de los élderes que regresaban se sentían optimistas en cuanto al futuro de Sion.

Al escribirle a su cuñada en Boston, Elizabeth relataba todo lo que sabía sobre la tierra prometida. "Han erigido una piedra tanto para el templo como para la ciudad —le informó—, y compraron tierras en la medida en que las circunstancias lo permitieron para herencia de los fieles". El terreno del templo se encontraba en un bosque al oeste del juzgado, señaló, cumpliendo las profecías bíblicas de que el campo fértil sería "considerado un bosque" y que "el yermo se regocijará"[6].

El esposo de Elizabeth, Thomas, todavía estaba en Misuri predicando el Evangelio, y ella esperaba que él regresara a casa en un mes, más o menos. Según los élderes, la mayoría de las personas de Misuri no estaban interesadas en el mensaje que él estaba compartiendo, pero los misioneros bautizaban personas en otros lugares y los enviaban a Sion[7].

En poco tiempo, cientos de santos se congregarían en Independence.

A CIENTOS DE KILÓMETROS al sudoeste de Kirtland, William McLellin, de veinticinco años, visitaba las tumbas de su esposa, Cinthia Ann, y del bebé de ambos. William y Cinthia Ann habían estado casados durante menos de dos años cuando ella y el bebé murieron. Como maestro de escuela, William tenía una mente rápida y un don para escribir. Pero, desde que había perdido a su familia, no encontraba nada que lo consolara en sus horas de soledad[8].

Un día, después de enseñar su clase, William oyó a dos hombres predicar acerca del Libro de Mormón. Uno de ellos, David Whitmer, declaró que había visto un ángel que testificó que el Libro de Mormón era verdadero. El otro, Harvey Whitlock, asombró a William con el poder y la claridad de su predicación.

William invitó a los hombres a que le enseñaran más y las palabras de Harvey lo impresionaron nuevamente. "Nunca oí una predicación como esa en toda mi vida —escribió William en su diario—. La gloria de Dios parecía rodear al hombre"[9].

Deseoso de conocer a José Smith e investigar sus afirmaciones, William siguió a David y Harvey hasta Independence. Para cuando llegaron, José ya había regresado a Kirtland, pero William conoció a Edward Partridge, Martin Harris y Hyrum Smith y oyó sus testimonios. También habló con otros hombres y mujeres de Sion y se maravilló del amor y la paz que vio entre ellos[10].

Un día, mientras daba un largo paseo por el bosque, habló con Hyrum sobre el Libro de Mormón y el comienzo de la Iglesia. William deseaba creer, pero a pesar de todo lo que había oído hasta ese momento, todavía no estaba convencido de unirse a la Iglesia. Él quería tener un testimonio de Dios de que había encontrado la verdad.

Temprano a la mañana siguiente, oró para pedir guía. Reflexionando sobre su estudio del Libro de Mormón,

William se dio cuenta de que este había abierto su mente a una nueva luz. Entonces supo que era verdad y se sintió moralmente obligado a testificar de ello. Estaba seguro de haber encontrado la Iglesia viviente de Jesucristo[11].

Hyrum bautizó y confirmó a William ese mismo día y los dos hombres partieron hacia Kirtland[12]. Mientras predicaban por el camino, William descubrió que tenía talento para cautivar a las audiencias y debatir con los ministros. Sin embargo, cuando predicaba, a veces actuaba con arrogancia, y se sentía mal cuando su jactancia alejaba al Espíritu[13].

Una vez que llegaron a Kirtland, William estaba ansioso por hablar con José. Tenía varias preguntas específicas que quería que le respondiera, pero las guardó para sí mismo, orando para que José las discerniera por su cuenta y revelara sus respuestas. William ahora no estaba seguro de adónde ir ni qué hacer con su vida. Sin una familia, podía dedicarse por completo a la obra del Señor. Pero una parte de él quería buscar primero su propio bienestar.

Esa noche, William se fue a casa con José y le pidió una revelación del Señor, como sabía que muchos otros habían hecho. José estuvo de acuerdo y, cuando el Profeta recibió la revelación, William oyó al Señor responder cada una de sus preguntas. Su ansiedad dio paso al gozo. Sabía que había encontrado a un profeta de Dios[14].

UNOS DÍAS MÁS TARDE, el 1° de noviembre de 1831, José convocó a un consejo de líderes de la Iglesia. Ezra Booth había publicado recientemente una carta en un periódico local en la que acusaba a José de hacer falsas profecías y ocultar sus revelaciones al público. La carta tuvo gran circulación, y muchas personas comenzaron a desconfiar de los santos y su mensaje[15].

Muchos santos también querían leer la palabra del Señor por sí mismos. Debido a que solo había copias escritas a mano de las revelaciones que había recibido José, estas no eran muy conocidas entre la mayoría de los miembros de la Iglesia. Los élderes que deseaban utilizarlas en la obra misional tenían que copiarlas a mano.

Sabiendo esto, José propuso publicar las revelaciones en un libro. Confiaba en que ese libro ayudaría a los misioneros a compartir la palabra del Señor con mayor facilidad y a proporcionar a los vecinos curiosos información correcta sobre la Iglesia.

El consejo analizó el asunto durante horas. David Whitmer y algunos otros se opusieron a la publicación de las revelaciones, preocupados de que al hacer más públicos los planes del Señor para Sion, los santos en el condado de Jackson pudieran experimentar problemas. José y Sidney no estaban de acuerdo e insistían en que el Señor quería que la Iglesia publicara Sus palabras[16].

Después de debatirlo más, el consejo acordó publicar diez mil copias de las revelaciones como el Libro de los Mandamientos. Asignaron a Sidney, Oliver y William McLellin que escribieran un prefacio al libro de revelaciones y que lo presentaran al grupo más tarde ese mismo día[17].

Los tres hombres comenzaron a escribir de inmediato pero, cuando regresaron con un prefacio, el consejo no se sintió satisfecho con el mismo. Lo leyeron, debatiendo línea por línea, y le pidieron a José que procurara conocer la voluntad del Señor en cuanto a él. José oró y el Señor reveló un nuevo prefacio para el libro. Sidney registró Sus palabras a medida que José las pronunciaba[18].

En el nuevo prefacio, el Señor le mandaba a todo pueblo que escucharan Su voz. Declaró que Él le había dado a José esos mandamientos para ayudar a Sus hijos a aumentar su fe, confiar en Él y recibir y proclamar la plenitud de Su evangelio y convenio sempiterno. También respondió a los temores de aquellos que, como David, se preocupaban por el contenido de las revelaciones.

"Lo que yo, el Señor, he dicho, yo lo he dicho, y no me disculpo —declaró—; y aunque pasaren los cielos y la tierra, mi palabra no pasará, sino que toda será cumplida, sea por mi propia voz o por la voz de mis siervos, es lo mismo"[19].

Después de que José pronunció las palabras del prefacio, varios miembros del consejo dijeron que estaban dispuestos a testificar de la veracidad de las revelaciones. Otros en la sala todavía se mostraban reacios a publicar las revelaciones en su condición actual. Ellos sabían que José era un profeta y sabían que las revelaciones eran verdaderas, pero les avergonzaba que la palabra del Señor les hubiera llegado filtrada a través del vocabulario limitado y la gramática endeble de José[20].

El Señor no compartía su preocupación. En Su prefacio, el Señor había testificado que las revelaciones provenían de Él, y eran dadas a Sus siervos "en su debilidad, según su manera de hablar"[21]. Para ayudar a los hombres a saber que las revelaciones provenían de Él, dictó una nueva revelación en la que desafiaba al consejo a seleccionar al hombre más sabio de la sala para que escribiera una revelación como la que había recibido José.

Si el hombre seleccionado para la tarea no podía hacerlo, todos en la sala sabrían y serían responsables de testificar que las revelaciones del Señor a José eran verdaderas, a pesar de sus imperfecciones[22].

Tomando una pluma, William intentó escribir una revelación, confiado en su dominio del lenguaje. Sin embargo, cuando terminó, él y los demás hombres en la sala sabían que lo que había escrito no había venido del Señor[23]. Admitieron su error y firmaron una declaración que testificaba que las revelaciones habían sido dadas al Profeta mediante la inspiración de Dios[24].

En consejo, resolvieron que José debía revisar las revelaciones y "corregir aquellos errores o faltas que pudiese encontrar por el Espíritu Santo"[25].

Alrededor de esta época, Elizabeth Marsh recibió a una predicadora viajante llamada Nancy Towle en su casa de Kirtland. Nancy era una mujer pequeña y delgada con grandes ojos que ardían con la intensidad de sus convicciones. A los treinta y cinco años, Nancy ya se había hecho una fama al predicar a grandes congregaciones de hombres y mujeres en escuelas, iglesias y reuniones al aire libre por todo Estados Unidos. Después de hablar con ella, Elizabeth se dio cuenta de que era educada y firme en sus convicciones[26].

Nancy había llegado a Kirtland con un propósito. Aunque por lo general tenía una actitud abierta hacia otras iglesias cristianas, aun cuando no estuviera de acuerdo con ellas, pero Nancy estaba segura de que los santos eran engañados. Ella quería aprender más sobre ellos para poder ayudar a otros a resistir sus enseñanzas[27].

Elizabeth no apoyaba tal misión, pero podía entender que Nancy estuviera defendiendo lo que pensaba que era la verdad. Nancy los escuchó predicar y presenció algunos bautismos en un río cercano. Más tarde, ese mismo día, ella y Elizabeth asistieron a una reunión de confirmación con José, Sidney y otros líderes de la Iglesia[28].

En la reunión, William Phelps confrontó a Nancy por dudar de la veracidad del Libro de Mormón. "No serás salva a menos que creas en ese libro", le dijo él.

Nancy miró a William con fiereza. "Si yo tuviera ese libro, señor, lo quemaría", dijo. Nancy se sorprendía de que tantas personas talentosas e inteligentes pudieran seguir a José Smith y creer en el Libro de Mormón.

—Señor Smith —dijo ella, dirigiéndose al Profeta—, ¿Puede usted, en la presencia de Dios Todopoderoso, dar su palabra mediante juramento de que un ángel del cielo le mostró el sitio de esas planchas?

—No juraré en absoluto —dijo José con ironía. En lugar de ello, él se acercó a los que acababan de bautizarse, les puso las manos sobre la cabeza y los confirmó.

Volviéndose hacia Nancy, Elizabeth le testificó de su propia confirmación. "Tan pronto como sus manos se apoyaron en mi cabeza —dijo—, sentí al Espíritu Santo que me cubría como si fuera agua tibia".

Nancy se ofendió, como si Elizabeth la hubiera acusado de no saber cómo se sentía el Espíritu del Señor. Se volvió a José nuevamente. "¿No se avergüenza de tales afirmaciones?" — le preguntó—. "¡Usted, que es como cualquier otro ignorante labrador de nuestra tierra!".

José testificó simplemente: "El don ha vuelto, como en los tiempos antiguos, a pescadores analfabetos"[29].

CAPÍTULO 14

Visiones y pesadillas

En enero de 1832, José, Emma y los mellizos vivían en la casa de Elsa y John Johnson en Hiram, Ohio, a unos cincuenta kilómetros al sur de Kirtland[1]. Los Johnson tenían más o menos la misma edad que los padres de José, por lo que la mayoría de sus hijos se habían casado y se habían mudado de su espaciosa casa de campo, dejando mucho espacio como para que José se reuniera con líderes de la Iglesia y trabajara en la traducción de la Biblia.

Antes de bautizarse, Elsa y John habían sido miembros de la congregación de Ezra Booth. De hecho, fue el sanamiento milagroso de Elsa, efectuado por José, lo que llevó a Ezra a unirse a la Iglesia[2]. Pero mientras que Ezra había perdido su fe, los Johnson continuaron apoyando al Profeta, tal como lo habían hecho las familias Whitmer y Knight en Nueva York.

Ese invierno, José y Sidney pasaron gran parte de su tiempo traduciendo en una habitación en el piso superior de la casa de la familia Johnson. A mediados de febrero, mientras leían en el Evangelio de Juan acerca de la resurrección de las almas justas e injustas, José se preguntó si no habría más que saber sobre el cielo y la salvación de la humanidad. Si Dios recompensaba a Sus hijos según sus obras en la tierra, ¿no eran las nociones tradicionales del cielo y el infierno demasiado simples?[3].

El 16 de febrero, José, Sidney y unos doce hombres más estaban sentados en una habitación del piso superior de la casa de la familia Johnson[4]. El Espíritu reposó sobre José y Sidney, y se quedaron quietos al abrirse una visión ante sus ojos. La gloria del Señor los rodeó y vieron a Jesucristo a la diestra de Dios. Ángeles adoraban ante Su trono, y una voz testificó que Jesús era el Unigénito del Padre[5].

"¿Qué es lo que veo?", preguntó José mientras él y Sidney se asombraban de las maravillas que veían. Entonces, describió lo que veía en la visión, y Sidney dijo: "Yo veo lo mismo". A continuación, Sidney hizo la misma pregunta y describió la escena que veía frente a él. Cuando terminó, José dijo: "Yo veo lo mismo".

Hablaron así durante una hora, y su visión reveló que el plan de salvación de Dios comenzó antes de la vida en la tierra y que Sus hijos resucitarían después de la muerte mediante el poder de Jesucristo. También describieron el cielo de una manera que nadie en la habitación había imaginado. En lugar de ser un solo reino, estaba organizado en varios reinos de gloria.

Ampliando la descripción que el apóstol Pablo hizo de la resurrección en 1 Corintios 15, José y Sidney vieron y describieron detalles específicos acerca de cada reino. El Señor preparó la gloria telestial para aquellos que hubieran sido inicuos y no se arrepintieron en la tierra. La gloria terrestre era para quienes hubieran vivido honorablemente pero sin obedecer completamente el evangelio de Jesucristo. La gloria celestial era para aquellos que aceptaran a Cristo, hicieran convenios del Evangelio y los guardaran y heredaran la plenitud de la gloria de Dios[6].

El Señor reveló más en cuanto al cielo y la resurrección a José y Sidney, pero les dijo que no lo registraran. "Solo se ven y se comprenden por el poder del Santo Espíritu que Dios confiere a los que lo aman y se purifican ante él", explicó José[7].

Cuando la visión se cerró, Sidney se veía débil y pálido, dominado por lo que había visto. José sonrió y dijo: "Sidney no está acostumbrado a esto como lo estoy yo"[8].

AL MISMO TIEMPO QUE los santos de Kirtland se enteraban de la gran visión del cielo que tuvo José, William Phelps estaba instalando la imprenta de la Iglesia en Independence. Había sido editor de periódicos gran parte de su vida adulta y, además de trabajar en el Libro de Mandamientos, esperaba publicar un periódico mensual para los santos y sus vecinos de Misuri.

En un tono firme y seguro, William escribió un anuncio público para el periódico, al que planeaba llamar *The Evening and the Morning Star [La estrella vespertina y matutina].* “The *Star* [La estrella] recibirá su luz de fuentes sagradas —declaró—, y se dedicará a las revelaciones de Dios”. Él creía que los últimos días habían llegado y quería que su periódico les advirtiera a los justos y los inicuos por igual que el Evangelio se había restaurado y que el Salvador pronto regresaría a la tierra.

Deseaba imprimir también otros artículos de interés, entre ellos informes de noticias y poesía. Pero a pesar de que era un hombre de fuertes convicciones que rara vez dejaba pasar la oportunidad de decir lo que pensaba, William insistió en que el periódico no se entrometería en política o en disputas locales.

Él había sido un editor políticamente activo para otros periódicos y algunas veces había salpicado sus artículos y editoriales con opiniones que irritaban a sus oponentes[9]. Permanecer sin involucrarse en discusiones sería un desafío. Aun así, la perspectiva de escribir artículos periodísticos y editoriales lo llenaba de emoción.

William era sincero en su plan de centrar el periódico en el Evangelio y entendió que su primera prioridad como impresor de la Iglesia era publicar las revelaciones. “De esta imprenta pueden esperarse, tan pronto como la prudencia lo indique, muchos registros sagrados”, les prometió a sus lectores[10].

EN OHIO, LA VISIÓN de José y Sidney estaba causando revuelo. Muchos santos aceptaron rápidamente las verdades recién reveladas acerca del cielo, pero a otros les costó conciliar la visión con sus creencias cristianas tradicionales[11]. ¿Salvaba demasiadas almas esta nueva forma de ver el cielo? Algunos santos rechazaron la revelación y abandonaron la Iglesia.

La visión inquietó aún más a algunos de sus vecinos, quienes ya estaban molestos por las cartas que Ezra Booth había publicado en un periódico local. A medida que las cartas propagaban las críticas de Ezra contra José, otras personas que habían sido miembros de la Iglesia se sumaron a ellas, planteando preguntas en la mente de las personas cuyos familiares y amigos adoraban con los santos[12].

Al ponerse el sol una tarde a fines de marzo de 1832, un grupo de hombres se encontraron en una fábrica de ladrillos a unos ochocientos metros de la casa de la familia Johnson. En el horno, los hombres prepararon un fuego para calentar brea de pino. Cuando el cielo se oscureció, cubrieron sus rostros de hollín y se escabulleron en la noche[13].

EMMA ESTABA DESPIERTA EN la cama cuando escuchó un leve golpeteo en la ventana. El ruido fue lo suficientemente fuerte como para llamar su atención, pero no era inusual, y ella le restó importancia.

Cerca de allí, José yacía en una cama baja con ruedas; su respiración regular era una señal de que estaba dormido. Los mellizos tenían sarampión, y José se había quedado con el más enfermo de los dos para que Emma pudiera dormir. Después de un rato, ella se despertó, tomó al bebé y le dijo a José que descansara. Él tenía que predicar por la mañana.

Emma se estaba quedando dormida cuando la puerta de la habitación se abrió y una docena de hombres irrumpieron en ella. Sujetaron a José por los brazos y las piernas y comenzaron a arrastrarlo fuera de la casa. Emma gritó.

José se revolvía con frenesí mientras los hombres lo aferraban más fuertemente. Alguien lo tomó por los cabellos y tiró de él hacia la puerta. Liberando bruscamente una de sus piernas, José pateó a un hombre en la cara. El hombre tropezó hacia atrás y cayó por el peldaño de la puerta, sujetándose la nariz sangrante. Con una risa ronca, se puso en pie y le empujó la cara de José con fuerza con su mano ensangrentada.

"Ajustaré cuentas contigo", gruñó.

Los hombres lucharon con José y lo llevaron fuera de la casa, hacia el patio. José se esforzó por librarse de quienes le sujetaban y trató de liberar sus potentes extremidades, pero alguien lo agarró por el cuello y lo apretó hasta que su cuerpo quedó inerte[14].

José volvió en sí en un prado a cierta distancia de la casa de la familia Johnson. Los hombres todavía lo sujetaban con fuerza, un poco por sobre el suelo, por lo que no podía liberarse. A unos metros de distancia, vio la silueta semidesnuda de Sidney Rigdon tendida en la hierba. Parecía muerto.

—Tengan piedad —suplicó José a los hombres—. Perdónenme la vida.

—Pídele ayuda a tu Dios —le gritó alguien. José miró a su alrededor y vio que más hombres se unían al populacho. Un hombre salió de un huerto cercano con una tabla de madera y los hombres estiraron a José sobre ella y lo llevaron más hacia dentro del prado.

Después de que se hubieron alejado un poco de la casa, le arrancaron la ropa y lo sujetaron al tiempo que un hombre se acercó con un cuchillo afilado, listo para mutilarlo. Pero el hombre miró a José y se negó a cortarlo.

"Maldito seas", bramó otro hombre. Se lanzó sobre José y rasgó la piel del Profeta con sus afiladas uñas, dejándole en carne viva y lacerado. "Esa es la forma en la que el Espíritu Santo desciende sobre la gente", dijo.

José podía oír a otros hombres a corta distancia, discutiendo sobre qué hacer con él y con Sidney. No podía oír cada palabra que decían, pero creyó haber escuchado uno o dos nombres conocidos.

Una vez que las discusiones se detuvieron, alguien dijo: "Llenémosle la boca de brea". Sucias manos forzaron su mandíbula a abrirse mientras un hombre intentaba verter una botella de ácido en su garganta. La botella se rompió en los dientes de José, cortando a uno de ellos.

Otro hombre trató de meter una paleta de brea pegajosa en su boca, pero José sacudió la cabeza de atrás para adelante. "¡Maldito seas! —gritó el hombre—. Levanta la cabeza". Metió la paleta en la boca de José hasta que la brea le rebosó por los labios.

Llegaron más hombres con una tinaja de brea y la vertieron sobre él. La brea corrió por su piel lacerada y por su cabello. Lo cubrieron con plumas, lo tiraron en el suelo frío y huyeron de la escena.

Cuando se marcharon, José se quitó la brea de los labios y jadeó en busca de aire. Se esforzó por ponerse de pie, pero sus fuerzas le fallaron. Lo intentó de nuevo y esta vez logró mantenerse erguido. En el aire a su alrededor revoloteaban plumas perdidas[15].

Cuando vio a José caminando a tropezones hacia la puerta de la familia Johnson, Emma se desmayó, segura de que el populacho lo había desfigurado hasta dejarlo irreconocible. Al escuchar la conmoción, varias mujeres del vecindario habían corrido hasta la casa. José pidió una manta para cubrir su cuerpo maltratado.

Durante el resto de la noche, las personas atendieron a José y a Sidney, que había estado tendido en el prado por mucho tiempo, respirando apenas. Emma raspó la brea de las extremidades, el pecho y la espalda de José. Elsa Johnson, mientras tanto, utilizó grasa de cerdo de su despensa para aflojar la brea endurecida de su piel y cabello.[16].

Al día siguiente, José se vistió y dio un sermón desde la puerta de la familia Johnson. Reconoció a algunos de los hombres del populacho entre la congregación pero no les dijo nada. Por la tarde, bautizó a tres personas[17].

Aún así, el ataque había causado mucho daño. Su cuerpo tenía moretones y estaba dolorido por la paliza. Sidney yacía en la cama, delirando, debatiéndose entre la vida y la muerte. El populacho lo había arrastrado fuera de su casa por los talones, dejándole la cabeza sin protección mientras rebotaba por las escaleras y lo arrastraban por el frío suelo de marzo.

Los bebés de José y Emma también sufrieron. Mientras que la salud de su hermana melliza Julia mejoró constantemente, el pequeño Joseph empeoró y murió más tarde esa semana. El Profeta culpó de la muerte de su hijo al aire frío que entró a raudales en la casa cuando el populacho lo arrastró fuera[18].

UNOS DÍAS DESPUÉS DEL entierro del bebé, José regresó a la obra a pesar de su dolor. Siguiendo el mandamiento del Señor, partió para Misuri el 1° de abril junto con Newel Whitney y Sidney, quien todavía estaba débil por el ataque pero que se había recuperado lo suficiente como para viajar[19]. El Señor había llamado recientemente a Newel para que prestara servicio como obispo de los santos en Ohio, y le mandó que consagrara el dinero excedente de sus rentables negocios para ayudar a mantener la tienda, la imprenta y las compras de tierras en Independence[20].

El Señor deseaba que los tres hombres fueran a Misuri e hicieran convenio de cooperar económicamente con los líderes de Sion a fin de beneficiar a la Iglesia y cuidar mejor de los pobres. También quería que fortalecieran a los santos para que no perdieran de vista su responsabilidad sagrada de edificar la ciudad de Sion[21].

Cuando llegaron a Independence, José convocó a un consejo de líderes de la Iglesia y leyó una revelación que los llamaba a él, a Edward Partridge, a Newel Whitney y a otros líderes de la Iglesia a hacer convenio entre sí a fin de administrar los asuntos de negocios de la Iglesia[22].

"Os doy este mandamiento de ligaros por medio de este convenio —declaró el Señor— buscando cada cual el bienestar de su prójimo, y haciendo todas las cosas con la mira puesta únicamente en la gloria de Dios". Ligados de esa manera, se denominaron a sí mismos la Firma Unida[23].

Mientras estaba en Misuri, José visitó también a los miembros de la antigua Rama Colesville y a otras personas que se habían establecido en la zona. Los líderes de la Iglesia parecían estar trabajando bien juntos, la nueva imprenta se preparaba para publicar el primer ejemplar de *The Evening and the Morning Star* y muchos miembros de la Iglesia estaban ansiosos por edificar la ciudad[24].

Pero José presentía que había resentimientos hacia él por parte de algunos de los santos, entre ellos algunos de sus líderes. Parecían molestos por su decisión de quedarse en Kirtland en lugar de mudarse permanentemente a Misuri. Y algunos aún parecían disgustados por lo que había sucedido en su última visita a la región, cuando él y algunos de los élderes habían estado en desacuerdo sobre dónde establecer Sion en Misuri.

El resentimiento de ellos lo sorprendió. ¿No se daban cuenta de que había abandonado a su afligida familia y había viajado mil trescientos kilómetros solamente para ayudarles?[25]

MIENTRAS JOSÉ VISITABA A los santos en Independence, William McLellin estaba luchando espiritualmente en Ohio. Después de ser llamado como misionero, había pasado el invierno predicando el Evangelio, primero en ciudades y pueblos al este de Kirtland y más tarde en el sur. A pesar de que había disfrutado de cierto éxito al principio, la mala salud, el mal tiempo y la falta de interés de las personas lo habían desanimado[26].

Como maestro, estaba acostumbrado a los alumnos obedientes que escuchaban sus lecciones y no contestaban con impertinencia. Sin embargo, como misionero, a menudo estaba en conflicto con personas que no respetaban su autoridad. Una vez, mientras daba un largo sermón, fue interrumpido varias veces y lo llamaron mentiroso[27].

Después de varios meses de fracasos, comenzó a cuestionar si era el Señor o José Smith quien lo había llamado a una misión[28]. Incapaz de resolver sus dudas, abandonó el campo misional y encontró empleo como vendedor en una tienda[29]. En su tiempo libre, examinaba minuciosamente la Biblia buscando evidencias del Evangelio restaurado y discutía con escépticos acerca de religión.

Con el tiempo, optó por no regresar a su misión. En cambio, se casó con una miembro de la Iglesia llamada Emeline Miller y decidió acompañar a un grupo de unos cien santos al condado de Jackson, donde había tierra fácil de obtener. En una revelación a José, Dios había reprendido a William por abandonar su misión, pero este creía que podría comenzar de nuevo en Sion.

Sin embargo, él quería hacerlo de acuerdo con sus propios términos. En el verano de 1832, él y su compañía se mudaron a Misuri sin una recomendación de los líderes de la Iglesia, la cual el Señor requería que obtuvieran los santos que migraban, a fin de que Sion no creciera demasiado rápido y forzaran los recursos al límite. Cuando llegó, tampoco fue al obispo Partridge para consagrar su propiedad o recibir una herencia. En cambio, compró dos lotes del gobierno en Independence[30].

La llegada de William y los demás abrumó al obispo Partridge y sus consejeros. Muchos de los recién llegados eran pobres y tenían poco para consagrar. El obispo hizo todo lo posible para que se establecieran, pero fue un desafío organizar casas, granjas y empleo para ellos mientras la economía de Sion todavía era precaria[31].

Sin embargo, William creía que su gran compañía cumplía la profecía de Isaías de que muchas personas vendrían a Sion. Encontró trabajo como maestro de escuela y les escribió a sus familiares acerca de su religión.

"Creemos que José Smith es un verdadero profeta o vidente del Señor —testificó—, y que tiene poder y recibe revelaciones de Dios, y que esas revelaciones, cuando se reciben, tienen autoridad divina en la Iglesia de Cristo"[32].

No obstante, tales ideas estaban empezando a poner nerviosos a sus vecinos de Misuri, especialmente cuando oyeron a algunos miembros de la Iglesia decir que Dios había designado a Independence como el lugar central de su tierra prometida[33]. Con la llegada de la compañía de William, los santos de Sion llegaron a ser alrededor de quinientos. Los recursos ya escaseaban, lo que hacía aumentar los precios de los productos locales[34].

"Se están aglomerando —dijo una mujer al observar que más santos se instalaban a su alrededor—. Pienso realmente que deberían ser castigados"[35].

CAPÍTULO 15

lugares santos

En agosto de 1832, Phebe Peck observó con orgullo cómo tres de sus hijos se bautizaban cerca de su casa en Misuri. Estaban entre los once niños que se bautizaron en Sion ese día. Junto con los hijos de Lydia y Edward Partridge y de Sally y William Phelps, pertenecían a la primera generación de jóvenes santos que crecían en una tierra que el Señor había apartado como santa.

Phebe y sus hijos se habían mudado a Sion con los santos de Colesville, un año antes. El difunto esposo de Phebe, Benjamin, era el hermano de Polly Knight, por lo que Phebe formaba parte del círculo familiar de los Knight. Pero ella aún extrañaba a su propia familia y sus amigos de Nueva York que no se habían unido a la Iglesia.

Poco después del bautismo de sus hijos, les escribió a dos de sus viejas amigas acerca de Sion: "No considerarías el venir aquí como una privación —le dijo a su amiga

Anna—, porque el Señor está revelando los misterios del reino de los cielos a Sus hijos”[1].

Hacía poco, William Phelps había publicado la visión del cielo de José y Sidney en *The Evening and the Morning Star*, y Phebe compartió con Anna su promesa de que aquellos que se bautizaran y se mantuvieran valientes en el testimonio de Cristo disfrutarían del más alto grado de gloria y la plenitud de las bendiciones de Dios.

Con tal promesa en mente, Phebe instó a otra amiga, Patty, a escuchar el mensaje del Evangelio: “Si pudieras ver y creer como yo —escribió—, se abriría la vía y vendrías a esta tierra, nos veríamos una a la otra y nos regocijaríamos en las cosas de Dios”.

Phebe testificó de la visión revelada recientemente por el Profeta y de la paz que le había traído, y alentó a Patty a leer sus palabras si alguna vez tenía la oportunidad.

“Espero que las leas cuidadosamente y con el corazón lleno de oración —le dijo a su amiga—, porque estas cosas son dignas de atención, y deseo que puedas indagar sobre ellas”[2].

ESE OTOÑO, JOSÉ VIAJÓ con Newel Whitney a la ciudad de Nueva York para predicar el Evangelio y hacer compras para la Firma Unida. El Señor había llamado a Newel para que advirtiera a las personas en las grandes ciudades acerca de las calamidades que vendrían en los últimos días. José lo acompañó para ayudar a cumplir el mandamiento del Señor[3].

Recientemente, el Profeta había sentido una urgencia creciente por predicar el Evangelio y establecer el lugar de recogimiento de los santos. Poco antes de dejar Kirtland, recibió una revelación que indicaba que los poseedores del sacerdocio tenían la responsabilidad de predicar el Evangelio y de guiar a los fieles a la seguridad de Sion y del templo, donde el Señor prometía visitarlos con Su gloria.

El sacerdocio, por lo tanto, traía aparejado el deber de administrar las ordenanzas a aquellos que aceptaban a Cristo y Su evangelio. Únicamente a través de esas ordenanzas, enseñaba el Señor, podrían Sus hijos estar listos para recibir Su poder y regresar a Su presencia[4].

Sin embargo, al partir en su viaje, José tenía motivos para preocuparse acerca del esfuerzo por edificar Sion en Misuri. La Iglesia estaba prosperando en Ohio, a pesar de la oposición de los que habían dejado la Iglesia, pero la Iglesia en Misuri luchaba por mantener el orden a medida que más personas se mudaban a la región sin permiso. Con las tensiones entre él y algunos de los líderes de Sion aún sin resolver, debía hacerse algo para unificar a la Iglesia.

Al llegar a la ciudad de Nueva York, José se quedó asombrado por su tamaño. Edificios altos se alzaban sobre calles estrechas que se extendían por kilómetros. Dondequiera que miraba, había tiendas con productos costosos, grandes casas y edificios de oficinas, y bancos donde hombres adinerados realizaban negocios. Personas de muchas etnias, ocupaciones y clases pasaban de prisa a su lado, aparentemente indiferentes a los que los rodeaban[5].

Él y Newel se hospedaron en un hotel de cuatro pisos cerca de los almacenes donde Newel esperaba hacer sus compras para la Firma Unida. José encontró tediosa la tarea de seleccionar los productos y se sintió desanimado por el orgullo y la maldad que veía en la ciudad, por lo que a menudo regresaba al hotel para leer, meditar y orar. Pronto se puso nostálgico. Emma estaba llegando al final de otro embarazo difícil y anhelaba estar con ella y con su hija.

"Mis memorias del hogar, de Emma y de Julia, acuden a mi mente como una inundación —escribió—, y sentí el deseo de estar con ellas un momento".

A veces, José dejaba el hotel para explorar y predicar. La ciudad de Nueva York tenía una población de más de doscientas mil personas y José sintió que el Señor estaba complacido con la maravillosa arquitectura y los extraordinarios inventos de sus habitantes. Sin embargo, nadie parecía glorificar a Dios por las cosas maravillosas que había a su alrededor ni interesarse por el Evangelio restaurado de Jesucristo.

Sin inmutarse, José continuó compartiendo su mensaje. "Estoy decidido a elevar mi voz —le escribió a Emma—, y dejar el asunto a Dios, quien todo lo tiene en Sus manos"[6].

UN MES DESPUÉS, HABIENDO regresado José y Newel a Ohio, Brigham Young, de treinta y un años, llegó a Kirtland con su hermano mayor, Joseph, y su mejor amigo, Heber Kimball. Eran conversos recientes del centro del estado de Nueva York, no lejos de donde José Smith había crecido. Brigham había querido conocer al Profeta desde que oyó por primera vez sobre el Libro de Mormón. Ahora que estaba en Kirtland, planeaba estrechar la mano de José, mirarlo a los ojos y conocer su corazón. Brigham había estado predicando del Libro de Mormón desde su bautismo, pero sabía poco sobre el hombre que lo tradujo.

José y Emma vivían ahora en un apartamento que estaba sobre la tienda de los Whitney en Kirtland pero, cuando los tres hombres llegaron allí, el Profeta estaba cortando leña en un bosque a un kilómetro y medio de distancia. Fueron enseguida hacia ese lugar, sin saber qué encontrarían cuando llegaran allí.

Adentrándose en el bosque, Brigham y los demás llegaron a un claro donde José estaba partiendo troncos. Era más alto que Brigham y estaba vestido con ropa sencilla de trabajo. Por la manera hábil con que José movía su hacha, Brigham pudo ver que no era ajeno al trabajo manual.

Brigham se le acercó y se presentó. José dejó su hacha en el suelo y estrechó la mano de Brigham. "Me alegra verlo", le dijo.

Mientras hablaban, Brigham se ofreció a cortar leña mientras su hermano y Heber ayudaban a cargarla en un carro. El Profeta parecía alegre, trabajador y amigable. Al igual que Brigham, provenía de una familia humilde, pero no era tosco como lo eran algunos trabajadores. Brigham supo de inmediato que él era un profeta de Dios[7].

Después de un rato, José invitó a los hombres a comer con ellos en su casa. Al llegar, les presentó a Emma, que yacía en la cama, acunando a un sano bebé. El bebé había nacido hacía pocos días, y solo unas horas antes de que José y Newel regresaran de Nueva York. Emma y José lo habían llamado Joseph Smith III[8]

. Después de la comida, José llevó a cabo una pequeña reunión e invitó a Brigham a orar. Al inclinar la cabeza, Brigham sintió que el Espíritu lo inducía a hablar en un idioma desconocido. Las personas en la sala se alarmaron. Durante el último año, habían visto a muchas personas imitar los dones del Espíritu comportándose como salvajes. Lo que Brigham hizo era diferente.

"Hermanos, nunca me opondré a nada que provenga del Señor —dijo José, percibiendo su incomodidad—. Esa lengua es de Dios".

José habló entonces en el mismo idioma, declarando que era el lenguaje que Adán había hablado en el Jardín de Edén y alentó a los santos a procurar el don de lenguas, como lo había hecho Pablo en el Nuevo Testamento, para el beneficio de los hijos de Dios[9].

BRIGHAM PARTIÓ DE KIRTLAND una semana más tarde, en tanto que un apacible invierno se hacía presente en el pequeño poblado. Sin embargo, unos días antes de Navidad, un periódico local publicó informes de que los líderes del gobierno del estado de Carolina del Sur estaban oponiendo resistencia contra los impuestos a los productos importados y amenazando con declararse independientes de los Estados Unidos. Algunas personas estaban pidiendo entrar en guerra[10].

Al leer José los informes sobre la crisis, reflexionó acerca de la iniquidad y la destrucción que, según la Biblia, precederían a la segunda venida del Salvador[11]. El mundo entero gemía bajo la servidumbre del pecado, le había dicho el Señor recientemente, y Dios pronto visitaría a los malvados con Su ira, destruyendo los reinos de la tierra y haciendo temblar los cielos[12].

Después de orar para saber más acerca de esas calamidades, el día de Navidad José recibió una revelación. El Señor le dijo que llegaría el momento en que Carolina del Sur y otros estados del sur se rebelarían contra el resto de la nación. Los estados rebeldes pedirían ayuda a otros países y las personas esclavizadas se levantarían contra sus amos. La guerra y los desastres naturales se derramarían sobre todas las naciones, esparciendo la miseria y la muerte por toda la tierra.

La revelación fue un duro recordatorio de que los santos ya no podían retrasar la construcción de Sion y el templo. Debían prepararse ahora si esperaban evitar la devastación venidera.

"Permaneced en lugares santos —los instó el Señor—, y no seáis movidos, hasta que venga el día del Señor"[13].

DOS DÍAS DESPUÉS DE recibir la revelación sobre la guerra, José se reunió con líderes de la Iglesia en la tienda de Newel Whitney. Él creía que los santos de Misuri se estaban volviendo más críticos de su liderazgo. Si no se arrepentían y restablecían la armonía en la Iglesia, temía que perdieran sus herencias en Sion y perdieran la oportunidad de construir el templo[14].

Después de dar inicio a la reunión, José les pidió a los líderes de la Iglesia que oraran para conocer la voluntad del Señor en cuanto a edificar Sion. Los hombres inclinaron la cabeza y oraron, cada uno expresando su voluntad de guardar los mandamientos de Dios. Entonces, José recibió una revelación mientras Frederick Williams, su nuevo escriba, la anotaba[15].

Era un mensaje de paz para los miembros de la Iglesia, instándolos a ser santos. "Santificaos —mandaba el Señor—, para que vuestras mentes se enfoquen únicamente en Dios". Para su sorpresa, Él les mandaba construir un templo en Kirtland y prepararse para recibir Su gloria.

"Organizaos —decía el Señor—; preparad todo lo que fuere necesario; y estableced una casa, sí, una casa de oración, una casa de ayuno, una casa de fe, una casa de instrucción, una casa de gloria, una casa de orden, una casa de Dios".

Asimismo, el Señor les aconsejaba que pusieran en marcha una escuela. "Y por cuanto no todos tienen fe —declaró—, buscad diligentemente y enseñaos el uno al otro palabras de sabiduría; sí, buscad palabras de sabiduría de los mejores libros; buscad conocimiento, tanto por el estudio como por la fe"[16].

José envió una copia de la revelación a William Phelps en Misuri, llamándola una "hoja de olivo" y "el mensaje de paz del Señor" a los santos de Kirtland. Les advirtió a los santos de Sion que, si no se santificaban como el Señor lo indicaba, Él escogería a otras personas para construir Su templo.

"Escuchen la voz de advertencia de Dios, no sea que Sion caiga —suplicó José—. Los hermanos de Kirtland oran en beneficio de ustedes incesantemente porque, conociendo los terrores del Señor, temen grandemente por ustedes"[17].

EL 22 DE ENERO DE 1833, José y los santos de Kirtland pusieron en marcha la Escuela de los Profetas en la tienda de la familia Whitney. Uno de los secretarios de José, Orson Hyde, fue designado para enseñar la clase. Al igual que José y muchos de los otros alumnos, Orson había pasado la mayor parte de su niñez trabajando en lugar de asistir a la escuela. Él era huérfano y su tutor le había permitido asistir a la escuela solamente en el invierno, después de la cosecha y antes de la siguiente siembra. Sin embargo, Orson tenía buena memoria y aprendía rápidamente, y había asistido a una academia cercana cuando ya era adulto[18].

En la Escuela de los Profetas, Orson les enseñaba a los hombres lecciones espirituales además de historia, gramática y aritmética, tal como el Señor había mandado[19]. Los que asistían a sus clases no eran meramente alumnos. Se llamaban unos a otros hermanos e hicieron un compromiso mediante un convenio de hermandad[20]. Estudiaban juntos, hacían análisis y oraban en grupo[21].

Un día, José invitó a Orson y a otras personas de la clase a quitarse los zapatos. Siguiendo el ejemplo de Cristo, José se arrodilló ante cada uno de ellos y les lavó los pies.

Cuando terminó, dijo: "Como yo hice, así haced vosotros". Les pidió que se prestaran servicio unos a otros y se mantuvieran limpios de los pecados del mundo[22].

Cuando la Escuela de los Profetas estaba en sesión, Emma observaba a los alumnos llegar y subir las escaleras hasta la habitación estrecha y atestada donde se reunían. Algunos hombres llegaban a la escuela recién lavados y vestidos con esmero por respeto a la naturaleza sagrada de la escuela. Algunos también se salteaban el desayuno para poder asistir a la reunión en ayunas[23].

Después de que la clase terminaba y los hombres se iban hasta otro día, Emma, junto con algunas jóvenes mujeres contratadas para ayudar, limpiaban el aula. Dado que los hombres fumaban pipas y mascaban tabaco durante las clases, cuando se iban, la habitación quedaba llena de humo y las tablas del suelo, cubiertas de escupitajos de tabaco. Emma fregaba con todas sus fuerzas pero las manchas de tabaco permanecían en el piso[24].

Ella se quejó con José por el desastre. José normalmente no usaba tabaco, pero no le importaba si otros hombres lo hacían. Sin embargo, las quejas de Emma le hicieron cuestionarse si el uso del tabaco era apropiado a los ojos del Señor.

Emma no estaba sola en sus preocupaciones. Los reformadores en los Estados Unidos y en otros países del mundo pensaban que fumar y mascar tabaco, así como beber alcohol, eran hábitos inmundos. Pero algunos médicos creían que el tabaco podía curar una serie de dolencias. Se hacían afirmaciones similares sobre el consumo de alcohol y de bebidas calientes como el café y el té, que las personas bebían sin restricciones[25].

Cuando José le llevó el asunto al Señor, recibió una revelación, una “Palabra de Sabiduría para el beneficio de los santos en los últimos días”[26]. En ella, el Señor le advertía a Su pueblo en contra del consumo de alcohol, declarando que el licor destilado era para el lavamiento de sus cuerpos mientras que el vino era para ocasiones como la Santa Cena. También les advirtió en contra del tabaco y las bebidas calientes.

El Señor hizo hincapié en una dieta saludable, alentando a los santos a comer granos, hierbas y frutas y a consumir carne limitadamente. Prometió bendiciones de salud, conocimiento y fortaleza para aquellos que eligieran obedecer[27].

La revelación se había declarado no como mandamiento sino como advertencia. A muchas personas les resultaría difícil renunciar al uso de estas poderosas sustancias, y José no insistió en el cumplimiento estricto. Siguió bebiendo alcohol de vez en cuando, y él y Emma a veces bebían café y té[28].

Aun así, después de que José leyó las palabras a la Escuela de los Profetas, los hombres en la habitación arrojaron al fuego sus pipas y sus tabletas de tabaco de mascar para mostrar su voluntad de obedecer el consejo del Señor[29].

La primera sesión de la Escuela de los Profetas cerró en marzo y sus miembros se dispersaron para servir misiones o llevar a cabo otras asignaciones[30]. Los líderes de la Iglesia de Kirtland, mientras tanto, trabajaron para comprar una fábrica de ladrillos y recaudar fondos para construir el templo.[31].

Alrededor de esta época, José recibió una carta de Misuri. Después de leer la revelación "hoja de olivo", Edward y otras personas habían instado a los santos a arrepentirse y reconciliarse con la Iglesia en Kirtland. Sus esfuerzos dieron fruto y ahora le pedían a José que los perdonara[32].

Listo para dejar atrás el conflicto, José buscó maneras de cumplir los mandamientos del Señor para Sion. En junio, oró con Sidney Rigdon y Frederick Williams para aprender cómo construir un templo. Mientras oraban, tuvieron una visión del templo y examinaron su exterior, observando la estructura de sus ventanas, techo y torre. Entonces, el templo pareció moverse sobre ellos y se encontraron dentro de él, inspeccionando sus salones internos[33].

Después de su visión, los hombres trazaron los planos para construir templos en Kirtland y en Independence. Por fuera, los edificios se verían como grandes iglesias, pero por dentro tendrían dos espaciosos salones de asambleas, uno en el piso superior y otro en el inferior, donde los santos podrían reunirse y aprender[34].

A continuación, José se centró en ayudar a los santos de Sion a establecer su ciudad, que se había más que duplicado desde su última visita[35]. Con la ayuda de Frederick y Sidney, trazó los planos para una ciudad de 2,5 kilómetros cuadrados. Calles largas y rectas cruzaban el mapa, formando una cuadrícula, con casas de ladrillo y piedra ubicadas en lotes alargados con arboledas en el frente y espacio para jardín en el fondo.

La tierra debía dividirse en lotes de un quinto de hectárea cada uno, tanto para los ricos como para los pobres. Los granjeros vivirían en la ciudad y trabajarían en los campos en las afueras de esta. En el centro de la ciudad se encontraban el templo y otros edificios sagrados destinados a la adoración, la educación, la administración y el cuidado de los pobres. En cada edificio público debían inscribirse las palabras "Santidad al Señor"[36].

La ciudad podría dar cabida a quince mil personas, lo que la haría mucho más pequeña que la ciudad de Nueva York, pero aún así, sería una de las ciudades más grandes del país. Una vez que la ciudad estuviera llena, el diseño podría repetirse una y otra vez, hasta que todos los santos tuvieran una herencia en Sion. "Diseñen otra de la misma manera —indicó José—, y llenen así el mundo en estos últimos días"[37].

En junio de 1833, José, Sidney y Frederick enviaron el proyecto de la ciudad desde Kirtland hasta Independence, junto con instrucciones detalladas sobre cómo construir el templo.

"Hemos comenzado la construcción de la Casa del Señor en este lugar, y avanza rápidamente —informaron en una carta que acompañaba los proyectos—. Día y noche, oramos por la salvación de Sion"[38].

CAPÍTULO 16

Tan solo un preludio

Mientras los planos para Sion y el templo iban por correo hacia Misuri, Emily Partridge, de nueve años, saltó de la cama y salió corriendo vestida con su ropa de dormir. En el patio detrás de su casa, no lejos del terreno del templo en Independence, vio que uno de los grandes pajares de su familia estaba envuelto en llamas. El fuego se alzaba hacia lo alto del cielo nocturno, con su brillante luz amarilla proyectando largas sombras detrás de los que estaban allí de pie, mirando impotentes el fuego.

Los incendios accidentales eran comunes en la frontera, pero este no era un accidente. Pequeños populachos habían estado destruyendo las pertenencias de los santos durante todo el verano de 1833, con la esperanza de ahuyentar a los recién llegados del condado de Jackson. Nadie había sido herido hasta ese momento, pero los populachos parecían volverse más agresivos con cada ataque.

Emily no entendía todas las razones por las cuales las personas del condado de Jackson querían que los santos se fueran. Sabía que su familia y sus amigos eran diferentes a sus vecinos de muchas maneras. Los habitantes de Misuri que ella escuchaba en las calles tenían una forma diferente de hablar y las mujeres usaban un estilo diferente de vestimenta. Algunos de ellos caminaban descalzos en el verano y lavaban sus ropas con grandes palas en lugar de usar las tablas de lavar a las que Emily estaba acostumbrada en Ohio.

Estas eran diferencias triviales, pero también había grandes desacuerdos de los que Emily sabía muy poco. A las personas de Independence no les gustaba que los santos les predicaran a los indios ni que estuvieran en contra de la esclavitud. En los estados del norte, donde la mayoría de los miembros de la Iglesia habían vivido, tener esclavos era contrario a la ley. Pero en Misuri era legal esclavizar a las personas negras y los colonos de mayor antigüedad lo defendían con vehemencia.

El hecho de que los santos usualmente se mantenían apartados no ayudó a mitigar las sospechas. Conforme llegaban más santos a Sion, trabajaban juntos para construir casas y aprovisionarlas, cultivar granjas y criar niños. Estaban ansiosos por poner los cimientos de una ciudad santa que perduraría durante el Milenio.

La propia casa de la familia Partridge, situada en medio de Independence, era un paso hacia la edificación de la ciudad de Sion. Era una casa sencilla de dos pisos que carecía del refinamiento de la antigua casa de Emily en Ohio, pero que indicaba que los santos estaban en Independence para quedarse.

Eso también los convirtió en un blanco de sus ataques, como lo demostraba el pajar en llamas[1].

CON LAS TENSIONES ENTRE los santos y sus vecinos del condado de Jackson en aumento, William Phelps decidió utilizar las páginas del periódico local de la Iglesia para calmar los temores. En el ejemplar de julio de 1833 de *The Evening and the Morning Star*, publicó una carta a los miembros de la Iglesia que inmigraban, aconsejándoles que pagaran sus deudas antes de venir a Sion para evitar ser una carga para la comunidad.

Al escribir este y otros consejos, esperaba que los residentes del condado de Jackson también leyeran el periódico y vieran que los santos eran ciudadanos respetuosos de la ley, cuyas creencias no representaban una amenaza para ellos ni para la economía local[2].

William también tocó el tema de la actitud de los miembros de la Iglesia hacia las personas negras. Aunque él simpatizaba con los que deseaban liberar a las personas esclavizadas, William quería que sus lectores supieran que los santos obedecerían las leyes de Misuri que restringían los derechos de los negros libres. Había solo unos pocos santos negros en la Iglesia y él recomendó que, si decidían mudarse a Sion, actuaran con cuidado y confiaran en Dios.

"Mientras no tengamos una regla especial en la Iglesia con respecto a las personas de color —escribió vagamente—, que nos guíe la prudencia"[3].

Samuel Lucas, juez del condado y coronel de la milicia del condado de Jackson, se puso pálido cuando leyó la carta en *The Evening and the Morning Star*. En la mente de Samuel, William estaba invitando a los negros libres a convertirse en mormones y mudarse a Misuri. Las declaraciones de William que desalentaban a los santos negros a asentarse en Misuri no hicieron nada para calmar sus temores[4].

Habiendo populachos que ya acosaban a los santos en Independence y en los asentamientos cercanos, no fue difícil para Samuel encontrar a otras personas que estuvieran de acuerdo con él. Durante más de un año, los líderes de la ciudad habían estado incitando a sus vecinos en contra de los santos. Algunos habían distribuido panfletos y convocado a reuniones municipales, instando a las personas a expulsar a los recién llegados de la región[5].

Inicialmente, la mayoría de los lugareños pensaban que los santos eran fanáticos inofensivos que pretendían recibir revelaciones, sanar por la imposición de manos y realizar otros milagros. Pero a medida que más y más miembros de la Iglesia se establecían en el condado, alegando que Dios les había dado Independence como tierra prometida, Samuel y otros líderes de la ciudad los vieron a ellos y a sus revelaciones como amenazas a sus propiedades y su poder político.

Y ahora, la carta de William avivaba uno de sus mayores temores. Tan solo dos años antes, decenas de personas esclavizadas en otro estado se habían rebelado y habían matado a más de cincuenta hombres y mujeres blancos en menos de dos días. Los propietarios de esclavos de Misuri y de todos los estados del sur temían que sucediera algo similar en sus comunidades. Algunas personas temían que si los santos invitaban a los negros libres al condado de Jackson, su presencia podría hacer que los esclavos anhelaran la libertad y se rebelaran[6].

Dado que había leyes que protegían la libertad de religión y de expresión de los santos, Samuel y los demás comprendieron que no podrían sofocar esta amenaza por medios legales. Pero ellos no serían la primera ciudad en recurrir a la violencia para expulsar a las personas no deseadas de entre ellos. Actuando juntos, podrían expulsar a los santos del condado y permanecer impunes.

Los líderes de la ciudad pronto se reunieron para tomar medidas contra los recién llegados. Samuel y otras personas enumeraron sus quejas contra los santos y presentaron la declaración al pueblo de Independence.

El documento declaraba la intención de los líderes de la ciudad de expulsar a los santos del condado de Jackson por cualquier medio que fuera necesario. Fijaron la fecha del 20 de julio para realizar una reunión en el juzgado a fin de decidir qué hacer con los santos. Cientos de residentes del condado de Jackson firmaron la declaración[7].

CUANDO SE ENTERÓ DEL alboroto, William Phelps trató desesperadamente de reparar cualquier ofensa que el artículo de su periódico hubiera causado. El Libro de Mormón declaraba que Cristo invitó a todos a venir a Él, “sean negros o blancos, esclavos o libres”, pero William estaba más preocupado por que el condado entero se volviera en contra de los santos[8].

Actuando rápidamente, imprimió un folleto de una página retractándose de lo que había escrito en cuanto a la esclavitud. "Nos oponemos a que personas libres de color sean admitidas en el estado —insistía—, y decimos que ninguno de ellos será admitido en la Iglesia"[9]. El folleto tergiversaba la postura de la Iglesia en cuanto al bautismo de miembros negros, pero él esperaba que eso evitara futuras agresiones[10].

El 20 de julio, William, Edward y otros líderes de la Iglesia fueron al juzgado del condado de Jackson para reunirse con los líderes del condado. El clima era inusualmente benigno para julio y cientos de personas dejaron sus hogares, granjas y negocios para asistir a la reunión y prepararse para tomar medidas contra los santos.

Decididos a darles a los líderes de la Iglesia una advertencia de último momento antes de recurrir a la violencia, Samuel Lucas y otros doce hombres que representaban a la comunidad exigieron que William dejara de imprimir *The Evening and the Morning Star* y que los santos abandonaran el condado inmediatamente[11].

Por ser el obispo de Sion, Edward sabía cuánto perderían los santos si cedían a las demandas. Cerrar la imprenta retrasaría la publicación del Libro de Mandamientos, que estaba casi terminado. Y dejar el condado significaría no solo perder propiedades valiosas sino también abandonar sus herencias en la tierra prometida[12].

Edward pidió tres meses para considerar la propuesta y buscar el consejo de José en Kirtland, pero los líderes del condado de Jackson se negaron a conceder su solicitud. Edward pidió diez días para consultar a los demás santos de Misuri; los líderes de la comunidad le dieron quince minutos[13].

No dispuestos a ser presionados para tomar una decisión, los santos pusieron fin a las negociaciones. Al retirarse la delegación del condado de Jackson, un hombre se volvió hacia Edward y le dijo que la obra de destrucción comenzaría de inmediato[14].

CALLE ABAJO DEL JUZGADO, Sally Phelps estaba en su casa, en la planta baja de la imprenta de la Iglesia, atendiendo a su bebé recién nacido que estaba enfermo. Sus otros cuatro hijos estaban cerca. William se había ido horas antes para asistir a la reunión en el juzgado; todavía no había regresado y Sally esperaba ansiosamente las noticias de la reunión.

Unos fuertes golpes sacudieron la puerta principal, sobresaltándolos a ella y a los niños. Afuera, los hombres golpeaban un gran tronco contra la puerta, tratando de romperla. Alrededor de la imprenta se juntó una multitud de hombres, mujeres y niños, algunos animando a los hombres y otros mirando en silencio[15].

Una vez que se rompió la puerta, hombres armados entraron corriendo a la casa y arrastraron a Sally y a los niños a la calle[16]. Arrojaron los muebles y las pertenencias de la familia por la puerta principal y destrozaron las ventanas. Algunos de los atacantes subieron al piso superior de la imprenta y arrojaron los tipos y la tinta al suelo, mientras otros hombres comenzaron a derribar el edificio[17].

De pie, con sus hijos acurrucados a su alrededor, Sally vio cómo los hombres rompían la ventana del piso superior de la imprenta y arrojaban el papel y los tipos. Luego arrojaron la imprenta por la ventana, la cual se estrelló en el suelo con gran estrépito[18].

En el caos, algunos de los hombres salieron de la imprenta con los brazos llenos de las páginas todavía sin encuadernar del Libro de Mandamientos. "Aquí está el libro de revelaciones de los malditos mormones", gritó uno de ellos a la multitud mientras arrojaba las páginas a la calle[19].

AGACHADAS JUNTO A UN vallado cercano, Mary Elizabeth Rollins, de quince años, y su hermana de trece, Caroline, observaban cómo los hombres desparramaban las páginas del Libro de Mandamientos.

Mary había visto algunas de las páginas antes. Ella y Caroline eran sobrinas de Sidney Gilbert, quien dirigía la tienda de los santos en Independence. Una tarde, en la casa de su tío, Mary escuchó cuando los líderes de la Iglesia leían y analizaban las revelaciones de las páginas recién impresas. Mientras los hombres hablaban, el Espíritu descendió sobre la reunión y algunos hablaron en lenguas al tiempo que Mary interpretaba sus palabras. Ella ahora sentía una profunda reverencia por las revelaciones y verlas tiradas en la calle la enojaba.

Volviéndose hacia Caroline, Mary dijo que quería obtener las páginas antes de que se arruinaran. Los hombres habían comenzado a quitar el techo de la imprenta con palancas. Pronto derribarían sus paredes, dejando nada más que escombros.

Caroline quería salvar las páginas, pero estaba asustada del populacho. "Nos matarán", dijo.

Mary comprendía el peligro, pero le dijo a Caroline que estaba decidida a conseguir las páginas. Renuente a abandonar a su hermana, Caroline aceptó ayudar.

Las hermanas esperaron hasta que los hombres les dieron la espalda, luego brincaron de su escondite y tomaron tantas páginas como pudieron. Cuando se volvieron para huir hasta la cerca, algunos hombres las vieron y les ordenaron que se detuvieran. Las hermanas sujetaron las páginas con más fuerza y corrieron tan rápido como pudieron hacia un maizal cercano, mientras dos hombres las seguían.

El maíz tenía poco menos de dos metros de alto y Mary y Caroline no podían ver adónde iban. Tirándose al suelo, escondieron las páginas debajo de su cuerpo y escucharon sin aliento mientras los dos hombres caminaban de un lado al otro por entre el maíz. Las hermanas podían oír que se acercaban cada vez más pero, después de un rato, los hombres abandonaron la búsqueda y salieron del maizal[20].

EMILY PARTRIDGE Y SU hermana mayor Harriet estaban recogiendo agua de un manantial cuando vieron un populacho de unos cincuenta hombres armados que se acercaba a su casa. Tras esconderse junto al manantial, las niñas observaron con terror cómo los hombres rodeaban la casa, sacaban a su padre a la fuerza y se lo llevaban[21].

El populacho llevó a Edward a la plaza pública, donde una multitud de más de doscientas personas rodeaba a Charles Allen, otro santo que había sido capturado.

Russell Hicks, quien había dirigido la reunión municipal ese mismo día, se acercó a Edward y le dijo que se fuera del condado o que se enfrentara a las consecuencias.

"Si debo sufrir por mi religión —dijo Edward—, no es más que lo que otros han hecho antes que yo"[22]. Le dijo a Hicks que no había hecho nada malo y se negó a abandonar la ciudad[23].

"¡Invoca a tu Jesús!", gritó una voz[24]. Los del populacho tiraron a Edward y a Charles al suelo y Hicks comenzó a quitarle la ropa al obispo. Edward se resistió y alguien en la multitud le insistió a Hicks que le permitiera al obispo conservar la camisa y los pantalones puestos.

Hicks cedió y arrancó el sombrero, el abrigo y el chaleco de Edward y entregó a este al populacho. Dos hombres se adelantaron y cubrieron a los prisioneros de pies a cabeza con brea y plumas. La brea escocía y quemaba la piel de ellos como si fuera ácido[25].

Cerca de allí, una conversa llamada Vienna Jaques estaba recogiendo páginas del Libro de Mandamientos que estaban desparramadas por la calle. Vienna había consagrado sus cuantiosos ahorros para ayudar a edificar Sion, y ahora todo se estaba desmoronando.

Mientras agarraba las páginas sueltas, un hombre del populacho se le acercó y dijo: "Esto es tan solo un preludio de lo que van a sufrir". Señaló la lastimada figura de Edward. "Ahí va su obispo, embreado y emplumado"[26].

Vienna alzó la mirada y vio a Edward alejarse cojeando. Solamente la cara y las palmas de las manos no estaban cubiertas de brea. "¡Gloria a Dios! —exclamó ella—. Él recibirá una corona de gloria a cambio de brea y plumas"[27].

Sally Phelps no tenía un hogar al cual regresar esa noche. Encontró refugio en un establo de troncos abandonado, junto a un maizal. Con la ayuda de sus hijos, juntó maleza para armar lechos.

Mientras ella y los niños trabajaban, emergieron desde el maizal dos figuras. Con la última luz del día, Sally vio que eran Caroline y Mary Rollins. En sus brazos, las hermanas sostenían pilas de papeles. Sally les preguntó qué tenían y ellas le mostraron las páginas que habían recogido del Libro de Mandamientos.

Sally tomó las páginas que llevaban las hermanas y las escondió a salvo debajo de su lecho de maleza[28]. La noche se acercaba rápidamente y ella no sabía lo que el día de mañana le depararía a Sion.

CAPÍTULO 17

Aunque el populacho nos mate

Cuando estalló la violencia en las calles de Independence, William McLellin huyó de su casa y se escondió en el bosque, aterrorizado por los populachos. Luego de destruir la imprenta de la Iglesia, la gente del condado de Jackson había saqueado la tienda de Sidney Gilbert y echado a muchos santos de sus casas. Algunos hombres habían sido capturados y azotados hasta sangrar[1].

Con la esperanza de evitar correr con la misma suerte, William se quedó en el bosque durante días. Cuando se enteró de que un populacho estaba ofreciendo una recompensa en efectivo a cualquiera que los capturara a él o a otros miembros prominentes de la Iglesia, se escabulló hasta el asentamiento de la familia Whitmer a lo largo del río Big Blue, a varios kilómetros al oeste, y se mantuvo fuera de la vista.

Solo y asustado, William estaba atormentado con dudas. Había llegado a Independence creyendo que el Libro de Mormón era la palabra de Dios. Pero ahora su cabeza tenía precio. ¿Qué sucedería si un populacho lo encontraba? ¿Podría permanecer fiel a su testimonio del Libro de Mormón en ese caso? ¿Podría declarar su fe en el Evangelio restaurado? ¿Estaba dispuesto a sufrir y morir por él?

Mientras a William lo torturaban estas preguntas, se encontró con David Whitmer y Oliver Cowdery en el bosque. Aunque también había una recompensa por Oliver, los hombres tenían razones para creer que lo peor había pasado. La gente de Independence todavía estaba decidida a expulsar a los santos del condado, pero los ataques se habían detenido y algunos miembros de la Iglesia estaban regresando a sus hogares.

En busca de confirmación, William acudió a sus amigos. —Nunca en mi vida se me ha manifestado una visión —les dijo—, pero ustedes dicen que sí la han tenido. Él tenía que saber la verdad. —Díganme, por temor a Dios —exigió—: ¿ese Libro de Mormón es verdadero?

Oliver miró a William. —Dios envió a su santo ángel para declararnos la verdad de su traducción y, por lo tanto, nosotros lo sabemos —dijo—. Y aunque el populacho nos mate, aun así debemos morir declarando su verdad.

—Oliver te ha dicho la verdad solemne —dijo David—. Con toda la certeza, te declaro su verdad.

—Les creo —dijo William[2].

El 6 de agosto de 1833, antes de enterarse de la magnitud de la violencia en Misuri, José recibió una revelación acerca de la persecución en Sion. El Señor les dijo a los santos que no temieran; Él había oído y registrado sus oraciones y prometió con un convenio que las respondería. "Todas las cosas con que habéis sido afligidos —aseguró el Señor a los santos—, obrarán juntamente para vuestro bien"[3].

Tres días después, Oliver llegó a Kirtland con un informe completo de los ataques en Misuri[4]. Para apaciguar a los populachos, Edward Partridge y otros líderes de la Iglesia habían firmado un compromiso en el que le prometían al pueblo de Independence que los santos abandonarían el condado de Jackson para la primavera. Ninguno de ellos quería abandonar Sion, pero negarse a firmar el compromiso solamente habría puesto en mayor peligro a los santos[5].

Horrorizado por la violencia, José aprobó la decisión de evacuar el lugar. Al día siguiente, Oliver les escribió a los líderes de la Iglesia en Misuri, indicándoles que buscaran otro lugar para establecerse. "Sean sabios en su selección —les aconsejó—. A la larga, comenzar en otro lugar no significará ningún daño para Sion".

"Si estuviera con ustedes, tomaría parte activa en sus sufrimientos —agregó José al final de la carta—. Mi espíritu no me permitiría abandonarlos"[6].

Después de eso, José permaneció conmocionado por días. Las terribles noticias habían llegado mientras él enfrentaba una intensa crítica en Kirtland. Ese verano, un miembro de la Iglesia llamado Doctor Philastus Hurlbut había sido excomulgado por comportamiento inmoral durante una misión. Pronto, Hurlbut había comenzado a hablar en contra de José en reuniones muy concurridas y a recaudar dinero de los críticos de la Iglesia. Con ese dinero, Hurlbut planeaba viajar a Nueva York para buscar historias que pudiera utilizar para avergonzar a la Iglesia[7].

Sin embargo, por apremiantes que fueran los problemas en Ohio, José sabía que la situación en Misuri requería toda su atención. Al reflexionar sobre la violencia, José se dio cuenta de que el Señor no había revocado su mandato de edificar Sion en Independence ni había autorizado a los santos a renunciar a sus tierras en el condado de Jackson. Si abandonaban sus propiedades ahora o se las vendían a sus enemigos, recuperarlas sería casi imposible.

Desesperado por recibir instrucciones específicas para los santos de Misuri, José oró al Señor. "¿Qué más requieres de las manos de ellos —preguntó—, antes de que vengas y los salves?". Esperó una respuesta, pero el Señor no le dio nuevas instrucciones para Sion.

El 18 de agosto, José le escribió personalmente a Edward y a otros líderes de Sion. "No sé qué decirles", admitió. Les había enviado una copia de la revelación del 6 de agosto y les aseguró que Dios los libraría del peligro. "Tengo Su convenio inmutable de que ese será el caso —testificó José—, pero Dios se complace en retener de ante mis ojos los medios por los que exactamente se hará".

Mientras tanto, instó José, los santos debían confiar en las promesas que el Señor ya les había hecho. Aconsejó a los santos que fueran pacientes, reconstruyeran la imprenta y la tienda y buscaran formas legales para recuperar sus pérdidas. También les imploró que no abandonaran la tierra prometida y les envió un proyecto más detallado para la ciudad.

"Es la voluntad del Señor —escribió—, que ni un solo metro de tierra comprada se les dé a los enemigos de Dios ni se les venda a ellos"[8].

LA CARTA DE JOSÉ le llegó a Edward a principios de septiembre y el obispo estuvo de acuerdo en que los santos no debían vender sus propiedades en el condado de Jackson[9]. Aunque los líderes del populacho habían amenazado con causarles daño a los santos si intentaban obtener una compensación por sus pérdidas, Edward recopiló relatos de los abusos que los santos habían sufrido ese verano y los envió al gobernador de Misuri, Daniel Dunklin[10].

En privado, el gobernador sentía desprecio por los santos, pero los alentó a llevar sus agravios a los tribunales. "El nuestro es un gobierno de leyes", les dijo. Si el sistema judicial del condado de Jackson no ejecutaba la ley de forma pacífica, los santos podían notificárselo y él intervendría para ayudar. Hasta entonces, sin embargo, recomendaba que confiaran en las leyes del país[11].

La carta del gobernador hizo que Edward y los santos abrigaran esperanzas. Comenzaron a reconstruir su comunidad, y Edward y otros líderes de la Iglesia en Sion contrataron abogados de un condado vecino para que tomaran su caso[12]. Resolvieron que se defenderían a sí mismos y a sus propiedades en el caso de que fueran atacados[13].

Los líderes de la ciudad de Independence estaban furiosos. El 26 de octubre, un grupo de más de cincuenta residentes votaron por forzar a los santos a salir del condado de Jackson tan pronto como pudieran[14].

CINCO DÍAS DESPUÉS, AL atardecer, los santos que estaban en el asentamiento Whitmer se enteraron de que hombres armados de Independence se dirigían hacia ellos. Lydia Whiting y su esposo, William, huyeron de su casa y llevaron a su hijo de dos años y a sus gemelas recién nacidas a una casa en la que otros miembros de la Iglesia se estaban juntando para defenderse.

A las diez en punto de la noche, Lydia oyó una conmoción afuera. Los hombres de Independence habían llegado y estaban derribando las cabañas. Se esparcieron por el asentamiento, arrojaron rocas a través de las ventanas y derribaron las puertas. Algunos hombres se subieron arriba de las casas y arrancaron los techos. Otros expulsaron a las familias de sus casas con palos.

Lydia oyó que el populacho se acercaba. A corta distancia de allí, rompieron la puerta de la casa de Peter y Mary Whitmer, donde muchos miembros de la Iglesia habían buscado refugio. Se oyeron gritos cuando algunos hombres con palos entraron por la fuerza en la casa. Las mujeres se apresuraron a tomar a sus hijos y suplicaron clemencia a sus atacantes. El populacho sacó a los hombres afuera y los golpeó con palos y látigos.

En la casa donde Lydia estaba escondida, el miedo y la confusión se apoderaron de los santos. Con pocas armas de fuego y sin un plan para defenderse, algunas personas entraron en pánico y huyeron, corriendo en busca de refugio en los bosques cercanos. Temiendo por su familia, Lydia les dio sus gemelas a dos muchachas que estaban acurrucadas junto a ella y las hizo correr en busca de seguridad. Luego levantó en brazos a su hijo y las siguió.

Afuera reinaba el caos. Las mujeres y los niños pasaban corriendo a toda velocidad por su lado al tiempo que el populacho derribaba más casas y hacían caer las chimeneas. Había hombres desplomados en el suelo, seriamente heridos y sangrando. Lydia apretó a su hijo contra su pecho y corrió hacia el bosque, perdiendo de vista a su esposo y a las muchachas que llevaban a sus bebés.

Cuando alcanzó la protección de los árboles, Lydia solo pudo encontrar a una de sus gemelas. Tomó a la bebé y se sentó con su niño pequeño, temblando en el frío del otoño. Desde su escondite, podían oír al populacho derribando su casa. En el transcurso de la larga noche, no tenía idea de si su esposo había logrado salir del asentamiento.

Por la mañana, Lydia salió cautelosamente del bosque y buscó a su esposo y a su bebé desaparecida entre los extenuados y afligidos santos del asentamiento. Para su alivio, la bebé resultó ilesa y William no había sido atrapado por el populacho.

En otras partes del asentamiento, otras familias volvían a juntarse. Nadie había muerto en el ataque, pero casi una docena de casas habían sido derribadas. Durante el resto del día, los santos revolvieron los escombros, tratando de salvar lo que quedaba de sus pertenencias, y atendieron a los heridos[15].

En los siguientes cuatro días, los líderes de Sion instruyeron a los santos a reunirse en grupos grandes para defenderse de los ataques. Algunos populachos de Independence recorrían el campo, aterrorizando a los asentamientos periféricos. Los líderes de la Iglesia suplicaron a un juez local que detuviera a los populachos, pero este hizo caso omiso de ellos. El pueblo del condado de Jackson estaba decidido a expulsar hasta al último santo de entre ellos[16].

Poco después, el populacho atacó nuevamente el asentamiento Whitmer, esta vez con más intensidad. Cuando Philo Dibble, de veintisiete años, oyó disparos en la dirección del asentamiento, él y otros santos de las cercanías corrieron en su defensa. Hallaron a cincuenta hombres armados a caballo, pisoteando maizales y dispersando a los asustados santos hacia el bosque.

Al ver a Philo y su compañía, el populacho disparó sus armas, hiriendo de muerte a un hombre. Los santos respondieron en masa los disparos, matando a dos de sus atacantes y dispersando al resto[17]. El humo de sus pistolas de pólvora negra llenó el aire.

Cuando el populacho se dispersó, Philo sintió un dolor en su abdomen. Al mirar hacia abajo vio que su ropa estaba rota y ensangrentada; había sido alcanzado por una bola de plomo y perdigones[18].

Todavía sosteniendo su arma y la pólvora, se volvió a su casa tambaleando. Por el camino, vio a mujeres y niños acurrucados en casas destrozadas, escondiéndose de los populachos que amenazaban con matar a cualquiera que ayudara a los heridos. Débil y sediento, Philo avanzó a tropezones hasta que llegó a la casa donde se escondía su familia.

Cecelia, su esposa, vio su herida y salió disparada hacia el bosque, desesperada por buscar ayuda. Se perdió y no encontró a nadie. Cuando regresó a la casa, dijo que la mayoría de los santos había huido a cinco kilómetros al asentamiento donde vivían los santos de Colesville[19].

Otros santos estaban esparcidos por el campo, escondiéndose en los maizales o deambulando por la interminable pradera[20].

MIENTRAS LOS SANTOS LUCHABAN contra los populachos a lo largo del río Big Blue, Sidney Gilbert compareció ante un juez en el juzgado de Independence junto con Isaac Morley, John Corrill, William McLellin y algunos otros santos. Los hombres habían sido arrestados después de que un hombre al que capturaron mientras saqueaba la tienda de Sidney los acusó de agresión y detención ilegal cuando intentaron arrestarlo.

La sala del juzgado estaba repleta mientras el juez escuchaba su caso. Con todo el pueblo alborotado por la decisión de los santos de defender sus derechos y propiedades, Sidney y sus amigos tenían pocas razones para esperar tener una audiencia justa. El juicio dio la sensación de ser una farsa.

Mientras el juez escuchaba los testimonios, llegaron rumores falsos a Independence que decían que los santos habían masacrado a veinte habitantes de Misuri en el río Big Blue. La ira y la confusión llenaron el juzgado cuando los espectadores pidieron a los gritos que se linchara a los prisioneros. No dispuesto a entregarlos al populacho, uno de los secretarios del tribunal ordenó que se enviara a los hombres de regreso a la cárcel para que tuvieran protección, antes de que la multitud pudiera asesinarlos[21].

Esa noche, después de calmarse los ánimos, William permaneció en la cárcel mientras que el alguacil y dos de sus ayudantes escoltaron a Sidney, Isaac y John a una reunión con Edward Partridge. Los líderes de la Iglesia analizaron sus opciones. Sabían que tenían que dejar el condado de Jackson rápidamente, pero detestaban dejar sus tierras y hogares en manos de sus enemigos. Al final, decidieron que era mejor perder sus propiedades que sus vidas; tenían que abandonar Sion[22].

Su conversación terminó a las dos de la mañana y el alguacil llevó a los prisioneros de nuevo a la cárcel. Cuando llegaron, media docena de hombres armados los estaban esperando.

"¡No disparen! ¡No disparen!", gritó el alguacil cuando vio al populacho.

Los hombres apuntaron con sus armas a los prisioneros y John e Isaac echaron a correr. Algunos del populacho les dispararon pero fallaron. Sidney se mantuvo firme mientras otros dos hombres se le acercaban y le apuntaban al pecho con sus armas. Sidney se preparó; oyó los martillos chasquear y vio un destello de pólvora.

Aturdido, buscó heridas en su cuerpo pero descubrió que estaba ileso. Una de las pistolas se había roto y la otra había fallado. El alguacil y sus ayudantes lo llevaron apresuradamente a la seguridad de la celda[23].

Gran parte del condado de Jackson se estaba movilizando ahora para la batalla. Mensajeros recorrían el campo reclutando hombres armados para ayudar a expulsar a los santos de la región. Un miembro de la Iglesia llamado Lyman Wight, mientras tanto, lideraba una compañía de cien santos, algunos equipados con armas y otros con palos, que iba hacia Independence para rescatar a los prisioneros.

Para evitar más derramamiento de sangre, Edward comenzó a preparar a los santos para abandonar el condado. El alguacil liberó a los prisioneros y Lyman disolvió su compañía. Se convocó a la milicia del condado para mantener el orden mientras los santos abandonaban sus hogares pero, como la mayoría de los hombres de la milicia habían tomado parte en los ataques a los asentamientos, hicieron poco para evitar más violencia[24].

No había nada que los santos pudieran hacer ahora, salvo huir.

El 6 de noviembre, William Phelps escribió a los líderes de la Iglesia en Kirtland. "Es un momento horrible —les dijo—. Hombres, mujeres y niños huyen, o se preparan para huir, en todas direcciones"[25].

La mayoría de los santos se abrieron paso hacia el norte, cruzando el glacial río Misuri hasta el vecino condado de Clay, donde los dispersos integrantes de las familias volvían a juntarse. El viento y la lluvia los azotaban y, luego, comenzó a nevar. Una vez que los santos cruzaron el río, Edward y otros líderes instalaron tiendas de campaña y construyeron toscos refugios de troncos para protegerlos de los elementos[26].

Demasiado herido como para huir, Philo Dibble languidecía en su casa cerca del asentamiento Whitmer. Un médico le dijo que moriría, pero él se aferró a la vida. Antes de dirigirse al norte, David Whitmer le envió un mensaje a Philo prometiéndole que viviría. Luego llegó Newel Knight, se sentó al lado de su cama y silenciosamente puso su mano sobre la cabeza de Philo.

Philo sintió que el Espíritu del Señor descansaba sobre él. Al extenderse el sentimiento por su cuerpo, supo que sanaría. Se puso de pie y de sus heridas manó sangre y salieron jirones de tela. Luego se vistió y salió fuera por primera vez desde la batalla. En lo alto, vio innumerables estrella fugaces que surcaban el cielo nocturno[27].

En el campamento junto al río Misuri, los santos salieron de sus tiendas y refugios improvisados para ver la lluvia de meteoritos. Edward y su hija Emily observaron con deleite cómo las estrellas parecían caer en cascada a su alrededor como una fuerte lluvia de verano. Para Emily, fue como si Dios hubiera enviado las luces para animar a los santos en sus aflicciones.

Su padre pensaba que eran señales de la presencia de Dios, una razón para regocijarse en medio de tanta tribulación[28].

EN KIRTLAND, UN LLAMADO a la puerta despertó al Profeta. Oyó una voz que decía: “Hermano José, levántese y venga a ver las señales en el cielo”.

José se levantó y miró hacia afuera, y vio los meteoritos cayendo del cielo como piedras de granizo. "¡Cuán maravillosas son tus obras, oh Señor!", exclamó, al recordar las profecías del Nuevo Testamento acerca de estrellas que caerán del cielo antes de la Segunda Venida, cuando el Salvador regresará y reinará mil años en paz.

"Te doy gracias por Tu misericordia hacia mí, Tu siervo —oró—. Oh Señor, sálvame en tu reino"[29].

CAPÍTULO 18

El campamento de Israel

En los días que siguieron a la lluvia de meteoritos, José esperaba que sucediera algo milagroso. Pero la vida continuó como siempre y no aparecieron otras señales en el cielo. "Mi corazón está un tanto triste", admitió en su diario. Habían pasado más de tres meses desde que el Señor había revelado algo para los santos de Sion y José todavía no sabía cómo ayudarlos. Los cielos parecían estar cerrados[1].

Para aumentar la ansiedad de José, Doctor Philastus Hurlbut había regresado recientemente de Palmyra y Manchester con historias, algunas falsas, otras exageradas, sobre la juventud de José. A medida que las historias se difundían por Kirtland, Hurlbut también juró que se lavaría las manos con la sangre de José. Pronto, el Profeta comenzaría a estar acompañado de guardaespaldas[2].

El 25 de noviembre de 1833, poco más de una semana después de la lluvia de meteoritos, Orson Hyde llegó a

Kirtland e informó sobre la expulsión de los santos del condado de Jackson[3]. Las noticia eran terribles. José no entendía por qué Dios había permitido que los santos sufrieran y perdieran la tierra prometida. Tampoco podía prever el futuro de Sion. Oró en busca de guía, pero el Señor simplemente le dijo que se quedaran tranquilos y confiaran en Él.

José le escribió a Edward Partridge de inmediato. "Sé que Sion será redimida en el debido tiempo del Señor —le testificó—, pero cuántos serán los días de su purificación, tribulación y aflicción, el Señor lo ha mantenido oculto de mis ojos".

Con poco más que ofrecer, José trató de consolar a sus amigos de Misuri, a pesar de los mil trescientos kilómetros que los separaban. "Al saber lo que han padecido, nuestros corazones se llenan de compasión —escribió—. Ruego que Dios conceda que, a pesar de sus grandes aflicciones y sufrimientos, no haya nada que nos separe del amor de Cristo"[4].

José continuó orando y en diciembre finalmente recibió una revelación para los santos de Sion. El Señor declaró que habían sido afligidos por sus pecados, pero tuvo compasión de ellos y prometió que no serían abandonados. "Es preciso que sean disciplinados y probados, así como Abraham —le explicó a José—, porque todos los que no quieren soportar la disciplina, antes me niegan, no pueden ser santificados".

Como lo había hecho antes, el Señor instruyó a los santos que compraran tierras en Sion y que buscaran medios legales y pacíficos para recuperar lo que habían perdido. "Sion no será quitada de su lugar —declaró—. Los que permanezcan y sean de corazón puro volverán a sus heredades"[5].

Si bien la revelación instaba a efectuar negociaciones pacíficas con la gente de Independence, el Señor también indicó que Sion podía reclamarse por poder. Relató una parábola acerca de una viña que les había sido quitada a unos sirvientes perezosos y que había sido destruida por un enemigo. Cuando el señor de la viña vio la destrucción, castigó a los siervos por su negligencia y los llamó a la acción.

"Ve y junta al resto de mis siervos, y toma toda la fuerza de mi casa —ordenó—, e id luego a la tierra de mi viña y redimid mi viña". El Señor no dio la interpretación de la parábola, pero les dijo a los santos que indicaba su voluntad en cuanto a la redención de Sion[6].

Dos meses después, Parley Pratt y Lyman Wight llegaron a Kirtland con más noticias de Misuri. Personas amables del otro lado del río del condado de Jackson les habían dado comida y ropa a los santos a cambio de trabajo, pero estos aún estaban dispersos y desanimados. Deseaban saber cuándo y cómo se rescataría a Sion de sus enemigos[7].

Después de escuchar el informe, José se levantó de su silla y anunció que iría a Sion. Durante seis meses, les había ofrecido palabras de aliento y esperanza a los santos de allí mientras lidiaba con otros problemas en Kirtland.

Ahora quería hacer algo por ellos, y quiso saber quiénes se unirían a él[8].

En abril de 1834, en una reunión de una pequeña rama de la Iglesia en Nueva York, Wilford Woodruff, de veintisiete años, escuchó a Parley Pratt relatar la última revelación del Señor a José Smith, que llamaba a los santos a reunir quinientos hombres para marchar con el Profeta hasta Misuri. "La redención de Sion tiene que venir por poder —declaraba el Señor—. Ningún hombre tema dar su vida por mi causa"[9].

Parley invitó a los hombres jóvenes y de mediana edad de la rama a ir a Sion. Se esperaba que fuera todo hombre que estuviera disponible.

Al final de la reunión, Wilford se presentó a Parley. Él y su hermano mayor, Azmon, se habían unido a la Iglesia tres meses antes y ambos eran maestros en el Sacerdocio Aarónico. Wilford dijo que estaba dispuesto a ir a Sion, pero tenía que pagar facturas y cobrar cuentas antes de poder irse. Parley le dijo que era su deber poner sus finanzas en orden y unirse a la marcha[10].

Más tarde, Wilford habló con Azmon acerca de ir a Sion. Aunque el Señor había pedido a todos los hombres físicamente aptos de la Iglesia que se unieran a la marcha, Azmon decidió quedarse, reacio a dejar su hogar, su familia y su granja. Pero Wilford no estaba casado y estaba ansioso por ir a Sion con el Profeta[11].

Wilford llegó a Kirtland unas semanas más tarde y conoció a Brigham Young y Heber Kimball, quienes se habían mudado recientemente a Ohio con sus familias. Heber trabajaba como alfarero, y él y su esposa, Vilate, tenían dos hijos. Brigham era carpintero y tenía dos hijas pequeñas. Recientemente, se había casado con una conversa llamada Mary Ann Angell luego de fallecer su primera esposa, Miriam[12]. Ambos hombres estaban dispuestos a unirse a la marcha, a pesar de los sacrificios que sus familias tendrían que hacer.

Los primos de Mary Ann, Joseph y Chandler Holbrook, también se unirían a la marcha, junto con sus esposas Nancy y Eunice, y sus pequeños hijos. Nancy y Eunice planeaban ayudar a las otras pocas mujeres del campamento que cocinarían, lavarían ropa y cuidarían de los enfermos y heridos en el camino a Misuri[13].

Las mujeres que se quedaban en casa encontraron otras formas de apoyar la marcha. Poco antes de partir hacia Sion, José dijo: "Quiero algo de dinero para ayudar a poner a Sion en condiciones, y sé que lo tendré". Al día siguiente, recibió 150 dólares de una hermana Vose, de Boston[14].

Wilford y un puñado de santos partieron para Sion el 1° de mayo. José, Brigham, Heber y los Holbrook, junto con otros cien voluntarios más, salieron de Kirtland varios días después y se unieron a Wilford a lo largo del camino.

Una vez reunida, la fuerza era solo una pequeña fracción de los quinientos que el Señor había pedido[15]. Pero se dirigieron al oeste con buen ánimo, decididos a cumplir la palabra del Señor.

José tenía grandes esperanzas para su pequeño grupo, al que llamó el Campamento de Israel. Aunque estaban armados y dispuestos a luchar, como lo habían estado los antiguos israelitas cuando lucharon por la tierra de Canaán, José quería resolver el conflicto de manera pacífica. Funcionarios del gobierno de Misuri habían dicho a los líderes de la Iglesia de allí que el gobernador Dunklin estaba dispuesto a enviar a la milicia estatal para acompañar a los santos de regreso a sus tierras perdidas. Sin embargo, no podía prometer que los populachos no los expulsarían de nuevo[16].

José planeaba solicitar la ayuda del gobernador una vez que el Campamento de Israel llegara a Misuri y luego trabajar con la milicia para regresar a los santos al condado de Jackson. El campamento permanecería en Sion durante un año para mantener a los santos a salvo de sus enemigos[17].

Para garantizar que todos en el campamento tuvieran provisiones, sus integrantes pusieron su dinero en un fondo general. Siguiendo el modelo del Antiguo Testamento, José dividió los hombres en compañías y cada grupo eligió un capitán[18].

A medida que el Campamento de Israel avanzaba hacia el oeste, José se preocupó acerca de entrar en territorio enemigo con su pequeña fuerza. Su hermano Hyrum y Lyman Wight habían reclutado hombres adicionales entre las ramas de la Iglesia del noroeste de Kirtland, pero aún no se habían unido al Campamento de Israel y José no sabía dónde estaban. También le preocupaba que hubiera espías observando los movimientos del campamento y contando la cantidad de sus integrantes[19].

El 4 de junio, después de un mes de marcha, el campamento llegó al río Misisipi. José estaba cansado y dolorido por el viaje, pero se sentía preparado para enfrentar los desafíos que les esperaban[20]. Se enteró de que ya habían llegado a Misuri informes y rumores de los movimientos del campamento, y cientos de pobladores se estaban preparando para la lucha. Se preguntaba si los santos eran suficientemente fuertes como para enfrentarlos.

"El campamento está en buenas condiciones, tanto como podría esperarse —le escribió a Emma mientras estaba sentado a la orilla del río—, pero nuestros números y nuestros medios son demasiado pocos"[21].

El día siguiente fue caluroso y húmedo, en tanto que el Campamento de Israel esperaba para cruzar el río hacia Misuri. El Misisipi tenía casi dos kilómetros de ancho y el campamento tenía un solo bote para transportarlos al otro lado. Mientras esperaban, algunos integrantes del campamento cazaban y pescaban, mientras que otros luchaban contra el aburrimiento y buscaban sombra para escapar del sol del verano.

El campamento pasó dos tediosos días cruzando el río. Al final del segundo día, estaban cansados e irritables. Ahora que estaban en Misuri, muchos de ellos temían que hubiera ataques sorpresa. Esa noche, el perro guardián de José sobresaltó a todos cuando comenzó a ladrarle a la última compañía en llegar al campamento.

Sylvester Smith, el capitán de la compañía que llegaba, amenazó con matar al perro si no dejaba de ladrar. José calmó al animal, pero al día siguiente Sylvester y su compañía todavía seguían quejándose[22].

Al escuchar sus quejas, José convocó a los integrantes del campamento. "Descenderé hasta el espíritu que hay en el campamento —anunció—, porque quiero expulsarlo del campamento". Comenzó a imitar el comportamiento de Sylvester de la noche anterior, repitiendo las amenazas del capitán contra el perro. "Este espíritu fomenta la división y el derramamiento de sangre en todo el mundo", dijo.

A Sylvester, que no tenía relación de parentesco con José, no le causó gracia. —Si ese perro me muerde —dijo—, lo *mataré*.

—Si matas a ese perro —dijo José—, te azotaré".

—Si lo haces —dijo Sylvester—, ¡voy a defenderme![23].

El campamento observó cómo los dos hombres se miraban fijamente. Hasta ese momento, no había estallado ninguna pelea entre todos ellos, pero las semanas de marcha habían crispado los nervios de todos.

Finalmente, José se apartó de Sylvester y preguntó a los santos si estaban tan avergonzados como él de la atmósfera que había en el campamento. Dijo que estaban actuando como perros y no como hombres. "Los hombres nunca deben ponerse al nivel de las bestias —dijo—. Deben estar por encima de ello"[24].

SE CALMARON LOS ÁNIMOS en el campamento después de eso y el pequeño grupo se adentró más profundamente en Misuri. Nancy y Eunice Holbrook se mantuvieron ocupadas atendiendo sus tareas diarias, pero comprendieron que cada paso que daban hacia el condado de Jackson los colocaba en mayor peligro[25].

Poco después que la mayor parte del campamento cruzara el Misisipi, Hyrum Smith y Lyman Wight llegaron con sus reclutas, aumentando la cantidad de personas en el campamento a más de doscientos voluntarios[26]. Sin embargo, los líderes del campamento aún estaban preocupados que hubiera un ataque, y José les dijo a los hombres que tenían familias con ellos que buscaran refugio para sus esposas e hijos.

Varias mujeres del campamento se opusieron a quedarse atrás. Pero justo cuando los hombres estaban a punto de irse, José llamó a todos a reunirse. "Si las hermanas están dispuestas a sufrir un asedio junto con el campamento —dijo—, todas ellas pueden acompañarlo"[27].

Nancy, Eunice y las otras mujeres del campamento dijeron que estaban dispuestas a ir, felices de que José les hubiera permitido decidir continuar en la marcha"[28].

VARIOS DÍAS DESPUÉS, PARLEY Pratt y Orson Hyde llegaron al campamento con noticias poco gratas: el gobernador Dunklin se había negado a proporcionar apoyo de la milicia a los santos[29]. Sin la ayuda del gobernador, el campamento sabía que no podrían ayudar a los santos de Misuri a regresar a su tierra en Sion de manera pacífica. José y sus capitanes decidieron seguir adelante. Esperaban llegar hasta los santos exiliados en el condado de Clay, al norte del río Misuri, y ayudarlos a negociar un entendimiento con las personas del condado de Jackson[30].

El Campamento de Israel cruzó la pradera central de Misuri. Faltando aproximadamente un día de viaje para su destino, una mujer negra, posiblemente una esclava, les hizo señas con nerviosismo. "Hay una compañía de hombres aquí que están planeando matarlos esta mañana cuando pasen", les dijo[31].

El campamento siguió avanzando con cautela. Afectados por las frecuentes averías en los carromatos, se vieron obligados a detenerse por la noche en una colina desde la que se avistaba una bifurcación del río Fishing, a dieciséis kilómetros aún de los santos exiliados. Mientras levantaban sus tiendas, oyeron el estrépito de los cascos de caballos de cinco jinetes que llegaban al campamento. Los extraños blandían armas y anunciaron, con prepotencia, que más de trescientos hombres estaban en camino para liquidar a los santos[32].

La conmoción se propagó por todo el Campamento de Israel. Sabiéndose en inferioridad numérica, José colocó guardias alrededor del área, seguro de que habría un ataque inminente. Un hombre le rogó que fueran ellos quienes atacaran al populacho de primero.

"No —dijo José—. Quédense quietos y vean la salvación de Dios"[33].

El cielo se cubrió de nubes oscuras y tormentosas. Veinte minutos más tarde, una torrencial lluvia azotó al campamento y forzó a los hombres a salir en desbandada de sus tiendas para encontrar un mejor refugio. Las riberas del río Fishing se anegaron al aumentar súbitamente el caudal del río, cuyas aguas corrían con fuerza río abajo[34]. El viento azotaba el campamento, derribando árboles y arrastrando las tiendas. Rayos refulgentes surcaban el cielo.

Wilford Woodruff y otras personas del campamento encontraron una pequeña iglesia cerca donde se resguardaron mientras el granizo golpeaba el techo[35]. Unos momentos más tarde, irrumpió José en la iglesia, y se sacudió el agua de su sombrero y su ropa. "Muchachos, hay un significado en todo esto —exclamó—. ¡Dios está en esta tormenta!".

Sin poder dormir, los santos se acostaron en los bancos y cantaron himnos durante toda la noche[36]. Por la mañana, encontraron sus tiendas de campaña y sus enseres empapados y esparcidos por todo el campamento, pero no había daños irreparables y no se había producido ningún ataque.

Los ríos permanecieron crecidos, aislando al campamento de sus enemigos en la orilla opuesta[37].

EN LOS DÍAS SUBSIGUIENTES, el Campamento de Israel entró en contacto con los santos del condado de Clay, mientras que José se reunió con funcionarios de los condados vecinos para explicar el propósito de la marcha y abogar por los santos de Sion. "Estamos ansiosos por resolver las dificultades que existen entre nosotros —les dijo José—. Queremos vivir en paz con todos los hombres y todo lo que requerimos es la igualdad de derechos"[38].

Los funcionarios acordaron ayudar a aplacar la ira de sus conciudadanos, pero advirtieron al campamento que no ingresara al condado de Jackson. Si los santos trataban de marchar hacia Independence, podía estallar una batalla sangrienta[39].

Al día siguiente, el 22 de junio, en un consejo con líderes de la Iglesia, José recibió una revelación para el Campamento de Israel. El Señor aceptaba los sacrificios de sus integrantes pero reorientó sus esfuerzos para obtener poder divino. "No se puede edificar a Sion —declaró—, sino de acuerdo con los principios de la ley del reino celestial".

El Señor dijo a los santos que debían esperar para redimir a Sion hasta que se hubieran preparado por medio del aprendizaje y la experiencia para hacer la voluntad de Dios. "Y esto no puede llevarse a cabo —explicó—, sino hasta que mis élderes sean investidos con poder de lo alto". Esa investidura se recibiría en la casa del Señor, el templo de Kirtland.

Sin embargo, el Señor estaba complacido con quienes habían marchado en el Campamento de Israel. "He oído sus oraciones y aceptaré su ofrenda —dijo—; y me es menester traerlos hasta este punto para poner a prueba su fe"[40].

DESPUÉS DE ESCUCHAR LA revelación, algunos integrantes del campamento lo aceptaron como la palabra de Dios. Otros protestaron, sintiendo que se les negaba la oportunidad de hacer más por los santos de Misuri. Unos pocos estaban enojados y avergonzados de tener que volver a casa sin luchar[41].

El campamento se disolvió poco después y lo poco que quedaba de su fondo común se repartió entre sus integrantes. Algunas personas del campamento planearon quedarse en Misuri para trabajar y ayudar a los santos a comenzar de nuevo, mientras que Brigham, Heber y otros más se prepararon para regresar a sus familias, terminar el templo y prepararse para recibir la investidura de poder[42].

Aunque el campamento no había redimido a Sion, Wilford Woodruff estaba agradecido por el conocimiento que había adquirido durante la marcha. Había viajado cerca de mil seiscientos kilómetros con el Profeta y lo había visto revelar la palabra de Dios[43]. La experiencia lo dejó deseando predicar el Evangelio.

Wilford aún no sabía si en el futuro él habría de predicar, pero decidió quedarse en Misuri y hacer lo que el Señor requiriera de él[44].

CAPÍTULO 19

Mayordomos sobre este ministerio

Cuando el Campamento de Israel se disolvió, un brote devastador de cólera atacó a sus integrantes. Los santos, que solo unas horas antes habían estado saludables, se desplomaban, sin poder moverse. Vomitaban una y otra vez y sufrían intensos dolores de estómago. Los gritos de los enfermos llenaban el campamento y muchos hombres estaban demasiado débiles para cumplir su turno de vigilancia.

Nancy Holbrook fue una de las primeras en enfermarse. Su cuñada Eunice pronto se unió a ella, afectada por calambres musculares insoportables[1]. Wilford Woodruff pasó gran parte de la noche y el día siguiente atendiendo a un hombre enfermo de su compañía[2]. José y los élderes del campamento dieron bendiciones a los enfermos, pero la enfermedad pronto aquejó también a muchos de ellos. José cayó enfermo después de unos días y languideció en su tienda, sin saber si iba a sobrevivir[3].

Algunos murieron, y Heber Kimball, Brigham Young y otros más envolvieron los cuerpos en mantas y los enterraron a lo largo de un arroyo cercano[4].

EL CÓLERA SIGUIÓ SU curso después de varios días, desapareciendo a principios de julio. Para ese momento, más de sesenta santos habían caído enfermos. José se recuperó, al igual que Nancy, Eunice y la mayoría de las personas del campamento. Pero más de una docena de santos murieron durante el brote, entre ellos Sidney Gilbert y Betsy Parrish, una de las pocas mujeres del campamento. José se acongojó por las víctimas y sus familias. La última persona en morir fue Jesse Smith, su primo[5].

El propio roce de José con la muerte fue un recordatorio de cuán fácil se le podía quitar la vida. A los veintiocho años, estaba cada vez más preocupado por completar su divina misión[6]. Si moría ahora, ¿qué le pasaría a la Iglesia? ¿Era lo suficientemente fuerte como para sobrevivirlo a él?

Siguiendo las instrucciones del Señor, José ya había hecho cambios en el liderazgo de la Iglesia a fin de compartir las cargas de la administración. Para ese momento, Sidney Rigdon y Frederick Williams estaban sirviendo con él en la presidencia de la Iglesia. También había designado a Kirtland como una estaca de Sion, o un lugar oficial de congregación para los santos[7].

Más recientemente, después de recibir una visión de la forma en la que Pedro organizó la Iglesia del Señor en la antigüedad, José había organizado un sumo consejo de doce sumos sacerdotes en Kirtland para que le ayudaran a gobernar la estaca y dirigirla en su ausencia[8].

Poco después de que el cólera cedió, José organizó la Iglesia aún más. Reunido con los líderes de la Iglesia en el condado de Clay, en julio de 1834, formó un sumo consejo en Misuri y nombró a David Whitmer para que presidiera la Iglesia allí con la ayuda de dos consejeros, Williams Phelps y John Whitmer[9]. Luego se dirigió a Kirtland, ansioso por terminar el templo y obtener la investidura de poder que ayudaría a los santos a redimir a Sion.

José sabía que había grandes problemas por delante. Cuando salió de Kirtland esa primavera, las paredes de arenisca tenían poco más de un metro de alto, y la llegada de varios trabajadores calificados a la ciudad le había infundido la esperanza de que los santos llevarían a cabo el plan del Señor para Su casa. Pero las pérdidas en Independence y sus alrededores (la imprenta, la tienda y muchas hectáreas de tierra) habían perjudicado económicamente a los santos. José, Sidney y otros líderes de la Iglesia también se habían endeudado considerablemente, pidiendo cuantiosos préstamos para comprar la tierra para el templo de Kirtland y financiar el Campamento de Israel.

Al estar estancados los negocios de la Iglesia, o en apuros, y al no contar con un sistema confiable para recaudar donaciones de los santos, la Iglesia no podía pagar el templo. Si José y los otros líderes se atrasaban en sus pagos, podían perder el edificio sagrado a manos de los acreedores. Y si perdían el templo, ¿cómo podrían recibir la investidura de poder y redimir a Sion?[10]

En Kirtland, Sidney Rigdon compartía la ansiedad de José por terminar el templo. "Debemos hacer todos los esfuerzos posibles para llevar a término este edificio en el tiempo señalado —dijo a los santos—. De él dependen la salvación de la Iglesia y también la del mundo"[11].

Sidney había supervisado el progreso de la construcción del templo mientras José estaba en Misuri. Al no contar con hombres más jóvenes para hacer el trabajo, Artemus Millet, el capataz de la construcción, había reclutado a hombres mayores, así como a mujeres y niños, para trabajar en el edificio. Muchas de las mujeres cubrieron puestos de trabajo que generalmente desempeñaban los hombres, ayudando a los albañiles y conduciendo carromatos hacia y desde la cantera para acarrear piedra para el templo. Para cuando José y el Campamento de Israel regresaron a Kirtland, las paredes se elevaban más de dos metros por encima de la fundación.

El regreso del campo impulsó su construcción en el verano y el otoño de 1834[12]. Los santos picaban piedras en la cantera, las transportaban al terreno del templo y edificaban las paredes del templo día tras día. José laboraba junto a los trabajadores mientras cortaban bloques de piedra en un arroyo cercano. Algunos trabajaban en el aserradero de la Iglesia preparando madera para vigas, techos y pisos. Otros ayudaban a alzar la madera y a levantar los andamios hasta donde fuera necesario[13].

Mientras tanto, Emma, junto con otras mujeres, hacían ropa para los trabajadores y los mantenían alimentados. Vilate Kimball, la esposa de Heber, hiló cuarenta y cinco kilogramos de lana para formar hilo, lo tejió para hacer tela y cosió ropa para los trabajadores, sin guardarse ni siquiera un par de medias adicionales para ella.

El entusiasmo de los santos por completar el templo animaba a Sidney, pero las deudas de la Iglesia aumentaban cada día y, habiendo firmado él mismo muchos de los préstamos más grandes, sabía que quedaría arruinado económicamente si la Iglesia no los pagaba. Cuando vio la pobreza de los santos y los sacrificios que estaban haciendo para terminar el templo, Sidney también temió que nunca tuvieran los recursos o la resolución para completarlo.

Abrumado por la preocupación, a veces subía a la parte superior de las paredes del templo y le rogaba a Dios que les enviara los fondos que necesitaban para terminar el templo. Al orar, las lágrimas caían de sus ojos sobre las piedras que estaban debajo de sus pies[14].

A OCHOCIENTOS KILÓMETROS AL noreste de Kirtland, Caroline Tippets, de veintiún años, guardaba cuidadosamente una gran suma de dinero entre la ropa y otros artículos que llevaba de Nueva York a Misuri. Ella y su hermano menor, Harrison, se estaban mudando al oeste con la esperanza de establecerse en algún lugar cerca del condado de Jackson. Habían oído hablar de la persecución de los santos allí, pero querían obedecer el mandato del Señor de congregarse en Misuri y comprar tierras en Sion antes de que los enemigos de la Iglesia se las arrebataran[15].

El mandamiento había formado parte de la revelación que recibió José después de enterarse de la expulsión de los santos de Sion. "Compren cuantos terrenos se puedan obtener —decía— en el condado de Jackson y en los condados circunvecinos". Los fondos habían de venir por donación. "Junten todas las iglesias su dinero —ordenó el Señor—, y desígnense hombres honrados, hombres sabios, y enviadlos a comprar estos terrenos"[16].

Cuando los líderes de la rama de Caroline se enteraron de la revelación, le pidieron al pequeño grupo de santos que ayunara y orara para solicitar la ayuda del Señor a fin de recaudar dinero para comprar tierras en Misuri. Algunos miembros de la rama hicieron grandes donaciones de efectivo y propiedades al fondo. Otros dieron unos pocos dólares.

Caroline tenía alrededor de 250 dólares que podía aportar al fondo. Era más dinero que lo que cualquier otra persona de la rama había donado y probablemente más de lo que nadie esperaba que donara, pero ella sabía que eso ayudaría a los santos a redimir la tierra prometida. Cuando ella agregó su donación al fondo, el total llegó a aproximadamente 850 dólares, una cantidad sustancial de dinero.

Después de la reunión, Harrison y su primo, John, fueron seleccionados para viajar a Misuri para comprar las tierras. Caroline decidió ir con ellos y proteger su parte de la donación. Después de que John puso en orden algunos negocios y los miembros de la familia prepararon un tiro de caballos y un carromato para ellos, los tres estuvieron listos para partir hacia Misuri.

Al subir al carromato, Caroline ansiaba comenzar una nueva vida en el Oeste. Como los Tippets planeaban hacer un alto en el camino, en Kirtland, los líderes de su rama les dieron una carta de presentación para el Profeta, explicando de dónde venía su dinero y qué esperaban hacer con él[17].

DURANTE TODO EL OTOÑO de 1834, José y otros líderes de la Iglesia se fueron rezagando cada vez más en sus pagos del terreno del templo, y los intereses de los préstamos continuaban acumulándose. Algunos trabajadores ofrecieron voluntariamente de su tiempo para trabajar en el templo, aliviando en algo la carga financiera de la Iglesia. Cuando las familias tenían dinero en efectivo o bienes extra, a veces los ofrecían a la Iglesia para el proyecto del templo[18].

Otras personas, tanto dentro como fuera de la Iglesia, concedieron créditos y prestaron dinero para que la construcción siguiera avanzando. Las donaciones y los préstamos, a su vez, pagaron los materiales y permitieron que personas, que de otro modo habrían estado desempleadas, pudieran trabajar[19].

Estos esfuerzos hicieron que las paredes del templo siguieran elevándose y, en los últimos meses del año, fueron lo suficientemente altas como para que los trabajadores comenzaran a colocar las vigas para el piso superior. Pero el dinero siempre era escaso y los líderes de la Iglesia oraban constantemente por más fondos[20].

A principios de diciembre, la familia Tippets llegó a Kirtland, y Harrison y John entregaron la carta de su rama al sumo consejo. Con el invierno casi encima, le preguntaron al consejo si debían continuar hacia Misuri o permanecer durante esa estación en Kirtland. Después de conversarlo un poco, el sumo consejo recomendó que la familia se quedara en Ohio hasta la primavera.

Desesperado por obtener fondos, el consejo también les pidió a los jóvenes que le prestaran dinero a la Iglesia, prometiéndoles devolverlo antes de su partida en la primavera. Harrison y John acordaron prestarle a la Iglesia parte de los 850 dólares de su rama. Como gran parte de ese dinero era de Caroline, el consejo la llamó a la reunión y le explicó los términos del préstamo, que ella aceptó de buena gana.

Al día siguiente, José y Oliver se regocijaron y dieron gracias al Señor por el alivio financiero que la familia Tippets había traído[21].

ESE INVIERNO LLEGARON MÁS préstamos y donaciones a la Iglesia, pero José sabía que todavía no serían suficientes para cubrir el creciente costo del templo. Sin embargo, Caroline Tippets y su familia habían demostrado que muchos santos en las ramas remotas de la Iglesia deseaban hacer su parte en la obra del Señor. Al comenzar un nuevo año, José se dio cuenta de que tenía que encontrar una manera de fortalecer esas ramas y buscar su ayuda para terminar el templo, a fin de que los santos pudieran ser investidos con poder.

La solución provino de una revelación que José había recibido varios años antes, en la que se mandaba a Oliver Cowdery y a David Whitmer que buscaran a doce apóstoles para predicar el Evangelio al mundo. Al igual que los apóstoles en el Nuevo Testamento, estos hombres debían actuar como testigos especiales de Cristo, bautizando en Su nombre y congregando a los conversos en Sion y sus ramas[22].

Como cuórum, los doce apóstoles también funcionarían como un sumo consejo viajante y ministrarían en áreas que caían fuera de la jurisdicción de los sumos consejos de Ohio y Misuri[23]. Dentro de esa función, podrían dirigir la obra misional, supervisar las ramas y recaudar fondos para Sion y el templo.

Un domingo a principios de febrero, José invitó a Brigham y a Joseph Young a su casa. "Deseo que comuniquen a todos los hermanos de las ramas, que vivan a una distancia razonable de este lugar, que se convoca una conferencia general para el próximo sábado", dijo a los hermanos. En esa conferencia, explicó, se llamaría a doce hombres para el nuevo cuórum.

"Y tú —dijo a Brigham—, serás uno de ellos"[24].

LA SEMANA SIGUIENTE, EL 14 de febrero de 1835, los santos de Kirtland se reunieron para la conferencia. Bajo la dirección de José, Oliver, David y el otro testigo del Libro de Mormón, Martin Harris, anunciaron a los miembros del Cuórum de los Doce Apóstoles. Cada uno de los hombres llamados había servido misiones de predicación, y ocho de ellos habían marchado en el Campamento de Israel[25].

Thomas Marsh y David Patten, ambos de alrededor de treinta y cinco años, eran los de mayor edad de los Doce. Thomas era uno de los primeros conversos, habiendo obtenido un testimonio del Libro de Mormón mientras los primeros ejemplares todavía se estaban imprimiendo. David había servido misión tras misión en los tres años transcurridos desde su conversión[26].

Como José había afirmado una semana antes, Brigham también fue llamado al cuórum, al igual que su mejor amigo, Heber Kimball. Ambos hombres habían servido fielmente como capitanes en el Campamento de Israel. Ahora Brigham volvería a dejar su banco de carpintero y Heber su rueda de alfarero para estar en la obra del Señor.

Al igual que los apóstoles del Nuevo Testamento, Pedro y Andrés, Santiago y Juan, dos pares de hermanos fueron llamados a los Doce. Parley y Orson Pratt habían difundido el Evangelio hacia el este y el oeste y ahora debían dedicarse a servir a las ramas de la Iglesia en todas partes. Luke y Lyman Johnson habían predicado hacia el sur y el norte y saldrían nuevamente, ahora con autoridad apostólica[27].

El Señor escogió tanto a los instruidos como a los que carecían de estudios. Orson Hyde y William McLellin habían enseñado en la Escuela de los Profetas y trajeron sus sagaces intelectos al cuórum. Aunque solo tenía veintitrés años, John Boynton había tenido gran éxito como misionero y era el único de los apóstoles que había asistido a una universidad. El hermano menor del Profeta, William, no tenía el mismo beneficio de tener estudios formales, pero era un orador apasionado, intrépido frente a la oposición y presto a defender a los necesitados[28].

Después de llamar a los apóstoles, Oliver les dio un encargo especial. "Jamás cesen de esforzarse hasta que hayan visto a Dios, cara a cara —les dijo—. Fortalezcan su fe; despójense de sus dudas, de sus pecados y de toda su incredulidad; y nada podrá impedir que vengan a Dios".

Les prometió que predicarían el Evangelio en naciones lejanas y que recogerían a muchos de los hijos de Dios en la seguridad de Sion.

"Serán mayordomos sobre este ministerio —testificó—. Tenemos una obra que realizar que ningún otro hombre puede hacer. Deben proclamar el Evangelio en su sencillez y pureza, y los encomendamos a Dios y a la palabra de Su gracia"[29].

DOS SEMANAS DESPUÉS DE organizar a los Doce, José formó otro cuórum del sacerdocio para que se uniera a los apóstoles en la difusión del Evangelio, el fortalecimiento de las ramas y la recaudación de donaciones para la Iglesia. Los miembros de este nuevo cuórum, llamado el Cuórum de los Setenta, eran todos veteranos del Campamento de Israel. Debían viajar por todas partes, siguiendo el ejemplo del Nuevo Testamento de los setenta discípulos que viajaban de dos en dos a cada ciudad para predicar la palabra de Jesús[30].

El Señor seleccionó a siete hombres para que presidieran el cuórum, entre ellos Joseph Young y Sylvester Smith, el capitán de la compañía que se había peleado con el Profeta durante la marcha del Campamento de Israel. Con la ayuda del sumo consejo de Kirtland, los dos hombres habían resuelto sus diferencias ese verano y se habían reconciliado[31].

Poco después de los llamamientos, el Profeta les habló a los nuevos cuórums. "Algunos de ustedes están enfadados conmigo porque no pelearon en Misuri —dijo—. Pero permítanme decirles que Dios no quiso que lo hicieran". En cambio, José explicó que Dios los había llamado a Misuri para probar su disposición a sacrificar y consagrar sus vidas a Sion y para aumentar el poder de su fe.

"Él no podía organizar Su reino con doce hombres para abrir las puertas de las naciones de la tierra al Evangelio, y con setenta hombres bajo su dirección que siguieran sus pasos —enseñó—, a menos que los eligiera de un grupo de hombres que hubieran ofrecido su propia vida y hubieran hecho un sacrificio tan grande como el de Abraham"[32].

CAPÍTULO 20

No me deseches

Durante el verano de 1835, mientras los apóstoles partían en misiones a los estados del este y Canadá, los santos trabajaron juntos para terminar el templo y prepararse para la investidura de poder. Sin tener que afrontar la violencia y las pérdidas que los santos de Misuri habían sufrido, Kirtland creció y prosperó espiritualmente a medida que los conversos se congregaban en la ciudad y prestaban ayuda a la obra del Señor[1].

En julio, apareció en la ciudad un cartel que anunciaba: "Antigüedades egipcias". Hablaba del descubrimiento de cientos de momias en una tumba egipcia; algunas de las momias, así como varios rollos antiguos de papiro, se habían exhibido por todo Estados Unidos atrayendo a grandes multitudes de espectadores[2].

Michael Chandler, el hombre que exhibía los artefactos, había oído hablar de José y había venido a Kirtland para ver si quería comprarlos[3]. José examinó las momias, pero estaba más interesado en los rollos. Estos estaban cubiertos de una escritura extraña y de imágenes curiosas de personas, barcos, aves y serpientes[4].

Chandler permitió que el Profeta se llevara los rollos a casa y los estudiara durante la noche. José sabía que Egipto desempeñaba un papel importante en la vida de varios profetas de la Biblia. También sabía que Nefi, Mormón y otros escritores del Libro de Mormón habían grabado sus palabras en lo que Moroni llamó "egipcio reformado"[5].

Al examinar la escritura de los rollos, discernió que contenían enseñanzas fundamentales de Abraham, el patriarca del Antiguo Testamento. Al reunirse con Chandler al día siguiente, José preguntó cuánto quería por los rollos[6]. Chandler dijo que solo vendería los rollos y las momias juntos, por 2 400 dólares[7].

El precio era mucho más de lo que José podía pagar. Los santos todavía estaban esforzándose por terminar el templo con fondos limitados y pocas personas de Kirtland tenían dinero para prestarle. Sin embargo, José creía que los rollos valían ese precio, y él y otras personas rápidamente recaudaron dinero suficiente para comprarlos[8].

La emoción se extendió por la Iglesia cuando José y sus escribas comenzaron a tratar de dar sentido a los símbolos antiguos, seguros de que el Señor pronto revelaría más de su mensaje a los santos[9].

CUANDO JOSÉ NO ESTABA estudiando minuciosamente los rollos, los ponía a estos y a las momias en exhibición para los visitantes. Emma se interesó mucho en esos objetos antiguos y escuchaba atentamente cuando José explicaba su comprensión de los escritos de Abraham. Cuando personas curiosas pedían ver las momias, a menudo las exhibía ella misma, contando lo que José le había enseñado[10].

Era una época emocionante para vivir en Kirtland. Mientras los críticos de la Iglesia continuaban acosando a los santos y las deudas seguían preocupando a José y a Sidney, Emma podía ver las bendiciones del Señor a su alrededor. Los trabajadores del templo completaron el techo en julio e inmediatamente comenzaron a construir una torre alta[11]. José y Sidney comenzaron efectuar reuniones dominicales en la estructura sin terminar, atrayendo a veces a congregaciones de hasta mil personas para oírlos predicar[12].

Emma y José vivían ahora en una casa cerca del templo y, desde su patio, Emma podía ver a Artemus Millet y a Joseph Young cubriendo las paredes exteriores del templo con un estuco gris azulado que marcaban para que parecieran bloques de piedra tallada[13]. Bajo la dirección de Artemus, los niños ayudaban a recolectar trozos de vidrio y vajilla rotos para triturarlos y mezclarlos con el estuco. A la luz del sol, los fragmentos hacían que las paredes del templo brillaran cuando la luz se reflejaba en ellas, tal como en las caras de una piedra preciosa[14].

La casa de Emma siempre estaba llena de movimiento. Muchas personas se hospedaban con la familia Smith, entre ellos algunos de los hombres que dirigían la nueva imprenta de la Iglesia. Además de imprimir un nuevo periódico de la Iglesia, el *Latter Day Saints' Messenger and Advocate*, estos hombres trabajaban en varios otros proyectos, tales como el himnario que Emma había compilado con la ayuda de William Phelps[15].

El libro de Emma estaba integrado por nuevos himnos compuestos por los santos y piezas más antiguas de otras iglesias cristianas. William escribió algunos de los nuevos himnos, al igual que Parley Pratt y una conversa reciente llamada Eliza Snow. El último himno era "El Espíritu de Dios", compuesto por William, que alababa a Dios por restaurar el Evangelio.

Emma sabía que los impresores también estaban publicando una nueva recopilación de revelaciones llamada Doctrina y Convenios. Compilado bajo la supervisión de José y Oliver, Doctrina y Convenios era una combinación de las revelaciones del Libro de Mandamientos, no publicado, y de revelaciones más recientes, junto con una serie de discursos sobre la fe que los líderes de la Iglesia habían impartido a los élderes[16]. Los santos aceptaron Doctrina y Convenios como un libro de Escrituras, tan importante como la Biblia y el Libro de Mormón[17].

Ese otoño, cuando estos proyectos estaban por completarse, los líderes de la Iglesia de Misuri llegaron a Kirtland para prepararse para la dedicación del templo y la investidura de poder. El 29 de octubre, Emma y José celebraron una cena en honor a Edward Partridge y otras personas que habían llegado. Mientras todos se regocijaban por la unidad que sentían entre ellos, Newel Whitney le dijo a Edward que el año siguiente esperaba cenar con él en Sion.

Mirando a sus amigos, Emma dijo que esperaba que todos en la mesa también pudieran unirse a ellos en la tierra prometida.

"Amén —dijo José—. Dios lo conceda"[18].

Después de la cena, José y Emma asistieron a una reunión del sumo consejo de Kirtland. William, el hermano menor de José, había acusado a una mujer de la Iglesia de abusar físicamente de su hijastra. Entre los testigos que hablaron en el caso estaba Lucy Smith, la madre de José y de William. Durante su testimonio, José interrumpió cuando ella comenzó a hablar sobre algo que el consejo ya había escuchado y resuelto[19].

Poniéndose de pie, William acusó a José de dudar de las palabras de su madre. José se volvió hacia su hermano y le dijo que se sentara. William no le hizo caso y se mantuvo de pie.

"Siéntate", repitió José, tratando de mantener la calma.

William dijo que no se sentaría a menos que José lo derribara.

Agitado, José se volvió para salir de la habitación, pero su padre lo detuvo y le pidió que se quedara. José llamó al orden al consejo y terminó la audiencia. Al final de la reunión, José se había calmado lo suficiente como para despedirse cortésmente de William.

Pero William estaba furioso, convencido aún de que José estaba equivocado[20].

ALREDEDOR DE ESTA ÉPOCA, Hyrum Smith y su esposa, Jerusha, contrataron a Lydia Bailey, una conversa de veintidós años, para que ayudara en la casa de huéspedes de ellos. José había bautizado a Lydia un par de años antes, cuando él y Sidney cumplían una corta misión en Canadá[21]. Lydia se había mudado a Kirtland no mucho después, y Hyrum y Jerusha prometieron cuidarla como si fuera de su familia.

El trabajo mantenía ocupada a Lydia. Con los líderes de la Iglesia de Misuri en la ciudad para prepararse para la dedicación del templo, Jerusha y ella cocinaban, hacían las camas y limpiaban la casa constantemente. Rara vez tenía tiempo para hablar con los huéspedes, aunque Newel Knight, un viejo amigo de la familia Smith, había llamado su atención[22].

—El hermano Knight es viudo —le dijo Jerusha un día mientras trabajaban.

—Ah —dijo Lydia, fingiendo no estar interesada.

—Perdió a su esposa el otoño pasado —dijo Jerusha—. Su corazón casi se le rompe.

Al enterarse de la pérdida de Newel, Lydia recordó la suya[23]. Cuando tenía dieciséis años, se había casado con un joven llamado Calvin Bailey. Después de su matrimonio, Calvin bebía en exceso y a veces la golpeaba a ella y a la hija de ambos.

Con el tiempo, perdieron la granja debido al problema de Calvin con la bebida, lo que los obligó a alquilar una casa más pequeña. Lydia dio a luz a un niño allí, pero el bebé vivió solamente un día. Calvin abandonó a

Lydia poco después, y ella, junto con su hija, regresó a vivir con sus padres.

La vida parecía estar mejorando, pero luego su hija se enfermó. Cuando ella murió, fue como si el último pedacito de felicidad de Lydia hubiera muerto también. Para ayudarle a hacer frente a la pérdida, sus padres la enviaron a vivir con unos amigos en Canadá. Allí, ella escuchó el Evangelio y se bautizó y, desde entonces, su vida había sido más feliz y más esperanzada. Pero se sentía sola y anhelaba tener compañía[24].

Un día, Newel se le acercó en una habitación superior de la casa de la familia Smith. "Creo que su situación, así como la mía, es bastante solitaria —le dijo, tomando su mano—. Quizás podríamos ser una compañía el uno para el otro"[25].

Lydia se sentó en silencio. "Supongo que es consciente de mi situación —dijo ella con tristeza—. No tengo el más mínimo conocimiento de dónde está mi esposo, ni si está vivo o muerto". Sin obtener el divorcio de Calvin, ella no sentía que pudiera casarse con Newel.

"Preferiría sacrificar cada uno de mis sentimientos, e incluso la vida —dijo ella antes de salir de la habitación—, que apartarme de la virtud u ofender a mi Padre Celestial"[26].

El día después de discutir con su hermano, José recibió una carta de él. William estaba molesto porque el sumo consejo lo había culpado a él, y no a José, por la disputa. Creyendo que había tenido razón en reprender a José frente al sumo consejo, insistía en reunirse en privado con José para defender sus acciones[27].

José acordó reunirse con William y sugirió que cada uno de ellos compartiera su versión de lo ocurrido, reconociera sus errores y se disculpara por cualquier agravio cometido. Dado que Hyrum tenía una influencia conciliadora en la familia, José lo invitó a unirse a ellos y emitir un juicio justo sobre quién era el culpable[28].

William llegó a la casa de José al día siguiente, y los hermanos se turnaron para explicar la disputa. José dijo que estaba molesto porque William había hablado fuera de lugar frente al consejo y no había respetado su puesto como presidente de la Iglesia. William negó haber sido irrespetuoso e insistió en que José estaba equivocado.

Hyrum escuchó atentamente sus hermanos. Cuando ellos terminaron, comenzó a dar su opinión, pero William lo interrumpió, acusándolos a él y a José de echarle toda la culpa a él. José y Hyrum intentaron calmarlo, pero él salió de la casa hecho una furia. Más tarde ese día, le envió a José su licencia para predicar.

Pronto, todo Kirtland sabía acerca de la disputa. Esta contienda dividió a la familia Smith, que por lo general era muy unida, haciendo que los hermanos y hermanas de José se pusieran en contra unos de otros. Preocupado porque sus críticos usaran la disputa familiar en contra de él y de la Iglesia, José se mantuvo a distancia de William, en la esperanza de que la ira de su hermano se enfriaría[29].

Pero William continuó despotricando en contra de José en las primeras semanas de noviembre y algunos de los santos comenzaron a tomar partido también. Los apóstoles condenaron el comportamiento de William y lo amenazaron con expulsarlo del Cuórum de los Doce. Sin embargo, José recibió una revelación en la que se les instaba a ser pacientes con William[30].

Viendo las divisiones que iban produciéndose a su alrededor, José se entristeció. Ese verano, los santos habían trabajado juntos con un propósito y buena voluntad y el Señor los había bendecido con los registros egipcios y grandes progresos en el templo.

Pero ahora, con la investidura de poder casi a su alcance, no podían unirse en corazón y mente[31].

DURANTE EL OTOÑO DE 1835, Newel Knight se mantuvo decidido a casarse con Lydia Bailey. En la creencia de que la ley de Ohio les permitía a las mujeres que habían sido abandonadas por sus esposos casarse de nuevo, le insistió a Lydia que dejara atrás su pasado. Pero por mucho que Lydia quisiera casarse con Newel, ella necesitaba saber que eso estaba bien ante los ojos de Dios.

Newel ayunó y oró durante tres días. Al tercer día, le pidió a Hyrum que averiguara por medio de José si estaba bien que se casara con Lydia. Hyrum aceptó hablar con su hermano y Newel se fue a trabajar en el templo con el estómago vacío.

Newel todavía estaba trabajando cuando Hyrum se le acercó más tarde ese día. Hyrum le dijo que José le había preguntado al Señor y que había recibido como respuesta que Lydia y Newel debían casarse. “Cuanto antes se casen, mejor —había dicho José—. Diles que ninguna ley los perjudicará. No deben temer ni a la ley de Dios ni a la del hombre".

Newel estaba eufórico. Dejando caer sus herramientas, corrió hacia la casa de huéspedes y le dijo a Lydia lo que había dicho José. Lydia se llenó de alegría, y ella y Newel agradecieron a Dios Su bondad. Newel le pidió que se casara con él y ella aceptó. Luego corrió al comedor para terminar su ayuno.

Hyrum y Jerusha aceptaron ser los anfitriones de la boda que sería al día siguiente. Lydia y Newel querían que José realizara la ceremonia, pero sabían que él nunca antes había efectuado un matrimonio y no sabían si tenía la autoridad legal para hacerlo.

Sin embargo, al día siguiente, mientras Hyrum estaba invitando a las personas a la ceremonia, le dijo a José que todavía estaba buscando a alguien para que casara a la pareja. "¡Detente! —exclamó José—. ¡Yo mismo los casaré!".

La ley de Ohio permitía a los ministros de las iglesias formalmente organizadas casar a las parejas[32]. Más importante aún, José creía que su oficio en el Sacerdocio de Melquisedec lo autorizaba divinamente a efectuar matrimonios. "El Señor Dios de Israel me ha dado la autoridad para unir a las personas en los sagrados lazos del matrimonio —declaró—, y de ahora en adelante haré uso de ese privilegio".

Hyrum y Jerusha dieron la bienvenida a los invitados a la boda en su casa, en una noche helada de noviembre. El aroma del banquete de bodas llenaba la habitación mientras los santos oraban y cantaban para celebrar la ocasión. José se puso de pie y les pidió a Lydia y a Newel que se unieran a él en el frente de la habitación y se tomaran de las manos. Explicó que el matrimonio fue instituido por Dios en el Jardín de Edén y que debe ser formalizado por medio del sacerdocio sempiterno.

Dirigiéndose a Lydia y Newel, les hizo hacer convenio de que se acompañarían mutuamente a lo largo de la vida como esposo y esposa. Los declaró casados y los animó a formar una familia, bendiciéndolos con larga vida y prosperidad[33].

LA BODA DE LYDIA y Newel fue un acontecimiento positivo en un invierno por lo demás difícil para José. Desde su pelea con William, no había podido concentrarse en los rollos egipcios ni en preparar a los santos para la investidura de poder. Intentó liderar con alegría, siguiendo el Espíritu del Señor; pero el revuelo dentro de su familia y la carga de dirigir la Iglesia podían ser agobiantes, y algunas veces hablaba con aspereza a las personas cuando cometían errores[34].

En diciembre, William comenzó a organizar una sociedad de debate informal en su casa. Con la esperanza de que los debates proveyeran oportunidades para aprender y enseñar por el Espíritu, José decidió participar. Las primeras dos reuniones de la sociedad transcurrieron sin problemas pero, durante la tercera reunión, el clima se puso tenso cuando William interrumpió a otro apóstol durante un debate.

La interrupción de William hizo que algunas personas cuestionaran si la sociedad debía continuar. William se enojó y estalló una discusión. José intervino, y pronto William y él estaban intercambiando insultos[35]. Joseph, padre, intentó calmar a sus hijos, pero ninguno cedió y William arremetió contra su hermano.

Luchando por defenderse, José intentó quitarse el abrigo pero sus brazos se enredaron en las mangas. William golpeó fuerte, una y otra vez, agravando una herida que José había recibido cuando lo embrearon y emplumaron. Para cuando algunos de los hombres se llevaron a William entre forcejeos, José yacía en el suelo, sin poder apenas moverse[36].

Unos días más tarde, cuando se estaba recuperando de la pelea, José recibió un mensaje de su hermano. "Siento como si fuera un deber hacer una humilde confesión", declaraba William. Temeroso de no ser digno de su llamamiento, le pidió a José que lo quitara del Cuórum de los Doce[37].

"No me deseches por lo que hice, sino esfuérzate por salvarme —le rogaba—. Me arrepiento de lo que te he hecho"[38].

José respondió a la carta, expresando la esperanza de que pudieran reconciliarse. "Que Dios destruya la enemistad entre tú y yo —declaró—, y que todas las bendiciones se nos restauren y el pasado quede para siempre en el olvido"[39].

El primer día del año nuevo, los hermanos se reunieron con su padre y Hyrum. Joseph, padre, oró por sus hijos y suplicó que se perdonaran el uno al otro. Mientras él hablaba, José pudo ver cuánto le había dolido a su padre su enemistad con William. El Espíritu de Dios llenó la habitación y el corazón de José se ablandó. William también parecía contrito; confesó su culpa y pidió nuevamente el perdón de José.

Sabiendo que él también era culpable, José le pidió perdón a su hermano. Luego hicieron convenio de esforzarse más por edificarse entre sí y resolver sus diferencias con mansedumbre.

José invitó a Emma y a su madre a la habitación, y William y él repitieron su convenio. Lágrimas de gozo corrían por sus caras. Inclinaron la cabeza y José oró, agradecido que su familia estuviera nuevamente unida[40].

CAPÍTULO 21

El Espíritu de Dios

Después de reconciliarse con su hermano, José se centró nuevamente en terminar el templo. Aunque era una construcción modesta en comparación con las imponentes catedrales de Europa, el templo era más alto y más grandioso que la mayoría de las edificaciones de Ohio. Los viajeros en camino a Kirtland podían divisar fácilmente su colorido campanario y su reluciente techo rojo que asomaba por encima de la copa de los árboles. Las brillantes paredes de estuco, las puertas de un vivo color verde y las puntiagudas ventanas góticas hacían de él una vista espectacular[1].

A fines de enero de 1836, el interior del templo estaba casi terminado y José estaba preparando a los líderes de la Iglesia para la investidura de poder divino que el Señor había prometido darles. Nadie sabía con certeza cómo sería la investidura, pero José había explicado que vendría después de haber administrado las ordenanzas del lavamiento y la unción simbólicos a los hombres ordenados al sacerdocio, así como Moisés había lavado y ungido a los sacerdotes de Aarón en el Antiguo Testamento[2].

Los santos también habían leído pasajes del Nuevo Testamento que brindaban una perspectiva sobre la investidura. Después de Su resurrección, Jesús les había aconsejado a sus apóstoles que no abandonaran Jerusalén para predicar el Evangelio hasta que fueran "investidos con poder de lo alto". Más tarde, en el día de Pentecostés, los apóstoles de Jesús recibieron ese poder cuando el Espíritu descendió sobre ellos como un viento recio y hablaron en lenguas[3].

Al prepararse los santos para su investidura, anticipaban una manifestación espiritual similar.

En la tarde del 21 de enero, José, sus consejeros y su padre subieron las escaleras hasta un desván que había en la imprenta detrás del templo. Allí, los hombres se lavaron simbólicamente con agua limpia y se bendijeron unos a otros en el nombre del Señor. Una vez que fueron limpios, fueron al lado, al templo, donde se unieron con los obispados de Kirtland y Sion, se ungieron la cabeza unos a otros con aceite consagrado y se bendijeron mutuamente.

Cuando le llegó el turno a José, su padre lo ungió y lo bendijo para que dirigiera la Iglesia como un Moisés de los últimos días y pronunció sobre él las bendiciones de Abraham, Isaac y Jacob. Luego, los consejeros de José le impusieron las manos sobre la cabeza y lo bendijeron[4].

Cuando los hombres completaron la ordenanza, los cielos se abrieron y José tuvo una visión del futuro. Contempló el Reino Celestial, su hermosa puerta refulgiendo ante él como un círculo de fuego. Vio a Dios el Padre y a

Jesucristo sentados en gloriosos tronos. Adán y Abraham, los profetas del Antiguo Testamento, también estaban allí, junto con la madre y el padre de José y su hermano mayor Alvin.

Ver a su hermano hizo que José se extrañara. Alvin había muerto poco después de la primera visita de Moroni y nunca había tenido la oportunidad de bautizarse mediante la debida autoridad. ¿Cómo podría él heredar la gloria celestial? La familia de José se había negado a creer que Alvin estuviera en el infierno, como alguna vez lo sugirió un predicador, pero su destino eterno seguía siendo un misterio para ellos.

Mientras José se maravillaba al ver a su hermano, oyó la voz del Señor decir: "Todos los que han muerto sin el conocimiento de este evangelio, quienes lo habrían recibido si se les hubiese permitido permanecer, serán herederos del reino celestial de Dios".

El Señor explicó que Él juzgaría a todas las personas según sus obras y los deseos de sus corazones. Las personas en la situación de Alvin no serían condenadas por haber carecido de oportunidades en la tierra. El Señor también enseñó que los niños pequeños que murieron antes de alcanzar la edad de responsabilidad, como los cuatro bebés que José y Emma habían sepultado, serían salvos en el Reino Celestial[5].

Luego de cerrarse la visión, José y sus consejeros ungieron a los miembros de los sumos consejos de Kirtland y Sion, que habían estado esperando en oración en otra habitación. Cuando los hombres recibieron la ordenanza, se desplegaron ante ellos más visiones del cielo. Algunos vieron ángeles, otros contemplaron el rostro de Cristo.

Llenos del Espíritu, los hombres profetizaron de las cosas que habrían de venir y glorificaron a Dios hasta bien entrada la noche[6].

Dos meses después, en la mañana del 27 de marzo de 1836. Lydia Knight se sentó hombro con hombro con otros santos en el salón inferior del templo. A su alrededor, la gente se apretujaba a medida que los acomodadores apiñaban a más personas en los bancos. Alrededor de mil santos ya estaban en la sala y muchos más se agolpaban en las entradas principales, con la esperanza de que los porteros los dejaran entrar[7].

Lydia había visitado el templo un par de veces desde su matrimonio con Newel, ocurrido cuatro meses antes. Ella y Newel habían ido ocasionalmente a escuchar un sermón o una disertación[8]. Pero esta visita era diferente; hoy los santos se habían reunido para dedicar el templo al Señor.

Desde su asiento, Lydia podía ver a los líderes de la Iglesia tomar su lugar detrás de las tres filas de púlpitos tallados ornamentalmente que se hallaban a ambos extremos de la habitación. Frente a ella, en el extremo oeste del edificio, había púlpitos para la Primera Presidencia y otros líderes del Sacerdocio de Melquisedec. Detrás de ella, a lo largo de la pared este, había púlpitos para los obispados y los líderes del Sacerdocio Aarónico. Como miembro del sumo consejo de Misuri, Newel estaba sentado en una fila de asientos reservados detrás de esos púlpitos.

Mientras esperaba que comenzara la dedicación, Lydia también podía admirar la hermosa obra de carpintería a lo largo de los púlpitos y la hilera de columnas altas que se extendía a lo largo de la habitación. Todavía era temprano por la mañana y la luz del sol entraba a raudales en el salón a través de las altas ventanas ubicadas a lo largo de las paredes laterales. Por encima, colgaban grandes cortinas de lona, que podían deslizarse entre los bancos para dividir el espacio en salones temporarios[9].

Cuando los acomodadores no pudieron meter a nadie más en la habitación, José se puso de pie y se disculpó con aquellos que no habían podido encontrar un lugar donde sentarse. Sugirió llevar a cabo una reunión adyacente en el salón de clase adjunto, en el primer piso de la imprenta[10].

Unos minutos más tarde, después de que la congregación se acomodó en sus asientos, Sidney comenzó la reunión y habló con gran contundencia durante más de dos horas. Después de un breve intermedio, durante el cual casi todos en la reunión permanecieron sentados, José se levantó y ofreció la oración dedicatoria que había preparado con la ayuda de Oliver y Sidney el día anterior[11].

"Te pedimos, oh Señor, que aceptes esta casa —dijo José—, la obra de las manos de nosotros tus siervos, la cual nos mandaste edificar". Pidió que los misioneros pudieran salir, armados con poder, para difundir el Evangelio hasta los cabos de la tierra. Oró por una bendición para los santos de Misuri, para los líderes de las naciones del mundo y para el Israel disperso[12].

También le rogó al Señor que invistiera a los santos con poder. "Permite que la unción de tus ministros sea sellada sobre ellos con poder de lo alto —dijo—. Pon sobre tus siervos el testimonio del convenio, para que al salir a proclamar tu palabra sellen la ley y preparen el corazón de tus santos". Pidió que el Señor llenara el templo con Su gloria, como el viento recio que los apóstoles de la antigüedad habían experimentado[13].

"¡Escucha, escucha, escúchanos, oh Señor! —suplicó—. Responde a estas peticiones, y acepta para ti la dedicación de esta casa"[14].

Tan pronto como José pronunció su "Amén" final, el coro cantó el nuevo himno de William Phelps.

Tal como un fuego se ve ya ardiendo
el Santo Espíritu del gran Creador.
Visiones y dones antiguos ya vuelven,
y ángeles vienen cantando loor[15].

Lydia sintió que la gloria de Dios llenaba el templo. Poniéndose de pie con los otros santos que estaban en la habitación, unió su voz con la de ellos mientras exclamaban: "¡Hosanna! ¡Hosanna! ¡Hosanna a Dios y al Cordero!"[16].

DESPUÉS DE LA DEDICACIÓN del templo, las manifestaciones del Espíritu y el poder del Señor envolvieron a Kirtland. Ese mismo día de la dedicación, por la noche, José se reunió con los líderes de la Iglesia en el templo, y los hombres comenzaron a hablar en lenguas, como lo habían hecho los apóstoles del Salvador en Pentecostés. Algunos de los concurrentes vieron fuego celestial reposando sobre los que hablaban. Otros vieron ángeles. Afuera, los santos vieron descansar sobre el templo una nube brillante y una columna de fuego[17].

El 30 de marzo, José y sus consejeros se reunieron en el templo para lavar los pies de unos trescientos líderes de la Iglesia, entre ellos los Doce, los Setenta y otros hombres llamados a la labor misional, al igual que el Salvador había hecho con Sus discípulos antes de Su crucifixión. "Este es un año de jubileo para nosotros y un tiempo de regocijo", declaró José. Los hombres habían llegado al templo haciendo ayuno, y él les pidió a algunos que compraran pan y vino para más tarde. Hizo que otros trajeran tinas de agua.

José y sus consejeros lavaron primero los pies del Cuórum de los Doce, luego procedieron a lavar los pies de los miembros de los otros cuórums, bendiciéndolos en el nombre del Señor[18]. A medida que pasaron las horas, los hombres se bendijeron unos a otros, profetizaron y dieron voces de hosanna hasta que llegaron el pan y el vino, al anochecer.

José habló mientras los Doce partían el pan y servían el vino. Les dijo que su corta estadía en Kirtland pronto terminaría. El Señor los estaba invistiendo de poder y los enviaría a misiones. "Deben salir con toda mansedumbre, con prudencia, a predicar a Jesucristo", dijo. Les dio instrucciones de evitar las discusiones sobre creencias religiosas, instándolos a mantenerse fieles a sus propias creencias.

"Lleven las llaves del reino a todas las naciones —les dijo a los apóstoles—, y ábranles la puerta, y llamen a los Setenta a que los sigan". Dijo que la organización de la Iglesia estaba ahora completa y que los hombres de la sala habían recibido todas las ordenanzas que el Señor había preparado para ellos hasta ese entonces.

"Vayan adelante y edifiquen el reino de Dios", dijo.

José y sus consejeros se fueron a casa, dejando que los Doce se hicieran cargo de la reunión. El Espíritu descendió nuevamente sobre los hombres en el templo y estos comenzaron a profetizar, hablar en lenguas y exhortarse unos a otros en el Evangelio. Ángeles ministrantes se aparecieron a varios hombres y hubo otros que tuvieron visiones del Salvador.

Las manifestaciones del Espíritu continuaron hasta la madrugada. Cuando los hombres salieron del templo, sus almas se elevaban debido a las maravillas y glorias que acababan de experimentar. Se sentían investidos de poder y listos para llevar el Evangelio al mundo[19].

Una semana después de la dedicación, en la tarde del domingo de Pascua, un millar de santos llegaron nuevamente al templo para adorar. Después que los Doce administraron la Cena del Señor a la congregación, José y Oliver bajaron las cortinas de lona alrededor del púlpito superior en el lado oeste del salón inferior y se arrodillaron detrás de ellas para orar en silencio, fuera de la vista de los santos[20].

Después de sus oraciones, el Salvador apareció frente a ellos, con el rostro más brillante que el sol. Sus ojos eran como fuego y Su cabello, como nieve. Debajo de Sus pies, el barandal del púlpito parecía de oro puro[21].

"Regocíjese el corazón de todo mi pueblo, que con su fuerza ha construido esta casa a mi nombre —declaró el Salvador, siendo Su voz como el estruendo de muchas aguas—. He aquí, he aceptado esta casa, y mi nombre estará aquí; y me manifestaré a mi pueblo en misericordia"[22].

Instó a los santos a conservarla sagrada y confirmó que ellos habían recibido la investidura de poder.

"El corazón de millares y decenas de millares se regocijará en gran manera —declaró Él—, como consecuencia de las bendiciones que han de ser derramadas, y la investidura con que mis siervos han sido investidos en esta casa".

Para finalizar, el Señor prometió: "La fama de esta casa se extenderá hasta los países extranjeros; y este es el principio de la bendición que se derramará sobre la cabeza de los de mi pueblo"[23].

La visión se cerró alrededor de José y Oliver, pero al instante los cielos se abrieron de nuevo. Vieron a Moisés parado frente a ellos, y este les entregó las llaves del recogimiento de Israel a fin de que los santos pudieran llevar el Evangelio al mundo y traer a los justos a Sion.

Entonces apareció Elías y les entregó la dispensación del evangelio de Abraham, diciendo que todas las generaciones serían bendecidas por medio de ellos y de quienes vinieran después de ellos.

Una vez que Elías se fue, José y Oliver tuvieron otra visión gloriosa. Vieron a Elías, el profeta del Antiguo Testamento que subió al cielo en un carro de fuego.

"Ha llegado plenamente el tiempo del cual se habló por boca de Malaquías", declaró Elías el Profeta, haciendo referencia a la profecía del Antiguo Testamento de que él haría volver el corazón de los padres a los hijos, y el de los hijos a los padres.

"Se entregan en vuestras manos las llaves de esta dispensación —continuó Elías el Profeta—, y por esto sabréis que el día grande y terrible del Señor está cerca, sí, a las puertas"[24].

La visión se cerró, y José y Oliver quedaron solos[25]. La luz del sol se filtraba a través de la ventana arqueada que estaba detrás del púlpito, pero el barandal frente a ellos ya no brillaba como el oro. Las voces celestiales que los habían sacudido como un trueno dieron paso a las contenidas emociones de los santos que estaban al otro lado de la cortina.

José sabía que los mensajeros les habían entregado importantes llaves del sacerdocio. Más tarde, enseñó a los santos que las llaves del sacerdocio restauradas por Elías el Profeta sellarían a las familias eternamente, atando en los cielos lo que fuera atado en la tierra, enlazando a los padres con sus hijos y a los hijos con sus padres[26].

EN LOS DÍAS QUE siguieron a la dedicación del templo, partieron misioneros en todas direcciones para predicar el Evangelio, fortalecidos por la investidura de poder. El obispo Partridge y los otros santos que habían venido de Misuri viajaron nuevamente hacia el oeste con una nueva determinación de edificar Sion[27].

Lydia y Newel Knight también deseaban ir al oeste, pero necesitaban dinero. Newel había pasado la mayor parte de su tiempo en Kirtland trabajando sin paga en el templo y Lydia le había prestado casi todo su dinero a José y a la Iglesia cuando recién llegó a la ciudad. Ninguno de los dos lamentaba su sacrificio, pero Lydia no podía evitar pensar que el dinero que ella le había prestado a la Iglesia habría cubierto con creces el costo del viaje.

Mientras se preguntaban cómo pagar su viaje, José pasó para visitarlos. —Así que, Newel, están a punto de partir hacia su hogar en el oeste — le dijo—. ¿Tienen todo lo necesario?".

—Estamos bastante ajustados de recursos en este momento —dijo Newel.

—No he olvidado cuán generosamente me ayudaste cuando yo estaba en problemas —le dijo José a Lydia. Salió de la casa y regresó poco después con una mayor suma que la que ella le había prestado.

Les dijo que compraran lo que necesitaran para estar cómodos en el viaje a su nuevo hogar. Hyrum también proporcionó un tiro de caballos para llevarlos al río Ohio, donde podrían tomar un barco de vapor para ir directamente a Misuri.

Antes de irse, los Knight visitaron a Joseph Smith, padre, para que Lydia pudiera recibir una bendición de él. Hacía más de un año que el Señor había llamado a Joseph, padre, a ser el Patriarca de la Iglesia, otorgándole autoridad para dar bendiciones patriarcales especiales a los santos, tal como Abraham y Jacob lo habían hecho por sus hijos en la Biblia.

Colocando sus manos sobre la cabeza de Lydia, Joseph, padre, pronunció las palabras de la bendición. "Has sido muy afligida en tus días pasados, y tu corazón ha estado adolorido —le dijo a Lydia—; pero serás consolada".

Le dijo que el Señor la amaba y que le había dado a Newel para que la consolara. "Sus almas se entrelazarán y nada podrá desvincularlas. Ni la adversidad ni la muerte los separarán —les prometió—. Sus vidas serán preservadas e irán con seguridad y rapidez a la tierra de Sion"[28].

Poco después de la bendición, Lydia y Newel partieron hacia Misuri, con optimismo en torno al futuro de la Iglesia y de Sion. El Señor había investido a los santos con poder, y Kirtland estaba floreciendo bajo la imponente torre del templo. Las visiones y las bendiciones de esa temporada les habían dado un anticipo del cielo. El velo entre la tierra y el cielo parecía estar a punto de rasgarse[29].

PARTE 3

Arrojado al abismo

ABRIL DE 1836–ABRIL DE 1839

. . . si eres arrojado al abismo; si las bravas olas conspiran contra ti; si el viento huracanado se hace tu enemigo; si los cielos se ennegrecen y todos los elementos se combinan para obstruir la vía; y sobre todo, si las puertas mismas del infierno se abren de par en par para tragarte, entiende, hijo mío, que todas estas cosas te servirán de experiencia, y serán para tu bien.

Doctrina y Convenios 122:7

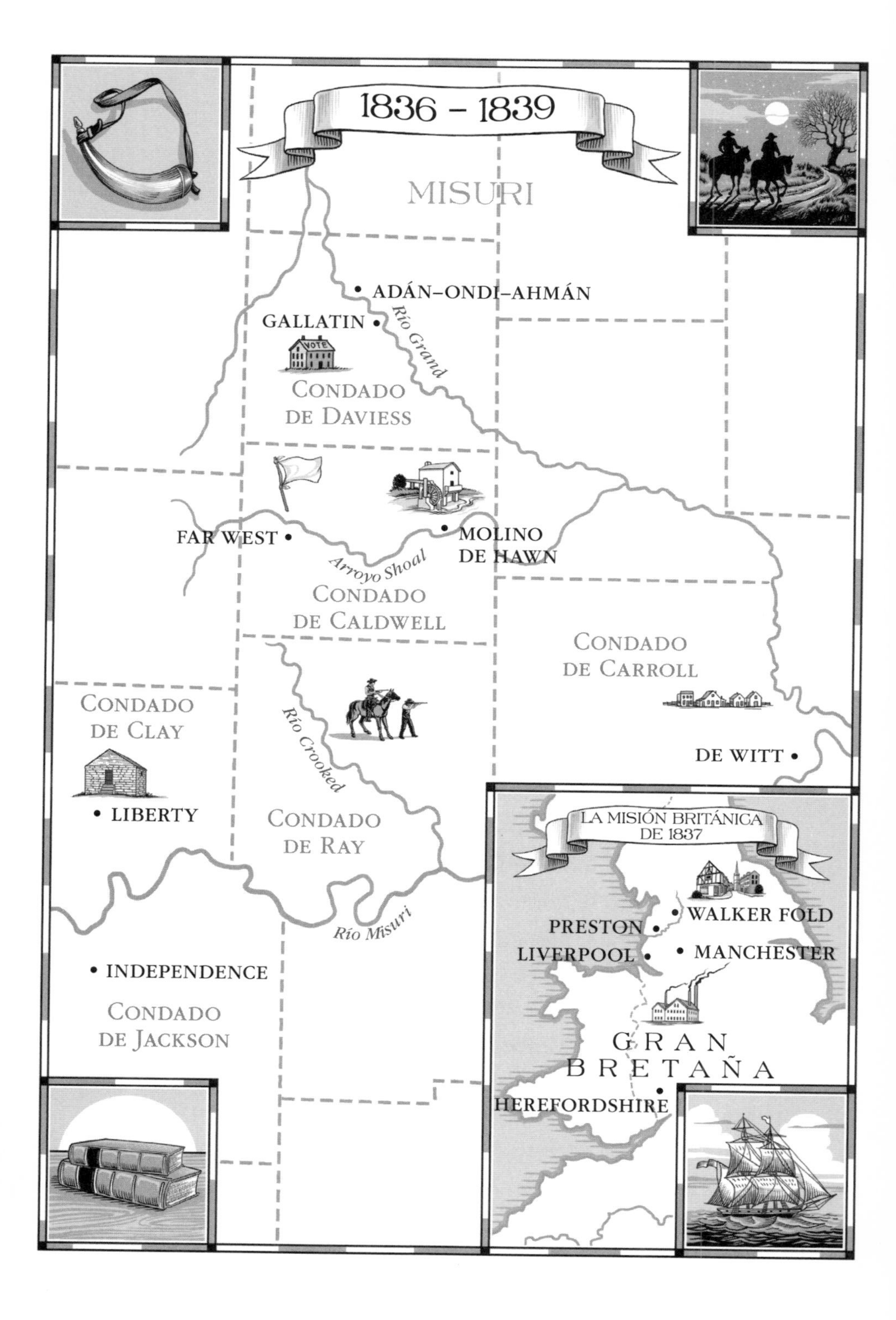
1836 - 1839
MISURI
ADÁN-ONDI-AHMÁN
GALLATIN
VOTE
Río Grand
CONDADO
DE DAVIESS
FAR WEST
MOLINO
DE HAWN
Arroyo Shoal
CONDADO
DE CALDWELL
CONDADO
DE CARROLL
CONDADO
DE CLAY
Río Crooked
DE WITT
LIBERTY
CONDADO
DE RAY
LA MISIÓN BRITÁNICA
DE 1837
WALKER FOLD
PRESTON
LIVERPOOL
MANCHESTER
Río Misuri
INDEPENDENCE
CONDADO
DE JACKSON
GRAN
BRETAÑA
HEREFORDSHIRE

CAPÍTULO 22

Pon a prueba al Señor

Después de la dedicación del templo, José se deleitaba en la esperanza y buena voluntad que moraban en Kirtland[1]. Los santos fueron testigos de un derramamiento de dones espirituales durante la primavera de 1836. Muchos vieron huestes de ángeles, vestidos de un blanco radiante, de pie en el techo del templo, y algunas personas se preguntaban si el Milenio había comenzado[2].

José podía ver evidencia de las bendiciones del Señor en todas partes. Cuando se mudó a Kirtland cinco años antes, la Iglesia estaba desorganizada e ingobernable. Desde entonces, los Santos habían aceptado la palabra del Señor más plenamente y habían transformado una simple aldea en una fuerte estaca de Sion. El templo era un testimonio de lo que podían lograr cuando seguían a Dios y trabajaban juntos.

Aunque José se regocijaba del éxito en Kirtland, no podía olvidar a los Santos en Misuri, que todavía se encontraban refugiados en pequeñas comunidades a las afueras del condado de Jackson, a lo largo del Río Misuri. Él y sus consejeros confiaban en la promesa del Señor de redimir a Sion después de que los élderes recibieran la investidura de poder. Sin embargo, nadie sabía cómo y cuándo el Señor llevaría acabo su promesa.

Dirigiendo su atención hacia Sion, los líderes de la Iglesia ayunaron y oraron para saber la voluntad del Señor[3]. Entonces José recordó la revelación en la que el Señor había pedido a los Santos comprar todas las tierras dentro y alrededor del condado de Jackson[4]. Los Santos ya habían comenzado a comprar algunas tierras en el condado de Clay, pero como siempre, el problema era encontrar el dinero para realizar más compras.

A inicios de abril, José se reunió con los miembros de la imprenta de la Iglesia para analizar las finanzas de la Iglesia. Los hombres creían que necesitaban contribuir todos sus recursos a la redención de Sion y recomendaban que José y Oliver se encargaran de campañas para la recaudación de fondos para comprar más tierras en Misuri[5].

Desafortunadamente, la Iglesia estaba endeudada con decenas de miles de dólares por la construcción del templo y por la compra previa de tierras y además, el dinero aún era escaso en Kirtland, incluso con los misioneros recolectando donaciones. Gran parte de la riqueza de los Santos eran sus tierras, lo que significaba que pocas personas podían hacer donaciones monetarias. Y sin dinero en efectivo, había poco que la Iglesia pudiera hacer para salir de la deuda o comprar más tierras en Sion[6].

Una vez más, José tuvo que encontrar alguna manera de financiar la obra del Señor.

A TRESCIENTOS VEINTIDÓS KILÓMETROS al norte, Parley Pratt se encontraba en las afueras de un pueblo llamado Hamilton, en el sur de Canadá. Se dirigía hacia Toronto, una de las ciudades más grandes de la provincia, para servir su primera misión después de haber recibido la investidura de poder. No tenía dinero, ni amigos en el área, ni idea de cómo lograr lo que el Señor le había mandado hacer.

Unas semanas antes, mientras los Doce y los Setenta partían de Kirtland para predicar el Evangelio, Parley había planeado quedarse en casa con su familia. Tal como muchos Santos en Kirtland, estaba colmado de deudas tras comprar tierras en la región y construir una casa a crédito. Parley también estaba preocupado por su esposa, Thankful, quien estaba enferma y necesitaba de su cuidado. Aunque ansiaba predicar, hacer una misión parecía imposible[7].

Pero Heber Kimball había ido a su casa a darle una bendición como su amigo y compañero en el apostolado. "Sigue adelante en el ministerio, sin dudar en nada —dijo Heber—. No pienses en tus deudas, ni en las necesidades de la vida, pues el Señor te proveerá con los medios suficientes para todas las cosas".

Hablando por inspiración, Heber le dijo a Parley que fuera a Toronto, prometiéndole que encontraría personas listas para recibir la plenitud del Evangelio. Dijo que Parley establecería los cimientos para una misión a Inglaterra y encontraría alivio a sus deudas. "Aún tendrás riquezas, plata y oro —profetizó Heber—, hasta que aborrezcas contarlas".

También habló de Thankful. "Tu esposa será sanada desde este momento —, prometió—, y te dará a luz un hijo"[8].

La bendición fue maravillosa, pero sus promesas parecían imposibles. Parley había experimentado mucho éxito en el campo misional, pero Toronto era nuevo y desconocido para él. Nunca había ganado mucho dinero en su vida, y era poco probable que recibiera suficiente dinero en la misión para pagar sus deudas.

Las promesas hechas a Thankful eran las más improbables de todas. Tenía casi cuarenta años y se hallaba frecuentemente enferma y débil. Después de diez años de matrimonio, ella y Parley no habían tenido hijos[9].

Pero con fe en las promesas del Señor, Parley se dirigió al noreste, viajando por carreta a través de caminos lodosos. Cuando llegó a las cataratas del Niágara y cruzó a Canadá, siguió a pie hasta llegar a Hamilton. El pensar en casa y en la inmensidad de su misión enseguida lo abrumaba, y ansiaba saber cómo se suponía que debía ejercer fe en una bendición cuando sus promesas parecían estar tan fuera del alcance.

"Pon a prueba al Señor —le susurró repentinamente el Espíritu—, y verás si hay algo difícil para Él"[10].

MIENTRAS TANTO, EN MISURI, Emily Partridge de 12 años se sintió aliviada al ver que la primavera volvía al condado de Clay. Con su padre en Kirtland para la dedicación del templo, ella y el resto de su familia compartían una cabaña de madera de un solo cuarto con la familia de Margaret y John Corrill, el consejero de su padre en el obispado. La cabaña se había usado como un establo antes de que las dos familias se mudaran, pero su padre y el hermano Corrill habían limpiado el estiércol que tapizaba el piso y lograron hacer de ella un lugar habitable. Había una gran chimenea, y las familias pasaron el frío invierno acurrucados alrededor del calor que producía[11].

Esa primavera, el padre de Emily regresó a Misuri para reasumir sus deberes como obispo. Él y otros líderes de la Iglesia habían recibido la investidura de poder en Kirtland y parecían tener esperanzas en cuanto al futuro de Sion[12].

Conforme se calentaba el clima, Emily se preparaba para regresar a la escuela. Poco tiempo después de que los Santos llegaron al condado de Clay, establecieron una escuela en una cabaña cerca de un huerto de árboles frutales. A Emily le encantaba jugar con sus amigos en el huerto y comer la fruta que caía de las ramas de los árboles. Cuando Emily y sus amigos no estaban estudiando, hacían casas con las ramas y usaban enredaderas como cuerdas para saltar[13].

La mayoría de los compañeros de clase de Emily pertenecían a la Iglesia, sin embargo, algunos eran hijos de los antiguos pobladores de la región. Ellos generalmente vestían mejor que Emily y que los otros niños pobres, y algunos se burlaban de la ropa deshilachada de estos pequeños Santos. Pero por lo general, todos se llevaban bastante bien, a pesar de sus diferencias.

No sucedía lo mismo en el caso de sus padres. A medida que más Santos se mudaban al condado de Clay y compraban grandes extensiones de tierra, los antiguos pobladores empezaban a sentirse incómodos e impacientes. Inicialmente dieron la bienvenida a los Santos al condado, ofreciéndoles refugio hasta que pudieran regresar a sus hogares al otro lado del río. Nadie esperaba que los miembros de la Iglesia establecieran un hogar permanente en el condado de Clay[14].

Al principio, la tensión que existía entre los Santos y sus vecinos afectaba muy poco la rutina diaria de la escuela de Emily[15]. Pero a medida que transcurría la primavera y sus vecinos se volvían más hostiles, Emily y su familia temían que la pesadilla del condado de Jackson se repitiera, y que de nuevo quedaran sin un hogar.

AL CONTINUAR CON SU viaje al norte, Parley pidió al Señor que le ayudara a llegar a su destino. Poco tiempo después, conoció a un hombre que le dio diez dólares y una carta de presentación para un hombre en Toronto llamado John Taylor. Parley utilizó el dinero para comprar un pasaje por barco de vapor a la ciudad y llegó al hogar de la familia Taylor poco después.

John y Leonora Taylor eran una pareja joven de Inglaterra. Al conversar con ellos, Parley descubrió que pertenecían a un grupo de cristianos de la región que rechazaba cualquier doctrina que no pudiera ser respaldada por la Biblia. Recientemente habían estado orando y ayunando para que Dios les enviara un mensajero de Su Iglesia verdadera.

Parley les habló del Evangelio restaurado, pero ellos mostraron poco interés. A la mañana siguiente, dejó su bolso en el hogar de la familia Taylor y se presentó con los ministros de la ciudad, con la esperanza de que ellos le permitieran predicar a sus congregaciones. Después, Parley se reunió con las autoridades de la ciudad para ver si le permitirían organizar una reunión en el juzgado o algún otro lugar público. Todos rechazaron su petición.

Desalentado, Parley se apartó a un bosque cercano para orar. Y después volvió al hogar de la familia Taylor para recoger su bolso. Al partir, John lo detuvo y le habló de su amor por la Biblia[16]. "Señor Pratt —le dijo—, si tiene principios de cualquier tipo para presentar, desearía, si puede, que los respalde con ese registro".

"Eso es algo que creo poder hacer", dijo Parley. Le preguntó a John si él creía en profetas y apóstoles.

"Sí, —respondió John—, porque la Biblia me enseña tales cosas".

"Enseñamos sobre el bautismo en el nombre de Jesucristo para la remisión de pecados, —dijo Parley—, y en la imposición de manos para recibir el don del Espíritu Santo".

"¿Y qué hay entonces de José Smith, del Libro de Mormón y de algunas de sus revelaciones modernas?", preguntó John.

Parley testificó que José Smith era un hombre honesto y un profeta de Dios. "En cuanto al Libro de Mormón —dijo—, puedo testificar tan fervientemente a favor de ese libro como usted puede hacerlo sobre la autenticidad de la Biblia"[17].

Mientras hablaban, Parley y John escucharon a Leonora charlar con una vecina, Isabella Walton, en otro cuarto. "Aquí hay un hombre de los Estados Unidos que dice que el Señor lo envió a la ciudad para predicar el Evangelio —le dijo Leonora a Isabella—. Me pesa hacerlo partir".

"Dile al extranjero que es bienvenido en mi casa —dijo Isabella—. Tengo un cuarto y una cama extras, y suficiente comida". También tenía un lugar donde podía predicar a sus amigos y familiares esa noche. "Siento por el Espíritu que es un hombre enviado del Señor con un mensaje que nos hará bien a todos", comentó[18].

DESPUÉS DE SU CONVERSACIÓN con Parley, John Taylor comenzó a leer el Libro de Mormón y a comparar sus enseñanzas con la Biblia. Había estudiado doctrinas de otras iglesias anteriormente, pero encontró algo muy convincente en el Libro de Mormón y en los principios que Parley le enseñó. Todo era claro y consistente con la palabra de Dios.

Pronto, John presentó a Parley con sus amigos. "Aquí se encuentra un hombre que viene en respuesta a nuestras oraciones —anunció—, y él dice que el Señor ha establecido la iglesia verdadera".

"¿Te convertirás en un mormón?", alguien le preguntó.

"No lo sé —respondió John—. Voy a investigar y a orar para que me ayude el Señor. Si hay verdad en esto, lo aceptaré, y si hay error, no quiero tener nada que ver con ello"[19].

Poco tiempo después, él y Parley viajaron a un pueblo agrícola cercano donde vivían familiares de Isabella Walton. Joseph Fielding, amigo de John, también vivía ahí con sus hermanas, Mercy y Mary. Ellos también eran de Inglaterra y tenían opiniones religiosas similares a las de los Taylor.

Mientras John y Parley se dirigían al hogar de la familia Fielding, vieron a Mercy y Mary correr a la casa de unos vecinos. Su hermano salió y los recibió fríamente. Dijo que deseaba que no hubieran venido. Sus hermanas, y muchas otras personas en el pueblo, no querían escucharlos predicar.

"¿Por qué se oponen al mormonismo?", preguntó Parley.

"No lo sé —respondió Joseph—. El nombre suena despreciable". Dijo que no estaban buscando nuevas revelaciones ni cualquier doctrina que contradijera las enseñanzas de la Biblia.

"Ah —dijo Parley—, si eso es todo, pronto eliminaremos sus prejuicios". Le dijo a Joseph que llamara a sus hermanas de regreso a la casa. Sabía que había una reunión religiosa en el pueblo esa tarde y quería predicar en ella.

"Cenaremos con ustedes y luego todos iremos juntos a la reunión —dijo Parley—. Si tú y tus hermanas están de acuerdo con esto, aceptaré predicar el antiguo Evangelio de la Biblia y omitiré todas las nuevas revelaciones que estén en contra"[20].

Esa tarde Joseph, Mercy y Mary Fielding se sentaron en un cuarto lleno de personas y quedaron cautivados por el sermón de Parley. Nada de lo que dijo sobre el

Evangelio restaurado o el Libro de Mormón contradecía las enseñanzas de la Biblia.

Poco tiempo después, Parley bautizó a las familias Taylor, Fielding y a suficientes personas en la región para organizar una rama. Las promesas del Señor en la bendición de Heber habían empezado a cumplirse, y Parley estaba ansioso por regresar a su hogar con Thankful. Se acercaba la fecha para pagar sus deudas, y todavía tenía que reunir el dinero para pagarlas.

Al partir a Kirtland, estrechó las manos de sus nuevos amigos. Uno por uno puso dinero en sus manos, hasta alcanzar cientos de dólares. Era suficiente para pagar sus deudas más urgentes[21].

CUANDO PARLEY LLEGÓ A Kirtland, vio que Thankful se encontraba sana, el cumplimiento de otra de las promesas del Señor. Después de haber pagado algunas deudas, Parley recolectó folletos y copias del Libro de Mormón y regresó a Canadá para continuar con su misión, esta vez llevando a su esposa[22]. El viaje agotó a Thankful, y cuando los Santos en Canadá vieron lo débil que estaba, dudaron que estuviera lo suficientemente fuerte para dar a luz al hijo prometido en la bendición dada a Parley. Sin embargo, poco después Parley y Thankful estaban esperando a su primer hijo[23].

Mientras los Pratt se encontraban fuera, sus amigos Caroline y Jonathan Crosby rentaron su casa en Kirtland. Los Crosby eran una pareja joven que se había mudado a Kirtland algunos meses antes de la dedicación del templo.

A menudo se reunían con amigos para adorar, cantar himnos, o comer juntos[24].

Con el templo terminado, más Santos se estaban mudando a Kirtland. Había suficiente tierra en la región, pero estaba mayormente sin cultivar. Los Santos se apresuraban para construir más casas, usualmente a crédito ya que no había mucho dinero en la comunidad. Pero no podían construir lo suficientemente rápido para hospedar a las nuevas personas que llegaban, así que las familias que ya estaban establecidas solían abrir las puertas de sus hogares a estas personas o les rentaban cuartos que tenían de sobra.

Como las viviendas en el pueblo eran escasas, John Boynton, uno de los apóstoles, se dirigió a los Crosby para ver si le rentarían la casa de los Pratt a su familia. Les ofreció más de lo que ellos pagaban a los Pratt[25].

Era una oferta generosa, y Caroline sabía que ella y Jonathan podrían usar ese dinero para ayudarles a pagar la casa que estaban construyendo. Pero disfrutaban mucho vivir solos, y Caroline estaba ahora embarazada con su primer hijo. Si salían de la casa de los Pratt, tendrían que mudarse con su vecina, la anciana Sabre Granger, que solo tenía un cuarto en su pequeña cabaña.

Jonathan le pidió a Caroline que tomara la decisión de mudarse. Caroline no quería dejar la comodidad y el espacio del hogar de los Pratt, y estaba renuente en cuanto a mudarse con la hermana Granger. El dinero no le preocupaba tanto, sin importar cuánto ella y Jonathan lo pudieran necesitar.

Pero saber que estarían ayudando a la numerosa familia Boynton a reunirse en Kirtland valía el pequeño sacrificio que Caroline tenía que hacer. Después de varios días, le dijo a Jonathan que estaba dispuesta a mudarse[26].

A FINALES DE JUNIO, William Phelps y otros líderes de la Iglesia en el condado de Clay escribieron al profeta para hacerle saber que las autoridades locales habían convocado a los líderes de la Iglesia al juzgado, donde hablarían del futuro de los Santos en su condado. Las autoridades hablaron con calma y amabilidad, pero sus palabras no dieron cabida para llegar a un acuerdo.

Dado que los Santos no podían regresar al condado de Jackson, las autoridades recomendaron que buscaran un nuevo lugar para vivir en donde pudieran estar solos. Los líderes de la Iglesia en el condado de Clay acordaron irse en lugar de arriesgarse a otra violenta expulsión[27].

Las noticias destrozaron las esperanzas que tenía José de regresar al condado de Jackson ese año, pero no podía culpar a los Santos en Misuri por lo sucedido. "Ustedes están más familiarizados que nosotros con las circunstancias —respondió—, y claramente han sido dirigidos sabiamente en sus decisiones, con respecto a partir del condado"[28].

La necesidad de hallar un nuevo lugar para los Santos en Misuri puso mayor presión en José para recaudar dinero para comprar tierras. Decidió abrir una tienda de la Iglesia cerca de Kirtland y pidió prestado más dinero para comprar bienes para vender allí[29]. La tienda tuvo algo de éxito, pero muchos Santos, sabiendo que José no les negaría el crédito en la tienda, se aprovechaban de su bondad y confianza. Varios de ellos también insistían en intercambiar artículos por lo que necesitaban, lo cual complicaba obtener ganancias monetarias sobre los bienes[30].

A finales de julio, ni la tienda ni cualquier otro intento de los líderes de la Iglesia había ayudado a aliviar las deudas de la Iglesia. Desesperado, José partió de Kirtland con Sidney, Hyrum y Oliver hacia Salem, una ciudad en la costa este, después de escuchar de un miembro de la Iglesia que creía saber dónde encontrar una provisión de dinero escondido. Cuando llegaron a la ciudad no encontraron dinero proveniente de esa pista, y José se dirigió al Señor para obtener guía[31].

"Yo, el Señor vuestro Dios, no estoy disgustado con vuestro viaje hasta acá, no obstante vuestras imprudencias", fue la respuesta. "No os preocupéis por vuestras deudas, porque os daré el poder para pagarlas. No os inquietéis tocante a Sion, porque obraré misericordiosamente con ella"[32].

Los hombres regresaron a Kirtland alrededor de un mes después, aún preocupados por la situación financiera de la Iglesia. Pero José y sus consejeros propusieron un nuevo proyecto ese otoño que podría recaudar el dinero que necesitaban para Sion.

CAPÍTULO 23

Toda trampa

Jonathan Crosby trabajaba en su nuevo hogar en Kirtland durante el otoño de 1836. Para noviembre había terminado de poner las paredes y el techo, pero la casa aún se encontraba con un piso sin terminar y sin ventanas o puertas. Con la pronta llegada del bebé, Caroline le había estado pidiendo que terminara la casa lo más pronto posible. Todo estaba bien con la dueña de la casa donde vivían, la hermana Granger, pero Caroline estaba ansiosa por mudarse de un lugar tan reducido a su propia casa[1].

Mientras que Jonathan trabajaba fervientemente para hacer que la casa fuera habitable antes de la llegada del bebé, los líderes de la Iglesia anunciaron sus planes para comenzar la Sociedad de Seguridad Financiera de Kirtland, un banco de pueblo diseñado para impulsar la economía en dificultades de Kirtland y recaudar dinero para la Iglesia. Al igual que otros bancos pequeños en los Estados

Unidos, otorgaría préstamos a los prestatarios para que pudieran comprar propiedades y bienes, lo que ayudaría a la economía local a crecer. A medida que los prestatarios pagaran estos préstamos con intereses, el banco obtendría un beneficio[2].

Los préstamos se emitirían en forma de notas bancarias respaldadas por la reserva limitada de monedas de plata y oro de la Sociedad de Seguridad Financiera de Kirtland. Para aumentar esta reserva de dinero fuerte, el banco vendería acciones a los inversionistas, quienes se habrían comprometido a realizar pagos en sus acciones a lo largo del tiempo[3].

A principios de noviembre, la Sociedad de Seguridad Financiera de Kirtland tenía más de treinta accionistas, incluidos José y Sidney, que invirtieron gran parte de su propio dinero en el banco[4]. Los accionistas eligieron a Sidney como presidente de la institución y a José como cajero, haciéndolo responsable de las cuentas del banco[5].

Con los planes para el banco en marcha, Oliver fue al este a comprar materiales para imprimir notas bancarias, y Orson Hyde fue a solicitar una carta estatutaria de la legislatura estatal para que pudieran operar el banco legalmente. Mientras tanto, José instó a todos los Santos a invertir en la Sociedad de Seguridad Financiera de Kirtland, citando Escrituras del Antiguo Testamento que pedían a los antiguos israelitas que trajeran su oro y plata al Señor[6].

José sintió que Dios aprobaba sus esfuerzos, y prometió que todo estaría bien si los Santos guardaban los mandamientos del Señor[7]. Confiando en la palabra del Profeta, más Santos invirtieron en la Sociedad de Seguridad Financiera de Kirtland, aunque otros fueron más cautelosos sobre la compra de acciones en una institución nueva. Los Crosby pensaron en comprar acciones, pero el alto costo de construir su casa no les había dejado dinero extra[8].

A principios de diciembre, Jonathan finalmente había instalado ventanas y puertas para la casa, y él y Caroline se mudaron allí. El interior todavía no estaba terminado, pero tenían una buena cocina para mantenerse calientes y alimentados. Jonathan también había cavado un pozo cerca, del cual podían obtener agua fácilmente.

Caroline estaba feliz de tener su propia casa, y el 19 de diciembre, dio a luz a un varón sano mientras una gran tormenta de nieve se agitaba afuera[9].

El invierno envolvía a Kirtland, y en enero de 1837, la Sociedad de Seguridad Financiera de Kirtland abrió sus puertas[10]. El primer día, José emitió notas bancarias, recién salidas de la imprenta, con el nombre de la institución y su firma en el frente[11]. A medida que los Santos obtenían préstamos, a menudo utilizando sus tierras como garantía, las notas comenzaron a circular por Kirtland y otros lugares[12].

Phebe Carter, quien se había mudado recientemente a Kirtland desde el noreste de los Estados Unidos, no invirtió en la Sociedad de Seguridad Financiera de Kirtland ni solicitó un préstamo. Pero se quedó para beneficiarse de la prosperidad que se auguraba. Tenía casi treinta años, no estaba casada, y no tenía familia en Kirtland de quien depender para recibir apoyo. Al igual que otras mujeres en su situación, tenía pocas opciones de empleo, pero podía ganar un ingreso moderado como costurera y maestra, como lo había hecho antes de mudarse a Ohio[13]. Si la economía de Kirtland mejoraba, más personas tendrían dinero para gastar en ropa nueva y educación.

Sin embargo, para Phebe, la decisión de ir a Kirtland había sido espiritual, no económica. Sus padres se habían opuesto a su bautismo, y después de anunciar sus planes de reunirse con los Santos, su madre protestó. Le dijo: "Phebe, ¿volverás conmigo si descubres que el mormonismo es falso?"

"Sí madre, lo haré", prometió Phebe[14].

Pero sabía que había encontrado el evangelio restaurado de Jesucristo. Meses después de llegar a Kirtland, Joseph Smith, padre, le había dado una bendición patriarcal la cual le aseguraba grandes recompensas en la tierra y en el cielo. "Ten consuelo, pues tus dificultades han terminado —le dijo el Señor—. Tendrás larga vida y verás días buenos"[15].

La bendición confirmó los sentimientos que tenía Phebe cuando se fue de casa. Siendo la situación demasiado triste para decir adiós en persona, escribió una carta y la dejó en la mesa de la familia. "No se preocupen por su hija —decía—. Sé que el Señor me cuidará y me dará según su voluntad"[16].

Phebe tenía fe en las promesas de su bendición patriarcal, donde se le decía que sería la madre de muchos hijos y que se casaría con un hombre con sabiduría, conocimiento y comprensión[17]. Pero hasta ahora, Phebe no tenía expectativas matrimoniales, y sabía que era mayor que la mayoría de las mujeres que se casaban y comenzaban a tener hijos.

Una tarde de enero de 1837, Phebe estaba visitando amigos cuando conoció a un hombre de cabello oscuro y ojos azul claro. Era por pocos días mayor que ella y había regresado recientemente a Kirtland después de marchar con el Campamento de Israel y servir una misión en el sur de los Estados Unidos.

Se enteró que se llamaba Wilford Woodruff[18].

A LO LARGO DEL invierno, los Santos en Kirtland seguían pidiendo prestado grandes cantidades de dinero para comprar bienes y propiedades. Los empleadores en ocasiones pagaban a sus trabajadores con notas bancarias, que podían ser utilizadas como moneda o canjeadas por dinero fuerte en la oficina de la Sociedad de Seguridad Financiera de Kirtland[19].

Poco después de que la Sociedad de Seguridad Financiera de Kirtland abriera sus puertas, un hombre llamado Grandison Newell comenzó a acumular notas bancarias. Siendo un antiguo residente de un pueblo cercano, Grandison odiaba a José y a los Santos. Había gozado de una presencia muy significativa en el condado hasta que los Santos llegaron, y ahora frecuentemente buscaba maneras legales o de otra forma, de perjudicarlos[20].

Si los miembros de la Iglesia le pedían trabajo, él rechazaba contratarlos. Si los misioneros predicaban cerca de su hogar, organizaba un grupo de hombres para que les arrojaran huevos. Cuando el doctor Philastus Hurlbut comenzó a recopilar declaraciones difamatorias en contra de José, Grandison ayudó a financiar su trabajo[21].

Los Santos seguían reuniéndose en la región a pesar de sus esfuerzos[22].

La apertura de la Sociedad de Seguridad Financiera de Kirtland dio a Grandison un nuevo punto de ataque. La legislatura estatal rechazó darle una carta estatutaria a Orson Hyde, preocupados por el creciente número de bancos en Ohio. Sin esta aprobación, la Sociedad de Seguridad Financiera de Kirtland no podía ser llamada un banco, pero aún podía aceptar depósitos y dar préstamos. Su éxito dependía de que los accionistas hicieran los pagos por sus acciones para que la institución pudiera mantener sus reservas. Pero pocos accionistas tenían suficiente dinero fuerte para hacerlo, y Grandison sospechaba que las reservas de la Sociedad de Seguridad Financiera de Kirtland eran muy pequeñas para sustentarse por mucho tiempo[23].

Esperando que el negocio fracasara si suficientes personas canjeaban notas por monedas de oro o plata, Grandison viajó por los alrededores comprando notas de la Sociedad de Seguridad Financiera de Kirtland[24]. Después llevó su gran cantidad de notas a la Sociedad de Seguridad Financiera de Kirtland y exigió dinero en efectivo a cambio. Si los directivos no lo canjeaban, amenazó con presentar cargos[25].

Sintiéndose acorralados, José y los directivos de la Sociedad de Seguridad Financiera de Kirtland no tenían otra opción más que canjear las notas y orar por más inversionistas.

AUNQUE TENÍA POCO DINERO, Wilford Woodruff compró veinte acciones de la Sociedad de Seguridad Financiera de Kirtland[26]. Su buen amigo, Warren Parrish, era el secretario de la Sociedad de Seguridad Financiera de Kirtland. Wilford había viajado hacia el oeste con Warren y su esposa, Betsy, como parte del Campamento de Israel. Tras la muerte de Betsy por el brote de cólera, Warren y Wilford sirvieron una misión juntos antes de que Warren regresara a Kirtland y se convirtiera en el escriba y hombre de confianza de José[27].

Desde su misión, Wilford se había mudado de un lugar a otro, a menudo viviendo de la bondad de amigos como Warren. Pero después de conocer a Phebe Carter, comenzó a pensar en el matrimonio, y el invertir en la Sociedad de Seguridad Financiera de Kirtland era una manera en la que se podía establecer financieramente antes de formar una familia.

Sin embargo, a finales de enero, la Sociedad de Seguridad Financiera de Kirtland estaba en crisis. Mientras Grandison Newell intentaba acabar con sus reservas, los periódicos de la región publicaban artículos que emitían dudas sobre su legitimidad. Al igual que otros en el condado, algunos Santos habían especulado en tierras y bienes, esperando hacerse ricos sin hacer mucho esfuerzo. Otros descuidaron hacer los pagos requeridos por sus acciones. Al poco tiempo, muchos trabajadores y negocios en Kirtland y sus alrededores dejaron de aceptar notas de la Sociedad de Seguridad Financiera de Kirtland[28].

Temiendo el fracaso, José y Sidney cerraron temporalmente la Sociedad de Seguridad Financiera de Kirtland y viajaron a otra ciudad para intentar asociarse con un banco ya establecido[29]. Pero el mal comienzo de la Sociedad de Seguridad Financiera de Kirtland había hecho tambalear la fe de muchos Santos, llevándolos a cuestionar el liderazgo espiritual del Profeta que había fomentado la inversión[30].

En el pasado, el Señor había revelado Escrituras a través de José, lo que permitió a las personas ejercer fe en él como profeta de Dios. Pero cuando las declaraciones de José con respecto a la Sociedad de Seguridad Financiera de Kirtland no se cumplieron, y sus inversiones comenzaron a desvanecerse, muchos Santos se molestaron y criticaron a José.

Wilford continuó confiando en que la Sociedad de Seguridad Financiera de Kirtland tendría éxito. Después de que el Profeta se asoció con otro banco, regresó a Kirtland y respondió a las quejas de sus críticos[31]. Más tarde, en la conferencia general de la Iglesia, José explicó a los Santos por qué la Iglesia pedía prestamos de dinero y establecía instituciones como la Sociedad de Seguridad Financiera de Kirtland.

Les recordó que los Santos habían comenzado la obra de los últimos días, siendo pobres y desahuciados; pero el Señor les había mandado sacrificar su tiempo y sus talentos para congregarse en Sion y para la construcción de un templo. Tales esfuerzos eran costosos pero esenciales para la salvación de los hijos de Dios[32]. Para sacar adelante la obra del Señor, los líderes de la Iglesia tenían que encontrar una manera para financiarla.

Aun así, José lamentaba cuánto debían a los acreedores. "Sin duda alguna, estamos endeudados con ellos —admitió— pero tan solo tienen que llegar nuestros hermanos del extranjero con su dinero". Creía que si los Santos se reunían en Kirtland y consagraban sus propiedades al Señor, ayudarían mucho a aliviar la carga de la deuda de la Iglesia[33].

Mientras José hablaba, Wilford sintió el poder de sus palabras. "Oh, que pudieran ser escritas en nuestros corazones como con una pluma de hierro —pensó—, para que permanezcan por siempre y las practiquemos en nuestras vidas". Se preguntó cómo alguien podía escuchar las palabras del Profeta y aun así dudar de que había sido llamado por Dios[34].

Pero las dudas persistían. Para mediados de abril, la economía de Kirtland empeoraba mientras una crisis financiera agobiaba a la nación. Varios años de préstamos excesivos habían debilitado a los bancos en Inglaterra y Estados Unidos, causando gran miedo de un colapso económico. Los bancos exigían pagos de inmediato por las deudas, y algunos dejaron de dar préstamos por completo. El pánico comenzó a propagarse de pueblo en pueblo mientras los bancos cerraban, los negocios fracasaban y el desempleo se disparaba[35].

En este entorno, una institución con dificultades como la Sociedad de Seguridad Financiera de Kirtland tenía pocas posibilidades. No había mucho que José pudiera hacer para arreglar la situación, sin embargo, a muchos les resultaba más fácil culparlo que al pánico económico de la nación.

Al poco tiempo, los acreedores comenzaron a acosar constantemente a José y Sidney. Un hombre los demandó por una deuda pendiente, y Grandison Newell presentó cargos criminales falsos en contra de José, alegando que el Profeta estaba conspirando contra él. Cada día que pasaba, crecía la preocupación del Profeta de ser arrestado o asesinado[36].

Wilford y Phebe estaban comprometidos, y le habían pedido a José que los casara. Sin embargo, en el día de su boda, no lo encontraban por ningún lado, y como consecuencia Frederick Williams condujo la ceremonia[37]

Poco después de la desaparición repentina de José, Emma recibió una carta de él, asegurándole que estaba a salvo[38]. Él y Sidney habían escapado de Kirtland, distanciándose de aquellos que deseaban lastimarlos. Su ubicación era secreta, pero Newel Whitney y Hyrum sabían cómo contactarlos y los aconsejaban a la distancia[39].

Emma entendía los peligros a los que José se enfrentaba. Cuando llegó su carta, algunos hombres, posiblemente amigos de Grandison Newell, examinaron el matasellos para saber dónde estaba. Otros espiaban su tienda, que aún seguía en dificultades.

Aunque se mantenía optimista, Emma se preocupaba por sus hijos. Frederick, su hijo de un año, era muy pequeño para entender lo que sucedía, pero Julia de seis años y José de cuatro años se angustiaron al saber que su padre no volvería pronto a casa[40].

Emma sabía que tenía que confiar en el Señor, especialmente ahora que muchos en Kirtland recurrían a las dudas y la incredulidad. "Si no tuviera más confianza en el Señor que la de algunos que podría nombrar, entonces ciertamente sería un caso triste", le escribió Emma a José a finales de abril. "Pero aun así creo que si nos humillamos y somos tan fieles como podamos, seremos librados de toda trampa que se nos presente"[41].

Aun así, se preocupaba de que los acreedores de José se aprovecharan de su ausencia y tomaran cualquier propiedad o dinero que pudieran. "Me es imposible hacer algo —lamentaba—, mientras todos tengan mucho mayor derecho que yo de todo lo que es tuyo".

Emma estaba lista para que José regresara a casa. Había pocas personas en las que confiaba ahora, y estaba renuente de darle a quien fuera cualquier cosa que no ayudara a pagar las deudas de José. Y para empeorar el asunto, temía que sus hijos hubieran sido expuestos al sarampión.

"Me gustaría que fuese posible para ti estar en casa cuando están enfermos —ella escribió—. Debes acordarte de ellos, pues cada uno te recuerda"[42].

EN MEDIO DE ESTE alboroto, Parley y Thankful volvieron a Kirtland para el nacimiento de su bebé. Tal como Heber había profetizado, Thankful dio a luz a un bebé, a quien nombraron Parley. Pero sufrió mucho durante el parto, y horas después murió. Incapaz de cuidar a su hijo recién nacido solo, Parley lo dejó al cuidado de una mujer que podía amamantarlo y regresó a Canadá. Allí comenzó a planear una misión a Inglaterra con la ayuda de Santos como Joseph Fielding, quien había estado escribiendo a sus amigos y familiares al otro lado del océano para contarles sobre el Evangelio restaurado[43].

Después de terminar su misión en Canadá, Parley regresó a Ohio y se casó con una joven viuda en Kirtland llamada Mary Ann Frost. También recibió una carta de Thomas Marsh, el presidente del Cuórum de los Doce, instándolo a posponer su misión a Inglaterra hasta que los apóstoles se pudieran reunir como cuórum en Kirtland ese verano[44].

Mientras Parley esperaba a que los otros apóstoles se congregaran, José y Sidney regresaron a Kirtland e intentaron resolver sus deudas y aliviar tensiones entre los Santos[45].

Unos días después, Sidney visitó a Parley y le dijo que venía a cobrar una deuda vencida. Anteriormente, José le había prestado $2,000 a Parley para comprar tierras en Kirtland. Para aliviar sus propias deudas, José había vendido la deuda de Parley a la Sociedad de Seguridad Financiera de Kirtland, y ahora Sidney le estaba cobrando el dinero.

Parley le dijo a Sidney que no tenía $2,000 pero ofreció regresar la tierra como forma de pago. Sidney le dijo que tendría que dar su casa al igual que la tierra para satisfacer la deuda[46].

Parley estaba indignado. Cuando José le vendió la tierra inicialmente, le dijo a Parley que no se vería perjudicado en el acuerdo. ¿Y dónde quedaba la bendición de Heber Kimball prometiéndole innumerables riquezas y libertad de deudas? Ahora Parley sentía que José y Sidney le estaban quitando todo lo que tenía. Si perdía su tierra y hogar, ¿qué harían él y su familia?[47].

Al día siguiente, Parley envió a José una carta expresando su enojo. "Estoy profundamente convencido de que toda esta escena de especulación en la que nos hemos involucrado es del diablo —escribió—, la cual ha dado lugar a mentir, engañar, y tomar provecho del prójimo". Parley le dijo a José que aún creía en el Libro de Mormón y en Doctrina y Convenios, pero que estaba perturbado por las acciones del Profeta.

Exigía que José se arrepintiera y aceptara la tierra como pago de la deuda. De otra manera, tendría que tomar acción legal.

"Me veré en la dolorosa necesidad de presentar cargos en tu contra —advirtió—, por extorsión, codicia, y aprovecharte de tu hermano"[48].

EL 28 DE MAYO, UNOS días después de que Parley enviara su carta a José, Wilford Woodruff fue al templo para una reunión dominical. Mientras la inconformidad aumentaba en Kirtland, Wilford permaneció como uno de los aliados más fieles de José. Pero Warren Parrish, quien había trabajado junto a José por años, había comenzado a criticar al Profeta por su papel en la crisis financiera y rápidamente se estaba convirtiendo en un líder de los disidentes.

Wilford oraba para que el espíritu de contención en la Iglesia se disipara[49]. Pero él no iba a permanecer por mucho tiempo en Kirtland para ayudar. Recientemente, había sentido la impresión de llevar el Evangelio a las Islas Fox, cerca de la costa del estado noreste de Maine, cerca del hogar de los padres de Phebe. Esperaba que en el camino, tuviera la oportunidad de enseñar el Evangelio a sus propios padres y a su hermana menor. Phebe lo alcanzaría para reunirse con la familia de él y llevarlo más al norte para encontrarse con la suya[50].

Aunque estaba ansioso por estar con su familia, Wilford no podía evitar preocuparse por José y por el estado en el que se encontraba la Iglesia en Kirtland. Cuando se sentó en el templo, vio a José en el púlpito. Ante tanta oposición, el Profeta se veía abatido. Había perdido miles de dólares en el fracaso de la Sociedad de Seguridad Financiera de Kirtland, mucho más que cualquier otra persona[51]. Y, a diferencia de muchos otros, no había abandonado la institución cuando comenzó a quebrar.

Contemplando la congregación, José se defendió en contra de sus críticos, hablando en el nombre del Señor.

Mientras Wilford escuchaba, podía ver el poder y el Espíritu de Dios reposar sobre José. También lo sintió descender sobre Sidney y otros mientras tomaban el estrado y testificaban de la integridad de José[52]. Pero antes de terminar la reunión, Warren se paró y acusó a José en frente de la congregación.

El corazón de Wilford se sumió en la tristeza mientras escuchaba la diatriba. "Ay Warren", se lamentó[53].

CAPÍTULO 24

La verdad prevalecerá

A finales de la primavera de 1837, los apóstoles Thomas Marsh, David Patten, y William Smith dejaron sus hogares en Misuri y se dirigieron hacia Kirtland. Muchos de los Santos en Sion se habían establecido a lo largo de un arroyo llamado Shoal Creek, alrededor de ochenta kilómetros al noreste de Independence. Allí habían fundado un pueblo llamado Far West usando el plan de José para la ciudad de Sion como guía para establecer el asentamiento. Esperando encontrar una solución pacífica para los continuos problemas de los Santos con sus vecinos, la legislatura de Misuri había organizado el condado de Caldwell, que abarcaba el área alrededor de Far West y Shoal Creek, para el asentamiento de los Santos[1].

Thomas estaba ansioso por reunirse con el resto de los Doce, especialmente cuando supo que Parley tenía el deseo de llevar el Evangelio a Inglaterra. Predicar el Evangelio en el extranjero era un paso importante en la obra del Señor, y como presidente del cuórum, Thomas quería reunir a los apóstoles y planear la misión juntos.

También se preocupaba por los reportes que había recibido sobre las disensiones en Kirtland. Tres de los disidentes, Luke y Lyman Johnson, y John Boynton, eran miembros de su cuórum. A menos que los Doce pudieran unirse más, Thomas temía que la misión a Inglaterra no prosperaría[2].

En Ohio, Heber Kimball podía notar cuánto se había dividido el Cuórum de los Doce desde la apertura de la Sociedad de Seguridad Financiera de Kirtland, hacía seis meses. En tanto que fracasaban los esfuerzos de José de sacar a la Iglesia de las deudas, Orson Hyde, William McLellin, y Orson Pratt también comenzaron a enemistarse con él. Con Parley Pratt ahora hablando abiertamente en contra de José, Brigham Young y Heber eran los únicos apóstoles leales que quedaban en Kirtland[3].

Un día, mientras Heber estaba sentado en el púlpito del templo con el Profeta, José se le acercó y le dijo: "Hermano Heber, el Espíritu del Señor me ha susurrado: 'Que mi siervo Heber vaya a Inglaterra y proclame el Evangelio y abra la puerta de la salvación para esa nación' ".

Heber quedó atónito. Era un simple alfarero con poca educación. Inglaterra era la nación más poderosa en el mundo, y su gente era famosa por su conocimiento y devoción religiosa. "¡Oh, Señor! —oró—, soy un hombre de lengua balbuciente y totalmente incapaz para tal obra. ¿Cómo puedo ir a predicar a esa tierra?”[4].

Y ¿qué había de su familia? Heber difícilmente podía asumir la idea de dejar a Vilate y sus hijos para ir a predicar al extranjero. Estaba seguro de que otros apóstoles eran más capaces para encabezar la misión. Thomas Marsh era el apóstol de mayor antigüedad y había sido de los primeros en leer el Libro de Mormón y unirse a la Iglesia. ¿Por qué el Señor no lo enviaba a él?

¿O qué tal Brigham? Heber le preguntó a José si al menos Brigham podía ir con él a Inglaterra. Brigham tenía mayor antigüedad en el cuórum por ser mayor que Heber.

No, dijo José. Él quería que Brigham se quedara en Kirtland[5].

Heber aceptó su llamamiento renuentemente y se preparó para salir. Oraba diariamente en el templo, pidiendo por la protección y el poder del Señor. La noticia de su llamamiento pronto se difundió por Kirtland, y Brigham y otros apoyaron con entusiasmo su decisión de ir. “Haz lo que el Profeta te ha pedido —le decían a Heber—, y sé bendecido con poder para hacer una obra maravillosa”.

John Boynton era menos alentador. “Si estás tan loco como para ir al llamado de un Profeta perdido —se burló—, yo no haré ningún esfuerzo por ayudarte”. Lyman Johnson también se oponía, pero después de ver la determinación de Heber por ir, se quitó su abrigo y lo colocó sobre los hombros de Heber[26].

Pronto Joseph Fielding llegó a Kirtland con un grupo de Santos de Canadá, y él y otros más fueron asignados a la misión, cumpliendo la profecía de Heber de que la misión de Parley a Canadá establecería los cimientos para una misión a Inglaterra. Orson Hyde se arrepintió de su deslealtad y también se unió a la misión. Por último, Heber invitó al primo de Brigham, Willard Richards, a ir con ellos[7].

En el día de su partida, Heber se arrodilló con Vilate y sus hijos. Oró para que Dios le permitiera tener un viaje seguro a través del océano, para que fuera de utilidad en el campo misional, y para que proveyera para su familia mientras él no estaba. Luego, con lágrimas derramándose en sus mejillas, bendijo a cada uno de sus hijos y salió hacia las Islas Británicas[8].

La crisis económica nacional continuaba en el verano de 1837. Sin dinero y poca comida, Jonathan Crosby dejó de trabajar en su casa y se unió a un grupo para construir una casa para José y Emma. Pero José solo podía pagar a los trabajadores con notas bancarias de la Sociedad de Seguridad Financiera de Kirtland, las cuales cada vez menos negocios en Kirtland aceptaban como forma de pago. Pronto las notas serían inútiles.

Poco a poco, los hombres en el grupo se fueron a buscar trabajo con mejor paga. Pero el pánico financiero había disminuido la cantidad de trabajos en Kirtland y sus alrededores, y en cualquier otro lugar de la nación. Como resultado, el costo de los bienes aumentó y el valor de las tierras cayó rápidamente. Pocas personas en Kirtland tenían los medios para sustentarse a sí mismos o a los trabajadores. Para pagar las deudas de la Iglesia, José tuvo que hipotecar el templo, poniéndolo en riesgo de ejecución hipotecaria[9].

Mientras Jonathan trabajaba en la casa del Profeta, su esposa, Caroline, a menudo estaba recostada en cama, recuperándose de un fuerte resfriado. Una infección en su pecho le impedía amamantar a su hijo, y conforme su suministro de alimentos disminuía, le preocupaba cómo la familia conseguiría la siguiente comida. Tenían un pequeño huerto que proveía algo de comida, pero ninguna vaca, lo cual los forzaba a comprar leche de los vecinos para alimentar a su hijo.

Caroline sabía que muchos de sus amigos se encontraban en la misma situación. En ocasiones, alguien les compartía comida, pero con tantos Santos batallando para sobrevivir, parecía que nadie tenía suficiente para compartir.

Con el transcurso del tiempo, Caroline vio a Parley Pratt, los Boyntons, y otros amigos cercanos culpar a la Iglesia por sus adversidades. Ella y Jonathan no habían perdido dinero en la Sociedad de Seguridad Financiera de Kirtland, pero tampoco estaban inmunes a la crisis. Como muchos otros, apenas lograban salir adelante, pero ni ella ni Jonathan sentían que debían dejar la Iglesia o abandonar al Profeta.

De hecho, Jonathan trabajó en la casa de los Smith hasta ser el único restante del grupo. Cuando él y Caroline se quedaron sin comida, tomó un día del trabajo para buscar provisiones para su familia, pero regresó a casa con las manos vacías[10].

"¿Qué haremos ahora?", preguntó Caroline.

Jonathan sabía que a pesar de las dificultades financieras de José y Emma, a veces tenían comida para dar a los que tenían menos que ellos. "En la mañana —dijo—, iré y le contaré a la hermana Emma nuestra situación".

Al día siguiente, Jonathan regresó a trabajar en la casa de los Smith, y antes de que tuviera una oportunidad de hablar con Emma, ella se le acercó. "No sé como estén de provisiones —le dijo—, pero tú has venido y trabajado aun cuando los demás se han ido". En sus manos traía un jamón grande. "Pensé en darles este regalo"[11].

Sorprendido, Jonathan le agradeció y mencionó sobre su despensa vacía y la enfermedad de Caroline. Cuando Emma escuchó esto, le dijo a Jonathan que tomara un saco y se llevara cuanta harina pudiera cargar.

Jonathan llevó más tarde la comida a casa, y al comer Caroline su primera comida de verdad en días, le pareció como la mejor comida que había probado[12].

A FINALES DE JUNIO, los disidentes en Kirtland se habían vuelto más violentos. Dirigidos por Warren Parrish, interrumpían las reuniones dominicales en el templo y acusaban a José de todo tipo de pecados. Si alguno de los Santos intentaba defender al Profeta, los disidentes los callaban y amenazaban sus vidas[13].

Mary Fielding, quien se había mudado a Kirtland con su hermano antes de que él partiera a Inglaterra, estaba abatida por la agitación en Ohio. Una mañana en una reunión en el templo, Parley Pratt llamó a José a que se arrepintiera y declaró que casi toda la Iglesia se había apartado de Dios.

Las palabras de Parley le dolieron a Mary[14]. La misma voz que le había enseñado el Evangelio ahora estaba criticando al Profeta de Dios y condenando a la Iglesia. La carta de enojo de Parley a José había circulado por todo Kirtland, y Parley no mantenía en secreto sus quejas. Estando John Taylor en la ciudad, Parley habló con él en privado y le advirtió que no siguiera a José.

"Antes de partir de Canadá, compartiste un fuerte testimonio de que José Smith era un profeta de Dios —le recordó John—, y dijiste que sabías estas cosas por revelación y por el don del Espíritu Santo".

Entonces John testificó: "Ahora yo tengo el mismo testimonio del que tu gozabas en ese entonces. Si la obra era verdadera hace seis meses, hoy es verdadera. Si José Smith era un profeta en ese entonces, hoy es un profeta"[15].

Mientras tanto, José se enfermó y no podía salir de cama. Un dolor intenso retorcía su cuerpo, y estaba muy débil como para poder levantar su cabeza. Emma y su doctor permanecieron a su lado mientras pasaba entre estar consciente e inconsciente. Sidney dijo que no creía que José viviría por mucho más tiempo[16].

Los críticos de José se gozaron en su sufrimiento, diciendo que Dios lo estaba castigando por sus pecados. Sin embargo, muchos de los amigos del Profeta fueron al templo y oraron toda la noche para que fuese sanado[17].

José comenzó a recuperarse con el transcurrir del tiempo, y Mary lo visitaba junto con Vilate Kimball. Dijo que el Señor lo había consolado durante su enfermedad. Mary se alegró de verlo mejor y lo invitó a que visitara a los Santos que vivían en Canadá cuando estuviera bien de nuevo.

El siguiente domingo, Mary asistió a otra reunión en el templo. José aún estaba muy débil para asistir, así que Warren Parrish se dirigió al púlpito y se sentó en el asiento del Profeta. Hyrum, quien dirigía la reunión, no respondió a la provocación, sino que predicó un largo sermón sobre el estado de la Iglesia. Mary admiraba la humildad de Hyrum mientras él recordaba a los Santos de sus convenios.

"Mi corazón se encuentra sumiso —dijo Hyrum a la congregación—, y ahora me siento como un niño pequeño". Con su voz llena de sentimiento, prometió a los Santos que la Iglesia comenzaría a levantarse desde ese mismo momento.

Mary escribió a su hermana Mercy unos días después. "Estoy realmente motivada y esperanzada en que pronto se restaure en la Iglesia el orden y la paz —dijo—. Unámonos todos para orar por esto con todos nuestros corazones"[18].

UN MES DESPUÉS, EL hermano de Mary, Joseph Fielding, bajó de un carruaje en las calles de Preston. El pueblo era un centro industrial del oeste de Inglaterra, situado en el corazón de verdes pastizales. Las altas chimeneas de las fábricas del pueblo y los molinos expulsaban humo gris al aire, obscureciendo los campanarios de las iglesias detrás de la obscura niebla. El río Ribble pasaba por el centro del pueblo, serpenteando su trayecto hacia el mar[19].

Los misioneros enviados a Inglaterra desembarcaron en el puerto de Liverpool tan solo dos días antes. Siguiendo una impresión del Espíritu, Heber envió a los hombres a Preston, donde el hermano de Joseph Fielding,

James, era un predicador[20]. Joseph y sus hermanas habían estado en correspondencia con James, contándole de su conversión y testificándole del evangelio restaurado de Jesucristo. James parecía interesado en lo que escribían y habló con su congregación sobre José Smith y sobre los Santos de los Últimos Días.

Los misioneros llegaron a Preston el día de una elección, y mientras caminaban por las calles, trabajadores desplegaban una pancarta afuera de una ventana justo arriba de sus cabezas. Su mensaje, escrito en letras doradas, no estaba dirigido hacia los misioneros, pero igualmente los entusiasmó: LA VERDAD PREVALECERÁ.

"¡Amén! —exclamaron—. ¡Gracias a Dios, la verdad prevalecerá!"[21].

Joseph Fielding salió inmediatamente a encontrarse con su hermano. Desde que salió de Kirtland, había estado orando para que el Señor preparara a James para recibir el Evangelio. Al igual que Joseph, James atesoraba el Nuevo Testamento y procuraba vivir sus preceptos. Si aceptaba el Evangelio restaurado, podría ser de gran ayuda para los misioneros y la obra del Señor.

Cuando Joseph y los misioneros fueron al hogar de James, él los invitó a predicar desde su púlpito en la capilla de Vauxhall a la mañana siguiente. Joseph creía que el interés de su hermano en su mensaje era gracias al Señor, pero entendía todo lo que su hermano podía perder al abrirles las puertas.

James se sustentaba predicando. Si aceptaba el Evangelio restaurado, ya no tendría trabajo[22].

En el camino de Far West a Kirtland, Thomas Marsh, David Patten, y William Smith se sorprendieron al encontrar a Parley Pratt dirigiéndose en la otra dirección. Intentando recuperar sus pérdidas, Parley había vendido su tierra, cobrado sus acciones en la Sociedad de Seguridad Financiera de Kirtland, y emprendía camino a Misuri solo[23].

Aún decidido por reunir al Cuórum de los Doce, Thomas instó a Parley a que regresara con ellos a Kirtland. A Parley no le entusiasmaba regresar a un lugar en donde había sufrido tanta angustia y decepción[24]. Aun así, Thomas lo presionó para que lo reconsiderara, confiando en que podría reconciliarse con el Profeta.

Parley lo pensó. Cuando escribió su carta a José, se dijo a sí mismo que la carta era para el bien del Profeta. Pero Parley sabía que se estaba engañando a sí mismo. No había llamado al arrepentimiento a José con un espíritu de mansedumbre. Sino que lo había atacado, buscando venganza.

Además, Parley se dio cuenta de que su sentimiento de traición lo había cegado de los sufrimientos de José. Había estado mal haber hablado en contra del Profeta y haberlo acusado de egoísmo y avaricia[25].

Avergonzado, Parley decidió regresar a Kirtland con Thomas y los otros Apóstoles. Cuando llegaron, fue a la casa del Profeta. José aún se estaba recuperando de su enfermedad, pero estaba recobrando fuerzas. Parley lloró al verlo y le pidió perdón por todo lo que había dicho y hecho para lastimarlo. José lo perdonó, oró por él y lo bendijo[26].

Mientras tanto, Thomas intentó reunificar a los otros miembros de los Doce. Logró reconciliar a Orson y José, pero William McLellin se había mudado y los hermanos Johnson y John Boynton no podían ser apaciguados[27].

Thomas comenzó a quejarse cuando supo que José había enviado a Heber Kimball y Orson Hyde a Inglaterra sin consultarlo. Siendo Presidente de los Doce, ¿no era su responsabilidad el dirigir la obra misional y conducir la misión a Inglaterra? ¿No había venido a Kirtland para juntar a los Doce y enviarlos al extranjero?[28].

Oró por Heber y Orson y la obra que estaban haciendo en el extranjero, pero su resentimiento y orgullo eran difíciles de reprimir[29].

El 23 de julio, Thomas trató el asunto con José. Resolvieron sus diferencias y José recibió una revelación dirigida a Thomas[30]. "Tú eres el hombre al cual he escogido para poseer las llaves de mi reino, en lo que concierne a los Doce, entre todas las naciones", le reafirmó el Señor. Le perdonó sus pecados y lo instó a ser de buen ánimo.

Pero el Señor ratificó que los Doce actuaban bajo la autoridad de José y sus consejeros en la Primera Presidencia, incluso en asuntos relacionados con la obra misional. "Ve a donde ellos te manden —dijo el Señor—, y yo estaré contigo". Le dijo a Thomas que el seguir la dirección de la Primera Presidencia lo llevaría a tener mayor éxito en el campo misional[31].

"Sea cual fuere el lugar donde proclames mi nombre —Él prometió—, te será abierta una puerta eficaz".

El Señor también ayudó a Thomas a saber cómo reparar su cuórum dividido. "Sé humilde y el Señor tu Dios te llevará de la mano y dará respuesta a tus oraciones", le dijo.

Instó a Thomas y a los Doce a poner de lado sus diferencias con José y a enfocarse en su misión. "Mirad que no os inquietéis por los asuntos de mi Iglesia en este lugar —continuó—, sino purificad vuestro corazón delante de mí, y entonces id por todo el mundo y predicad mi Evangelio a toda criatura".

"He aquí —dijo el Señor—, cuán grande es vuestro llamamiento"[32].

CAPÍTULO 25

Múdense al oeste

Cuando Jennetta Richards hizo un breve viaje a Preston, Inglaterra, en agosto de 1837, sus amigos Ann y Thomas Walmesley tenían mucho que contarles respecto a un grupo de misioneros de Estados Unidos.

Ann había estado enferma por años, poco a poco debilitándose hasta quedar en los huesos. Cuando Heber Kimball le predicó, él le prometió que sanaría si tenía fe, se arrepentía, y entraba en las aguas del bautismo. Ann se bautizó en la nueva Iglesia poco después, junto con otros ocho, y su salud comenzó a mejorar paulatinamente.

Muchas de las personas que se bautizaron habían pertenecido a la congregación de James Fielding. Aunque el reverendo Fielding había permitido a los misioneros predicar en su iglesia, él mismo rechazó ser bautizado y resentía la perdida de sus miembros[1].

Jennetta estaba intrigada por el mensaje de los misioneros de Estados Unidos. Vivía en un pequeño pueblo rural llamado Walkerfold, a veinticuatro kilómetros de las chimeneas y calles congestionadas de Preston. Su padre era un ministro cristiano en el pueblo, así que había crecido con la palabra de Dios en su hogar.

A solo unas semanas de su vigésimo cumpleaños, tenía curiosidad por aprender más sobre la verdad de Dios. Durante su visita a los Walmesley, conoció a Heber y le llamó la atención lo que él dijo en cuanto a los ángeles, un antiguo registro escrito en planchas de oro, y un profeta viviente que recibía revelaciones de Dios, tal como los profetas de la antigüedad.

Heber invitó a Jennetta a escucharlo predicar esa tarde. Fue y escuchó y quería saber más. Al día siguiente, lo escuchó predicar de nuevo y supo que sus palabras eran verdad.

A la mañana siguiente, Jennetta le pidió a Heber que la bautizara. Él y Orson Hyde la siguieron a las riberas del Río Ribble, Heber la sumergió en el agua y luego la confirmaron en la orilla del río.

Jennetta quería quedarse en Preston con los otros Santos después de su bautismo, pero necesitaba regresar con sus padres en Walkerfold. Estaba ansiosa por compartir con ellos su nueva fe, pero no estaba segura sobre cómo su padre reaccionaría a su decisión de unirse a los Santos.

"El Señor ablandará el corazón de tu padre —le dijo Heber—. Ya tendré el privilegio de predicar en su capilla".

Esperando que estuviera en lo correcto, Jennetta le pidió a Heber que orara por ella[2].

ESE MISMO VERANO, JOSÉ viajó a Canadá para visitar a los Santos en Toronto. En su ausencia, Joseph, padre, habló en una reunión dominical en el templo de Kirtland sobre la tambaleante Sociedad de Seguridad Financiera de Kirtland. Defendió la personalidad de su hijo y condenó las acciones de los disidentes, quienes se encontraban sentados al otro extremo del salón.

Mientras el patriarca se dirigía a los Santos, Warren Parrish se paró y exigió hablar. Joseph, padre, le pidió que no interrumpiera, pero Warren cruzó a través del salón y subió a la fuerza al estrado. Agarró a Joseph, padre, y lo intentó quitar del púlpito. El patriarca clamó por Oliver Cowdery, quien servía como el juez de paz de la localidad, pero Oliver no hizo nada para ayudar a su viejo amigo.

Al ver a su padre en peligro, William Smith se paró, puso sus manos alrededor de Warren, y lo arrastró fuera del estrado. John Boynton se adelantó, sacando una espada. Dirigió la espada al pecho de William y amenazó atravesársela a su compañero en el apostolado si daba otro paso. Otros disidentes sacaron sus cuchillos y pistolas de sus bolsillos y rodearon a William.

El templo estalló en caos. Las personas se amontonaban para salir por las puertas o escapaban por las ventanas más cercanas. Alguaciles irrumpieron en el salón, se abrieron paso entre la multitud que huía, y forcejearon con los hombres armados[3].

Unas semanas después cuando José regresó a Kirtland y se enteró de lo que había sucedido, convocó una conferencia de emergencia de los Santos y pidió un voto de sostenimiento para cada líder de la Iglesia[4]. Los Santos lo sostuvieron a él y la Primera Presidencia, pero rechazaron a John Boynton, Luke Johnson, y Lyman Johnson como miembros del Cuórum de los Doce[5].

El voto de confianza era reconfortante, aunque José sabía que los problemas de Kirtland no habían terminado. Siendo la única estaca en la Iglesia, se suponía que Kirtland debía proveer un lugar de recogimiento para los Santos. Pero el pueblo estaba batallando económicamente y espiritualmente, y los disidentes estaban poniendo a los miembros vulnerables de la Iglesia en contra de él. Para muchas personas, Kirtland había dejado de ser un lugar de paz y fuerza espiritual.

Recientemente, a través de una visión, el Señor había instado a José a formar nuevas estacas de Sion y a extender las fronteras de la Iglesia. José y Sidney ahora creían que era hora de ir a Misuri, inspeccionar el nuevo asentamiento en Far West, y establecer otras estacas como lugares de recogimiento para los Santos[6].

José también tenía que visitar Misuri por otras razones. Le preocupaba que la apostasía en Kirtland se hubiera extendido a los líderes de la Iglesia en Sion. Cuando fundaron Far West, John Whitmer y William Phelps no consultaron con el obispado o el sumo consejo, tal como se indica por revelación. Además compraron tierras bajo sus propios nombres con dinero donado y la vendieron para obtener una ganancia personal.

Aunque los dos hombres habían admitido su error, José y otros líderes de la Iglesia sospechaban que todavía estaban siendo deshonestos en su administración de la tierra en Misuri[7].

A José también le preocupaba la influencia de los miembros de su propia Primera Presidencia quienes se estaban preparando para mudarse a Far West. Frederick Williams lo había confrontado sobre la administración de la Sociedad de Seguridad Financiera de Kirtland, lo cual había dañado su amistad[8]. Oliver, estaba inconforme con que José asumiera un papel más activo en la política y economía local. Tanto él como David Whitmer, el presidente de la Iglesia en Misuri, sentían que José ejercía mucha influencia sobre asuntos temporales en su papel como Profeta[9].

Aunque estos hombres no estaban aliados con Warren Parrish o los otros disidentes, su lealtad a José había decaído en los últimos ocho meses, y a José le preocupaba que causaran problemas en Sion.

Antes de salir de Kirtland, José le pidió a su hermano Hyrum y a Thomas Marsh que fueran a Far West para advertir a los fieles Santos sobre la creciente brecha entre él y estos hombres[10]. Hyrum aceptó la misión, aunque eso significara dejar a su esposa, Jerusha, justo unas semanas antes de que diera a luz a su sexto hijo[11].

El conflicto de Oliver con el Profeta iba mas allá de desacuerdos sobre cómo dirigir la Iglesia. Desde que aprendió sobre el matrimonio plural durante su traducción inspirada de la Biblia, José supo que Dios en ocasiones mandaba a su pueblo practicar este principio. José no actuó conforme a ese conocimiento inmediatamente, pero unos años después un ángel del Señor le mandó casarse y tener una esposa adicional[12].

Después de recibir el mandamiento, José luchó por superar su rechazo natural a la idea. Podía prever que ocurrieran tribulaciones por el matrimonio plural, y quería evitarlas. Pero el ángel lo instó a proceder, instruyéndolo a compartir la revelación solo con personas cuya integridad fuera inquebrantable. El ángel también le encargó a José mantenerlo en privado hasta que el Señor considerara hacer pública la práctica a través de Sus siervos escogidos[13].

Durante los años que José vivió en Kirtland, una joven llamada Fanny Alger trabajó en el hogar de los Smith. José conocía bien a su familia y confiaba en ellos. Sus padres eran Santos fieles que se unieron a la Iglesia en su primer año. Su tío, Levi Hancock, había marchado en el campamento de Israel[14].

Siguiendo el mandamiento del Señor, José le propuso matrimonio a Fanny con la ayuda de Levi y el consentimiento de sus padres[15]. Fanny aceptó las enseñanzas de José y su propuesta de matrimonio, y su tío realizó la ceremonia[16].

Dado que el tiempo todavía no era oportuno para enseñar el matrimonio plural en la Iglesia, José y Fanny mantuvieron su matrimonio en privado, tal como el ángel había instruido[17]. Pero empezaron a esparcirse rumores entre algunas personas en Kirtland[18]. Para otoño de 1836, Fanny se había alejado[19].

Oliver criticaba profundamente la relación de José con Fanny, aunque no está claro cuánto sabía al respecto[20]. También es incierto cuánto sabía Emma del matrimonio. Con el tiempo, Fanny se casó con otro hombre y vivió apartada del grupo principal de los Santos. Más adelante en su vida, recibió una carta de su hermano preguntándole sobre su matrimonio plural con José.

"Eso es un asunto nuestro —respondió Fanny—, y no tengo nada que comunicar"[21].

En el otoño de 1837, mientras José y Sidney salían hacia Far West, Wilford Woodruff vivía como misionero entre pescadores y cazadores de ballenas en las islas Fox en el océano Atlántico norte[22]. Él y su compañero, Jonathan Hale, habían llegado a una de las islas azotadas por el clima en las últimas semanas de agosto. Ninguno de ellos conocía mucho sobre el lugar, el cual estaba cubierto de árboles perennes enmarañados, pero querían ayudar a cumplir la profecía de Isaías de que el pueblo del Señor se reuniría desde las islas del mar[23].

Antes de que los dos salieran de Kirtland, algunos de los disidentes habían intentado desalentar a Jonathan de ir a las Islas Fox, prediciendo que no bautizaría a nadie ahí. Él quería demostrarles que no tenían razón[24].

Wilford y Jonathan ya habían estado trabajando juntos por varios meses. Después de salir de Kirtland, habían intentado compartir el Evangelio con la familia de Wilford en el estado de Connecticut, pero solo su tío, su tía, y su primo se bautizaron[25]. Phebe Woodruff los alcanzó poco después, y viajaron por la costa hasta la casa de sus padres en Maine, donde ella se quedó mientras ellos continuaron su misión[26].

Uno de los primeros contactos de Wilford y Jonathan en las islas fue un ministro que se llamaba Gideon

Newton. Wilford y Jonathan comieron con su familia y le dieron un Libro de Mormón. Después, los misioneros fueron a su iglesia y Wilford predicó del Nuevo Testamento[27].

Durante los siguientes días, Wilford y Jonathan predicaron a diario, a menudo en escuelas. Se dieron cuenta que las personas en las islas eran inteligentes, trabajadoras y gentiles. Gideon y su familia asistieron a la mayoría de sus reuniones. El ministro estudió el Libro de Mormón y sintió el Espíritu testificarle de su veracidad. Pero no sabía si podía aceptarlo, especialmente si eso significaba que tenía que dejar a su congregación[28].

Una mañana, después de más de una semana en las islas, Wilford predicó un sermón a una gran congregación en la iglesia de Gideon. El cálido recibimiento del sermón preocupó al ministro, quien enfrentó a los misioneros más tarde ese día. Les dijo que había leído suficiente del Libro de Mormón y que no podía aceptarlo. Planeaba utilizar cualquier influencia que tuviera en las islas para poner un alto a su predicación.

Gideon fue a la iglesia a predicar su propio sermón, dejando a Wilford y Jonathan dudando sobre su futuro éxito en la isla. Pero cuando Gideon llegó a su iglesia, la encontró vacía. Nadie había llegado para escucharlo predicar[29].

Esa noche, Wilford y Jonathan se quedaron en el hogar de un capitán de barco llamado Justus Eames y su esposa, Betsy. La familia Eames se interesó en el mensaje de los misioneros, y después de una reunión dominical, Wilford los invitó a bautizarse. Para su gozo, aceptaron[30].

Dirigiéndose a Jonathan, Wilford recordó cómo los disidentes de Kirtland habían predicho su fracaso en las islas. "Ve y bautízalo —dijo Wilford, señalando a Justus—, y prueba que esos hombres son falsos profetas"[31].

LUEGO DE HACER SU labor en Far West, Hyrum esperaba cada día la llegada de su hermano, con la esperanza de que José trajera noticias sobre Jerusha. Hyrum y Thomas encontraron que Far West prosperaba. Los Santos habían planeado calles anchas y cuadras espaciosas para casas y jardines. Los niños reían y jugaban en las calles, esquivando a los caballos, las carretas y carromatos que pasaban. El pueblo tenía casas y cabañas, un hotel, y varios negocios y tiendas, incluyendo un almacén del obispo. En el centro del pueblo había un sitio para un templo[32].

José y Sidney llegaron a Far West a inicios de noviembre, pero no tenían noticias para Hyrum. Cuando salieron de Kirtland unas semanas antes, Jerusha todavía no había dado a luz[33].

José rápidamente convocó una conferencia en Far West para analizar las formas de expandir el asentamiento para un futuro crecimiento. Él y Sidney notaron que el área contaba con el espacio para que los Santos se reunieran y crecieran sin amontonarse con los vecinos y arriesgarse a más violencia. En la conferencia, José anunció sus planes de expansión y pospuso cualquier trabajo adicional en el nuevo templo hasta que el Señor revelara Su voluntad con respecto al edificio.

El Profeta también pidió a los Santos en Far West un voto para sostener a los líderes de la Iglesia. En esta ocasión, Frederick Williams fue destituido de su oficio en la Primera

Presidencia, y Sidney Rigdon propuso a Hyrum para llenar la vacante. Los Santos aprobaron la propuesta[34].

Unos días después, Hyrum recibió las noticias tan esperadas en una carta de Kirtland. Pero la había escrito su hermano Samuel, no Jerusha. "Querido hermano Hyrum —comenzaba—, esta tarde me siento para escribirte y cumplir un deber, sabiendo que todo hombre razonable querría saber exactamente el estado de su familia".

Los ojos de Hyrum se movían de un lado a otro a través de la página. Jerusha había dado a luz una bebé sana, pero el parto la había debilitado. La familia Smith había intentado cuidarla para que se recuperara, pero había fallecido unos días después[35].

HYRUM Y JOSÉ COMENZARON a prepararse inmediatamente para regresar a Kirtland. Antes de partir, José se reunió en privado con Thomas y Oliver[36]. Hablaron acerca de las objeciones de Oliver al matrimonio de José con Fanny Alger, pero sus diferencias quedaron sin resolver[37]. Finalmente, José extendió su mano a Oliver y dijo que quería dejar de lado cualquier desacuerdo que hubiera entre ellos. Oliver estrechó su mano, y tomaron caminos separados[38].

José, Sidney y Hyrum llegaron a Kirtland unas semanas después. En los hogares de sus familiares, Hyrum encontró a sus cinco hijos aún lamentando la pérdida repentina de su madre, quien yacía sepultada en un cementerio junto al templo. Con sus nuevas responsabilidades en la Primera Presidencia, Hyrum no tenía idea de cómo se encargaría de ellos por él solo[39].

José alentó a su hermano a que se casara de nuevo y le recomendó a Mary Fielding[40]. Mary era amable, culta, y comprometida con la Iglesia. Ella sería una compañera excelente para Hyrum y una madre cariñosa para sus hijos.

Hyrum le propuso matrimonio a Mary poco tiempo después. A sus treinta y seis años, ella había recibido más de una propuesta de matrimonio en su vida, pero siempre las había rechazado. En una ocasión, su madre le había advertido que nunca se casara con un viudo que tuviera hijos. Si aceptaba casarse con Hyrum, instantáneamente se convertiría en una madre de seis niños.

Mary consideró la propuesta y la aceptó. Ella admiraba a la familia Smith, consideraba a José un hermano, y respetaba a Hyrum por su humildad[41]. Se casaron el día antes de Navidad[42].

MUCHOS SANTOS SE SENTÍAN aliviados de que José estuviera de regreso en Kirtland, pero cualquier esperanza de que pudiera restaurar la armonía en la Iglesia pronto desapareció. Warren Parrish, Luke Johnson, y John Boynton se reunían semanalmente con Grandison Newell y otros enemigos de la Iglesia para criticar a la Primera Presidencia. Algunos de los primeros fieles, como Martin Harris, pronto se les unieron, y para el final del año, los principales disidentes habían organizado su propia Iglesia[43].

Poco tiempo después, Vilate Kimball escribió a su esposo en Inglaterra respecto al estado de la Iglesia en Ohio. Sabiendo del amor de Heber por Luke Johnson y John Boynton, quienes habían sido sus compañeros en el cuórum, Vilate dudaba en contarle estas terribles noticias[44].

"No tengo ninguna duda que entristecerá tu corazón —le escribió a Heber—. Profesan creer en el Libro de Mormón y en Doctrina y Convenios pero en sus obras los rechazan"[45].

Al final de la carta, Marinda Hyde agregó una nota para su esposo, Orson. El hermano mayor de Marinda era Luke Johnson, y la apostasía era igual de dolorosa para ella. "Nunca presenciaste tales momentos en Kirtland como los que tenemos ahora —escribió—, pues parece que la confianza mutua se ha perdido". Tenía que observar y orar para saber por sí misma el camino correcto a tomar en esos tiempos peligrosos.

"Nunca antes he tenido tantas ganas de verte en mi vida —le contó a Orson—, como ahora"[46].

Nada parecía calmar los sentimientos de los disidentes. Afirmaban que José y Sidney habían administrado incorrectamente la Sociedad de Seguridad Financiera de Kirtland y engañado a los Santos. Warren creía que un profeta debería de ser más santo que los demás, y ejemplificaba el cierre de la Sociedad de Seguridad Financiera de Kirtland para mostrar cómo José no estaba a la altura de este estándar[47].

Después de meses de tratar de reconciliarse con los principales disidentes, el sumo consejo de Kirtland los excomulgó. Entonces, los disidentes tomaron el templo para las reuniones de su propia iglesia y amenazaban con correr de Kirtland a cualquiera que todavía le fuera leal a José.

Vilate creía que los disidentes estaban equivocados en apartarse de los Santos, sin embargo, sentía tristeza en lugar de enojo. "Después de todo lo que he dicho de este grupo de disidentes —le escribió a Heber—, hay algunos de ellos a los que amo, y tengo buenos sentimientos y compasión por ellos"[48]. Ella sabía que la caída de la Sociedad de Seguridad Financiera de Kirtland los había probado espiritual y temporalmente. Ella también pensaba que José había cometido errores mientras administraba la institución, pero no había perdido la fe en el Profeta.

"Tengo muchas razones para creer que José se ha humillado ante el Señor y se ha arrepentido", le dijo a Heber. Y ella confiaba que la Iglesia soportaría la tormenta.

"El Señor dice, aquel que no soporta el castigo sino que me niega, no puede ser santificado", ella escribió. Eso podría significar tener que enfrentar hostilidad en Kirtland sola mientras ella y los niños esperaban a que Heber regresara de su misión. Y si la situación empeoraba, podría significar abandonar su hogar y mudarse a Misuri.

"Si tenemos que huir —le dijo a Heber—, lo haré"[49].

CONFORME SE ACERCABA EL nuevo año, los disidentes de Kirtland cada vez estaban más resentidos y más agresivos. Amenazas de violencia colectiva estaban sobre la Iglesia, y deudas y falsos cargos legales perseguían al Profeta. Al poco tiempo, un alguacil local armado con una orden de arresto, comenzó a buscarlo. Si lo atrapaban, José podría enfrentarse a un juicio costoso y posiblemente encarcelamiento[50].

El 12 de enero de 1838, el Profeta buscó la ayuda del Señor y recibió una revelación. "Permite que la presidencia de mi Iglesia tome a sus familias —instruyó el

Señor—, y múdense al oeste tan rápido como se presente una oportunidad".

El Señor instó a los amigos de José y sus familias a reunirse en Misuri también. "Tened paz los unos con los otros, oh habitantes de Sion —él declaró—, o no habrá seguridad para vosotros"[51].

Los Smith y los Rigdon planearon su escape inmediatamente. Los dos hombres saldrían de Kirtland esa noche, y sus familias los seguirían poco tiempo después en carretas.

Esa noche, cuando la obscuridad había caído sobre Kirtland, José y Sidney subieron a sus caballos y salieron del pueblo[52]. Viajaron hacia el sur hasta que amaneció, avanzando casi noventa y seis kilómetros. Cuando sus caballos se cansaron, los hombres pararon para esperar a sus esposas e hijos.

Ni José ni Sidney esperaban ver Kirtland de nuevo. Cuando sus familias llegaron, los hombres se les unieron en las carretas y se dirigieron hacia Far West[53].

CAPÍTULO 26

Una tierra santa y consagrada

El invierno de 1838 fue largo y frío. A medida que las familias de José y de Sidney viajaron hacia el oeste, Oliver Cowdery caminó arduamente a través del norte de Misuri, enfrentándose a lluvia y nieve a fin de buscar sitios para nuevas estacas de Sion. La tierra era una de las mejores que había visto, y evaluaba docenas de lugares donde los santos podían ir a establecer poblados y molinos. Sin embargo, tenía poco para comer en el desierto escasamente poblado y nada más que tierra húmeda para dormir por la noche.

Cuando regresó a Far West, tres semanas más tarde, estaba exhausto físicamente[1]. A medida que recuperó su salud, se enteró de que Thomas Marsh, David Patten y el sumo consejo estaban investigándolo a él y a la presidencia de la Iglesia de Misuri, —David Whitmer, John Whitmer y William Phelps— por un mal proceder[2].

Los cargos se basaban en su manejo de la tierra en el área. Hacía algún tiempo, John y William habían vendido propiedades de la Iglesia en Far West y retuvieron las ganancias para sí, y el asunto nunca se resolvió. Además, Oliver, John y William habían vendido recientemente parte de su tierra en el condado de Jackson. Aunque tenían el derecho legal para vender la tierra del condado de Jackson, que era de su propiedad personal, esta había sido consagrada al Señor, y una revelación les había prohibido venderla. Los tres hombres no solo habían quebrantado un convenio sagrado, habían demostrado falta de fe en Sion.

Oliver compareció ante el sumo consejo de Misuri e insistió en que, ya que él y los demás habían pagado por la tierra del condado de Jackson con su propio dinero, podían venderla según les pareciese. En privado, cuestionó los motivos de algunos de los miembros del consejo. Desconfiaba de hombres como Thomas Marsh y otros que parecían procurar estatus y autoridad. Oliver sospechaba que de alguna manera habían hecho que José estuviera en su contra, lo que añadió más tensión a su ya atribulada amistad con el Profeta[3].

"Mi alma está enferma al ver su lucha para obtener poder —dijo en confidencia a su hermano—. Vine a este país para disfrutar de paz. Si no puedo [tenerla], iré a donde pueda hacerlo".

Ya que Oliver era parte de la Primera Presidencia, estaba fuera de la jurisdicción del sumo consejo y retuvo su llamamiento. Sin embargo, David, John y William, fueron destituidos de sus cargos[4].

Cuatro días después, Oliver se reunió con los tres hombres y con otras varias personas que estaban ansiosas por apartarse de la Iglesia. Muchos de ellos simpatizaban con Warren Parrish y su nueva iglesia en Kirtland. Al igual que Warren, estaban resueltos a oponerse al Profeta[5].

Día tras día, a medida que los santos esperaban el regreso de José a Far West, el desdén de Oliver respecto a los líderes de la Iglesia creció. Dudaba que comprendieran la razón por la que actuaba de la manera que lo hacía. "Por el irracional e ignorante —se burló—, no esperamos ser reconocidos o aprobados"[6].

Todavía tenía fe en el Libro de Mormón y en la restauración del Evangelio, y no podía olvidar o negar las sagradas experiencias que había compartido con el Profeta. Habían sido hermanos y los mejores amigos, compañeros siervos de Jesucristo.

Aunque ahora esos días eran un recuerdo lejano[7].

DESPUÉS DE QUE JENNETTA Richards regresó a su casa en Walkerfold, Inglaterra, sus padres, John y Ellin Richards, escucharon con interés respecto a Heber Kimball y al bautismo de ella. Su padre sacó una pluma y un papel y escribió una breve carta al misionero, invitándolo a predicar en su capilla.

"Se espera que esté aquí el próximo domingo —escribió—. Aunque no nos conocemos, espero que no seamos desconocidos para nuestro Redentor bendito".

Heber llegó el sábado siguiente y el reverendo lo recibió amablemente. "Entiendo que usted es el ministro que recién llegó de los Estados Unidos —dijo—. Que

Dios lo bendiga". Llevó a Heber a su casa y le ofreció algo de comer.

La familia se reunió con Heber hasta entrada la noche[8]. Al ver Jennetta que los hombres se llegaban a conocer, notó que las diferencias eran evidentes. Su padre tenía setenta y dos años de edad y había predicado desde el púlpito en Walkerfold durante más de cuarenta años. Era un hombre de baja estatura que usaba una peluca marrón y leía griego y latín[9]. Heber, por el contrario, era alto, corpulento y calvo. Todavía no cumplía cuarenta años y tenía poca educación y refinamiento social.

Sin embargo, se hicieron amigos rápidamente. A la mañana siguiente, los dos hombres caminaron juntos hasta la capilla de Walkerfold. Al saber que un misionero estadounidense iba a predicar, más personas de lo habitual habían llegado a la reunión, y la pequeña capilla estaba totalmente llena. Después de que el reverendo comenzó la reunión con el himno y la oración, invitó a Heber a predicar.

Heber subió al estrado y habló a la congregación usando el vocabulario de un hombre común. Habló acerca de la importancia de la fe en Jesucristo y del arrepentimiento sincero. Dijo que una persona tenía que ser bautizada por inmersión y recibir el don del Espíritu Santo por alguien que tuviera la debida autoridad de Dios.

Al igual que los conversos en Canadá un año antes, la gente en Walkerfold respondió de inmediato al mensaje que correspondía a su comprensión de la Biblia. Esa tarde, más personas vinieron a la capilla para escuchar predicar a Heber nuevamente. Cuando terminó, la congregación estaba llorando y el padre de Jennetta lo invitó a predicar al día siguiente.

Pronto Jennetta no era la única creyente en Walkerfold. Después del sermón del lunes de Heber, la gente de la congregación le suplicó que predicara nuevamente el miércoles. Al final de la semana, había bautizado a seis miembros de la congregación, y el pueblo de Walkerfold suplicaba escuchar más[10].

El 14 de marzo de 1838, José, Emma y sus tres hijos llegaron a Far West, después de casi dos meses de camino. Ansiosos por dar la bienvenida al Profeta a Sion, los santos recibieron a la familia con una alegre recepción. Sus palabras amistosas y abrazos amables fueron un buen cambio de la disensión y la hostilidad que José había dejado en Kirtland. Los santos que se reunieron en torno a él tenían un espíritu de unidad y amor que abundaba entre ellos[11].

José quería un nuevo comienzo en Misuri. Los santos de Kirtland y de las ramas de la Iglesia en el este de Estados Unidos y Canadá llegarían pronto. Para alojarlos, la Iglesia necesitaba establecer estacas de Sion en las que pudieran reunirse en paz y tener la oportunidad de prosperar.

Oliver ya había explorado la región a fin de encontrar nuevos lugares de recogimiento, y su informe era prometedor. Sin embargo, José sabía que tenía que abordar la creciente disensión en Far West antes de que los santos pudieran comenzar con cualquier nuevo asentamiento. Le apesadumbraba ver a amigos como Oliver alejarse de la Iglesia, pero no podía permitir que la discordia floreciera en Misuri, como había ocurrido en Kirtland.

José confió en el liderazgo de Thomas Marsh y del sumo consejo para [mantener] la paz relativa en Far West. Desde que destituyó a William Phelps y a John Whitmer de sus cargos, el sumo consejo había excomulgado a ambos hombres, y José había aprobado su decisión. Ahora creía que era tiempo de abordar la apostasía de Oliver[12].

El 12 de abril, Edward Partridge convocó al consejo del obispo para revisar la condición de Oliver en la Iglesia. Su conducta desafiante era bien conocida. Había dejado de asistir a sus reuniones de la Iglesia, ignoraba el consejo de otros líderes de la Iglesia y escribía cartas insultando a Thomas y al sumo consejo. También se le acusaba de vender sus tierras en el condado de Jackson, lo que era contrario a la revelación, de acusar falsamente a José de adulterio y de abandonar la causa de Dios[13].

Oliver decidió no asistir a la audiencia, pero envió una carta para el obispo Partridge a fin de que se leyera en su defensa. En la carta, Oliver no negó la venta de sus tierras en el condado de Jackson ni su oposición a los líderes de la Iglesia. Más bien, insistió una vez más en que tenía el derecho legal para vender las tierras, sin importar cualquier revelación, convenio o mandamiento. También renunció a su condición de miembro de la Iglesia[14].

Durante el resto del día, el consejo revisó la evidencia y escuchó a varios santos testificar en cuanto a las acciones de Oliver. José se puso de pie, habló de su anterior confianza en Oliver y explicó su relación con Fanny Alger en respuesta a las acusaciones de Oliver[15].

Después de escuchar más testimonios, el consejo analizó el caso de Oliver. Como él, ellos atesoraban los principios del albedrío personal y la libertad. Aun así, por casi una década, el Señor también había instado a los santos a que fueran unidos, haciendo a un lado deseos individuales para consagrar lo que tenían a fin de edificar el reino de Dios.

Oliver se había apartado de esos principios y en vez de seguirlos confió en su propio juicio, tratando con desdén a la Iglesia, a sus líderes y a los mandamientos del Señor. Después de repasar las acusaciones una vez más, el obispo Partridge y su consejo tomaron la dolorosa decisión de separar a Oliver de la Iglesia[16].

EN EL VALLE DEL río Ribble en Inglaterra, la primavera puso fin al intenso frío del invierno[17]. Al viajar a través de los verdes pastizales cerca de un pueblo próximo a Walkerfold, Willard Richards arrancó una pequeña flor blanca de entre los setos que delimitaban el camino[18]. Estaba en una gira por las ramas de la Iglesia en el área y esa tarde planeaba escuchar predicar a Heber Kimball y a Orson Hyde en una reunión a ocho kilómetros de distancia.

Desde su llegada a Inglaterra ocho meses antes, Willard y sus compañeros habían bautizado a más de mil personas en las aldeas y los pueblos a través del valle. Muchos de los nuevos santos eran jóvenes obreros de la clase trabajadora que fueron atraídos por el mensaje de esperanza y paz que encontraron en el evangelio de Jesucristo. Los modales sencillos de Heber los hicieron sentir tranquilidad y pronto ganó su confianza[19].

Con mayor educación que la de Heber y formación académica en medicina, Willard carecía del encanto de su compañero misionero, quien en ocasiones tenía que recordar a Willard que debía mantener su mensaje simple y enfocarse en los primeros principios del Evangelio. Aun así, Willard había establecido una rama fuerte de la Iglesia al sur de Preston, cerca de la ciudad de Manchester, a pesar de la oposición. Muchas de las personas que había bautizado trabajaban largas horas en las fábricas donde el aire era malo y se les pagaba una suma insignificante. Al oír el Evangelio restaurado, sintieron el Espíritu y encontraron gozo en su promesa de que el día de la venida del Señor estaba cerca[20].

Al llegar al hogar de un miembro de la Iglesia, Willard entró a la cocina y colgó la flor blanca justo antes de que dos jovencitas entraran en la habitación. Él descubrió que una de ellas era Jennetta Richards.

Había oído respecto a Jennetta. Aunque compartían el mismo apellido, no tenían ningún parentesco. Después de que ella se unió a la Iglesia, Heber le había escrito a Willard respecto a Jennetta. "Bauticé a tu esposa el día de hoy", le dijo.

Willard tenía treinta y tres años, era mucho mayor a la mayoría de los hombres solteros en la Iglesia. No sabía lo que Heber le había dicho a Jennetta acerca de él—en caso de haberle dicho algo.

Dado que las jóvenes se dirigían a la misma reunión a la que él iba, Willard caminó con ellas, lo que les dio suficiente tiempo para hablar.

"Richards es un buen apellido —dijo Willard mientras caminaban—. No quisiera cambiarlo nunca". Luego agregó con valentía: "¿Usted quisiera cambiarlo, Jennetta?".

"No, no lo creo —respondió—. Y creo que nunca lo haré"[21].

Willard conoció más a Jennetta después de eso. Ambos estuvieron en Preston unas semanas más tarde, cuando Heber y Orson anunciaron que regresarían a los Estados Unidos.

Mientras se preparaban para partir, los apóstoles llevaron a cabo una conferencia durante todo un día en un edificio grande en donde se reunían con frecuencia los santos de Preston[22]. Entre la predicación y el canto de los himnos, los misioneros confirmaron a cuarenta personas, bendijeron a más de cien niños y ordenaron a varios hombres al sacerdocio.

Antes de despedirse de los santos, Heber y Orson apartaron a Joseph Fielding como el nuevo presidente de la misión y llamaron a Willard y a un joven empleado de una fábrica, llamado William Clayton, para ser sus consejeros. Entonces estrecharon la mano de la nueva presidencia en señal de unidad entre los santos de Inglaterra y de Estados Unidos[23].

ESA PRIMAVERA, EL PROFETA tuvo una revelación en Far West. "Levantaos y brillad —el Señor dijo a los santos—, para que vuestra luz sea un estandarte a las naciones". Proclamó que el nombre de la Iglesia debería ser La Iglesia de Jesucristo de los Santos de los Últimos Días y afirmó que Far West era una tierra santa y consagrada.

". . . Es mi voluntad que se edifique la ciudad de Far West rápidamente mediante el recogimiento de mis santos

—declaró—, y que también se designen otros lugares como estacas en las regiones inmediatas". Mandó que los santos construyeran un templo en Far West, señalando el 4 de julio de 1838 como el día para edificar sus cimientos[24].

No mucho tiempo después, José y varios hombres viajaron al condado de Daviess, al norte del condado de Caldwell, para visitar un asentamiento de los miembros de la Iglesia en un lugar llamado Spring Hill. José esperaba que el área fuera un lugar de reunión adecuado para los santos que llegaran a Misuri[25].

Aunque el condado de Caldwell se habían creado especialmente para los Santos de los Últimos Días, el gobierno ya había tasado la mayor parte de la tierra, hecho que la hacía muy costosa para que los santos más pobres pudieran adquirirla. En el condado de Daviess, sin embargo, grandes extensiones de territorio deshabitado aún no habían sido parcelados. Los miembros de la Iglesia podían establecerse en ese lugar de manera gratuita, y para el momento en el que el gobierno parcelara el área, ya habrían trabajado la tierra y adquirido suficiente dinero para comprarla[26].

No obstante, había algo de riesgo en llevar a los santos al condado vecino. Con la creencia de que los santos habían prometido únicamente establecerse en el condado de Caldwell, algunos hombres del condado de Daviess habían advertido a los santos en el área que se mantuvieran alejados; pero dado que las leyes no restringían a los santos de establecerse allí, las protestas pronto terminaron[27].

Al viajar hacia el norte, José se maravilló ante la belleza de la tierra que lo rodeaba. Por lo que podía ver, el condado de Daviess ofrecía libertad ilimitada y proporcionaba todo lo que los santos necesitaban para establecer nuevos asentamientos.

Aunque la pradera tenía pocos árboles, parecía tener bastantes animales de caza. José vio pavos silvestres, gallinas, ciervos y caribúes. Arroyos y ríos mantenían la tierra fértil y rica. El río Grand, el más grande en el condado, era lo suficientemente amplio y profundo para permitir que un barco de vapor pasara por él, lo que podía hacer que los viajes y el comercio fueran más fáciles para los santos que se congregaran.

Para continuar, José y sus compañeros llevaron sus caballos a lo largo de los bancos del río por dieciséis kilómetros hasta que llegaron a Spring Hill. El asentamiento más pequeño se encontraba en la base de un acantilado con vista a un amplio valle verde. Lyman Wight, el líder de la avanzada, se ganaba la vida conduciendo un transbordador que cruzaba el río Grand[28].

Los hombres subieron al acantilado e instalaron un campamento, después cabalgaron de regreso al transbordador. José dijo que quería reclamar el área para los santos y edificar una ciudad cerca del río. El Señor le reveló que ese era el valle de Adán-ondi-Ahmán, donde Adán, el primer hombre, había bendecido a sus hijos antes de morir[29]. José explicó que en ese valle, Adán vendría a visitar a su pueblo cuando el Salvador volviera a la tierra, como fue predicho por el profeta Daniel[30].

El asentamiento era todo lo que José había esperado que fuera. El 28 de junio de 1838, en una arboleda cercana a la casa de Lyman, [José] organizó una nueva estaca de Sion en el terreno sagrado; e invitó a los santos a congregarse[31].

CAPÍTULO 27

Nos proclamamos libres

A mediados de junio de 1838, Wilford Woodruff llegó una vez más a la entrada [de la casa] de sus padres, decidido a compartir con ellos el evangelio restaurado de Jesucristo. Tras crear una rama en las islas Fox, regresó a tierra firme para visitar a Phebe, que pronto daría a luz a su primer hijo. Entonces dedicó tiempo para predicar en Boston, Nueva York y otras ciudades a lo largo de la costa. La casa de sus padres fue su última parada antes de regresar al norte[1].

Nada deseaba Wilford tanto como ver que su familia abrazara la verdad. Su padre, Aphek, había pasado toda su vida buscando la verdad, sin resultado alguno. Su hermana Eunice también anhelaba más luz en su vida[2]. Sin embargo, a medida que Wilford hablaba con ellos acerca de la Iglesia durante varios días, sintió que algo les impedía aceptar sus enseñanzas.

"Estos son días de gran incertidumbre", señaló Wilford[3]. Se le agotaba el tiempo en su hogar. Si se quedaba más tiempo con sus padres se perdería el nacimiento del bebé.

Wilford oró con más fervor por su familia, pero ellos se volvieron aún menos entusiastas para aceptar el bautismo. "El diablo sobrevino sobre la familia entera con gran ira y tentaciones", escribió en confidencia en su diario personal[4].

El 1 de julio, predicó una vez más a su familia, declarando las palabras de Cristo tan fervientemente como pudo. Finalmente, sus palabras llegaron a sus corazones y sus inquietudes se disiparon. Sintieron el espíritu de Dios y supieron que lo que Wilford había dicho era verdad. Estaban listos para actuar.

Wilford llevó a su familia de inmediato a un canal cerca de su casa. Cantaron un himno en la orilla del agua y Wilford hizo una oración. Entonces entró en el agua y bautizó a su padre, su madrastra y su hermana, junto con una tía, una prima y un amigo de la familia.

Cuando levantó a la última persona del agua, Wilford salió del canal, regocijándose. "No olvides esto —dijo para sí—. Considéralo como la misericordia de tu Dios".

Con su cabello y la ropa escurriendo, la familia regresó a la casa. Wilford colocó sus manos sobre sus cabezas, uno por uno, y los confirmó miembros de la Iglesia[5].

Dos días después, se despidió de sus padres y se apresuró a Maine, con la esperanza de llegar a tiempo para recibir a su primer hijo[6].

Esa primavera y verano, los santos se congregaron en Misuri en multitudes. John Page, un misionero que había tenido mucho éxito en Canadá, partió para Sion encabezando una compañía grande de conversos del área de Toronto[7]. En Kirtland, el Cuórum de los Setenta trabajó para preparar a las familias pobres para viajar juntas a Misuri. Al compartir recursos y ayudarse mutuamente en el camino, esperaban llegar a salvo a la tierra prometida[8].

Los santos en Far West hicieron un desfile el 4 de julio para celebrar el día de la independencia de la nación y para colocar las piedras angulares del nuevo templo. Al frente del desfile estaban Joseph Smith, padre, y una pequeña unidad militar. Detrás de ellos venían la Primera Presidencia y otros líderes de la Iglesia, incluyendo al arquitecto del templo. Una unidad de caballería marcaba con satisfacción el final[9].

Al marchar con los santos, Sidney Rigdon pudo ver su unidad. Sin embargo, durante las últimas semanas, la Iglesia había disciplinado a más disidentes. Poco después de la audiencia de Oliver Cowdery, el sumo consejo había excomulgado a David Whitmer y a Lyman Johnson[10]. No mucho después de eso, el consejo del obispo había reprendido a William McLellin por perder confianza en la Primera Presidencia y satisfacer deseos lujuriosos[11].

Desde entonces William se había apartado de la Iglesia y se retiró de Far West, pero Oliver, David, y otros disidentes habían permanecido en el área. En junio, Sidney condenó a esos hombres públicamente. Haciendo eco de las palabras del Sermón del Monte, los comparó con la sal que ha perdido su sabor, que no sirve para nada sino para ser echada fuera y hollada bajo los pies. Más adelante,

José expresó su apoyo a la reprimenda, aunque instó a los santos a obedecer la ley al enfrentarse con la disensión[12].

El sermón de Sidney había alentado a algunos santos que se habían aliado una semana antes para defender a la Iglesia en contra de los disidentes[13]. Esos hombres fueron llamados de varias maneras, pero eran mejor conocidos como los danitas, según la tribu de Dan del Antiguo Testamento. José no organizó al grupo, sin embargo, es probable que autorizara algunas de sus acciones[14].

En su afán por defender a la Iglesia, los danitas se juramentaron para proteger los derechos de los santos contra lo que consideraron como amenazas tanto dentro como fuera de la Iglesia. Muchos de ellos habían visto la manera en la que la disensión había destruido a la comunidad en Kirtland, había puesto a José y a los demás en riesgo de los ataques del populacho y había puesto en peligro los ideales de Sion. Juntos se comprometieron a proteger a la comunidad en Far West contra cualquier amenaza similar.

Cerca del tiempo en el que Sidney condenó públicamente a los disidentes, los danitas habían advertido a Oliver, David y a otras personas que abandonaran el condado de Caldwell o enfrentaran las terribles consecuencias. A los pocos días, los hombres huyeron de la zona por su propio bien[15].

Al llegar el desfile del 4 de julio a la plaza del pueblo, los santos levantaron la bandera estadounidense en lo alto de un palo y caminaron alrededor del lugar de la excavación para el templo. Desde las orillas de la zona de trabajo contemplaron a los trabajadores que colocaron cuidadosamente las piedras angulares en su sitio. Entonces,

Sidney subió a una plataforma cercana para dirigirse a la congregación[16].

Siguiendo la tradición estadounidense de dar discursos fervientes y emotivos en el Día de la Independencia, Sidney habló con fuerza a los santos acerca de la libertad, la persecución que habían soportado y la función importante de los templos en su educación espiritual. Al final del discurso, advirtió a los enemigos de la Iglesia que dejaran en paz a los santos.

"Nuestros derechos no deben ser pisoteados con impunidad —afirmó—. El hombre o grupo de hombres que intente hacerlo, lo hará a expensas de su vida".

Los santos no serían los agresores, aseguró a su audiencia, sino que defenderían sus derechos. "Aquel populacho que viene a perturbarnos —exclamó—, causará entre ellos y nosotros una guerra de exterminación, ya que los seguiremos hasta que la última gota de su sangre se derrame, o hasta que nos exterminen".

Los santos ya no abandonarían sus hogares o cosechas. Ya no soportarían sumisamente su persecución. "Entonces, el día de hoy nos proclamamos libres —Sidney declaró—, ¡con un propósito y una determinación que nunca podrán romperse! *No, nunca!*"[17].

"¡Hosanna! —los santos aclamaron—. ¡Hosanna!"[18].

MIENTRAS LOS SANTOS SE reunían en Far West, un misionero llamado Elijah Able estaba predicando en el este de Canadá, a cientos de kilómetros de distancia. Una noche tuvo un sueño inquietante. Vio a Eunice Franklin, una mujer que había bautizado en Nueva York, atormentada con dudas respecto al Libro de Mormón y a José Smith. Su incertidumbre le quitaba el sueño. No podía comer. Se sentía engañada[19].

Elijah salió de inmediato hacia Nueva York. Había conocido a Eunice y a su esposo, Charles, esa primavera mientras predicaba en su localidad[20]. El sermón que Elías les había predicado era natural y tosco. Al ser un hombre negro que había nacido en la pobreza, había tenido pocas oportunidades de formación académica.

No obstante, al igual que otros misioneros, había sido ordenado al Sacerdocio de Melquisedec, participó de las ordenanzas en el templo de Kirtland y recibió la investidura de poder[21]. Sus carencias de educación las compensaba con fe y el poder del Espíritu.

Su sermón había emocionado a Eunice, pero Charles se levantó más tarde y trató de discutir con él. Elijah se acercó a Charles, colocó su mano sobre su hombro y dijo: "Mañana vendré a verte y conversaremos".

Al día siguiente Elijah visitó la casa de los Franklin y les enseñó acerca de José Smith, pero Charles seguía sin convencerse.

—¿Requieres una señal para que te haga creer? —le preguntó Elijah.

—Sí —dijo Charles.

—Tendrás lo que has pedido —dijo Elijah—, pero te hará doler el corazón.

Cuando Elijah regresó poco tiempo después, se enteró de que Charles había sufrido muchos pesares antes de que finalmente orara pidiendo perdón. Para entonces, él y Eunice estaban listos para unirse a la Iglesia, y Elijah los bautizó[22].

Eunice había estado segura respecto a su fe hasta el momento. ¿Qué le había ocurrido entonces?

POCO TIEMPO DESPUÉS, UN domingo por la mañana, Eunice se sorprendió al encontrar a Elijah de pie frente a su puerta. Ella había estado acumulando cosas que deseaba decirle cuando lo volviera a ver. Deseaba decirle que el Libro de Mormón era una obra de ficción y que José Smith era un profeta falso, pero cuando vio a Elijah en su puerta, ella en cambio lo invitó a pasar.

"Hermana —dijo Elijah después de conversar un poco—, ustedes no han sido tentados tanto como el Salvador lo fue después que fue bautizado. Él fue tentado de una manera y ustedes de otra". Dijo a Eunice y a Charles que iba a predicar por la tarde en una escuela cercana. Les pidió que lo dijeran a sus vecinos, y después se despidió.

Eunice no quería ir a la reunión, pero esa misma tarde se volvió a su esposo y dijo: "Iré y veré qué resulta de esto".

Cuando se sentó en la escuela, Eunice nuevamente fue conmovida por las palabras de Elijah. Él predicó respecto a un versículo del Nuevo Testamento. "Amados —leyó—, no os asombréis del fuego de prueba que os ha sobrevenido para poneros a prueba"[23]. La voz de Elijah y el mensaje del Evangelio restaurado abrieron el corazón de Eunice al Espíritu. La certeza que alguna vez había sentido regresó desbordándose. Sabía que José Smith era un profeta de Dios y que el Libro de Mormón era verdadero.

Elijah le prometió a Eunice que regresaría en dos semanas; pero después de que partió, Eunice vio volantes en el pueblo que falsamente afirmaban que Elijah había asesinado a una mujer y a cinco niños. Los volantes ofrecían una recompensa por su captura.

"¿Ahora qué opinas de tu misionero mormón?", preguntaron algunos de sus vecinos. Juraron que se arrestaría a Elijah antes de que tuviera otra oportunidad de predicar en su pueblo.

Eunice no creía que Elijah hubiera asesinado a alguien. "Vendrá a cumplir con su cita —dijo ella—, y Dios lo protegerá"[24].

Ella sospechó que los opositores de la Iglesia habían inventado la historia. No era raro que la gente blanca esparciera mentiras acerca de la gente de color, incluso en lugares en los que la esclavitud era ilegal. Las costumbres y las leyes restringían la interacción entre la gente de raza negra y la gente blanca y, en ocasiones, las personas encontraban maneras crueles para imponerlas[25].

Tal como lo prometió, Elijah regresó después de dos semanas para predicar otro sermón. La escuela estaba llena. Todos los que estaban ahí parecían querer verlo arrestado, o algo peor.

Elijah tomó un asiento. Después de poco tiempo se puso de pie y dijo: "Mis amigos, se ha publicado que he asesinado a una mujer y a cinco niños y se ofrece una gran recompensa por mi persona. Bien, pues aquí estoy".

Eunice recorrió la habitación con la vista. Nadie se movió.

"Si alguien tiene algún asunto conmigo, este es el momento —continuó Elijah—. Pero después de que comience mis servicios, no se atrevan a echar mano de mí".

Elijah hizo una pausa, esperando la respuesta. La congregación lo miró en silencio con asombro. Pasó un poco de tiempo y él cantó un himno, ofreció una oración y dio un sermón poderoso.

Antes de dejar el pueblo, Elijah habló con Eunice y Charles. Les aconsejó, "vendan sus propiedades y vayan hacia el oeste". El prejuicio en contra de los santos aumentaba en el área, y había una rama de la Iglesia a sesenta y cinco kilómetros de distancia. El Señor no quería que su pueblo viviera su religión solo.

Eunice y Charles, siguieron su consejo y pronto se reunieron con la rama[26].

EN MISURI, JOSÉ ERA optimista en cuanto al futuro de la Iglesia. Había publicado un volante con el discurso que Sidney había dado el 4 de julio. Quería que todos en Misuri supieran que los santos ya no se intimidarían por los populachos y los disidentes[27].

Lo agobiaban muchos de los problemas antiguos. Gran parte de la deuda de la Iglesia todavía estaba sin pagar, y muchos de los santos habían quedados desamparados por la continua persecución, los problemas económicos nacionales, el colapso financiero en Kirtland y el costoso traslado a Misuri. Además, el Señor había prohibido a la Primera Presidencia que pidiera más dinero prestado[28]. La Iglesia necesitaba fondos, pero todavía no tenía ningún sistema fiable para recaudarlos[29].

No hacía mucho, los obispos de la Iglesia, Edward Partridge y Newel Whitney, habían propuesto el diezmo como una manera de obedecer la ley de consagración. José sabía que los santos debían consagrar sus propiedades, pero no estaba seguro de cuánto requería el Señor como diezmo[30].

José también se preocupaba por el Cuórum de los Doce. Dos días antes, una carta de Heber Kimball y Orson Hyde llegó a Far West, informando que ambos apóstoles habían llegado bien a Kirtland después de su misión en Inglaterra. Heber se había reunido con Vilate y sus hijos, y se estaban preparando para trasladarse a Misuri[31]. Otros seis apóstoles —Thomas Marsh, David Patten, Brigham Young, Parley, Orson Pratt y William Smith— se encontraban en Misuri, o en misiones, y seguían firmes en su fe, pero los cuatro apóstoles restantes habían dejado la Iglesia, dejando vacantes en el cuórum[32].

El 8 de julio, José y otros líderes oraron en cuanto a esos problemas y recibieron un torrente de revelación. El Señor nombró a un santo llamado Oliver Granger para representar a la Primera Presidencia respecto al pago de las deudas de la Iglesia. Las propiedades que los santos habían abandonado en Kirtland estaban a punto de venderse y [los pagos] debían aplicarse a la deuda[33].

Entonces, el Señor respondió las preguntas de José respecto al diezmo: ". . . Requiero que todos sus bienes sobrantes se pongan en manos del obispo de mi iglesia en Sion —Él declaró—, para la construcción de mi casa, para poner el fundamento de Sion". Después de ofrecer lo que pudieran —prosiguió el Señor— los santos debían pagar una décima parte de su interés anualmente año tras año.

"... Si mi pueblo no observa esta ley para guardarla santa —el Señor declaró—, ... no será para vosotros una tierra de Sion"[34].

Con respecto a los Doce, el Señor mandó a Thomas Marsh que permaneciera en Far West para ayudar con las publicaciones de la Iglesia y llamó a los otros apóstoles a predicar. "... Si lo hacen con corazones sumisos, con mansedumbre, humildad y longanimidad, yo, el Señor, les prometo abastecer a sus familias; y les será abierta una puerta eficaz desde ahora en adelante".

El Señor quería que los Doce fueran al extranjero el año siguiente. Dio instrucciones al Cuórum para que se reunieran en el terreno del templo en Far West el 26 de abril de 1839, a poco menos de un año a partir de la fecha, y se embarcaran en otra misión a Inglaterra[35].

Por último, el Señor nombró a cuatro hombres para llenar las vacantes en el cuórum. Dos de los nuevos apóstoles, John Taylor y John Page, estaban en Canadá. Willard Richards, estaba prestando servicio en la presidencia de misión en Inglaterra. El cuarto, Wilford Woodruff, estaba en Maine, a pocos días de convertirse en padre[36].

PHEBE WOODRUFF DIO A luz a una hija, Sarah Emma, el 14 de julio. Wilford estaba lleno de alegría ya que la bebé estaba sana y su esposa había estado bien en el parto[37]. Mientras ella se recuperaba, Wilford pasó el tiempo haciendo algunos trabajos para Sarah, la hermana de Phebe, que era viuda. "Pasé el día cortando el césped —escribió en su diario personal—. Ya que no es un trabajo que hago habitualmente, me sentí agotado por la noche"[38].

Varios días después, se enteró por un mensaje de Joseph Ball, un misionero que trabajaba en las islas Fox, que los disidentes de Kirtland habían enviado cartas a los conversos de Wilford en ese lugar, tratando de desestabilizar su fe. La mayoría de los santos en las islas Fox habían ignorado las cartas, pero unos pocos habían dejado la Iglesia, incluyendo a algunos que Wilford deseaba llevar a Misuri más adelante en ese año[39].

Dos semanas después del nacimiento de Sarah Emma, Wilford se apresuró a las islas Fox, para fortalecer a los santos y ayudarlos a prepararse para el viaje a Sion. "¡Oh Dios mío, prospera mi camino! —oró Wilford al dejar a Phebe—. Bendice en mi ausencia a mi esposa y a la bebé que nos has dado"[40].

Llegó a las islas, poco más de una semana después; allí le esperaba una carta de Thomas Marsh, desde Misuri. "El Señor ha mandado que los Doce se reúnan en este lugar tan pronto como sea posible —decía—. Sepa entonces, hermano Woodruff, que eso significa que se le ha llamado para ocupar el lugar de uno de los Doce Apóstoles". El Señor esperaba que Wilford se dirigiera a Far West, tan pronto como le fuera posible a fin de prepararse para una misión en Inglaterra.

Wilford no estaba completamente sorprendido por la noticia. Unas semanas antes, había recibido la impresión de que sería llamado como apóstol, pero no lo había dicho a nadie. Sin embargo, esa noche estuvo recostado despierto, miles de pensamientos cruzaban por su mente[41].

CAPÍTULO 28

Intentamos por suficiente tiempo

El 6 de agosto de 1838 fue el día de las elecciones en Misuri. Esa mañana, John Butler cabalgó al pueblo de Gallatin, la sede del gobierno del condado de Daviess, para votar[1].

John había sido miembro de la Iglesia por pocos años. Él y su esposa, Caroline, se habían mudado ese verano a un pequeño asentamiento cerca de Adán-ondi-Ahmán. Era capitán en la milicia local y un danita[2].

Fundada solo un año antes, Gallatin era poco más que un conjunto de casas y tabernas. Cuando John llegó a la plaza del pueblo, encontró que estaba repleta de hombres de todo el condado. El lugar de la votación se había establecido en una casa pequeña a la orilla de la plaza[3]. Al acercarse los hombres para votar, los candidatos se mezclaron con la multitud[4].

John se unió a un pequeño grupo de santos que permaneció apartado del grupo principal. Los problemas de actitud en el condado de Daviess nunca había favorecido a los santos. Después de que José estableció una estaca en Adán-ondi-Ahmán, el lugar floreció y más de doscientas casas se edificaron. Los santos ahora podían influir en el voto del condado, y eso enfureció a muchos otros colonos. Para evitar problemas, John y sus amigos hicieron planes para votar juntos y regresar con rapidez a casa[5].

Cuando John se acercó al lugar de la votación, William Peniston, un candidato para representante del estado, subió a un barril de whisky para dar un discurso. William había intentado obtener el voto de los santos a inicios de ese año, pero cuando se enteró de que la mayoría de ellos favorecían al otro candidato, se dedicó a atacarlos verbalmente.

"Los líderes mormones son un grupo de ladrones de caballos, mentirosos y falsificadores", vociferó William a los hombres que estaban reunidos, lo que hizo aumentar la inquietud de John. No faltaba mucho para que William hiciera que la multitud se pusiera en contra de él y de sus amigos. La mayoría de los hombres ya estaban molestos con ellos, y muchos habían estado bebiendo whisky desde que las casillas abrieron.

William advirtió a los votantes que los santos robarían sus propiedades y sobrepasarían su voto[6]. Dijo que no pertenecían al condado y que no tenían el derecho de tener parte en la elección. "Dirigí a un populacho para que los sacaran del condado de Clay —alardeó, dirigiéndose a John y a los demás santos—, y no haré nada para que no los ataquen ahora"[7].

Pasaron más whisky entre la multitud. John escuchó a algunos hombres maldecir a los santos. Comenzó a retroceder. Medía más de un metro ochenta de estatura y era corpulento, pero había llegado a Gallatin a votar, no a pelear[8].

De repente, un hombre entre la multitud trató de golpear a uno de los miembros de la Iglesia. Otro de los santos salió en su defensa, pero la multitud lo golpeó. Un tercer miembro de la Iglesia tomó un pedazo de madera de una pila y golpeó al atacante en la cabeza. El hombre cayó cerca de los pies de John. Los hombres de ambos grupos tomaron palos y sacaron cuchillos y látigos[9].

Los santos estaban sobrepasados en número, cuatro a uno, pero John tenía la determinación de proteger a sus compañeros miembros de la Iglesia y a sus líderes. Al ver una pila de maderos para cercas, tomó una pieza gruesa de roble y se apresuró hacia la pelea. "Sí, danitas —exclamó—, ¡aquí hay un trabajo para nosotros!".

Golpeó con el madero a los hombres que atacaban a los santos, midiendo cada golpe para derribar a sus oponentes, no para matarlos. Sus amigos también pelearon, improvisando armas con palos y piedras. Derribaron a cualquiera que se enfrentó contra ellos, terminando con la pelea después de dos minutos[10].

Tratando de recuperar el aliento John miró a través de la plaza del pueblo. Los hombres heridos yacían sin moverse en el piso. Otros estaban escabulléndose. William Peniston había bajado del barril de whisky y había huido a un cerro cercano.

Un hombre de la multitud se acercó a John y dijo que los santos ahora podían votar. "Baje ese madero —le dijo—. No hay necesidad de usarlo"[11].

John sujetó el madero de la cerca con más fuerza. Deseaba votar, pero sabía que sería atacado si entraba en la pequeña casa y trataba de votar sin estar armado. En vez de eso, se dio la vuelta y comenzó a caminar alejándose.

"Debemos tomarte como prisionero", dijo otro hombre. Argumentó que algunos de los hombres que John había derribado posiblemente habían muerto.

"Soy un hombre respetuoso de la ley —dijo John—, pero no tengo la intención de ser juzgado por un populacho". Montó su caballo y partió del pueblo[12].

AL DÍA SIGUIENTE, JOHN cabalgó a Far West y le dijo a José acerca de la pelea. Los informes de muertos en Gallatin se propagaron rápidamente por el norte de Misuri, y los populachos se prepararon para atacar a los santos. Con el temor de que John fuera el blanco de las represalias, José le preguntó si ya había mudado a su familia fuera del condado de Daviess.

—No, —dijo John.

—Entonces ve y hazlo inmediatamente —le dijo José—, y no duermas otra noche ahí.

—Pero no me gusta ser cobarde —contestó John.

—Ve y haz conforme te digo —dijo José[13].

John salió inmediatamente hacia su casa, y José cabalgó al poco tiempo con un grupo de voluntarios armados para defender a los santos del condado de Daviess. Cuando llegaron a Adán-ondi-Ahmán, se enteraron de que no había habido muertos en ninguno de los bandos de la pelea en Gallatin. Aliviado, José y su compañía pasaron la noche con Lyman Wight.

A la mañana siguiente, Lyman y un grupo armado de santos cabalgaron a la casa de Adam Black, el juez local de paz. Los rumores afirmaban que Adam estaba reuniendo a un populacho para que fueran tras los santos. Lyman quería que firmara una declaración en la que dijera que garantizaría un trato justo para los santos en el condado de Daviess, pero Adam se negó.

Más tarde ese día, José y más de cien santos regresaron a la cabaña de Adam. Sampson Avard, un líder de los danitas en Far West, llevó a tres de sus hombres dentro de la casa y trató de forzar al juez de paz para que firmara la declaración. Adam se negó nuevamente, y demandó ver a José. En ese momento el Profeta se unió a las negociaciones y resolvió el asunto pacíficamente, acordando que el juez escribiera y firmara su propia declaración[14].

Sin embargo, la paz no duró mucho tiempo. Poco después de la reunión, Adam demandó que José y Lyman fueran arrestados por rodear su cabaña acompañados de fuerzas armadas y por intimidarlo. José evitó ser arrestado al pedir ser juzgado en el condado de Caldwell, en el que residía, y no en el condado de Daviess, en el que muchos de los ciudadanos estaban molestos con los santos[15].

Mientras tanto, las personas a lo largo del norte de Misuri organizaron reuniones para analizar las noticias de Gallatin y el creciente número de santos que se establecían entre ellos. Pequeñas bandas criminales vandalizaron los hogares y los graneros de los miembros de la Iglesia en el condado de Daviess, teniendo como objetivo los asentamientos cercanos de miembros de la Iglesia[16].

Para calmar la tensión, José regresó al condado de Daviess a principios de septiembre a fin de responder ante los cargos que había en contra de él. Durante la audiencia, Adam admitió que José no lo había forzado a firmar la declaración. Aun así, el juez ordenó que el Profeta regresara en dos meses para ser juzgado[17].

Los santos tenían algunos aliados en el gobierno de Misuri, y pronto la milicia del estado se reunió para dispersar a grupos de justicieros, pero las personas del condado de Daviess y sus cercanías aún seguían dispuestas a expulsar a los santos de sus fronteras.

“Los que persiguen a la Iglesia —escribió José a un amigo—, no están apaciguados en Misuri”[18].

El último día de agosto, Phebe y Wilford Woodruff cabalgaron juntos a lo largo de una playa de arena blanca no lejos de la casa de los padres de ella en Maine. Había marea baja. Las olas del océano Atlántico chocaban con la costa. A la distancia, no lejos del horizonte, las embarcaciones pasaban en silencio, mientras sus pesadas velas de lona ondulaban con la brisa. Un grupo de aves volaron en círculo sobre su cabeza y se posaron sobre el agua.

Phebe detuvo su caballo y recogió caracoles marinos que estaban esparcidos por la arena. Deseaba llevarlos como recuerdo cuando ella y Wilford se mudaran al oeste a Sion. Phebe había vivido cerca del mar la mayor parte de su vida y los caracoles marinos eran una parte del paisaje de su hogar[19].

Desde que había sido llamado al Cuórum de los Doce, Wilford había estado ansioso de llegar a Misuri. Su visita reciente a las islas Fox había durado solamente como para animar al pequeño grupo de santos para que fueran con él y con Phebe a Sion. Regresó a tierra firme desilusionado. Algunos de los miembros de la rama habían accedido a ir con ellos. Otras personas —incluyendo a Justus y Betsy Eames, los primeros que bautizó en las islas— se quedarían.

"Verán el sinsentido de su decisión cuando sea demasiado tarde", dijo Wilford[20].

No obstante, Phebe tampoco estaba tan entusiasmada por ir. Le había gustado mucho vivir nuevamente con sus padres. Su casa era cómoda, cálida y conocida. Si se quedaba en Maine, nunca estaría lejos de su familia y amigos[21]. Misuri, en cambio, se encontraba a dos mil cuatrocientos kilómetros de distancia. Si partía, posiblemente no volvería a ver a su familia. ¿Estaba lista para hacer ese sacrificio?

Phebe estaba segura respecto a sus sentimientos hacia Wilford. Él comprendía que ella sintiera ansiedad al dejar a su familia, pero no compartía su apego hacia el hogar paterno. Él sabía, así como ella, que Sion era un lugar de seguridad y protección.

"Iré a la tierra de Sion o a cualquier sitio que Dios me mande —escribió en su diario—, así tenga que renunciar a cuantos padres, madres, hermanos y hermanas se puedan interponer entre Maine y Misuri; y subsistiré con hierbas cocidas en el camino"[22].

Durante el mes de septiembre, Phebe y Wilford esperaron a que la rama de las islas Fox viniera a tierra firme para comenzar el viaje hacia el oeste. No obstante, con el paso de cada día, Wilford se impacientaba al ver que los miembros de la rama no aparecían. El año se acercaba a sus últimos meses. Entre más retrasaban el viaje, mayores eran las posibilidades de que se enfrentaran al mal clima en el camino.

Había otras razones que hacían que Phebe titubeara aún más para partir. Su hija, Sarah Emma, había comenzado a tener una tos severa, y Phebe se preguntaba si era prudente llevarla a un viaje tan largo en el clima frío[23]. Entonces, apareció en el periódico local un exagerado informe de la riña del día de la elección en el lejano condado de Daviess. Las noticias sorprendieron a todos.

"No será bueno que vayan —dijeron los vecinos a Phebe y a Wilford—. Los matarán"[24].

Pocos días después, cerca de cincuenta santos llegaron desde las islas Fox, listos para viajar a Sion. Phebe sabía que era hora de partir, para que Wilford se reuniera con los Doce en Misuri, pero sentía un fuerte lazo con el hogar y la familia. El camino a Misuri sería difícil, y la salud de Sarah Emma todavía era frágil. No había garantía de que estarían a salvo de los populachos una vez que llegaran a su nuevo hogar.

Aun así, Phebe creía en el recogimiento. Ya antes había dejado su hogar paterno para seguir al Señor y estaba dispuesta a hacerlo nuevamente. Cuando se despidió de sus padres, se sintió como Rut, del Antiguo Testamento, al abandonar el hogar y la familia por su fe.

Aunque le resultó difícil partir, ella puso su confianza en Dios y subió al carromato[25].

A FINES DE SEPTIEMBRE, Charles Hales, de veintiún años, llegó con una compañía canadiense de santos a De Witt, Misuri. Como uno de los miles que respondían al llamado de congregarse en Sion, había dejado Toronto junto con sus padres y hermanos a inicios de ese año. De Witt se encontraba a ciento trece kilómetros al sureste de Far West y brindaba a las caravanas de carromatos un lugar para descansar y reabastecerse antes de continuar hacia el condado de Caldwell[26].

Sin embargo, cuando Charles llegó, el pueblo estaba bajo sitio. Cerca de cuatrocientos santos vivían en De Witt, y los vecinos del lugar y los alrededores, los presionaban para que se fueran del área, insistiendo en que salieran antes del 1 de octubre o se enfrentaran a la expulsión. George Hinkle, el líder de los santos en De Witt, se negaba a irse. Decía que los santos se iban a quedar e iban a luchar por su derecho a vivir ahí[27].

Había rumores que alimentaban la tensión en De Witt de que los danitas estaban preparándose para enfrentar a la gente de Misuri. Muchos ciudadanos habían comenzado a movilizarse en contra de los santos y ahora acampaban a las afueras de De Witt, listos para atacar el lugar en cualquier momento. Los santos habían enviado una solicitud al gobernador de Misuri, Lilburn Boggs, pidiendo protección[28].

La mayoría de los santos canadienses avanzaron hasta Far West, ansiosos por evitar el conflicto, pero George pidió a Charles que se quedara a defender De Witt contra los populachos. Como granjero y músico, Charles estaba más acostumbrado al arado o al trombón que a un arma. Sin embargo, George necesitaba hombres para levantar fortificaciones alrededor de De Witt y prepararse para la batalla[29].

El 2 de octubre, el día posterior a la fecha límite para abandonar el asentamiento, el populacho comenzó a dispararles. Al principio, los santos no regresaron el fuego, pero después de dos días, Charles y unas dos docenas de santos tomaron sus posiciones a lo largo de las fortificaciones y regresaron el fuego, hiriendo a un hombre.

El populacho avanzó contra las fortificaciones, lo que hizo que Charles y los demás salieran en desbandada a buscar cubrirse en algunas casas de troncos cercanas[30]. El populacho bloqueó los caminos que entraban a De Witt lo que dejó a los santos sin abastecimiento de alimentos y de otros artículos.

Dos noches después, el 6 de octubre, José y Hyrum Smith se escabulleron hacia el pueblo junto con Lyman Wight y un pequeño grupo de hombres armados. Encontraron a los santos casi sin alimentos y otras provisiones. A menos que el sitio terminara pronto, el hambre y la enfermedad iban a debilitar a los santos antes de que el populacho tuviera que hacer otro disparo[31].

Lyman estaba listo para defender De Witt hasta el final, pero después de que José vio lo desesperante de la situación, deseó negociar una solución pacífica[32]. Estaba seguro de que si alguna persona de Misuri moría en el sitio, los populachos bajarían al pueblo y destruirían a los santos.

Por intermedio de un amigo de Misuri, José envió una petición al gobernador Boggs, solicitando su ayuda. El mensajero regresó cuatro días después con noticias de que el gobernador no defendería a los santos en contra de los ataques. Boggs insistía en que el conflicto era entre ellos y el populacho.

"Deberán arreglarlo entre ellos", dijo[33].

Con los enemigos reuniéndose en casi cada condado cercano, y los santos sin recibir ayuda confiable de la milicia del estado, José sabía que el sitio debía terminar. Él detestaba ceder ante el populacho, pero los santos en De Witt estaban exhaustos y desesperados y estaban sobrepasados en número. Defender más tiempo el asentamiento podría ser un error fatal. Con renuencia, decidió que era momento de abandonar De Witt y retirarse a Far West.

En la mañana del 11 de octubre, los santos llevaron consigo las pocas posesiones que pudieron transportar en carromatos y comenzaron a viajar a través de la pradera[34]. Charles quería ir con ellos, pero otro santo canadiense, que no estaba listo para partir le pidió que se quedara y lo ayudara. Charles accedió, esperando que él y su amigo pudieran alcanzar al resto de los santos pronto.

Sin embargo, cuando finalmente lograron dejar el pueblo, su amigo se volvió cuando su caballo no resistió. Ya que no estaba dispuesto a permanecer más tiempo en territorio hostil, Charles partió solo y a pie por la pradera que le era poco familiar. Se dirigió hacia el noroeste, en dirección del condado de Caldwell, con solo una vaga idea del lugar al que se dirigía[35].

El 15 de octubre, pocos días después de que los santos de De Witt llegaran a Far West, José llamó a cada hombre en el pueblo. Cientos de santos se habían retirado a Far West, tratando de huir de las actividades del populacho a lo largo del norte de Misuri. Muchos de ellos vivían en ese momento en carromatos o tiendas dispersas por todo el pueblo. El clima se había vuelto frío y los santos no tenían espacio y estaban decaídos[36].

José podía ver que la situación se estaba saliendo de control con rapidez. Recibía informes de que sus enemigos se estaban reuniendo en todas direcciones. Cuando los populachos los habían atacado en los condados de Jackson y Clay, los santos habían tratado de soportarlo con mansedumbre, manteniéndose alejados de los conflictos y confiando en los abogados y jueces para que restauraran sus derechos, pero, ¿a dónde los había llevado eso? Él estaba cansado del maltrato, y deseaba tomar una postura más arriesgada en contra de sus enemigos. Se habían acabado las opciones para los santos.

"Hemos intentado lo suficiente —exclamó José a los hombres que se encontraban en torno a él—. ¿Quién es tan ingenuo como para clamar, '¡la ley, la ley!' cuando siempre se aplica en contra de nosotros y nunca a nuestro favor?".

La experiencia de años de tierras robadas y crímenes sin castigo contra los santos lo habían dejado con poca confianza en los políticos y los abogados, y la falta de disposición del gobernador para ayudar a los santos solo reforzaba ese punto de vista. "Tomaremos nuestros asuntos en nuestras manos y los administraremos nosotros mismos —dijo José—. Hemos enviado peticiones al gobernador, y él no hace nada por nosotros. Hemos intentado con la milicia del condado, y no hace nada".

Él creía que el estado mismo no era mejor que un populacho. "Hemos cedido ante el populacho en De Witt —dijo—, y ahora ellos se están preparando para atacar Daviess". Se rehusó a aceptar que le quitaran algo más a los santos[37].

Se defenderían a sí mismos, declaró el Profeta, o morirían en el intento[38].

CAPÍTULO 29

Dios y la libertad

Después de la caída de De Witt, los hombres que sitiaron el pueblo se fueron hacia el norte, hasta Adán-ondi-Ahmán. En los condados vecinos, otros populachos comenzaron a integrarse para atacar Far West y los asentamientos a lo largo de Shoal Creek, jurando que expulsarían a los santos del condado de Daviess al de Caldwell y de Caldwell al infierno[1]. El general Alexander Doniphan, un oficial de la milicia del estado que en el pasado había proporcionado ayuda legal a la Iglesia, exhortó fervientemente a la milicia del condado de Caldwell, una unidad oficial de la milicia del estado integrada principalmente por Santos de los Últimos Días, a defender sus comunidades contra las fuerzas enemigas.

Al saber que los santos en el condado de Daviess estaban en grave peligro, José y Sidney ordenaron que la milicia del condado de Caldwell y otros hombres armados [fueran] a Adán-ondi-Ahmán. José y Hyrum Smith cabalgaron hacia el norte con el grupo[2].

El 16 de octubre de 1838, cuando las tropas acamparon fuera de Adán-ondi-Ahmán, una fuerte nevada cubrió el condado. Río abajo, Agnes Smith se estaba preparando para ir a dormir. Agnes estaba casada con el hermano menor de José, Don Carlos, que estaba de viaje. Estaba sola en casa con sus dos hijas pequeñas.

Poco antes de la medianoche, un grupo de hombres entró en su casa y la rodeó. Atemorizada, Agnes reunió a sus hijas mientras el populacho a punta de pistola las echó fuera, a la nieve.

Sin abrigos o mantas que las mantuvieran abrigadas, Agnes y las niñas se acurrucaron juntas mientras los hombres prendían fuego a la casa. El fuego se extendió rápidamente, lanzando un pesado humo negro al cielo nocturno. Todo lo que Agnes poseía pronto quedó envuelto en llamas.

Ella sabía que debía huir. El lugar más seguro al que podían ir era Adán-ondi-Ahmán, a solo cinco kilómetros de distancia, pero estaba oscuro, la nieve les llegaba al tobillo y las niñas no tenían edad suficiente para caminar por ellas mismas. El viaje tomaría horas, pero, ¿qué opciones tenía? No podía permanecer en casa.

Con una niña en cada lado de su cadera, Agnes caminó con dificultad hacia el oeste mientras el populacho echaba a más santos a la intemperie y prendía fuego a sus casas. Sus pies se mojaron y se entumecieron por el frío, sus brazos y espalda dolían por ir cargando a sus hijas.

Pronto llegó a un arroyo cubierto de hielo que se extendía por kilómetros en ambas direcciones. El agua era profunda, pero no tanto como para no permitirle cruzar caminando. Mojarse era peligroso con el clima tan frío, pero la ayuda estaba a solo unos cuantos kilómetros de distancia. Cruzar era la única opción si quería llevar a sus hijas a un lugar seguro.

Agnes alzó a las niñas más alto y se introdujo al arroyo; la corriente le llegaba a la cintura[3].

TEMPRANO POR LA MAÑANA del 17 de octubre, Agnes y sus hijas llegaron tambaleándose a Adán-ondi-Ahmán, desesperadas, con frío y exhaustas. Otras víctimas del ataque llegaron en situaciones similares. Muchos de ellos eran mujeres y niños, con nada más que su ropa de dormir. Dijeron que el populacho los había echado de sus tierras, había incendiado sus casas y dispersado su ganado, caballos y ovejas[4].

El ver a los refugiados, José se horrorizó. En su discurso del 4 de julio, Sidney había dicho que los santos no irían a la ofensiva. Sin embargo, si sus enemigos seguían desenfrenados, lo que había ocurrido con los santos de De Witt podría ocurrir en Adán-ondi-Ahmán.

Con la esperanza de debilitar a los populachos y dar un fin rápido al conflicto, los santos decidieron marchar a los asentamientos cercanos que apoyaban y daban provisiones a sus enemigos. Al dividir a los hombres en cuatro unidades, los líderes de la Iglesia y de la milicia ordenaron ataques a Gallatin y a otros dos asentamientos. La cuarta unidad patrullaría los alrededores a pie[5].

A la mañana siguiente, el 18 de octubre, todo estaba cubierto de niebla. David Patten cabalgó fuera de Adán-ondi-Ahmán con un centenar de hombres armados, con destino a Gallatin[6]. Al llegar al pueblo, los hombres lo encontraron vacío con excepción de algunos rezagados que huyeron al ver que ellos se acercaron.

Una vez que la calle estuvo despejada, los hombres irrumpieron en la tienda de comestibles y se llenaron los brazos con artículos que los santos refugiados necesitaban en Adán-ondi-Ahmán. Varios hombres salieron de la tienda con cajas pesadas y barriles que pusieron en carromatos y llevaron consigo. Cuando vaciaron los estantes, los hombres fueron a otras tiendas y viviendas y tomaron colchas, ropa de cama, abrigos y ropa.

El ataque duró varias horas. Una vez que empacaron todo lo que podían llevar consigo, los hombres prendieron fuego a la tienda y a otros edificios y cabalgaron fuera del pueblo[7].

DESDE LA PARTE SUPERIOR de la colina, en Adán-ondi-Ahmán, los santos podían ver a la distancia una columna de humo en el cielo sobre Gallatin[8]. Thomas Marsh, que había llegado al asentamiento con la milicia, temía esas señales de conflicto, seguramente los ataques harían que el gobernador del estado estuviera en contra de la Iglesia y eso haría que personas inocentes sufrieran. Thomas creía que José y Sidney habían exagerado las amenazas de los ataques del populacho en sus fervientes discursos y sermones. Aun cuando los refugiados maltratados habían llegado en grandes grupos al asentamiento, él había rehusado creer que los ataques a sus hogares fueran algo más que incidentes aislados.

Thomas ya raramente volvió a estar de acuerdo con José. El año anterior, cuando fue a Kirtland para preparar a los apóstoles para la misión en Inglaterra, Thomas se desilusionó al saber que la misión había comenzado sin él. El Señor le aconsejó que fuera humilde y no se rebelara contra el Profeta. Sin embargo, había seguido cuestionando el éxito de la Misión Británica, y dudaba que prosperara sin su liderazgo.

Posteriormente, después de mudarse a Misuri, su esposa, Elizabeth, discutió con una mujer sobre un acuerdo que habían hecho para intercambiar leche para elaborar queso. Después de que el obispo y el sumo consejo escucharan el caso y dictaminaran en contra de Elizabeth, Thomas apeló el caso a José y a la Primera Presidencia. Ellos también dictaminaron en contra de ella[9].

El incidente había golpeado el orgullo de Thomas, y le era difícil ocultar su resentimiento. Su enojo se incrementó, y deseaba que todos los demás estuvieran enojados. José ya le había preguntado dos veces si iba a alejarse. "Cuando me veas dejar la Iglesia —Thomas contestó—, verás a un buen compañero irse"[10].

No faltaba mucho para que solo pudiera ver lo peor en el Profeta. Culpó a José por la crisis en Misuri y criticó su respuesta a la violencia. También sabía de otras personas que se sentían de la misma manera, incluyendo al apóstol Orson Hyde, cuya fe había flaqueado después de regresar de Inglaterra[11].

Poco después de que los que llevaron a cabo la incursión regresaron a Adán-ondi-Ahmán, llegaron informes de que los populachos se acercaban a Far West. Alarmadas, las fuerzas de los santos se apresuraron al condado de Caldwell para proteger el pueblo y a sus familias[12].

Thomas regresó con ellos, pero no para defender el pueblo. En vez de ello, empacó sus pertenencias y dejó Far West envuelto en la oscuridad de la noche. Creía que el castigo divino estaba a punto de caer sobre José y los santos que lo seguían. Si el populacho o el gobierno destruía Far West, él pensaba que era porque Dios deseaba que eso sucediera[13].

Al viajar hacia el sur, Thomas deseaba alejarse de Misuri, pero antes de salir del estado, tenía que escribir un documento[14].

AL INCREMENTARSE LOS ATAQUES y las peleas a lo largo del norte de Misuri, Charles Hales se había extraviado. Después de salir de De Witt, había vagado por la pradera, sin estar seguro de si el camino en el que se encontraba lo conducía a Far West. Habían pasado semanas desde la última vez que vio a su familia. No tenía forma de saber si ellos habían llegado a Far West, ni si estaban seguros [del ataque] de los populachos.

Lo mejor que podía hacer era avanzar, evitar cualquier confrontación directa y esperar encontrar a alguien que pudiera indicarle la dirección correcta.

Una noche vio a un hombre que cosechaba maíz en un campo de cultivo. Parecía que el hombre se encontraba solo y que no estaba armado. Si no congeniaba o estaba en contra de los santos, lo peor que podía hacer era sacar a Charles fuera de su propiedad, pero si resultaba ser amigable, le podría ofrecer un lugar para dormir y algo que comer.

Al acercarse al granjero, Charles le preguntó si podía darle asilo esa noche. El granjero no respondió la pregunta, sino que le preguntó a Charles si era mormón.

Sabiendo que podía costarle la comida y un lugar cálido para dormir, Charles respondió que sí. Entonces el granjero le dijo que no tenía nada que ofrecerle y le dijo que estaba muy lejos de Far West.

"Soy un completo extraño en el condado", dijo Charles al granjero. Le dijo que se había extraviado y no podía caminar más. Sus pies tenían ampollas y estaban inflamados. Era la hora de la puesta del sol y le esperaba otra noche fría en la pradera.

El granjero pareció apiadarse de él. Le dijo a Charles que algunos hombres se habían quedado en su casa durante el sitio a De Witt. Pertenecían al populacho y le habían hecho jurar que nunca permitiría que un mormón se alojara con él.

Después de eso le dijo a Charles dónde podía encontrar refugio cercano y le dio instrucciones para llegar a Far West. No era mucho, pero era todo lo que podía ofrecer.

Charles agradeció al hombre y nuevamente se puso en marcha en la tenue luz del ocaso[15].

La noche del 24 de octubre, Drusilla Hendricks miraba temerosa por la ventana de su casa en el condado de Caldwell. En el cercano Far West, los santos estaban en estado de alerta. Sus incursiones en el condado de Daviess habían hecho que muchos de sus aliados en la milicia de Misuri se pusieran en contra de ellos y los culparan de todo el conflicto[16]. Ahora, a unos cuantos kilómetros al sur de la casa de Drusilla, un populacho había comenzado a prenderle fuego a todo, lo que hizo que la pradera se tornara negra por el humo[17].

Con incertidumbre en el aire, Drusilla y su esposo, James, se prepararaban para abandonar su casa y huir a Far West. Sabiendo que los alimentos podían escasear en las siguientes semanas, recolectaron y cortaron repollo de su jardín en trozos y le pusieron sal para hacer chucrut.

Trabajaron hasta entrada la noche. Cerca de las diez de la noche, Drusilla y James fueron al patio para buscar una piedra que pudieran colocar sobre el repollo para mantenerlo sumergido en la salmuera. Al caminar detrás de James, Drusilla solo podía ver claramente su alta silueta en la tenue luz de la luna. Estaba sorprendida por lo alto que era —y se sorprendió cuando vino a ella la idea de que nunca volvería a verlo de pie tan alto nuevamente.

Más tarde, después de que terminaron el trabajo y Drusilla y James se fueron a dormir, oyeron a su vecino, Charles Rich, llamar a la puerta. Dijo que el populacho había atacado asentamientos al sur. Las familias de los santos habían sido expulsadas de sus hogares, y dos o tres hombres habían sido golpeados y arrestados. Él y David

Patten ahora estaban organizando un grupo de rescate para traerlos de regreso.

Drusilla se levantó y encendió una fogata mientras James traía su caballo. Entonces tomó las pistolas [revólveres] de James y las colocó en los bolsillos del abrigo de él. Cuando él regresó, ella levantó la espada de él y con cuidado la sujetó a la cintura [de James]. Al ponerse su abrigo, James se despidió y montó su caballo. Drusilla entonces le dio otra arma.

Y dijo: "Que no te disparen por la espalda"[18].

CASI TAN PRONTO COMO Charles Hales llegó tambaleándose a Far West, se le pidió que se uniera al grupo de rescate. Aunque estaba agotado y tenía los pies doloridos, Charles pidió prestado un caballo y una pistola y salió con otros cuarenta hombres[19].

Cabalgaron hacia el sur, reuniendo hombres de asentamientos de la periferia hasta que su grupo era de cerca de setenta y cinco. Los prisioneros estaban retenidos en un campamento a lo largo del río Crooked, a diecinueve kilómetros de Far West. Entre los hombres que cabalgaban con Charles se encontraba Parley Pratt, el apóstol que lo había bautizado en Canadá.

La noche era oscura y solemne. Los únicos ruidos que oyeron fueron el sonido de los cascos de los caballos y el rechinido de las armas en sus fundas. En la distancia, podían ver el resplandor de los incendios en la pradera. De vez en cuando un meteorito destellaba sobre su cabeza[20].

Los hombres llegaron al río Crooked antes del amanecer. Al acercarse al campamento enemigo, bajaron de los caballos y se formaron en compañías. “Confíen en el Señor para la victoria”, dijo David Patten una vez que se reunieron. Y les ordenó que lo siguieran para cruzar el río[21].

Charles y los otros hombres marcharon en silencio hasta arriba de una colina no muy alta hasta que pudieron ver fogatas a lo largo del río. Al llegar a la cima oyeron la penetrante voz de un centinela: “¿Quién viene allí?”.

—Amigos —dijo David.

—¿Están armados? —preguntó el centinela.

—Lo estamos.

—Entonces suelten sus armas.

—Vengan y tómenlas[22].

—¡Suéltenlas!

En la confusión que siguió, el centinela disparó contra los santos, y un joven que estaba parado cerca de Charles se retorció cuando la bala le hirió el torso. El centinela se retiró al instante, corriendo rápidamente cuesta abajo[23].

“Luchen por la libertad —clamó David—. ¡Ataquen muchachos!”.

Charles y los hombres corrieron cuesta abajo y formaron filas a lo largo de un camino y detrás de una hilera de árboles y matorrales de avellana. Debajo de ellos, los hombres en el campamento se apresuraron [para salir] de sus tiendas y buscar refugio a lo largo de la orilla del río. Antes de que el grupo de rescate pudiera disparar una descarga al campamento, escucharon al capitán enemigo exclamar: “¡Chicos, dispárenles!”[24].

El fuego enemigo pasó sin dañar la cabeza de Charles, pero James Hendricks, que había tomado una posición a lo largo del camino, recibió una bala en el cuello y calló al suelo[25].

"¡Fuego!". Clamó David Patten, y la madrugada estalló con disparos.

Cuando los hombres de ambos bandos recargaron sus armas, un silencio escalofriante reposó sobre el campo de batalla. Charles Rich exclamó: "¡Dios y libertad!" y los santos repitieron sus palabras una y otra vez hasta que David Patten ordenó otro ataque.

Los santos dispararon cuesta abajo mientas que los habitantes de Misuri dispararon otra vez antes de retirarse cruzando el río. Al cargar su arma, David divisó a un hombre y lo persiguió. El hombre giró y pudo entrever el abrigo blanco de David, y disparó a quemarropa al apóstol. La bala atravesó rasgando su abdomen y él cayó[26].

Con los habitantes de Misuri esparcidos, la escaramuza terminó. Un miembro del campamento y uno de los santos yacían muertos en el campo. David Patten y otro de los santos estaban muriendo[27]. James Hendricks seguía consciente, pero no podía sentir nada debajo de su cuello[28].

Charles Hales y la mayoría de los hombres no tenían heridas o solo presentaban lesiones leves. Registraron el campo enemigo y hallaron a los santos capturados. Entonces se llevaron a James y a David cuesta arriba a un carromato con el resto de los heridos.

Al amanecer, los santos estaban de nuevo en sus caballos, cabalgando hacia el norte a Far West[29].

INFORMES EXAGERADOS DE LA escaramuza en río Crooked llegaron a la oficina del gobernador de Misuri, Lilburn Boggs, poco después de que la riña concluyó. Algunos informes afirmaban que los santos habían masacrado a cincuenta habitantes de Misuri en la riña. Otros decían que el número de muertos llegaba a los sesenta. Con tantos rumores esparciéndose respecto a la batalla, Boggs no tenía manera de saber lo que en realidad había sucedido.

En tiempos de conflicto fronterizo, las milicias que se organizaban precipitadamente a menudo parecían y actuaban como vigilantes o justicieros sin ley. Esa mañana, los santos no habían atacado a un populacho, como lo habían supuesto, sino a una compañía de la milicia del estado de Misuri. Y eso se consideraba como sublevación contra el estado[30].

Como alguien que había vivido muchos años en Independence, Boggs había apoyado la expulsión de los santos del condado de Jackson y no tenía ningún deseo de proteger sus derechos. Sin embargo, hasta el momento se había mantenido neutral, aun cuando ambas partes rogaban por su ayuda[31]. A medida que se esparcieron los informes de las agresiones de los mormones, los ciudadanos del estado le escribieron, solicitando su acción inmediata en contra de los santos.

Entre las cartas y declaraciones que cruzaron el escritorio del gobernador se encontraba una declaración jurada de un apóstol de la Iglesia, Thomas Marsh, quien afirmaba que José tenía la intención de invadir el estado, la nación y finalmente el mundo.

"Todo mormón verdadero cree que las profecías de Smith son superiores a la ley del lugar", advirtió Thomas[32]. Adjunto a la declaración jurada se encontraba una declaración de Orson Hyde atestiguando de la veracidad de la misma[33].

Los documentos dieron a Boggs todo lo que necesitaba para argüir en contra de los santos. Poco después de la confrontación en el río Crooked, él ordenó a varias divisiones de integrantes de la milicia de Misuri que reprimieran a las fuerzas mormonas y sometieran a los santos. También emitió un fallo administrativo al general a cargo de las tropas de la primera división de Misuri.

"[He recibido] información del carácter más atroz —escribió el gobernador el 27 de octubre de 1838—, que coloca a los mormones en actitud de una resistencia abierta y armada de las leyes y de haber hecho la guerra contra la gente de este estado. Las órdenes para ustedes son que apresuren su intervención con la mayor prontitud posible. Los mormones deben ser tratados como enemigos y deben ser exterminados o expulsados del estado"[34].

CAPÍTULO 30

Luchen cual ángeles

La tarde del 30 de octubre de 1838 era fresca y agradable en Hawn's Mill, un pequeño poblado del condado de Caldwell. Los niños jugaban bajo un cielo despejado a orillas del arroyo Shoal. Las mujeres lavaban ropa en el río y preparaban la comida. Algunos hombres estaban en el campo cosechando los cultivos para el invierno, mientras otros trabajaban en los molinos que se hallaban a lo largo del río[1].

Amanda Smith se hallaba sentada en una tienda de campaña, mientras sus hijas, Alvira y Ortencia, jugaban a poca distancia; su esposo, Warren, estaba en el taller del herrero con sus tres hijitos varones, Willard, Sardius y Alma[2].

La familia Smith solo se hallaba de paso en Hawn's Mill; pertenecían a la compañía de santos pobres que habían dejado Kirtland durante aquel verano [boreal]. La travesía de la familia se había demorado debido a un problema tras otro, lo cual los había obligado a separarse de los demás. La mayor parte de la compañía ya había llegado a Far West, y Amanda y Warren estaban ansiosos por retomar el viaje[3].

Mientras Amanda descansaba en la tienda, vio señales de movimientos afuera y permaneció quieta y en silencio. Un grupo de hombres armados y con el rostro pintado de oscuro avanzaban sobre el asentamiento[4].

Tal como a otros santos del lugar, a Amanda le habían preocupado los ataques del populacho. Antes de detenerse en Hawn's Mill, los de su pequeña compañía habían sufrido la agresión de algunos hombres que habían irrumpido en los carromatos, les habían confiscado las armas y los habían dejado bajo custodia durante tres días antes de liberarlos[5].

Cuando la compañía llegó a Hawn's Mill, los líderes locales les habían asegurado que el poblado era un sitio seguro. David Evans, el líder de los santos del lugar, había concertado una tregua con los vecinos, quienes dijeron que deseaban vivir en paz con ellos. No obstante, como precaución, había colocado guardias alrededor del asentamiento.

Ahora el peligro se cernía sobre los santos de Hawn's Mill. Amanda tomó sus niñitas y corrió al bosque que estaba junto al estanque del molino. Oyó el tronar de disparos de armas de fuego detrás de ella y el silbido de una ráfaga de balas que pasó cerca de ella y de los demás que se dirigían atropelladamente a los árboles[6].

Cerca de la herrería, David agitó el sombrero y pidió a gritos un alto el fuego. El populacho hizo caso omiso y prosiguió el avance, al tiempo que disparaba de nuevo a los santos que huían[7].

Amanda corrió aferrada a sus hijas hasta una cañada, mientras los proyectiles le pasaban zumbando por el costado. Al llegar al fondo, ella y las niñas se apresuraron a cruzar por un tablón que hacía las veces de puente sobre el estanque y conducía al pie de una colina que estaba del otro lado.

Mary Stedwell, una mujer que corría junto a ella, alzó las manos en dirección al populacho e imploró clemencia; el populacho disparó otra vez y un proyectil le destrozó la mano.

Amanda le gritó a Mary que se pusiera a cubierto detrás de un árbol caído; ella y sus hijas se internaron en el bosque y se escondieron en unos arbustos del otro lado de la colina.

Oculta del populacho, Amanda abrazó a sus pequeñas y escuchó mientras los disparos resonaban por todo el poblado[8].

CUANDO COMENZARON LOS DISPAROS, Alma, el hijo de Amanda de seis años de edad, y el hermano mayor de este, Sardius, siguieron a su padre hasta la herrería, donde los santos habían guardado las pocas armas que poseían. En el interior, había decenas de hombres que trataban desesperadamente de repeler a los atacantes, valiéndose del taller como defensa. Quienes tenían armas disparaban al populacho a través de los resquicios que había en las paredes de troncos.

Aterrados, Alma y Sardius se arrastraron hasta quedar debajo del fuelle de herrero junto con otro niño. El populacho, en el exterior, rodeó el taller y se acercó a los santos. Algunos hombres corrieron a la puerta pidiendo clemencia a gritos, pero los constantes disparos del populacho los derribaron[9].

Alma se mantuvo oculto debajo del fuelle conforme la balacera aumentaba y se intensificaba. Los del populacho rodearon de cerca el taller, metieron las armas en los resquicios de los muros y dispararon a los hombres a corta distancia. Uno tras otro, los santos cayeron al suelo con impactos de proyectiles en el pecho, los brazos y los muslos[10]. Desde debajo del fuelle, Alma oía los quejidos de dolor de los hombres.

Enseguida, el populacho acometió contra la entrada, disparando a más hombres conforme estos intentaban escapar. Tres proyectiles hirieron al muchacho que estaba junto a Alma, y cayó inerte. Un hombre divisó a Alma y le disparó de tal modo que le abrió un hoyo en la cadera[11]. Otro hombre descubrió a Sardius y lo arrastró al exterior; empuñó el cañón de su arma brutalmente contra la cabeza del niño de diez años y haló el gatillo, matándolo de forma instantánea[12].

Uno de los del populacho volvió la cabeza para apartar la vista; "Fue una verdadera lástima matar a esos muchachitos", dijo.

"Las liendres se convierten en piojos", contestó otro[13].

Los santos de Far West, que ignoraban la orden de exterminio del gobernador, tenían la esperanza de que Boggs enviara ayuda antes que los populachos sitiaran el pueblo. Al divisar desde la distancia que una tropa de unos doscientos cincuenta milicianos se acercaba el 30 de octubre, se llenaron de dicha. Pensaron que el gobernador al fin había enviado la milicia del estado para protegerlos[14].

Al mando de las fuerzas se hallaba el general Alexander Doniphan, que había ayudado a los santos anteriormente. El general Doniphan formó las tropas en una columna, frente a las fuerzas de los santos, que estaban ubicadas cerca de los límites de Far West, y estos izaron la bandera blanca de tregua. El general aún aguardaba órdenes por escrito del gobernador, pero él y las tropas no habían venido a proteger a Far West. Se hallaban allí para poner bajo su control a los santos[15].

Aunque sabía que las fuerzas de los santos superaban en número a las tropas de Misuri, George Hinkle, el Santo de los Últimos Días a cargo del regimiento del condado de Caldwell, se inquietó y mandó que sus tropas se retiraran. Mientras los hombres retrocedían, José cabalgó entre las filas, confundido ante la orden de George.

¿"Retirarnos? —exclamó—. En nombre de Dios, ¿adónde vamos a retirarnos?" Entonces mandó a los hombres que regresaran al campo y se alinearan de nuevo[16].

Luego, unos mensajeros de la milicia de Misuri se acercaron a los santos con órdenes de garantizar la evacuación segura de Adam Lightner y su familia de la ciudad. Adam no era miembro de la Iglesia, pero se había casado con Mary Rollins, una mujer de veinte años de edad que, años antes y mientras siendo ella una jovencita, había rescatado las páginas del Libro de Mandamientos de una turba en Independence.

A Adam y Mary se les había emplazado a salir de Far West junto con Lydia, hermana de Adam, y el esposo de esta, John Cleminson. Al enterarse de lo que requerían los soldados, Mary acudió a Lydia y le preguntó lo que ella pensaba que debían hacer.

"Haremos lo que tú digas", dijo Lydia.

Mary preguntó a los mensajeros si las mujeres y los niños de Far West podrían abandonar el poblado antes del ataque.

—No —respondieron.

—¿Permitirán que salga la familia de mi madre? —preguntó Mary.

—Las órdenes del gobernador fueron que nadie, salvo sus dos familias, pueden salir —le respondieron[17].

—Si ese es el caso, me niego a ir —dijo Mary—. Yo moriré cuando ellos mueran, pues soy una mormona de pura cepa y no me avergüenza decirlo.

—Piense en su esposo y su hijo —replicaron los mensajeros.

—Él puede irse y llevar al niño consigo, si lo desea —dijo Mary—, pero yo permaneceré con el resto[18].

Al partir los mensajeros, José cabalgó hasta ellos y dijo: "¡Vayan a decirle a ese ejército que se retire en cinco minutos o les haremos pasar un infierno!"[19].

Los milicianos cabalgaron de regreso hasta sus líneas y las tropas de Misuri enseguida se retiraron hasta el campamento principal[20]. Más tarde, ese mismo día, llegaron más de mil ochocientos hombres al mando del general Samuel Lucas, que había sido uno de los que comandaron la expulsión de los santos del condado de Jackson cinco años antes[21].

No había más de trescientos santos armados en Far West, pero tenían la determinación de defender sus familias y hogares. El Profeta reunió las fuerzas de los santos en la plaza principal de la ciudad y les dijo que se prepararan para la batalla[22].

"Luchen cual ángeles", dijo José; él creía que si la milicia de Misuri atacaba, el Señor enviaría a los santos dos ángeles por cada hombre que les faltase[23].

No obstante, el Profeta no quería iniciar el combate. Aquella noche, los santos apilaron todo lo que podían hasta formar una barricada que se extendía unos tres kilómetros a lo largo de los límites este, sur y oeste de la ciudad. Mientras los hombres encajaban maderos de vallas entre cabañas de troncos y carromatos, las mujeres reunían provisiones por si ocurría el ataque.

Los vigías montaron guardia toda la noche[24].

En Hawn's Mill, Willard Smith, de once años de edad e hijo mayor de Amanda Smith, salió de detrás de un árbol grande, cerca del estanque del molino e ingresó en la herrería. Al comenzar el ataque, había tratado de permanecer con su padre y hermanos, pero no había podido abrirse camino hasta el taller; entonces se puso a cubierto detrás de una pila de leña. Cuando el populacho se dispersó y descubrió dónde estaba, Willard fue corriendo de casa en casa, esquivando los disparos, hasta que la turba abandonó el asentamiento.

En la herrería, Willard encontró el cuerpo sin vida de su padre, que se había desplomado en la entrada. Vio el cuerpo de su hermano Sardius, cuya cabeza había quedado terriblemente desfigurada por el disparo. Otros cuerpos —más de doce— yacían amontonados en el suelo, dentro del taller. Willard buscó entre ellos y halló a su hermano Alma. El muchacho estaba tendido inmóvil en la tierra, pero aún respiraba. Sus pantalones estaban cubiertos de sangre en la parte en que le habían disparado[25].

Willard tomó a Alma en brazos y lo llevó fuera; entonces vio a su madre que venía hacia ellos desde el bosque. "¡Han matado a mi pequeño Alma! —gritó Amanda al verlos—.

No, mamá —dijo Willard—, pero papá y Sardius están muertos".

Llevó a su hermano hasta donde acampaban y lo recostó con cuidado. Los de la turba habían registrado la tienda de campaña, cortado y abierto los colchones, y esparcido la paja. Amanda acomodó la paja como pudo y la cubrió con una sábana a fin de hacer una cama para Alma. Luego cortó los pantalones para ver la herida[26].

La herida estaba en carne viva y era terrible; la articulación de la cadera había desaparecido por completo. Amanda no tenía idea alguna de cómo ayudarlo.

Aunque podía enviar a Willard a buscar ayuda, ¿adónde iría? A través del delgado lienzo de la tienda de campaña, oía los quejidos de los heridos y el llanto de los santos que habían perdido esposos, padres, hijos y hermanos. Cualquier persona que pudiera ayudarla se hallaba ya atendiendo a otra persona o llorando. Sabía que tendría que confiar en Dios[27].

Cuando Alma recobró el conocimiento, Amanda le preguntó si creía que el Señor podía hacerle una cadera nueva. Alma dijo que sí, si ella así lo creía.

Amanda reunió a sus otros tres hijos alrededor de Alma. Entonces oró: "Oh, mi Padre Celestial, Tú ves a mi pobre muchacho herido y conoces mi inexperiencia. Padre Celestial, indícame lo que debo hacer"[28].

Terminó la oración y oyó una voz que dirigiría sus acciones. Las brasas de la fogata de la familia aún humeaban afuera, entonces Amanda rápidamente mezcló cenizas con agua a fin de hacer una solución alcalina. Empapó un paño limpio con la solución y lavó la herida de Alma con suavidad, repitiendo el procedimiento una y otra vez hasta que quedó limpia.

Luego envió a Willard a recoger raíces de olmo. Cuando este regresó, Amanda molió las raíces hasta reducirlas a una pulpa y la plegó para formar una cataplasma; luego colocó la cataplasma sobre la herida de Alma y la vendó con una tela de lino.

"Ahora quédate recostado y no te muevas, y el Señor te hará otra cadera", dijo a su hijo[29].

Después de ver que estaba dormido y que los demás muchachos estaban a salvo dentro de la tienda, Amanda salió y lloró[30].

A LA MAÑANA SIGUIENTE, el 31 de octubre, George Hinkle y otros líderes de la milicia de los santos se reunieron con el general Doniphan bajo los términos de la bandera blanca de tregua. Doniphan aún no había recibido órdenes del gobernador, pero sabía que estas autorizaban el exterminio de los santos. Cualquier negociación de paz, explicó, debía esperar hasta que él viera las órdenes. Además, dijo a George que el general Lucas —el antiguo enemigo de los santos— estaba ahora al mando de las fuerzas de la milicia[31].

De regreso a Far West, George comunicó a José Smith lo que le habían dicho. Alrededor de ese momento, llegaron unos mensajeros de Hawn's Mill con noticias de la masacre. Se había asesinado a diecisiete personas y había más de doce heridos[32].

Ambas noticias contristaron a José. El conflicto con los habitantes de Misuri se había intensificado mucho más allá de los ataques y las escaramuzas menores. Si el populacho y las milicias rompían la línea de las barricadas, la gente de Far West podría sufrir la misma suerte que la de Hawn's Mill[33].

"Arrástrese y suplique la paz", mandó José a George. El Profeta dijo que prefería morir o ir a la cárcel durante veinte años antes que ver a los santos masacrados[34].

Más tarde, aquel mismo día, llegaron las órdenes del gobernador y George y otros líderes de la milicia hicieron arreglos para reunirse con el general Lucas en una colina, cerca de Far West. El general llegó por la tarde y leyó la orden de exterminio en voz alta. Los santos estaban estupefactos; sabían que Far West estaba rodeado por casi tres mil milicianos de Misuri deseosos de ir a la batalla, en su mayoría. Todo lo que Lucas tenía que hacer era hacer sonar la carga y sus tropas invadirían la ciudad.

Sin embargo, el general dijo que él y las tropas estaban dispuestos a mostrar algo de clemencia si los santos entregaban a sus líderes, entregaban las armas, y aceptaban vender sus tierras y abandonar el estado para siempre. Dio a George un plazo de una hora para aceptar los términos; de lo contrario, nada detendría a sus tropas y aniquilarían a los santos[35].

George regresó a Far West esa tarde sin saber si José aceptaría aquellos términos. En carácter de comandante de la milicia del condado de Caldwell, George tenía la autoridad para negociar con el enemigo, no obstante, José quería que consultara con la Primera Presidencia antes de aceptar cualquier propuesta de las tropas del estado.

Al considerar que se agotaba el tiempo y la milicia de Misuri estaba en posición para atacar la ciudad, George dijo a José que el general Lucas quería hablar con él y otros líderes de la Iglesia sobre finalizar el conflicto. Ansioso por salvaguardar a los santos del peligro, José accedió a hablar bajo los términos de la bandera de tregua. Aunque no era miembro de la milicia, José deseaba hacer todo lo que pudiera para resolver el conflicto[36].

Él y George salieron de Far West poco antes de la puesta de sol con Sidney Rigdon, Parley Pratt, Lyman Wight y George Robinson. A medio camino, conforme se dirigían al campamento de Misuri, vieron que el general Lucas cabalgaba a su encuentro con varios soldados y un cañón. José supuso que venían para escoltarlos a salvo hasta el campamento.

El general detuvo el caballo delante de los hombres y ordenó a sus tropas que los rodearan. George Hinkle caminó hasta el general y dijo: "Estos son los prisioneros que acordé entregar".

El general Lucas desenvainó la espada y dijo: "Caballeros, ustedes son mis prisioneros". Las tropas de Misuri estallaron en estridentes alaridos de guerra y rodearon a los cautivos[37].

José estaba atónito; ¿qué había hecho George? La confusión del Profeta se tornó en ira y exigió hablar con Lucas, pero el general lo ignoró y se alejó a caballo.

Las tropas condujeron a José y los demás hombres al campamento de Misuri. Una multitud de soldados despiadados los recibió con insultos y amenazas. Mientras José y sus amigos pasaban frente a las formaciones, los hombres vociferaban triunfalmente y les escupían el rostro y la ropa.

El general Lucas puso a José y sus amigos bajo fuerte custodia, y los obligó a dormir en el suelo frío. Sus días de hombres libres habían acabado, ahora eran prisioneros de guerra[38].

CAPÍTULO 31

¿Cómo acabará esto?

Lydia Knight se inquietó al oír alaridos y gritos desbocados provenientes del campamento de Misuri; sabía que el Profeta había ido allí a negociar la paz, aunque los ruidos que escuchaba parecían los de una manada de lobos ávida de la presa.

Al observar preocupadamente por la ventana, Lydia vio que su esposo corría en dirección a la casa. "Ora como nunca antes", le dijo Newel. La milicia había capturado al Profeta.

Lydia se sentía débil. La noche anterior, dos veteranos de la batalla de Crooked River habían tocado a su puerta en busca de un sitio para ocultarse. La milicia de Misuri había jurado castigar a los santos que habían tomado parte en dicha batalla, de modo que dar refugio a aquellos hombres pondría en riesgo a la familia; no obstante, Lydia no había podido darles la espalda y los había escondido en la casa.

Pero ahora tenías dudas de que los hombres estuvieran lo suficientemente a salvo. Newel se ausentaría de nuevo esa noche para cumplir con su turno como guardia. Si los de la milicia entraban en la ciudad mientras él no estaba y hallaban a los hombres ocultos en la casa, podrían matarlos. ¿Y qué les harían a ella y los niños?

Al salir aquella noche, Newel le advirtió que tuviese cuidado; "No vayas afuera —le dijo—, hay personas merodeando".

Después que Newel se hubo ido, Lydia comenzó a orar. Cuando ella y Newel habían venido al oeste tras la dedicación del templo, habían formado un hogar y ahora tenían dos hijos. Habían tenido una buena vida antes que empezaran los ataques del populacho, y Lydia no quería que se desmoronara todo.

Aún oía a la distancia los alaridos de la tropa de Misuri, lo que le ponía los pelos de punta, pero orar le brindaba calma. Sabía que Dios regía los cielos y que nada que pudiese suceder cambiaría eso[1].

A LA MAÑANA SIGUIENTE, el 1 de noviembre de 1838, Newel regresó por un breve momento a casa. George Hinkle había ordenado que las fuerzas de los santos se reunieran en la plaza principal de la ciudad. La milicia de Misuri se hallaba formada fuera de su campamento y estaba posicionada para avanzar sobre Far West.

"¿Cómo acabará esto? —preguntó Lydia—. Grandes temores me asaltan el corazón y, sin embargo, el Espíritu me dice que todo estará bien".

"Dios así lo permita —dijo Newel mientras tomaba el rifle—. Adiós, y que Dios los proteja"[2].

Mientras las fuerzas de los santos se reunieron en la plaza principal, el general Lucas marchó con sus tropas hasta las planicies halladas al sudeste de Far West y les ordenó que se aprestaran para sofocar cualquier resistencia de parte de los santos. A las 10:00 h en punto, George hizo salir las tropas de la plaza y las posicionó cerca de las líneas de la milicia de Misuri. Luego cabalgó hasta donde estaba el general Lucas, se retiró la espada y las pistolas del cinturón y las entregó al general[3].

Los milicianos de Misuri trajeron un escritorio y lo colocaron delante de sus líneas; George cabalgó de regreso hasta sus hombres y ordenó a los santos que se acercaran al escritorio, uno a uno, y entregaran las armas a dos funcionarios de la milicia de Misuri[4].

Rodeados y superados en número ampliamente, Newel y los santos no tuvieron más remedio que hacerlo. Cuando llegó el turno de Newel de entregar el arma, este avanzó hasta el escritorio y clavó la mirada en el general Lucas; a quien dijo: "Señor, mi rifle es mi propiedad privada. Nadie tiene derecho a exigírmelo".

"Entregue sus armas o haré que lo fusilen", dijo el general.

Furioso, Newel entregó el rifle y regresó a la formación[5].

Después que cada uno de los santos hubo quedado desarmado, la ciudad quedó indefensa. El general Lucas hizo marchar a las fuerzas de los santos hasta Far West y los retuvo en carácter de prisioneros en la plaza principal de la ciudad.

Después ordenó que sus tropas tomaran la ciudad[6].

LA MILICIA DE MISURI enseguida irrumpió en las casas y tiendas de campaña para hurgar en baúles y barriles, y buscar armas de fuego y objetos de valor. Se llevaron ropa de cama, prendas de vestir, alimentos y dinero. Algunos de ellos hicieron hogueras con troncos de cabañas, y maderos de las vallas y los graneros. Otros dispararon a las vacas, las ovejas y los cerdos, y los dejaron moribundos en las calles[7].

En casa de la familia Knight, Lydia se preparó conforme tres milicianos se acercaban a la puerta. "¿Hay algún hombre en la casa?", la interrogó uno de ellos.

—Ustedes los tienen bajo custodia —respondió Lydia mientras se interponía para que no entrara. Si le permitía ingresar, hallaría a los hombres que ella ocultaba.

—¿Tienen algún arma en la casa? —le preguntó.

—Mi esposo se llevó el rifle —contestó Lydia. Los niños, que se hallaban detrás de ella, comenzaron a llorar, pues estaban aterrados de ver a aquel extraño. Armándose de valor, Lydia se volvió al hombre y le gritó: "¡Váyase! ¿Acaso no ve lo asustados que están mis pequeños?".

—Bueno —dijo el hombre—, ¿No hay hombres ni armas en la casa?.

—Le repito que mi esposo está prisionero en la plaza principal y que él se llevó el rifle —contestó Lydia.

El hombre refunfuñó y se retiró enfurecido con los demás.

Lydia volvió a entrar; estaba temblando, pero los milicianos se habían ido y todos los de la casa estaban a salvo[8].

En la plaza principal, Heber Kimball, que estaba bajo fuerte custodia con el resto de las tropas de los santos, oyó una voz familiar que lo llamaba por su nombre. Al levantar la vista, vio a William McLellin, que había sido un Apóstol, que venía en dirección a él. William llevaba un sombrero y una camisa decorados con divisas de color rojo estridente[9].

—Hermano Heber, ¿qué piensa ahora de José Smith, el profeta caído? —dijo William, acompañado de un grupo de soldados. Estos habían ido de una casa a otra saqueando la ciudad a su propia discreción.

—Observe y vea por sí mismo —prosiguió William—; pobre de usted. A su familia la han despojado y le han robado, y sus hermanos se hallan en la misma situación; ¿está complacido con José?"[10].

Heber no podía negar que las cosas parecían poco prometedoras para los santos: José estaba cautivo, y los santos se hallaban desarmados y bajo ataque.

No obstante, Heber sabía que no podía abandonar ni a José ni a los santos, tal como William, Thomas Marsh y Orson Hyde lo habían hecho. Heber se había mantenido leal a José durante cada prueba que habían afrontado juntos, y estaba decidido a mantenerse leal aunque ello significara perder todo lo que poseía[11].

—¿En qué lugar se halla usted? —preguntó Heber, contestando a William con otra pregunta—. ¿Qué está haciendo? —El testimonio de Heber del evangelio restaurado de

Jesucristo y su negativa a abandonar a los Santos fueron suficientes para responder la pregunta de William.

—Estoy complacido con él cien veces más de lo que lo haya estado alguna vez —añadió Heber—. Le digo que el mormonismo es verdadero y que José es un profeta verdadero del Dios viviente[12].

LA MILICIA SAQUEABA LA ciudad y el general Lucas no hacía nada para impedir que sus tropas aterrorizaran a los santos y hurtaran los bienes de estos. A lo largo de todo el poblado, los de la milicia de Misuri echaban a los santos de sus casas y los maldecían mientras estos huían a la calle. Las tropas flagelaban y golpeaban a quienes se les resistían[13]. Algunos soldados atacaban y violaban a las mujeres que encontraban ocultas en las casas[14]. El general Lucas creía que los santos eran culpables de insurrección, y quería que pagaran por sus acciones y sintieran la fuerza del ejército a cargo de él[15].

A lo largo de todo el día, los oficiales de Lucas apresaron a más líderes de la Iglesia. Con ayuda de George Hinkle, las tropas irrumpieron en casa de Mary y Hyrum Smith. Hyrum estaba enfermo, pero las tropas lo condujeron afuera a punta de bayoneta y lo llevaron junto a José y los demás prisioneros[16].

Aquella noche, mientras el general Lucas se preparaba para juzgar a los prisioneros en una corte marcial, un oficial de la milicia de nombre Moses Wilson llevó a Lyman Wight aparte, con la esperanza de convencerlo de testificar en contra de José durante el juicio.

Moses dijo a Lyman: "No deseamos herirlo ni matarlo. Si comparece y testifica bajo juramento en contra de él, le perdonaremos la vida a usted y le daremos el cargo que desee".

—José Smith no es enemigo del género humano —respondió Lyman enfáticamente—. Si no hubiera obedecido su consejo, yo les habría hecho padecer el infierno antes de que llegara este momento.

—Usted es extraño —dijo Moses—. Habrá una corte marcial esta noche, ¿asistirá?"

—No lo haré, salvo que me obliguen a ir por la fuerza[17].

Moses echó a Lyman a la cárcel de nuevo con los demás prisioneros y el general Lucas enseguida dio inicio al juicio. Participaron varios oficiales de la milicia, incluso George Hinkle. El general Doniphan, que era el único abogado presente, se oponía a efectuar el juicio, alegando que la milicia no tenía autoridad para juzgar a los civiles, y José era civil.

El general Lucas no le prestó atención y procedió con el juicio. Efectuó las audiencias a toda prisa, en ausencia de todos los prisioneros; aunque George quería que Lucas mostrara clemencia a los prisioneros, el general, por el contrario, los sentenció a la pena de fusilamiento por traición. La mayoría de los oficiales presentes apoyó la sentencia[18].

Después del juicio, Moses informó a Lyman el veredicto: "Tu suerte está echada", le dijo.

Lyman lo miró con desdén y dijo: "Disparen y quedarán condenados"[19].

Luego, aquella noche, el general Lucas ordenó al general Doniphan que hiciera marchar a José y los demás prisioneros a la plaza principal de la ciudad a las 9:00 h de la mañana siguiente y los ejecutara frente a los santos. Esto indignó a Doniphan[20].

"Prefiero estar muerto antes que participar de ese supuesto privilegio, o más bien esa deshonra", manifestó en privado a los prisioneros. Dijo que pensaba retirarse con sus tropas antes del amanecer[21].

Luego envió un mensaje al general Lucas: "Es un asesinato a sangre fría. No obedeceré sus órdenes —afirmó—. ¡Si ejecuta a esos hombres, yo lo haré responsable del hecho ante un tribunal terrenal, Dios mediante!"[22].

TAL COMO HABÍA PROMETIDO, las fuerzas del general Doniphan se retiraron a la mañana siguiente. En lugar de ejecutar a José y los demás prisioneros, el general Lucas ordenó a sus hombres que los llevaran al cuartel general, en el condado de Jackson[23].

Se llevó a José a su casa —rodeado de guardias armados— por las devastadas calles de Far West, a fin de que recogiera algunas pertenencias. Emma y los niños se hallaban llorando cuando llegó, pero sintieron alivio al ver que aún estaba vivo. José imploró a los guardias que le permitieran estar con su familia en privado, pero estos no se lo permitieron.

Emma y los niños se aferraban a él, negándose a dejarlo partir. Los guardias desenvainaron las espadas y los obligaron a apartarse. El pequeño Joseph, de cinco años de edad, tomó a su padre con fuerza: "¿Por qué no puedes quedarte con nosotros?", preguntó entre lágrimas[24].

Uno de los guardias apuntó la espada al niñito y dijo: "¡Aléjate, impertinente, o te partiré al medio!"[25].

Ya afuera, las tropas hicieron marchar a los prisioneros entre una multitud de santos y les ordenaron subir a un carromato cubierto. Luego la milicia lo rodeó, formando un vallado de hombres armados entre los santos y sus líderes[26].

Mientras José esperaba que la carreta emprendiera la marcha, oyó una voz familiar entre el ruido de la multitud: "Soy la madre del Profeta —gritó Lucy Smith—. ¿No hay acaso algún caballero que me ayude a atravesar este gentío?".

La pesada lona del carromato impedía que los prisioneros viesen el exterior, no obstante, en la parte delantera de la carreta, Hyrum sacó la mano por debajo de la cubierta y tomó la de su madre. Los guardias de inmediato le ordenaron que se alejara, bajo amenazas de dispararle. Hyrum sintió cómo se le escapaba la mano de su madre y, al parecer, el carromato empezaría a rodar en cualquier momento.

En ese preciso momento, José, que estaba en la parte posterior de la carreta, oyó una voz del otro lado de la lona: "Señor Smith, su madre y su hermana están aquí".

José asomó la mano por debajo de la cubierta y sintió la mano de su madre; "José —le oyó decir—, no soporto que te vayas sin poder oír tu voz".

"Dios te bendiga, mamá", respondió José, justo antes de que el carromato se sacudiese y comenzara a alejarse[27].

VARIAS NOCHES DESPUÉS, LOS prisioneros se hallaban recostados en el suelo de una cabaña de troncos de Richmond, Misuri. Tras conducirlos al condado de Jackson, el general Lucas los había exhibido como si fueran animales, antes de que se le ordenase enviarlos a Richmond para una audiencia judicial.

Ahora, cada uno de los hombres intentaba dormir con un grillete en el tobillo y una pesada cadena que lo sujetaba a los demás prisioneros. El suelo era duro y frío, y no tenían fuego para mantenerse calientes[28].

Recostado, aunque despierto, Parley Pratt escuchaba con repugnancia cómo los guardias narraban historias obscenas sobre violaciones y asesinatos de santos. Quería levantarse y reprenderlos; decirles algo que los hiciera callar, pero guardó silencio.

De pronto, oyó el ruido de cadenas junto a él mientras José se ponía de pie. "¡Silencio, demonios del abismo infernal —exclamó el Profeta—. ¡En el nombre de Jesucristo los reprendo y les mando callar! ¡No viviré ni un minuto más escuchando semejante lenguaje!".

Los guardias asieron las armas y alzaron la vista; José les clavó la mirada, mientras irradiaba majestad. "¡Cesen de hablar de esa manera! —ordenó—, ¡o ustedes o yo moriremos *en este mismo instante*!".

La sala se llenó de silencio y los guardias bajaron las armas. Algunos de ellos se retiraron a los rincones; otros, se inclinaron en cuclillas a los pies de José. El Profeta permaneció callado, con porte calmo y solemne. Los guardias le imploraron perdón y se quedaron en silencio hasta que llegaron sus reemplazantes[29].

El 12 de noviembre de 1838, se trasladó a José y a más de sesenta santos al juzgado de Richmond a fin de determinar si había suficientes evidencias para juzgarlos bajo las acusaciones de traición, asesinato, incendio premeditado, robo, allanamiento de morada y latrocinio. El juez Austin King dictaminaría si los prisioneros serían enjuiciados o no[30].

La audiencia se prolongó durante más de dos semanas. El testigo principal contra José era Sampson Avard, que había sido líder de los danitas[31]. Durante el sitio de Far West, Sampson había intentado huir de Misuri, pero la milicia lo había capturado y lo había amenazado con procesarlo si se negaba a testificar en contra de los prisioneros[32].

Deseoso de salvarse a sí mismo, Sampson afirmó que todo lo que él había hecho en carácter de danita había sido por orden de José. Además, testificó que José creía que la voluntad de Dios era que los santos lucharan por sus derechos contra los gobiernos de Misuri y de la nación.

Sampson también dijo que José creía que la Iglesia era como la piedra que Daniel menciona en el Antiguo Testamento, que cubriría la tierra y consumiría sus reinos[33].

Alarmado, el juez King preguntó a José sobre la profecía de Daniel y este testificó que él la creía.

"Tome nota de eso —mandó el juez al secretario del juzgado—. Se trata de un fuerte indicio de traición".

El abogado de José objetó y dijo: "Juez, en ese caso, sería mejor acusar a la Biblia de traición"[34].

La fiscalía llamó a más de cuarenta testigos a testificar contra los prisioneros, entre ellos, a varios exlíderes de la Iglesia. Temiendo que se les procesara, John Corrill, William Phelps, John Whitmer y otras personas habían llegado a un acuerdo con el estado de Misuri para testificar en contra de José a cambio de su libertad. Bajo juramento, describieron agravios que habían presenciado durante el conflicto y responsabilizaron de todos ellos a José.

Por otro lado, la defensa de los santos consistía en unos pocos testigos que hicieron muy poco por influir en la opinión del juez. Había otros testigos que hubieran podido testificar a favor de José, pero fueron hostigados o amedrentados para que no estuviesen en la sala del tribunal[35].

Para cuando terminó la audiencia, cinco santos, entre ellos Parley Pratt, fueron encarcelados en Richmond a la espera de juicio, bajo acusaciones de asesinato relacionadas con la escaramuza de Crooked River.

A los demás —José y Hyrum Smith, Sidney Rigdon, Lyman Wight, Caleb Baldwin, y Alexander McRae— se les trasladó a una cárcel situada en un poblado de nombre Liberty, a la espera de un juicio por acusaciones de traición. Si se les declaraba culpables, podrían ser ejecutados[36].

Un herrero les colocó grilletes con cadenas para sujetar a los seis juntos y los condujo a un carromato grande. Los prisioneros subieron y se sentaron sobre una tabla de madera áspera, con la cabeza apenas por encima de los lados altos de la caja del carromato.

El viaje demandó todo el día; al llegar a Liberty, el carromato fue hasta el centro del poblado, pasó el juzgado y luego fue en dirección norte hasta a una pequeña cárcel de piedra. Aquel frío día de diciembre, la puerta de la cárcel esperaba abierta a aquellos hombres.

Uno a uno, los prisioneros descendieron de la carreta y subieron los escalones hasta la entrada de la cárcel. Una multitud de curiosos se reunió en torno a los prisioneros con la esperanza de poder verlos[37].

José fue la última persona en bajar del carromato. Al llegar a la puerta, miró a la multitud y se levantó el sombrero para saludar con cortesía. Luego se volvió y descendió a la lóbrega cárcel[38].

CAPÍTULO 32

"Yo lo sacaré de tinieblas a luz"

Hacia mediados de noviembre de 1838, los santos de Far West sufrían hambre y las inclemencias del clima. La milicia de Misuri había destruido casas y agotado la mayoría de las provisiones de alimentos de la ciudad. Los cultivos que quedaban en el campo estaban congelados[1].

El general John Clark, que reemplazaba al general Lucas como comandante de las fuerzas de Misuri desplegadas en Far West, no era más compasivo con los santos que su antecesor[2]. Los acusaba de ser los agresores y desobedecer la ley. "Ustedes han ocasionado que les sobrevengan estas dificultades por ser rebeldes y no sujetarse a las leyes", les dijo.

Puesto que ya casi llegaba el invierno, el general Clark accedió a permitir que los santos permanecieran en Far West hasta la primavera; no obstante, los exhortó a que partieran tras la llegada de esta. Además, les advirtió:

"Nunca más se organicen con obispos y presidentes, no sea que despierten los celos de la gente y queden sujetos a las mismas calamidades que les han sobrevenido ahora[3].

Las condiciones en Hawn's Mill eran todavía peores; el día posterior a la masacre, el populacho ordenó a los santos que salieran del estado o se les asesinaría. Amanda Smith y otros sobrevivientes querían irse, pero la turba les había robado caballos, ropa, alimentos y otros artículos que ellos necesitaban para realizar el largo viaje. Muchos de los heridos, como Alma, el hijo de Amanda, no estaban en condiciones de trasladarse a tanta distancia[4].

Las mujeres del asentamiento efectuaron reuniones de oración y pidieron al Señor que sanara a sus heridos. Cuando los miembros del populacho se enteraron de dichas reuniones, amenazaron con arrasar el asentamiento si las mujeres continuaban haciéndolas. Tras ello, las mujeres oraban con discreción e intentaban angustiosamente no llamar la atención mientras se preparaban para partir.

Después de un tiempo, Amanda mudó a su familia de la tienda de campaña a una cabaña[5]. Aunque seguía afligida por su esposo e hijo asesinados, tenía cuatro hijos pequeños que cuidar ella sola. Le preocupaba quedarse demasiado tiempo en Hawn's Mill mientras se recuperaba su hijo; no obstante, aun cuando ella y sus hijos pudieran partir, ¿adónde irían?

Aquella era la pregunta que se planteaban los santos de toda la región norte de Misuri, puesto que temían que la milicia ejecutara la orden de exterminio del gobernador si no partían al llegar la primavera. Pero sin líderes que los guiaran, no tenían idea alguna de cómo realizar el viaje de salida de Misuri, ni de adónde congregarse después de hacerlo[6].

MIENTRAS LOS SANTOS SE preparaban para dejar Far West, Phebe Woodruff se hallaba en cama en una posada del camino, en la región occidental de Ohio, ya que padecía de fuertes dolores de cabeza y de fiebre. Ella y Wilford habían viajado en dirección oeste durante dos meses con los santos de las islas Fox, vadeando en la nieve y la lluvia para llegar a Sion. Muchos de los niños habían enfermado, incluso Sarah Emma, su hija[7]. Dos familias ya habían abandonado la compañía, convencidas de que no podrían llegar a Sion ese invierno[8].

Antes de detenerse en la posada, Phebe había empeorado mucho con cada sacudida violenta que daba el carromato al avanzar por el accidentado camino[9]. Un día, después de que casi había dejado de respirar, Wilford había detenido la compañía para que se recuperase.

Phebe estaba segura de que estaba agonizando. Wilford la bendijo e intentó todo para aliviar su sufrimiento, pero la fiebre empeoró. Finalmente, ella llamó a Wilford a su lado, le testificó del evangelio de Jesucristo y lo instó a tener fe en medio de las pruebas. Al día siguiente, dejó de respirar por completo y sintió que su espíritu abandonaba su cuerpo[10].

Phebe observó mientras Wilford bajaba la mirada para contemplar el cuerpo sin vida, y vio que dos ángeles entraban en el cuarto. Uno de ellos le dijo que tenía que tomar una decisión; podía ir con ellos a descansar en el mundo de los espíritus, o regresar a la vida y sobrellevar las pruebas venideras.

Phebe sabía que si se quedaba, el camino no sería sencillo. ¿Deseaba regresar a su agobiada vida con un futuro incierto? Vio el semblante de Wilford y de Sarah Emma, y se decidió rápidamente.

"Sí —dijo—, ¡lo haré!".

Al mismo tiempo que Phebe tomó la decisión, la fe de Wilford se vio renovada; la ungió con aceite consagrado, colocó las manos sobre su cabeza y reprendió el poder de la muerte. Al finalizar, Phebe respiraba de nuevo. Abrió los ojos y vio cómo los dos ángeles salían del cuarto[11].

EN MISURI, JOSÉ, HYRUM y los demás prisioneros que estaban en la cárcel de Liberty se acurrucaban juntos, en un intento por mantenerse calientes. Gran parte del húmedo y pequeño calabozo se hallaba bajo tierra, rodeado de muros de piedra y maderos de 1,20 m de espesor. Dos ventanas pequeñas cerca del cielorraso permitían el ingreso de algo de luz, pero no contribuían mucho a eliminar el rancio hedor de la mazmorra. Algunas pilas de paja sucia que se hallaban en el piso de piedra hacían las veces de camas de los prisioneros, y cuando estos estaban tan desesperados como para comer la repugnante comida que les daban, los alimentos en ocasiones les causaban vómitos[12].

Emma visitó a José a principios de diciembre y le transmitió novedades sobre los santos de Far West[13]. Cuando José oyó en cuanto sus sufrimientos, se indignó más con quienes lo habían traicionado. Dictó una carta para los santos en la que criticaba la traición de esos hombres y los instaba a perseverar.

"Sion sobrevivirá, aunque parezca estar muerta —les aseguró—. El propio Dios de paz estará con ustedes y preparará una vía para que escapen del adversario de sus almas"[14].

En febrero de 1839, la esposa de Hyrum, Mary, y la hermana de esta, Mercy, visitaron a los prisioneros junto con el hijo recién nacido de Hyrum, Joseph F. Smith. Mary no había visto a Hyrum desde antes de dar a luz, en noviembre. El parto y un fuerte resfriado la habían dejado demasiado débil como para viajar hasta Liberty. No obstante, Hyrum le había pedido que viniera; además, Mary ignoraba si tendría otra oportunidad de verlo[15].

Ya en la cárcel, el guardia abrió la trampilla y las mujeres bajaron al calabozo para permanecer aquella noche con los prisioneros. Luego cerró la puerta del techo y la aseguró con un pesado candado[16].

Nadie durmió mucho esa noche. El ver a José, a Hyrum y a los demás prisioneros demacrados, delgados y sucios en su estrecho lugar de morada dejó atónitas a las mujeres[17]. Hyrum tomó en brazos a su hijo recién nacido y habló en voz baja con Mary. Tanto él como los demás prisioneros estaban nerviosos; el carcelero y los guardias siempre estaban en alerta, puesto que se hallaban seguros de que José y Hyrum conspiraban para escapar.

A la mañana siguiente, Mary y Mercy se despidieron de los prisioneros y subieron para salir de la mazmorra. Mientras los guardias las escoltaban a la salida, las bisagras de la trampilla chirriaron conforme esta se cerró de un portazo[18].

Durante ese invierno, en Far West, Brigham Young y Heber Kimball recibieron una carta de José. "La administración de los asuntos de la Iglesia recae sobre ustedes, es decir, los Doce", dijo José. Les indicó que designaran Presidente del Cuórum al de mayor edad de los primeros Apóstoles, en reemplazo de Thomas Marsh[19]. David Patten era el mayor, pero había fallecido después de que le dispararan en Crooked River, lo que significaba que Brigham, que en ese momento tenía treinta y siete años, habría de dirigir a los santos en su partida de Misuri.

Brigham ya había solicitado la ayuda del sumo consejo de Misuri para mantener el orden en la Iglesia y tomar decisiones en ausencia de José[20]. Sin embargo, restaba más por hacer.

El general Clark había dado tiempo a los santos para abandonar el estado en la primavera, pero ya había populachos armados que recorrían a caballo la ciudad y prometían matar a cualquiera que estuviese allí para fines de febrero. Aterrados, muchos de los santos que tenían los recursos habían partido tan pronto como les había sido posible, dejando que los pobres se las ingeniaran solos[21].

El 29 de enero, Brigham instó a los santos de Far West a concertar un convenio para ayudarse mutuamente a evacuar el estado. Les dijo: "Jamás dejaremos a los pobres hasta que estén fuera del alcance de la orden de exterminio".

Para garantizar que se atendiera a todos los santos, Brigham y los demás líderes de Far West formaron un comité de siete hombres para que dirigiese la evacuación[22]. El comité recaudó donativos y artículos para los pobres, e hizo una minuciosa evaluación de las necesidades de los santos. Varios hombres exploraron los caminos para cruzar el estado, prefiriendo en su mayoría los que ya estaban bien establecidos y evitando las zonas hostiles a los santos. Todas las rutas escogidas confluían en el río Mississippi, en la frontera oriental del estado, a 260 km de distancia.

Así pues, determinaron que el éxodo para partir de Misuri comenzaría de inmediato[23].

A PRINCIPIOS DE FEBRERO, Emma dejó Far West con sus cuatro hijos: Julia, de ocho años; Joseph III, de seis; Frederick, de dos; y Alexander, de siete meses de edad[24]. Casi todas las pertenencias de ella y José habían sido robadas o abandonadas en Far West, de modo que viajó con algunos amigos que proveyeron un carromato y caballos para la travesía. También llevó consigo importantes documentos de José[25].

La familia viajó a lo largo de las tierras congeladas de Misuri durante más de una semana. Por el camino, murió uno de sus caballos. Al llegar al Mississippi, descubrieron que el crudísimo invierno había creado una capa de hielo a lo ancho del amplio río. No era posible que ningún transbordador navegara, pero el hielo era apenas lo bastante grueso como para que el grupo lo cruzase a pie.

Con Frederick y Alexander en brazos, Emma posó los pies en el hielo; el pequeño Joseph se asió de un lado de su falda, mientras Julia se aferró fuertemente del otro. Los tres anduvieron con cuidado la senda resbalosa, hasta que, por fin, alcanzaron la distante orilla opuesta[26].

Al estar a salvo, fuera de Misuri, Emma halló que las personas de la cercana ciudad de Quincy, Illinois, eran más bondadosas de lo que había esperado; estas ayudaron a los santos a cruzar el río congelado, les donaron alimentos y ropa, y proporcionaron techo y empleo a quienes más padecían necesidades[27].

"Aún estoy viva y sigo dispuesta a padecer más, si es la voluntad del buen cielo que así sea, por causa de ti", escribió Emma a su esposo poco después de su llegada. Los hijos también estaban bien, con la salvedad de que Frederick se hallaba enfermo.

"Nadie salvo Dios conoce los pensamientos de mi mente y los sentimientos de mi corazón al dejar nuestro hogar y casa, y casi todo lo que poseíamos, a excepción de nuestros hijitos, y emprender el viaje para salir del estado de Misuri, dejándote encerrado en esa cárcel solitaria", manifestó Emma.

Aún así, confiaba en la justicia divina y esperaba ver días mejores. "Si Dios no recuerda nuestros sufrimientos y venga nuestros agravios sobre la cabeza de los culpables, entonces estoy equivocada", escribió[28].

MIENTRAS LOS SANTOS HUÍAN de Misuri, la herida de Alma Smith impedía que su familia abandonara Hawn's Mill. Amanda cuidaba a su hijo y continuaba confiando en que el Señor le sanaría la cadera.

"¿Crees que el Señor puede hacerlo, mamá?", le preguntó Alma cierto día.

"Sí —hijo mío—, respondió. Él me lo ha mostrado todo en una visión"[29].

Con el tiempo, los del populacho cercano al asentamiento se tornaron más hostiles y fijaron una fecha límite para que partieran los santos. Cuando llegó el día indicado, la cadera de Alma aún no había cicatrizado y Amanda se negó a partir. Temerosa, pero con grandes deseos de orar en voz alta, se ocultó tras un fardo de cañas de maíz y rogó fortaleza y ayuda al Señor. Al terminar la oración, le habló una voz y le repitió un verso de un himno que le era familiar:

Al alma que anhele la paz que hay en mí,
no quiero, no puedo dejar en error;
yo lo sacaré de tinieblas a luz,
y siempre guardarlo, y siempre guardarlo, y siempre guardarlo con grande amor[30].

Aquellas palabras fortalecieron a Amanda, que sintió como si nada pudiera hacerle daño[31]. Poco después, mientras recogía agua en un arroyo, oyó que sus hijos gritaban en la casa. Aterrorizada, se apresuró hasta la puerta, solo para ver que Alma corría por la sala.

"¡He sanado, mami, he sanado!", exclamó. Se había formado un cartílago flexible en el lugar de la cadera, lo que le permitía caminar.

Ahora que Alma podía hacer el viaje, Amanda empacó todo lo de su familia, fue a la casa del hombre de Misuri que le había robado el caballo y le exigió el animal. Este le dijo que se lo devolvería si pagaba cinco dólares como indemnización por haberlo alimentado.

Amanda lo ignoró, entró en el jardín, tomó su caballo y partió hacia Illinois con sus hijos[32].

PUESTO QUE CADA DÍA más santos dejaban Far West, a Drusilla Hendricks le preocupaba que ella y su familia quedaran solos. Isaac Leany, otro santo —que había recibido cuatro disparos en Hawn's Mill— le aseguró que ellos no la abandonarían. No obstante, Drusilla ignoraba cómo realizaría el viaje su esposo.

James aún estaba paralizado debido a la lesión en el cuello que le habían infligido en Crooked River. Cuando terminó la batalla, Drusilla lo había encontrado tendido entre los demás hombres heridos, en la casa de un vecino. Aunque estaba sobrecogida de pesar, había recobrado la compostura y había llevado a James a casa, donde probó varios tratamientos para que recuperara la sensibilidad en los miembros; sin embargo, nada parecía de ayuda.

En las semanas posteriores a la capitulación de Far West, Drusilla vendió las tierras y trabajó para obtener dinero a fin de trasladarse al este. Aunque ganó lo suficiente para comprar algunas provisiones y un pequeño carromato, no bastó para una yunta de animales de tiro.

Sin medios para movilizar el carromato, Drusilla sabía que quedarían varados en Misuri. James había recobrado algo de movimiento en los hombros y las piernas tras recibir una bendición del sacerdocio, pero no podía caminar mucho; para llevarlo a salvo afuera del estado, necesitaban una yunta de animales.

Al acercarse la fecha límite de evacuación, Drusilla se inquietaba más. Comenzó a recibir amenazas del populacho en las que le advertían que irían a matar a su esposo.

Una noche, mientras Drusilla amamantaba al bebé en la cama, junto a James, oyó que un perro ladraba afuera. "¡Mamá! —gritó William, su hijo mayor—; ¡Vienen los del populacho!". Algunos momentos después, escucharon que alguien tocaba la puerta.

Drusilla preguntó quiénes eran. Oyó una voz desde el exterior que le dijo que no era de su incumbencia y amenazó con echar la puerta abajo, si ella no la abría. Drusilla mandó a uno de sus hijos que abriera la puerta, y pronto la sala se llenó de hombres armados que llevaban barba y bigotes falsos para ocultar su identidad.

"Levántate", ordenaron a Drusilla.

Temiendo que mataran a James si ella se apartaba de su lado, no se movió. Un hombre tomó una vela de una mesa cercana y comenzó a revisar la casa. Los del populacho dijeron que buscaban a un danita en la zona.

Revisaron bajo la cama y detrás de la casa; luego le quitaron las mantas a James e intentaron interrogarlo, pero estaba muy débil como para hablar tanto. Con aquella luz tenue, se lo veía frágil y pálido.

Los del populacho pidieron agua y Drusilla les dijo de dónde tomarla. Mientras bebían, los hombres cargaron las pistolas. "Está todo listo", dijo uno de ellos.

Drusilla observó cómo ponían el dedo en el gatillo de las armas; los hombres se pusieron de pie y ella se preparó para los disparos. No obstante, permanecieron en la sala durante un minuto y después salieron y se alejaron a caballo.

Poco tiempo después, un médico se apiadó de James y aconsejó a Drusilla en cuanto a cómo ayudarlo. Poco a poco, James se fortaleció, y su amigo Isaac, además, consiguió una yunta de animales para la familia.

Era todo lo que necesitaban para salir de Misuri para siempre[33].

CUANDO WILFORD Y PHEBE Woodruff llegaron a Illinois con la rama de las islas Fox, se enteraron de la expulsión de los santos de Misuri. A mediados de marzo, conforme más miembros de la Iglesia se establecían en Quincy, la familia Woodruff se encaminó hacia el vivaz poblado ribereño a fin de congregarse con los santos y reunirse con los líderes de la Iglesia[34].

Edward Partridge, que había padecido durante semanas en una cárcel de Misuri antes que se lo liberara, ayudaba a dirigir la Iglesia en Quincy, a pesar de su mala salud. Mientras tanto, Heber y otros líderes mayores aún estaban dirigiendo la evacuación de Misuri[35].

Wilford y Phebe hallaron que Emma y sus hijos vivían en casa de Sarah y John Cleveland, un juez local. Además, vieron que los padres y hermanos del Profeta ahora vivían en Quincy y sus alrededores, al igual que Brigham y Mary Ann Young, y John y Leonora Taylor[36].

Al día siguiente, Brigham anunció que el comité de evacuación de Far West necesitaba dinero y yuntas de animales para ayudar a que cincuenta familias pobres salieran de Misuri. A pesar de que los santos de Quincy también eran pobres, les pidió que ayudaran caritativamente a quienes estaban en una situación económica peor. En respuesta, los santos donaron cincuenta dólares y varias yuntas de animales[37].

Wilford fue a orillas del río Mississippi al día siguiente a visitar un campamento de miembros de la Iglesia recién llegados. El clima era frío y lluvioso, y los refugiados se hallaban acurrucados en el lodo, cansados y hambrientos[38]. Aunque el pueblo de Quincy había sido muy bondadoso, Wilford sabía que los santos pronto necesitarían su propio lugar.

Por fortuna, el obispo Partridge y otras personas habían hablado con un hombre llamado Isaac Galland, que quería venderles algunas tierras pantanosas junto a un recodo del río, al norte de Quincy. No era ni por asomo la tierra en la que fluía leche y miel que ellos imaginaban para Sion, pero era fácil de obtener y podría ofrecer un nuevo lugar de recogimiento para los santos[39].

CAPÍTULO 33

Oh Dios, ¿en dónde estás?

Los días parecían interminables para los prisioneros de la cárcel de Liberty. Durante los primeros meses que estuvieron encarcelados, a menudo recibían visitas de familiares y amigos que les llevaban palabras de aliento, ropa y comida. No obstante, hacia finales del invierno, la cantidad de cartas y de visitas amistosas a la cárcel habían disminuido enormemente conforme los santos huían a Illinois, lo cual dejaba a los prisioneros con sentimientos de aislamiento aun mayores[1].

En enero de 1839, intentaron apelar las acusaciones ante un juez del condado, pero solo se liberó a Sidney Rigdon, quien se hallaba gravemente enfermo, y bajo fianza. El resto —José, Hyrum, Lyman Wight, Alexander McRae y Caleb Baldwin— regresaron al calabozo en espera del juicio, que tendría lugar en la primavera [boreal][2].

La vida en la cárcel consumió a José; había hostigadores que se asomaban por las ventanas enrejadas para mirarlo con expresiones burlonas en el rostro o gritarle obscenidades. Con frecuencia, tanto él como los demás prisioneros no tenían más que una pequeña hogaza de pan de maíz para comer. El heno que habían utilizado a manera de colchones desde diciembre se hallaba aplanado y ya no era para nada cómodo. Si encendían una fogata para tratar de evitar el frío, el calabozo se inundaba de humo y se ahogaban[3].

El día de comparecer en el juicio se acercaba pronto y cada uno de aquellos hombres sabía que había una gran posibilidad de que los condenara un tribunal tendencioso y se les ejecutase. Intentaron escapar en más de una ocasión, pero los guardias los atraparon todas las veces[4].

Desde que había recibido su llamamiento divino, José había seguido adelante y había afrontado la oposición, esforzándose por obedecer al Señor y congregar a los santos. Aun así, y por mucho que la Iglesia hubiera prosperado con los años, ahora parecía hallarse al borde del colapso.

Los populachos habían expulsado a los santos de Sion, en el condado de Jackson; las disensiones internas habían dividido la iglesia en Kirtland y habían dejado el templo en manos de los acreedores; y ahora, tras una terrible guerra con sus vecinos, los santos estaban dispersados a lo largo de la costa oriental del río Mississippi, desalentados y sin techo.

Ojalá el pueblo de Misuri los hubiese dejado en paz, pensaba José, hubiera habido calma y tranquilidad en el estado. Los santos eran buenas personas que amaban a Dios; no merecían que se les arrastrara fuera de sus hogares, se les golpeara y se les abandonara en espera de la muerte[5].

La injusticia enfurecía a José. En el Antiguo Testamento, Jehová a menudo rescataba a Su pueblo del peligro al derrotar a los enemigos de este con la fuerza de Su brazo.Pero ahora, cuando se había amenazado a los santos con el exterminio, Él no había intervenido.

¿Por qué?

¿Por qué el amoroso Padre Celestial permitía que tantos hombres, mujeres y niños inocentes sufrieran, mientras quienes los expulsaban de sus casas, robaban sus tierras y ejercían una violencia inexpresable contra ellos, se libraban y no recibían castigo? ¿Por qué permitía que Sus siervos fieles descendieran a una cárcel infernal, lejos de sus seres queridos? ¿Cuál era el propósito de abandonar a los santos en el preciso momento en que más los necesitaban?

"Oh Dios, ¿en dónde estás? —exclamó José—. ¿Hasta cuándo se detendrá tu mano?"[6].

MIENTRAS JOSÉ SE DEBATÍA ante el Señor, los Apóstoles en Quincy tenían una importante decisión que tomar que tenía un potencial peligro de muerte. El año anterior, el Señor les había mandado que se reunieran en el solar del Templo de Far West el 26 de abril de 1839, donde debían seguir poniendo los cimientos del templo, y luego habían de partir a otra misión en Inglaterra. A poco más de un mes antes de la fecha señalada, Brigham Young insistió en que los Apóstoles debían regresar a Far West y cumplir con el mandamiento del Señor al pie de la letra.

Varios líderes de la Iglesia en Quincy creían que ya no era necesario que los Apóstoles obedecieran la revelación y consideraban que era una necedad volver a un lugar donde los populachos habían jurado matar a los santos. Con seguridad, concluyeron ellos, el Señor no esperaría que arriesgaran la vida al viajar cientos de kilómetros en territorio enemigo de ida y vuelta cuando se les necesitaba tanto en Illinois[7].

Además, su Cuórum estaba desorganizado; Thomas Marsh y Orson Hyde se hallaban en estado de apostasía, Parley Pratt estaba en la cárcel, y Heber Kimball y John Page todavía estaban en Misuri. Los Apóstoles llamados más recientemente, Wilford Woodruff, Willard Richards y George A. Smith (un primo de José), ni siquiera habían sido ordenados aún, y Willard estaba predicando el Evangelio en Inglaterra[8].

Sin embargo, Brigham opinaba que reunirse en Far West, como el Señor había mandado, se hallaba dentro de sus posibilidades y que debían intentar hacerlo.

Además, quería que los Apóstoles que estaban en Quincy fueran unánimes en la decisión. Para emprender el viaje, tendrían que dejar sus familias en un momento en que el futuro de la Iglesia era incierto. Si se capturaba o asesinaba a los Apóstoles, sus esposas e hijos tendrían que afrontar solos las pruebas venideras.

Sabiendo lo que estaba en juego, Orson Pratt, John Taylor, Wilford Woodruff y George A. Smith acordaron hacer todo lo que hiciera falta para obedecer el mandato del Señor.

"El Señor Dios ha hablado —dijo Brigham después que tomaron la decisión—. Nuestro deber es obedecer y dejar los acontecimientos en Sus manos"[9].

MIENTRAS, EN LA CÁRCEL de Liberty, la preocupación por los santos y los agravios cometidos contra ellos carcomía a José. Por la noche del 19 de marzo, recibió cartas de Emma, de su hermano Don Carlos y del obispo Partridge[10]. Las cartas los animaron un poco tanto a él como a los demás prisioneros, aunque no podía olvidar que estaba atrapado en un calabozo sucio mientras los santos se hallaban dispersos y necesitaban ayuda.

El día posterior a la llegada de las cartas, José comenzó a escribir algunas epístolas a los santos, desahogando el alma como jamás lo había hecho por escrito; las dictó a un compañero de celda, quien actuó de amanuense. El Profeta intentó alentar a los santos en su desesperanza.

"Toda clase de iniquidad y crueldad que se haya infligido sobre nosotros —les aseguró—, solo obrará en aras de entrelazar nuestros corazones y sellarlos juntos con amor"[11].

Sin embargo, no podía pasar por alto los meses de persecución que los habían conducido a su condición desesperada. Censuró al gobernador Boggs, a la milicia y a quienes habían hecho daño a los santos. "Permite que tu enojo se encienda en contra de nuestros enemigos

—clamó al Señor en oración—, y en el furor de tu corazón, vénganos de nuestras injurias con tu espada"[12].

No obstante, José sabía que sus enemigos no eran los únicos culpables. Algunos santos, incluso algunos líderes de la Iglesia, habían tratado de encubrir sus pecados, satisfacer su orgullo y ambición, y usar la fuerza para compelir a otras personas a obedecerlos. Habían abusado de su poder y posición entre los santos.

José dijo mediante inspiración: "Hemos aprendido, por tristes experiencias, que la naturaleza y disposición de casi todos los hombres, en cuanto reciben un poco de autoridad, como ellos suponen, es comenzar inmediatamente a ejercer injusto dominio"[13].

Los santos rectos habían de actuar conforme a principios más elevados. "Ningún poder o influencia se puede ni se debe mantener en virtud del sacerdocio —declaró el Señor—, sino por persuasión, por longanimidad, benignidad, mansedumbre y por amor sincero". Quienes intentaron hacerlo de otro modo perdieron el Espíritu y la autoridad de bendecir la vida de otras personas mediante el sacerdocio[14].

Aun así, José clamó a favor de los santos inocentes. "Oh Señor, ¿hasta cuándo sufrirán estas injurias y opresiones ilícitas, antes que tu corazón se ablande y tus entrañas se llenen de compasión por ellos?", imploró[15].

"Hijo mío, paz a tu alma —respondió el Señor—. Tu adversidad y tus aflicciones no serán más que por un breve momento; y entonces, si lo sobrellevas bien, Dios te exaltará; triunfarás sobre todos tus enemigos"[16].

El Señor aseguró a José que no lo había olvidado. "Si las puertas mismas del infierno se abren de par en par para tragarte, entiende, hijo mío, que todas estas cosas te servirán de experiencia, y serán para tu bien", dijo el Señor a José.

El Salvador recordó a José que los santos no podrían sufrir más de lo que Él había sufrido. Él los amaba y podía terminar con su dolor, pero en vez de hacerlo, escogió sufrir aflicciones con ellos al cargar sus penas y pesares como parte de Su sacrificio expiatorio. Tal sufrimiento lo llenó de misericordia y le dio el poder de socorrer y refinar a todos los que acudan a Él durante las pruebas. El Señor instó a José a sobrellevarlo y le prometió que jamás lo abandonaría.

"Tus días son conocidos y tus años no serán acortados —lo tranquilizó el Señor—. No temas, pues, lo que pueda hacer el hombre, porque Dios estará contigo para siempre jamás"[17].

MIENTRAS EL SEÑOR HABLABA palabras de paz a José en la cárcel, Heber Kimball y otros santos de Misuri instaban incansablemente a la Corte Suprema del Estado a liberar al Profeta. Los jueces parecían favorables a las apelaciones de Heber, e incluso algunos cuestionaron la licitud del encarcelamiento de José; si bien, en última instancia, se rehusaron a intervenir en el caso[18].

Desalentado, Heber regresó a Liberty para informar a José Smith al respecto. Los guardias no le permitieron ingresar al calabozo, de modo que se puso de pie del lado externo de la ventana de la cárcel y llamó a sus amigos. Lo había intentado tanto como podía, dijo, pero no había marcado ninguna diferencia.

"Sé de buen ánimo —le contestó José—, y haz que se marchen todos los santos tan rápidamente como sea posible"[19].

Heber se infiltró en Far West algunos días después, atento a los peligros que aún asechaban en la zona. Aparte de un puñado de líderes y algunas familias, la ciudad estaba vacía. La familia de Heber había partido dos meses antes y este no había sabido de ella desde entonces. Al pensar en ella, en los prisioneros, y en quienes habían sufrido y muerto a manos de los populachos, se sintió abatido y solitario. Al igual que José, anhelaba que terminara el sufrimiento.

Mientras Heber pensaba en la desdichada situación de aquellos y en su fracaso al no lograr la libertad de José, sintió que lo invadían el amor y la gratitud del Señor. Puso una hoja de papel sobre su rodilla y escribió las impresiones que recibió.

"Recuerda que siempre estoy contigo, aun hasta el fin —oyó que decía el Señor—. Mi Espíritu estará en tu corazón para enseñarte las cosas apacibles del reino".

El Señor le dijo que no se preocupara por su familia. "Los alimentaré, los vestiré y les brindaré amigos —prometió—. La paz será sobre ellos para siempre si eres fiel y vas a predicar Mi evangelio a las naciones de la tierra"[20].

Cuando Heber acabó de escribir, su corazón y su mente estaban en calma.

DESPUÉS QUE EL SEÑOR le hubo hablado en el sombrío y desdichado calabozo, José ya no temía que Dios lo hubiera abandonado a él y a la Iglesia. En algunas cartas dirigidas a Edward Partridge y los santos, testificó osadamente sobre la obra de los últimos días. "El infierno podrá derramar su furia como la ardiente lava del monte Vesubio —declaró—, "pero el 'mormonismo' continuará". Estaba seguro de ello.

"El 'mormonismo' es la verdad —exclamó—. Dios es su autor. Él es nuestro escudo, de Él hemos recibido nuestro origen; fue por Su voz que fuimos llamados a una dispensación de Su evangelio al principio del cumplimiento de los tiempos"[21].

Instó a los santos a elaborar una lista oficial de las injusticias que habían padecido en Misuri a fin de que pudieran entregarla al presidente de los Estados Unidos y a otros funcionarios gubernamentales para su investigación. José creía que el deber de los santos era procurar indemnizaciones legales por las pérdidas.

Él les aconsejó: "Hagamos con buen ánimo cuanta cosa esté a nuestro alcance; y entonces podremos permanecer tranquilos, con la más completa seguridad, para ver la salvación de Dios y que se revele su brazo"[22].

Pocos días después de que José enviara las cartas, él y sus compañeros de prisión dejaron la cárcel para comparecer ante un gran jurado en Gallatin. Antes de partir, José escribió una carta a Emma. "Quiero ver al pequeño Frederick, a Joseph, a Julia y a Alexander —escribió—. Diles que papá los ama con amor perfecto y que está haciendo todo lo posible por huir de la chusma a fin de poder volver a ellos"[23].

Cuando los prisioneros llegaron a Gallatin, algunos de los abogados que estaban en la sala se hallaban bebiendo, mientras una multitud de hombres perezosos holgazaneaba en el exterior y trataba de ver algo a través de las ventanas. El juez que estaba en el estrado había oficiado de fiscal en contra de los santos en la audiencia de estos de noviembre[24].

Con la convicción de que tendrían una audiencia justa en el condado de Daviess, José y los demás prisioneros pidieron un cambio de jurisdicción. Se concedió la solicitud y los prisioneros partieron a un juzgado de otro condado, con un alguacil y cuatro guardias nuevos[25].

Los guardias fueron benévolos con ellos y los trataron de manera humana durante el viaje a la nueva jurisdicción[26]. En Gallatin, José se había ganado su respeto al vencer al más fuerte de ellos en una caballeresca competencia de lucha libre[27]. La opinión pública en cuanto a los santos también estaba cambiando. A algunos habitantes de Misuri comenzaba a disgustarles la orden de exterminio del gobernador y deseaban tan solo dejar de lado todo el asunto y librarse de los prisioneros[28].

Al día siguiente de salir del condado de Daviess, se detuvieron en un apeadero y los prisioneros compraron whisky a los guardias. Más tarde, aquella noche, el alguacil se acercó a sus custodiados y les dijo: "Beberé un buen trago de grog y me iré a dormir, y ustedes podrán hacer lo que les dicte su parecer".

Mientras el alguacil y tres de los guardias se emborrachaban, José y sus amigos ensillaron dos caballos con la ayuda del guardia restante y se encaminaron hacia el este, durante la noche[29].

Dos días después, al tiempo que José y los demás prisioneros huían para ponerse a salvo, cinco de los Apóstoles partieron en la dirección opuesta para cruzar el Mississippi hacia Far West. Brigham Young, Wilford Woodruff y Orson Pratt iban en un carruaje, mientras que John Taylor y George A. Smith lo hacían en otro con Alpheus Cutler, que había sido el capataz de los constructores del templo.

Cruzaron rápidamente las planicies, ansiosos por llegar a Far West el día señalado. Por el camino, hallaron al apóstol John Page, quien se dirigía al este tras salir de Misuri con su familia, y lo persuadieron a unírseles[30].

Tras siete días de camino, los Apóstoles entraron en Far West al amparo de la luna del 25 de abril. Ya había crecido la hierba en sus abandonadas calles, y reinaba el silencio. Heber Kimball, que había regresado a Far West tras enterarse del escape de José, salió de su escondite y les dio la bienvenida al pueblo.

Los hombres se reunieron durante algunas horas. Luego, conforme rayaba la aurora en el horizonte del oriente, cabalgaron silenciosamente hasta la plaza principal y caminaron con los pocos santos que quedaban en la ciudad hasta el solar del templo. Allí cantaron un himno y Alpheus hizo rodar una gran piedra hasta la esquina sudeste del solar, en cumplimiento del mandamiento del Señor de recomenzar la colocación de los cimientos del templo[31].

Wilford se sentó sobre la piedra mientras los Apóstoles formaron un círculo alrededor de él; colocaron las manos sobre su cabeza, y Brigham lo ordenó al apostolado. Al terminar, George ocupó el lugar de Wilford sobre la piedra y también se lo ordenó a él.

Viendo que habían hecho todo lo que podían hacer, los Apóstoles inclinaron la cabeza y se turnaron para orar en la luz matinal. Cuando finalizaron, cantaron "Adam–ondi–Ahman" [Adán–ondi–Ahmán], un himno que expresa el anhelo de la segunda venida de Jesucristo y del día en que la paz de Sion se extenderá desde las praderas de Misuri devastadas por la guerra y llenará el mundo.

Luego Alpheus rodó la piedra hasta el lugar donde la había hallado, dejando así los cimientos en las manos del Señor hasta el día en que Él prepare una vía para que los santos vuelvan a Sion[32].

Al día siguiente, los Apóstoles viajaron unos cincuenta y dos kilómetros para alcanzar a las últimas familias que luchaban por salir de Misuri. Esperaban partir pronto a Gran Bretaña; no obstante, primero quisieron reunirse con sus seres queridos en Illinois y establecerlos en el nuevo sitio de recogimiento, doquiera que estuviese[33].

MÁS O MENOS EN ese momento, atracó un transbordador en Quincy, del cual desembarcaron varios pasajeros de aspecto harapiento. Uno de ellos —un hombre pálido y delgado— llevaba un sombrero de ala ancha y una chaqueta azul con el cuello doblado hacia arriba para disimular su rostro sin afeitar. Llevaba los pantalones andrajosos y metidos dentro de sus desgastadas botas[34].

Dimick Huntington, un exalguacil de los santos de Far West, observó cómo el desaliñado extraño ascendía las orillas del río. A Dimick le llamó la atención algo familiar en el rostro del hombre y en su forma de andar. No obstante, no pudo precisar el porqué hasta que pudo verlo mejor.

"¿Es usted, hermano José?", exclamó.

José levantó las manos para acallar a su amigo; "¡Shhh! —dijo con cautela—. ¿Dónde está mi familia?"[35]

Desde su fuga, José y los demás prisioneros se habían mantenido en alerta y habían huido por los caminos secundarios de Misuri hacia el río Mississippi y hacia la libertad que los aguardaba en la otra ribera, más allá del alcance de las autoridades de Misuri[36].

Dimick, aún sorprendido de ver al Profeta, explicó que Emma y los niños vivían a seis kilómetros de la ciudad.

"Lléveme donde mi familia tan rápido como pueda", dijo José.

Dimick y José cabalgaron hasta la casa de Cleveland tomando calles secundarias que cruzaban el poblado a fin de evitar que los vieran. Cuando llegaron, José desmontó y se dirigió a la casa.

Emma apareció en la puerta y lo reconoció de inmediato; salió corriendo y lo abrazó a mitad de camino, antes de la entrada[37].

PARTE 4

La plenitud de los tiempos

ABRIL DE 1839–ABRIL DE 1846

. . . edifíquese esta casa a mi nombre, para que en ella pueda yo revelar mis ordenanzas a mi pueblo; porque me propongo revelar a mi iglesia cosas que han estado escondidas desde antes de la fundación del mundo, cosas que pertenecen a la dispensación del cumplimiento de los tiempos.

Doctrina y Convenios 124:40–41

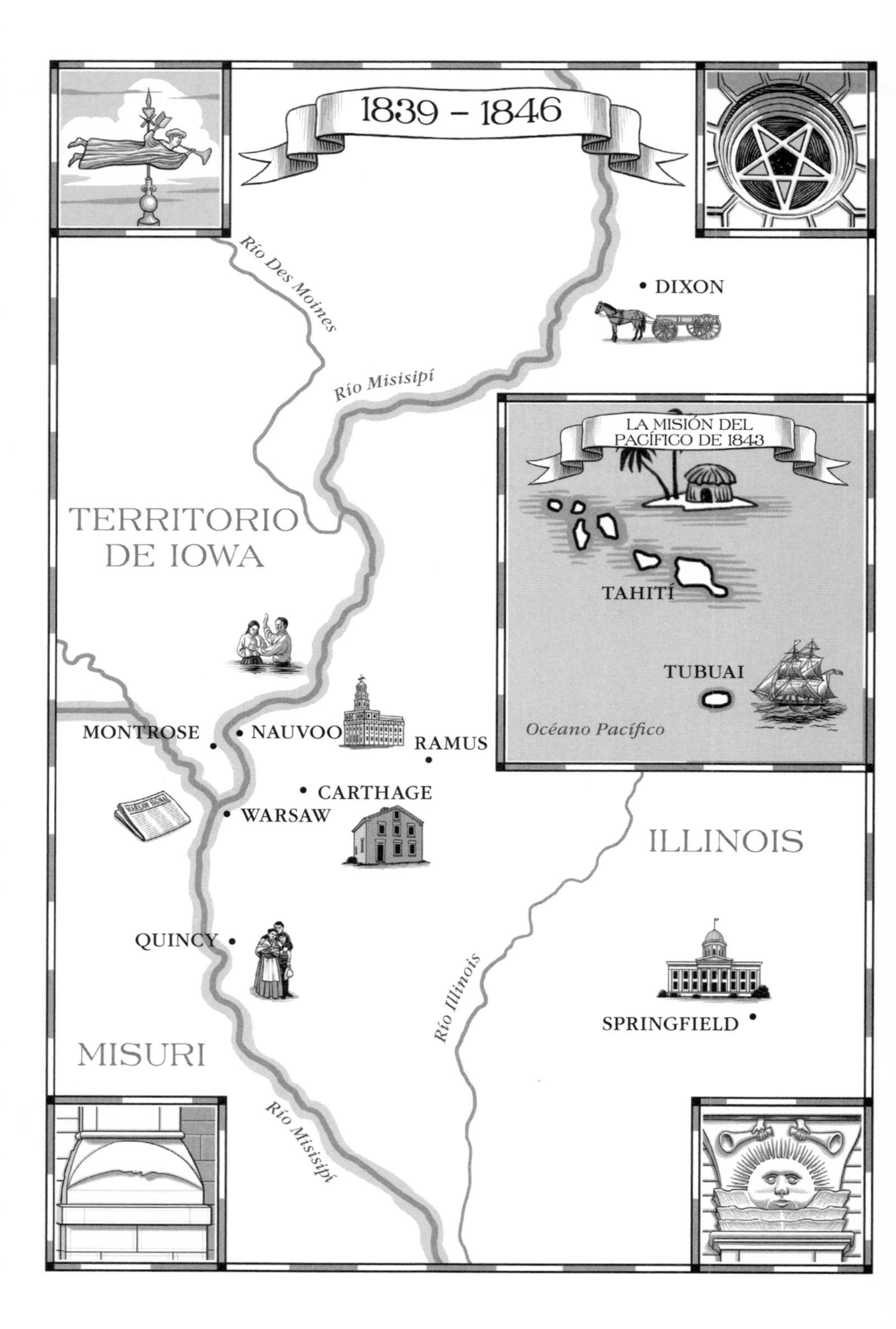
1839 - 1846
Río Des Moines
Río Misisipí
DIXON
LA MISIÓN DEL PACÍFICO DE 1843
TAHITÍ
TUBUAI
Océano Pacífico
TERRITORIO DE IOWA
MONTROSE
NAUVOO
RAMUS
CARTHAGE
WARSAW
ILLINOIS
QUINCY
Río Illinois
SPRINGFIELD
MISURI
Río Misisipí

CAPÍTULO 34

Edifica una ciudad

A finales de abril de 1839, unos días después de haberse reunido con los santos, José cabalgó hacia el norte para inspeccionar unas tierras que los líderes de la Iglesia deseaban comprar en Commerce y sus alrededores, un poblado que quedaba a 80 km de Quincy. Por primera vez en más de seis meses, el Profeta viajaba sin guardias armados y sin que se cerniera sobre él la amenaza de la violencia. Finalmente se hallaba entre amigos, en un estado donde las personas acogían a los santos y parecían respetar sus creencias.

Mientras se hallaba en prisión, José había escrito a un hombre que vendía tierras en los alrededores de Commerce, y le manifestó su interés de establecer la Iglesia allí. "Si nadie tuviese particular interés en adquirir esas tierras —le dijo José—, nosotros las compraremos"[1].

Tras la pérdida de Far West, sin embargo, muchos santos cuestionaban la idea de congregarse en una sola región. Edward Partridge se preguntaba si no sería mejor, para evitar los conflictos y poder proveer para los pobres, congregarse en pequeñas comunidades dispersas por todo el país[2]. Pero José sabía que el Señor no había revocado el mandamiento que dio a los santos de congregarse.

Al llegar a Commerce, vio junto a un recodo amplio del río Mississippi una planicie aluvial y pantanosa que ascendía hasta una colina boscosa. Había pocas viviendas en la zona. Del otro lado del río, en el Territorio de Iowa, cerca de un poblado llamado Montrose, había unos barracones del ejército abandonados sobre unos terrenos que también estaban a la venta.

José pensó que los santos podrían edificar estacas de Sion florecientes en esa zona. La tierra no era la más productiva que hubiera visto, pero el río Mississippi era navegable en todo su curso hasta el océano, lo que convertía a Commerce en un buen sitio para congregar a los santos del extranjero y para establecer comercios. La zona estaba escasamente poblada.

Con todo, el congregar a los santos allí conllevaba riesgos. Si la Iglesia crecía, como José esperaba, sus vecinos podrían inquietarse y volverse en su contra, como habían hecho los habitantes de Misuri.

José oró. "Señor, ¿qué quieres que yo haga?"

"Edifica una ciudad —respondió el Señor—, y convoca a mis santos a venir a este lugar"[3].

ESA PRIMAVERA, WILFORD Y Phebe Woodruff se mudaron a los barracones en Montrose. Entre sus vecinos estaban

Brigham y Mary Ann Young y Orson y Sarah Pratt. Luego de instalar a sus familias, los tres Apóstoles planearon su partida hacia Inglaterra para servir su misión con el resto del Cuórum[4].

Pronto llegaron miles de santos al nuevo lugar de recogimiento; vivieron en tiendas de campaña o en carromatos mientras construían sus casas; se aprovisionaban de alimentos y ropa, y limpiaban los campos de cultivos a ambos lados del río[5].

Mientras iba creciendo el nuevo asentamiento, los Doce se reunían con José a menudo, quien les predicaba con un renovado vigor en preparación para sus misiones[6]. El Profeta les enseñó que el Señor no le había revelado nada a él, que Él no estuviera dispuesto hacer saber a los Doce, "y aun el menor de los santos podrá saber todas las cosas tan pronto como pueda soportarlas"[7].

Él les enseñó los primeros principios del Evangelio, de la Resurrección, el Juicio y la edificación de Sion. Los instó a permanecer fieles, en vista de que algunos de los apóstoles anteriores los habían traicionado. "Tengan cuidado de no traicionar a los cielos —les dijo—; de no traicionar a Jesucristo; de no traicionar a las autoridades de la Iglesia ni las revelaciones de Dios"[8].

Por ese tiempo, Orson Hyde manifestó su deseo de volver al Cuórum de los Doce, avergonzado de haber denunciado a José en Misuri y haber abandonado a los santos. Temiendo que Orson los volviera a traicionar cuando surgiera la próxima dificultad, Sidney Rigdon se rehusaba a que se le restaurara el apostolado. No obstante, José le dio la bienvenida nuevamente y lo restituyó a su puesto entre los Doce[9]. En julio, Parley Pratt escapó de la prisión en Misuri y se reunió con los Apóstoles[10].

Debido a las nubes de mosquitos que surgieron de las ciénagas y que se ensañaron con los nuevos pobladores, muchos santos enfermaron mortalmente de malaria, sufriendo de altas fiebres y escalofríos hasta los huesos. La mayoría de los Doce estaban demasiado enfermos como para partir hacia Inglaterra[11].

En la mañana del lunes, 22 de julio, Wilford estaba en su casa cuando escuchó la voz de José que le llamaba desde afuera: "Hermano Woodruff, sígame".

Wilford salió de casa y vio a José de pie con un grupo de hombres. Habían estado yendo toda la mañana de casa en casa y de tienda en tienda, tomando a los enfermos de la mano y sanándoles. Luego de bendecir a los santos en Commerce, habían cruzado el río en el ferry para sanar a los santos en Montrose[12].

Wilford fue con él; atravesaron la plaza del pueblo y llegaron a la casa de su amigo Elijah Fordham. Hallaron a Elijah con los ojos hundidos y la piel pálida. Anna, su esposa, lloraba mientras preparaba su ropa para enterrarlo[13].

José se acercó a Elijah y le tomó de la mano. —Hermano Fordham —le preguntó— ¿no tiene fe para ser sanado?

—Me temo que sea demasiado tarde —le dijo.

—¿No cree usted que Jesús es el Cristo?

—Sí, creo, hermano José.

—Elijah —declaró el Profeta—, ¡en el nombre de Jesús de Nazaret te mando que te levantes y sanes!

Las palabras parecieron estremecer la casa. Elijah se levantó de su cama; su rostro empezó a recuperar el color. Se vistió, pidió algo de comer, y siguió a José para ir a ministrar a otros[14].

Más tarde, ya de noche, Phebe Woodruff fue a visitar a Elijah y Anna, y quedó sorprendida. Tan solo unas pocas horas antes, Anna se había resignado a perder a su marido, y ahora, Elijah decía tener suficientes fuerzas como para trabajar en la huerta. Phebe sabía sin asomo de duda que su recuperación se debía a la obra de Dios[15].

LOS ESFUERZOS DE JOSÉ por bendecir y sanar no detuvieron la propagación de la enfermedad en Commerce y Montrose, y algunos santos fallecieron. A medida que morían las personas, Zina Huntington, de dieciocho años, estaba muy preocupada de que su madre sucumbiera también a la enfermedad

Zina cuidaba de su madre diariamente, se apoyaba en su padre y sus hermanos para brindarle apoyo, pero al poco tiempo toda la familia cayó enferma. José pasaba a verla de tiempo en tiempo, viendo qué podía hacer para ayudar a la familia o hacer que la madre de Zina estuviese más cómoda.

Un día, la madre llamó a Zina. "Llegó mi hora de morir —dijo débilmente—. No tengo miedo". Ella le testificó a Zina acerca de la resurrección. "Vendré triunfante cuando el Salvador venga con los justos a encontrarnos con los santos en la tierra".

Zina se entristeció mucho cuando su madre falleció. Conociendo los padecimientos de la familia, José continuó atendiéndolos[16].

En una de las visitas de José, Zina le preguntó: —Cuando yo pase al otro lado del velo, ¿conoceré a mi madre como mi madre?

—Más que eso —le dijo él—. Usted verá y conocerá a su Madre Eterna, la esposa de su Padre Celestial.

—¿Tengo entonces una Madre Celestial? —preguntó Zina.

—Sí, con toda seguridad, la tiene —dijo José—. ¿Cómo podría un Padre reclamar Su título a menos que hubiera una Madre con quien compartir esa paternidad?[17].

A PRINCIPIOS DE AGOSTO, Wilford partió hacia Inglaterra junto con John Taylor; eran los primeros de los Apóstoles que salían a su nueva misión. En ese entonces, Phebe estaba a la espera de otro bebé, y Leonora, la esposa de John, y sus tres hijos estaban enfermos con fiebre[18].

Parley y Orson fueron los siguientes Apóstoles en partir, a pesar de que Orson y su esposa, Sarah, aún lloraban la muerte de su hija, Lydia, que había fallecido hacía solo once días. Mary Ann Pratt, la esposa de Parley, acompañaría a los Apóstoles en la misión, por lo que partió con ellos. George A. Smith, el Apóstol más joven, estaba aún enfermo cuando comenzó su misión, luego de posponer su matrimonio con Bathsheba Bigler, su prometida[19].

Mary Ann Young se despidió de Brigham a mediados de septiembre. Él había vuelto a enfermar, mas estaba resuelto a hacer lo que se le pedía. La propia Mary Ann estaba enferma también y contaba con poco dinero para mantener a sus cinco hijos durante la ausencia de Brigham, pero ella quería que él cumpliera con su deber.

"Ve y sirve tu misión, y el Señor te bendecirá —dijo ella—. Yo haré lo mejor que pueda para cuidar de mí y de los niños"[20].

Unos días más tarde, Mary Ann se enteró de que Brigham solo había alcanzado a llegar hasta la casa de Kimball, del otro lado del Mississippi, antes de desmayarse exhausto. Inmediatamente, ella cruzó el río y fue a atenderlo hasta que él se sintió lo suficientemente fuerte como para partir[21].

En casa de los Kimball, Mary Ann halló a Vilate enferma y en cama, junto con dos de sus hijos. Solo quedaba el niño de cuatro años para cargar unas pesadas jarras de agua desde la fuente. Heber estaba tan enfermo que no podía levantarse, pero él estaba resuelto a partir con Brigham al día siguiente.

Mary Ann cuidó de Brigham hasta que llegó un carromato a la mañana siguiente. Cuando Heber se puso de pie, se le veía angustiado. Dio un abrazo a Vilate, quien yacía en cama tiritando por la fiebre, luego se despidió de sus niños y se subió vacilante en el carromato.

Brigham trató en vano de parecer saludable cuando se despidió de Mary Ann y de su hermana Fanny, quien le instaba a quedarse hasta que se repusiera.

—Jamás me he sentido mejor en mi vida —dijo él.

—Tú mientes —le dijo Fanny.

Brigham se subió al carromato con dificultad y se sentó al lado de Heber. Al ir descendiendo la colina, Heber se sentía muy mal de dejar su familia, estando ellos tan enfermos. Se volvió al conductor del carromato y le pidió que se detuviera. "Esto es muy difícil —le dijo a Brigham—; levantémonos para saludarles".

En la casa, Vilate se sobresaltó por un ruido que vino de afuera. Tambaleándose, llegó hasta la puerta, donde estaban Mary Ann y Fanny mirando algo a una corta distancia. Vilate miró en esa dirección y se sonrió.

Eran Brigham y Heber, de pie en la parte posterior del carromato, y apoyándose uno en el otro. "¡Viva! Viva! —gritaron los hombres ondeando sus sombreros en el aire—. ¡Viva Israel!"

—¡Adiós! —gritaron las mujeres—. ¡Que Dios los bendiga![22].

MIENTRAS LOS APÓSTOLES IBAN rumbo a Gran Bretaña, los santos en Illinois y Iowa redactaron declaraciones en las que detallaban las injusticias sufridas en Misuri; tal como había pedido José cuando estaba en la cárcel. Para ese otoño, los líderes de la Iglesia habían recopilado centenas de relatos y elaboraron una petición formal. En total, los santos pedían más de 2 millones de dólares como indemnización por las viviendas, los terrenos, el ganado y otras propiedades que habían perdido. José planeaba entregar esas peticiones en persona al presidente de los Estados Unidos y al Congreso.

José consideraba al presidente Martin Van Buren como un ilustre estadista, alguien que defendería los derechos de los ciudadanos. José tenía la esperanza de que el presidente y otros legisladores en Washington D.C. leerían acerca de los sufrimientos de los santos y estarían de acuerdo en indemnizarlos por las tierras y propiedades que habían perdido en Misuri[23].

El 29 de noviembre de 1839, luego de viajar cerca de 1.600 km desde su casa en Illinois, José llegó a la puerta de la Mansión Presidencial en Washington. Le acompañaban su amigo y asesor legal, Elias Higbee, y John Reynolds, un congresista de Illinois[24].

Un portero los recibió en la entrada y les hizo pasar. La mansión había sido redecorada recientemente, y José y Elías se asombraron por la elegancia de sus salones, que contrastaba enormemente con las viviendas precarias de los santos en el Oeste.

Su guía los condujo a una sala en la planta alta, donde el presidente conversaba con unos visitantes. Mientras esperaban del lado de afuera de la puerta, con las peticiones y varias cartas de presentación en la mano, José le pidió al congresista Reynolds que lo presentara simplemente como un "Santo de los Últimos Días". Al congresista pareció sorprenderle y hasta divertirle su petición, pero accedió a hacer lo que José deseaba. El congresista Reynolds no estaba muy entusiasmado con la idea de ayudar a los santos, pero sabía que sus grandes números podían ser una influencia en la política de Illinois[25].

José no había anticipado reunirse con el presidente con una delegación tan pequeña. Cuando partió de

Illinois en Octubre, sus planes eran dejar que Sidney Rigdon llevara la iniciativa en esas reuniones; mas Sidney se hallaba muy enfermo para viajar, y se detuvo por el camino[26].

Finalmente, se abrieron las puertas del salón y los tres hombres entraron. Al igual que José, Martin Van Buren era hijo de un granjero del estado de Nueva York, pero él era un hombre más entrado en años, más bajito, de complexión ligera y con abundante pelo blanco cubriendo la mayor parte de su rostro.

Tal como lo prometió, Reynolds presentó a José como un Santo de los Últimos Días. El presidente sonrió ante el inusual título y estrechó la mano del Profeta[27].

Luego de saludar al presidente, José le entregó las cartas de presentación y esperó. Van Buren las leyó y frunció el ceño. "¿Ayudarles? —dijo con desdén—. ¿En qué puedo ayudarles?"[28].

José no sabía qué decir[29]. No había anticipado que el presidente los despacharía tan rápido. Él y Elías le rogaron que leyera al menos los sufrimientos de los santos antes de rechazar sus peticiones.

—No puedo hacer nada por ustedes, caballeros —insistió el presidente—. Si yo los apoyase a ustedes, iría contra todo el estado de Misuri, y ese estado iría contra mí en las próximas elecciones[30].

Decepcionados, José y Elias salieron de la mansión y entregaron su petición al Congreso, sabiendo que tomaría varias semanas antes de que los legisladores pudieran revisarla y analizarla[31].

Durante ese tiempo de espera, José decidió que visitaría las ramas del este de la Iglesia. Además, predicaría en Washington y en las ciudades y poblaciones circundantes[32].

WILFORD WOODRUFF Y JOHN Taylor llegaron a Liverpool, Inglaterra, el 11 de enero de 1840. Era el primer viaje de Wilford a Inglaterra; en cambio, John volvía a estar entre familiares y amigos. Luego de retirar su equipaje, fueron a la casa del cuñado de John, George Cannon. George y su esposa, Ann, se sorprendieron al verlos y los invitaron a cenar.

Los Cannon tenían cinco hijos. Su hijo mayor, George, era un brillante jovencito de 13 años a quien le encantaba leer. Después de la cena. Wilford y John entregaron a la familia un ejemplar del Libro de Mormón y *A Voice of Warning,* un folleto misional, extenso como un libro, que Parley Pratt había publicado en la ciudad de Nueva York unos años antes. John enseñó a la familia los primeros principios del Evangelio y los invitó a leer los libros[33].

Los Cannon estuvieron dispuestos a cuidar el equipaje de Wilford y John, mientras ellos iban en tren a Preston para reunirse con Joseph Fielding y Willard Richards[34]. Tanto Joseph como Willard se habían casado con conversas británicas en ese año que Heber Kimball y Orson Hyde se habían ausentado de la misión británica. Tal como lo había predicho Heber, Willard se había casado con Jennetta Richards.

Luego de la reunión en Preston, John regresó a Liverpool mientras que Wilford se dirigió al sureste hasta la región industrial de Staffordshire, donde rápidamente estableció una rama. Una noche, durante una reunión con los santos allí, Wilford sintió el Espíritu descender sobre él. "Esta es la última reunión que tendrás con estas personas en muchos días", le dijo el Señor.

El mensaje sorprendió a Wilford. La obra en Staffordshire apenas había comenzado, y él tenía muchas citas para predicar en la zona. A la mañana siguiente, él oró pidiendo más guía, y el Espíritu lo inspiró a ir más al sur, donde había muchas almas que esperaban la palabra de Dios.

Él partió al día siguiente junto con William Benbow, uno de los santos de Staffordshire. Viajaron hacia el sur hasta la granja del hermano de William y su cuñada, John y Jane Benbow[35]. John y Jane tenían una espaciosa casa de ladrillo blanco en una próspera granja de 121 hectáreas. Cuando Wilford y William llegaron, se quedaron conversando con los Benbow hasta las 2:00 a.m., hablando acerca de la Restauración.

El matrimonio se habían labrado una buena vida, mas se sentían insatisfechos espiritualmente. Hacía poco, se habían unido a otras personas que se apartaban de sus iglesias en busca del verdadero evangelio de Jesucristo. Se autodenominaban los Hermanos Unidos y habían construido capillas en Gadfield Elm, a unos kilómetros al sur de la granja de los Benbow, y en otros sitios. Ellos eligieron predicadores de entre sus filas y le pedían a Dios que les diera luz adicional[36].

Cuando John y Jane escucharon a Wilford aquella noche, ellos creyeron haber encontrado finalmente la plenitud del Evangelio. Al día siguiente, Wilford predicó un sermón en el hogar de los Benbow ante un grupo grande de vecinos, y poco después bautizó a John y a Jane en un estanque cercano.

En las semanas siguientes, Wilford bautizó a más de ciento cincuenta miembros de los Hermanos Unidos, entre ellos, cuarenta y seis ministros laicos. Como había más personas pidiendo ser bautizadas, él escribió a Willard Richards para pedirle ayuda[37].

"¡Me llaman para hacer bautismos cuatro o cinco veces al día! —exclamó él—. ¡No puedo hacer la obra yo solo!"[38].

El 5 de febrero, Matthew Davis, de sesenta y cinco años, escuchó que José Smith, el profeta mormón, iba a predicar esa tarde en Washington. Matthew era un corresponsal para un periódico popular de la ciudad de Nueva York. Sabiendo que su esposa, Mary, sentía curiosidad en cuanto a los Santos de los Últimos Días, él quiso escuchar al Profeta para poder contarle a su esposa sobre sus enseñanzas.

En el sermón, Matthew descubrió que José era un granjero que vestía con sencillez, robusto de contextura, rostro atractivo y de porte digno. Por su predicación supo que aunque no había tenido instrucción formal, poseía una gran determinación y mucho conocimiento.

El Profeta parecía sincero, sin ningún rastro de frivolidad ni fanatismo en su voz.

"Les expondré nuestras creencias, hasta donde me lo permita el tiempo", dijo José al iniciar su sermón. Él testificó de Dios y de Sus atributos. "Él reina sobre todas las cosas en el cielo y la tierra —les declaró—. Él preordenó la caída del hombre, pero como es todo misericordioso, al mismo tiempo preordenó un plan de redención para todo el género humano".

"Yo creo en la divinidad de Jesucristo —continuó Él—, y que Él murió por los pecados de todos los hombres, que en Adán habían caído". Él declaró que todas las personas nacen puras y sin mancha y que todos los niños que mueren a una temprana edad irían al cielo, porque ellos no podían discernir el bien del mal y eran incapaces de pecar.

Matthew escuchaba impresionado por lo que oía. José enseñó que Dios es eterno, sin principio ni fin, al igual que el alma de cada hombre y mujer. Matthew notó que el Profeta hablaba muy poco de recompensas o castigos en la vida venidera, salvo que él creía que el castigo de Dios tendría un comienzo y un final.

Luego de dos horas, el Profeta cerró su sermón con su testimonio del Libro de Mormón. Él declaró que él no era el autor del libro, sino que él lo había recibido de Dios, directamente del cielo.

Al reflexionar sobre el sermón, Matthew entendió que él no había escuchado nada esa noche que pudiera dañar a la sociedad. "Había mucho en sus preceptos, que si se siguen —comentó Matthew a su esposa al día siguiente en una carta—, limarían las asperezas del hombre contra el hombre y harían de él un ser más racional".

Matthew no tenía intenciones de aceptar las enseñanzas del Profeta, pero valoraba su mensaje de paz. "No había violencia, ni furia, ni denuncias —escribió él—. Su religión parece ser la religión de la mansedumbre, la humildad y la amable persuasión".

"He cambiado mi opinión en cuanto a los mormones", concluyó[39].

MIENTRAS JOSÉ ESPERABA QUE el Congreso revisara la petición de los santos, se iba cansando de estar alejado de su familia. "Mi Emma querida, mi corazón está entrelazado con el tuyo y el de los niños —escribió él ese invierno—. Dile a los niños que los amo y que volveré a casa tan pronto como me sea posible"[40].

Cuando José se casó con Emma, él pensaba que su unión terminaría con la muerte[41]. Pero desde entonces, el Señor le había revelado que los matrimonios y las familias podían permanecer más allá de la tumba mediante el poder del sacerdocio[42]. Hacía poco tiempo, mientras visitaba las ramas de la Iglesia en el este de los Estados Unidos junto con Parley Pratt, José le dijo que los santos fieles podían cultivar relaciones familiares para siempre, lo que les permitiría prolongar y aumentar su afecto. Sin importar cuánta distancia separara a las familias fieles en la tierra, ellos podían confiar en la promesa de que un día estarán unidos en el mundo venidero[43].

Mientras José esperaba en Washington, se cansó de oír los grandes discursos de los políticos, llenos de un lenguaje grandilocuente y promesas vacías. "Tienen la apremiante disposición de exhibir su oratoria en los asuntos más triviales y manifiestan apego a la etiqueta, la adulación y la pedigüeñería; tergiversando y manipulando para alardear de su ingenio —le escribió a su hermano Hyrum en una carta—. "Nos parece más una exhibición de insensatez y espectáculo que de substancia y profundidad"[44].

Luego de una entrevista infructuosa con John C. Calhoun, uno de los senadores más influyentes en la nación, José comprendió que estaba perdiendo su tiempo en Washington y decidió regresar a casa. Todos hablaban de libertad y justicia, pero nadie parecía dispuesto a hacer responsables a los habitantes de Misuri de sus maltratos hacia los santos[45].

El Profeta regresó a Illinois, mientras que Elias Higbee siguió intentando obtener una compensación por las pérdidas de los santos. En marzo, el Senado revisó la petición de los santos y permitió que los delegados de Misuri defendieran las acciones de su estado. Tras considerar el caso, los legisladores decidieron no hacer nada. Ellos reconocieron los padecimientos de los santos pero creyeron que el Congreso no tenía poder para interferir en las acciones de un gobierno estatal. Solo Misuri podría indemnizar a los santos por sus pérdidas[46].

"Nuestras diligencias han llegado a su fin aquí —escribió Elias a José con desilusión—. He hecho todo cuanto he podido en este asunto"[47].

CAPÍTULO 35

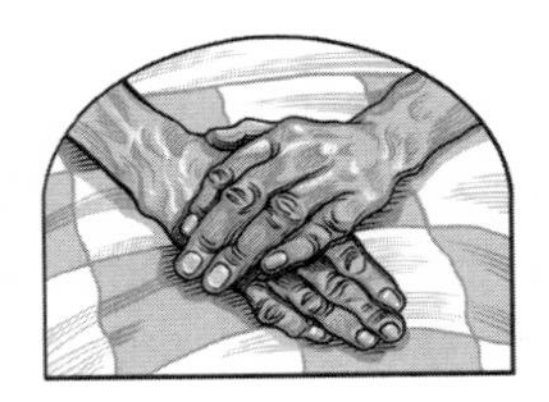

Un lugar hermoso

La epidemia de malaria continuó en Commerce hasta 1840. Emily Partridge y su hermana Harriet visitaban a los enfermos en las tiendas, los carromatos y las casas sin terminar. Emily, que ahora tenía dieciséis años, se había acostumbrado a vivir en condiciones muy duras. Durante casi una década, su familia había sido expulsada de una humilde morada a otra, sin poder disfrutar de una vida estable como habían tenido en Ohio.

Las hermanas atendían a los enfermos hasta que ellas mismas enfermaron con fiebres y escalofríos. Sus padres, Edward y Lydia Partridge, dándose cuenta de que la vida de sus hijas peligraban, se mudaron de la tienda de campaña en que vivían a una pequeña habitación rentada en un almacén abandonado junto al río. Edward se puso, entonces, a edificar una casa para su familia en un terreno ubicado a un kilómetro y medio de distancia.

Pero las dificultades vividas en Misuri habían quebrantado la salud del obispo, y él ya no estaba en condiciones de trabajar. Él mismo contrajo la fiebre, la cual combatió con medicinas hasta sentirse lo suficientemente fuerte como para trabajar una o dos semanas en la construcción de la casa. Cuando volvía a sentirse enfermo, tomaba más medicina y regresaba al trabajo.

Entretanto, la estrecha y asfixiante habitación en el almacén ayudó muy poco a Emily, Harriet y sus otros hermanos, que también enfermaron. Emily siguió teniendo fiebre hasta la primavera de 1840, pero Harriet empeoró más y más. Ella falleció a mediados de mayo, a la edad de 18 años[1].

La muerte de Harriet devastó a los Partridge. Después del funeral, Edward intentó mudar a su familia a un establo para vacas que estaba sin terminar, y que estaba en su propiedad, con la esperanza de que ofreciera un mejor refugio. Pero el esfuerzo fue demasiado y él colapsó. Para ayudar a la familia, unos miembros llamados William y Jane Law se llevaron a Emily y a sus hermanos a su casa, donde los atendieron hasta que se recuperaron.

Edward estuvo agonizando en su lecho durante unos días antes de fallecer tan solo una semana y media después de la muerte de Harriet. Ambas muertes dejaron a Emily desconsolada. Ella estaba muy unida a Harriet, y sabía que su padre lo había sacrificado todo por proveer para su familia y la Iglesia, aun cuando hubo santos gruñones, disidentes sin fe y vecinos hostiles que habían agobiado su alma[2].

Con el tiempo, Emily emergió de entre la niebla de la enfermedad y la tristeza, pero ahora su vida era diferente. Ella y su hermana Eliza, de diecinueve años, tenían que buscar un trabajo para ayudar a su empobrecida familia. Eliza tenía conocimientos como para que la contrataran de costurera, pero Emily no tenía ninguna habilidad en particular. Ella podía lavar platos, barrer y fregar pisos y hacer otras tareas domésticas, claro está, pero eso lo hacían prácticamente todos en la comunidad[3].

Felizmente, los santos no olvidaron cuánto había sacrificado su padre por la Iglesia. "Nadie como él se había ganado la confianza de la Iglesia", decía el obituario del obispo Partridge en el nuevo periódico de los santos *Times and Seasons*. "Su religión lo era todo para él; a ella dedicó su vida, y por ella la dio"[4].

Para honrar su memoria y atender a su familia, los santos terminaron de construir la casa que el obispo había comenzado, proveyendo para su familia un lugar que pudieran considerar suyo[5].

PARA LA PRIMAVERA DE 1840, la nueva ciudad en el Mississippi había logrado un comienzo prometedor. Los santos habían cavado acequias y canales para drenar los pantanos hacia el río y así hacer más habitable el lugar. Trazaron calles, colocaron fundaciones, construyeron estructuras para casas, plantaron huertos y cultivaron campos. Para el mes de junio, ya había unas doscientas cincuenta casas nuevas que daban fe de su laboriosidad[6].

Inconforme con el nombre de Commerce, José había designado el lugar como Nauvoo casi desde el momento en que él llegó. "El nombre de nuestra ciudad —explicaba él en una proclamación de la Primera Presidencia— es de origen hebreo y significa un lugar o una ubicación hermosa, implicando además la idea de *reposo*"[7]. José esperaba que Nauvoo hiciera honor a su nombre y concediera a los santos un descanso de los conflictos de los últimos años.

Sin embargo, él sabía que el descanso y la paz no vendrían fácilmente. Para evitar las disensiones y la persecución que habían experimentado en Ohio y Misuri, los santos debían forjar lazos más fuertes entre ellos y fomentar amistades perdurables con sus vecinos[8].

Por este tiempo, José recibió una carta de William Phelps, quien se había mudado a Ohio tras abandonar la Iglesia e incluso testificar en contra de José ante una corte de Misuri: "Conozco mi situación, usted la conoce y Dios la conoce, y quiero ser salvo, si mis amigos me ayudan"[9].

José sabía que William era un hombre sincero, no obstante sus faltas, por tanto, le escribió poco tiempo después: "Es cierto que hemos sufrido mucho por motivo de su conducta —le dijo—, sin embargo, la copa ha sido bebida, la voluntad de nuestro Padre Celestial se ha cumplido y seguimos con vida". José perdonó a William, feliz de poder dejar atrás los días tenebrosos de Misuri, y lo puso a trabajar de nuevo en la Iglesia.

"Venga, querido hermano; la contención quedó atrás, pues los que fueron amigos, de nuevo amigos serán", le escribió José[10].

José también sintió la urgencia de dar a los santos una mayor dirección espiritual. En la cárcel de Liberty, el Señor le había dicho que sus días eran conocidos, y José había confesado a sus amigos que él no pensaba que viviría hasta los cuarenta años. Él debía enseñar a los santos más de lo que Dios le había revelado antes de que fuese demasiado tarde[11].

Las labores de edificación de la ciudad, y la administración de los asuntos temporales de la Iglesia, sin embargo, consumían la mayor parte del tiempo de José. Él siempre había tenido un rol activo en los asuntos temporales de la Iglesia, y desde hacía tiempo, él se había apoyado en hombres como el obispo Partridge para repartir las cargas. Ahora que Edward había partido, José comenzó a apoyarse más en el obispo Newel Whitney y en otros obispos que fueron llamados en Nauvoo. No obstante, José sabía que necesitaba aún más ayuda para dirigir los aspectos temporales de la administración de la Iglesia, de modo que él pudiera enfocarse más en su ministerio espiritual[12].

Poco después, José recibió otra carta, esta vez de un desconocido llamado John Cook Bennett. John le decía que él pretendía mudarse a Nauvoo, unirse a la Iglesia y ofrecer sus servicios a los santos. Él era médico y un oficial de alto rango en la milicia del estado de Illinois; había sido además ministro y profesor. "Creo que seré mucho más feliz con usted —le dijo—. Escríbame inmediatamente"[13].

En los días subsiguientes, José recibió dos cartas más de John. "Usted puede contar conmigo —prometía John—. Espero que pronto llegue el tiempo en que su pueblo, será mi pueblo y su Dios, mi Dios". Él le dijo a José que su talento para hablar en público y su infatigable entusiasmo serían una valiosa ayuda para los santos[14].

"Mi ansiedad de estar con ustedes crece día a día —insistió él—; yo concluiré mi ejercicio profesional inmediatamente y me dirigiré hacia su feliz morada, si usted piensa que es lo mejor"[15].

José revisó las cartas, alentado de que alguien con las credenciales de John quisiera unirse a los santos. Ciertamente, un hombre con sus capacidades ayudaría al establecimiento de la Iglesia en Illinois.

"Si le fuese posible venir aquí en esta estación para sufrir con el pueblo de Dios —escribió José a John—, nadie se alegrará más ni le dará una bienvenida más cordial que yo"[16].

A MEDIDA QUE NAUVOO fue adquiriendo forma, José se centró en el recogimiento. Desde Inglaterra, los Apóstoles acababan de enviar una compañía de 41 santos, cruzando el océano, con rumbo a Nauvoo. José esperaba recibir más compañías en los próximos meses y años.

"Este es el principal lugar de recogimiento —había anunciado en un sermón en el mes de julio—. Quien lo desee, venga y participe de la pobreza de Nauvoo gratuitamente".

Él sabía que la expulsión de Misuri y la fallida petición que habían elevado al gobierno, habían causado que muchas personas tuvieran incertidumbre en cuanto al futuro de Sion y del recogimiento. José deseaba que entendieran que Sion era más que una parcela de tierra en el condado de Jackson. "En cualquier lugar que los santos se congreguen es Sion", declaró él.

El Señor los mandaba ahora a establecer estacas en Nauvoo y en los alrededores. Con el tiempo, a medida que vinieran más santos a congregarse en Sion, la Iglesia organizaría estacas adicionales y el Señor bendeciría la tierra.

Antes de concluir su sermón, José anunció: "Me comprometo a edificar un templo tan grande como el que hizo Salomón, si la Iglesia me respalda". Él extendió la mano y señaló hacia un punto en la colina donde los santos edificarían la estructura sagrada. "Si fuera. . . la voluntad de Dios que yo pudiera vivir hasta ver el templo completo y terminado —dijo con nostalgia—, diré: 'Señor, con esto basta. Señor, permite a Tu siervo partir en paz' "[17].

Unas semanas más tarde, conforme seguían las altas temperaturas en Nauvoo y las enfermedades se cobraban más vidas, falleció Seymor Brunson, un amigo de José[18]. José habló en su funeral y expresó palabras de consuelo a Harriet, la viuda de Seymor y a los miles de santos en la congregación. Mientras hablaba, miró a Jane Neyman, cuyo hijo, Cyrus, siendo un adolescente, había muerto antes de ser bautizado.

Sabiendo que Jane estaba preocupada por el bienestar del alma de su hijo, José decidió compartir lo que el Señor le había enseñado acerca de la salvación de las personas, que como su hermano Alvin, habían muerto sin recibir el bautismo[19].

José abrió la Biblia y leyó las palabras del apóstol Pablo a los corintios: "De otro modo, ¿qué harán los que se bautizan por los muertos, si en ninguna manera los muertos resucitan? ¿Por qué, pues, se bautizan por los muertos?"[20]. Él hizo ver que las palabras de Pablo eran una evidencia de que una persona viva podía bautizarse vicariamente por una persona fallecida, extendiendo los beneficios del bautismo a los que estaban muertos en cuerpo, pero sus espíritus seguían vivos.

José dijo que el plan de salvación de Dios estaba diseñado para salvar a todos los que estuvieran dispuestos a obedecer la ley de Dios, incluyendo las innumerables personas que habían muerto sin haber oído nunca acerca de Jesucristo ni de Sus enseñanzas[21].

Poco después del sermón, Jane fue al río con un élder de la Iglesia y fue bautizada a favor de Cyrus. Esa noche, cuando José se enteró del bautismo, él preguntó cuáles fueron las palabras que el élder había usado en la ordenanza. Luego de repetírselas, José confirmó que el élder había efectuado el bautismo correctamente[22].

JOHN BENNET LLEGÓ A Nauvoo en septiembre de 1840, y José procuró su consejo en cuanto al manejo de las cuestiones legales y políticas de Nauvoo y de la Iglesia. John tenía casi la misma edad del Profeta, pero era más instruido. Era un hombre de baja estatura, pelo negro canoso, ojos oscuros y de delgado y atractivo rostro. Él aceptó gustosamente el bautismo[23].

Lucy Smith estaba muy preocupada por la salud de su esposo como para prestar mucha atención al famoso que acababa de llegar. Al igual que el obispo Partridge, Joseph Smith, padre, había llegado muy enfermo de Misuri, y el clima veraniego de Nauvoo solo lo había debilitado aún más. Lucy esperaba que él se recuperaría finalmente, pero luego de vomitar sangre un día, ella temió que su muerte era inminente.

Cuando José y Hyrum supieron del empeoramiento de su padre, corrieron para estar a su lado[24].

Lucy fue a avisar a todos los de la familia, mientras José permanecía con su padre. Él le contó a su padre acerca del bautismo por los muertos y las bendiciones que eso pondría al alcance de los hijos de Dios. Henchido de gozo, Joseph, padre, le suplicó que efectuara la ordenanza por Alvin.

Pronto volvió Lucy con la mayoría de sus hijos y se sentaron alrededor de la cama de su padre. Joseph, padre, deseaba dar una bendición de despedida a cada hijo mientras aún tuviera fuerzas para hablar. Al llegar el turno de José, Joseph, padre, colocó sus manos sobre la cabeza de su hijo:

—Sé fiel y serás bendecido, y tu familia será bendecida, y tus hijos después de ti —le dijo—. Y vivirás hasta completar tu obra.

—¡Oh, padre mío!, ¿será así?

—Sí — le respondió el padre—, vivirás hasta establecer el plan de toda la obra que Dios te ha encomendado hacer.

Cuando Joseph, padre, terminó de bendecir a sus hijos, se volvió hacia Lucy. —Madre —exclamó—, tú eres una de las mujeres más singulares del mundo.

Lucy protestó, pero su esposo continuó: "Los dos hemos deseado poder morir al mismo tiempo —le dijo—, pero no debes desear morir cuando yo muera, porque debes permanecer para consolar a los hijos cuando yo me haya marchado".

Tras una pausa, Joseph, padre, exclamó: "Veo a Alvin". Entonces, cruzó las manos y comenzó a respirar lentamente, hasta que sus respiraciones se hicieron más y más breves, y falleció apaciblemente[25].

POCAS SEMANAS DESPUÉS DE la muerte de Joseph, padre, los santos se congregaron en Nauvoo para asistir a la Conferencia General de octubre de 1840. José les enseñó más acerca del bautismo por los muertos, y les explicó que los espíritus de los muertos estaban esperando que sus familiares vivos recibieran las ordenanzas de salvación en su nombre[26].

Entre las sesiones de la conferencia, los santos corrían hasta el río Mississippi, donde había varios élderes, con el agua a la cintura, haciéndoles señas para que se bautizaran por sus abuelos, padres, madres, hermanos e hijos fallecidos. Poco después, Hyrum fue bautizado en favor de su hermano Alvin[27].

Cuando Vilate Kimball vio a los élderes en el río, anheló ser bautizada por su madre, quien había fallecido hacía más de una década. Ella deseaba que Heber regresara de Inglaterra para efectuar la ordenanza, pero dado que José había instado a los santos a redimir a los muertos tan pronto como fuese posible, ella decidió bautizarse inmediatamente por su madre[28].

Emma Smith también pensaba en su familia. Su padre, Isaac Hale, había fallecido en enero de 1839. Él nunca se reconcilió con ella ni con José. Unos años antes de fallecer, él incluso accedió a que los críticos de la Iglesia publicaran una carta que él había escrito condenando a José y diciendo que el Libro de Mormón era "una patraña llena de falsedad y maldad"[29].

Aun así, Emma amaba a su padre y se bautizó en su nombre en el río[30]. Él no había aceptado el Evangelio restaurado en vida, mas ella esperaba que eso no sería así para siempre.

ESE OTOÑO, JOSÉ Y John redactaron una Carta de leyes o constitución para Nauvoo. Se diseñó el documento para conceder a los santos tanta libertad como fuera posible para que ellos se gobernaran a sí mismos, y para protegerlos contra el tipo de injusticias que los habían atribulado en Misuri. Si la legislatura del estado aprobaba la Carta, los ciudadanos de Nauvoo podrían legislar sus propias leyes para la ciudad, operar tribunales locales, establecer una universidad y organizar una milicia[31].

Los planes de José en cuanto a la Iglesia también seguían progresando bien. Anticipando la llegada de más y más santos que vendrían a congregarse, el Profeta organizó varias estacas en los nuevos asentamientos aledaños de Nauvoo. Él además llamó a Orson Hyde y a John Page a embarcarse en una misión a Palestina, donde habrían de dedicar Jerusalén para el recogimiento de los hijos de Abraham. Para llegar allí, los Apóstoles tendrían que atravesar toda Europa, lo que les daría oportunidades de predicar el Evangelio en muchas de sus ciudades[32].

"Podemos esperar que pronto veremos a personas de cada país y nación acudiendo en masa a este lugar —proclamaba José con la Primera Presidencia—; personas de todos los idiomas y de cada lengua, y de cada color, que adorarán al Señor de los ejércitos en Su santo templo"[33].

A principios de diciembre, John Bennet logró influir en la Legislatura del estado de Illinois para que aprobaran la Carta de Nauvoo, que concedía a los santos potestad para llevar a cabo sus planes para la ciudad. Cuando John regresó triunfante a Nauvoo, José lo felicitó en múltiples ocasiones[34].

Algo más de un mes más tarde, el 19 de enero de 1841, el Señor bendijo a los santos con una nueva revelación. En ella, el Señor les aseguraba que había recibido a Edward Partridge y a Joseph Smith, padre, en Su seno, junto con David Patten, quien había sido muerto en la batalla del río Crooked. Hyrum Smith fue llamado a ocupar el lugar de su padre como patriarca de la Iglesia y fue nombrado para servir como profeta, vidente y revelador junto a José, para ocupar la función que una vez tuvo Oliver Cowdery en la Iglesia[35].

Adicionalmente, el Señor mandó a John Bennet que continuara apoyando a José y siguiera hablando a los que no son de la Iglesia en favor de los santos; y le prometió bendiciones con la condición de efectuar obras de rectitud. "Y no fallará su recompensa, si acepta consejo —declaró el Señor—. He visto la obra que ha hecho, la cual acepto si continúa"[36].

El Señor también aceptaba los esfuerzos que habían hecho los santos en el pasado para edificar Sion en el condado de Jackson, y les mandó ahora a edificar Nauvoo, establecer más estacas y construir un hotel llamado el Mesón de Nauvoo, donde los visitantes hallarían un lugar donde reposar y contemplar la palabra de Dios y la gloria de Sion[37].

Pero lo más importante era que el Señor mandaba a los santos edificar un nuevo templo. "Edifíquese esta casa a mi nombre —declaró Él—, para que en ella pueda yo revelar mis ordenanzas a mi pueblo"[38].

El bautismo por los muertos era una de esas ordenanzas. Hasta ese entonces, el Señor había permitido que los santos efectuaran los bautismos en el río Mississippi, pero ahora les mandaba no hacer más la ordenanza hasta que hubieran dedicado una pila bautismal especial en el templo. Él declaró: "Esta ordenanza pertenece a mi casa"[39].

Otras ordenanzas del templo, así como nuevas verdades inspiradoras llegarían más tarde. "Me propongo revelar a mi iglesia cosas que han estado escondidas desde antes de la fundación del mundo, cosas que pertenecen a la dispensación del cumplimiento de los tiempos —prometió el Señor—. Y le mostraré a mi siervo José todas las cosas concernientes a esta casa, y su sacerdocio"[40].

El Señor prometió bendecirlos por su diligencia y obediencia, e instó a los santos a trabajar con todas sus fuerzas en el templo. "Os mando construir una casa a mi nombre en este lugar, para que probéis ante mí que sois fieles en todas las cosas que os mando, para que yo os bendiga y os corone con honra, inmortalidad y vida eterna"[41].

En los albores de ese nuevo año, el futuro lucía brillante para los santos. El 1 de febrero de 1841, eligieron a John Bennet como alcalde de Nauvoo, lo que lo convertía en el jefe de justicia del tribunal de la ciudad. Él llegó a ser, además, el canciller de la nueva universidad, el mayor general de la milicia y un Consejero Auxiliar de la Primera Presidencia[42]. José y otros líderes de la Iglesia tenían confianza en su capacidad para dirigir la ciudad y hacerla grande.

A medida que la autoridad y las responsabilidades de John se ampliaron, Emma no podía negar que él había ayudado inmensamente a los santos, mas ella no compartía el afecto que sentían los santos por él. Ella pensaba que John se paseaba por la ciudad como un pomposo general, y que cuando no estaba tratando de impresionar a José, él parecía solo estar preocupado de sí mismo y era desconsiderado con las personas.

A pesar de todos sus talentos y lo útil que era, había algo en John Bennet que le preocupaba a Emma[43].

CAPÍTULO 36

Persuádelos a congregarse

En la primavera de 1841, Mary Ann Davis contempló por última vez el rostro de su marido antes de que cerraran el ataúd y sus amigos llevaran sus restos a un rincón apacible del cementerio de la iglesia en Tirley, Inglaterra. John Davis estaba en su plenitud cuando murió; tenía veinticinco años. Cuando Mary vio a los hombres llevarse el ataúd, de repente se sintió sola, de pie y vestida de negro en señal de luto, en un pueblito donde ella era la única Santo de los Últimos Días.

John había muerto por causa de sus creencias. Hacía un año que él y Mary se habían conocido en una reunión de los santos, no mucho después de que Wilford Woodruff hubiera bautizado a cientos de los Hermanos Unidos en la cercana Herefordshire. Ni ella ni John habían formado parte de los Hermanos Unidos, pero el Evangelio restaurado se había extendido rápidamente por la región, atrayendo la atención de muchos[1].

Mary y John habían puesto su casa a disposición de los misioneros con la esperanza de que establecieran una congregación en la zona. La Misión Británica había crecido mucho y luego de tan solo cuatro años, había más de seis mil santos en Inglaterra y Escocia[2]. Incluso en Londres, donde los predicadores callejeros de muchas iglesias competían con ferocidad por las almas, los misioneros habían logrado establecer una rama de unos cuarenta santos, dirigida por un joven élder estadounidense, llamado Lorenzo Snow[3].

Sin embargo, la oposición seguía siendo intensa en todo el país. Panfletos baratos plagaban las calles de la mayoría de las ciudades, proclamando todo tipo de ideas religiosas[4]. Algunos de ellos eran reimpresiones de folletos antimormones de los Estados Unidos en los que se advertía a los lectores contra los Santos de los Últimos Días[5].

Con la esperanza de corregir los reportes falsos, Parley Pratt había comenzado a escribir sus propios panfletos y editaba un periódico mensual, el *Latter-day Saints' Millennial Star,* que daba noticias de los santos en Nauvoo y de toda Gran Bretaña. Brigham Young hizo arreglos para imprimir un himnario y el Libro de Mormón para los santos británicos[6].

En Tirley, Mary y John habían enfrentado la hostilidad desde el momento en que los misioneros comenzaron a enseñar en su casa. Unos hombres rudos irrumpían a menudo en las reuniones y corrían a los misioneros. Las cosas fueron empeorando hasta que un día, los hombres golpearon a John, quien cayó al piso, donde lo patearon sin piedad. Él nunca pudo recuperarse de eso. Poco tiempo después, tuvo una mala caída y comenzó a toser sangre. Los misioneros intentaron visitar al matrimonio, pero los vecinos hostiles los mantuvieron alejados. Postrado en cama, John fue debilitándose hasta que falleció.

Después del funeral, Mary decidió unirse a los que se congregaban en Nauvoo. Varios de los Apóstoles, entre ellos Brigham Young y Heber Kimball, habían anunciado recientemente que volverían a casa esa primavera, y que se llevarían con ellos a una cuantiosa compañía de santos británicos. Mary planeó partir hacia Norteamérica poco después, con una compañía más pequeña de santos.

Como ella era la única miembro de la Iglesia en su familia, Mary visitó a sus padres y hermanos para despedirse. Ella esperaba que su padre protestara, pero él solo le preguntó cuándo partiría y en cuál barco.

El día que ella marchó hacia el puerto de Bristol, se sentía desconsolada. Al pasar por la capilla donde ella y John se habían casado unos pocos meses antes, ella recordó todo lo que había ocurrido desde entonces.

Ella era ahora una viuda de veinticuatro años, partía sola hacia una nueva tierra, dispuesta a unir su suerte con la del pueblo de Dios[7].

MIENTRAS, EN NAUVOO, EL editor de periódico, Thomas Sharp, tomó asiento al lado de José Smith en una plataforma elevada desde la que vislumbraba una multitud de miles de santos. Era el 6 de abril de 1841, el undécimo aniversario de la Iglesia y el primer día de la conferencia general. Una banda de instrumentos de viento tocaba por encima de la algarabía de la congregación. En breves instantes, los santos celebrarían esa fecha importante colocando las piedras angulares de un nuevo templo.

Thomas no pertenecía a su Iglesia, pero el alcalde de Nauvoo, John Bennet, lo había invitado a pasar el día con los santos[8]. No era difícil adivinar el porqué. Como editor de un periódico, Thomas podía crear o arruinar una reputación con un puñado de palabras, por lo que fue invitado a Nauvoo como un potencial aliado.

Al igual que los santos,Thomas era nuevo en la región. No había cumplido veintitrés años aún; había llegado al oeste el año anterior para ejercer de abogado y se había establecido en la ciudad de Warsaw, que quedaba a un día de camino al sur de Nauvoo. A los pocos meses de su arribo, había llegado a ser el editor del único periódico que no era mormón en el condado, y se había labrado una reputación gracias a su estilo persuasivo[9].

No le interesaban las enseñanzas de los santos y la devoción de su fe apenas le había impresionado[10]. Mas admitía que los acontecimientos del día eran impresionantes.

El día había comenzado con unas estruendosas salvas de cañón, seguidas de un desfile de la milicia de la ciudad, llamada la Legión de Nauvoo, que constaba de 650 hombres. José Smith y John Bennet, vestidos impecablemente de uniforme azul, con charreteras doradas de oficiales militares, hicieron marchar la Legión a través del pueblo para luego ascender la colina hasta el lugar donde habían excavado las fundaciones del templo. En señal de respeto, los santos habían ubicado a Thomas a la cabeza de la procesión, no muy lejos de José y sus ayudantes de la milicia[11].

Sidney Rigdon comenzó la ceremonia de la piedra angular con un inspirador discurso de una hora acerca de las tribulaciones recientes de los santos y sus esfuerzos por edificar templos. Al concluir su mensaje, José se levantó y dirigió a los trabajadores para bajar la enorme piedra en la esquina suroccidental de la fundación.

"Esta piedra angular principal que representa a la Primera Presidencia se coloca ahora debidamente en honor al Gran Dios. . . —anunció él— a fin de que los santos tengan un lugar dónde adorar a Dios y que el Hijo del Hombre tenga dónde recostar la cabeza"[12].

Después de la ceremonia sagrada, José invitó a Thomas y a otros honorables invitados a su casa para cenar pavo. Él quería que ellos supieran que eran bienvenidos en Nauvoo. Si no compartían su fe, al menos esperaba que aceptaran su hospitalidad[13].

José se sintió complacido al enterarse que al día siguiente, Thomas imprimió en su periódico un reportaje favorable de la ceremonia de la piedra angular. Por primera vez desde la organización de la Iglesia, parecía que los santos contaban con la simpatía de sus vecinos, con apoyo gubernamental y con amigos en lugares importantes[14].

José se alegraba de la paz y buena voluntad que había en Nauvoo, sin embargo, él sabía que el Señor esperaba que él obedeciera Sus mandamientos, aun cuando al hacerlo, la fe de los santos sería probada. Y ningún otro mandamiento constituiría una mayor prueba que el del matrimonio plural[15].

José entendía por revelación que el matrimonio y la familia eran esenciales en el plan de Dios. El Señor había enviado a Elías el profeta al Templo de Kirtland a restaurar llaves del sacerdocio que sellarían a las generaciones como eslabones en una cadena. Bajo la dirección del Señor, José había comenzado a enseñar a más santos que los esposos y las esposas podían sellarse juntos por el tiempo y la eternidad, para llegar a ser herederos de las bendiciones de Abraham y cumplir con el eterno plan de Dios para Sus hijos[16].

El profeta Jacobo, en el Libro de Mormón, enseñó que ningún hombre debía tener "sino una esposa", a menos que Dios mandara otra cosa[17]. Tal como se desprende de la historia de Abraham y Sara, Dios en ocasiones manda a sus fieles seguidores a participar en el matrimonio plural como una forma de extender esas bendiciones a un mayor número de personas y para levantar un pueblo del convenio para el Señor. A pesar de las dificultades que eso produjo, el matrimonio de Abraham a su esposa plural Agar dio origen a una gran nación. Asimismo, el matrimonio plural sería una prueba para los santos que lo practicaran; sin embargo, el Señor prometió exaltarlos por su obediencia y sacrificio[18].

Los años que siguieron a la partida de José de Kirtland habían sido turbulentos, y él entonces no había presentado a los santos el mandamiento del matrimonio plural. Mas la situación era ahora diferente en Nauvoo, donde los santos habían hallado un cierto grado de seguridad y estabilidad.

José sentía confianza en la Constitución de los Estados Unidos que protegía el libre ejercicio de la religión. No hacía mucho que el ayuntamiento de Nauvoo había afirmado este derecho al aprobar un decreto que permitía que todas las agrupaciones religiosas pudieran congregarse libremente en Nauvoo. La ley se aplicaba por igual a las denominaciones cristianas como a las no cristianas. Aun cuando no había en Nauvoo quien practicara el islamismo, el decreto incluso protegía específicamente a los musulmanes, algunos de los cuales practicaban el matrimonio plural[19]. Aunque los políticos en la capital del país habían decepcionado a José, él creía y confiaba que los principios fundacionales de la nación norteamericana protegían su derecho de vivir de acuerdo con la voluntad de Dios[20].

Aun así, él sabía que la práctica del matrimonio plural causaría una conmoción en el pueblo, por lo que él seguía renuente a enseñarlo públicamente. Si bien otras comunidades religiosas y utópicas habían adoptado diversas formas de matrimonio, los santos siempre habían predicado la monogamia. La mayoría de los santos —así como la mayoría de los estadounidenses— relacionaba la poligamia con sociedades menos civilizadas que la de ellos.

El propio José no dejó registros de su visión personal acerca del matrimonio plural o de sus luchas por obedecer el mandamiento. Emma tampoco reveló nada con respecto a cuándo se enteró ella de la práctica ni del impacto que eso tuvo en su matrimonio. Sin embargo, los escritos de otras personas cercanas a ellos dejan en claro que eso era una fuente de angustia para los dos.

José sentía la urgencia de enseñarlo a los santos, a pesar de los riesgos y de sus propias reservas. Si él presentaba el principio en privado a algunos hombres y mujeres fieles, él podría obtener un apoyo fuerte para ello, en preparación para cuando se pudiera enseñar el tema más públicamente. Para aceptar el matrimonio plural, las personas tendrían que vencer sus prejuicios, reconsiderar las costumbres sociales y ejercer gran fe para obedecer a Dios cuando Él mandaba algo que difería mucho de sus tradiciones[21].

Para el otoño de 1840, José había comenzado a hablar sobre esta práctica con Louisa Beaman, de veinticinco años de edad. La familia de Louisa estaba entre las primeras que habían creído en el Libro de Mormón y habían aceptado el Evangelio restaurado. Al morir sus padres, ella se había mudado para vivir con Mary, su hermana mayor, y Bates Noble, el esposo de esta, quien había participado en el Campo de Israel[22].

Bates estuvo presente durante las conversaciones que José sostuvo con Louisa acerca del matrimonio plural[23]. "Al revelarle esto a usted, he colocado mi vida en sus manos —le dijo José—. No me vaya a entregar en manos de mis enemigos en una mala hora"[24].

Un tiempo después, José le propuso matrimonio a Louisa. Ella no dejó registros de cómo reaccionó a la oferta, ni de cuándo ni por qué la aceptó. Pero en la noche del 5 de abril de 1841, el día antes de la conferencia general,

José se reunió con Louisa y con Bates para la ceremonia. Autorizado por José, Bates los selló repitiendo las palabras de la ordenanza que le dijo José[25].

ESE VERANO, LOS SANTOS se alegraron cuando John Bennet fue nombrado a un cargo importante en el sistema judicial del país. Pero otras personas se indignaron, temerosos de que los santos incrementaban su poder político. Ellos consideraron el nombramiento de John como una maniobra de los rivales políticos para ganarse los votos de los santos[26].

Thomas Sharp, que era de las filas de un partido antagónico, cuestionó abiertamente las cualificaciones de John para el cargo, así como su reputación y la sinceridad de su reciente bautismo. En un editorial en su periódico, él instó a los ciudadanos a oponerse al nombramiento[27].

Thomas exageró, además, algunos comentarios de insatisfacción que surgieron entre los centenares de santos británicos que se congregaron en la región. "Se dice que muchos están resueltos a irse —reportó él— y que han enviado cartas a Inglaterra para advertir a sus amigos allí, que están dispuestos a emigrar, acerca de las tristes condiciones en la Ciudad de la Iglesia". La razón real de su descontento, afirmaba él, era una falta de fe en la misión del profeta[28].

José se enojó mucho al leer el editorial, y escribió una carta a Thomas en la que cancelaba su suscripción:

Caballero — Usted debe cancelar mi suscripción de su periódico— sus contenidos deliberadamente buscan mancharme; y patrocinar sus páginas inmundas —esa red de mentiras, ese sumidero de iniquidad— es una ignominia para cualquier persona con moral.

Suyo, con total desdén,
José Smith

P.D.: Sírvase publicar lo anterior en su despreciable periódico[29].

Thomas, irritado por la carta, la publicó en la siguiente edición junto con comentarios sarcásticos sobre el llamamiento profético de José. Alguna personas habían acusado a Thomas de usar su periódico para halagar a los santos[30]. Ahora, él quería que sus lectores supieran que él consideraba a los santos como una creciente amenaza política para los derechos de otros ciudadanos del condado.

A modo de prueba, Thomas reimprimió una proclamación que José había publicado recientemente en la que convocaba a los santos de todas partes a congregarse y edificar Nauvoo. "Si la voluntad de él ha de ser su ley —advirtió Thomas a sus lectores—, ¿qué llegaría, no, qué *llegará* a ser de los derechos más estimados y los privilegios más preciados que ustedes tienen?"[31].

A medida que Thomas fue incrementando sus críticas, José se preocupó de que él pusiera a otras personas en el condado en contra de los santos[32]. Había mucho en riesgo, tras haberse colocado las piedras angulares del templo y habiendo abundantes inmigrantes británicos en camino. Los santos no podían perder Nauvoo como habían perdido Independence y Far West.

EMBARCACIONES A VELAS GRANDES y pequeñas atestaban los congestionados muelles del puerto de Bristol en el suroeste de Inglaterra[33]. Mary Ann Davis abordó la nave que la llevaría a Norteamérica y halló que su cama estaba limpia y libre de pulgas. Se le permitió a ella y otros pasajeros conservar una sola valija junto a sus camas, mientras que el resto de sus pertenencias fue almacenado en la bodega del buque.

Mary permaneció una semana en Bristol mientras abastecían la embarcación. Por motivos de privacidad, ella y otros pasajeros colgaron cortinas entre sus camas, dividiendo el gran salón en pequeños compartimentos. También salían a explorar las calles estrechas de Bristol, echar un vistazo y olfatear la ciudad.

Mary esperaba que sus padres llegaran uno de esos días para despedirla. ¿Para qué, entonces, iba a preguntar su padre por el nombre del barco y el lugar de embarque?

Pero sus padres nunca vinieron. En lugar de ellos, vinieron unos abogados, contratados por su padre, para obligarla a quedarse. Subían al barco cada día preguntando por una joven viuda de ojos oscuros y vestida de negro. Sintiéndose decepcionada, pero aun determinada a emigrar hacia Sion, Mary se deshizo de la ropa de luto y comenzó a vestirse como las otras mujeres jóvenes a bordo.

La embarcación pronto partió hacia Canadá. Al desembarcar, dos meses después, Mary y su compañía viajaron hacia el sur por barco de vapor, tren y barcazas de canal hasta llegar a un puerto cerca de Kirtland. Ansiosos por estar entre los santos, Mary y su grupo llegaron hasta Kirtland, donde hallaron a William Phelps dirigiendo a una pequeña rama de la Iglesia[34].

Kirtland era apenas una sombra de lo que había sido. Los domingos, William hacía reuniones en el templo, sentándose con frecuencia solo en los púlpitos. Desde su puesto en la congregación, Mary pensó que el templo se veía abandonado.

Unas semanas más tarde, llegó otra compañía de santos británicos a Kirtland. Un miembro de la compañía, Peter Maughan, planeaba continuar el viaje a bordo de un buque de vapor por los Grandes Lagos hasta Chicago, y de allí seguir por tierra hasta Nauvoo. Ansiosa por acabar su viaje, Mary y otros santos fueron con él y sus seis niños[35].

En el trayecto hacia Nauvoo, Mary y Peter se conocieron mejor. Él era viudo y había trabajado en las minas de plomo del noroeste de Inglaterra. Su esposa, Ruth, había muerto al dar a luz poco antes de que la familia planeara emigrar. Peter había pensado quedarse en Inglaterra, pero Brigham Young lo había convencido de que fuera a Nauvoo[36].

Cuando Mary llegó a Nauvoo, exploró la ciudad en busca de amigos de Inglaterra. Al ir por las calles, vio a un hombre predicando encima de un barril, y se detuvo a escucharlo. El predicador era un hombre entusiasta y la claridad de su sermón cautivó al grupo. De vez en cuando, el predicador se inclinaba hacia delante y apoyaba las manos en los hombros de un hombre alto que estaba frente a él, como quien se apoya en un escritorio.

Mary supo enseguida que él era José Smith. Luego de viajar cinco meses, finalmente ella se encontraba entre los santos y en la presencia del profeta de Dios[37].

ENTRETANTO, DEL OTRO LADO del mundo, Orson Hyde estaba embargado de la emoción al contemplar Jerusalén por primera vez. La ciudad antigua se asentaba sobre una colina delimitada por valles y circundada por una gruesa muralla. Al aproximarse a la puerta oriental de la ciudad, fatigado por sus viajes, Orson echó un vistazo a la muralla y a las amenazantes torres que había tras ella[38].

Orson confiaba que iba a llegar a Jerusalén junto con John Page, pero John había regresado a casa antes de que partieran de los Estados Unidos. Viajando en solitario, Orson había viajado a través de Inglaterra y Europa, pasando por algunas de las grandes ciudades del continente. Luego, se dirigió al sureste hasta Constantinopla y abordó un buque a vapor hasta la ciudad costera de Jaffa, donde hizo arreglos para viajar hasta Jerusalén con una compañía de caballeros ingleses, que iban con sus sirvientes fuertemente armados.

En los días siguientes, Orson recorrió las calles polvorientas e irregulares de Jerusalén, y se reunió con las autoridades cívicas y religiosas de la ciudad. En Jerusalén vivían unas diez mil personas, la mayoría de lengua árabe. La ciudad se hallaba en un estado lamentable, y había sectores reducidos a escombros, tras siglos de conflictos y negligencia.

Orson visitó los lugares de los que había leído en la Biblia, y se sentía maravillado por la ciudad y su historia sagrada. Cuando veía a personas realizando las tareas comunes descritas en las parábolas del Salvador, él se sentía transportado al tiempo de Jesús. En Getsemaní, recogió una rama de un olivo y meditó en la Expiación[39].

El 24 de octubre de 1841, Orson se levantó antes del amanecer y escaló una ladera cerca de donde Jesús anduvo la noche antes de Su crucifixión. Al ascender el monte de los Olivos, Orson miró hacia Jerusalén, del otro lado del valle, y contempló la espectacular Cúpula de la Roca, que está erigida cerca del lugar donde había estado el templo en la época del Salvador[40].

Sabiendo que el Señor había prometido que algunos de la posteridad de Abraham serían congregados en Jerusalén antes de la Segunda Venida, el Apóstol se sentó y escribió una oración, en la que pedía a Dios que condujera a los remanentes esparcidos hasta su tierra prometida[41].

"Persuádelos a congregarse sobre esta tierra de acuerdo con Tu palabra —oró Orson—. Permite que vengan como nubes y cual palomas a sus ventanas".

Al concluir su oración, Orson colocó una pila de piedras en el lugar, y regresó al valle para levantar otra pila de piedras en el monte Sion, como un monumento sencillo de haber completado su misión. Seguidamente, emprendió el largo viaje de regreso a casa[42].

CAPÍTULO 37

Los probaremos

El 5 de enero de 1842, José abrió una tienda en Nauvoo en la que saludaba animadamente a sus clientes. "Me encanta atender a los santos y ser un siervo de todos —le contó a un amigo en una carta—, con la esperanza de lograr la exaltación en el debido tiempo del Señor"[1].

La doctrina de la exaltación preocupaba mucho a José[2]. En febrero, volvió a prestar atención a los rollos de papiros egipcios que había adquirido en Kirtland y a la traducción inconclusa de los escritos de Abraham[3]. La nueva Escritura enseñaba que Dios había enviado a Sus hijos a la tierra a probar su fidelidad y disposición a obedecer Sus mandamientos.

"Con esto los probaremos —declaró el Señor antes de la creación de la tierra—, para ver si harán todas las cosas que el Señor su Dios les mandare". Aquellos que fueren obedientes a Sus mandamientos serían exaltados a una gloria mayor; quienes eligieran desobedecer a Dios perderían esas bendiciones eternas[4].

José deseaba ayudar a los santos a que conocieran esas verdades para que pudieran progresar hacia la exaltación y entrar en la presencia de Dios. La investidura de poder que recibieron en Kirtland había fortalecido a muchos hombres para los rigores del campo misional. Pero Dios les había prometido una investidura espiritual aun mayor en el Templo de Nauvoo. Él les revelaría ordenanzas y conocimientos adicionales a los hombres y mujeres fieles de la Iglesia, para hacerlos reyes y reinas, sacerdotes y sacerdotisas, tal como lo había profetizado Juan el Revelador en el Nuevo Testamento[5].

José instó a los Doce y a otros amigos de confianza a ser obedientes al Señor, en preparación para recibir esa investidura de poder divino. Él, además, enseñó el principio del matrimonio plural a unos pocos santos más, y testificó de su origen divino. El verano anterior, menos de una semana después de que los Apóstoles regresaran de Inglaterra, él les enseñó el principio a varios de ellos y les mandó obedecerlo como un mandamiento del Señor[6]. Si bien el matrimonio plural no era necesario para la exaltación ni para recibir la mayor investidura de poder, sí lo eran la obediencia al Señor y la disposición a dedicar la vida al Señor.

Al igual que José, los Apóstoles se resistieron originalmente al nuevo principio. Brigham sintió tal agonía por la decisión de casarse con otra esposa que él deseó morir anticipadamente. Heber Kimball, John Taylor y

Wilford Woodruff querían posponer la obediencia tanto como les fuera posible[7].

En obediencia al mandato del Señor, José se había sellado a otras mujeres desde su matrimonio con Louisa Beaman. Cuando le enseñaba a una mujer acerca del matrimonio plural, él le pedía que buscara su propia confirmación espiritual de que era correcto que se sellara a él. No todas las mujeres aceptaron su invitación, pero varias lo hicieron[8].

En Nauvoo, algunos santos se casaron en matrimonios plurales por el tiempo y la eternidad, lo que significaba que sus sellamientos perdurarían por esta vida y la venidera. Al igual que los matrimonios monógamos, estos matrimonios podrían incluir el tener relaciones sexuales y tener hijos. Otros matrimonios plurales fueron hechos solo por la eternidad, y los participantes entendían que su sellamiento tendría efecto en la vida venidera[9].

En algunos casos, una mujer que estaba casada por esta vida con un miembro que estaba enemistado con la Iglesia o con un hombre que no era miembro de la Iglesia, e incluso con un miembro de la Iglesia, podía sellarse a otro hombre por la eternidad. Después de la ceremonia de sellamiento, la mujer continuaba viviendo con su marido, si bien anticipaba las bendiciones de un matrimonio eterno y la exaltación en la vida venidera[10].

A comienzos de 1842, José le propuso este tipo de sellamiento a Mary Lightner, cuyo esposo, Adam, no era miembro de la iglesia. Durante su conversación, José le dijo a Mary que el Señor había mandado que ellos se sellaran por la vida venidera[11].

—Si Dios le dijo eso a usted —preguntó Mary—, ¿por qué no me lo dice a mí?

—Ore de todo corazón —replicó José— porque el ángel me dijo que usted tendría su testimonio[12].

LA PETICIÓN DE JOSÉ inquietó a Mary. Al enseñarle acerca del matrimonio plural, José le describió las bendiciones eternas del convenio del matrimonio eterno[13]. Cuando Mary se había casado con Adam, se habían hecho promesas mutuas solo por esta vida. Y ahora, ella comprendía que no podría hacer convenios eternos con él a menos que él primero accediera a ser bautizado por alguien con la debida autoridad[14].

Mary habló con él acerca del bautismo, rogándole que se uniera a la Iglesia. Adam le dijo que él respetaba a José pero que no creía en el Evangelio restaurado y no se iba a bautizar[15].

Deseando tener las bendiciones del matrimonio eterno, sin embargo, y sabiendo que no las obtendría con Adam, Mary se preguntaba qué debía hacer. Las dudas colmaban su mente. Finalmente, ella oró al Señor pidiendo que le enviara un ángel a confirmarle que la petición de José era correcta[16].

Una noche que se había quedado en casa de una tía, Mary vio que aparecía una luz en la habitación. Estando ella sentada en la cama, se sorprendió al ver un ángel vestido de blanco, de pie junto a ella. El rostro del ángel era brillante y hermoso; sus ojos parecían penetrarla como un relámpago.

Mary se asustó y se echó las mantas encima de la cabeza, y el ángel desapareció.

Al domingo siguiente, José le preguntó a Mary si había recibido una respuesta.

—No he obtenido un testimonio, pero he visto algo que nunca antes había visto —admitió Mary—. Vi un ángel pero casi me muero del susto. No le hablé.

—Ese era un ángel del Dios viviente —le dijo José—. Si usted es fiel, verá cosas mayores que esa[17].

Mary continuó orando. Ella había visto a un ángel, lo que fortaleció su fe en las palabras de José. Y recibió otros testimonios espirituales en los días subsiguientes que no podía negar ni ignorar. Adam continuaría siendo su esposo en esta vida, pero ella deseaba asegurarse de recibir todas las bendiciones que estuvieran disponibles en la vida venidera[18].

Poco después, ella aceptó la propuesta de José, y Brigham Young los selló por la vida venidera[19].

BAJO LA DIRECCIÓN DE José, John Taylor y Wilford Woodruff comenzaron a publicar la traducción que hizo el Profeta del libro de Abraham en las ediciones de marzo de 1842 del *Times and Seasons*. Conforme los santos leían el registro, se emocionaban al descubrir nuevas verdades acerca de la creación del mundo, el propósito de la vida y el destino eterno de los hijos de Dios. Ellos aprendieron que Abraham había tenido un Urim y Tumim, y que había hablado con el Señor cara a cara. Leyeron que la tierra, y todo lo que hay en ella, había sido organizada de materiales existentes y para el propósito de lograr la exaltación de los hijos del Padre procreados como espíritus[20].

Entusiasmados por la publicación del libro de Abraham, y por la doctrina que enseñaba que hacía expandir el alma, los santos continuaron haciendo sacrificios para edificar su nueva ciudad y erigir el templo.

Para este tiempo, había en Nauvoo más de mil cabañas de troncos, muchas casas de estructura de madera y otras de ladrillos, bien sea terminadas o en construcción[21]. Para organizar mejor la ciudad, José la dividió en cuatro unidades llamadas barrios, y nombró obispos para presidirlos. Se esperaba que cada barrio ayudara con la construcción del templo enviando trabajadores a obrar en la Casa del Señor cada décimo día[22].

Margaret Cook, una mujer soltera que se sostenía trabajando como costurera en Nauvoo, observaba cómo iba progresando el templo. Ella había trabajado para Sarah Kimball, una de las primeras conversas a la Iglesia, y que estaba casada con un próspero comerciante que no era Santo de los Últimos Días.

Mientras Margaret trabajaba, ella y Sarah conversaban a veces de los esfuerzos para construir el templo. Las paredes construidas aún no tenían mucha altura, cuando los artesanos construyeron un ambiente provisional en el sótano del templo, donde instalaron una pila bautismal grande para los bautismos por los muertos. La fuente era una pila en forma ovalada hecha de tablas de pino hábilmente trabajadas; la pila descansaba sobre las ancas de doce bueyes tallados a mano y tenía acabados con finas molduras. Una vez dedicada la pila bautismal, los santos habían comenzado a efectuar bautismos por los muertos nuevamente[23].

Deseando poder contribuir con algo al templo, Margaret se dio cuenta de que muchos de los trabajadores no contaban con camisas, pantalones ni zapatos adecuados. Ella le propuso a Sarah trabajar juntas para hacer camisas nuevas para los trabajadores. Sarah dijo que ella podía aportar los materiales para las camisas, si ella hacía la costura. También iban a solicitar la colaboración de otras mujeres en Nauvoo para organizar una sociedad que dirigiera la labor[24].

Poco tiempo después, Sarah invitó a una docena de mujeres a su casa para hablar de la nueva sociedad. Le pidieron a Eliza Snow, que era conocida por su talento para escribir, que redactara un borrador de los estatutos. Eliza se puso enseguida manos a la obra, y cuando terminó el documento, lo mostró al Profeta.

José dijo que eran los mejores estatutos de su tipo. "Pero esto no es lo que ustedes desean —dijo él—. Diga a las hermanas que el Señor acepta su ofrenda y que Él tiene para ellas algo mejor". Él pidió que la sociedad se reuniera con él en su tienda unos pocos días después.

"Organizaré a las mujeres bajo la dirección del sacerdocio y de acuerdo con el modelo de este[25] —dijo José—. Ahora poseo la llave por la que puedo hacerlo"[26].

El martes siguiente, el 17 de marzo de 1842, Emma Smith subió la escalera para ir a la sala grande que estaba encima de la tienda de José. Unas diecinueve hermanas, entre ellas: Margaret Cook, Sarah Kimball y Eliza Snow habían venido para organizar la sociedad. José también estaba presente, junto con Willard Richards, quien había empezado a trabajar como escribiente de José, luego de regresar de Inglaterra, y John Taylor[27].

La mujer más joven entre las presentes era Sophia Marks, de quince años. La mayor era Sarah Cleveland, de cincuenta y cuatro años de edad. La mayoría de las mujeres tenía la edad de Emma. Excepto Leonora Taylor, nacida en Inglaterra, todas las mujeres eran del este de los Estados Unidos y habían emigrado al oeste con los santos. Unas pocas de las hermanas, como Sarah Kimball y Sarah Cleveland, tenían una buena posición económica, mientras que otras poseían poco más que los vestidos que llevaban.

Las mujeres se conocían bien entre ellas. Philinda Merrick y Desdemona Fullmer eran supervivientes de la masacre de Hawn's Mill. Athalia Robinson y Nancy Rigdon eran hermanas. Emma Smith y Bathsheba Smith eran primas por matrimonio, al igual que Eliza Snow y Sophia Packard. Sarah Cleveland y Ann Whitney habían ayudado a Emma en tiempos difíciles de su vida, acogiendo a Emma y su familia en sus casas cuando no tenían dónde ir. Elvira Cowles estaba de alquiler en la casa de Emma y ayudaba a cuidar de los niños[28].

A Emma le gustaba la idea de iniciar una sociedad para mujeres en Nauvoo. Recientemente, José y otros hombres del pueblo habían ingresado en una sociedad fraternal que tenía siglos de existencia, y que se conocía con el nombre de Masonería, luego que Hyrum Smith y John Bennet, quienes ya eran masones, habían ayudado a organizar una logia masónica en la ciudad. Pero las mujeres de Nauvoo tendrían una sociedad de otro estilo[29].

Luego que todos cantaron "El Espíritu de Dios", y John Taylor ofreció la oración, José se puso de pie y explicó que la nueva sociedad debía alentar a las mujeres a buscar y atender a los necesitados, ofrecer corrección moral a quienes estuvieran en error y fortalecer la comunidad. Luego, invitó a las hermanas a escoger una presidenta, quien seleccionaría dos consejeras, tal como en los cuórumes del sacerdocio. Era la primera vez que las mujeres tendrían autoridad y responsabilidades oficiales en la Iglesia[30].

Ann Whitney, amiga de Emma, propuso a esta como presidenta, y las mujeres en la sala la apoyaron unánimemente. Emma, entonces, nombró a Sarah Cleveland y a Ann como sus consejeras.

José leyó la revelación que él había recibido para Emma en 1830, e hizo ver que ella había sido ordenada, o apartada, en aquel entonces, para exponer las Escrituras y enseñar a las mujeres de la Iglesia. El Señor la había llamado "dama elegida", explicó José, porque ella había sido escogida para presidir.

John Taylor procedió a ordenar a Sarah y Ann como consejeras de Emma y confirmó a Emma en su nuevo llamamiento, bendiciéndola con la fortaleza que necesitaba. Luego de impartir instrucciones adicionales, José entregó la reunión en manos de ella, y John propuso que ellas decidieran un nombre para la sociedad.

Las consejeras de Emma recomendaron que la llamaran la Sociedad Femenina de Nauvoo para el Socorro pero John sugirió que se llamase la Sociedad Femenina y Benevolente de Nauvoo, haciendo eco de los nombres de otras sociedades de mujeres en el país[31].

Emma dijo que ella prefería "Socorro" mejor que "benevolente", pero Eliza Snow sugirió que "Socorro" implicaba una respuesta extraordinaria ante una gran calamidad. ¿No debería centrarse nuestra Sociedad más en los problemas diarios de la vida?

"Vamos a hacer algo extraordinario —insistió Emma—. Cuando un bote se atasque en los rápidos con una multitud de mormones a bordo, consideraremos eso como una llamada de socorro. Esperamos oportunidades extraordinarias y llamamientos apremiantes".

Sus palabras pusieron a todos en la sala a pensar. "Tendré que admitir que tiene razón —dijo John—. Sus argumentos son tan poderosos que no puedo resistirlos".

Eliza, siempre atenta a la poesía de las palabras, recomendó un ligero cambio en el nombre. En lugar de llamarla la Sociedad Femenina de Nauvoo para el Socorro, ella propuso "La Sociedad de Socorro Femenina de Nauvoo" Todas las mujeres estuvieron de acuerdo.

"Cada miembro debe tener la ambición de hacer el bien", dijo Emma. Por encima de todo, la caridad debía motivar su sociedad. Como enseñó Pablo en el Nuevo Testamento, las buenas obras no servirían de nada si no abundase la caridad en sus corazones[32].

José se reunió con la Sociedad de Socorro varias veces durante la primavera. La organización creció rápidamente al incorporarse las hermanas miembros de mucho tiempo así como las recién bautizadas que llegaban como inmigrantes. En la tercera reunión, apenas había espacio en la tienda de José para todas las que querían asistir. José deseaba que la Sociedad de Socorro preparara a sus miembros para la investidura de poder que iban a recibir en el templo. Él enseñó a las mujeres que ellas debían ser una sociedad selecta, separada de todas las iniquidades del mundo y obrando de acuerdo con el modelo del antiguo sacerdocio[33].

Entre tanto, José estaba preocupado por unos reportes sobre unos pocos hombres en Nauvoo que estaban teniendo relaciones sexuales fuera del matrimonio, y que afirmaban que tal comportamiento era permisible mientras se mantuviera en secreto. Los hombres que hacían esas seducciones, que corrompían las enseñanzas del Señor en cuanto a la castidad, no tenían respeto alguno por los mandamientos. Si no se corregía esa situación, ellos podían llegar a ser una grave piedra de tropiezo para los santos.

El 31 de marzo José le pidió a Emma que leyera una carta a la Sociedad de Socorro en la que se aclaraba que las autoridades de la Iglesia nunca habían aprobado tales conductas. "Deseamos que esto se acabe —decía la carta—, porque deseamos guardar los mandamientos de Dios en todas las cosas"[34].

Por encima de todo, José deseaba que los santos fuesen dignos de recibir las bendiciones de exaltación. "Si desean ir donde Dios está, deben ser como Dios es, y poseer los principios que Él posee —dijo a los santos esa primavera—. Al grado que nos alejamos de Dios, descendemos al diablo y perdemos conocimiento, y sin conocimiento no podemos ser salvos"[35].

Él confió a la presidencia de la Sociedad de Socorro la labor de dirigir las mujeres de la Iglesia y ayudarles a nutrir tal conocimiento y rectitud en ellas mismas.

"Esta Sociedad debe recibir instrucción mediante el orden que Dios ha establecido, es decir, por medio de aquellos que han sido nombrados para dirigir —él declaró—, y ahora doy vuelta a la llave para ustedes en el nombre de Dios; y esta Sociedad se ha de regocijar, y recibirá un torrente de conocimiento e inteligencia a partir de este momento"[36].

El 4 de mayo de 1842, Brigham Young, Heber Kimball y Willard Richards hallaron la sala en el piso superior de la tienda de José muy transformada. En la pared había un mural recién pintado. En la sala había plantas y pequeños árboles, que creaban un ambiente de jardín. Una parte de la sala estaba dividida por una alfombra que colgaba como si fuera una cortina[37].

José había invitado a los tres Apóstoles a que vinieran a la tienda esa mañana para una reunión especial. Él había invitado también a Hyrum y a William Law, ambos miembros de la Primera Presidencia y dos de sus más cercanos asesores. También asistieron los obispos Newel Whitney y George Miller; el presidente de la estaca Nauvoo, William Marks, y James Adams, líder de la Iglesia[38].

El resto de la tarde, el Profeta hizo la presentación de una ordenanza para esos hombres. Como parte de ello, hubo lavamientos y unciones, similar a las ordenanzas efectuadas en el Templo de Kirtland y en el antiguo Tabernáculo hebreo. Se dio a los hombres una ropa interior sagrada que cubría sus cuerpos y que les haría recordar sus convenios[39].

La nueva ordenanza que Dios reveló a José enseñaba verdades para la exaltación. En ella se hacía referencia a los relatos de las Escrituras sobre la Creación y el Jardín del Edén, incluyendo el nuevo relato de la traducción de Abraham, para guiar a los hombres paso a paso por el Plan de Salvación. Al igual que Abraham y otros antiguos profetas, ellos recibieron conocimiento que los facultaría para retornar a la presencia de Dios[40]. Durante la ordenanza, los hombres hicieron convenios de vivir en rectitud, vivir vidas castas y servir al Señor[41].

José llamó esa ordenanza la investidura y pidió a los hombres no revelar el conocimiento especial que habían aprendido ese día. Al igual que la investidura de poder que recibieron en Kirtland, esa ordenanza era sagrada y solo para los de ánimo espiritual. No obstante, fue mucho más que un derramamiento de dones espirituales y poder divino sobre los élderes de la Iglesia. Tan pronto como el templo estuvo terminado, tanto los hombres como las mujeres pudieron recibir la ordenanza, fortalecer su relación de convenio con Dios y hallar más poder y protección al consagrar sus vidas al reino de Dios[42].

Cuando la ceremonia concluyó, José dio algunas instrucciones a Brigham. "Esto no está dispuesto de la manera correcta —dijo al Apóstol—, pero hemos hecho lo mejor que hemos podido dadas las circunstancias en que nos hallamos; y yo deseo que usted tome este asunto en sus manos, y organice y sistematice todas estas ceremonias”[43].

Al partir de la tienda ese día, estos hombres estaban maravillados de las verdades que habían aprendido en la investidura. A Heber Kimball, algunos aspectos de la ordenanza le hicieron recordar las ceremonias de los masones. En las reuniones de los masones, los hombres actuaban representando una historia alegórica acerca del arquitecto del Templo de Salomón. Los masones aprendían gestos y palabras, que ellos prometían mantener en secreto, y que todas ellas simbolizaban que ellos estaban edificando una fundación sólida, adquiriendo luz y conocimiento por grados[44].

Sin embargo, la investidura era una ordenanza del sacerdocio concebida para hombres y mujeres, que enseñaba verdades sagradas que no están en la Masonería, y que Heber estaba ansioso que los demás aprendieran.

“Hemos recibido algunas cosas preciosas sobre el sacerdocio por medio del Profeta que harán que sus almas se regocijen —escribió Heber a Parley y a Mary Ann Pratt en Inglaterra—. No puedo poner estas cosas en papel, porque no han de ser escritas; así que tienen que venir y recibirlas ustedes mismos”[45].

CAPÍTULO 38

TIMES AND SEASONS.
CITY OF NAUVOO,
MONDAY, AUG. 1, 1842.
JOHN C. BENNETT.

Un traidor o un hombre leal

Una pertinaz lluvia caía sobre las calles de Independence, Misuri, la noche del 6 de mayo de 1842. Lilburn Boggs acababa de cenar en su casa, tras lo cual se sentó en una silla para leer el periódico[1].

Aunque ya había concluido su mandato como gobernador de Misuri hacía más de un año, Boggs se mantenía activo en la política y estaba ahora en campaña por un escaño vacante en el senado del estado. Él se había granjeado enemigos con el correr de los años, por lo que su elección no era nada segura. Además de ser criticado por expedir la orden de exterminio que expulsó a millares de santos del estado, muchos ciudadanos de Misuri estaban descontentos por la agresividad con que manejó una disputa de límites con el Territorio de Iowa. Otras personas cuestionaban la forma en que había recaudado fondos para construir un nuevo capitolio para el estado[2].

Boggs leía los titulares sentado de espaldas a la ventana. La noche era fría y oscura, y podía escuchar el tenue golpeteo de la lluvia afuera.

En esos momentos, sin que se percatara Boggs, alguien se acercó sigilosamente por el patio lleno de fango y le apuntó con una pistola grande a través de la ventana. Un destello de luz salió del cañón de la pistola, y Boggs se desplomó sobre el periódico; Boggs sangraba de la cabeza y el cuello.

Al oír el disparo, el hijo de Boggs llegó corriendo a la habitación y pidió ayuda. Para entonces, el criminal había arrojado el arma al suelo y había huido sin ser visto, dejando solo sus huellas en el lodo[3].

MIENTRAS LOS INVESTIGADORES TRATABAN de seguir el rastro del forajido, Hyrum Smith investigaba en Nauvoo crímenes de diferente naturaleza. A principios de mayo, varias mujeres habían acusado al mayor John Bennet de cometer hechos atroces. En la presencia de un concejal de la ciudad, ellas contaron a Hyrum que John les había hablado en secreto y les había insistido que no sería pecaminoso tener relaciones sexuales con él, siempre y cuando no lo dijeran a nadie. John llamaba a esa práctica "uniones conyugales espirituales" y les mintió asegurándoles que José aprobaba tales conductas[4].

Al principio, las mujeres se rehusaron a creerle a John. Pero él insistía e hizo que sus amigos juraran a las mujeres que él decía la verdad. Y si él estaba mintiendo, les dijo él, el pecado recaería directamente sobre él. Y si ellas quedaban embarazadas, él les prometía que como médico, él realizaría los abortos. Finalmente, las mujeres cedieron a sus pedidos, y a los de algunos de sus amigos cuando les hicieron peticiones similares.

Hyrum estaba escandalizado. Él ya venía dándose cuenta de que John no era el hombre de carácter que había pretendido ser al principio. Poco después de su llegada a Nauvoo y de su nombramiento como alcalde, habían llegado ciertos rumores sobre el pasado de John. José había enviado al obispo George Miller para investigar esos rumores y pronto se enteró de que John tenía un historial de ir de sitio en sitio, valiéndose de sus muchos talentos, para aprovecharse de la gente.

George también descubrió que John tenía hijos y aún estaba casado con una mujer de la que había abusado y a la que había engañado por muchos años[5].

Luego que William Law y Hyrum comprobaron estos hechos, José confrontó a John y lo reprendió por las cosas inicuas que había hecho. John prometió enmendarse, pero José había perdido la confianza en él y ya no le creía como antes[6].

Ahora que Hyrum había escuchado el testimonio de esas mujeres, supo que había que hacer algo más. Hyrum, José y William redactaron un documento por el que excomulgaban a John de la Iglesia, el cual fue firmado por otros líderes de la Iglesia. Debido a que aún estaban investigando el alcance de los pecados de John, y esperaban poder resolver el asunto sin crear un escándalo público, decidieron no notificar aún la excomunión[7].

Pero algo era cierto: el alcalde se había convertido en un peligro para la ciudad y los santos, y Hyrum se sintió obligado a detenerlo.

JOHN ENTRÓ EN PÁNICO cuando se enteró de la investigación de Hyrum. Con lágrimas corriéndole por las mejillas, acudió a la oficina de Hyrum suplicando misericordia. Él dijo que se arruinaría de por vida, si las personas se enteraban de que había engañado a tantas mujeres. Él deseaba hablar con José y arreglar las cosas.

Los dos salieron afuera y John vio al Profeta cruzando el jardín en dirección a su tienda. John llegó hasta él y exclamó: "Hermano José, soy culpable —Tenía los ojos rojos y con lágrimas—. Yo lo reconozco y le ruego que no me exponga públicamente".

—¿Por qué está usando mi nombre para llevar a cabo su iniquidad infernal? —preguntó José—. ¿Alguna vez le enseñé algo que no fuera virtuoso?

—¡Nunca!

—¿Alguna vez vio algo en mi conducta o en mis actos en público o en privado que no fuese virtuoso o recto?

—No, nunca.

—¿Está dispuesto a hacer un juramento de ello ante un concejal de la ciudad?

—Sí, lo estoy.

John siguió a José a su oficina, y un secretario le entregó una pluma y un papel. Al llegar el concejal, José salió de la sala mientras John se inclinaba sobre el escritorio y escribió una confesión, afirmando que el Profeta no le había enseñado nada que fuese contrario a las leyes de Dios[8]. Luego, renunció a su cargo de alcalde de Nauvoo[9].

Dos días después, el 19 de mayo, el consejo de la ciudad aceptó la renuncia de John y nombró a José al cargo. Antes de concluir la reunión, José preguntó a John si tenía algo que decir.

"No tengo problema alguno con los líderes de la Iglesia, y yo pretendo continuar con ustedes, y espero que llegue el tiempo en que pueda ser restaurado a una hermandad y confianza plenas —dijo John—. Si llega a darse el tiempo y pueda tener la oportunidad de probar mi fe, se conocerá entonces si soy un traidor o un hombre leal"[10].

El sábado siguiente, un periódico de Illinois daba la noticia del atentado contra Lilburn Boggs. El exgobernador se aferraba a la vida, decía el reportaje, a pesar de las graves heridas en la cabeza. Las investigaciones policiales para establecer la identidad del autor del disparo habían sido infructuosas. Algunas personas acusaban a los rivales políticos de Boggs de halar el gatillo, pero el periódico indicaba que los santos estaban tras el atentado, y afirmaba que José alguna vez había profetizado un final violento para Boggs.

"He allí —así declaraba— base suficiente para el rumor"[11].

El reportaje ofendía a José, quien ya estaba cansado de que lo acusaran de crímenes que no había cometido. "Usted ha obrado conmigo injustamente al atribuirme una predicción del fallecimiento de Lilburn W. Boggs —escribió al editor del periódico—. Mis manos están limpias, y mi corazón, puro, de la sangre de todos los hombres"[12].

La acusación llegó en un momento en que había poco tiempo para defenderse públicamente. José llevaba una semana ocupado con la investigación de los actos de John Bennet[13]. Día tras día, la Primera Presidencia, el Cuórum de los Doce y el concejo de la ciudad escuchaba los testimonios de las víctimas de John. A medida que relataban sus historias, José descubrió cuánto había distorsionado John las leyes de Dios, y cómo se había burlado de las relaciones de convenio eternas que José había procurado forjar entre los santos.

Durante las audiencias, él escuchó el testimonio de Catherine Warren, la viuda de una de las víctimas de la masacre de Hawn's Mill. Siendo madre de cinco hijos, ella se hallaba en una situación de suma pobreza y luchaba para proveer para su familia.

Catherine dijo que John Bennett fue el primer hombre que se aprovechó de ella en Nauvoo. "Él me dijo que deseaba que le concediera sus deseos —contó ella ante el sumo consejo— Le respondí que nunca había incurrido en esa conducta, y que creía que traería una desgracia sobre la Iglesia si yo quedase embarazada". Ella accedió a sus peticiones, luego que él le mintiera afirmando que los líderes de la Iglesia daban su aprobación.

Poco después, algunos amigos de John se valieron de las mismas mentiras para aprovecharse de ella.

"El invierno pasado yo llegué a ser consciente de mi conducta", dijo Catherine al sumo consejo. Cuando ella se enteró de que ni José ni otros líderes de la Iglesia aprobaban lo que estaba haciendo John, ella decidió denunciarlo. Tras escuchar a Catherine, José y el sumo consejo decidieron que ella continuara en la Iglesia y excomulgaron a los hombres que la habían engañado[14].

Al concluir la investigación, John también recibió su notificación oficial de excomunión. De nuevo, él suplicó por misericordia e instó al consejo que manejaran su castigo discretamente. Él dijo que la noticia le rompería el corazón a su anciana madre y que el dolor seguramente la mataría[15].

Al igual que a Hyrum, a José le causaban repulsión los pecados de John, pero las acusaciones por el atentado contra Boggs pendían sobre los santos, y los editores de periódicos estaban ansiosos de encontrar escándalos en Nauvoo, por lo que los líderes de la Iglesia actuaron con cautela para evitar llamar la atención sobre el tema. Decidieron no hacer pública la excomunión de John y esperar a ver si él se reformaba[16].

Sin embargo, José estaba preocupado por las mujeres que habían sido engañadas por John. Era muy común en las comunidades el condenar cruelmente al ostracismo a mujeres que fuesen percibidas como culpables de transgresiones sexuales, aun cuando fueran inocentes de esas faltas. José instó a las mujeres de la Sociedad de Socorro a ser caritativas y lentas para condenar a las demás.

"Arrepiéntanse, refórmense, pero háganlo de tal manera que no destruyan a los que los rodeen", les aconsejó. Él no quería que los santos tolerasen la iniquidad, pero tampoco quería que rechazaran a las personas. "Sean puras de corazón. Jesús se propone salvar a las personas de sus pecados", les recordó. "Jesús dijo: 'Haréis las obras que me veis hacer'. Esas son las grandiosas palabras clave conforme a las cuales debe actuar esta sociedad".

"Debe dejarse a un lado todo rumor ocioso y toda conversación ociosa", dijo Emma en apoyo. Sin embargo, ella desconfiaba de la disciplina hecha en silencio. "No se deben cubrir los pecados —dijo a las mujeres— especialmente aquellos pecados que eran contra la ley de Dios y la del país". Ella creía que había que traer a los pecadores a la luz para impedir que otros cometan los mismos errores[17].

José, no obstante, continuaba manejando la materia en privado. La conducta pasada de John mostraba que él tendía a retirarse de una comunidad una vez que era descubierto y se le despojaba de autoridad. Quizás, si ellos esperaban pacientemente, John simplemente se iría[18].

La Sociedad de Socorro se reunió en su décima reunión el 27 de mayo de 1842 cerca de una arboleda donde los santos iban con frecuencia a celebrar servicios de adoración. Ahora había centenares de miembros en la organización, entre ellas, Phebe Woodruff, que había ingresado hacía un mes junto con Amanda Smith, Lydia Knight, Emily Partridge y unas decenas de mujeres más[19].

Las reuniones semanales eran un tiempo en que Phebe se apartaba de las ocupaciones de su ajetreada vida, se enteraba de las necesidades de las personas a su alrededor y escuchaba sermones que eran preparados específicamente para las mujeres de la Iglesia.

Con frecuencia discursaban José y Emma en las reuniones, pero este día el obispo Newel Whitney habló a las mujeres acerca de las bendiciones que el Señor pronto les daría. Habiendo recibido recientemente la investidura, el obispo Whitney instaba a las mujeres a mantenerse centradas en la obra del Señor y a prepararse para recibir Su poder. "Sin la mujer, no se pueden restaurar todas las cosas a la tierra", declaró él.

Él les prometió que Dios tenía muchas cosas preciosas que derramaría sobre Sus fieles santos. "Debemos dejar las cosas vanas y recordar que Dios tiene Sus ojos en nosotros. Si estamos procurando hacer lo correcto, aunque erremos en juicio muchas veces, aún así estaremos justificados a la vista de Dios si hacemos lo mejor que podemos"[20].

Dos días después del sermón de Newel, Phebe y Wilford subieron la colina hasta el terreno donde se construía el templo. Como familia, habían soportado adversidades, entre ellas, la muerte de su hija Sarah Emma mientras Wilford se hallaba en Inglaterra. Ahora estaban más asentados y estables, como nunca antes en su matrimonio, y tenían dos hijos más en su familia.

Wilford administraba la oficina de *Times and Seasons*, lo que le proporcionaba un trabajo estable con el cual mantener a su familia. Los Woodruff vivían en una humilde vivienda en la ciudad mientras construían una casa nueva de ladrillos sobre una parcela al sur del templo. Tenían un gran número de amigos en la zona con los cuales departir, entre otros, John y Jane Benbow, quienes vendieron su extensa finca en Inglaterra para venir a congregarse con los santos[21].

Sin embargo, como había enseñado el obispo Whitney, los santos tenían que seguir esforzándose por hacer lo correcto, y participar en la obra del Señor, evitando las distracciones que los harían desviarse.

El templo se iba convirtiendo más y más en algo crucial para mantenerse centrados. En el sótano del templo, Phebe entró en la pila bautismal ese 29 de mayo y fue bautizada en favor de su abuelo, su abuela y un tío abuelo[22]. Mientras Wilford la sumergía en el agua, ella tenía fe en que sus antepasados fallecidos aceptarían el Evangelio restaurado y harían convenios para seguir a Jesucristo y recordar Su sacrificio.

John Bennet seguía en Nauvoo luego de dos semanas de haber sido informado de su excomunión. Para entonces, la Sociedad de Socorro había advertido a las mujeres en la ciudad de sus crímenes y había condenado fervientemente la clase de mentiras que él había esparcido sobre los líderes de la Iglesia[23]. Habían surgido a la luz nuevos datos desagradables del pasado de John, y José se dio cuenta de que era hora de anunciar públicamente la excomunión del exalcalde y exponer públicamente sus graves pecados.

El 15 de junio, José publicó una breve noticia sobre la excomunión de John en el *Times and Seasons*[24]. Unos días después, en un sermón en el terreno del templo, él habló claramente ante más de mil santos sobre las mentiras de John y la explotación de las mujeres[25].

John salió enojado de Nauvoo tres días más tarde, diciendo que los santos no eran dignos de su presencia y amenazando con enviar un populacho contra la Sociedad de Socorro. Sin perturbarse, Emma propuso que la Sociedad de Socorro redactara un panfleto para denunciar el carácter de John. "No tenemos nada más que hacer sino temer a Dios y guardar los mandamientos —dijo a las mujeres—, y al hacerlo, prosperaremos[26].

José publicó una imputación adicional en contra de John, dando más detalles de la larga historia de perversiones del exalcalde. "En lugar de manifestar un espíritu de arrepentimiento —declaró José—, con su proceder ha demostrado ser indigno de la confianza o respeto de cualquier persona moral, al mentir para engañar al inocente y cometer adulterio de la manera más abominable y degradada"[27].

Mientras tanto, John alquiló una habitación en un pueblo cercano desde donde enviaba cartas resentidas en contra de José y los santos a un popular periódico de Illinois. Él acusó a José de una larga lista de crímenes, incluso de muchos que él mismo había cometido, y tramó historias extremadamente falsas y exageradas para apoyar sus alegatos y encubrir sus pecados.

En una carta, John acusó a José de haber ordenado el atentado contra Lilburn Boggs, y repitió la historia del periódico de que el Profeta había predicho la muerte violenta de Boggs; y agregó que José había enviado a su amigo y guardaespaldas Porter Rockwell a Misuri "para hacer cumplir la profecía"[28].

Los santos podían ver mentira tras mentira en los escritos de John, pero las cartas avivaron un fuego que ya estaba encendido entre sus enemigos en Misuri. Tras recuperarse del atentado, Boggs había demandado que se trajera ante la justicia al que intentó asesinarlo. Al enterarse de que Porter Rockwell había estado visitando a familiares en Independence por esas fechas, Boggs acusó a José de ser un cómplice de su intento de asesinato. Luego, instó al gobernador Thomas Reynolds, el nuevo gobernador de Misuri, a exigir que los oficiales de Illinois arrestaran a José y lo trajeran de vuelta a Misuri para enjuiciarlo[29].

El gobernador Reynolds estuvo de acuerdo, y demandó del gobernador Thomas Carlin, gobernador de Illinois, que tratara a José como a un fugitivo de la justicia que había huido de Misuri tras el crimen[30].

Sabiendo que José no había estado en Misuri desde que escapara del estado tres años atrás, y que no había evidencia de su participación en el atentado, los santos estaban indignados. El consejo de la ciudad de Nauvoo y un grupo de ciudadanos de Illinois que tenían buenas relaciones con los santos, solicitaron inmediatamente al gobernador que no arrestara a José[31]. Emma, Eliza Snow y Amanda Smith viajaron hasta Quincy para reunirse personalmente con el gobernador y entregarle una petición de la Sociedad de Socorro en apoyo a José. El gobernador Carlin escuchó sus ruegos, pero al final, dictó órdenes de detención contra José y Porter de todos modos[32].

Un ayudante del alguacil y dos oficiales llegaron a Nauvoo el 8 de agosto y arrestaron a los dos hombres, acusando a Porter de haber disparado a Boggs y a José, por complicidad. Sin embargo, antes de que el alguacil pudiera llevárselos, el consejo de la ciudad de Nauvoo ejerció el derecho de investigar la orden de arresto. José había sido acusado falsamente con anterioridad, y la Carta de Nauvoo concedía a los santos poder para protegerse en contra de los abusos del sistema legal.

Al no saber si el consejo tenía el derecho de cuestionar la orden de arresto, el alguacil entregó a José y Porter al jefe de la policía de la ciudad y abandonó la ciudad para preguntar al gobernador lo que debía hacer. Cuando regresó dos días después, el alguacil buscó a sus prisioneros, pero no los pudo hallar[33].

CAPÍTULO 39

La enésima tribulación

El 11 de agosto de 1842, un rayo de luna se reflejaba en las oscuras corrientes del río cuando José y su amigo, Erastus Derby, remaban silenciosamente en un bote río abajo por el Mississippi. Más adelante, divisaron el contorno de dos islas boscosas en el tramo del río entre Nauvoo y Montrose. Al pasar por entre las islas, vieron otro bote encallado en un banco de arena y remaron hacia él[1].

El día anterior, José y Porter habían salido de Nauvoo para eludir el arresto, temiendo que no obtendrían un juicio justo. Porter se dirigió al este para salir del estado, mientras que José fue al oeste, cruzando el río hasta la casa de su tío John en el Territorio de Iowa, fuera de la jurisdicción del alguacil de Illinois y sus hombres. Él había permanecido allí todo el día, pero sintió mucha preocupación de ver a la familia y los amigos.

Al desembarcar en la isla, Emma, Hyrum y algunos de los amigos íntimos de José salieron a saludarlos. Tomando a Emma de la mano, se sentaron en el bote y hablaron en voz baja de la situación en Nauvoo[2].

El peligro era mayor de lo que José anticipaba. Sus amigos habían escuchado que el gobernador de Iowa había expedido una orden de arresto contra él y Porter, lo que significaba que para José ya no era seguro esconderse en casa de su tío. Ahora debía haber alguaciles a ambos lados del río buscándole.

Aún así, los amigos de José seguían pensando que los intentos de arrestarle eran ilegales y una descarada estratagema de sus enemigos en Misuri para capturar al Profeta. Por ahora, lo mejor que José podía hacer era ocultarse en la granja de un amigo, del lado de Illinois del río, hasta que las cosas se apaciguaran[3].

Al partir de la isla esa noche, José se sentía desbordado por sentimientos de gratitud. Otras personas lo habían abandonado y le habían traicionado una y otra vez en momentos de adversidad. Pero estos amigos habían venido en medio de la oscuridad de la noche para respaldarlo a él y a las verdades que él atesoraba.

"Ellos son mis hermanos —pensó—, y yo viviré".

Pero la mayor gratitud la sentía por Emma. "De nuevo, ella está aquí —pensó—, aun en la enésima tribulación; sin miedo, firme, inquebrantable, inmutable, cariñosa"[4].

EMMA SE MANTUVO EN comunicación con José en forma regular durante los días y semanas siguientes. Cuando no podían verse en persona, intercambiaban cartas. Cuando ella podía eludir a los oficiales que vigilaban cada uno de sus pasos, ella se reunía con él en alguna vivienda segura y diseñaban la siguiente estrategia. A menudo, ella transmitía los mensajes de José a los santos y viceversa, seleccionando las personas en que él debía confiar y esquivando a los que representaban un daño para él[5].

Los alguaciles amenazaron con registrar cada casa en Illinois, si fuese necesario. José sabía que los santos estaban preocupados de que pronto fuese capturado y devuelto a Misuri. Algunos amigos le instaron a escapar a unos bosques al norte de Illinois, de donde los santos extraían madera para el templo[6].

José detestaba la idea de irse y prefería permanecer en Illinois y observar el desarrollo de la crisis hasta su fin. Pero él estaba dispuesto a irse, si eso era lo que Emma deseaba hacer. "Mi seguridad está contigo —le escribió—. Si tú y los niños no vienen conmigo, no iré".

Una parte de él ansiaba poder llevarse a su familia a alguna parte, aunque fuese por una corta temporada. "Estoy cansado de la vulgaridad maliciosa, baja y profana de algunos sectores de la sociedad en que vivimos —le dijo a Emma—, y pienso que si pudiera tener un descanso de unos seis meses con mi familia, sería lo mejor que me pudiera pasar"[7].

Emma respondió a su carta ese mismo día: "Estoy lista para ir contigo si te sientes obligado a partir —escribió—, pero aun me siento muy confiada de que puedes estar protegido sin que tengas que abandonar este estado. Hay más de una forma de protegerte"[8].

La siguiente noche, Emma escribió una carta al gobernador de Illinois asegurándole la inocencia de José. José no estaba en Misuri cuando se produjo el intento de asesinato, razonaba ella, y él era inocente de los cargos en su contra. Ella creía que José nunca tendría un juicio justo en Misuri y que lo más probable es que sería asesinado.

"Le ruego que le ahorre a mis inocentes hijos el dolor desgarrador de ver nuevamente cómo arrastran injustamente a su padre a la cárcel o la muerte", le suplicó[9].

Poco después, el gobernador respondió a Emma. Su carta era cortés y redactada con mucho cuidado; él insistía en que sus acciones contra José obedecían a un estricto sentido del deber. Él expresaba la esperanza de que José se entregara a la justicia, y no daba indicación alguna de estar dispuesto a cambiar de opinión al respecto[10].

Sin dejarse intimidar, Emma escribió una segunda carta para explicar, esta vez, por qué el arresto de su esposo era ilegal.

"¿En qué se beneficiará este estado, o los Estados Unidos, o cualquier parte del mismo, o usted, o cualquier otro individuo —preguntó al gobernador— de continuar con esta persecución contra este pueblo o contra el Sr. Smith?".

Ella envió la carta y esperó la respuesta[11].

ENTRETANTO, LA MAYORÍA DE los santos desconocían que José estaba oculto a solo unos pocos kilómetros de distancia. Algunos pensaban que él había regresado a Washington, D. C. Otros pensaban que se había marchado a Europa. Viendo al alguacil y sus ayudantes merodeando por las calles de Nauvoo, buscando pistas para dar con el paradero de José, los santos estaban preocupados por la seguridad de él[12]. No obstante, confiaban en que el Señor protegería a Su profeta, y continuaron con sus ocupaciones diarias.

Al igual que otros inmigrantes británicos, Mary Davis aún se estaba adaptando a su nuevo hogar en Nauvoo. Desde que había llegado a la ciudad, se había casado con Peter Maughan, el joven viudo que había conocido en Kirtland, convirtiéndose en la madrastra de sus hijos. Alquilaron entre los dos la vivienda de Orson Hyde, quien se hallaba de misión en Jerusalén, y lucharon por hallar un trabajo adecuado para sostener a su familia[13].

Nauvoo ofrecía mucho trabajo para trabajadores del campo y constructores, pero no había muchas oportunidades para trabajadores especializados como Peter, quien había vivido y trabajado en los grandes centros mineros y manufactureros de Inglaterra. Empresarios locales estaban tratando de establecer molinos, fábricas y fundiciones en Nauvoo, pero estaban apenas comenzando, y no podían contratar a todos los trabajadores especializados que venían de Inglaterra[14].

Al no contar con trabajos estables, Mary y Peter habían sobrevivido su primer invierno vendiendo algunas de sus posesiones para comprar comida y leña. Cuando José supo de la experiencia de Peter como minero en Inglaterra, lo contrató para extraer una veta de carbón que se descubrió en el terreno que él poseía al sur de Nauvoo. El carbón resultó ser de calidad superior, y Peter pudo extraer tres vagones de carga llenos para José antes de agotarse la veta[15].

Algunas familias inmigrantes pobres salieron de Nauvoo para hallar trabajos mejor pagados en las aldeas y ciudades cercanas, pero Mary y Peter eligieron quedarse en la ciudad y arreglárselas con lo que tuvieran. Ellos colocaron plataformas de madera en el suelo inacabado de la casa de Hyde, y pusieron colchones de plumas como camas. Usaron un baúl como mesa y almacenaban sus platos afuera, al descubierto, porque no tenían alacenas[16].

El calor del verano podía ser sofocante, pero cuando las temperaturas refrescaban por las tardes y noches, las familias, como los Maughan, dejaban sus tareas a un lado y paseaban por la ciudad. Las calles estaban a menudo repletas de personas conversando de política, las noticias locales y el Evangelio. A veces, los santos escuchaban a un orador, asistían a obras de teatro o escuchaban a la banda de música de Nauvoo, recientemente formada, que llenaba el aire con la música popular del momento. Siempre se podía ver a niños jugando a las canicas, saltando la cuerda y haciendo juegos al aire libre hasta que el sol se ocultaba detrás del Mississippi y las estrellas comenzaban a brillar al caer la noche[17].

Hacia fines de agosto, se estaban reimprimiendo a nivel nacional las cartas que John Bennet había publicado a comienzos del verano, dañando la reputación de la Iglesia y dificultando la labor de los misioneros de compartir el mensaje del Evangelio restaurado. En respuesta, los líderes de la Iglesia llamaron a cientos de élderes a misiones para contrarrestar la prensa negativa.

El 29 de agosto, los élderes se reunieron en la arboleda cercana al templo para recibir instrucción. Mientras Hyrum les hablaba, José se subió al estrado y tomó asiento, causando gran revuelo en la congregación. Muchos de los élderes no lo habían visto desde que se había ocultado a principios del mes.

Las autoridades de Illinois seguían a la caza de José, pero recientemente habían abandonado la región, lo que permitió a José bajar un poco la guardia. Por algo más de una semana, él había estado viviendo discretamente en casa con su familia, reuniéndose en privado con los Doce y otros líderes de la Iglesia[18].

Dos días después de la conferencia con los élderes, José se sintió suficientemente seguro como para asistir a una reunión de la Sociedad de Socorro. Él habló a las mujeres acerca de sus tribulaciones recientes y las acusaciones en su contra. "Aunque cometo errores, no hago las malas cosas de que se me acusa —dijo él—; las faltas que cometo se deben, como en cualquier otro hombre, a la debilidad de la naturaleza humana. Ningún hombre vive sin tener faltas".

Él agradeció a Emma y las otras damas por defenderlo y elevar sus peticiones al gobernador en su favor. "La Sociedad de Socorro Femenina ha sido la más activa en velar por mi bienestar ante mis enemigos —dijo él. Si no hubieran tomado esas medidas, hubiesen resultado consecuencias más graves"[19].

Ese fin de semana, él y Emma tenían de huésped en casa al exapóstol John Boynton. Aunque John había sido disidente (incluso llegó a amenazar al hermano de José con la espada en el Templo de Kirtland), él había resuelto sus diferencias con José. Mientras almorzaban, llegaron de improviso a la casa un alguacil de Illinois junto con dos oficiales armados, trayendo nuevas órdenes de arresto para el Profeta. John distrajo a los hombres, lo que dio tiempo a José a escapar por la puerta de atrás, escabullirse por entre los maizales de su huerta, y esconderse en su tienda.

En la casa, Emma exigió que el alguacil le mostrara la orden de registro. Él le dijo que no tenía ninguna y se abrió paso a empujones con sus hombres. Ellos registraron salón por salón y hurgaron detrás de cada puerta y cortina, pero no hallaron nada.

Esa noche, luego que los oficiales abandonaron el pueblo, José se mudó a la casa de sus amigos Edward y Ann[20]. "Me ha parecido conveniente y sabio salir de aquí por un corto tiempo, por mi propia seguridad y la de este pueblo", escribió José a los santos unos días más tarde. Sin embargo, él no quería que ellos se centraran en sus tribulaciones, y compartió una nueva revelación con ellos, acerca del bautismo por los muertos.

"Además, de cierto así dice el Señor: Continúese sin cesar la obra de mi templo, así como todas las obras que os he señalado". El Señor mandó a los santos que llevaran un registro de los bautismos por los muertos que habían realizado, y de proporcionar testigos de ello, de modo que la redención de los muertos se registrara en la tierra y en el cielo[21].

Unos días más tarde, José envió instrucciones adicionales acerca de la ordenanza. "La tierra será herida con una maldición, a menos que entre los padres y los hijos exista un eslabón conexivo de alguna clase —escribió él, parafraseando a Malaquías. Explicó que las generaciones pasadas y presentes habían de trabajar juntas para redimir a los muertos y llevar a cabo la plenitud de los tiempos, cuando el Señor revelaría todas las llaves, los poderes y glorias que Él tenía en reserva para los santos, incluyendo cosas que Él nunca antes había revelado.

José no podía contener el gozo que sentía por la misericordia de Dios hacia los vivos y los muertos. Aún hallándose en la clandestinidad, perseguido injustamente por sus enemigos, él estaba exultante de gozo por el evangelio restaurado de Jesucristo.

"¿Qué oímos en el evangelio que hemos recibido? —preguntó a los santos—. ¡Una voz de alegría! Una voz de misericordia del cielo, y una voz de verdad que brota de la tierra". Él escribió lleno de júbilo del Libro de Mormón, de ángeles que restauran el sacerdocio y sus llaves, y de Dios revelando Su plan línea por línea y precepto por precepto.

"¿No hemos de seguir adelante en una causa tan grande? —preguntó—. ¡Regocíjense vuestros corazones y llenaos de alegría! ¡Prorrumpa la tierra en canto! ¡Alcen los muertos himnos de alabanza eterna al Rey Emanuel". Todas las creaciones testificaban de Jesucristo, y Su victoria sobre el pecado y la muerte era definitiva.

"¡Cuán gloriosa es la voz que oímos de los cielos!", se regocijaba José[22].

EN EL OTOÑO DE 1842, el gobernador Carlin respondió a la segunda carta de Emma, expresando admiración por la devoción que manifestaba por su marido, pero negándose definitivamente a ayudarla[23]. También por este tiempo, John Bennet publicó un texto difamatorio tan extenso como un libro sobre José y los santos. Y comenzó a impartir charlas sobre lo que él llamaba: "El sistema secreto de esposas en Nauvoo", escandalizando a las audiencias con los rumores más salvajes que había oído —la mayoría inventados por él mismo— acerca de los matrimonios plurales de José[24].

Con la campaña de desprestigio que llevaba John en pleno apogeo, y el gobernador Carlin negándose a intervenir, José se fue sintiendo cada vez más arrinconado. Él sabía que no podía entregarse y comparecer ante el juicio, siendo que sus enemigos en Misuri lo querían muerto; pero tampoco podía quedarse escondido el resto de su vida. ¿Por cuánto tiempo podría resistirse al arresto sin que el estado emprendiera acciones contra la familia y los santos por protegerlo?[25].

En diciembre, el gobernador Carlin terminó su período de gobierno. José llevaba oculto unos tres meses. Aunque el nuevo gobernador, Thomas Ford, se rehusaba a intervenir directamente en el caso de José, él manifestó simpatía por los sufrimientos de José, y expresó confianza en que los tribunales fallarían en su favor[26].

José no sabía si podía confiar en el nuevo gobernador, pero no tenía una mejor elección. El día después de Navidad de 1842, José se entregó a Wilson Law, un general de la Legión de Nauvoo, que era hermano de William Law. Ambos se desplazaron a Springfield, la capital del estado, para presentarse en una audiencia que decidiría si la demanda del gobernador de Misuri de arrestar a José era legal y si debía ser enviado de vuelta a Misuri para comparecer en juicio[27].

La llegada de José a Springfield causó conmoción. Espectadores curiosos atiborraron la sala del tribunal hasta la calle, en la nueva edificación del Capitolio, y se apretujaban y estiraban el cuello para echar un vistazo al hombre que se hacía llamar profeta de Dios.

—¿Cuál es Joe Smith? —preguntaba uno—. ¿Es ese hombre grande?

—¡Qué nariz grande que tiene! —decía otro—. ¡Sonríe mucho para ser profeta![28].

El juez Nathaniel Pope, uno de los hombres más respetables de Illinois, presidía el tribunal. José se sentó con su abogado, Justin Butterfield, en la primera fila de la sala. Cerca de ellos, Willard Richards, actuando como secretario de José, estaba inclinado sobre un cuaderno de notas abierto, anotando todo lo relativo al proceso judicial. Varios santos se hallaban presentes en el salón[29].

En la mente del juez Pope, el caso de José no tenía tanto que ver con la posible complicidad de José en el atentado contra Boggs, sino si él estaba en Misuri cuando ocurrió el crimen y luego huyó del estado. Josiah Lamborn, un joven fiscal de distrito por Illinois, centró su presentación inicial en la supuesta profecía de José en cuanto a la muerte de Boggs. Su razonamiento consistía en que si José había profetizado el atentado contra Boggs, entonces debía hacérsele responsable y debía ser juzgado en Misuri[30].

Cuando el Sr. Lamborn concluyó su alegato, el abogado de José sostuvo que las acusaciones del gobernador Boggs y los cargos contra José eran improcedentes, ya que José no había estado en Misuri cuando se produjo el atentado. "No hay el menor indicio de testimonios que digan que José haya escapado de Misuri —razonó el Sr.Butterfield—. Él no está sujeto a ser trasladado allí hasta que se demuestre que él es un fugitivo. ¡Ellos deben probar que él ha escapado de allí!"

Procedió a presentar ante la corte los testimonios de testigos que confirmaban la inocencia de José. "No creo que mi defendido deba, bajo ninguna circunstancia, ser entregado a Misuri", concluyó el abogado[31].

A la mañana siguiente, el 5 de enero de 1843, en la sala de la corte había gran agitación cuando José y sus abogados volvieron para escuchar la sentencia del juez. Los santos esperaban ansiosamente, sabiendo que si el juez Pope fallaba en contra de José, el Profeta podría ser entregado en manos de sus enemigos fácilmente esa misma noche.

El juez Pope hizo su entrada poco después de las 9:00 a. m. Tomó asiento, agradeció a los letrados y comenzó a justificar su decisión. Él tenía mucho que decir en el caso, y mientras hablaba, Willard Richards se apresuró a escribir cada palabra.

Tal como el abogado de la defensa había argumentado el día anterior, el juez concluía que José había sido citado ilegalmente a comparecer en un juicio en Misuri. "Se ha de poner a Smith en libertad", declaró, no habiendo ninguna razón para mantener detenido a José.

José se levantó de su asiento y se inclinó ante la corte. Tras cinco meses de estar escondido, finalmente él era libre[32].

CAPÍTULO 40

Unidos en un convenio eterno

Cuando José regreso a Nauvoo el 10 de enero de 1843, los amigos y familiares fueron en masa a su casa para felicitarle. Poco después, él y Emma festejaron su victoria y su décimo sexto aniversario con una cena y fiesta. Wilson Law y Eliza Snow compusieron canciones para la ocasión, y José y Emma sirvieron la comida mientras sus invitados se divertían y contaban historias[1].

José disfrutaba de estar entre seres queridos. "Si no tuviera la esperanza de volver a ver a mi padre, madre, hermanos, hermanas y amigos —reflexionaba él—, se me partiría el corazón en un momento"[2]. Él hallaba consuelo al saber que los bautismos por los vivos y los muertos, la investidura y el matrimonio eterno hacían posible que los santos hicieran convenios sagrados que los sellarían y les aseguraban que sus relaciones continuarían más allá de la tumba.

Sin embargo, hasta entonces ninguna mujer y solo unos pocos hombres habían recibido la investidura, y muchos santos desconocían aún el convenio del matrimonio eterno. José se aferraba a la promesa de que él viviría hasta cumplir su misión, y ansiaba que se concluyera el templo para poder presentar esas ordenanzas a los santos. Él seguía sintiendo como que el tiempo se le estaba acabando.

Así que apresuró la marcha y pidió a los santos que le siguieran el paso. Él creía que había bendiciones extraordinarias para quienes recibieran ordenanzas sagradas y obedecieran las leyes de Dios. Ahora, como nunca antes, su objetivo era hacer llegar el conocimiento divino que había recibido a un mayor número de santos, a fin de ayudarles a hacer y honrar convenios que los elevarían y exaltarían[3].

El río Mississippi se congeló ese invierno, y se detuvo el tráfico usual de embarcaciones río abajo y río arriba. Nevaba a menudo, y vientos helados azotaban las planicies y el acantilado. Pocos santos permanecían afuera de sus casas, ya que la mayoría de ellos solo tenían zapatos bajos, chaquetas livianas y bufandas raídas para protegerse del frío y la aguanieve[4].

El invierno se acercaba a su fin, pero hacía un frío intenso mientras Emily Partridge lavaba la ropa y atendía a los niños en la casa de los Smith. Por más de dos años, ella y su hermana mayor, Eliza, habían estado viviendo y trabajando con los Smith, no muy lejos de donde su madre vivía con su nuevo esposo[5].

Emily pertenecía a la Sociedad de Socorro y hablaba a menudo con las mujeres a su alrededor. De vez en cuando, escuchaba murmullos en cuanto al matrimonio plural. Más de una treintena de santos habían adoptado la práctica calladamente, incluyendo dos de sus hermanastras y uno de sus hermanastros. Pero Emily no sabía nada personalmente[6].

Un año atrás, José le había mencionado que había algo que debía decirle a ella. Él ofreció escribírselo en una carta, pero ella le pidió que no lo hiciera, preocupada de que pudiera decir algo del matrimonio plural. Posteriormente, ella se sintió mal de su decisión y le comentó a su hermana acerca de la conversación, y le compartió lo poco que sabía acerca de la práctica. Eliza pareció molestarse, así que Emily no dijo nada más[7].

No habiendo más nadie en quién confiar, Emily se sintió como que estaba luchando sola en aguas profundas. Ella se dirigió al Señor y oró para saber lo que debía hacer, y después de unos meses, ella recibió confirmación divina de que debía escuchar lo que José tuviera que decirle; incluso si tenía que ver con el matrimonio plural[8].

El 4 de marzo, pocos días después de su décimo noveno cumpleaños, José le pidió hablar con ella en casa de Heber Kimball. Apenas terminó con sus faenas, ella fue allí, con la mente dispuesta a recibir el principio del matrimonio plural. Tal como anticipaba, José se lo enseñó y le pidió que se sellara a él. Ella aceptó, y Heber efectuó la ceremonia[9].

Cuatro días después, su hermana Eliza se selló a José también. Ahora, las hermanas podían conversar entre ellas y compartir lo que entendían y cómo se sentían acerca de los convenios que habían hecho[10].

Los santos continuaron defendiendo a José de las acusaciones planteadas en el documento difamatorio de John Bennet. Mucho de lo que John había escrito estaba adornado o eran llanamente mentiras, pero su afirmación de que José había contraído matrimonio con varias mujeres era correcta. Desconociendo este hecho, Hyrum Smith y William Law negaban enérgicamente todas las afirmaciones de John y, sin saberlo, condenaban las acciones de los santos que obedientemente practicaban el matrimonio plural[11].

Eso hacía sentir incómodo a Brigham Young. Mientras los miembros de la Primera Presidencia no estuvieran al tanto de la práctica, pensaba él, seguirían condenando la poligamia, haciendo más difícil que José y otros pudiesen guardar ese mandamiento del Señor.

José ya había intentado sin éxito enseñarle a su hermano y a William acerca del matrimonio plural. Una vez, durante una reunión de consejo, él mencionó someramente el tema y William lo interrumpió: "Si un ángel del cielo viniera a revelarme que un hombre ha de tener más de una esposa —dijo él—, yo lo mataría".

Brigham se dio cuenta de que las acciones de Hyrum y William abrumaban a José. Un domingo, cuando Brigham había terminado con sus tareas vespertinas, José llegó inesperadamente a su portal. "Deseo que vaya a mi casa a predicar", le dijo José.

Normalmente, Brigham disfrutaba de las reuniones con los santos, pero él sabía que Hyrum iba a predicar esa noche también. "Preferiría no ir", contestó[12].

Tanto Brigham como su esposa Mary Ann habían llegado a saber por la oración y la inspiración que debían practicar el matrimonio plural. Con el consentimiento de Mary Ann, Brigham se había sellado a una mujer llamada Lucy Ann Decker en junio de 1842, un año después de que José le enseñara por primera vez acerca del principio. Lucy se había separado de su primer esposo y estaba criando a sus hijos pequeños[13].

"Hermano Brigham —insistió José—, si usted no viene conmigo, yo no volveré a mi casa esta noche".

De mala gana, Brigham accedió a ir a predicar, y fue andando con el Profeta hasta su casa. Allí encontraron a Hyrum de pie junto a la chimenea, hablando a la audiencia que abarrotaba la casa. Él sostenía la Biblia, el Libro de Mormón y Doctrina y Convenios en su mano y declaraba que esos libros eran la ley que Dios había dado para edificar Su reino.

"Cualquier cosa que no sea esto —dijo Hyrum—, es de hombres y no es de Dios".

Brigham se iba inquietando, a medida que escuchaba el sermón de Hyrum. A su lado, José estaba sentado con la cara escondida entre las manos. Cuando concluyó Hyrum, José le dio con el codo a Brigham y le dijo: "Levántese".

Brigham se puso de pie y tomó los libros de las Escrituras que Hyrum había dejado. Colocó los libros ante sí, uno por uno, de modo que todos en la sala pudieran verlo. "Por estos tres libros, yo no daría ni las cenizas de una espiga de centeno —declaró él—, sin los oráculos vivientes de Dios" [14]. Si no contamos con un profeta de los últimos días, dijo él, los santos no estarían en mejor condición que como estaban antes de que Dios revelara el Evangelio a José Smith.

Cuando concluyó, Brigham notó que su sermón había conmovido a Hyrum. Poniéndose de pie, Hyrum humildemente pidió perdón a los santos, y dijo que Brigham tenía razón. Aun cuando las Escrituras son muy valiosas, no reemplazan a un profeta viviente[15].

Esa primavera, José se ausentó frecuentemente de Nauvoo para ir a visitar las estacas más pequeñas de la Iglesia que había en los alrededores. Iba siempre acompañado de su nuevo secretario, William Clayton, un hombre brillante proveniente de Inglaterra. William se había congregado con su esposa, Ruth, en Nauvoo, en 1840 y poco después, fue contratado por el Profeta[16].

El 1 de abril, William viajó medio día con José y Orson Hyde, quien había vuelto recientemente de Jerusalén, para asistir a una reunión en un poblado llamado Ramus[17]. A la mañana siguiente, William escuchó a Orson predicar que era el privilegio de los santos tener al Padre y al Hijo morando en sus corazones hasta la Segunda Venida[18].

Más tarde, mientras comían en casa de Sophronia, la hermana de José, José le dijo: "Élder Hyde, le voy a hacer una corrección ahora".

"Será recibida con gratitud", contestó Orson.

“Decir que el Padre y el Hijo moran en el corazón del hombre es un antiguo concepto sectario, y es falso”, dijo José. “Lo veremos como Él es. Veremos que es un varón como nosotros”[19].

José dijo más sobre ese asunto cuando se reanudó la conferencia por la tarde. “El Padre tiene un cuerpo de carne y huesos, tangible como el del hombre; así también el Hijo —enseñó José—; pero el Espíritu Santo no tiene un cuerpo de carne y huesos, sino es un personaje de Espíritu”[20].

A medida que hablaba José, William anotaba el sermón tanto como podía en su diario. Él se sintió atraído por las verdades profundas que compartía José, y su alma deseó saber más.

William registró la enseñanza de José que el conocimiento y la inteligencia que adquieran las personas en esta vida se levantará con ellos en la Resurrección. “Y si en esta vida una persona adquiere más conocimiento e inteligencia que otra, por medio de su diligencia y obediencia, hasta ese grado le llevará la ventaja en el mundo venidero”[21].

Un mes más tarde, José y William regresaron a Ramus y se hospedaron en casa de Benjamin y Melissa Johnson. José enseñó a los Johnson que una mujer y un hombre podían sellarse por la eternidad en el nuevo y sempiterno convenio del matrimonio. Enseñó que solo al entrar en este convenio, que es un orden del sacerdocio, podrían ellos obtener la exaltación. De lo contrario, su relación cesaría en la tumba, y pondría fin a su progreso y aumento eternos.

La descripción que hizo José del matrimonio eterno maravilló a William. “Tengo el deseo de ser unido en convenio eterno a mi esposa —escribió en su diario—, y oro porque pueda ser pronto”[22].

La llegada de Orson Hyde desde Jerusalén significó que Peter y Mary Maughan tuvieran que mudarse de la propiedad del élder Hyde en Nauvoo. No teniendo adónde irse, ellos acamparon en un terreno de la ciudad que adquirieron del comité del templo, con el acuerdo de que Peter trabajaría en el templo para pagar por la tierra. Mary, entretanto, intercambiaba bobinas de algodón, que había traído de Inglaterra, por alimentos.

Peter pronto comenzó a trabajar como cantero, cortando y moldeando los bloques de piedra caliza para el templo[23]. Para ese momento, las paredes ya alcanzaban casi los cuatro metros en algunas partes, y se había instalado un suelo provisional para que los santos pudieran efectuar reuniones en el templo[24].

La edificación iba a ser más grande y alta que el templo que habían visto Peter y Mary en Kirtland. Tendría también salones de asamblea en el primero y segundo pisos, pero el exterior del Templo de Nauvoo estaría adornado con piedras ornamentales talladas con estrellas, lunas y soles, que evocarían los reinos de gloria descritos en la visión que tuvo José de la Resurrección, así como en la descripción que Juan el Revelador hizo de la Iglesia como “una mujer vestida del sol, con la luna debajo de sus pies, y sobre su cabeza una corona de doce estrellas”[25].

Semana tras semana, los trabajadores empleaban pólvora para extraer piedras de las canteras que había al norte de la ciudad. Luego, cincelaban la roca hasta obtener bloques de piedra en bruto y, mediante carros tirados por bueyes, los llevaban hasta un taller cercano al templo. Allí, hombres como Peter los cortaban hasta el tamaño exacto y los pulían, mientras que diestros artesanos tallaban y esculpían las piedras más decorativas. Cuando una piedra estaba lista, la colocaban en una grúa que la elevaba y fijaba en su posición[26].

Ahora que contaban con un trabajo estable y un terreno propio, Peter y Mary plantaron una huerta, construyeron su casa y esperaban días más desahogados para el futuro[27].

Dos meses después de su sellamiento a José, Emily Partridge aún trabajaba cada día en la casa de los Smith, lavando y cosiendo ropa y atendiendo a los niños. Julia Smith cumplió 12 años esa primavera y tomaba lecciones de pintura[28]. Los varones también estaban creciendo. El joven José tenía diez años, Frederick tenía seis y Alexander casi cinco. Los niños mayores asistían a la escuela con la hermana menor de Emily, Lydia. El joven José también jugaba con el hermanito de Emily, llamado Edward Jr.[29].

Cuando ella eligió ser sellada a José, Emily confió en su testimonio de que ella estaba actuando en obediencia al mandamiento del Señor. Ella y su hermana Eliza aún mantenían sus matrimonios en secreto. Ellas y los demás que practicaban el matrimonio plural no se referían a ello como poligamia —término que ellos consideraban mundano— sino como a una ordenanza del sacerdocio[30]. Cuando José u otro líder condenaban en público la "poligamia" o las "uniones conyugales espirituales", los que practicaban el matrimonio plural entendían que sus líderes no se referían a sus relaciones de convenio[31].

Aparte de la Biblia, José no tenía modelos ni precedentes a seguir, y el Señor no siempre le daba instrucciones exactas sobre cómo obedecer Su palabra. Al igual que con otros mandamientos y revelaciones, José tenía que avanzar de acuerdo con su mejor criterio. Solo años más tarde, escribieron Emily y otras personas sus recuerdos de la obediencia de José al principio del matrimonio plural y de sus propias experiencias con ello en Nauvoo. Sus relatos fueron, con frecuencia, breves y fragmentados[32].

Debido a que ni José ni Emma escribieron sobre cómo se sentían respecto al matrimonio plural, muchas preguntas han quedado sin responder. En sus escritos, Emily registró algo de sus luchas con esta práctica. Había ocasiones en que Emma lo rechazaba completamente, mientras que otras veces, lo aceptaba con renuencia como un mandamiento. Debatiéndose entre el mandato del Señor de practicar matrimonio plural y la oposición de Emma, José decidió en ocasiones casarse con mujeres sin que Emma lo supiera, creando situaciones tensas para todos los involucrados[33].

A principios de mayo, Emma habló con Emily y Eliza aparte y les explicó el principio del matrimonio plural[34]. Ella le había dicho a José que consentiría a que él se sellara a dos esposas adicionales, siempre y cuando ella pudiera escogerlas; y ella había seleccionado a Emily y Eliza, aparentemente desconociendo de que José ya se había sellado a ellas[35].

En lugar de mencionar su sellamiento anterior, Emily pensó que guardar silencio sobre el tema era lo mejor que podía hacer para ella[36]. Pocos días después, ella y Eliza fueron selladas a José de nuevo, estando Emma de testigo[37].

El 14 de mayo, mientras José estaba ausente en otra conferencia, Hyrum predicó en el templo en contra de que los hombres tuvieren más de una esposa. Citando la condena que hizo Jacob, en el Libro de Mormón, de los matrimonios plurales no autorizados, Hyrum llamó a esa práctica una abominación delante de Dios[38].

Después del sermón, Hyrum comenzó a cuestionarse su propia seguridad en cuanto a lo que acababa de enseñar. Las conversaciones en cuanto al matrimonio plural circulaban por Nauvoo, y los rumores de que José tenía varias esposas eran también comunes[39].

Hyrum prefería pensar que no era así, pero se preguntaba si había algo que José no le decía. Después de todo, había habido ocasiones en que José había mencionado el tema, quizás para probar cómo reaccionaría Hyrum. Hyrum tenía la sensación de que José había dicho algunas cosas a los Doce que no le había enseñado a él.

Un día, poco después del sermón, Hyrum vio a Brigham cerca de su casa y le preguntó si podían hablar. "Sé que hay un asunto u otro que yo no entiendo y que se ha revelado a los Doce —le dijo—. ¿Es cierto eso?".

Los dos se sentaron sobre una pila de postes de cercados. —Yo no sé nada en cuanto a lo que usted sabe —respondió Brigham cautelosamente—, pero yo sé lo que sé.

—Tengo la sospecha desde hace tiempo de que José ha recibido una revelación de que un hombre debería tener más de una esposa —dijo Hyrum.

—Yo le hablaré de esto —dijo Brigham—, si usted jura con la mano en alto y ante Dios de que nunca dirá otra palabra más en contra de José y sus acciones y las doctrinas que está predicando.

Hyrum se puso de pie. "Lo haré con todo mi corazón —dijo—. Deseo saber la verdad".

Cuando Brigham le enseñó sobre la revelación del Señor a José acerca del matrimonio plural, Hyrum lloró, convencido de que José actuaba bajo mandamiento[40].

A FINALES DE MAYO de 1843, Emma y José fueron sellados por las eternidades en una sala en el piso superior de la tienda de José, solemnizando finalmente lo que tanto habían ansiado[41]. José invitó entonces a Brigham y Mary Ann Young, Willard y Jennetta Richards, Hyrum y Mary Fielding Smith y a la hermana de Mary, Mercy Thompson, quien había enviudado, a que se reunieran con él a la mañana siguiente para recibir la misma ordenanza[42].

Antes de la reunión, Hyrum estaba preocupado por lo complicada que era su situación familiar. Si las bendiciones del matrimonio eterno solo eran para aquellos que habían sido sellados por el sacerdocio, ¿qué iba a pasar con su primera esposa, Jerusha, que había muerto seis años antes?

—Puedes hacer que ella sea sellada a ti por el mismo principio que puedes ser bautizado por los muertos —le dijo José.

—¿Qué puedo hacer por mi segunda esposa? —preguntó Hyrum.

—También puedes hacer con ella un convenio por la eternidad —le dijo José.

Mary accedió a servir como representante de Jerusha en el sellamiento especial. "Y yo misma seré sellada a ti por la eternidad —le dijo a Hyrum—. Te amo, y no deseo estar separada de ti"[43].

La mañana del 29 de mayo, José y otros se reunieron en el piso superior de su tienda, y cada pareja se selló, uniéndose por las eternidades. Siendo la única viuda en la sala, Mercy Thompson no podía evitar sentirse deferente de los demás. Pero al enterarse de que podía ser sellada a su difunto esposo, Robert, quien había muerto de malaria hacía pocos años, sintió que Dios la tenía presente a ella y conocía su situación[44].

Cuando llegó el turno de que Mercy recibiera la ordenanza, José dijo que no podía imaginarse un mejor representante de su marido, Robert, que el cuñado de Mercy: Hyrum. Él selló a ella a Robert, luego selló a Hyrum a Jerusha, con Mary actuando como representante[45].

Brigham cerró la reunión con un himno y una oración, y los amigos pasaron el resto de la mañana conversando acerca de las cosas de Dios. Una placentera armonía parecía apaciguar todo lo que había afligido a los santos en los últimos años[46].

CAPÍTULO 41

Dios debe ser el Juez

El 1 de junio de 1843, Addison Pratt y su esposa, Louisa, fueron andando con sus hijas hasta uno de los embarcaderos de barcos a vapor en Nauvoo. Addison partía ese día a una misión de tres años en las islas hawaianas. Él llevaba en su brazos a su hija menor, Anne, mientras sus hermanas, Ellen, Frances y Lois iban detrás de ellos entristecidas y asustadas por la partida de su padre[1].

En una conversación reciente con Brigham Young, Addison le había hablado con nostalgia de Hawai, y de los años que él había trabajado, de joven, a bordo de un buque ballenero en el Océano Pacífico. Siendo que la Iglesia no tenía presencia en las islas, Brigham le preguntó a Addison, si él estaría dispuesto a abrir una misión allí. Addison contestó que sí, si otros iban con él. Poco después, José y los Doce lo llamaron para dirigir un grupo de élderes a las islas[2].

Louisa lloró durante tres días cuando se enteró de la asignación de Addison. Hawai estaba a miles de kilómetros de distancia, en una parte del mundo que sonaba extraña y peligrosa. Ella no tenía una casa propia en Nauvoo, ni dinero, y contaba con pocos bienes para intercambiar. Sus hijas necesitaban ropa y escuela, y sin Addison, ella tendría que proveerlo todo sola.

Mientras Louisa caminaba con su familia hasta el barco, ella aún se sentía débil, pero se regocijaba en el hecho de que Addison era digno de su llamamiento. Ella no era la única mujer en Nauvoo que se quedaría sola mientras su esposo marchaba para predicar el Evangelio. Ese verano, los misioneros partían en todas las direcciones, y Louisa había decidido hacer frente a sus pruebas y confiar en el Señor.

Addison se esforzaba por refrenar sus emociones. Parado sobre la cubierta del barco a vapor que lo alejaría de su familia, sacó un pañuelo y se secó las lágrimas de sus ojos. En el muelle, sus hijas comenzaron a llorar también. Frances dijo que no creía que lo iba a volver a ver más[3].

Conociendo como conocía el mar, Addison entendía los peligros que le aguardaban. Pero cuando los Doce lo apartaron para su misión, ellos lo bendijeron para tener poder sobre los elementos y valor al enfrentar las tempestades. Si él demostraba ser fiel, ellos le prometían por el Espíritu, que él retornaría sano y salvo a su familia[4].

Unos días después, Emma, José y sus hijos fueron a visitar a la hermana de Emma en Dixon, Illinois, que quedaba a varios días de viaje hacia el norte. Antes de partir, ella encomendó a Ann Whitney que alentara a las mujeres de la Sociedad de Socorro a continuar ayudando a los pobres y brindar asistencia a los hombres que construían el templo[5].

Hacía poco, José había hablado a los santos acerca de las ordenanzas del templo, y les enseñó que ellos estaban edificando un templo para que el Señor pudiera darles la investidura. Emma le había comentado a Ann que desde entonces, ella había sentido un profundo interés en el templo, y deseaba que la Sociedad de Socorro analizara lo que podían hacer para apresurar la obra.

"Podríamos hablar con el comité del templo —sugirió Emma—, y todo aquello que ellos deseen, y esté a nuestro alcance, podemos hacerlo[6].

Con este encargo, Ann convocó la primera reunión del año de la Sociedad de Socorro, y le pidió a las mujeres sugerencias de cómo ayudar a la labor del templo. Algunas hermanas dijeron que estaban dispuestas a solicitar donaciones y recaudar lana y otros materiales para hacer nuevas prendas de ropa. Otras dijeron estar dispuestas a tejer, coser y reparar la ropa vieja cuando fuere necesario. Una mujer sugirió proporcionar lana a las hermanas mayores para que tejieran calcetines para los trabajadores del templo en invierno.

Polly Stringham y Louisa Beaman dijeron que ellas harían ropa para los trabajadores. Mary Felshaw dijo que ella podía donar jabón. Philinda Stanley propuso donar linaza para hacer telas de lino, y aportar un litro de leche cada día. Esther Geen ofreció donar hilo de su propio hilado.

"¡Los ángeles se regocijan por causa de ustedes!", testificó la hermana Chase, y elogió la disposición de las hermanas de ayudar a edificar la Casa del Señor.

Antes de concluir la reunión, Ann instó a las madres que estaban presentes a preparar a sus hijas para entrar en el templo. Instrúyanlas con amor —les aconsejó—, y enséñenlas a comportarse con sobriedad y propiedad dentro de sus sagradas paredes[7].

TRESCIENTOS SESENTA KILÓMETROS AL norte, la visita de los Smith a la hermana de Emma fue interrumpida el 21 de junio, cuando llegaron William Clayton y Stephen Markham con noticias alarmantes. De nuevo, el gobernador de Misuri demandaba que José compareciese en juicio en Misuri, esta vez bajo el antiguo cargo de traición; y el gobernador Ford, de Illinois, acababa de emitir otra orden de captura del Profeta.

"No tengo miedo —dijo José—; los de Misuri no pueden hacerme daño"[8].

Unos días después, dos hombres tocaron a la puerta de la familia, mientras estaban cenando; dijeron ser élderes Santos de los Últimos Días. El cuñado de Emma les dijo que José estaba en el patio, cerca del granero.

Unos momentos después, Emma y la familia escucharon una conmoción afuera. Salieron a toda prisa y vieron a los hombres apuntando al pecho de José con sus pistolas amartilladas. Uno de los hombres sujetaba a José por el cuello. —Si te mueves un centímetro —le gruñó— ¡Te disparo!

—¡Dispara! —le dijo José, descubriéndose el pecho—. ¡No tengo miedo de sus pistolas!

Stephen Markham salió de la casa y se abalanzó hacia los hombres. Sorprendidos, ellos le apuntaron con sus pistolas, pero rápidamente volvieron a encañonar a José, enterrándole los cañones de sus pistolas en sus costillas. "No te muevas", le gritaron a Stephen.

Se llevaron a José, forcejeando, hasta la parte trasera de su carromato y lo mantuvieron allí. "Caballeros —dijo José—, deseo obtener un escrito de habeas corpus". Mediante ese escrito, un juez local debía dictaminar si el arresto de José era legal.

"Maldito seas —le dijeron, golpeándole nuevamente las costillas con sus pistolas—. No vas a tener ninguno".

Stephen saltó hacia el carromato y sujetó a los caballos por el freno en sus bocas, mientras Emma fue rápido a casa para buscar el abrigo y el sombrero de José. En ese momento, José vio a un hombre que pasaba por la casa. "¡Estos hombres me están secuestrando!", gritó él. El hombre continuó caminando. Entonces, José se volvió a Stephen y le dijo que fuera a buscar ayuda.

—¡Ve! —le gritó[9].

LOS CAPTORES DE JOSÉ eran oficiales de la ley enviados desde Illinois y Misuri. Esa tarde, lo encerraron en una taberna cercana y no le permitieron ver a un abogado. Actuando con celeridad, Stephen reportó el secuestro de José ante las autoridades locales, quienes arrestaron prontamente a los oficiales bajo los cargos de secuestro y maltrato. A continuación, Stephen ayudó a conseguir un escrito de habeas corpus de una corte oficial cercana. El escrito exigía que José se presentara a una audiencia a unos 100 km de distancia.

Cuando se supo que el juez no estaba en el pueblo, José, sus captores y los que apresaron a sus captores se dispusieron a buscar otra corte que pudiera aclarar el lío legal[10].

En Nauvoo, Wilson Law y Hyrum Smith se enteraron de la captura de José y reclutaron a más de cien hombres para ir a rescatarlo. Enviaron a una parte de los hombres en un vapor río arriba, mientras que ordenaron a otros a ir cabalgando en diversas direcciones en busca del Profeta.

Cuando José divisó a sus dos primeros rescatadores, él se sintió aliviado. "No iré a Misuri esta vez —le dijo a sus captores—. Aquí están mis muchachos. En corto tiempo, los rescatadores pasaron de ser dos a ser veinte, y luego, más aún. Ellos condujeron al grupo hacia Nauvoo, donde pensaban que una corte municipal podría emitir un fallo sobre la legalidad de la orden judicial[11].

Hacia el mediodía, el Profeta llegó a la ciudad, flanqueado por algunos abogados y sus rescatadores a caballo. Emma, que ya había llegado a Nauvoo con los niños, fue cabalgando con Hyrum para reunirse con José, mientras la banda de música de Nauvoo entonaba canciones patrióticas y las personas celebraban disparando sus armas y cañones. Pronto se les unió un cortejo de carruajes, tirados por caballos y decorados con flores de la pradera.

Una multitud de personas se agolpó a ambos lados de la calle para vitorear el feliz retorno del Profeta, en tanto que la procesión se dirigía a la casa de José. Al llegar, Lucy Smith abrazó a su hijo, y sus hijos salieron corriendo de la casa para verle.

—Papi, los de Misuri no te volverán a apresar, ¿verdad? —preguntó Frederick, de siete años.

—Gracias a Dios, estoy nuevamente libre de los de Misuri —dijo José, y se subió a una cerca para hablarles a los centenares de santos que se habían congregado allí. "Les agradezco toda su bondad y amor por mí —les dijo, elevando la voz—. Los bendigo a todos en el nombre de Jesucristo"[12].

TAL COMO SE ESPERABA, la corte de Nauvoo declaró ilegal el arresto de José. Disgustados, los dos oficiales que perpetraron el arresto demandaron que el gobernador desafiara el dictamen de la corte. Pero el gobernador Ford se rehusó a interferir con la decisión de la corte, haciendo enojar a los que criticaban a los santos. Estas personas comenzaron a temer que José nuevamente se librara del enjuiciamiento[13].

Entretanto, centenares de santos seguían llegando a Nauvoo y las estacas aledañas. Al este, en el estado de Connecticut, una mujer joven llamada Jane Manning abordaba una embarcación de canal junto con su madre, varios de sus hermanos y otros miembros de su rama para iniciar el viaje hacia Nauvoo. Los dirigía Charles Wandell, un misionero que sirvió como su presidente de rama.

A diferencia de otros miembros de su rama, que eran todos blancos, Jane y su familia eran negros libres. Jane había nacido y se había criado en Connecticut y había trabajado la mayor parte de su vida para una familia blanca adinerada. Ella se había unido a una iglesia cristiana, pero no tardó en sentirse insatisfecha allí.

Al enterarse de que había un élder Santo de los Últimos Días que iba a predicar en su región, ella decidió ir a escucharlo. Su pastor le dijo que no fuera a escuchar el sermón, pero Jane fue a verlo de todos modos, y se convenció de que había encontrado la Iglesia verdadera. La rama más grande en la zona le quedaba a solo unos pocos kilómetros; y al siguiente domingo, ella fue bautizada y confirmada[14].

Jane era una converso con muchas ansias de aprender. Tres semanas después de su bautismo, ella recibió el don de lenguas mientras oraba. Ahora, un año después, ella y su familia iban a congregarse en Sion[15].

Jane y su familia viajaron por el canal sin incidentes a través del estado de Nueva York. Desde allí, ellos debían viajar con su rama hacia el sur a través del estado de Ohio para llegar a Illinois, pero los oficiales del canal se rehusaron a que los Manning continuaran el viaje hasta que pagaran su pasaje.

Jane se sentía confundida. Ella pensaba que su familia no tendría que pagar hasta llegar a Ohio. ¿Por qué tenían que pagar ahora? No se exigió el pago por adelantado de ninguno de los miembros de su rama que eran blancos.

Los Manning contaron su dinero, pero ellos aún no tenían lo suficiente como para pagar el viaje. Le pidieron ayuda al élder Wandell, pero este se rehusó a ayudarles.

Cuando el barco partió y desapareció de su vista, Jane y su familia casi no tenían dinero y se hallaban a unos 1.300 kilómetros de Nauvoo. Sin contar con nada que la llevara al oeste, salvo sus pies, Jane decidió guiar a su pequeña compañía hasta Sion[16].

La mañana del 12 de julio, William Clayton se hallaba en la oficina de José, cuando el Profeta y Hyrum entraron. "Si tú escribes la revelación —le decía Hyrum a José—, yo se la leeré a Emma, y creo poder convencerla de su veracidad, y entonces, tendrás paz de ahora en adelante".

"Tú no conoces a Emma tanto como yo", dijo José. Durante la primavera y el verano, él se había sellado con otras mujeres, incluyendo algunas pocas que Emma había seleccionado personalmente[17]. No obstante, el ayudar a José a escoger esposas no había hecho más fácil para Emma el obedecer ese mandamiento.

—La doctrina es tan clara —dijo Hyrum—. Yo soy capaz de convencer de su veracidad, pureza y origen celestial a cualquier hombre o mujer razonables.

—Ya veremos —dijo José. Él le pidió a William tomar papel y escribir mientras él dictaba la palabra del Señor[18].

José ya conocía una buena parte de la revelación. En ella se describía el nuevo y sempiterno convenio del matrimonio eterno, junto con sus bendiciones y promesas relacionadas. También revelaba los términos que gobernaban el matrimonio plural, que José había aprendido mientras traducía la Biblia en 1831. El resto de la revelación traía nuevos consejos para él y Emma, y abordaba las preguntas y luchas actuales que tenían en cuanto al matrimonio plural.

El Señor revelaba que para que un matrimonio continuara más allá de la tumba, el hombre y la mujer debían casarse por la autoridad del sacerdocio, hacer que su convenio fuese sellado por el Santo Espíritu de la Promesa y permanecer fieles a su convenio. Quienes cumplieran con estas condiciones heredarían las bendiciones gloriosas de la exaltación[19].

"Entonces serán dioses, porque no tendrán fin —declaraba el Señor—; entonces estarán sobre todo, porque todas las cosas les estarán sujetas"[20].

El Señor proseguía hablando acerca del matrimonio plural y Su convenio de bendecir a Abraham con una innumerable posteridad debido a su fidelidad[21]. Desde el principio, el Señor había ordenado el matrimonio entre un hombre y una mujer para cumplir Su plan. Sin embargo, en ocasiones, el Señor autorizaba el matrimonio plural como una manera de levantar posteridad en el seno de familias fieles y llevar a efecto su exaltación[22].

Si bien la revelación estaba dirigida a los santos, finalizaba con consejos para Emma en cuanto a las esposas plurales de José. "Y reciba mi sierva Emma Smith a todas las que han sido dadas a mi siervo José" —le mandó el Señor. Él le mandó perdonar a José, permanecer con él y guardar sus convenios, con la promesa de bendecirla y multiplicarla y darle razones para regocijarse, si lo hacía. Él también le advirtió de las graves consecuencias que recaerían sobre los que quebranten sus convenios y desobedezcan la ley del Señor[23].

Cuando José terminó de dictar la revelación, William había llenado diez páginas. Él puso la pluma sobre la mesa y leyó la revelación a José. El Profeta dijo que era correcta y Hyrum se la llevó a Emma[24].

Hyrum regresó a la oficina de José más tarde y le dijo a su hermano que nunca en su vida le habían hablado con tanta aspereza. Cuando él leyó la revelación a Emma, ella se enojó y la rechazó.

"Te dije que tú no conoces a Emma tanto como yo", dijo José en voz baja. Él dobló la revelación y la puso en su bolsillo[25].

Al día siguiente, José y Emma tuvieron una dolorosa discusión que duró horas. Poco antes del mediodía, José llamó a William Clayton al salón y le pidió que mediara entre ellos. Tanto José como Emma parecían atrapados en un dilema imposible. Ambos se amaban y se preocupaban el uno por el otro, y deseaban honrar el convenio eterno que habían hecho. Pero sus luchas por guardar el mandamiento del Señor los estaba separando[26].

Emma parecía especialmente preocupada por el futuro. ¿Qué pasaría si los enemigos de José averiguaban lo del matrimonio plural? ¿Volvería él a la cárcel nuevamente? ¿Sería asesinado? Ella y los niños dependían de José para su sustento, pero las finanzas de la familia estaban entrelazadas con las de la Iglesia. ¿Cómo se las iban a arreglar ellos si algo llegara a ocurrirle a él?

José y Emma lloraron y hablaron, pero para el final del día, ellos habían logrado entenderse. Para proveerle a Emma una mayor seguridad financiera, José transfirió notarialmente algunas propiedades a ella y sus hijos[27]. Y después de ese otoño, él no entró en más matrimonios plurales[28].

HACIA FINES DE AGOSTO de 1843, los Smith se mudaron a una casa de dos pisos cerca del río. Conocida como la Mansión Nauvoo, la nueva casa era suficientemente grande como para sus cuatro hijos, la anciana madre de José, y toda las personas que trabajaban para ellos y se hospedaban con ellos. José tenía pensado utilizar una buena parte de la casa como hotel[29].

Varias semanas después, al acabarse el verano y comenzar el otoño en Nauvoo, Jane Manning y su familia llegaron a la puerta de José y Emma, buscando al Profeta y un lugar donde quedarse. "¡Pasen adelante!", dijo Emma a esas fatigadas personas. José les mostró dónde podían dormir esa noche y encontró sillas para todos.

—Usted ha sido la jefa de esta pequeña banda, ¿no es cierto? —dijo José a Jane—. Me gustaría que nos relatara las experiencias que han tenido en sus viajes.

Jane le contó a José y a Emma sobre su larga jornada desde Nueva York. "Hemos caminado hasta que nuestros zapatos se desgastaron totalmente; nos salieron llagas en los pies, que se abrieron y sangraron —dijo ella—. Le pedimos a Dios, nuestro Padre Eterno, que sanara nuestros pies, y nuestras oraciones fueron contestadas, y fueron sanados nuestros pies".

Ellos habían dormido bajo las estrellas o en graneros cercanos al camino. Por el trayecto, unos hombres los amenazaron con echarlos en la cárcel porque no tenían sus “papeles de hombres libres”, o algún documento que probara que no eran esclavos fugitivos[30]. En otra ocasión, tuvieron que cruzar un río de corrientes profundas sin que hubiera un puente. Soportaron noches muy oscuras y amaneceres helados; y aún ayudaron a otros cuando les fue posible. Estando no muy lejos de Nauvoo, habían bendecido a un niño enfermo, y el niño fue sanado por su fe.

—Íbamos por nuestro camino —comentó Jane de su viaje—, cantando himnos, regocijados y agradeciendo a Dios por Su infinita bondad y misericordia hacia nosotros.

—Que Dios los bendiga — dijo José—. Ahora están entre amigos.

Los Manning se quedaron en la casa de José por una semana. Durante ese tiempo, Jane trató de encontrar un baúl que ella había enviado hasta Nauvoo, pero hasta donde pudo saber, se había perdido o había sido robado en el camino. Los miembros de su familia, mientras tanto, encontraron trabajo y sitios donde vivir, por lo que pronto se mudaron.

Una mañana, José notó que Jane estaba llorando y le preguntó el motivo. “De mi familia se han ido todos y se han conseguido casa —dijo ella—, pero yo no tengo nada”.

—Usted tiene una casa aquí mismo, si eso desea —le aseguró José. Él la llevó a donde estaba Emma y explicó la situación. —Ella no tiene casa —dijo él —. ¿No tienes una casa para ella?

—Sí, si ella lo desea —respondió Emma.

Jane pronto llegó a formar parte de la ajetreada familia, y los otros miembros de la familia y los demás huéspedes le dieron la bienvenida. Su baúl nunca apareció, pero José y Emma rápidamente le proveyeron de ropa nueva de la tienda[31].

Ese otoño, cuando su familia se estableció en la nueva casa, Emma llegó a estar más inquieta en cuanto al matrimonio plural[32]. En la revelación que ella había recibido hacía trece años, el Señor le había prometido una corona de justicia, si ella honraba sus convenios y guardaba los mandamientos continuamente. "Y si no haces esto —había dicho el Señor—, no podrás venir a donde yo estoy"[33].

Emma deseaba guardar los convenios que ella había hecho con José y con el Señor. Pero el matrimonio plural era, claramente, más de que lo que podía soportar. Aunque ella había recibido en la familia a algunas de las esposas plurales de José, ella se sentía resentida por su presencia, y algunas veces, las hacía sentir mal[34].

Finalmente, Emma exigió que Emily y Eliza abandonaran la casa para siempre. Teniendo a José a su lado, Emma llamó a las dos hermanas a su habitación y les dijo que ellas debían terminar su relación con José de inmediato[35].

Sintiéndose indeseada, Emily salió de la habitación enojada con Emma y José. "Cuando el Señor lo manda —pensó ella—, no se puede tratar con liviandad Su palabra". Ella se proponía hacer lo que deseaba Emma, pero se rehusó a quebrantar su convenio de matrimonio.

José siguió a las hermanas al salir de la habitación, y halló a Emily en el piso de abajo. "¿Cómo te sientes, Emily?", le preguntó.

"Me imagino que me siento como cualquier otro en estas circunstancias", dijo ella mirando a José. José tenía el aspecto como si estuviera listo para hundirse en la tierra. Emily sintió pena por él. Ella quiso decirle algo más, pero él salió de la habitación antes de que ella pudiera hablar[36].

Décadas después, cuando Emily era una mujer mayor, ella reflexionó sobre esos días dolorosos. Para entonces, ella comprendía mejor lo complicado que fue para Emma el matrimonio plural y el dolor que eso le había causado[37].

"Sé que fue difícil para Emma, y para cualquier mujer, entrar en el matrimonio plural en aquellos tiempos —escribió ella—, y no sé si alguien podría haberlo hecho mejor que Emma bajo esas circunstancias"[38].

"Dios debe ser el Juez —concluyó ella—, no yo"[39].

CAPÍTULO 42

Preparen sus hombros

A principios de noviembre de 1843, Phebe Woodruff le dio la bienvenida de regreso a casa a Wilford, que volvió de una misión de cuatro meses a los estados del este. Llegó con regalos para su familia y un vagón cargado con suministros de impresión para la imprenta de *Times and Seasons*, donde Phebe y los niños habían estado viviendo[1].

Phebe había dado luz a otra hija en julio y había estado esperando con ilusión la llegada de Wilford durante aproximadamente un mes. El matrimonio Woodruff tenía una relación muy cercana y odiaban estar separados cuando Wilford servía misiones. Sin embargo, a diferencia de otros apóstoles y sus esposas, aún no habían sido sellados por esta vida y la eternidad y estaban ansiosos por recibir la ordenanza.

Mientras Wilford estaba ausente, Phebe le había escrito preguntándole si pensaba que el amor de ellos alguna vez sería separado en la eternidad. Él le respondió con un poema que expresaba su esperanza de que su amor prosperaría más allá de la tumba[2].

El 11 de noviembre, una semana después del regreso de Wilford, el matrimonio Woodruff visitó la casa de John y Leonora Taylor. Allí, Hyrum Smith enseñó acerca de la resurrección, la redención y la exaltación a través del nuevo y sempiterno convenio. Luego selló a Phebe y a Wilford por esta vida y la eternidad y todos disfrutaron de una agradable velada juntos[3]. El matrimonio Woodruff pronto comenzó a prepararse para recibir la investidura.

A principios de ese otoño, por primera vez en más de un año, José había empezado a investir a más santos. Según lo prometido, había extendido la investidura a las mujeres, y el 28 de septiembre le administró la ordenanza a Emma en la Mansión de Nauvoo[4]. Poco después, Emma lavó y ungió a Jane Law, Rosannah Marks, Elizabeth Durfee y Mary Fielding Smith. Era la primera vez que una mujer oficiaba en una ordenanza del templo en los últimos días[5].

En las semanas que siguieron, Emma llevó a cabo la ordenanza para Lucy Smith, Ann Whitney, Mercy Thompson, Jennetta Richards, Leonora Taylor, Mary Ann Young y otras mujeres. Pronto otras mujeres efectuaron la ordenanza bajo la supervisión de Emma[6].

En diciembre, Phebe y Wilford fueron lavados, ungidos e investidos[7]. A fines de año, cuarenta y dos hombres y mujeres habían recibido la investidura. Se reunían a menudo en la habitación de arriba de la tienda de José para orar y aprender sobre las cosas de la eternidad[8].

ESE OTOÑO, AL TIEMPO que se reunía regularmente con los santos investidos, William Law les ocultó a José y a Hyrum que era culpable de adulterio. Al haber cometido el pecado, William se sentía como si hubiera trasgredido contra su propia alma[9].

Por esa época, Hyrum le entregó una copia de la revelación sobre el matrimonio. "Llévatela a casa y léela", le indicó Hyrum, "y entonces ten cuidado con ella y tráela de vuelta". William estudió la revelación y se la mostró a su esposa, Jane. Él dudaba de su autenticidad, pero ella estaba segura de que era real.

William le llevó la revelación a José, que confirmó que era genuina[10]. William le suplicó que renunciara a sus enseñanzas, pero José testificó que el Señor le había mandado que enseñara el matrimonio plural a los santos y que sería condenado si desobedecía[11].

En algún momento, William se enfermó y finalmente confesó su adulterio a Hyrum, admitiéndole a su amigo que no se sentía digno de vivir o morir. Sin embargo, deseaba estar sellado a Jane por toda la eternidad, y le preguntó a José si eso era posible. José le llevó la pregunta al Señor, que le reveló que William no podía recibir la ordenanza porque era adúltero[12].

Entonces, el corazón de William comenzó a arder de ira contra José[13]. A fines de diciembre, él y Jane dejaron de reunirse con los santos investidos[14]. Jane le aconsejó vender sus propiedades calladamente y tan solo irse de Nauvoo. Pero William quería destruir a José[15]. Comenzó a conspirar en secreto con otras personas que se oponían al Profeta y, no mucho después, perdió su lugar en la Primera Presidencia.

William declaró que estaba contento de haber quedado libre de su asociación con José. Pero en lugar de dejar Nauvoo y seguir adelante, como Jane había recomendado, se volvió más decidido que nunca a trabajar en contra del Profeta y provocar su fin[16].

LA APOSTASÍA DE WILLIAM fue triste pero no sin precedentes. "Durante varios años he tratado de preparar la mente de los santos para que reciban las cosas de Dios", le dijo José a una congregación un frío domingo de principios de 1844, "pero frecuentemente vemos que algunos de ellos, después de sufrir todo lo que han sufrido por la obra de Dios, estallan en pedazos como el cristal en cuanto surge algo que se opone a sus tradiciones".

Desde la organización de la Iglesia, José había visto a hombres y mujeres abandonar la fe cuando estaban en desacuerdo con los principios que enseñaba o cuando él no satisfacía sus expectativas de lo que debía ser un profeta. Los que dejaban la Iglesia a menudo se marchaban pacíficamente. Pero como lo demostraron hombres como Ezra Booth, Warren Parrish y John Bennett, a veces los que se apartaban luchaban contra el Profeta, la Iglesia y sus enseñanzas, lo que a menudo resultaba en violencia contra los santos. El rumbo que tomaría William todavía estaba por verse.

Mientras tanto, José continuó preparando a los santos para recibir las ordenanzas de salvación que se hallan en el templo. "Quisiera Dios que este templo estuviera terminado ahora para entrar en él", le dijo a la gran congregación de hombres y mujeres. "Aconsejo a todos los santos que pongan manos a la obra con todas sus fuerzas para juntar en este lugar a todos sus parientes vivos, a fin de que sean sellados y se salven"[17].

Sabía, sin embargo, que los santos podrían hacerlo solamente si podían terminar el templo. Ya José estaba preocupado por el creciente malestar que había en las comunidades alrededor de Nauvoo. Después de una elección estatal el verano anterior, sus críticos se habían reunido en protesta, acusándolo de influir en los votos de los santos. "Tal individuo", declararon, "no puede dejar de convertirse en un personaje muy peligroso, especialmente cuando ha podido colocarse a la cabeza de una horda numerosa"[18].

Sabiendo cuán rápidamente podían intensificarse las tensiones, José esperaba encontrar aliados en el gobierno nacional que pudieran defender a los santos en el ámbito público. Unos meses antes les había escrito a cinco candidatos a presidente para las próximas elecciones nacionales, con la esperanza de averiguar si apoyarían los esfuerzos de los santos por recuperar sus pérdidas en Misuri. Tres de los candidatos respondieron. Dos de ellos argumentaron que la consideración de la indemnización era un asunto del estado, no del presidente; el tercero fue comprensivo, pero finalmente se mostró evasivo[19].

Frustrado por la falta de voluntad de los candidatos para ayudar, José decidió presentarse él mismo como candidato a la presidencia de los Estados Unidos. Era improbable que ganara la elección, pero quería usar su candidatura para hacer públicos los agravios a los santos y defender los derechos de otras personas que hubieran sido tratadas injustamente. Contaba con que cientos de santos hicieran campaña en todo el país en su nombre.

El 29 de enero de 1844, el Cuórum de los Doce nominó formalmente a José como candidato a la presidencia y él acepto su nominación. "Si alguna vez llego a ocupar el sillón presidencial —prometió—, protegeré los derechos y las libertades del pueblo"[20].

MIENTRAS TANTO, EN UN barco ballenero frente a la costa de Sudáfrica, Addison Pratt observaba a sus compañeros de barco bajar cuatro pequeñas embarcaciones hasta el océano y remar con todas sus fuerzas detrás de una gran ballena. Al acercar sus botes junto a la bestia, los hombres arrojaron arpones a su lomo, haciendo que se sumergiera en las profundidades del agua y tirara de los botes sobre la cresta montañosa de una ola.

El rápido movimiento rompió el cable de remolque y la ballena salió a la superficie de nuevo, esta vez cerca del barco. Al escalar el mástil para tener una mejor vista, Addison vio a la inmensa criatura agitarse violentamente de un lado al otro, bramando y echando chorros de agua mientras intentaba liberarse de los dos arpones enganchados en su poderosa carne. Cuando los botes se acercaron, se sumergió de nuevo para esquivar otro asalto, resurgiendo más lejos en el mar. Los hombres trataron de perseguirla una vez más, pero la ballena se escapó.

Al observar la persecución, Addison recordó la bendición patriarcal que había recibido poco después de mudarse a Nauvoo. En ella, Hyrum Smith le había prometido que "saldría, entraría e iría sobre la faz de la tierra". Después de la bendición, Hyrum había dicho: "Supongo que tienes que ir a la caza de ballenas"[21].

Addison y sus compañeros misioneros habían estado en el mar durante varios meses, navegando hacia el sur a través del océano Atlántico y alrededor del cabo de Buena Esperanza hacia las islas más allá de Australia. Sin haber podido encontrar un barco con destino a Hawái, habían reservado pasajes en un barco ballenero que se dirigía más al sur, a Tahití. El viaje duraría la mayor parte de un año y ya Addison y los misioneros habían intentado hablar del Evangelio restaurado con sus compañeros de barco.

La mayoría de los días a bordo del ballenero eran agradables, pero a veces las noches de Addison se veían perturbadas por sueños siniestros. Una noche soñó que José y los santos estaban a bordo de un barco que navegaba directamente hacia una tormenta. El barco se topaba con un banco de arena y golpeaba el fondo del mar, haciendo trizas el casco. Al entrar el agua a raudales dentro del barco, su proa comenzaba a hundirse debajo del agua. Algunos de los santos se ahogaban, mientras que otros lograban huir de la nave que se hundía, solo para ser devorados por voraces tiburones[22].

En otro sueño, unas noches más tarde, vio a su familia y a la Iglesia dejando Nauvoo. Él buscaba durante mucho tiempo antes de encontrarlos asentados en un valle fértil. En el sueño, Louisa y los niños vivían en la ladera de una colina, en una pequeña cabaña rodeada de campos arados. Ella saludaba a Addison y lo invitaba a caminar con ella para ver el establo y la tierra de pastoreo para las vacas, en el extremo superior del campo. El patio no estaba cercado y los cerdos le causaban problemas, pero Louisa tenía un buen perro para cuidar de la propiedad[23].

Addison despertó de estos sueños ansioso por su familia y temiendo que los enemigos estuvieran afligiendo otra vez más a los santos[24].

ESE INVIERNO, MERCY FIELDING Thompson y Mary Fielding Smith recolectaron "pennies" (monedas de bajo valor) de las mujeres de Nauvoo como parte de un esfuerzo por recaudar fondos para el templo. A fines del año anterior, mientras oraba para saber qué podía hacer para ayudar a edificar Sion, Mercy se había sentido inspirada a comenzar la colecta de esos pennies. "Trata de hacer que las hermanas contribuyan con un centavo por semana", le había susurrado el Espíritu, "con el propósito de comprar vidrio y clavos para el templo".

Mercy le propuso la idea a José y él le dijo que siguiera adelante con ella y que el Señor la bendeciría. Las mujeres respondieron con entusiasmo al plan de Mercy. Todas las semanas, Mary y ella recolectaban pennies y registraban cuidadosamente los nombres de las mujeres que habían prometido su apoyo.

Hyrum también ayudó a las mujeres en la colecta y le dio el respaldo total de la Primera Presidencia. Declaró que toda mujer que contribuyera con sus pennies tendría su nombre inscrito en el Libro de la Ley del Señor, donde José y sus escribas registraban los diezmos, las revelaciones y otros escritos sagrados[25].

Una vez que la colecta de pennies estuvo en marcha en Nauvoo, las hermanas enviaron una carta a la oficina del *Millennial Star* de Inglaterra para solicitar pennies a las mujeres de la Iglesia allí. "Por la presente se les informa que hemos comenzado una pequeña colecta semanal para el beneficio de los fondos del templo", escribieron. "Mil ya se han unido a ella, mientras que se esperan muchos más, por lo que confiamos en ayudar a hacer avanzar mucho la obra"[26].

Pronto, las mujeres de la misión británica estaban enviando sus pennies a través del océano hacia Nauvoo.

CON LA AYUDA DE William Phelps, José desarrolló una plataforma presidencial independiente y redactó un folleto para hacerlo público en todo el país[27]. Propuso otorgarle más poder al presidente para acabar con los populachos, liberar a los esclavos mediante una compensación a sus propietarios, convertir las prisiones en lugares de aprendizaje y reforma y expandir la nación hacia el oeste, pero solo con el pleno consentimiento de los indígenas americanos. Quería que los votantes supieran que él era el defensor de todas las personas, no solo de los Santos de los Últimos Días[28].

Él creía que una democracia teocrática, en la que las personas eligieran vivir en armonía con las leyes de Dios, podría establecer una sociedad justa y pacífica a fin de preparar al mundo para la Segunda Venida. Pero si su campaña fracasaba y los oprimidos y afligidos quedaban desprotegidos, quería establecer un lugar para protegerlos en los últimos días, en algún lugar fuera de los Estados Unidos.

Las amenazas constantes en Misuri e Illinois, junto con la cantidad cada vez mayor de santos, habían impulsado recientemente a José a mirar hacia el oeste en busca de tal lugar. No tenía la intención de abandonar Nauvoo, pero esperaba que la Iglesia creciera más allá de lo que la ciudad podía albergar. José quería encontrar un lugar donde los santos pudieran establecer el reino de Dios en la tierra e instituir leyes justas que gobernaran al pueblo del Señor hasta el Milenio.

Con esto en mente, José pensó en lugares como California, Oregón y Texas, todos los cuales se encontraban entonces fuera de las fronteras de los Estados Unidos. "Envíen una delegación e investiguen esos lugares", les encargó a los Doce. "Busquen una buena ubicación adonde podamos retirarnos después de que el templo esté terminado y donde podamos edificar una ciudad algún día, y tener un gobierno propio en un ambiente benigno"[29].

El 10 y 11 de marzo, el Profeta constituyó un nuevo consejo de hombres que supervisaría el establecimiento del reino del Señor en la tierra[30]. El consejo llegó a conocerse como el Consejo del Reino de Dios o el Consejo de los Cincuenta. José deseaba tener un debate vigoroso en el consejo y alentó a sus miembros a expresar sus opiniones y a decir lo que realmente sentían.

Antes de dar por terminada su primera reunión, los miembros del consejo hablaron con entusiasmo sobre la creación de un gobierno propio bajo una nueva constitución que reflejara la voluntad de Dios. Creían que serviría como un referente para las personas y cumpliría la profecía de Isaías de que el Señor establecería un estandarte a las naciones para congregar a Sus hijos en los últimos días[31].

Durante ese tiempo, en las reuniones con los líderes de la Iglesia, José parecía agobiado. Creía que algo importante estaba por suceder. "Puede ser que mis enemigos me maten —dijo—, y en caso de que lo hagan, y que no se hayan impartido a ustedes las llaves y el poder que descansan en mí, estos desaparecerían de la tierra". Dijo que se sentía compelido a conferir a los Doce Apóstoles todas las llaves del sacerdocio para poder tener la seguridad de que la obra del Señor continuaría[32].

"Sobre los hombros de los Doce de ahora en adelante debe descansar la responsabilidad de dirigir esta Iglesia hasta que ustedes nombren a otros que sean sus sucesores —les dijo a los Apóstoles—. De ese modo, ese poder y esas llaves se perpetuarán en la tierra".

El camino por delante no sería fácil, les advirtió José. "Si se les llamara a entregar sus vidas, mueran como hombres —dijo—. Una vez muertos, ya no pueden hacerles más daño. Y si tuvieran que adentrarse en el peligro y las fauces de la muerte, no teman al mal; Jesucristo murió por ustedes"[33].

José selló sobre la cabeza de los apóstoles todas las llaves del sacerdocio que necesitaban para llevar adelante la obra del Señor sin él; entre ellas, las sagradas llaves del poder para sellar[34]. "Paso de mis hombros a los suyos la carga y la responsabilidad de dirigir esta Iglesia —dijo—. Ahora, preparen sus hombros y sobrellévenlas como hombres, porque el Señor me permitirá descansar un poco".

José ya no parecía agobiado; su rostro estaba tranquilo y lleno de poder. "Me siento tan liviano como un corcho; siento que estoy libre —les dijo a los hombres—. Le agradezco a mi Dios esta liberación"[35].

CAPÍTULO 43

Una alteración del orden público

Después de ser excluido de la Primera Presidencia, William Law evitaba a José. A fines de marzo de 1844, Hyrum intentó reconciliar a los dos hombres, pero William se negó a hacer las paces mientras el Profeta apoyara el matrimonio plural[1]. Por la misma época, José oyó que William y varias otras personas de la ciudad esaban conspirando para matarlo a él y a su familia[2].

José habló confiadamente en contra de los conspiradores. "No voy a firmar una orden de detención contra ellos porque no les tengo miedo —les dijo a los santos—. Ellos no asustarían ni siquiera a una gallina que estuviera empollando"[3]. Sin embargo, estaba preocupado por la creciente disensión en Nauvoo y las amenazas de muerte solo aumentaban la sensación de que su tiempo para enseñar a los santos estaba llegando a su fin[4].

Esa primavera, un miembro de la Iglesia llamado Emer Harris le informó a José que los conspiradores lo habían invitado a él y a su hijo de diecinueve años, Denison, a asistir a sus reuniones. "Hermano Harris —dijo José—, le aconsejo que no asista a esas reuniones ni les preste atención". Pero le dijo a Emer que quería que Denison asistiera a las reuniones y que averiguara lo que pudiera sobre los conspiradores.

Más tarde, José se reunió con Denison y su amigo Robert Scott para prepararlos para su asignación. Sabiendo que los conspiradores eran peligrosos, les advirtió a los jóvenes que hablaran lo menos posible mientras estuvieran allí y que no ofendieran a nadie[5].

El 7 de abril de 1844, el segundo día de la conferencia general de la Iglesia, José dejó de lado sus preocupaciones sobre la conspiración para dirigirse a los santos. Un fuerte viento sopló a través de la congregación cuando él subió al estrado. "Difícilmente podré hacer que todos escuchen a menos que presten su más profunda atención", gritó el Profeta por encima del ruido del viento. Anunció que iba a hablar sobre su amigo King Follett, que había muerto recientemente, y ofrecer consuelo a todos los que habían perdido a sus seres queridos[6].

También deseaba dar a cada santo un vistazo de lo que les esperaba en el mundo venidero. Quería retirar el velo espiritual, aunque solo fuera por un momento, y enseñarles sobre la naturaleza de Dios y el potencial divino de ellos.

"¿Qué clase de ser es Dios? —preguntó a los santos—. ¿Lo sabe algún hombre o mujer? ¿Alguno de ustedes lo ha visto, lo ha escuchado, ha conversado con Él?". José dejó que sus preguntas flotaran en el aire un momento. "Si el velo se partiera hoy —dijo—, y el Gran Dios, que conserva este mundo en su órbita y sostiene todos los mundos y todas las cosas con su poder, se manifestase a sí mismo, si fueseis a verlo hoy, lo veríais en toda la persona, imagen y forma misma de un hombre".

José explicó que el buscar conocimiento y guardar convenios ayudaría a los santos a cumplir el supremo plan del Padre para ellos. "Ustedes mismos tienen que aprender a ser dioses —dijo José—, al avanzar de un pequeño grado a otro, de gracia en gracia, de exaltación en exaltación, hasta que logren sentarse en gloria, como aquellos que se sientan sobre tronos de poder sempiterno".

Este plan, les recordó, venció a la muerte. "Es un gran consuelo para los que lloran —dijo—, saber que aunque el cuerpo terrenal se deshace, nuevamente se levantarán en una gloria inmortal, para nunca más volver a afligirse, sufrir o morir, sino que serán herederos de Dios y coherederos con Jesucristo"[7].

El proceso tomaría tiempo y requeriría mucha paciencia, fe y aprendizaje. "No todo se va a entender en este mundo", les aseguró el Profeta a los santos. "Entenderlo todo tomará mucho tiempo después de la tumba".

Al ir llegando el sermón a su fin, José se tornó reflexivo. Habló acerca de sus familiares y amigos que habían fallecido. "Se han ausentado tan solo por un momento —dijo—. Se hallan en el espíritu y, cuando salgamos de aquí, saludaremos a nuestra madre, padre, amigos y a todos aquellos a quienes amamos". Les aseguró a las madres que habían perdido bebés que se reunirían con sus hijos. En las eternidades, dijo, los santos ya no vivirían con miedo a los populachos, sino que morarían en gozo y felicidad[8].

De pie frente a los santos, José ya no era el muchacho granjero inculto y sin educación que había buscado sabiduría en una arboleda. Día tras día, año tras año, el Señor lo había pulido como a una piedra, convirtiéndolo lentamente en un mejor instrumento para Sus manos[9]. Aun así, los santos comprendían muy poco acerca de su vida y su misión.

"Ustedes jamás conocieron mi corazón —dijo—. No los culpo por no creer mi historia. De no haber pasado las experiencias que he tenido, yo mismo no la hubiera creído". Esperaba que algún día, después de que su vida hubiera sido sopesada en la balanza, los santos lo conocieran mejor.

Cuando José terminó, se sentó y el coro cantó un himno. Había hablado durante casi dos horas y media[10].

El sermón de José inspiró a los santos y los llenó con el Espíritu. "Las enseñanzas que escuchamos hicieron que nuestros corazones se regocijaran", escribió Ellen Douglas a sus padres que estaban en Inglaterra, una semana después de la conferencia. Ellen, su esposo y sus hijos habían estado entre los primeros conversos británicos en navegar hacia Nauvoo en 1842, y las verdades que José enseñó en su sermón fueron un recordatorio de por qué se habían sacrificado tanto para reunirse con los santos.

Como muchos conversos británicos, la familia Douglas había gastado la mayor parte de sus ahorros al emigrar a Nauvoo, quedando en la pobreza. El esposo de Ellen, George, había fallecido poco después de que llegaran y ella se había enfermado con una fiebre terrible, por lo que no podía cuidar de sus ocho hijos. Una amiga pronto le recomendó que consiguiera ayuda de la Sociedad de Socorro, a la que Ellen se había unido después de llegar a la ciudad.

"Rehusé hacerlo —les dijo Ellen a sus padres en la carta que escribió después de la conferencia—, pero la mujer me dijo que yo necesitaba algunas cosas y que había estado enferma durante mucho tiempo y que, si no lo hacía yo, ella lo haría en mi lugar". Ellen sabía que sus hijos necesitaban muchas cosas, especialmente ropa, así que finalmente aceptó pedirle ayuda a una miembro de la Sociedad de Socorro.

"Ella me preguntó qué necesitaba más —explicó Ellen—, y trajeron el carromato y me dieron el mejor regalo que jamás recibí en ningún lugar del mundo".

Ella y sus hijos ahora tenían una vaca y criaban docenas de pollos en el terreno que alquilaban mientras ahorraban dinero para comprar su propia tierra. "Nunca en mi vida disfruté más de lo que lo hago ahora —les dijo a sus padres—. Por mi parte, siento deseos de regocijarme y alabar a Dios por haber enviado a los élderes de Israel a Inglaterra y por haberme dado el corazón para creerles".

Concluyó su carta dando testimonio del profeta José Smith. "Llegará el día —dijo a sus padres—, en el que ustedes sabrán que les he dicho la verdad"[11].

Esa primavera, Denison Harris y Robert Scott asistieron a las reuniones secretas de William Law e informaron lo que averiguaban a José[12]. Para entonces, William se veía a sí mismo como un reformador de la Iglesia. Aún profesaba creer en el Libro de Mormón y en Doctrina y Convenios, pero estaba furioso con respecto al matrimonio plural y a las recientes enseñanzas de José sobre la naturaleza de Dios[13].

Entre los conspiradores, Denison y Robert reconocieron a la esposa de William, Jane, y a Wilson, el hermano mayor de este. También vieron a Robert y Charles Foster, quienes habían sido amigos de José hasta que entraron en conflicto con él acerca del aprovechamiento de las tierras alrededor del templo[14]. Los antiguos aliados de John Bennett, Chauncey y Francis Higbee, también asistían, junto con un matón local llamado Joseph Jackson[15].

Al Profeta le conmovió que Denison y Robert estuvieran dispuestos a arriesgar sus vidas por él. Después de la segunda reunión con los conspiradores, les dio instrucciones a los jóvenes de que asistieran una vez más. "Sean extremadamente reservados —les aconsejó—, y no hagan promesas de conspirar en mi contra o en contra de ninguna parte de la comunidad". Les advirtió que los conspiradores podrían tratar de matarlos.

El domingo siguiente, Denison y Robert hallaron que había hombres que custodiaban el lugar habitual de reunión con mosquetes y bayonetas. Los dos entraron en la casa y escucharon en silencio mientras los conspiradores debatían. Todos estaban de acuerdo en que José tenía que morir, pero no podían ponerse de acuerdo en un plan.

Antes de que concluyera la reunión, Francis Higbee le tomó un juramento de solidaridad a cada conspirador. Uno por uno, los hombres y las mujeres que estaban en la habitación levantaron una Biblia en su mano derecha y prestaron juramento. Cuando llegó el turno de Denison y Robert, se negaron a dar un paso al frente.

"¿No han escuchado el sólido testimonio de todos los presentes contra José Smith? —razonaron los conspiradores—. Consideramos que es nuestro deber solemne llevar a cabo su destrucción y rescatar a las personas de este peligro".

"Vinimos a sus reuniones porque pensamos que eran nuestros amigos —dijeron los jóvenes—. No creímos que se causara ningún daño al hacerlo".

Los líderes ordenaron a los guardias que sujetaran a Denison y Robert y los llevaran al sótano. Una vez allí, a los jóvenes se les dio una oportunidad más para hacer el juramento. "Si todavía están empeñados en rehusarse —se les dijo—, tendremos que derramar su sangre".

Los jóvenes nuevamente dijeron que no y se prepararon para la muerte.

"¡Esperen! —gritó alguien en el sótano—. ¡Hablemos de este asunto!".

En un instante, los conspiradores estaban discutiendo de nuevo y los jóvenes oyeron a un hombre decir que era demasiado peligroso matarlos. "Los padres de los muchachos —razonó este—, podrían iniciar una búsqueda que sería muy peligrosa para nosotros".

Denison y Robert fueron llevados al río por guardias armados y puestos en libertad. "Si alguna vez abren la boca —advirtieron los guardias—, los mataremos de noche o de día, donde sea que los encontremos"[16].

Los jóvenes se marcharon e inmediatamente se presentaron ante José y un guardaespaldas que estaba con él. Mientras el Profeta escuchaba su historia, agradecido de que no hubieran sufrido ningún daño, una expresión seria cruzó su rostro. "Hermanos —dijo—, ustedes no saben en qué terminará esto".

¿Cree que lo van a matar? —preguntó el guardaespaldas—. ¿Va a ser asesinado?".

José no respondió la pregunta directamente, pero les aseguró a los jóvenes que William Law y los otros conspiradores estaban equivocados con respecto a él. "No soy un falso profeta —testificó—. No he tenido revelaciones oscuras. No he tenido revelaciones del diablo"[17].

EN MEDIO DE LA agitación de la primavera, José se reunió regularmente con el Consejo de los Cincuenta para analizar los atributos ideales de una democracia teocrática y las leyes y prácticas que la gobernaban. En una reunión, poco después de la conferencia de abril, el consejo votó para aceptar a José como profeta, sacerdote y rey.

Los hombres no tenían autoridad política, por lo que la moción no tuvo consecuencias para la vida cotidiana, pero afirmaba los oficios y las responsabilidades del sacerdocio de José como cabeza del reino terrenal del Señor antes de la Segunda Venida.También hacía alusión al testimonio de Juan el Revelador de que Cristo había hecho de los santos, reyes justos y sacerdotes para Dios, dando un significado adicional al título de Rey de Reyes que posee el Salvador[18].

Esa misma tarde, José notó que algunos miembros del consejo no eran miembros de la Iglesia. Él proclamó que en el Consejo de los Cincuenta los hombres no eran consultados acerca de sus opiniones religiosas, sin importar cuáles fuesen. "Actuamos según el principio amplio y liberal de que todos los hombres tienen los mismos derechos y deben ser respetados —dijo—. Todo hombre tiene el privilegio en esta organización de elegir voluntariamente a su Dios y la religión que le plazca".

Mientras hablaba, José tomó una regla larga e hizo un amplio gesto con ella, como lo haría un maestro de escuela. "Cuando un hombre sienta la menor tentación a tal intolerancia, debería desdeñarla", le dijo al consejo. Dijo que el espíritu de intolerancia religiosa había empapado la tierra con sangre. "En todos los gobiernos o las operaciones políticas —declaró—, las opiniones religiosas de un hombre nunca deberían ser cuestionadas. Un hombre debe ser juzgado por la ley, independientemente de los prejuicios religiosos".

Cuando José terminó de hablar, accidentalmente rompió la regla por la mitad, para sorpresa de todos en la habitación.

"Tal como la regla se rompió en las manos de nuestro presidente del consejo —bromeó Brigham Young—, así podría romperse ante nosotros todo gobierno despótico"[19].

A FINES DE ABRIL, la disensión cada vez más pública de William y Jane Law llevó a un consejo de treinta y dos líderes de la Iglesia a excomulgarlos a ellos y a Robert Foster por conducta poco cristiana. Dado que nadie los había convocado para defenderse en la audiencia, William se indignó y rechazó la decisión del consejo[20].

Más tarde, a medida que varios apóstoles y decenas de élderes salían de Nauvoo para servir misiones y hacer campaña para la presidencia de José, los críticos de la Iglesia comenzaron a expresarse más abiertamente. Robert Foster y Chauncey Higbee hurgaron en busca de pruebas que pudieran usarse en demandas contra el Profeta[21]. William Law llevó a cabo una reunión pública el 21 de abril, en la que denunció a José como un profeta caído y organizó una nueva iglesia.

En la reunión, los seguidores de William lo colocaron como presidente de la nueva iglesia. Después de eso, se reunían todos los domingos y planificaban maneras de atraer a su causa a otros santos distanciados de la Iglesia[22].

Mientras tanto, Thomas Sharp, el joven editor de periódico que se había vuelto en contra de los santos poco después de llegar a Illinois, llenaba su periódico de críticas a José y a la Iglesia.

"Ustedes no saben nada de los repetidos insultos y daños que nuestros ciudadanos han recibido de los líderes de la iglesia mormona —declaró al defender sus ataques contra los santos—. No pueden saber nada de estas cosas o no podrían aventurarse a sermonearnos por intentar exponer a tal banda de forajidos, traidores y parásitos sociales"[23].

Luego, el 10 de mayo, Wiliam y sus seguidores anunciaron sus planes para publicar el *Nauvoo Expositor*, un periódico que daría, según dijeron, "una declaración completa, franca y sucinta de los hechos tal como realmente se producen en la ciudad de Nauvoo"[24]. Francis Higbee también presentó cargos contra José, acusándolo de difamar su reputación en público, mientras que William y su hermano, Wilson, usaron los matrimonios plurales de José como base para acusarlo de adulterio[25].

"El diablo siempre establece su reino al mismo tiempo para oponerse a Dios", les dijo José a los santos en un sermón, al acumularse contra él las falsas acusaciones. Después, él y los otros santos investidos se encontraron en la parte superior de su tienda y oraron para ser liberados de sus enemigos[26]. José quería evitar el arresto, pero no quería esconderse de nuevo. Emma estaba embarazada y muy enferma y él era renuente a irse de su lado[27].

Finalmente, a fines de mayo, decidió que era mejor ir a Carthage, la cabecera del condado, y enfrentar una investigación legal sobre las acusaciones en su contra[28]. Un poco más de veinte amigos de José lo acompañaron a la ciudad. Cuando el caso se presentó ante un juez, a los fiscales les faltaba un testigo y no pudieron continuar con la investigación. Las audiencias se pospusieron durante unos meses y el sheriff permitió que José volviera a casa[29].

La liberación de José enfureció a Thomas Sharp. "Hemos visto y oído lo suficiente como para convencernos de que José Smith no está a salvo fuera de Nauvoo, y no nos sorprendería escuchar acerca de su muerte en forma violenta en un poco tiempo más —declaró en un editorial—. Los sentimientos de este país están ahora fustigados a su máxima expresión y se desatarán con furia ante la menor provocación"[30].

MIENTRAS LA OPOSICIÓN A José se intensificaba, los santos continuaban edificando su ciudad. Louisa Pratt se esforzaba por dar cobijo y alimentar a sus cuatro hijas mientras su esposo estaba ausente en su misión en el Pacífico Sur. Antes de irse, Addison había comprado algo de madera, pero no lo suficiente como para que Louisa construyera una casa en su terreno de la ciudad. Como tenía tierras en un estado vecino, fue a un aserradero cercano y solicitó comprar la madera a crédito, con sus tierras como garantía.

"No debe dudar de una mujer", le dijo al propietario del aserradero, preocupada por que le negara el crédito debido a su sexo. "Como regla general, son más puntuales que los hombres".

El propietario no tuvo reparos en venderle a crédito y Louisa pronto tuvo la madera que necesitaba para construir una casa pequeña. Desafortunadamente, los hombres que ella contrató para hacer el trabajo fueron una continua decepción, lo que la obligó a contratar a otros hasta que encontró trabajadores confiables.

Mientras la casa estaba en construcción, Louisa trabajaba como costurera. Cuando sus hijas contrajeron sarampión, ella las cuidó día y noche, orando por su recuperación hasta que se mejoraron. Por todas las apariencias, parecía estar arreglándose bien bajo esas circunstancias. Pero a menudo se sentía sola, inadecuada e incapaz de soportar la carga que llevaba sobre sus hombros.

Una vez que la casa estuvo terminada, Louisa mudó a su familia allí. Colocó una alfombra que ella misma había hecho y amuebló la casa con artículos que compró con sus ganancias.

A medida que pasaban los meses, Louisa y las niñas sobrevivían con sus pequeños ingresos, intercambiando y comprando a crédito mientras pagaba la deuda con el propietario del aserradero. Cuando se les acabó la comida y Louisa tenía nuevas deudas que pagar, las niñas preguntaron: "¿Qué haremos, madre?".

"Quejarnos con el Señor", dijo secamente Louisa. Se preguntó cómo sería su oración. ¿Se quejaría de las personas que le debían dinero? ¿Clamaría contra quienes no le habían pagado por el trabajo que le habían contratado para hacer?

Justo en ese momento llegó un hombre con una pesada carga de leña que ella podía vender. Entonces llegó otro hombre con cuarenta y cinco kilos de harina y once kilos de carne de cerdo.

"¡Vamos, madre! —dijo su hija Frances—, ¡qué mujer tan afortunada eres!".

Abrumada por la gratitud, Louisa decidió refrenar sus quejas[31].

COMO LO PROMETIÓ WILLIAM Law, el *Nauvoo Expositor* apareció en las calles de Nauvoo a principios de junio. "Estamos buscando sinceramente echar por tierra los depravados principios de José Smith —declaró en su preámbulo—, que en verdad sabemos que no están de acuerdo ni en consonancia con los principios de Jesucristo y los apóstoles".

En el periódico, William y sus seguidores insistían en que José se había desviado del Evangelio restaurado al introducir la investidura, practicar el matrimonio plural y enseñar una nueva doctrina sobre la exaltación y la naturaleza de Dios[32].

También les advertían a los ciudadanos del condado que el poder político de los santos iba en aumento. Condenaban la manera en que José desdibujaba los límites entre las funciones de la Iglesia y del estado y censuraban su candidatura a la presidencia.

"Levantémonos en la majestuosidad de nuestra fuerza —declararon en tono amenazador—, y barramos la influencia de tiranos y malhechores de sobre la faz de la tierra"[33].

El día después de la publicación del periódico, José convocó al concejo de la ciudad de Nauvoo para analizar qué hacer con respecto al *Expositor*. Muchos de los vecinos de los santos ya eran hostiles a la Iglesia y le preocupaba que el *Expositor* los incitara a la violencia. "No habrá seguridad, en tanto existan estas cosas –dijo–, porque tienden a fomentar el clima de populachos"[34].

Hyrum le recordó al concejo sobre los populachos que los habían expulsado de Misuri. Al igual que a José, le preocupaba que el periódico provocara a las personas contra los santos a menos que ellos aprobaran una ley para detenerlo.

Era sábado por la noche y se estaba haciendo tarde, y los hombres pospusieron la reunión hasta el lunes[35]. Ese día, el concejo de la ciudad se reunió desde la mañana hasta la noche, analizando nuevamente qué podían hacer. José propuso que se declarara al periódico una alteración del orden público y que se destruyera la prensa que lo imprimía[36].

John Taylor estuvo de acuerdo. Como editor del *Times and Seasons*, John valoraba la libertad de prensa y la libertad de expresión, pero tanto él como José creían que tenían el derecho constitucional de protegerse contra la difamación. Destruir el *Expositor* y su imprenta sería controvertido, pero creían que las leyes les permitirían hacerlo en forma legal.

José leyó en voz alta la constitución del estado de Illinois sobre la libertad de prensa para que todos en la sala entendieran la ley. Recogiendo un respetado libro de leyes, otro miembro del concejo leyó una justificación legal para la destrucción de una molestia que perturbara la paz de una comunidad. Con el razonamiento legal planteado, Hyrum repitió la propuesta de José de destruir la prensa y esparcir los tipos[37].

William Phelps le dijo al concejo que había revisado la Constitución de los Estados Unidos, el estatuto de la ciudad de Nauvoo y las leyes vigentes. En su opinión, la ciudad estaba plenamente justificada en forma legal para declarar a la prensa una alteración al orden público y destruirla de inmediato.

El concejo votó por destruir la imprenta y José envió órdenes al alguacil de la ciudad para que llevara a cabo la medida[38].

ESA NOCHE, EL ALGUACIL de Nauvoo llegó a la imprenta del *Expositor* con alrededor de cien hombres. Irrumpieron en la tienda con un mazo, arrastraron la imprenta a la calle y la rompieron en pedazos. Luego arrojaron fuera los cajones con los tipos e incendiaron los escombros. Todos los ejemplares que pudieron encontrar del periódico fueron agregados a las llamas[39].

Al día siguiente, Thomas Sharp informó sobre la destrucción de la imprenta en una edición extra de su periódico. "¡La guerra y el exterminio son inevitables! ¡¡¡*Levántense*, ciudadanos, *todos y cada uno*!!!", escribió. "No tenemos tiempo para comentarios, cada hombre hará el suyo. *¡¡¡Quese haga con pólvora y balas!!!*"[40].

CAPÍTULO 44

Como cordero al matadero

Después de que Thomas Sharp hizo su llamada a las armas, la ira contra los santos en Nauvoo se propagó por la región como reguero de pólvora. Los ciudadanos se manifestaron en las cercanías de Warsaw y Carthage para protestar por la destrucción del *Expositor*. Los líderes locales pidieron a los hombres de la región que se unieran a ellos para alzarse en contra de los santos[1]. En dos días se había formado en Carthage un populacho armado de trescientos hombres, listos para marchar sobre Nauvoo y aniquilar a los santos[2].

A ciento sesenta millas al noreste de Nauvoo, Peter Maughan y Jacob Peart se sentaron a comer en un hotel. Por indicaciones de José, habían llegado a la región a buscar un yacimiento de carbón para que lo comprara la Iglesia. José creía que sería rentable extraer el carbón y enviarlo por el Misisipi en el *Maid of Iowa*, el barco de vapor de la Iglesia[3].

Mientras esperaban su comida, Peter abrió el periódico y leyó un informe que decía que había tenido lugar una enorme batalla en Nauvoo, que había matado a miles. Conmocionado y temeroso por Mary y sus hijos, Peter le mostró el informe a Jacob.

Los dos hombres tomaron el siguiente barco a casa. Cuando estaban a unos cincuenta kilómetros de Nauvoo, se enteraron con alivio de que no se había librado ninguna batalla. Pero parecía ser solo una cuestión de tiempo que estallara la violencia[4].

A PESAR DE LA estudiada decisión del concejo de la ciudad de destruir la imprenta, habían subestimado la protesta que le siguió. William Law había huido de la ciudad pero algunos de sus seguidores amenazaban con destruir el templo, prender fuego a la casa de José y destruir la imprenta de la Iglesia[5]. Francis Higbee acusó a José y a otros miembros del concejo de la ciudad de incitar a disturbios cuando la prensa fue destruida. Juró que en diez días ya no quedaría ni un solo mormón en Nauvoo[6].

El 12 de junio, un oficial de Carthage arrestó a José y a otros miembros del concejo de la ciudad. El tribunal municipal de Nauvoo halló que los cargos eran infundados y liberó a los hombres, lo que enfureció aún más a los críticos de José. Al día siguiente, José se enteró de que en Carthage se habían reunido trescientos hombres, listos para marchar sobre Nauvoo[7].

Con la esperanza de evitar otro conflicto armado generalizado con sus vecinos, como lo habían visto en Misuri, José y otras personas escribieron cartas urgentes al gobernador Ford explicando las acciones del concejo de la ciudad y suplicando ayuda contra los ataques del populacho[8]. José les habló a los santos y les aconsejó que mantuvieran la calma, se prepararan para la defensa de la ciudad y no realizaran disturbios. Luego reunió a la Legión de Nauvoo y puso a la ciudad bajo la ley marcial, suspendiendo el estado de derecho habitual y poniendo a los militares a cargo[9].

En la tarde del 18 de junio, la Legión se reunió frente a la Mansión de Nauvoo. Como comandante de la milicia, José se vistió con el uniforme militar completo y se subió a una plataforma cercana desde la que les habló a los hombres. "Hay algunos que piensan que nuestros enemigos quedarían satisfechos con mi destrucción —dijo—, pero puedo asegurar que tan pronto como hayan derramado mi sangre, buscarán sedientos la sangre de toda persona en cuyo corazón haya la más mínima chispa del espíritu de la plenitud del Evangelio".

Desenfundando su espada y levantándola hacia el cielo, José instó a los hombres a defender las libertades que les habían sido negadas en el pasado. "¿Van a apoyarme hasta la muerte y sostener las leyes del país, aunque sus vidas corran peligro?" —preguntó José—.

¡Sí! —rugió la multitud—.

Los amo con todo mi corazón —dijo él—. Ustedes me han sostenido en mis momentos de dificultad y estoy dispuesto a sacrificar mi vida por la preservación de ustedes”[10].

DESPUÉS DE ESCUCHAR DE José las razones que tuvo el concejo de la ciudad para destruir la imprenta, el gobernador Thomas Ford entendió que los santos habían actuado de buena fe. Había bases legales y precedentes para declarar y destruir las alteraciones del orden público en una comunidad. Pero no estaba de acuerdo con la decisión del concejo y no creía que sus acciones pudieran justificarse. La destrucción legal de un periódico, después de todo, era poco común en una época en la que las comunidades generalmente les dejaban ese trabajo a los populachos ilegales, como cuando los que buscaban justicia por mano propia destruyeron el periódico de los santos en el condado de Jackson, hacía más de una década[11].

El gobernador también valoraba mucho las protecciones a la libertad de expresión que se hallaban en la constitución del estado de Illinois, independientemente de lo que la ley hubiera permitido. “Su conducta en la destrucción de la imprenta constituyó una gran ofensa contra las leyes y las libertades del pueblo”, le escribió al Profeta. “Puede haber estado llena de calumnias, pero eso no los autorizaba a destruirla”.

El gobernador argumentó además que el estatuto de la ciudad de Nauvoo no les otorgaba a los tribunales locales tanto poder como el Profeta parecía creer. Les aconsejó a él y a otros miembros del concejo que habían sido acusados de disturbios que se entregaran y se presentaran ante los tribunales fuera de Nauvoo. "Estoy empeñado en preservar la paz —les dijo—. Una pequeña indiscreción puede traer guerra". Si los líderes de la ciudad se entregaban y se sometían a juicio, él prometía protegerlos[12].

Sabiendo que Carthage estaba repleta de hombres que odiaban a los santos, José dudaba de que el gobernador pudiera cumplir su promesa. Sin embargo, quedarse en Nauvoo solo enojaría más a sus críticos y atraería populachos a la ciudad, poniendo a los santos en peligro. Cada vez más, parecía que la mejor manera de proteger a los santos era dejar Nauvoo e ir hacia el oeste o buscar ayuda en Washington D. C.

José le escribió al gobernador y le contó sobre sus planes de abandonar la ciudad. "Por todo lo que es sagrado —escribió—, le imploramos a Su Excelencia que proteja a nuestras indefensas mujeres y niños de la violencia del populacho". Insistió en que, si los santos habían hecho algo malo, haría todo lo que estuviera en su mano para corregirlo[13].

Esa noche, después de despedirse de su familia, José se subió a un esquife con Hyrum, Willard Richards y Porter Rockwell y se dirigió al otro lado del Misisipi. El bote hacía agua, por lo que los hermanos y Willard achicaban el agua con sus botas mientras Porter remaba. Horas después, en la mañana del 23 de junio, llegaron al territorio de Iowa y José le dio instrucciones a Porter de que volviera a Nauvoo y les trajera caballos[14].

Antes de que Porter se fuera, José le dio una carta para Emma en la que le indicaba que vendiera sus propiedades si era necesario para mantenerse a sí misma, a los niños y a la madre de él. "No te desesperes —le dijo—. Si Dios abre una posible puerta para mí, volveré a verte"[15].

Más tarde esa mañana, Emma envió a su sobrino, Lorenzo Wasson, y a Hiram Kimball a Iowa para convencer a José de que volviera a casa y se entregara. Le dijeron a José que el gobernador tenía la intención de ocupar Nauvoo con tropas hasta que él y su hermano Hyrum se entregaran. Porter regresó poco después con Reynolds Cahoon y con una carta de Emma, que nuevamente le rogaba que regresara a la ciudad. Hiram Kimball, Lorenzo y Reynolds llamaron a José cobarde por haber dejado Nauvoo y haber expuesto a los santos al peligro[16].

"Moriré antes de ser llamado cobarde —dijo José—. Si mi vida no es de ningún valor para mis amigos, tampoco lo es para mí". Ahora sabía que irse de Nauvoo no protegería a los santos. Pero no sabía si sobreviviría al ir a Carthage. —¿Qué debo hacer? —le preguntó a Porter.

—Tú eres el de mayor edad y deberías saber más que nadie —dijo Porter.

—Tú eres el mayor —dijo José, volviéndose hacia su hermano—. ¿Qué debemos hacer?.

—Volvamos y entreguémonos, y veamos en qué para todo esto —dijo Hyrum.

—Si tú vuelves, iré contigo —dijo José—, pero seremos asesinados".

—Si vivimos o tenemos que morir —dijo Hyrum—, aceptaremos nuestro destino".

José lo consideró por un momento y luego le pidió a Reynolds que consiguiera un bote. Se entregarían[17].

El corazón de Emma se entristeció cuando José llegó a casa hacia el final de esa tarde. Ahora que lo volvía a ver, temía haberlo llamado de regreso a su muerte[18]. José anhelaba predicarles una vez más a los santos, pero se quedó en casa con su familia. Emma y él reunieron a sus hijos, y él los bendijo.

A la mañana siguiente, temprano, José, Emma y sus hijos salieron de la casa. Él besó a cada uno de ellos[19].

"Volverás", dijo Emma entre lágrimas.

José montó en su caballo y partió con Hyrum y los otros hombres hacia Carthage. "Voy como cordero al matadero —les dijo—, pero me siento tan sereno como una mañana veraniega; mi conciencia se halla libre de ofensas contra Dios y contra todos los hombres"[20].

Los jinetes subieron la colina hasta el templo mientras el sol salía, arrojando luz dorada sobre las paredes sin terminar del edificio. José detuvo el caballo y miró hacia la ciudad. "Este es el lugar más hermoso y esta la mejor gente que existe bajo los cielos —dijo—, pero no tienen la menor idea de las pruebas que les aguardan"[21].

José no se apartó por mucho tiempo. Tres horas después de partir de Nauvoo, sus amigos y él se encontraron con tropas que tenían órdenes del gobernador de confiscar las armas proporcionadas por el estado que estaban en poder de la Legión de Nauvoo. José decidió regresar y ver que se cumpliera la orden. Él sabía que si los santos se resistían, ello podía darle al populacho una razón para atacarlos[22].

De nuevo en Nauvoo, José cabalgó a su casa para ver a Emma y a sus hijos otra vez. Se despidió nuevamente y le preguntó a Emma si iría con él, pero ella sabía que tenía que quedarse con los niños. José se mostraba solemne y pensativo, sombríamente seguro de su destino[23]. Antes de que se fuera, Emma le pidió una bendición. Sin tiempo que perder, José le pidió que escribiera la bendición que deseaba y le prometió que la firmaría cuando regresara.

En la bendición que escribió, Emma pidió sabiduría de nuestro Padre Celestial y el don de discernimiento. "Deseo el Espíritu de Dios para conocerme y entenderme a mí misma —escribió—. Deseo tener una mente fructífera, activa, para comprender sin dudar los designios de Dios".

Ella pidió sabiduría para criar a sus hijos, entre ellos el bebé que esperaba para noviembre, y expresó esperanza en su convenio del matrimonio eterno. "Deseo con todo mi corazón honrar y respetar a mi esposo —escribió—, ser siempre merecedora de su confianza y, siendo uno con él, conservar el lugar que Dios me ha concedido a su lado".

Al final, Emma oraba pidiendo humildad y esperaba regocijarse en las bendiciones que Dios preparó para los obedientes. "Deseo que cualquiera que sea mi destino en la vida —escribió—, pueda reconocer la mano de Dios en todas las cosas"[24].

Aullidos y maldiciones les dieron la bienvenida a los hermanos Smith cuando llegaron a Carthage un poco antes de la medianoche del lunes 24 de junio. La unidad de la milicia que había recogido las armas de los santos de Nauvoo escoltó ahora a José y a Hyrum a través del alboroto de las calles de Carthage. Otra unidad, conocida como los Grises de Carthage, se hallaba acampada en la plaza pública, cerca del hotel donde los hermanos planeaban pasar la noche.

Al pasar José junto a los Grises de Carthage, las tropas empujaban y daban empellones para poder ver. "¿Dónde está el maldito profeta? —gritó un hombre—. ¡Despejen el camino y déjennos ver a José Smith!". Las tropas gritaron, dieron alaridos de alegría y arrojaron sus armas al aire[25].

A la mañana siguiente, José y sus amigos se entregaron a un alguacil. Poco después de las nueve, el gobernador Ford invitó a José y a Hyrum a caminar con él a través de las tropas reunidas. La milicia y el populacho que los rodeaban permanecieron en silencio hasta que una compañía de los Grises comenzó a mofarse de nuevo, arrojando sus sombreros al aire y sacando sus espadas. Como lo habían hecho la noche anterior, aullaron y se burlaron de los hermanos[26].

Ese día en el tribunal, José y Hyrum fueron liberados para esperar el juicio por las acusaciones de causar disturbios. Pero antes de que los hermanos pudieran abandonar la ciudad, dos de los aliados de William Law presentaron demandas contra ellos por haber declarado la ley marcial en Nauvoo. Fueron acusados de traición contra el gobierno y el pueblo de Illinois, un delito capital que impidió que los hombres fueran liberados bajo fianza.

José y Hyrum fueron colocados en la cárcel del condado, encerrados juntos en una celda para pasar la noche. Varios de sus amigos eligieron quedarse con ellos para protegerlos y hacerles compañía. Esa noche, José le escribió una carta a Emma con noticias alentadoras. "El gobernador acaba de acordar llevar a su ejército a Nauvoo —le informó—, y yo iré con él"[27].

Al día siguiente, los prisioneros fueron trasladados a una habitación más cómoda en el piso superior de la cárcel de Carthage. La habitación tenía tres ventanas grandes, una cama y una puerta de madera con el pestillo roto. Esa noche, Hyrum leyó el Libro de Mormón en voz alta y José dio un poderoso testimonio de su autenticidad divina a los guardias que estaban en servicio. Testificó que el evangelio de Jesucristo había sido restaurado, que los ángeles todavía ministraban a la humanidad y que el reino de Dios estaba una vez más en la tierra.

Después de que el sol se puso, Willard Richards se quedó sentado hasta tarde escribiendo, hasta que su vela se apagó. José y Hyrum yacían en la cama mientras que dos visitantes, Stephen Markham y John Fullmer, estaban acostados en un colchón en el suelo. Cerca de ellos, en el piso duro, yacían John Taylor y Dan Jones, un capitán de un barco galés que se había unido a la Iglesia poco más de un año antes[28].

En algún momento antes de la medianoche, los hombres oyeron un disparo fuera de la ventana más cercana a la cabeza de José. El Profeta se levantó y se ubicó en el suelo, al lado de Dan. José le preguntó en voz baja si tenía miedo a morir[29].

"¿Ha llegado ese momento? —preguntó Dan con su marcado acento galés—. Al ser parte de esta causa, no creo que la muerte sea muy aterradora".

"Verás Gales —susurró José—, y cumplirás la misión que se te ha asignado antes de morir".

Alrededor de la medianoche, Dan se despertó con el sonido de tropas que pasaban frente a la cárcel. Se levantó y miró por la ventana. Abajo, vio afuera a una multitud de hombres. "¿Cuántos entrarán?", oyó que alguien preguntaba.

Sobresaltado, Dan despertó rápidamente a los otros prisioneros. Oyeron pasos que subían por las escaleras y se arrojaron contra la puerta. Alguien levantó una silla para usarla como arma en caso de que los hombres de afuera invadieran la habitación. Un silencio sepulcral los rodeó mientras esperaban un ataque.

"¡Vamos! —gritó finalmente José—. ¡Estamos listos para recibirlos!".

A través de la puerta, Dan y los otros prisioneros podían oír pies que se arrastraban de un lado a otro, como si los hombres que se hallaban afuera no se decidieran si atacar o irse. La conmoción continuó hasta el amanecer, cuando los prisioneros finalmente oyeron a los hombres retroceder escaleras abajo[30].

AL DÍA SIGUIENTE, 27 DE junio de 1844, Emma recibió una carta de José escrita por Willard Richards. El gobernador Ford y una banda de milicianos se dirigían a Nauvoo. Pero a pesar de su promesa, el gobernador no había llevado a José con él. En cambio, había disuelto una unidad de la milicia en Carthage y retenido solo un pequeño grupo de Grises de Carthage para proteger la cárcel, dejando a los prisioneros más vulnerables a un ataque[31].

Aun así, José quería que los santos trataran cordialmente al gobernador y no levantaran ninguna voz de alarma. "No hay peligro de que haya alguna orden de exterminio —le dijo—, pero la precaución es la madre de la seguridad"[32].

Después de la carta, José escribió una posdata de su puño y letra. "Me hallo completamente resignado a mi suerte, sabiendo que estoy justificado y que he hecho lo mejor que podía hacerse", declaró. Le pidió que le diera su amor a los niños y a sus amigos. "En cuanto a traición —añadió—, sé que no he cometido ninguna, y no podrían probar ni la apariencia de nada semejante". Le dijo que no se preocupara por que él y Hyrum sufrieran daño. "Que Dios los bendiga a todos", escribió al finalizar[33].

El gobernador Ford llegó a Nauvoo más tarde ese día y se dirigió a los santos. Los culpó por la crisis y amenazó con hacerlos responsables por sus repercusiones. "Se cometió un gran crimen al destruir la imprenta del *Expositor* y poner a la ciudad bajo la ley marcial —afirmó—. Debe hacerse un severo desagravio, así que preparen sus mentes para la emergencia" [34].

Les advirtió a los santos que Nauvoo podría ser reducida a cenizas y que su pueblo sería exterminado si se rebelaban. "Pueden estar seguros de eso —dijo—. Un poco más de mal comportamiento por parte de los ciudadanos y la antorcha que ahora ya está encendida les será arrojada[35].

El discurso ofendió a los santos pero, debido a que José les había pedido que preservaran la paz, se comprometieron a obedecer la advertencia del gobernador y sostener las leyes del estado. Satisfecho, el gobernador terminó su discurso y desfiló sus tropas por la calle principal. Mientras marchaban, los soldados desenvainaron sus espadas y las blandieron amenazadoramente[36].

Esa tarde, el tiempo transcurrió lentamente en la cárcel de Carthage. En el calor del verano, los hombres se quitaron las chaquetas y abrieron las ventanas para dejar entrar la brisa. Afuera, ocho hombres de los Grises de Carthage custodiaban la cárcel mientras el resto de la milicia acampaba cerca. Otro guardia estaba sentado justo al otro lado de la puerta[37].

Stephen Markham, Dan Jones y otros más estaban haciendo diligencias para José. De los hombres que se habían quedado allí la noche anterior, solo Willard Richards y John Taylor estaban todavía con José y Hyrum. Temprano ese día, los visitantes habían contrabandeado dos armas para los prisioneros, un revólver de seis disparos y una pistola de un solo disparo, para utilizar en caso de un ataque. Stephen también había dejado un bastón resistente al que llamaba el "golpeador de bribones"[38].

Para distender el ambiente y pasar el tiempo, John cantó un himno británico que últimamente se había hecho popular entre los santos. La letra hablaba de un extraño humilde y necesitado que finalmente se revelaba a sí mismo como el Salvador.

Al forastero vi ante mí;
Su identidad Él reveló;
las marcas en Sus manos vi:
reconocí al Salvador.
Me dijo: "Te recordaré",
y por mi nombre me llamó.
"A tu prójimo ayudaste y
así serviste a tu Señor".

Cuando John terminó la canción, Hyrum le pidió que la cantara nuevamente[39].

A las cuatro de la tarde, nuevos guardias relevaron a los que estaban. José entabló una conversación con un guardia que estaba en la puerta mientras Hyrum y Willard hablaban entre ellos en voz baja. Después de una hora, su carcelero entró a la habitación y les preguntó a los prisioneros si querían ser trasladados a la celda de la cárcel, más segura, por si ocurría un ataque.

"Después de la cena iremos", dijo José. El carcelero se fue y José se volvió hacia Willard. —Si vamos a la cárcel —preguntó José—, ¿irás con nosotros?.

—¿Crees que te abandonaría ahora? —respondió Willard—. Si se te condena a ser colgado por traición, yo iré a la horca en tu lugar, y tú quedarás en libertad.

—No puedes hacerlo —dijo José.

—Lo haré —dijo Willard[40].

UNOS MINUTOS MÁS TARDE, los prisioneros oyeron un crujido en la puerta y el estampido de tres o cuatro disparos.

Willard miró por la ventana abierta y vio a un centenar de hombres debajo, con el rostro ennegrecido con barro y pólvora, tomando por asalto la entrada a la cárcel. José agarró una de las pistolas mientras Hyrum empuñaba la otra. John y Willard recogieron bastones y los aferraron como garrotes. Los cuatro hombres se apoyaron firmemente contra la puerta mientras el populacho subía corriendo la escalera e intentaba entrar por la fuerza[41].

Un tiroteo resonó en el hueco de la escalera mientras el populacho disparaba hacia la puerta. José, John y Willard saltaron hacia el costado de la puerta cuando una bala la atravesó, astillándola. Esta le pegó a Hyrum en la cara y él giró, tambaleándose y alejándose de la puerta. Otra bala le pegó en la espalda baja. Disparó su pistola y cayó al suelo[42].

"¡Hermano Hyrum!", gritó José. Agarrando su pistola de seis disparos, abrió la puerta unos centímetros y disparó una vez. Más balas de mosquete volaron hacia dentro de la habitación y José disparó al azar contra el populacho mientras John usaba un bastón para golpear los cañones de las armas y las bayonetas que se introducían por la puerta[43].

Después de que el revólver de José falló dos o tres veces, John corrió hacia la ventana e intentó escalar el profundo alféizar de la ventana. Una bala de mosquete voló por la habitación y lo golpeó en la pierna, haciendo que perdiera el equilibrio. Su cuerpo se entumeció y se estrelló contra el alféizar, haciendo añicos su reloj de bolsillo a las cinco y diecisiete minutos.

"¡Me hirieron!", exclamó.

John se arrastró por el suelo y rodó debajo de la cama mientras el populacho disparaba una y otra vez. Una bala desgarró su cadera, arrancando un trozo de carne. Dos balas más golpearon su muñeca y el hueso justo arriba de su rodilla[44].

Al otro lado de la habitación, José y Willard se esforzaron por apoyar todo su peso contra la puerta mientras Willard apartaba los barriles de los mosquetes y las bayonetas que tenía delante. De repente, José dejó caer su revólver al suelo y se corrió hacia la ventana. Cuando se puso a horcajadas en el alféizar, dos balas le dieron en la espalda. Otra bala se precipitó a través de la ventana y penetró debajo de su corazón.

"¡Oh Señor, Dios mío!", exclamó. Su cuerpo se inclinó hacia adelante y cayó de cabeza por la ventana.

Willard atravesó corriendo la habitación y asomó la cabeza afuera mientras las balas de plomo lo pasaban silbando. Abajo, vio al populacho apiñándose alrededor del cuerpo sangrante de José. El Profeta yacía sobre su lado izquierdo, junto a un pozo de piedra. Willard miró, esperando ver alguna señal de que su amigo todavía estuviera vivo. Pasaron unos segundos y no vio movimiento.

José Smith, el profeta y vidente del Señor, había muerto[45].

CAPÍTULO 45

Un fundamento inquebrantable

Antes del amanecer del 28 de junio, Emma respondió a un llamado urgente a su puerta. Encontró a su sobrino, Lorenzo Wasson, de pie en la puerta, cubierto de polvo. Sus palabras confirmaron su mayor temor[1].

Pronto, toda la ciudad se despertó cuando Porter Rockwell cabalgó por las calles gritando la noticia de la muerte de José[2]. Casi al instante, una multitud se congregó fuera de la casa de la familia Smith, pero Emma se quedó con sus hijos adentro, con solo un puñado de amigos y huéspedes. Su suegra, Lucy Smith, caminaba de un lado al otro de su habitación, mirando abstraídamente por las ventanas. Los niños se acurrucaron juntos en otra habitación[3].

Emma estaba sentada sola, llorando en silencio su pérdida. Después de un rato, escondió la cara entre sus manos y gritó: "¿Por qué soy viuda y mis hijos huérfanos?".

Al oír sus sollozos, John Green, el alguacil de la ciudad de Nauvoo, entró en la habitación. Intentando consolarla, dijo que su aflicción sería la corona de la vida para ella.

"Mi esposo era mi corona —dijo ella bruscamente—. ¿Por qué, oh Dios, se me desampara de esta manera?"[4].

MÁS TARDE ESE DÍA, Willard Richards y Samuel Smith entraron en Nauvoo con carromatos que transportaban los cuerpos de José y Hyrum. Para protegerlos del fuerte sol de verano, los habían colocado en cajas de madera y los habían cubierto con maleza[5].

Tanto Willard como Samuel estaban profundamente conmocionados por el ataque del día anterior. Samuel había intentado visitar a sus hermanos en la cárcel pero, antes de que pudiera llegar a Carthage, un populacho había disparado contra él y lo había perseguido durante más de dos horas a caballo[6]. Willard, mientras tanto, había sobrevivido al ataque con solo una pequeña herida en el lóbulo de la oreja, cumpliendo una profecía que José había hecho un año antes de que las balas volarían alrededor de Willard, alcanzarían a sus amigos a derecha y a izquierda, pero no dejarían ni un agujero en su ropa[7].

John Taylor, por otro lado, se debatía entre la vida y la muerte en un hotel de Carthage, demasiado herido para abandonar la ciudad[8]. La noche anterior, Willard y John habían escrito una breve carta a los santos en la que les rogaban que no tomaran represalias por el asesinato de José y Hyrum. Cuando Willard terminó la carta, John había estado tan débil por la pérdida de sangre que apenas pudo firmar su nombre[9].

Al acercarse Willard y Samuel al templo, un grupo de santos se reunió con los carromatos y los siguió hasta la ciudad. Casi todos en Nauvoo se unieron a la procesión mientras los carromatos se movían lentamente, pasando el terreno del templo y bajando la colina hasta la Mansión de Nauvoo. Los santos lloraban abiertamente mientras caminaban por la ciudad[10].

Cuando la procesión llegó a la casa de los Smith, Willard subió a la plataforma desde la que José se había dirigido por última vez a la Legión de Nauvoo. Mirando a una multitud de diez mil personas, Willard pudo ver que muchos estaban enojados con el gobernador y el populacho[11].

"Confíen en la ley para obtener reparación —suplicó—. Déjenle la venganza al Señor"[12].

ESA NOCHE, LUCY SMITH se preparó mentalmente mientras esperaba con Emma, Mary y sus nietos afuera del comedor de la Mansión de Nauvoo. Unas horas antes, varios hombres habían traído los cuerpos de José y Hyrum a la casa para lavarlos y vestirlos. Lucy y su familia habían estado esperando para ver los cuerpos. Lucy apenas podía mantener la calma y oró pidiendo fortaleza para ver a sus hijos asesinados.

Cuando los cuerpos estuvieron listos, Emma entró de primera pero cayó al suelo en el acto y tuvo que ser llevada fuera de la habitación. Mary la siguió, temblando al caminar. Con sus dos hijos más pequeños aferrándose a ella, se arrodilló junto a Hyrum, tomó su cabeza en sus brazos y sollozó. "¿Te han disparado, mi querido Hyrum?", dijo, alisándole el cabello con la mano. El dolor se apoderó de ella.

Con la ayuda de algunos amigos, Emma pronto regresó a la habitación y se unió a Mary junto a Hyrum. Puso su mano en la fría frente de su cuñado y le habló en voz baja. Luego se volvió hacia sus amigos y dijo: "Ahora puedo verlo. Tengo fuerzas ahora".

Emma se puso de pie y caminó sin ayuda hasta el cuerpo de José. Se arrodilló a su lado y colocó su mano en la mejilla de él. "¡Oh, José, José! —dijo—. ¡Finalmente te han apartado de mí!"[13]. El pequeño José se arrodilló y besó a su padre.

Lucy estaba tan abrumada por la tristeza a su alrededor que no podía hablar. "Dios mío —oró en silencio—. ¿Por qué has abandonado a esta familia?". Los recuerdos de las pruebas atravesadas por su familia inundaron su mente pero, cuando miró los rostros sin vida de sus hijos, estos se veían apacibles. Sabía que José y Hyrum ahora estaban más allá del alcance de sus enemigos.

"Los he tomado para mí —escuchó a una voz decir—, para que puedan descansar"[14].

Al día siguiente, miles de personas se pusieron en fila afuera de la Mansión de Nauvoo para honrar a los hermanos. El día de verano era caluroso y sin nubes. Hora tras hora, los santos entraban por una puerta, pasaban al lado de los ataúdes y salían por otra puerta. Los hermanos habían sido colocados en finos ataúdes forrados con lino blanco y suave terciopelo negro. Una placa de vidrio sobre sus caras les permitía a los dolientes verlos por última vez[15].

Después del velorio, William Phelps pronunció el sermón del funeral del Profeta ante una multitud de miles de santos. "¿Qué diré acerca de José el vidente? —preguntó—. No vino en el torbellino de la opinión pública, sino en el sencillo nombre de Jesucristo".

"Vino a dar los mandamientos y la ley del Señor, a edificar templos y a enseñar a los hombres a mejorar en el amor y la gracia —testificó William—. Vino para establecer nuestra Iglesia sobre la tierra, sobre los principios puros y eternos de la revelación, los profetas y los apóstoles"[16].

DESPUÉS DEL FUNERAL, MARY Ann Young le escribió sobre la tragedia a Brigham, que estaba a cientos de kilómetros al este haciendo campaña por José junto a varios miembros de los Doce. "Hemos tenido grandes aflicciones en este lugar desde que partiste de casa —relató—. Nuestro querido hermano José Smith y Hyrum han caído víctimas de un feroz populacho". Mary Ann le aseguró a Brigham que su familia gozaba de buena salud, pero ella no sabía cuán a salvo estaban. Durante las últimas tres semanas, el correo que entraba a Nauvoo casi se había detenido y la amenaza de ataques del populacho era constante.

"He sido bendecida para mantener mis sentimientos en calma durante la tormenta —escribió Mary Ann—. Espero que tengas cuidado en tu camino a casa y no te expongas a aquellos que pondrán en peligro tu vida"[17].

El mismo día, Vilate Kimball le escribió a Heber. "Nunca antes tomé mi pluma para dirigirme a ti en circunstancias tan difíciles como estas en las que ahora nos encontramos —le dijo—. Ruego que Dios no permita que vuelva a ser testigo de algo similar".

Vilate había oído que William Law y sus seguidores seguían buscando venganza contra los líderes de la Iglesia. Temiendo por la seguridad de Heber, estaba renuente a que su esposo volviera a casa. "Mi oración constante ahora es que el Señor nos preserve a todos para que nos veamos nuevamente —escribió—. No tengo dudas de que buscarán quitarte la vida, pero ruego que el Señor te dé sabiduría para escapar de sus manos"[18].

Poco tiempo después, Phebe Woodruff escribió a sus padres y describió el ataque ocurrido en Carthage. "Estas cosas no detendrán la obra más de lo que lo hizo la muerte de Cristo, sino que la harán seguir su curso con mayor rapidez —testificó Phebe—. Creo que José y Hyrum están ahora donde pueden hacerle a la Iglesia mucho más bien que cuando estaban con nosotros".

"Estoy más firme en la fe que nunca —afirmó—. No abandonaría la fe del verdadero mormonismo aun si me costara la vida dentro de una hora desde el momento en que escribo esto, ya que sé con seguridad que es la obra de Dios"[19].

Mientras las cartas de Mary Ann, Vilate y Phebe viajaban hacia el este, Brigham Young y Orson Pratt escucharon rumores de que José y Hyrum habían sido asesinados, pero nadie podía confirmar la historia. Posteriormente, el 16 de julio, un miembro de la Iglesia de la rama Nueva Inglaterra a quien estaban visitando, recibió una carta desde Nauvoo que detallaba las trágicas noticias. Cuando leyó la carta, Brigham sintió que su cabeza iba a resquebrajarse. Nunca había sentido tanta desesperanza.

Sus pensamientos se volvieron instantáneamente hacia el sacerdocio. José había poseído todas la llaves necesarias para investir a los santos y sellarlos por la eternidad. Sin esas llaves, la obra del Señor no podría avanzar. Por un momento, Brigham temió que José se las hubiera llevado a la tumba.

Luego, en una ráfaga de revelación, Brigham recordó cómo José les había conferido las llaves a los Doce Apóstoles. Se golpeó fuerte la rodilla con la mano y dijo: "Las llaves del reino están aquí, en la Iglesia"[20].

Brigham y Orson viajaron a Boston para encontrarse con los otros apóstoles en los estados del este. Decidieron regresar a casa inmediatamente y aconsejaron a todos los misioneros que tenían familia en Nauvoo que regresaran también[21].

"Tengan buen ánimo —les dijo Brigham a los santos de la región—. Cuando Dios envía a un hombre a hacer una obra, todos los demonios del infierno no pueden matarlo hasta que él la finalice". Testificó que José les había dado a los Doce todas las llaves del sacerdocio antes de su muerte y les había dejado a los santos todo lo que necesitaban para continuar[22].

Entretanto en Nauvoo, mientras lloraba a su esposo, Emma comenzó a preocuparse por tener que mantener sola a sus hijos y a su suegra. José había hecho grandes esfuerzos en el aspecto legal para separar las propiedades de su familia de las que pertenecían a la Iglesia, pero todavía habían quedado deudas considerables y no había dejado un testamento. A menos que la Iglesia designara rápidamente a un fideicomisario para reemplazar a José como administrador de las propiedades de la Iglesia, temía Emma, su familia quedaría en la indigencia[23].

Los líderes de la Iglesia de Nauvoo estaban divididos sobre quién tenía la autoridad para hacer la designación. Algunas personas creían que la responsabilidad debía recaer en Samuel Smith, el hermano mayor, con vida, del Profeta, pero este se había enfermado después de que el populacho lo persiguió alejándolo de Carthage y murió repentinamente a fines de julio[24]. Otros pensaban que los líderes locales de la estaca debían seleccionar al nuevo fideicomisario. Willard Richards y William Phelps querían posponer la decisión hasta que los Doce regresaran de su misión a los estados del este, para que pudieran participar en la selección.

Pero Emma estaba ansiosa por que se tomara una decisión y quería que los líderes de la Iglesia designaran un fideicomisario de inmediato. Su elección para el puesto era William Marks, el presidente de estaca de Nauvoo[25]. Sin embargo, el obispo Newel Whitney se oponía fuertemente a esa elección porque William había rechazado el matrimonio plural y se preocupaba poco por las ordenanzas del templo.

"Si se designa a Marks —declaró el obispo en privado—, nuestras bendiciones espirituales serán destruidas, ya que él no es partidario de los asuntos más importantes". Sabiendo que la Iglesia era mucho más que una empresa con activos financieros y obligaciones legales, Newel creía que el nuevo fideicomisario debía ser alguien que apoyara completamente lo que el Señor le había revelado a José[26].

Por esos días, John Taylor se había recuperado lo suficiente de sus heridas como para regresar a Nauvoo. Parley Pratt también regresó de su misión y junto con John, Willard Richards y William Phelps instaron a Emma y a William Marks a esperar el regreso de los otros apóstoles. Creían que era mucho más importante seleccionar al nuevo fideicomisario a través de la autoridad adecuada que tomar una decisión rápida[27].

Entonces, el 3 de agosto, Sidney Rigdon regresó a Nauvoo. Como era el compañero de fórmula de José en la campaña presidencial, Sidney se había mudado a otro estado para cumplir con los requisitos legales para el puesto. Pero cuando se enteró de la muerte del Profeta, Sidney se apresuró a volver a Illinois, seguro de que su posición en la Primera Presidencia le daba derecho a dirigir la Iglesia.

Para fortalecer su pretensión, Sidney anunció que había recibido una visión de Dios que le mostraba que la Iglesia necesitaba un guardián, alguien que cuidara de la Iglesia en ausencia de José y que continuara hablando por él[28].

La llegada de Sidney preocupó a Parley y a los otros apóstoles que estaban en Nauvoo. El conflicto sobre el fideicomisario dejó en claro que la Iglesia necesitaba una autoridad que presidiera para tomar decisiones importantes. Pero sabían que Sidney, al igual que William Marks, había rechazado muchas de las enseñanzas y prácticas que el Señor le había revelado a José. Más importante aún, sabían que José había confiado menos en Sidney en los últimos años y que no le había conferido todas las llaves del sacerdocio[29].

El día después de su llegada, Sidney se ofreció públicamente a dirigir la Iglesia. No dijo nada acerca de terminar el templo ni de investir a los santos de poder espiritual. Más bien, les advirtió que se avecinaban tiempos peligrosos y prometió que los guiaría con valentía durante los últimos días[30].

Más tarde, en una reunión de líderes de la Iglesia, Sidney insistió en reunir a los santos en dos días para elegir un nuevo líder y designar un fideicomisario. Alarmados, Willard y los otros apóstoles pidieron más tiempo para examinar las afirmaciones de Sidney y esperar el regreso del resto de su cuórum.

William Marks transigió y programó la reunión para el 8 de agosto, cuatro días después[31].

En la tarde del 6 de agosto, corrió la voz de que Brigham Young, Heber Kimball, Orson Pratt, Wilford Woodruff y Lyman Wight habían llegado a Nauvoo en un barco de vapor. Los santos saludaban a los apóstoles en las calles mientras estos se dirigían a su hogar[32].

La tarde siguiente, los apóstoles recién llegados se unieron a Willard Richards, John Taylor, Parley Pratt y George A. Smith, en una reunión con Sidney y los otros consejos de la Iglesia[33]. Para ese momento, Sidney había cambiado de opinión acerca de elegir un nuevo líder el 8 de agosto. En cambio, dijo que quería tener una reunión de oración con los santos ese día y posponer la decisión hasta que los líderes de la Iglesia pudieran reunirse y "animarse mutuamente sus corazones"[34].

Aún así, Sidney insistía en su derecho a dirigir la Iglesia. "Se me mostró que esta Iglesia debe ser edificada para José —dijo a los consejos—, y que todas las bendiciones que recibamos deben venir a través de él". Dijo que su reciente visión simplemente había sido una continuación de la gran visión del cielo que había tenido con José más de una década antes.

"He sido ordenado portavoz de José —continuó, refiriéndose a una revelación que José había recibido en 1833—, y debo venir a Nauvoo y ver que la Iglesia sea gobernada de manera apropiada"[35].

Las palabras de Sidney no impresionaron a Wilford. "Fue una especie de visión de segunda clase", anotó en su diario[36].

Después de que Sidney terminó de hablar, Brigham se levantó y testificó que José les había conferido todas las llaves y los poderes del apostolado a los Doce. "No me importa quién dirija la Iglesia —dijo—, pero hay algo que debo saber, y es lo que Dios tiene que decir al respecto"[37].

El 8 de agosto, el día de la reunión de oración de Sidney, Brigham faltó a una reunión a primera hora de la mañana con su cuórum, algo que nunca había hecho antes[38]. Al salir, vio que miles de santos se habían reunido en la arboleda cerca del templo. La mañana era ventosa y Sidney estaba parado en una carreta, de espaldas a un viento fuerte y constante. En lugar de llevar a cabo una reunión de oración, Sidney nuevamente se estaba ofreciendo como guardián de la Iglesia.

Sidney habló durante más de una hora, dando testimonio de que José y Hyrum poseerían su autoridad del sacerdocio por la eternidad y que habían organizado los consejos de la Iglesia lo suficiente como para dirigir la Iglesia después de la muerte de ellos. "Cada hombre ocupará su propio lugar y su propio llamamiento ante Jehová", declaró Sidney. Nuevamente propuso que su propio lugar y llamamiento era como portavoz de José. No deseaba que la congregación votara sobre el asunto, pero quería que los santos conocieran su punto de vista[39].

Cuando Sidney terminó de hablar, Brigham le pidió a la multitud que se quedara unos momentos más. Dijo que había querido tener tiempo para llorar la muerte de José antes de resolver cualquier asunto de la Iglesia, pero que percibía una urgencia entre los santos por elegir a un nuevo líder. Le preocupaba que algunos de entre ellos estuvieran buscando poder en contra de la voluntad de Dios.

Para resolver el asunto, Brigham les pidió a los miembros de la Iglesia que regresaran por la tarde para sostener a un nuevo líder de la Iglesia. Votarían por cuórum y como organización de la Iglesia. "Podemos ocuparnos del asunto en cinco minutos —dijo—. No vamos a actuar el uno contra el otro, y cada hombre y mujer dirá amén"[40].

ESA TARDE, EMILY HOYT regresó a la arboleda para la reunión. Emily era prima del Profeta; tenía cerca de cuarenta años y se había graduado de una academia de maestros. En los últimos años, ella y su esposo, Samuel, se habían acercado mucho a José y Hyrum y la repentina muerte de los dos hermanos los había entristecido. Aunque vivían al otro lado del río, en el Territorio de Iowa, Emily y Samuel habían ido a Nauvoo ese día para asistir a la reunión de oración de Sidney[41].

Alrededor de las dos de la tarde, los cuórums y los consejos del sacerdocio se sentaron juntos sobre el estrado y a su alrededor. Entonces, Brigham Young se puso de pie para dirigirse a los santos[42]. "Se ha dicho mucho sobre el presidente Rigdon como presidente de la Iglesia —dijo—, pero yo les digo que el Cuórum de los Doce posee las llaves del Reino de Dios en todo el mundo"[43].

Mientras Emily escuchaba hablar a Brigham, se descubrió levantando la mirada hacia él para asegurarse de que no era José el que hablaba. Tenía las expresiones de José, su método de razonamiento e incluso el sonido de su voz[44].

"El hermano José, el Profeta, ha establecido el fundamento de una gran obra y nosotros edificaremos sobre este —continuó Brigham—. Se ha establecido un fundamento inquebrantable y podemos edificar un reino tal como nunca lo hubo en el mundo. Podemos edificar un reino más rápido de lo que Satanás puede matar a los santos".

Pero los santos debían trabajar juntos, declaró Brigham, siguiendo la voluntad del Señor y viviendo por fe. "Si quieren que Sidney Rigdon o William Law los guíen, o cualquier otra persona, son bienvenidos a hacerlo —dijo—, pero les digo en el nombre del Señor que ningún hombre puede poner a otro entre los Doce y el profeta José. ¿Por qué? Él ha encomendado en sus manos las llaves del reino en esta última dispensación, para todo el mundo"[45].

Sintiendo que el Espíritu y el poder que habían descansado sobre José ahora descansaban sobre Brigham, Emily observó cómo el apóstol llamaba a los santos a sostener a los Doce como los líderes de la Iglesia. "Cada hombre, cada mujer, cada cuórum está ahora puesto en orden —dijo—. Todos los que estén a favor de esto, en toda la congregación de los santos, manifiéstenlo alzando la mano derecha".

Emily y toda la congregación levantaron la mano[46].

"Hay mucho por hacer —dijo Brigham—. El fundamento fue establecido por nuestro Profeta y edificaremos sobre él. No se puede establecer ningún otro fundamento, sino el que se ha establecido y tendremos nuestra investidura si el Señor quiere"[47].

Siete años más tarde, Emily registró su experiencia de ver a Brigham hablarles a los santos y testificó lo mucho que este se parecía y sonaba como José en el estrado. En los años siguientes, decenas de santos agregarían su testimonio al de ella, describiendo cómo vieron descender el manto profético de José sobre Brigham ese día[48].

"Si alguien duda del derecho de Brigham a administrar los asuntos de los santos —escribió Emily—, todo lo que tengo para decirles es esto: obtengan el Espíritu de Dios y sepan por ustedes mismos. El Señor proveerá para los suyos"[49].

El día después de la conferencia, Wilford percibió que la melancolía todavía se cernía sobre la ciudad. "El Profeta y el Patriarca se han ido —escribió en su diario—, y parece que hay muy poca ambición de hacer cualquier cosa". Aun así, Wilford y los Doce se pusieron a trabajar de inmediato. Se reunieron esa tarde y designaron a los obispos Newel Whitney y George Miller para que sirvieran como fideicomisarios para la Iglesia y resolvieran los asuntos relacionados con las finanzas de José[50].

Tres días después, llamaron a Amasa Lyman al Cuórum de los Doce y dividieron el este de los Estados Unidos y Canadá en distritos a ser presididos por sumos sacerdotes. Brigham, Heber y Willard llamarían hombres a estos puestos y supervisarían la Iglesia en Estados Unidos, mientras que Wilford viajaría con Phebe a Inglaterra para presidir la misión británica y administrar su imprenta[51].

Mientras Wilford se preparaba para su misión, los otros apóstoles se esforzaban por fortalecer la Iglesia en Nauvoo. En la reunión del 8 de agosto, los santos habían sostenido a los Doce, pero algunos hombres ya estaban tratando de dividir la Iglesia y alejar a la gente. Uno de ellos, James Strang, era un nuevo miembro de la Iglesia que afirmaba tener una carta de José en la que lo nombraba su verdadero sucesor. James tenía una casa en el Territorio de Wisconsin y quería que los santos se congregaran allí[52].

Brigham les advirtió a los santos que no siguieran a los disidentes. "No se dispersen —les instó—. Quédense aquí en Nauvoo, y edifiquen el templo y obtengan su investidura"[53].

Terminar el templo siguió siendo el centro de la atención de la Iglesia. El 27 de agosto, la noche antes de partir hacia Inglaterra, Wilford y Phebe visitaron el templo con unos amigos. De pie junto a la base de sus paredes, que llegaban casi a la parte más alta de la segunda planta, Wilford y Phebe admiraron la manera en la que la luz de la luna resaltaba la grandeza y sublimidad de la estructura.

Subieron por una escalera hasta la parte superior de las paredes y se arrodillaron para orar. Wilford expresó su gratitud al Señor por darles a los santos el poder para edificar el templo y le suplicó que pudieran terminarlo, recibir la investidura y sembrar la obra de Dios en todo el mundo. También le pidió al Señor que los preservara a Phebe y a él en el campo misional.

"Permítenos cumplir nuestra misión en rectitud —oró—, y poder volver a esta tierra y andar por los patios de la casa del Señor en paz"[54].

Al día siguiente, justo antes de que los Woodruff se fueran, Brigham le dio a Phebe una bendición para la obra que tenía por delante. "Serás bendecida en tu misión en común con tu marido, y serás el medio para hacer mucho bien —prometió—. Si vas con toda humildad, serás preservada para regresar y reunirte con los santos en el templo del Señor, y te regocijarás en él".

Esa tarde, Wilford y Phebe partieron para Inglaterra. Entre los misioneros que viajaban con ellos estaban Dan Jones y su esposa, Jane, que se dirigían a Gales para cumplir la profecía de José[55].

CAPÍTULO 46

Investidos con poder

En el otoño de 1844, el Cuórum de los Doce envió una epístola a todos los santos de todas partes. "El templo —anunciaron—, necesariamente reclama nuestra principal y más estricta atención". Animaron a los santos a enviar dinero, suministros y trabajadores para acelerar el trabajo. Una investidura de poder los esperaba; todo lo que necesitaban era un lugar donde recibirla[1].

Los santos compartían la urgencia de los apóstoles. A fines de septiembre, Peter Maughan le escribió a Willard Richards acerca de la nueva mina de carbón de los santos, a ciento sesenta millas río arriba del Misisipi. Peter y Mary habían vendido recientemente su casa de Nauvoo, habían utilizado el dinero para comprar la mina para la Iglesia y habían mudado a su familia a una cabaña rústica cerca del sitio de trabajo. Pero Peter ahora deseaba estar nuevamente en Nauvoo, cortando piedra para la Casa del Señor.

"Lo único que permanece en mi mente —le dijo a Willard—, es que el templo se está construyendo y yo me encuentro excluido del privilegio de ayudar"[2].

Con las paredes del templo elevándose más, Brigham estaba decidido a continuar el trabajo que había comenzado José. Siguiendo el ejemplo del Profeta, oraba a menudo con los santos investidos y le pedía al Señor que preservara y unificara la Iglesia. Los bautismos por los muertos, que se habían detenido después del fallecimiento de José, comenzaron a efectuarse de nuevo en el sótano del templo. Los élderes y los setentas volvieron al campo misional en mayor número[3].

Pero los desafíos nunca estuvieron alejados. En septiembre, Brigham y los Doce se enteraron de que Sidney Rigdon estaba conspirando contra ellos y denunciando a José como un profeta caído. Lo acusaron de apostasía y el obispo Whitney y el sumo consejo lo excomulgaron. Sidney se fue de Nauvoo poco después y predijo que los santos nunca terminarían el templo[4].

Todavía preocupada por el bienestar de su familia, Emma Smith también se negó a brindarles todo su apoyo a los Apóstoles. Cooperaba con los fideicomisarios que habían designado para ordenar el patrimonio de José pero las disputas sobre los documentos de José y otras propiedades la irritaban. También le preocupaba que los apóstoles continuaban enseñando y practicando el matrimonio plural en privado[5].

Las mujeres que habían sido selladas a José como esposas en matrimonio plural no hicieron reclamos sobre su propiedad. Después de su muerte, algunas de ellas regresaron a sus familias. Otras se casaron con miembros de los Doce, quienes hicieron convenio de cuidarlas y proveer para ellas en la ausencia de José. Discretamente, los Apóstoles continuaron iniciando en el matrimonio plural a más santos, se casaron con nuevas esposas en matrimonio plural y formaron familias con ellas[6].

A principios de 1845, los mayores desafíos para los santos procedían de fuera de la Iglesia. Thomas Sharp y otros ocho hombres habían sido acusados de asesinar a José y a Hyrum, pero ninguno de los santos esperaba que fueran condenados. Los legisladores del estado, mientras tanto, buscaban debilitar el poder político de los miembros de la Iglesia mediante la derogación de los estatutos de la ciudad de Nauvoo. El gobernador Ford apoyaba sus esfuerzos y, para fines de enero de 1845, la legislatura despojó a los santos que vivían en Nauvoo de su derecho a elaborar y hacer cumplir leyes y disolvió la Legión de Nauvoo, así como a la policía local[7].

Brigham temía que sin esas protecciones, los santos quedarían vulnerables a los ataques de sus enemigos. Sin embargo, faltaba mucho aún para terminar el templo y si los santos huían de la ciudad, difícilmente podrían esperar recibir su investidura. Necesitaban tiempo para completar la obra que el Señor les había dado; pero quedarse en Nauvoo, aunque fuera por un año más, podría poner en riesgo la vida de todos.

Brigham se arrodilló y oró para saber que debían hacer los santos. El Señor contestó con una respuesta simple: Quedarse y terminar el templo[8].

En la mañana del 1º de marzo, Lewis Dana, de treinta y ocho años, se convirtió en el primer indígena norteamericano en unirse al Consejo de los Cincuenta. Después de la muerte de José, las reuniones del Consejo se habían detenido, pero una vez que se derogaron los estatutos de Nauvoo y los santos se dieron cuenta de que sus días en Nauvoo estaban contados, los Doce convocaron al Consejo para ayudar a gobernar la ciudad y planificar su evacuación.

Lewis era miembro de la nación Oneida [tribu indígena], y se había bautizado con su familia en 1840. Había servido en varias misiones, entre ellas una al Territorio Indio al oeste de los Estados Unidos, y había llegado a sitios lejanos como las montañas Rocosas. Sabiendo que Lewis tenía amigos y parientes entre las naciones indígenas hacia el oeste, Brigham lo invitó a unirse al consejo y compartir lo que sabía sobre los pueblos y las tierras que allí había.

"En el nombre del Señor —dijo Lewis al consejo— estoy dispuesto a hacer todo lo que pueda"[9].

A lo largo de los años, los santos se habían resentido cada vez más profundamente con los líderes de su país por la negativa de estos a ayudarlos. Los líderes de la Iglesia estaban decididos a abandonar el país y llevar a cabo el plan de José de establecer un nuevo lugar de recogimiento, donde pudieran elevar un estandarte a las naciones, como lo predijo el profeta Isaías, y vivir las leyes de Dios en paz. Al igual que José, Brigham quería que el nuevo lugar de recogimiento fuera en el oeste, entre los indígenas, a quienes esperaba congregar como una rama del Israel disperso.

Dirigiéndose al consejo, Brigham propuso enviar a Lewis y a otros miembros del consejo al oeste en una expedición, a fin de reunirse con indígenas de varios pueblos y explicarles el propósito de los santos de trasladarse al oeste. También buscarían sitios posibles para el recogimiento[10].

Heber Kimball estaba de acuerdo con el plan. "Mientras estos hombres encuentran esa ubicación —dijo—, el templo se terminará y los santos obtendrán su investidura"[11].

El consejo aprobó la expedición y Lewis aceptó liderarla. Durante el resto de marzo y abril, asistió a las reuniones del consejo y asesoró a los demás miembros de este sobre la mejor manera de equipar la expedición y lograr sus objetivos[12]. A fines de abril, el consejo había designado cuatro hombres para que se unieran a Lewis en el viaje, entre ellos el hermano de Brigham, Phineas, y un converso reciente llamado Solomon Tindall, un indígena mohegan que había sido adoptado por los delaware[13].

La expedición partió de Nauvoo poco después, viajando hacia el sudoeste, a través de Misuri, hacia el territorio más allá[14].

EN LA ISLA DE Tubuai, en el Pacífico Sur, Addison Pratt calculó que habían pasado casi dos años desde que dejó a su esposa e hijos en Nauvoo. Aunque Louisa indudablemente le había escrito, tal como él había escrito a casa en cada oportunidad, no había recibido ninguna correspondencia de su familia.

Aun así, estaba agradecido a la gente de Tubuai, que lo había hecho sentir como en casa. La pequeña isla tenía alrededor de doscientos habitantes y Addison había trabajado arduamente, había aprendido su idioma y había hecho muchos amigos. Después de un año en la isla, había bautizado a sesenta personas, entre ellas a Repa, la hija mayor del rey local. También bautizó a una pareja, llamados Nabota y Telii, quienes compartieron todo lo que tenían con él y lo trataron como si fuera de la familia. Para Addison era una fiesta espiritual escuchar a Nabota y Telii orar por los santos de Nauvoo y agradecer al Señor por haber enviado a Addison a una misión[15].

Aunque el pensar en Louisa y en sus hijas hacía que Addison añorara su hogar, también le daba la oportunidad de reflexionar sobre el motivo de su sacrificio. Estaba en Tubuai debido a su amor por Jesucristo y su deseo de lograr la salvación de los hijos de Dios. Mientras atravesaba la isla para visitar a los santos de Tubuai, Addison a menudo sentía una calidez y un amor que los hacía llorar a él y a quienes lo rodeaban.

“Aquí tengo amigos que nada, excepto los lazos del Evangelio eterno, podrían haber creado”, anotó en su diario[16].

Tres meses después, en julio de 1845, Addison se enteró de la muerte de José y Hyrum por una carta de Noah Rogers, su compañero misional, que estaba sirviendo más lejos, en Tahití. Cuando Addison leyó sobre los asesinatos, la sangre en sus venas pareció helarse[17].

Alrededor de una semana más tarde, Noah le escribió a Addison nuevamente. Las labores misionales en Tahití y las islas circundantes habían sido menos exitosas que las de Addison en Tubuai y las noticias de Nauvoo inquietaron a Noah. Tenía esposa y nueve hijos en casa y estaba preocupado por la seguridad de ellos. Habían sufrido mucho durante el conflicto en Misuri y él no quería que soportaran más pruebas sin él; planeaba tomar el siguiente barco a casa[18].

Addison tenía toda las razones del mundo para seguir a Noah; sin José, él también temía por su familia y por la Iglesia. "Cuáles serán los resultados— escribió en su diario— solo el Señor lo sabe"[19].

Noah zarpó unos días después, pero Addison eligió quedarse con los santos de Tubuai. El domingo siguiente, predicó tres sermones en el dialecto local y uno en inglés[20].

EN ILLINOIS, LOUISA PRATT visitó a sus amigos Erastus y Ruhamah Derby en Bear Creek, un pequeño asentamiento al sur de Nauvoo[21]. Mientras estaba allí, los populachos incendiaron un asentamiento cercano de los santos. Erastus se fue de inmediato para defender el asentamiento, dejando a las dos mujeres para proteger la casa si los populachos atacaban también Bear Creek.

Esa noche, Ruhamah estaba demasiado asustada como para dormir e insistió en hacer guardia mientras Louisa dormía. Cuando se despertó por la mañana, Louisa encontró a su amiga exhausta pero aún alerta. Un día tenso pasó sin incidentes y, cuando volvió la noche,

Louisa trató de convencer a Ruhamah de que la dejara mantener la vigilancia esa noche. Al principio, Ruhamah parecía demasiado temerosa como para confiar en ella, pero finalmente Louisa la convenció para que durmiera.

Cuando Erastus regresó unos días después, las dos mujeres estaban agotadas pero ilesas. Erastus les dijo que los santos del asentamiento vecino estaban viviendo en carpas y carromatos, expuestos a la lluvia y al aire nocturno[22]. Cuando las noticias llegaron a Brigham, llamó a los santos que vivían fuera de Nauvoo para que se reunieran en la seguridad de la ciudad. Con la esperanza de frenar la agresión del populacho y ganar más tiempo para cumplir el mandamiento del Señor de terminar el templo, le prometió al gobernador Ford que los santos abandonarían la región en la primavera[23].

Cuando Louisa se enteró de esto, no supo qué hacer. Con Addison al otro lado del mundo, no sentía que tenía la capacidad o los recursos para mudar a su familia por su cuenta. Cuanto más pensaba en abandonar Nauvoo, más ansiosa se ponía[24].

Después de una semana de lluvia, los cielos sobre Nauvoo se despejaron a tiempo para la conferencia de la Iglesia de octubre de 1845. El día estaba inusualmente cálido mientras los santos de todas partes de la ciudad subían por la colina hasta el templo y buscaban un asiento en el salón de asambleas del primer piso, recién construido. Mientras que el resto de su interior todavía estaba en gran parte sin acabar, las paredes exteriores y el techo del edificio estaban terminados y el campanario en forma de cúpula se erguía, brillando a la luz del sol[25].

Mientras Brigham miraba a los santos entrar en el salón de asambleas, se sentía desgarrado. No quería abandonar el templo o Nauvoo, pero los recientes ataques del populacho eran solo una muestra de lo que sucedería si los santos se quedaban en la ciudad por más tiempo[26]. Esa primavera, los hombres acusados de asesinar a José y a Hyrum también habían sido absueltos, dándoles a los santos una prueba más de que sus derechos y libertades no serían respetados en Illinois[27].

Los informes de Lewis Dana sobre la expedición a los indígenas eran buenos y, en las últimas semanas, los Apóstoles y el Consejo de los Cincuenta habían estado debatiendo posibles sitios para el nuevo lugar de recogimiento. Los líderes de la Iglesia se habían interesado por el valle del Gran Lago Salado, al otro lado de las montañas Rocosas. Las descripciones del valle del Lago Salado eran prometedoras y Brigham creía que los santos podían establecerse cerca de allí, extendiéndose con el tiempo y asentándose a lo largo de la costa del Pacífico[28].

Pero el valle estaba a dos mil doscientos kilómetros de distancia a través de una tierra virgen vasta y desconocida, con pocos caminos y casi ninguna tienda donde pudieran comprar comida y provisiones. Los santos ya sabían que tenían que irse de Nauvoo, pero, ¿podrían emprender un viaje tan largo y potencialmente peligroso?

Con la ayuda del Señor, Brigham confiaba en que podrían hacerlo y planeó utilizar la conferencia para animar y tranquilizar a los miembros de la Iglesia. Parley Pratt habló primero en la sesión de la tarde, haciendo alusión a los planes de la Iglesia de ir hacia el oeste. "El designio del Señor es conducirnos a un campo de acción más amplio, donde habrá más lugar para que los santos progresen y crezcan —declaró—, y donde podamos disfrutar de los principios puros de la libertad y la igualdad de derechos".

A continuación, George A. Smith se puso de pie ante el púlpito y habló de la persecución que los santos habían enfrentado en Misuri. Amenazados por una orden de exterminio, habían evacuado el estado juntos, habiendo hecho un convenio de no dejar a nadie atrás. George quería que los santos hicieran lo mismo ahora, que hicieran todo lo posible por ayudar a aquellos que no podían hacer el viaje solos.

Cuando George terminó, Brigham propuso que hicieran un convenio entre ellos y con el Señor de no dejar atrás a nadie que deseara ir al oeste. Heber Kimball pidió un voto de sostenimiento y los santos levantaron la mano como señal de su buena disposición para llevar a cabo su promesa.

"Si ustedes son fieles a su convenio —prometió Brigham—, profetizaré ahora que el gran Dios derramará sobre este pueblo los medios para que puedan cumplirlo hasta la última letra"[29].

EN LOS MESES POSTERIORES a la conferencia, los santos utilizaron cada sierra, martillo, yunque y aguja de coser para construir y equipar carromatos para el difícil viaje hacia el oeste. Los trabajadores también redoblaron sus esfuerzos en el templo para poder completarlo lo suficiente como para que los santos pudieran recibir las ordenanzas allí antes de dejar la ciudad[30].

Mientras los obreros preparaban el ático del templo para la investidura y los sellamientos, en el sótano continuaban los bautismos por los muertos. Bajo la dirección del Señor, Brigham dio instrucciones de que los hombres ya no debían bautizarse por mujeres ni mujeres por hombres[31].

"José no recibió en su vida todo lo relacionado con la doctrina de la redención —les había enseñado Brigham a los santos a principios de ese año—, pero él dejó la llave con aquellos que entendían cómo podían obtener y enseñar a este gran pueblo todo lo necesario para su salvación y exaltación en el reino celestial de nuestro Dios".

El cambio en la ordenanza mostraba cómo el Señor continuaba revelando Su voluntad a Su pueblo. "El Señor ha guiado a este pueblo todo el tiempo de esta manera —declaró Brigham—, dándoles un poco aquí y un poco allí. De ese modo aumenta Él la sabiduría de ellos, y el que recibe un poco y está agradecido por ello, recibirá cada vez más y más"[32].

Para diciembre, el ático del templo estaba terminado y los apóstoles lo prepararon para la investidura. Con la ayuda de otros santos, colgaron pesadas cortinas para dividir la gran sala en varias salas decoradas con plantas y murales. En el extremo este del ático separaron un gran espacio para el salón celestial, el lugar más sagrado del templo, y lo adornaron con espejos, pinturas, mapas y un magnífico reloj de mármol[33].

Luego, los apóstoles invitaron a los santos a entrar al templo para recibir sus bendiciones. Los hombres y las mujeres que anteriormente habían sido investidos se turnaron ahora para desempeñar las diversas funciones en la ceremonia. Al guiar a los santos por las habitaciones del templo, les enseñaron más acerca del plan de Dios para Sus hijos y los pusieron bajo convenios adicionales de vivir el Evangelio y consagrarse a sí mismos para edificar Su reino[34].

Vilate Kimball y Ann Whitney administraban las ordenanzas de lavamiento y unción a las mujeres. Luego, Eliza Snow guiaba a las mujeres a lo largo del resto de las ordenanzas, ayudada por otras mujeres previamente investidas. Brigham llamó a Mercy Thompson para que se mudara al templo a tiempo completo a fin de ayudar en la obra que allí se hacía[35].

Después del comienzo del nuevo año, los apóstoles comenzaron a sellar a las parejas por esta vida y la eternidad. Pronto, más de mil parejas recibieron el nuevo y sempiterno convenio del matrimonio. Entre ellos se encontraban Sally y William Phelps, Lucy e Isaac Morley, Ann y Philo Dibble, Caroline y Jonathan Crosby, Lydia y Newel Knight, Drusilla y James Hendricks y otros hombres y mujeres que habían seguido a la Iglesia de un lugar a otro, consagrando sus vidas a Sion.

Los Apóstoles también sellaron los hijos a sus padres y los hombres y mujeres a los cónyuges que habían fallecido. Joseph Knight, padre, que se había regocijado con José la mañana en que este llevó las planchas de oro a la casa, fue sellado en forma vicaria a su esposa Polly, la primera de los santos en ser enterrada en el condado de Jackson, Misuri. Algunos santos también participaron en sellamientos especiales de adopción que los unían a las familias eternas de amigos cercanos[36].

Con cada ordenanza se hacía realidad el plan del Señor de obtener una cadena unida de santos y sus familias, ligados a Él y entre ellos mediante el sacerdocio[37].

ESE INVIERNO, LOS ENEMIGOS de la Iglesia estaban inquietos y dudaban de que los santos cumplieran su promesa de irse en la primavera. Brigham y otros apóstoles fueron acusados falsamente de actos criminales, lo que los obligó a mantenerse ocultos y, a veces, incluso a esconderse en el templo[38]. Circulaban rumores de que elgobierno de los Estados Unidos cuestionaba la lealtad de los santos y quería enviar tropas para evitar que abandonaran el país y se aliaran con las potencias extranjeras que controlaban las tierras occidentales[39].

Sintiendo una gran presión para irse, los Apóstoles decidieron que los líderes de la Iglesia, sus familias y otros hombres que eran objeto de persecución debían irse lo antes posible. Creían que cruzar el río Misisipi hacia Iowa podía contener a sus enemigos un poco más y evitar más violencia.

A principios de enero de 1846, los Apóstoles finalizaron sus planes para el éxodo con el Consejo de los Cincuenta. Antes de partir, designaron agentes para administrar las propiedades que estaban dejando y para vender lo que pudieran a fin de ayudar a los pobres a hacer el viaje. También querían que algunos hombres quedaran para terminar y dedicar el templo.

Ahora, Brigham y los Doce estaban decididos a congregar a los santos en los valles tras las montañas Rocosas. Después de ayunar y orar cada día en el templo, Brigham había tenido una visión en la que José señalaba la cima de una montaña con una bandera ondeando sobre ella como un estandarte. José le había dicho que edificara una ciudad a la sombra de esa montaña.

Brigham creía que a pocas personas les gustaría esa región, que era menos fértil que las llanuras al este de las montañas. Confiaba en que las montañas también los protegieran de los enemigos y proporcionaran un clima templado. Una vez que se asentaran en el valle, esperaba poder crear puertos en la costa del Pacífico para recibir a los que emigraban de Inglaterra y del este de los Estados Unidos[40].

El consejo volvió a reunirse dos días después y Brigham nuevamente reflexionó sobre el deseo de José de cumplir la profecía de Isaías y elevar un estandarte a las naciones. "Las palabras de los profetas nunca se cumplirían —dijo Brigham al consejo—, a menos que la Casa del Señor fuera erigida en la cima de los montes y el soberbio pabellón de la libertad ondeara sobre los valles que están entre las montañas".

"Yo sé dónde es el sitio —declaró—, y sé cómo hacer la bandera"[41].

El 2 de febrero, después de que miles de santos hubieron recibido las ordenanzas del templo, los Apóstoles anunciaron que detendrían el trabajo en el templo y, en cambio, prepararían barcazas para transportar carromatos a través del helado río Misisipi. Brigham envió mensajeros a los capitanes de las compañías de carromatos indicándoles que estuvieran listos para partir en cuatro horas. Luego continuó administrando la investidura a los santos hasta altas horas de la noche, haciendo que los registradores del templo se quedaran allí hasta que cada ordenanza se hubiera registrado correctamente[42].

Cuando Brigham se levantó al día siguiente, una multitud de santos lo recibió fuera del templo, ansiosos por recibir su investidura. Brigham les dijo que no era prudente retrasar la partida. Si se quedaban para hacer más investiduras, su salida de la ciudad podría verse obstaculizada o interrumpida. Prometió que edificarían más templos y tendrían más oportunidades de recibir sus bendiciones en el oeste.

Entonces Brigham se alejó, esperando que los santos se dispersaran, pero en vez de eso ellos subieron los escalones del templo y llenaron sus salones. Brigham se volvió y los siguió adentro. Vio sus caras ansiosas y cambió de opinión. Sabía que necesitaban la investidura de poder para soportar las dificultades que tenían por delante, sobreponerse al aguijón de la muerte y regresar a la presencia de Dios.

Durante el resto de ese día, los obreros del templo administraron las ordenanzas a cientos de santos[43]. Al día siguiente, 4 de febrero, otros quinientos santos recibieron su investidura al tiempo que los primeros carromatos salían de Nauvoo.

Finalmente, el 8 de febrero, Brigham y los Apóstoles se reunieron en el piso superior del templo. Se arrodillaron alrededor del altar y oraron, pidiendo la bendición de Dios sobre las personas que se dirigían al oeste y sobre aquellos que se quedaban en Nauvoo para terminar el templo y dedicarlo a Él[44].

DURANTE LOS DÍAS Y las semanas que siguieron, las compañías de santos cargaron sus carromatos y bueyes en balsas y los transportaron al otro lado del río, uniéndose a otros que ya habían cruzado. Al subir a un peñasco alto a unos kilómetros al oeste del río, muchos santos miraban hacia Nauvoo para ofrecerle un emotivo adiós al templo[45].

Día tras día, Louisa Pratt veía a sus amigos y vecinos salir de la ciudad. Todavía se sentía amedrentada por la idea de ir al oeste sin la ayuda y la compañía de Addison. Todos esperaban que el viaje estuviera lleno de peligros imprevistos, pero hasta ahora nadie le había preguntado si ella estaba preparada para hacerlo. Y ninguno de los hombres que habían llamado a Addison a una misión se había ofrecido a ayudarla a mudarse.

"Hermana Pratt —le dijo un amigo un día, después de que ella hubo expresado sus sentimientos—, ellos esperan que sea lo suficientemente inteligente como para ir usted misma sin ayuda, e incluso que ayude a los demás".

Louisa pensó en eso por un momento. "Bueno —dijo—, les mostraré lo que puedo hacer"[46].

CON LA NIEVE ARREMOLINÁNDOSE a su alrededor, Emily Partridge temblaba al sentarse en un árbol caído en la ribera occidental del Misisipi. Su madre y sus hermanas habían cruzado el río seis días antes y habían acampado cerca, pero Emily no sabía dónde. Al igual que muchos santos que habían dejado Nauvoo, estaba cansada, hambrienta y ansiosa por el viaje que tenía por delante. Esta era la cuarta vez que era expulsada de su hogar por causa de su religión[47].

Casi hasta donde podía recordar, ella siempre había sido una Santo de los Últimos Días. Cuando era niña, había visto a su padre y a su madre sufrir persecución y pobreza por servir a Jesucristo y establecer Sion. Para cuando tenía dieciséis años, cuando los populachos expulsaron a su familia de Misuri, Emily ya había pasado la mayor parte de su vida buscando un lugar de refugio y paz.

Ahora, ya casi de veintidós años, ella iniciaba otra travesía. Después de la muerte de José, se había casado con Brigham Young como esposa en matrimonio plural. El pasado octubre, habían tenido un hijo, Edward Partridge Young, llamado así por el padre de ella. Dos meses más tarde, Emily entró al templo y recibió su investidura.

Si su bebé sobrevivía al viaje, crecería en las montañas a salvo de los populachos que conoció su madre de joven. Sin embargo, nunca sabría, como Emily, cómo era vivir en el condado de Jackson o en Nauvoo. Nunca conocería a José Smith ni lo oiría predicar a los santos un domingo por la tarde.

Antes de cruzar el río, Emily había pasado de visita por la Mansión de Nauvoo para ver al bebé de José y Emma, David Hyrum, que había nacido cinco meses después de la muerte del Profeta. Los resentimientos que una vez existieron entre Emma y Emily habían desaparecido y Emma la invitó a entrar en su casa y la trató con amabilidad.

Emma y sus hijos no irían al oeste; su lucha por aceptar el matrimonio plural, así como las continuas disputas sobre las propiedades, continuaban complicando su relación con la Iglesia y los Doce. Todavía creía en el Libro de Mormón y tenía un poderoso testimonio del llamamiento profético de su esposo. Pero en lugar de seguir a los Apóstoles, ella había elegido quedarse en Nauvoo con otros miembros de la familia Smith[48].

Sentada a las orillas del Misisipi, Emily tenía cada vez más frío a medida que grandes copos de nieve se acumulaban sobre su ropa. Brigham todavía estaba en Nauvoo, supervisando el éxodo, así que se levantó y llevó a su bebé de una fogata a otra, buscando calor y alguna cara conocida. En poco tiempo, se reunió con su hermana Eliza y se unió a ella en un campamento de los santos situado en un lugar llamado Sugar Creek. Allí vio familias acurrucadas en carpas y carromatos, manteniéndose juntos para obtener calor y consuelo contra el frío y ante un futuro desconocido[49].

Nadie en el campamento sabía lo que les depararía el día siguiente. Sin embargo, no estaban dando un salto a ciegas hacia la oscuridad. Habían hecho convenios con Dios en el templo, fortaleciendo su fe en Su poder para guiarlos y sostenerlos en su viaje. Cada uno confiaba en que en algún lugar al oeste, a través de las cumbres de las montañas Rocosas, encontrarían un lugar para congregarse, edificar otro templo y establecer el reino de Dios en la tierra[50].

NOTAS

Algunas fuentes se referencian con una cita abreviada. La sección "Fuentes citadas" contiene las citas completas de todas las fuentes. Muchas fuentes están disponibles digitalmente y hay enlaces a ellas desde la versión electrónica del libro que se encuentra en saints.lds.org y en Biblioteca del Evangelio.

La palabra Tema *en las notas indica que existe información adicional en línea en saints.lds.org.*

Prefacio

1. Woodruff, diario, 20 de octubre de 1861.
2. José Smith y otros *History of the Church of Jesus Christ of Latter-day Saints*, editada por B. H. Roberts, Salt Lake City: Deseret News, 1902–1912, tomos 1–6; 1932, tomo 7; B. H. Roberts, *A Comprehensive History of the Church of Jesus Christ of Latter-day Saints: Century I*. 6 tomos, Salt Lake City: Deseret News, 1930.
3. Doctrina y Convenios 69:8 (Revelation, Nov. 11, 1831–A, en josephsmithpapers.org).
4. Véase Mosíah 3:19.

Capítulo 1: Pedir con fe

1. Raffles, "Narrative of the Effects of the Eruption", págs. 4–5, 19, 23–24.
2. Raffles, "Narrative of the Effects of the Eruption", págs. 5, 7–8, 11.
3. Wood, *Tambora,* pág. 97.
4. Wood, *Tambora,* págs. 78–120; Statham, *Indian Recollections,* pág. 214; Klingaman y Klingaman, *Year without Summer,* págs. 116–118.
5. Wood, *Tambora,* págs. 81–109; Klingaman y Klingaman, *Year without Summer,* págs. 76–86, 115–120.
6. Klingaman y Klingaman, *Year without Summer,* págs. 48–50, 194–203.
7. Joseph Smith History, 1838–1856, tomo A-1, pág. 131; Lucy Mack Smith, History, 1844–1845, libro 2, pág. 11–libro 3, pág. 2. **Tema: Operación de la pierna de José Smith**
8. Lucy Mack Smith, History, 1844–1845, libro 3, pág. 3; Stilwell, *Migration from Vermont,* págs. 124–150.
9. Lucy Mack Smith, History, 1844–1845, libro 3, pág. 4; Bushman, *Rough Stone Rolling,* págs. 18–19, 25–28. **Tema: La familia de Joseph, padre, y Lucy Mack Smith**
10. Lucy Mack Smith, History, 1844–1845, libro 3, pág. 5; Joseph Smith History, 1838–1856, tomo A-1, págs. 131–132.
11. Lucy Mack Smith, History, 1844–1845, libro 3, pág. 2; Joseph Smith History, 1838–1856, tomo A-1, pág. 131.
12. Lucy Mack Smith, History, 1844–1845, libro 3, págs. 5–6; Lucy Mack Smith, History, 1845, pág. 67; Joseph Smith History, 1838–1856, tomo A-1, pág. 132. **Tema: Lucy Mack Smith**
13. Lucy Mack Smith, History, 1844–1845, libro 3, págs. 6–7.
14. Lucy Mack Smith, History, 1844–1845, libro 3, pág. 7; Tucker, *Origin, Rise, and Progress of Mormonism,* pág. 12. **Tema: La familia de Joseph, padre, y Lucy Mack Smith**
15. Cook, *Palmyra and Vicinity,* págs. 247–261. **Temas: Palmyra y Manchester; Iglesias cristianas en los tiempos de José Smith**
16. Joseph Smith History, circa Summer 1832, págs. 1–2, en *JSP [Documentos de José Smith],* tomo H1, págs. 11–12.

17. José Smith—Historia 1:5–6; Joseph Smith History, 1838–1856, tomo A-1, págs. [1]–2, en *JSP,* tomo H1, págs. 208–210 (borrador 2). **Tema: Creencias religiosas en los tiempos de José Smith**
18. Lucy Mack Smith, History, 1844–1845, libro 2, págs. 1–6; "Records of the Session of the Presbyterian Church in Palmyra", 10 de marzo de 1830.
19. Asael Smith a "My Dear Selfs", 10 de abril de 1799, Asael Smith, Letter and Genealogy Record, 1799, circa 1817 - 1846, Biblioteca de Historia de la Iglesia.
20. Lucy Mack Smith, History, 1844–1845, misceláneas, pág. 5; Anderson, *Joseph Smith's New England Heritage,* págs. 161–162.
21. José Smith—Historia 1:8–10; Joseph Smith History, 1838–1856, tomo A-1, pág. 2, en *JSP,* tomo H1, págs. 208–210 (borrador 2). **Tema: Creencias religiosas en los tiempos de José Smith**
22. Lucy Mack Smith, History, 1844–1845, libro 3, págs. 8–10; Joseph Smith History, circa Summer 1832, pág. 1, en *JSP,* tomo H1, pág. 11. **Tema: La Arboleda Sagrada y la granja de la familia Smith**
23. **Tema: Despertares y resurgimientos**
24. Hechos 10:34–35; Joseph Smith History, circa Summer 1832, pág. 2, en *JSP,* tomo H1, pág. 12.
25. Neibaur, diario, 24 de mayo de 1844, disponible en josephsmithpapers.org; José Smith—Historia 1:10; Joseph Smith, "Church History", *Times and Seasons,* 1 de marzo de 1842, tomo III, pág. 706, en *JSP,* tomo H1, pág. 494.
26. Joseph Smith, Journal, 9–11 de noviembre de 1835, en *JSP,* tomo J1, pág. 87; José Smith–Historia 1:8–9; Joseph Smith History, 1838–1856, tomo A-1, pág. 2, en *JSP,* tomo H1, pág. 210 (borrador 2).
27. "Wm. B. Smith's Last Statement", *Zion's Ensign,* 13 de enero de 1894, pág. 6; Santiago 1:5.
28. José Smith—Historia 1:11–14; Joseph Smith History, 1838–1856, tomo A-1, págs. 2–3, en *JSP,* tomo H1, págs. 210–212 (borrador 2); Santiago 1:6.

Capítulo 2: ¡Escúchalo!

1. José Smith—Historia 1:14; Joseph Smith History, 1838–1856, tomo A-1, pág. 3, en *JSP,* tomo H1, pág. 212 (borrador 2); Entrevista a José Smith por David Nye White, 21 de agosto de 1843, en [David Nye White], "The Prairies, Nauvoo, Joe Smith, the Temple, the Mormons, &c.", *Pittsburgh Weekly Gazette,* 15 de septiembre de 1843, pág. 3, disponible en josephsmithpapers.org.
2. Entrevista a José Smith por David Nye White, 21 de agosto de 1843, en [David Nye White], "The Prairies, Nauvoo, Joe Smith, the Temple, the Mormons, &c.", *Pittsburgh Weekly Gazette,* 15 de septiembre de 1843, pág. 3, disponible en josephsmithpapers.org; Joseph Smith History, circa Summer 1832, pág. 3, en *JSP,* tomo H1, pág. 12.
3. José Smith, Journal, 9–11 de noviembre de 1835, en *JSP,* tomo J1, pág. 88.
4. José Smith—Historia 1:15; Hyde, *Ein Ruf aus der Wüste,* págs. 15–16; Joseph Smith History, 1838–1856, tomo A-1, pág. 3, en *JSP,* tomo H1, pág. 212 (borrador 2).
5. José Smith—Historia 1:16; José Smith, Journal, 9–11 de noviembre de 1835, en *JSP,* tomo J1, pág. 88; Joseph Smith History, 1838–1856, tomo A-1, pág. 3, en *JSP,* tomo H1, pág. 212 (borrador 2).
6. José Smith—Historia 1:16–17; Joseph Smith History, circa Summer 1832, pág. 3, en *JSP,* tomo H1, págs. 12–13; Joseph Smith History, 1838–1856, tomo A-1, pág. 3, en *JSP,* tomo H1, pág. 214 (borrador 2); José Smith, Journal, 9–11 de noviembre de 1835, en *JSP,* tomo J1, pág. 88.
7. Joseph Smith History, circa Summer 1832, pág. 3, en *JSP,* tomo H1, pág. 13.
8. Entrevista a José Smith por David Nye White, 21 de agosto de 1843, en [David Nye White], "The Prairies, Nauvoo, Joe Smith, the Temple, the Mormons, &c.", *Pittsburgh Weekly Gazette,* 15 de septiembre de 1843, pág. 3, disponible en josephsmithpapers.org.

9. José Smith—Historia 1:5–26; Joseph Smith History, circa Summer 1832, pág. 3, en *JSP,* tomo H1, pág. 13; Levi Richards, Journal, 11 de junio de 1843; José Smith, "Church History", *Times and Seasons,* 1 de marzo de 1842, tomo III, pág. 706, en *JSP,* tomo H1, pág. 494.
10. Joseph Smith History, circa Summer 1832, pág. 3, en *JSP,* tomo H1, pág. 13.
11. Pratt, *Interesting Account,* pág. 5, en *JSP,* tomo H1, pág. 523.
12. José Smith—Historia 1:20; Entrevista a José Smith por David Nye White, 21 de agosto de 1843, en [David Nye White], "The Prairies, Nauvoo, Joe Smith, the Temple, the Mormons, &c.", *Pittsburgh Weekly Gazette,* 15 de septiembre de 1843, pág. 3, disponible en josephsmithpapers.org; Joseph Smith History, 1838–1856, tomo A-1, pág. 3, en *JSP,* tomo H1, pág. 214 (borrador 2); Joseph Smith History, circa Summer 1832, pág. 3, en *JSP,* tomo H1, pág. 13.
13. José Smith—Historia 1:20; Joseph Smith History, 1838–1856, tomo A-1, pág. 3, en *JSP,* tomo H1, pág. 214 (borrador 2).
14. Véase Bushman, "Visionary World of Joseph Smith", págs. 183–204.
15. José Smith—Historia 1:21; Joseph Smith History, 1838–1856, tomo A-1, pág. 3, en *JSP,* tomo H1, pág. 216 (borrador 2); Neibaur, Journal, 24 de mayo de 1844, disponible en josephsmithpapers.org. **Tema: Iglesias cristianas en la época de José Smith**
16. José Smith—Historia 1:22, 27; Joseph Smith History, 1838–1856, tomo A-1, pág. 4, en *JSP,* tomo H1, págs. 216–218 (borrador 2); Entrevista a José Smith por David Nye White, 21 de agosto de 1843, en [David Nye White], "The Prairies, Nauvoo, Joe Smith, the Temple, the Mormons, &c.", *Pittsburgh Weekly Gazette,* 15 de septiembre de 1843, pág. 3, disponible en josephsmithpapers.org.
17. José Smith—Historia 1:21–25; Joseph Smith History, 1838–1856, tomo A-1, pág. 4, en *JSP,* tomo H1, págs. 216–218 (borrador 2).
18. Joseph Smith History, circa Summer 1832, pág. 3, en *JSP,* tomo H1, pág. 13; véase también Historical Introduction to Joseph Smith History, circa Summer 1832, en *JSP,* tomo H1, pág. 6.
19. En el curso de su vida, José escribió o supervisó la redacción de cuatro relatos de esta experiencia; el primero se encuentra en Joseph Smith History, circa Summer 1832, págs. 1–3, en *JSP,* tomo H1, págs. 11–13. Otras cinco personas, que lo escucharon contar la experiencia, escribieron sus propios relatos. Los nueve relatos se encuentran en "Primary Accounts of Joseph Smith's First Vision of Deity", sitio web de Joseph Smith Papers [Documentos de José Smith], josephsmithpapers.org. Para leer un análisis de las similitudes y diferencias entre los relatos, véase "Relatos de la Primera Visión", sitio web de Temas del Evangelio, lds.org/topics/essays. **Tema: Relatos de la Primera Visión de José Smith**
20. José Smith—Historia 1:26; Joseph Smith History, 1838–1856, tomo A-1, pág. 4, en *JSP,* tomo H1, pág. 218 (borrador 2).

Capítulo 3: Las planchas de oro

1. Joseph Smith History, 1838–1856, volume A-1, 4–5, en *JSP*, H1, pág. 220 (borrador 2); Joseph Smith History, alrededor del verano de 1832, pág. 1, en *JSP*, H1, pág. 11.
2. "Joseph Smith as Revelator and Translator", en *JSP*, MRB, pág. XXI; Turley, Jensen y Ashurst-McGee, "Joseph the Seer", págs. 49–50; véase también Mosíah 8:17; Alma 37:6–7, 41 y Doctrina y Convenios 10:1, 4 (Revelation, primavera de 1829, en josephsmithpapers.org).
3. Bushman, *Rough Stone Rolling*, págs. 48–49; Bushman, "Joseph Smith as Translator", pág. 242. **Tema: Piedras de vidente**
4. Lucy Mack Smith, History, 1845, pág. 95; véase también Alma 37:23.
5. Joseph Smith History, alrededor del verano de 1832, pág. 4, en *JSP*, H1, págs. 13–14; José Smith—Historia 1:28–29; Joseph Smith History, 1838–56, volume A-1, 5, en *JSP*, H1, págs. 218–220 (borrador 2).

6. Lucy Mack Smith, History, 1844–1845, libro 3, pág. [10].
7. Joseph Smith History, alrededor del verano de 1832, pág. 4, en *JSP*, H1, págs. 13–14; José Smith—Historia 1:29–33; Joseph Smith History, 1838–56, volume A-1, 5, en *JSP*, H1, págs. 218–222 (borrador 2); Pratt, *Interesting Account*, pág. 6, en *JSP* H1, pág. 524; Hyde, *Ein Ruf aus der Wüste*, págs. 17–20. **Tema: El ángel Moroni**
8. Joseph Smith, Journal, 9–11 de noviembre de 1835, en *JSP*, J1, pág. 88.
9. José Smith—Historia 1:35; Joseph Smith History, 1838–56, volume A-1, 5, en *JSP*, H1, pág. 222 (borrador 2); Joseph Smith History, alrededor del verano de 1832, pág. 4, en *JSP*, H1, pág. 14; Oliver Cowdery, "Letter IV", *LDS Messenger and Advocate*, febrero de 1835, tomo I, págs. 65–67; Turley, Jensen y Ashurst-McGee, "Joseph the Seer", págs. 49–54; "Mormonism—No.II", Tiffany's Monthly, julio de1859, pág.164. "Mormonism—No. II", *Tiffany's Monthly*, julio de 1859, pág. 164. **Tema: Piedras de vidente**
10. José Smith—Historia 1:36–41; Joseph Smith History, 1838–56, volume A-1, 5–6, en *JSP*, H1, págs. 222–226 (borrador 2); Joseph Smith, Journal, 9–11 de noviembre de 1835, en *JSP*, J1, págs. 88–89.
11. Oliver Cowdery, "Letter IV", *LDS Messenger and Advocate*, febrero de 1835, tomo I, págs. 78–79; Lucy Mack Smith, History, 1844–1845, libro 3, [pág. 11].
12. José Smith—Historia 1:42–43; Joseph Smith History, 1838–56, volume A-1, 6, en *JSP*, H1, pág. 226 (borrador 2).
13. Lucy Mack Smith, History, 1844–1845, libro 3, págs. [10]–[11]; Oliver Cowdery, "Letter IV", *LDS Messenger and Advocate*, febrero de 1835, tomo I, págs. 79–80; Oliver Cowdery, "Letter VII", *LDS Messenger and Advocate*, julio de 1835, tomo I, págs. 156–157; José Smith—Historia 1:44–46; Joseph Smith History, 1838–56, volume A-1, 6–7, en *JSP*, H1, págs. 230–232 (borrador 2); Joseph Smith, Journal, 9–11 de noviembre de 1835, en *JSP*, J1, págs. 88–89.
14. Lucy Mack Smith, History, 1844–1845, libro 3, pág. [11]; véase también Smith, *William Smith on Mormonism*, pág. 9.
15. Lucy Mack Smith, History, 1844–1845, libro 3, pág. [11]; Smith, *Biographical Sketches*, pág. 82; José Smith—Historia 1:48–49; Joseph Smith History, 1838–56, volume A-1, pág. 7, en *JSP*, H1, págs. 230–232 (borrador 2); Joseph Smith, Journal, 9–11 de noviembre de 1835, en *JSP*, J1, pág. 89.
16. Joseph Smith, Journal, 9–11 de noviembre de 1835, en *JSP*, J1, pág. 89.
17. Oliver Cowdery, "Letter VIII", *LDS Messenger and Advocate*, octubre de 1835, tomo II, págs. 195–197. **Tema: Búsqueda de tesoros**
18. Oliver Cowdery, "Letter VIII", *LDS Messenger and Advocate*, octubre de 1835, tomo II, págs. 195–197; José Smith—Historia 1:51–52; Joseph Smith History, 1838–56, volume A-1, págs. 6–7, en *JSP*, H1, págs. 230–232 (borrador 2); véase también Packer, "A Study of the Hill Cumorah", págs. 7–10.
19. José Smith—Historia 1:52; Joseph Smith History, 1838–56, volume A-1, pág. 7, en *JSP*, H1, pág. 232 (borrador 2). **Tema: Planchas de oro**
20. José Smith, "Church History", *Times and Seasons*, 1 de marzo de 1842, tomo III, pág. 707, en *JSP*, tomo H1, pág. 495.
21. Oliver Cowdery, "Letter VIII", *LDS Messenger and Advocate*, octubre de 1835, tomo II, págs. 197–198; véase también Pratt, *Interesting Account*, pág. 10, en *JSP*, H1, págs. 527–529.
22. Oliver Cowdery, "Letter VIII", *LDS Messenger and Advocate*, octubre de 1835, tomo II, págs. 198–199.
23. Knight, Reminiscences, pág. 1; Joseph Smith, Journal, 9–11 de noviembre de 1835, en *JSP*, J1, pág. 89; José Smith—Historia 1:53–54; Joseph Smith History, 1838–56, volume A-1, pág. 7, en *JSP*, H1, págs. 232–234 (borrador 2); véase también Jessee, "Joseph Knight's Recollection of Early Mormon History", pág. 31.
24. Joseph Smith, Journal, 23 de agosto de 1842, en *JSP*, J1, págs. 116–117.
25. Lucy Mack Smith, History, 1844–1845, libro 3, pág. [12]; libro 4, pág. [3]; Smith, *Biographical Sketches*, pág. 83.
26. Lucy Mack Smith, History, 1844–1845, libro 4, págs. [1]–[3]; Smith, *Biographical Sketches*, págs. 86–87; véanse también Lucy Mack Smith, History, 1845, pág. 89; y Bushman,

Refinement of America, págs. 425–427. **Tema: La familia de Joseph, padre, y Lucy Mack Smith**

27. Lucy Mack Smith, History, 1844–1845, libro 4, págs. [3]–[5].
28. Lucy Mack Smith, History, 1844–1845, libro 4, págs. 6–8; "Wm. B. Smith's Last Statement", *Zion's Ensign,* 13 de enero de 1894, pág. 6.
29. Lucy Mack Smith, History, 1844–1845, libro 4, pág. [7]; Joseph Smith, Journal, 23 de agosto de 1842, en *JSP*, J2, págs. 116–17.
30. Lucy Mack Smith, History, 1844–1845, libro 4, págs. [2]–[3].
31. Lucy Mack Smith, History, 1844–1845, libro 4, págs. [2]–[3]; Smith, *Biographical Sketches*, págs. 85–86; Knight, Reminiscences, pág. 1; José Smith—Historia 1:54; Lucy Mack Smith, History, 1845, pág. 88; véase también Jessee, "Joseph Knight's Recollection of Early Mormon History", pág. 31.
32. Smith, *Biographical Sketches*, pág. 86.

Capítulo 4: Estar alerta

1. Agreement of Josiah Stowell and Others, 1° de noviembre de 1825, en *JSP,* tomo D1, págs. 345–352.
2. Smith, *Biographical Sketches,* págs. 91–92; Oliver Cowdery, "Letter VIII", *LDS Messenger and Advocate,* octubre de 1835, tomo II, págs. 200–202; Joseph Smith History, 1838–1856, tomo A-1, págs. 7–8, en *JSP,* tomo H1, pág. 234 (borrador 2); Smith, *On Mormonism,* pág. 10. **Tema: Búsqueda de tesoros**
3. Agreement of Josiah Stowell and Others, 1° de noviembre de 1825, en *JSP,* tomo D1, págs.345–352.
4. Pratt, *Autobiography,* pág. 47; Burnett, *Recollections and Opinions of an Old Pioneer,* págs. 66–67; Woodruff, Journal, 4 de julio de 1843, y 20 de octubre de 1855; Emmeline B. Wells, "L.D.S. Women of the Past," *Woman's Exponent,* febrero de 1908, tomo XXXVI, pág. 49; Joseph Smith III, "Last Testimony of Sister Emma," *Saints' Herald,* 1° de octubre de 1879, pág. 289; véase también Staker and Ashton, "Growing Up in the Isaac and Elizabeth Hale Home"; y Ashurst-McGee, "Josiah Stowell Jr.-John S. Fullmer Correspondence," págs. 108–117.
5. Baugh, "Joseph Smith Athletic Nature", págs. 137–150; Pratt, *Autobiography,* pág. 47; Burnett, *Recollections and Opinions of an Old Pioneer,* págs. 66–67; *Recollections of the Pioneers of Lee County,* pág. 96; Youngreen, *Reflections of Emma,* págs. 61, 67, 65, 69; Emmeline B Wells, "L.D.S. Women of the Past", *Woman ́s Exponent,* febrero de 1908, tomo XXXVI, pág. 49.
6. Joseph Smith History, 1838–1856, tomo A-1, pág. 8, en *JSP,* tomo H1, pág. 234 (borrador 2); Smith, *Biographical Sketches,* pág. 92; Bushman, *Rough Stone Rolling,* págs. 51–53; Staker, "Isaac and Elizabeth Hale in Their Endless Mountain Home", pág. 104.
7. Joseph Smith History, 1838–1856, tomo A–1, págs. 7–8, en *JSP,* tomo H1, págs. 234–236 (borrador 2); Knight, Reminiscences, pág. 2; Joseph Smith III, "Last Testimony of Sister Emma", *Saints' Herald,* 1° de octubre de 1879, pág. 290.
8. William D. Purple, "Joseph Smith, the Originator of Mormonism", *Chenango Union,* 2 de mayo de 1877, pág. 3; véanse también An Act for Apprehending and Punishing Disorderly Persons, 9 de febrero de 1788, *Laws of the State of New-York,* 1813, tomo I, pág. 114. **Tema: Juicio a José Smith en 1826**
9. "Mormonism—No. II", *Tiffany's Monthly,* julio de 1859, pág. 169.
10. Knight, Reminiscences, pág. 2.
11. Lucy Mack Smith, History, 1844–1845, pág. 96; véase también Knight, Reminiscences, pág. 2.
12. Véase "The Original Prophet", *Fraser's Magazine,* febrero de 1873, págs. 229–230.
13. Lucy Mack Smith, History, 1845, pág. 97.
14. Knight, Reminiscences, pág. 2; Joseph Smith III, "Last Testimony of Sister Emma", *Saints' Herald,* 1 de octubre de 1879, pág. 289.

15. Joseph Smith III, "Last Testimony of Sister Emma", *Saints' Herald,* 1° de octubre de 1879, pág. 289; Joseph Smith History, 1838–1856, tomo A-1, pág. 8, en *JSP,* tomo H1, pág. 236 (borrador 2).
16. Joseph Smith III, "Last Testimony of Sister Emma", *Saints' Herald,* 1° de octubre de 1879, pág. 290; Joseph Lewis y Hiel Lewis, "Mormon History. A New Chapter, about to Be Published", *Amboy Journal,* 30 de abril de 1879, pág. 1; véase también Oliver Cowdery, "Letter VIII", en *LDS Messenger and Advocate,* octubre de 1835, tomo II, pág. 201.
17. Joseph Smith History, 1838–1856, tomo A-1, pág. 8, en *JSP,* tomo H1, pág. 236 (borrador 2); Lucy Mack Smith, History, 1844–1845, libro 4, págs. 11–12; libro 5, págs. 1–3. **Tema: La Arboleda Sagrada y la granja de la familia Smith**
18. "Mormonism—No. II", *Tiffany's Monthly,* julio de 1859, págs. 167–168.
19. Lucy Mack Smith, History, 1844–1845, libro 5, págs. 4–6.
20. Knight, Reminiscences, pág. 2.
21. Lucy Mack Smith, History, 1844–1845, libro 5, pág. 6.
22. Lucy Mack Smith, History, 1845, pág. 105.
23. Lucy Mack Smith, History, 1844–1845, libro 6, pág. 1.
24. "Mormonism—No. II", *Tiffany's Monthly,* junio de 1859, págs. 165–166; Lucy Mack Smith, History, 1844–1845, libro 5, pág. 6.
25. Lucy Mack Smith, History, 1844–1845, libro 5, págs. 6–7; Knight, Reminiscences, pág. 2.
26. Lucy Mack Smith, History, 1844–1845, libro 5, págs. 7–8.
27. Knight, Reminiscences, págs. 2–3; Joseph Smith History, 1838–1856, tomo A–1, pág. 5, en *JSP,* tomo H1, pág. 222 (borrador 2); véase también Alma 37: 23.
28. Lucy Mack Smith, History, 1844–1845, libro 5, págs. 8–12; "Mormonism—No. II," *Tiffany's Monthly,* agosto de 1859, pág. 166; Smith, *Biographical Sketches,* pág. 103; véase también Genesis 25:29–34.
29. Lucy Mack Smith, History, 1844–1845, libro 5, pág. 10 y trozo de papel adyacente.
30. Lucy Mack Smith, History, 1844–1845, libro 5, pág. 11. **Tema: Planchas de oro**
31. Lucy Mack Smith, History, 1844–1845, libro 5, pág. 11.
32. "The Old Soldier's Testimony", *Saints' Herald,* 4 de octubre de 1884, págs. 643–644; Salisbury, "Things the Prophet's Sister Told Me", 1945, Biblioteca de Historia de la Iglesia, Ball, "The Prophet's Sister Testifies She Lifted the B. of M. Plates", 1954, Biblioteca de Historia de la Iglesia; Smith, *William Smith on Mormonism,* pág. 11; Lucy Mack Smith, History, 1844–1845, libro 5, pág. 11; Joseph Smith III, "Last Testimony of Sister Emma", *Saints' Herald,* 1° de octubre de 1879, pág. 290.
33. Lucy Mack Smith, History, 1844–1845, libro 5, págs. 11–12. **Tema: Lucy Mack Smith**

Capítulo 5: Todo está perdido

1. José Smith — Historia 1:59; Joseph Smith History, 1838–1856, tomo A–1, pág. 8, en *JSP,* tomo H1, págs. 236–238 (borrador 2); Lucy Mack Smith, History, 1844–1845, libro 6, págs. 1–2; Knight, Reminiscences, pág. 3.
2. Knight, Reminiscences, págs. 3–4; Lucy Mack Smith, History, 1844–1845, libro 6, págs. 1–3; Joseph Smith History, aprox. verano de 1832, pág. 1, en *JSP,* tomo H1, pág. 11.
3. "Mormonism—No. II", *Tiffany's Monthly,* agosto de 1859, págs. 167–168; Lucy Mack Smith, History, 1844–1845, libro 6, págs. 3–4; Joseph Smith History, 1838–1856, tomo A–1, pág. 8, en *JSP,* tomo H1, pág. 238 (borrador 2). **Tema: Testigos del Libro de Mormón**
4. "Mormonism—No. II", *Tiffany's Monthly,* agosto de 1859, págs. 168–170.
5. Joseph Smith History, 1838–1856, tomo A-1, pág.8, en *JSP,* tomo H1, pág. 238 (borrador 2); Knight, Reminiscences, pág. 3; "Mormonism—No. II", *Tiffany's Monthly,* agosto de 1859, pág. 170.
6. Lucy Mack Smith, History, 1844–1845, libro 6, pág. 6; Lucy Mack Smith, History, 1845, pág. 121.
7. "Mormonism—No. II", *Tiffany's Monthly,* agosto de 1859, pág. 170.

8. "Mormonism—No. II", *Tiffany's Monthly,* agosto de 1859, pág. 170; Joseph Smith History, 1838–1856, tomo A-1, pág. 9, en *JSP,* tomo H1, pág. 240 (borrador 2).
9. Isaac Hale, declaración jurada, 20 de marzo de 1834, en "Mormonism", *Registro de Susquehanna y del norte de Pensilvania,* 1° de mayo de 1834, pág. 1.
10. Joseph Smith History, 1838–1856, tomo A-1, pág. 9, en *JSP,* tomo H1, pág. 240 (borrador 2); Knight, Reminiscences, pág. 3.
11. Lucy Mack Smith, History, 1844–1845, libro 6, pág. 3; Joseph Smith History, 1838–1856, tomo A–1, pág. 9, en *JSP,* tomo H1, pág. 240 (borrador 2); "Letter from Elder W. H. Kelley", *Saints' Herald,* 1° marzo de 1882, pág. 68; véase también Doctrina y Convenios 9:7–8 (Revelation, Apr. 1829–D, en josephsmithpapers.org).
12. Joseph Smith, History, aprox. verano de 1832, pág. 5, en *JSP,* tomo H1, pág. 15; Knight, Reminiscences, pág. 3. **Tema: La traducción del Libro de Mormón**
13. Joseph Smith History, 1838–1856, tomo A-1, pág. 9, en *JSP,* tomo H1, págs. 238–240 (borrador 2); Joseph Smith History, aprox. verano de 1832, pág. 5, en *JSP,* tomo H1, pág. 15.
14. MacKay, "Git Them Translated", págs. 98–100.
15. Bennett, "Read This I Pray Thee", pág. 192.
16. Joseph Smith History, 1838–1856, tomo A-1, pág. 9, en *JSP,* tomo H1, pág. 240 (borrador 2); Bennett, diario personal, 8 de agosto de 1831, en Arrington, "James Gordon Bennett's 1831 Report on 'The Mormonites'", pág. 355.
17. [James Gordon Bennett], "Mormon Religion—Clerical Ambition—Western New York—the Mormonites Gone to Ohio", *Morning Courier and New-York Enquirer,* 1° de septiembre de 1831, pág. 2.
18. Joseph Smith History, 1838–1856, tomo A–1, pág. 9, en *JSP,* tomo H1, págs. 240–242 (borrador 2); Jennings, "Charles Anthon", págs. 171–187; Bennett, "Read This I Pray Thee", págs.178–216.
19. Joseph Smith History, 1838–1856, tomo A-1, pág. 9, en *JSP,* tomo H1, pág. 244 (borrador 2); Bennett, diario personal, 8 de agosto de 1831, en Arrington, "James Gordon Bennett's 1831 Report on 'The Mormonites'", pág. 355; Knight, Reminiscences, pág. 4. **Tema: Consultas de Martin Harris a los eruditos**
20. Joseph Smith History, aprox. verano de 1832, pág. 5, en *JSP,* tomo H1, pág. 15; Isaías 29:11–12; 2 Nefi 27:15–19.
21. Lucy Mack Smith, History, 1844–1845, libro 6, pág. 8; Joseph Smith History, 1838–1856, tomo A-1, pág. 9, en *JSP,* tomo H1, pág. 244; Joseph Smith III, "Last Testimony of Sister Emma", *Saints' Herald,* 1 de octubre de 1879, págs. 289–290.
22. Joseph Smith History, 1838–1856, tomo A–1, pág. 9, en *JSP,* tomo H1, pág. 244 (borrador 2); Isaac Hale, declaración jurada, 20 de marzo de 1834, en "Mormonism", *Registro de Susquehanna y del norte de Pensilvania,* 1° de mayo de 1834, pág. 1; Agreement with Isaac Hale, 6 de abril de 1829, en *JSP,* tomo D1, págs. 28–34.
23. Briggs, "A Visit to Nauvoo in 1856," pág. 454; véase también Edmund C. Briggs a José Smith, 4 de junio de 1884, *Saints' Herald,* 21 de junio de 1884, pág. 396.
24. Joseph Smith III, "Last Testimony of Sister Emma", *Saints' Herald,* 1° de octubre de 1879, págs. 289–290; Briggs, "A Visit to Nauvoo in 1856", pág. 454.
25. Joseph Smith History, 1838–1856, tomo A–1, pág. 9, en *JSP,* tomo H1, pág. 244 (borrador 2); Isaac Hale, declaración jurada, 20 de marzo de 1834, en "Mormonism", *Registro de Susquehanna y del norte de Pensilvania,* 1° de mayo de 1834, pág. 1.
26. Lucy Mack Smith, History, 1844–1845, libro 6, pág. 8.
27. Lucy Mack Smith, History, 1844–1845, libro 6, págs. 3–5, 8–9.
28. Lucy Mack Smith, History, 1844–1845, libro 6, págs. 9–10; Joseph Smith III, "Last Testimony of Sister Emma", *Saints' Herald,* 1° de octubre de 1879, págs. 289–290.
29. Emma Smith diría más tarde en retrospectiva, que ella trabajaba en la misma habitación en que José y Oliver Cowdery finalizaban la traducción en 1829; y es probable que también haya estado presente durante la obra de traducción en 1828. (Joseph Smith III, "Last Testimony of Sister Emma", *Saints' Herald,* 1° de octubre de 1879, pág. 290).

30. William Pilkington, declaración jurada, condado de Cache, Utah, 3 de abril de 1934, en William Pilkington, autobiografía y declaraciones, Biblioteca de Historia de la Iglesia; "One of the Three Witnesses", *Deseret News,* 28 de diciembre de 1881, pág. 10.
31. Briggs, "A Visit to Nauvoo in 1856", pág. 454; Joseph Smith III, "Last Testimony of Sister Emma", *Saints' Herald,* 1° de octubre de 1879, págs. 289–290.
32. Véase Lucy Mack Smith, History, 1844–1845, libro 6, pág. 10; Joseph Smith History, 1838–1856, tomo A-1, pág. 9, en *JSP,* tomo H1, pág. 244; Joseph Smith History, aprox. verano de 1832, pág. 5, en *JSP,* tomo H1, pág. 15; Knight, Reminiscences, pág. 5; e Historical Introduction to Preface to the Book of Mormon, aprox. Agosto de 1829, en *JSP,* tomo D1, págs. 92–93.
33. Joseph Smith History, 1838–1856, tomo A-1, pág. 9, en *JSP,* tomo H1, pág. 244 (borrador 2); Lucy Mack Smith, History, 1844–1845, libro 6, pág. 10.
34. Lucy Mack Smith, History, 1844–1845, libro 6, págs. 10–11; libro 7, pág. 1.
35. Joseph Smith, History, aprox. verano de 1832, pág. 5, en *JSP,* tomo H1, pág. 15.
36. Joseph Smith History, 1838–1856, tomo A-1, págs. 9–10, en *JSP,* tomo H1, págs. 244–246 (borrador 2); Lucy Mack Smith, History, 1844–1845, libro 7, pág. 1; Knight, Reminiscences, pág. 5.
37. Joseph Smith History, 1838–1856, tomo A-1, págs. 9–10, en *JSP,* tomo H1, págs. 244–246 (borrador 2).
38. Lucy Mack Smith, History, 1844–1845, libro 7, págs. 1–2. **Tema: Joseph and Emma Hale Smith Family [La familia de José Smith y Emma Hale Smith]**
39. Lucy Mack Smith, History, 1844–1845, libro 7, págs. 1–2.
40. Lucy Mack Smith, History, 1844–1845, libro 7, págs. 2–4.
41. Lucy Mack Smith, History, 1844–1845, libro 7, pág. 5.
42. Lucy Mack Smith, History, 1844–1845, libro 7, págs. 5–7. **Tema: Manuscrito perdido del Libro de Mormón**
43. Lucy Mack Smith, History, 1844–1845, libro 7, pág. 7. **Tema: Lucy Mack Smith**

Capítulo 6: El don y el poder de Dios

1. Lucy Mack Smith, History, 1844–1845, libro 7, pág. 9.
2. Véase Doctrina y Convenios 10:2 (Revelation, Spring 1829, en josephsmithpapers.org).
3. Véase Lucy Mack Smith, History, 1844–1845, libro 7, págs. 5–7.
4. Lucy Mack Smith, History, 1844–1845, libro 7, págs. 8–9.
5. Doctrina y Convenios 3:1 (Revelation, July 1828, en josephsmithpapers.org); Lucy Mack Smith, History, 1844–1845, libro 7, págs. 8–9; Joseph Smith History, 1838–1856, tomo A-1, pág. 10, en *JSP,* tomo H1, pág. 246 (borrador 2).
6. Doctrina y Convenios 3 (Revelation, July 1828, en josephsmithpapers.org); Joseph Smith History, aprox. verano de 1832, pág. 6, en *JSP,* tomo H1, pág. 16; Lucy Mack Smith, History, 1844–1845, libro 7, págs. 8–9.
7. Lucy Mack Smith, History, 1845, pág. 138; Lucy Mack Smith, History, 1844–1845, libro 7, págs. 8–11.
8. Preface to Book of Mormon, aprox. agosto de 1829, en *JSP,* tomo D1, págs. 92–94; "Testamoney of Martin Harris", 4 de septiembre de 1870, pág. 4, colección de Edward Stevenson, Biblioteca de Historia de la Iglesia; Lucy Mack Smith, History, 1844–1845, libro 8, pág. 5; Historical Introduction to Revelation, marzo de 1829, D. y C. 5, en *JSP,* tomo D1, págs. 14–16.
9. "Testamoney de Martin Harris", 4 de septiembre de 1870, pág. 4, colección de Edward Stevenson, Biblioteca de Historia de la Iglesia; Lucy Mack Smith, History, 1844–1845, libro 6, pág. 9; libro 8, pág. 5.
10. Doctrina y Convenios 5 (Revelation, Mar. 1829, en josephsmithpapers.org).
11. Revelation, marzo de 1829, D. y C. 5, en *JSP,* tomo D1, pág. 17.

12. Isaac Hale, declaración jurada, 20 de marzo de 1834, en "Mormonism", *Registro de Susquehanna y del norte de Pensilvania,* 1° de mayo de 1834, pág. 1; "consideraba" en el original se cambió a "considero".
13. Lucy Mack Smith, History, 1844–1845, libro 8, págs. 6–7.
14. Lucy Mack Smith, History, 1844–1845, libro 7, pág. 11.
15. Lucy Mack Smith, History, 1844–1845, libro 7, pág. 12; "Mormonism", *Kansas City Daily Journal,* 5 de junio de 1881, pág. 1; Morris, "Conversion of Oliver Cowdery", págs. 5–8.
16. Lucy Mack Smith, History, 1844–1845, libro 7, pág. 12; Knight, Reminiscences, pág. 5; Doctrina y Convenios 4 (Revelation, Feb. 1829, en josephsmithpapers.org); véase también Darowski, "Joseph Smith's Support at Home", págs. 10–14.
17. Lucy Mack Smith, History, 1844–1845, libro 7, pág. 12.
18. Carta de Oliver Cowdery a William W. Phelps, 7 de septiembre de 1834, *LDS Messenger and Advocate,* octubre de 1834, tomo I, pág. 15.
19. Doctrina y Convenios 6 (Revelation, Apr. 1829–A, en josephsmithpapers.org); Lucy Mack Smith, History, 1844–1845, libro 7, pág. 12; libro 8, pág. 1.
20. Joseph Smith History, 1838–1856, tomo A-1, pág. 15, en *JSP,* tomo H1, pág. 284 (borrador 2); Joseph Smith History, aprox. verano de 1832, pág. 6, en *JSP,* tomo H1, pág. 16; Lucy Mack Smith, History, 1844–1845, libro 8, pág. 1; véase también Doctrina y Convenios 6:22–23 (Revelation, Apr. 1829–A, en josephsmithpapers.org).
21. Lucy Mack Smith, History, 1844–1845, libro 8, págs. 3–4; Joseph Smith History, aprox. verano de 1832, pág. 6, en *JSP,* tomo H1, pág. 16.
22. Lucy Mack Smith, History, 1844–1845, libro 8, pág. 4; Joseph Smith History, 1838–1856, tomo A-1, pág. 13, en *JSP,* tomo H1, pág. 276 (borrador 2); Agreement with Isaac Hale, 6 de abril de 1829, en *JSP,* tomo D1, págs. 28–34; Carta de Oliver Cowdery a William W. Phelps, 7 de septiembre de 1834, *LDS Messenger and Advocate,* octubre de 1834, tomo I, pág. 14.
23. Joseph Smith History, 1838–1856, tomo A-1, pág. 18, en *JSP,* tomo H1, pág. 296 (borrador 2).
24. Joseph Smith History, 1838–1856, tomo A-1, pág. 15, en *JSP,* tomo H1, pág. 284 (borrador 2); Lucy Mack Smith, History, 1844–1845, libro 8, pág. 4; Joseph Smith III, "Last Testimony of Sister Emma", *Saints' Herald,* 1° de octubre de 1879, pág. 290. **Tema: Daily Life of First-Generation Latter-day Saints [Vida cotidiana de la primera generación de Santos de los Últimos Días]**
25. "La traducción del Libro de Mormón," Temas del Evangelio, topics.lds.org; Joseph Smith History, 1838–1856, tomo A-1, pág. 15, en *JSP,* tomo H1, pág, 284 (borrador 2); Carta de Oliver Cowdery a William W. Phelps, 7 de septiembre de 1834, *LDS Messenger and Advocate,* octubre de 1834, tomo I, pág. 14; Joseph Smith III, "Last Testimony of Sister Emma," *Saints' Herald,* 1° de octubre de 1879, pág. 290; "Golden Bible," *Palmyra Freeman,* 11 de agosto de 1829, pág. 2. **Tema: La traducción del Libro de Mormón**
26. Doctrina y Convenios 10:45 (Revelation, Spring 1829, en josephsmithpapers.org); 1 Nefi 9:5; Palabras de Mormón 1; Doctrina y Convenios 3 (Revelation, July 1828, en josephsmithpapers.org).
27. Doctrina y Convenios 10:42–43 (Revelation, Spring 1829, en josephsmithpapers.org). **Tema: Manuscrito perdido del Libro de Mormón**
28. Carta de Oliver Cowdery a William W. Phelps, 7 de septiembre de 1834, *LDS Messenger and Advocate,* octubre de 1834, tomo I, pág. 14; Mosíah 8:16–18; véase también Omni 1:20; Mosíah 8:8–13; 28:11–15, 20; Alma 37:21, 23 y Éter 3:24–28.
29. Doctrina y Convenios 6:5, 11, 22–24 (Revelation, Apr. 1829–A, en josephsmithpapers.org).
30. Doctrina y Convenios 6:10 – 13 (Revelation, Apr. 1829–A, en josephsmithpapers.org); Doctrina y Convenios 8:4–8 (Revelation, Apr. 1829–B, en josephsmithpapers.org); Historical Introduction to Revelation, abril de 1829–B, D. y C. 8, en *JSP,* tomo D1, págs. 44–45; Revelation Book, tomo I, pág. 13, en *JSP,* MRB:15.
31. Lucy Mack Smith, History, 1844–1845, libro 8, pág. 1; Paul y Parks, *History of Wells, Vermont,* pág. 81; Historical Introduction to Revelation, 1829–B, D. y C. 8, en *JSP,* tomo D1, págs. 44–45; véanse también Baugh, *Days Never to Be Forgotten;* Bushman, *Rough*

Stone Rolling, pág. 73; y Morris, "Oliver Cowdery's Vermont Years and the Origins of Mormonism", págs. 106–129. **Tema: Varas de adivinación**

32. Doctrina y Convenios 6 (Revelation, Apr. 1829–A, en josephsmithpapers.org); Doctrina y Convenios 8 (Revelation, Apr. 1829–B, en josephsmithpapers.org); Joseph Smith History, 1838–1856, tomo A-1, págs. 13–14, en *JSP,* tomo H1, págs. 276–278 (borrador 2); véanse también Libro de Mandamientos 7:3 y Doctrina y Convenios 8:6–7.
33. Doctrina y Convenios 9 (Revelation, Apr. 1829–D, en josephsmithpapers.org); Carta de Oliver Cowdery a William W. Phelps, 7 de septiembre de 1834, *LDS Messenger and Advocate,* octubre de 1834, tomo I, pág. 14.

Capítulo 7: Consiervos

1. Carta de Oliver Cowdery a William W. Phelps, 7 de septiembre de 1834, *LDS Messenger and Advocate,* octubre de 1834, tomo I, pág. 14; Staker, "Where Was the Aaronic Priesthood Restored?", pág. 158, nota 49.
2. 3 Nefi 8; Carta de Oliver Cowdery a William W. Phelps, 7 de septiembre de 1834, *LDS Messenger and Advocate,* octubre de 1834, tomo I, pág. 15–16; véase también Kowallis, "In the Thirty and Fourth Year," págs. 136–190.
3. 3 Nefi 9:13.
4. 3 Nefi 10:9; 11:1.
5. 3 Nefi 11:10; 15:21–24; véase también Juan 10:16.
6. 3 Nefi 11:33.
7. 3 Nefi 11:23–33.
8. Carta de Oliver Cowdery a William W. Phelps, 7 de septiembre de 1834, *LDS Messenger and Advocate,* octubre de 1834, tomo I, págs. 13–16.
9. Doctrina y Convenios 13:1 (Joseph Smith History, 1838–56, tomo A-1, págs. 17–18, en *JSP,* tomo H1, págs. 292–294 [borrador 2]); Carta de Oliver Cowdery a William W. Phelps, 7 de septiembre de 1834, *LDS Messenger and Advocate,* octubre de 1834, tomo I, pág. 14; Staker, "Where Was the Aaronic Priesthood Restored?", pág. 142-159. **Tema: La restauración del Sacerdocio Aarónico**
10. Carta de Oliver Cowdery a William W. Phelps, 7 de septiembre de 1834, *LDS Messenger and Advocate,* octubre de 1834, tomo I, pág. 15.
11. Joseph Smith History, 1838–1856, tomo A-1, págs. 17–18, en *JSP,* tomo H1, págs. 292–294 (borrador 2); "Articles of the Church of Christ", June 1829, en *JSP,* tomo D1, pág. 371.
12. Joseph Smith History, 1838–1856, tomo A-1, pág. 18, en *JSP,* tomo H1, págs. 294–296 (borrador 2).
13. "Mormonism," *Kansas City Daily Journal,* 5 de junio de 1881, pág. 1; James H. Hart, "About the Book of Mormon," *Deseret Evening News,* 25 de marzo de 1884, pág. 2; Carta de Joseph F. Smith a John Taylor y el Consejo de los Doce, 17 de septiembre de 1878, borrador, Joseph F. Smith, Papers, Biblioteca de Historia de la Iglesia; Joseph Smith History, 1838–1856, tomo A-1, 21, en *JSP,* tomo H1, pág. 306 (borrador 2).
14. Joseph Smith History, 1838–1856, tomo A-1, pág. 18, en *JSP,* tomo H1, pág. 296 (borrador 2).
15. "Mormonism", *Kansas City Daily Journal,* 5 de junio de 1881, pág. 1; Dickinson, *New Light on Mormonism,* pág. 250; "The Book of Mormon", *Chicago Tribune,* 17 de diciembre de 1885, pág. 3; Joseph Smith History, 1838–1856, tomo A-1, pág. 21, en *JSP,* tomo H1, pág. 306 (borrador 2).
16. Lucy Mack Smith, History, 1844–45, libro 8, pág. 8; Orson Pratt y Joseph F. Smith, entrevista con David Whitmer, 7–8 de septiembre de 1878, pág. 10, en Carta de Joseph F. Smith a John Taylor y el Consejo de los Doce, 17 de septiembre de 1878, borrador, Joseph F. Smith, Papers, Biblioteca de Historia de la Iglesia; Cook, *David Whitmer Interviews,* págs. 26–27.

17. Orson Pratt y Joseph F. Smith, entrevista con David Whitmer, 7–8 de septiembre de 1878, pág. 10, en Carta de Joseph F. Smith a John Taylor y el Consejo de los Doce, 17 de septiembre de 1878, borrador, Joseph F. Smith, Papers, Biblioteca de Historia de la Iglesia.
18. James H. Hart, "About the Book of Mormon", *Deseret Evening News,* 25 de marzo de 1884, pág. 2.
19. Skousen, "Another Account of Mary Whitmer's Viewing of the Golden Plates", pág. 40; [Andrew Jenson], "Eight Witnesses", *Historical Record,* octubre de 1888, pág. 621.
20. Orson Pratt y Joseph F. Smith, entrevista con David Whitmer, 7–8 de septiembre de 1878, pág. 10, en Carta de Joseph F. Smith a John Taylor y el Consejo de los Doce, 17 de septiembre de 1878, borrador, Joseph F. Smith, Papers, Biblioteca de Historia de la Iglesia.
21. Skousen, "Another Account of Mary Whitmer's Viewing of the Golden Plates", pág. 40; [Andrew Jenson], "Eight Witnesses", *Historical Record,* octubre de 1888, pág. 621.
22. [Andrew Jenson], "Eight Witnesses," *Historical Record,* octubre de 1888, pág. 621; Orson Pratt y Joseph F. Smith, entrevista con David Whitmer, 7–8 de septiembre de 1878, pág. 10, en Carta de Joseph F. Smith a John Taylor y el Consejo de los Doce, 17 de septiembre de 1878, borrador, Joseph F. Smith, Papers, Biblioteca de Historia de la Iglesia; Stevenson, Journal, 23 de diciembre de 1877.
23. Whitmer, *Address to All Believers in Christ,* pág. 30.
24. "Letter from Elder W. H. Kelley", *Saints' Herald,* 1° de marzo de 1882, pág. 68; véase también Bushman, *Rough Stone Rolling,* pág. 77.
25. Joseph Smith History, 1838–1856, tomo A-1, pág. 34, en *JSP,* tomo H1, págs. 352–354 (borrador 2). **Temas: La traducción del Libro de Mormón; Planchas de oro**
26. 2 Nefi 3:7–19.
27. Joseph Smith History, aprox. verano de 1832, pág. 5, en *JSP,* tomo H1, pág. 15; 2 Nefi 26:16; 27:15–21.
28. Doctrina y Convenios 17 (Revelation, June 1829–E, en josephsmithpapers.org); Doctrina y Convenios 5:11–18 (Revelation, Mar. 1829, en josephsmithpapers.org); Joseph Smith History, 1838–1856, tomo A-1, pág. 23, en *JSP,* tomo H1, págs. 314–317 (borrador 2).
29. Lucy Mack Smith, History, 1844–1845, libro 8, pág. 11.
30. Joseph Smith History, 1838–1856, tomo A-1, págs. 24–25, en *JSP,* tomo H1, págs. 316–318 (borrador 2).
31. "Letter from Elder W. H. Kelley", *Saints' Herald,* 1° de marzo de 1882, pág. 68; Joseph Smith History, 1838–1856, tomo A-1, págs. 24–25, en *JSP,* tomo H1, págs. 316–320 (borrador 2); "El Testimonio de Tres Testigos", en el Libro de Mormón, edición de 1830, pág. 589. **Tema: Testigos del Libro de Mormón**
32. Joseph Smith History, 1838–1856, tomo A-1, pág. 25, en *JSP,* tomo H1, pág. 320 (borrador 2).
33. Lucy Mack Smith, History, 1844–1845, libro 8, pág. 11; libro 9, pág. 1.
34. Lucy Mack Smith, History, 1844–1845, libro 9, pág. 1; 2 Nefi 27:14.
35. "El Testimonio de Ocho Testigos", en el Libro de Mormón, edición de 1830, pág. 590. **Tema: Testigos del Libro de Mormón**
36. Lucy Mack Smith, History, 1844–1845, libro 9, pág. 2.

Capítulo 8: El establecimiento de la Iglesia de Cristo

1. Copyright for Book of Mormon, 11 de junio de 1829, en *JSP,* tomo D1, págs. 76–81.
2. "Prospect of Peace with Utah", *Albany Evening Journal,* 19 de mayo de 1858, pág. 2; "From the Troy Times", *Albany Evening Journal,* 21 de mayo de 1858, pág. 2; John H. Gilbert, Memorandum, 8 de septiembre de 1892, fotocopia, Biblioteca de Historia de la Iglesia.
3. Doctrina y Convenios 19 (Revelation, circa Summer 1829, en josephsmithpapers.org); véase también Historical Introduction to Revelation, aprox. verano de 1829, D. y C. 19, en *JSP,* tomo D1, págs. 85–89; y Knight, Reminiscences, págs. 6–7.

4. McBride, "Contributions of Martin Harris", págs. 1–9; Joseph Smith History, 1838–1856, tomo A-1, pág. 34, en *JSP,* tomo H1, pág. 352 (borrador 2).
5. John H. Gilbert, declaración, 23 de octubre de 1887, Biblioteca de Historia de la Iglesia; Indenture, Martin Harris to Egbert B. Grandin, Wayne County, NY, 25 de agosto de 1829, Wayne County, NY, Mortgage Records, tomo III, págs. 325–326, microfilm 479,556, U.S. and Canada Record Collection, Biblioteca de Historia Familiar; Historical Introduction to Revelation, aprox. verano de 1829 [D. y C. 19], en *JSP,* tomo D1, págs. 85–89.
6. Copyright for Book of Mormon, 11 de junio de 1829, en *JSP,* tomo D1, págs. 76–81; John H. Gilbert, Memorandum, 8 de septiembre de 1892, fotocopia, Biblioteca de Historia de la Iglesia; Porter, "The Book of Mormon," págs. 53–54.
7. John H. Gilbert, Memorandum, 8 de septiembre de 1892, fotocopia, Biblioteca de Historia de la Iglesia; Lucy Mack Smith, History, 1844–1845, libro 9, pág. 8; Carta de José Smith a Oliver Cowdery, 22 de octubre de 1829, en *JSP,* tomo D1, págs. 94–97.
8. John H. Gilbert, Memorandum, 8 de septiembre de 1892, fotocopia, Biblioteca de Historia de la Iglesia; Lucy Mack Smith, History, 1844–1845, libro 9, pág. 2; "Printer's Manuscript of the Book of Mormon", en *JSP,* tomo R3, Parte 1, pág. XXVI. **Tema: Impresión y publicación del Libro de Mormón**
9. Carta de Oliver Cowdery a José Smith, 6 de noviembre de 1829, en *JSP,* tomo D1, págs. 100–101; Mosíah 3:18–19; 5:5–7; 4 Nefi 1:17; véase también Carta de Oliver Cowdery a José Smith, 28 de diciembre de 1829, en *JSP,* tomo D1, págs. 101–104.
10. Thomas B. Marsh, "History of Thomas Baldwin Marsh", *LDS Millennial Star,* 4 de junio de 1864, tomo XXVI, págs. 359–360; 11 de junio de 1864, tomo XXVI, págs. 375–376.
11. Lucy Mack Smith, History, 1844–1845, libro 9, pág. 9. Para ver ejemplos de los fragmentos del Libro de Mormón que publicó Abner Cole, véase "The Book of Mormon", *Reflector,* 16 de septiembre de 1829, pág. 10; "Selected Items", *Reflector,* 23 de septiembre de 1829, pág. 14; "The First Book of Nephi", *Reflector,* 2 de enero de 1830, pág. 1; y "The First Book of Nephi", *Reflector,* 13 de enero de 1830, pág. 1. **Tema: Críticos del Libro de Mormón**
12. Lucy Mack Smith, History, 1844–1845, libro 9, págs. 9–12; Lucy Mack Smith, History, 1845, págs. 166–168.
13. Chamberlin, Autobiography, págs. 4–11.
14. Copyright for Book of Mormon, 11 de junio de 1829, en *JSP,* tomo D1, págs. 76–81; John H. Gilbert, Memorandum, 8 de septiembre de 1892, fotocopia, Biblioteca de Historia de la Iglesia; "Book of Mormon," *Wayne Sentinel,* 26 de marzo de 1830, pág. 3. Algunos libros también se encuadernaron en piel de oveja.
15. Title Page of Book of Mormon, aprox. principios de junio de 1829, en *JSP,* tomo D1, págs. 63–65; véase también Carta de Lucy Mack Smith a Solomon Mack, 6 de enero de 1831, Biblioteca de Historia de la Iglesia.
16. Testimony of Three Witnesses, finales de junio de 1829, en *JSP,* tomo D1, págs. 378–382; Testimony of Eight Witnesses, finales de junio de 1829, en *JSP,* tomo D1, págs. 385–387.
17. Tucker, *Origin, Rise, and Progress of Mormonism,* págs. 60–61.
18. Véase Carta de Lucy Mack Smith a Solomon Mack, 6 de enero de 1831, Biblioteca de Historia de la Iglesia.
19. Joseph Smith History, aprox. verano de 1832, pág. 1, en *JSP,* tomo H1, pág. 10; Doctrina y Convenios 27:12–13 (Revelation, aprox. Agosto de 1830, en Doctrina y Convenios 50:3, edición de 1835, en josephsmithpapers.org); Carta de Oliver Cowdery a Phineas Young, 23 de marzo de 1846, Biblioteca de Historia de la Iglesia; "Joseph Smith Documents Dating through June 1831", en *JSP,* tomo D1, págs. XXXVII–XXXIX; véase también Cannon y otros, "Priesthood Restoration Documents", págs. 163–207. **Tema: La restauración del Sacerdocio de Melquisedec**
20. Joseph Smith History, 1838–1856, tomo A-1, pág. 27, en *JSP,* tomo H1, págs. 326–328 (borrador 2).
21. Joseph Smith History, 1838–1856, tomo A-1, pág. 37, en *JSP,* tomo H1, pág. 364 (borrador 2); Stevenson, Journal, 22 de diciembre de 1877; 2 de enero de 1887; An Act to Provide for the Incorporation of Religious Societies (5 de abril de 1813), *Laws of the State of New-York,* 1813, tomo II, págs. 212–219. **Tema: Primera reunión de la Iglesia de Cristo**

22. Joseph Smith History, 1838–1856, tomo A-1, págs. 37–38, en *JSP,* tomo H1, págs. 364–371 (borrador 2).
23. Joseph Smith History, 1838–1856, tomo A-1, 37, en *JSP,* tomo H1, pág. 366; Doctrina y Convenios 21 (Revelation, Apr. 6, 1830, en josephsmithpapers.org); "History of Joseph Smith", *Times and Seasons,* 1° de octubre de 1842, tomo III, págs. 928–929.
24. Lucy Mack Smith, History, 1844–1845, libro 9, pág. 12; Knight, Reminiscences, pág. 8; véase también Bushman, *Rough Stone Rolling,* pág. 110.
25. Joseph Smith History, 1838–1856, tomo A-1, pág. 38, en *JSP,* tomo H1, pág. 372 (borrador 2); Joseph Smith, "Latter Day Saints", en Rupp, *He Pasa Ekklesia,* págs. 404–405, en *JSP,* tomo H1, pág. 506.
26. Knight, Reminiscences, pág. 7.

Capítulo 9: Ya sea para vida o para muerte

1. Joseph Smith History, 1838–1856, tomo A-1, pág. 39, en *JSP,* tomo H1, pág. 378 (borrador 2).
2. Véase, por ejemplo, Marcos 16:17–18. **Tema: Dones del Espíritu**
3. Mosíah 3:19.
4. Joseph Smith History, 1838–1856, tomo A-1, pág. 39, en *JSP,* tomo H1, pág. 380 (borrador 2); Knight, Reminiscences, pág. 7; véase también Historical Introduction to Revelation, abril de 1830–E [D. y C. 23:6–7], en *JSP,* tomo D1, pág. 136.
5. Joseph Smith History, aprox. entre junio y octubre de 1839, págs. [11]–[13] (borrador 1); Joseph Smith History, 1838–1856, tomo A-1, págs. 39–41 (borrador 2); Joseph Smith History, aprox. 1841, pág. 70–72 (borrador 3), en *JSP,* tomo H1, págs. 380–387. **Tema: Dones del Espíritu**
6. Pratt, *Autobiography,* págs. 30–37; Givens y Grow, *Parley P. Pratt,* págs. 26–27.
7. Pratt, *Autobiography,* págs. 37–38.
8. Pratt, *Autobiography,* págs. 38–43.
9. Joseph Smith History, 1838–1856, tomo A-1, pág. 42, en *JSP,* tomo H1, pág. 390 (borrador 2). **Tema: Emma Hale Smith**
10. Joseph Smith History, 1838–1856, tomo A-1, págs. 42-43, en *JSP,* tomo H1, págs. 390–394 (borrador 2); Diedrich Willers to L. Mayer and D. Young,18 de junio de 1830, en Quinn, "First Months of Mormonism," pág. 331. **Tema: Name of the Church [El nombre de la Iglesia]**
11. Joseph Smith History, 1838–1856, tomo A-1, págs. 43–44, 47, en *JSP,* tomo H1, págs. 394–398, 412 (borrador 2); Knight, Reminiscences, pág. 8.
12. Joseph Smith History, 1838–1856, tomo A-1, págs. 44–47, en *JSP,* tomo H1, págs. 396–412 (borrador 2); Knight, Reminiscences, pág. 8; Bushman, *Rough Stone Rolling,* págs. 116–118; véanse también Hechos 4:1–3; 5:17–33; 6–7; 24–26.
13. Doctrina y Convenios 24:7, 9 (Revelation, July 1830–A, en josephsmithpapers.org).
14. Doctrina y Convenios 25:7, 9, 12 (Revelation, July 1830–C, en josephsmithpapers.org); véase también Grow, "Thou Art an Elect Lady", págs. 33–39. **Tema: Emma Hale Smith**
15. Joseph Smith History, 1838–1856, tomo A-1, págs. 52–53, en *JSP,* tomo H1, pág. 432 (borrador 2). **Tema: Dones del Espíritu**
16. Joseph Smith History, 1838–1856, tomo A-1, pág. 53, en *JSP,* tomo H1, pág. 436 (borrador 2); Deed from Isaac and Elizabeth Hale, 25 de agosto de 1830, en *JSP,* tomo D1, págs. 167–171; Knight, Autobiography, pág. 141.
17. Joseph Smith History, 1838–1856, tomo A-1, págs. 53–54, en *JSP,* tomo H1, pág. 436 (borrador 2).
18. Knight, Autobiography, pág. 146; Bushman, *Rough Stone Rolling,* págs. 119–121.
19. Knight, Autobiography and Journal, pág. 22; Knight, Autobiography, págs. 145–147.
20. Knight, Autobiography, págs. 145–147; Doctrina y Convenios 28 (Revelation, Sept. 1830–B, en josephsmithpapers.org); Covenant of Oliver Cowdery and Others, 17 de

octubre de 1830, en *JSP,* tomo D1, pág. 204; véanse también Doctrina y Convenios 29 (Revelation, Sept. 1830–A, en josephsmithpapers.org); 3 Nefi 21:23–24; y Éter 13:3–10. La revelación decía que el lugar para la ciudad santa sería "entre los lamanitas" pero se editó para su publicación a fin de que dijera "en las fronteras cerca de los lamanitas". (Book of Commandments, 30:9, en *JSP,* tomo R2, pág. 80). **Temas: American Indians [Indios americanos]; Zion/New Jerusalem [Sion/Nueva Jerusalén]; Gathering of Israel [Recogimiento de Israel]**

21. Joseph Smith History, 1838–1856, tomo A-1, pág. 58, en *JSP,* tomo H1, pág. 452 (borrador 2); Minutes, Sept. 26, 1830, en *JSP,* tomo D1, pág. 192.
22. Doctrina y Convenios 30:5–8 (Revelation, Sept. 1830–D, en josephsmithpapers.org); Doctrina y Convenios 32 (Revelation, Oct. 1830–A, en josephsmithpapers.org); Joseph Smith History, 1838–1856, tomo A-1, pág. 60, en *JSP,* tomo H1, págs. 458–460 (borrador 2); Givens y Grow, *Parley P. Pratt,* pág. 36.
23. Lucy Mack Smith, History, 1845, págs. 189–190.
24. Pratt, *Autobiography,* pág. 49. **Temas: Early Missionaries [Primeros misioneros]; Kirtland, Ohio**
25. Smith, "Copy of an Old Note Book", págs. 31–35; Lucy Mack Smith, History, 1845, págs. 186–187. **Tema: Early Missionaries [Primeros misioneros]**
26. Rigdon, "Life Story of Sidney Rigdon", pág. 18; Keller, "I Never Knew a Time", pág. 23; Joseph Smith History, 1838–1856, tomo A-1, pág. 73.
27. "Sidney Rigdon and the Spaulding Romance", *Deseret Evening News,* 21 de abril de 1879, pág. [2].
28. Joseph Smith History, 1838–1856, tomo A-1, pág. 73; véase también Maki, "Go to the Ohio", págs. 70–73.
29. Rigdon, "Life Story of Sidney Rigdon", pág. 19; Joseph Smith History, 1838–1856, tomo A-1, pág. 73; "Mormonism", *Painesville Telegraph,* 15 de febrero de 1831, pág. [1].
30. Joseph Smith History, 1838–1856, tomo A-1, págs. 72–73; 1 Tesalonicenses 5:21.
31. Rigdon, "Life Story of Sidney Rigdon", pág. 17; Keller, "I Never Knew a Time", pág. 24; "Records of Early Church Families", *Utah Genealogical and Historical Magazine,* octubre de 1936, tomo XXVII, págs. 161–162.
32. Mather, "Early Days of Mormonism", págs. 206–207; Joseph Smith History, 1838–1856, tomo A-1, pág. 74; "Sidney Rigdon", *Millennial Harbinger,* 7 de febrero de 1831, págs. 100–101; véase también Ezra Booth, "Mormonism—Nos. VIII–IX", *Ohio Star,* 8 de diciembre de 1831, pág. 1.
33. Joseph Smith History, 1838–1856, tomo A-1, pág. 75. **Tema: Kirtland, Ohio**

Capítulo 10: Congregados

1. Allen, Autobiographical Sketch, págs. [1]–[2]; Censo de EE. UU. de 1830, Mentor, Condado de Geauga, Ohio, pág. 266; Smith y Allen, "Family History of Lucy Diantha (Morley) Allen"; véase también Givens y Grow, *Parley P. Pratt,* pág. 39. **Tema: Daily Life of First-Generation Latter-day Saints [Vida cotidiana de la primera generación de Santos de los Últimos Días]**
2. Véase Givens and Grow, *Parley P. Pratt,* págs. 39-40; y Hechos 2:44; Hechos 4:32. **Tema: Consecration and Stewardship [Consagración y mayordomía]**
3. Oliver Cowdery a José Smith, Nov. 12, 1830, en *JSP,* tomo D1, pág. 213.
4. Staker, *Hearken, O Ye People,* págs. 5–9.
5. Véanse Minute Book 2, 31 de agosto de 1838; y Knutson, "Sheffield Daniels and Abigail Warren".
6. Oliver Cowdery a José Smith, Nov. 12, 1830, en *JSP,* tomo D1, págs. 211–214.
7. Joseph Smith History, 1838–1856, tomo A-1, págs. 75–76; Pratt, *Autobiography,* pág. 61; "Williams, Frederick Granger", Biographical Entry, sitio web de los Documentos de José Smith, josephsmithpapers.org.

8. Pratt, *Autobiography,* págs. 54–55.
9. Partridge, Registro genealógico, págs. 2, 5; Lucy Mack Smith, History, 1844–1845, libro 10, pág. [11].
10. Lucy Mack Smith, History, 1844–1845, libro 10, pág. [11].
11. Lucy Mack Smith, History, 1844–1845, libro 10, págs. [11]–[12]; Lucy Mack Smith, History, 1845, pág. 191. **Tema: Sacrament Meetings [Reuniones sacramentales]**
12. Doctrina y Convenios 36 (Revelation, Dec. 9, 1830, en josephsmithpapers.org).
13. *JSP,* tomo D1, pág. 224, nota 158; License for Edward Partridge, 15 de diciembre de 1830, Edward Partridge, Documentos, Biblioteca de Historia de la Iglesia
14. Doctrina y Convenios 35:20, 22 (Revelation, Dec. 7, 1830, en josephsmithpapers.org).
15. *JSP,* tomo D1, pág. 151, nota 207; véase también Maki, "Joseph Smith's Bible Translation", págs. 99–104. Puede que no haya sido hasta después de recibir esta revelación acerca de Moisés, que José Smith emprendió su traducción de la Biblia; para más información, véase Visions of Moses, June 1830, en *JSP,* tomo D1, págs. 150–156. **Tema: Joseph Smith Translation of the Bible [Traducción de José Smith de la Biblia]**
16. Moisés 1 (Visions of Moses, June 1830, en josephsmithpapers.org).
17. Bible Used for Bible Revision, en josephsmithpapers.org; Old Testament Revision 1, en josephsmithpapers.org; Génesis 5:18–24.
18. 4 Nefi 1:1–18; Génesis 5:22–24; Moisés 7:18–19, 62, 69 (Old Testament Revision 1, págs. 16–19, en josephsmithpapers.org).
19. Moisés 7:28, 62 (Old Testament Revision 1, págs. 16–17, 19, en josephsmithpapers.org). **Temas: Zion/New Jerusalem [Sion/Nueva Jerusalén], Consecration and Stewardship [Consagración y mayordomía]**
20. Doctrina y Convenios 37 (Revelation, Dec. 30, 1830, en josephsmithpapers.org).
21. Doctrina y Convenios 29:8 (Revelation, Sept. 1830–A, en josephsmithpapers.org). **Tema: Gathering of Israel [El recogimiento de Israel]**
22. Whitmer, History, pág. 9, en *JSP,* tomo H2, pág. 21; Joseph Smith History, 1838–1856, tomo A-1, pág. 88.
23. Whitmer, History, págs. 5–6, en *JSP,* tomo H2, pág. 18.
24. Doctrina y Convenios 38:18–19, 32 (Revelation, Jan. 2, 1831, en josephsmithpapers.org). **Tema: Endowment of Power [Investidura de poder]**
25. Whitmer, History, pág. 9, en *JSP,* tomo H2, pág. 21; Knight, Autobiography and Journal, pág. 28. **Tema: Dissent in the Church [Disensión en la Iglesia]**
26. Knight, Autobiography and Journal, pág. 28.
27. [Elizabeth Ann Smith Whitney], "A Leaf from an Autobiography", *Woman's Exponent,* 1° de septiembre de 1878, tomo VII, pág. 51; Lucy Mack Smith, History, 1844–1845, libro 10, pág. [12]; Lucy Mack Smith, History, 1845, pág. 190; Joseph Smith History, 1838–1856, tomo A-1, pág. 92. **Tema: Joseph and Emma Hale Smith Family [La familia de José Smith y Emma Hale Smith]**
28. Véase Staker, *Hearken, O Ye People,* págs. 74–81.
29. [Elizabeth Ann Smith Whitney], "A Leaf from an Autobiography", *Woman's Exponent,* 1° de septiembre de 1878, tomo VII, pág. 51; Tullidge, *Women of Mormondom,* págs. 41–42.
30. [Elizabeth Ann Smith Whitney], "A Leaf from an Autobiography", *Woman's Exponent,* 15 de agosto de 1878, tomo VII, pág. 41.
31. [Elizabeth Ann Smith Whitney], "A Leaf from an Autobiography", *Woman's Exponent,* 1° de septiembre de 1878, tomo VII, pág. 51.
32. Staker, *Hearken, O Ye People,* pág. 45. **Tema: Consecration and Stewardship [Consagración y mayordomía]**
33. Joseph Smith History, 1838–1856, tomo A-1, pág. 112; Staker, *Hearken, O Ye People,* pág. 139; Pratt, *Autobiography,* pág. 65.
34. Whitmer, History, pág. 26, en *JSP,* tomo H2, pág. 38.
35. Hancock, Autobiography, pág. 79; véase también McBride, "Religious Enthusiasm among Early Ohio Converts", págs. 105–111. **Tema: Dones del Espíritu**
36. [Elizabeth Ann Smith Whitney], "A Leaf from an Autobiography", *Woman's Exponent,* 1° de septiembre de 1878, tomo VII, pág. 51.

37. Orson F. Whitney, "Newel K. Whitney", *Contributor,* Jan. 1885, pág. 125; [Elizabeth Ann Smith Whitney], "A Leaf from an Autobiography", *Woman's Exponent,* 1° de septiembre de 1878, tomo 7, pág. 51.

Capítulo 11: Recibiréis mi ley

1. [Elizabeth Ann Smith Whitney], "A Leaf from an Autobiography", *Woman's Exponent,* 1° de septiembre de 1878, tomo VII, pág. 51; Staker, *Hearken, O Ye People,* pág. 226.
2. Censo de EE. UU. de 1830, Kirtland, Condado de Geauga, Ohio, págs. 268–273; Staker, *Hearken, O Ye People,* págs. 402, 413; *JSP,* tomo D1, págs. 530–531.
3. Véase 1 Corintios 1:2.
4. José Smith a Hyrum Smith, Mar. 3–4, 1831, en *JSP,* tomo D1, pág. 272. **Tema: American Indians [Indios norteamericanos]**
5. Jackson, "Chief Anderson and His Legacy".
6. Pratt, *Autobiography,* págs. 56–60. **Tema: Lamanite Identity [Identidad de los lamanitas]**
7. José Smith a Hyrum Smith, 3–4 de marzo de 1831, en *JSP,* tomo D1, pág. 272. En su carta a Hyrum, José copió el texto de una carta que recibió de Oliver Cowdery, fechada el 29 de enero.
8. "Mormonism", *Painesville Telegraph,* 15 de febrero de 1831, pág. [1]; Doctrina y Convenios 41:3 (Revelation, Feb. 4, 1831, en josephsmithpapers.org).
9. Doctrina y Convenios 41:9–11 (Revelation, Feb. 4, 1831, en josephsmithpapers.org). **Tema: Bishop [Obispo]**
10. Whitmer, History, pág. 12, en *JSP,* tomo H2, pág. 24; Historical Introduction to Revelation, 9 de febrero de 1831 [D. y C. 42:1–72], en *JSP,* tomo D1, pág. 247; véase también Harper, "The Law", págs. 93–98.
11. Doctrina y Convenios 42:1–72 (Revelation, Feb. 9, 1831, en josephsmithpapers.org).
12. Doctrina y Convenios 42:30–36 (Revelation, Feb. 9, 1831, en josephsmithpapers.org). **Tema: Consecration and Stewardship [Consagración y mayordomía]**
13. Doctrina y Convenios 42:61 (Revelation, Feb. 9, 1831, en josephsmithpapers.org).
14. Doctrina y Convenios 50:2–3, 21–25 (Revelation, May 9, 1831, en josephsmithpapers.org).
15. "History of Thos. Baldwin Marsh", *Deseret News,* 24 de marzo de 1858, pág. 18; Thomas Marsh y Elizabeth Godkin Marsh a Lewis Abbott y Ann Marsh Abbott, [aprox. 11 de abril de 1831], Colección de la familia Abbott, Biblioteca de Historia de la Iglesia. **Tema: Zion/ New Jerusalem [Sion/Nueva Jerusalén]**
16. Faulring y otros, *Joseph Smith's New Translation of the Bible,* pág. 57. **Tema: Joseph Smith Translation of the Bible [Traducción de José Smith de la Biblia]**
17. Génesis 17:5.
18. Old Testament Revision 1, pág. 28 [Génesis 11:11–12:2], en josephsmithpapers.org.
19. Jacob 2:27–30.
20. "Report of Elders Orson Pratt and Joseph F. Smith", *LDS Millennial Star,* 16 de diciembre de 1878, tomo L, pág. 788; Doctrina y Convenios 132:1 (Revelation, July 12, 1843, en josephsmithpapers.org); Plural Marriage in Kirtland and Nauvoo" ["El matrimonio plural en Kirtland y en Nauvoo"], Temas del Evangelio, topics.lds.org. **Tema: Joseph Smith and Plural Marriage [José Smith y el matrimonio plural]**
21. Lucy Mack Smith, History, 1844–1845, libro 11, pág. [2]; Knight, Autobiography and Journal, págs. 28–29.
22. Lucy Mack Smith, History, 1844–1845, libro 11, págs. [4]–[6]; Lucy Mack Smith, History, 1845, págs. 196–197.
23. Lucy Mack Smith, History, 1844–1845, libro 11, págs. [7]–[9].
24. Lucy Mack Smith, History, 1844–1845, libro 11, págs. [11]–[12].
25. Lucy Mack Smith, History, 1845, págs. 202–203.
26. Lucy Mack Smith, History, 1844–1845, libro 12, pág. [2]. **Tema: Lucy Mack Smith**

27. Oliver Cowdery to "My Dearly Beloved Brethren and Sisters in the Lord [Oliver Cowdery a "Mis muy queridos hermanos y hermanas en el Señor"], 8 de abril de 1831, en *JSP,* tomo D1, pág. 292.
28. Pratt, *Autobiography,* pág. 60; Rust, "Mission to the Lamanites", págs. 45–49.
29. Oliver Cowdery to "Dearly Beloved Brethren," 7 de mayo de 1831, en *JSP,* tomo D1, págs. 294–297; Richard W. Cummins a William Clark, 15 de febrero de 1831, Oficina de Asuntos Indígenas de EE. UU., Superintendencia Central, Registros, tomo VI, págs. 113–114; Pratt, *Autobiography,* pág. 61.
30. Joseph Smith History, 1834–1836, pág. 9, en *JSP,* tomo H1, pág. 28; Murdock, Autobiography, pág. 197; Lucy Diantha Morley Allen, "Joseph Smith, the Prophet", *Young Woman's Journal,* diciembre de 1906, tomo XVII, pág. 537. **Tema: Joseph and Emma Hale Smith Family [La familia de José Smith y Emma Hale Smith]**
31. Joseph Smith History, 1834–1836, pág. 9, en *JSP,* tomo H1, pág. 28; Murdock, Autobiography, pág. 9.
32. Lucy Mack Smith, History, 1844–1845, libro 12, pág. [6].

Capítulo 12: Tras mucha tribulación

1. Young, "What I Remember", págs. 1–2.
2. Doctrina y Convenios 42:30–33 (Revelation, Feb. 9, 1831, en josephsmithpapers.org); Knight, Autobiography and Journal, págs. 29–30; véase también Darowski, "Journey of the Colesville Branch", págs. 40–44.
3. Young, "What I Remember", págs. 4; Partridge, Registro genealógico, págs. 6, 64; Lyman, Diario, pág. 8. **Tema: Daily Life of First-Generation Latter-day Saints [Vida cotidiana de la primera generación de Santos de los Últimos Días]**
4. Lyman, Diario, pág. 8; Partridge, Registro genealógico, pág. 6; Minutes, aprox. 3–4 de junio de 1831, en *JSP,* tomo D1, págs. 317–327; Doctrina y Convenios 44:1–2 (Revelation, Feb. 1831–B, en josephsmithpapers.org).
5. Doctrina y Convenios 52 (Revelation, June 6, 1831, en josephsmithpapers.org).
6. Doctrina y Convenios 52:42 (Revelation, June 6, 1831, en josephsmithpapers.org); Doctrina y Convenios 38:18 (Revelation, Jan. 2, 1831, en josephsmithpapers.org); Números 33:54; 34:2; Jeremías 11:5.
7. Lyman, Diario, pág. 8.
8. Partridge, Registro Genealógico, pág. 6.
9. Darowski, "Journey of the Colesville Branch", págs. 41–42.
10. Knight, Reminiscences, pág. 9; Knight, Autobiography, págs. 288–289; véase también Staker, *Hearken, O Ye People,* págs. 138–139.
11. Whitmer, History, págs. 26, 29, en *JSP,* tomo H2, págs. 37, 41; Knight, Autobiography and Journal, págs. 29–30; véase también Doctrina y Convenios 49 (Revelation, May 7, 1831, en josephsmithpapers.org); y Historical Introduction to Revelation, 7 de mayo de 1831 [D. y C. 49], en *JSP,* tomo D1, págs. 297–299.
12. Doctrina y Convenios 54:8 (Revelation, June 10, 1831, en josephsmithpapers.org).
13. Knight, Reminiscences, pág. 9.
14. Knight, Autobiography and Journal, pág. 33. **Tema: Zion/New Jerusalem [Sion/ Nueva Jerusalén]**
15. Joseph Smith History, 1838–1856, tomo A-1, págs. 126–127.
16. [William W. Phelps], "Extract of a Letter from the Late Editor", *Ontario Phoenix,* 7 de septiembre de 1831, pág. 2; Ezra Booth, "Mormonism — nro. V", *Ohio Star,* 10 de noviembre de 1831, pág. 3. **Tema: Prophecies of Joseph Smith [Profecías de José Smith]**
17. Ezra Booth, "Mormonism — nro. VI", *Ohio Star,* 17 de noviembre de 1831, pág. 3; "History of Luke Johnson", *LDS Millennial Star,* 31 de diciembre de 1864,

pág. 834; véase también Bushman, *Rough Stone Rolling*, págs. 162, 168–169. **Tema: Independence, Missouri [Independence, Misuri]**

18. Joseph Smith History, 1838 - 56, tomo A-1, págs. 127–129; Anderson, "Jackson County in Early Mormon Descriptions", págs. 275–276, 290–293; Ezra Booth, "Mormonism — nro. V", *Ohio Star,* 10 de noviembre de 1831, pág. 3; Ezra Booth, "Mormonism — nro. VI", *Ohio Star,* 17 de noviembre de 1831, pág. 3; [William W. Phelps], "Extract of a Letter from the Late Editor", *Ontario Phoenix,* 7 de septiembre de 1831, pág. 2; Edward Partridge a Lydia Clisbee Partridge, 5–7 de agosto de 1831, Edward Partridge, Cartas, Biblioteca de Historia de la Iglesia; Richard W. Cummins a William Clark, 15 de febrero de 1831,Oficina de Asuntos Indígenas de EE. UU., Superintendencia Central, Registros, tomo VI, págs. 113–114.
19. Joseph Smith History, 1838–1856, tomo A-1, pág. 127.
20. Doctrina y Convenios 57:1–4 (Revelation, July 20, 1831, en josephsmithpapers.org); véase también Woodworth, "The Center Place", págs. 122–129. **Temas: Zion/New Jerusalem [Sion/Nueva Jerusalén], Gathering of Israel [Recogimiento de Israel]**
21. Edward Partridge a Lydia Clisbee Partridge, 5–7 de agosto de 1831, Edward Partridge, Cartas, Biblioteca de Historia de la Iglesia; Joseph Smith History, 1838–1856, tomo A-1, págs. 126–127; Doctrina y Convenios 57 (Revelation, July 20, 1831, en josephsmithpapers.org); Doctrina y Convenios 58:14–15 (Revelation, Aug. 1, 1831, en josephsmithpapers.org).
22. Ezra Booth, "Mormonism — nro. VII", *Ohio Star,* 24 de noviembre de 1831, pág. 1.
23. Doctrina y Convenios 58:3–4, 15–16 (Revelation, Aug. 1, 1831, en josephsmithpapers.org).
24. Edward Partridge a Lydia Clisbee Partridge, 5–7 de agosto de 1831, Edward Partridge, Cartas, Biblioteca de Historia de la Iglesia. **Tema: Bishop [Obispo]**
25. Knight, Reminiscences, pág. 9; Whitmer, History, págs. 31–32, en *JSP,* tomo H2, págs. 43–45; Joseph Smith History, 1838–1856, tomo A-1, págs. 137, 139.
26. Joseph Smith History, 1838–1856, tomo A-1, pág. 139; Salmos 87:2–3.
27. Knight, Reminiscences, pág. 9; Edward Partridge a Lydia Clisbee Partridge, 5–7 de agosto de 1831, Edward Partridge, Cartas, Biblioteca de Historia de la Iglesia.
28. Knight, Reminiscences, pág. 9.
29. Doctrina y Convenios 59:1–2 (Revelation, Aug. 7, 1831, en josephsmithpapers.org).
30. Joseph Smith History, 1838–1856, tomo A-1, pág. 142; Phelps, "A Short History of W. W. Phelps' Stay in Missouri", pág. 2; "Missouri River", Entrada geográfica, sitio web de los Documentos de José Smith, josephsmithpapers.org.
31. Ezra Booth, "Mormonism — nro. VII", *Ohio Star,* 24 de noviembre de 1831, pág. 1; Bushman, *Rough Stone Rolling,* pág. 164; Historical Introduction to Revelation, Aug 12, 1831 [D. y C. 61], en *JSP,* tomo D2, págs. 37–39; Book of Commandments 62 [D. y C. 61], en josephsmithpapers.org; véase también [William W. Phelps], "The Way of Journeying for the Saints of the Church of Christ", *The Evening and the Morning Star,* diciembre de 1832, pág. 53.
32. Ezra Booth, "Mormonism — nro. VII", *Ohio Star,* 24 de noviembre de 1831, pág. 1; véase también McBride, "Ezra Booth and Isaac Morley", págs. 130–136.
33. Edward Partridge a Lydia Clisbee Partridge, 5–7 de agosto de 1831, Edward Partridge, Cartas, Biblioteca de Historia de la Iglesia; Doctrina y Convenios 57 (Revelation, July 20, 1831, en josephsmithpapers.org).
34. Edward Partridge a Lydia Clisbee Partridge, 5–7 de agosto de 1831, Edward Partridge, Cartas, Biblioteca de Historia de la Iglesia; Young, "What I Remember", pág. 5.
35. Edward Partridge a Lydia Clisbee Partridge, 5–7 de agosto de 1831, Edward Partridge, Cartas, Biblioteca de Historia de la Iglesia. La carta original dice "y por algún tiempo muchas privaciones aquí"; se ha agregado "tendremos" para mayor claridad.
36. Edward Partridge a Lydia Clisbee Partridge, 5–7 de agosto de 1831, Edward Partridge, Cartas, Biblioteca de Historia de la Iglesia; Young, "What I Remember", pág. 5. **Tema: Daily Life of First-Generation Latter-day Saints [Vida cotidiana de la primera generación de Santos de los Últimos Días]**
37. Young, "What I Remember", pág. 5; Edward Partridge a Lydia Clisbee Partridge, 5–7 de agosto de 1831, Edward Partridge, Cartas, Biblioteca de Historia de la Iglesia.

Capítulo 13: El don ha vuelto

1. Historical Introduction to Revelation, 12 de agosto de 1831 [D. y C. 61], en *JSP,* tomo D2, págs. 38–39.
2. Doctrina y Convenios 61:36–37 (Revelation, Aug. 12, 1831, en josephsmithpapers.org).
3. Joseph Smith History, 1838–1856, tomo A-1, pág. 146; Historical Introduction to Revelation, Sept. 11, 1831 [D. y C. 64], en *JSP,* tomo D2, págs. 61–63.
4. Ezra Booth, "For the Ohio Star", *Ohio Star,* 13 de octubre de 1831, pág. [3]; Staker, *Hearken, O Ye People,* págs. 296–302; Minutes, 6 de septiembre de 1831, en *JSP,* tomo D2, págs. 59–61. **Tema: Dissent in the Church [Disensión en la Iglesia]**
5. Doctrina y Convenios 64:7–10, 21, 33–34 (Revelation, Sept. 11, 1831, en josephsmithpapers.org).
6. Elizabeth Godkin Marsh a Lewis Abbott y Ann Marsh Abbott, septiembre de 1831, Colección de la familia Abbott, Biblioteca de Historia de la Iglesia; Isaías 29:17; 35:1.
7. Elizabeth Godkin Marsh a Lewis Abbott y Ann Marsh Abbott, septiembre de 1831, Colección de la familia Abbott, Biblioteca de Historia de la Iglesia. **Tema: Early Missionaries [Primeros misioneros]**
8. McLellin, Journal, 22 de septiembre de 1831; William McLellin a "Amados parientes", 4 de agosto de 1832, fotocopia, Biblioteca de Historia de la Iglesia; véase también Shipps y Welch, *Journals of William E. McLellin,* págs. 82–83.
9. McLellin, Journal, 18 de julio de 1831.
10. McLellin, Journal, 30 de julio–19 de agosto de 1831.
11. McLellin, Journal, 19–20 de agosto de 1831.
12. McLellin, Journal, 20 y 24 de agosto de 1831.
13. McLellin, Journal, 26 de agosto–4 de octubre de 1831.
14. McLellin, Journal, 25–30 de octubre de 1831; Shipps y Welch, *Journals of William E. McLellin,* pág. 57, nota 52; Doctrina y Convenios 66 (Revelation, 29 de octubre de 1831, en josephsmithpapers.org); Godfrey, "William McLellin's Five Questions," págs. 137–141.
15. Minutes, 1–2 de noviembre de 1831, en *JSP,* Tomo D2, págs. 94–98; Ezra Booth al Reverendo Ira Eddy, 12 de septiembre de 1831, *Ohio Star,* 13 de octubre de 1831, pág. [3]; Ezra Booth, "Mormonism—No. II", *Ohio Star,* 20 de noviembre de 1831, pág. 3. **Tema: Dissent in the Church [Disensión en la Iglesia]**
16. Whitmer, *An Address to All Believers in Christ,* págs. 54–55.
17. Minutes, 1–2 de noviembre de 1831, en *JSP,* tomo D2, págs. 94–98; "Letter from Elder W H Kelley", *Saints' Herald,* 1° de marzo de 1882, pág. 67. **Temas: Book of Commandments [Libro de los Mandamientos], Revelations of Joseph Smith [Revelaciones de José Smith]**
18. "Letter from Elder W H Kelley", *Saints' Herald,* 1° de marzo de 1882, pág. 67; Doctrina y Convenios 1 (Revelation, Nov. 1, 1831–B, en josephsmithpapers.org); Historical Introduction to Revelation, 1° de noviembre de 1831–B [D. y C. 1], en *JSP,* tomo D2, págs. 103–104.
19. Doctrina y Convenios 1:38 (Revelation, Nov. 1, 1831–B, en josephsmithpapers.org).
20. Minutes, 1–2 de noviembre de 1831, en *JSP,* tomo D2, pág. 97; Testimony, aprox. 2 de noviembre de 1831, en *JSP,* tomo D2, págs. 110–114; Doctrina y Convenios 67 (Revelation, circa Nov. 2, 1831, en josephsmithpapers.org); Historical Introduction to Revelation, aprox. 2 de noviembre de 1831 [D. y C. 67], en *JSP,* tomo D2, págs. 108–109; Historical Introduction to Revelation, 1° de noviembre de 1831–B [D. y C. 1], en *JSP,* tomo D2, págs. 103–104.
21. Doctrina y Convenios 1:24 (Revelation, Nov. 1, 1831–B, en josephsmithpapers.org).
22. Doctrina y Convenios 67:7–8 (Revelation, circa Nov. 2, 1831, en josephsmithpapers.org); Historical Introduction to Revelation, aprox. 2 noviembre de 1831 [D. y C. 67], en *JSP,* tomo D2, págs. 108–109.
23. Joseph Smith History, 1838–1856, tomo A-1, pág. 162; "Manuscript Revelation Books", en *JSP,* tomo MRB, págs. XXX–XXXI.
24. Testimony, aprox. 2 de noviembre de 1831, en *JSP,* tomo D2, págs. 110–114; Minutes, 1–2 de noviembre de 1831, en *JSP,* tomo D2, págs. 94–98.

25. Minutes, 8 de noviembre de 1831, en *JSP,* tomo D2, págs. 121–124.
26. Véase Brekus, *Strangers and Pilgrims*, págs. 5, 213.
27. Towle, *Vicissitudes Illustrated*, pág. 137. **Tema: Opposition to the Early Church [Oposición a la Iglesia en sus inicios]**
28. Towle, *Vicissitudes Illustrated*, págs. 138, 142.
29. Towle, *Vicissitudes Illustrated*, págs. 141–145.

Capítulo 14: Visiones y pesadillas

1. Joseph Smith History, 1838–1856, tomo A-1, pág. 204.
2. George A. Smith, "Sketch of Church History", *Deseret News*, suplemento, 21 de diciembre de 1864, pág. 90; Staker, *Hearken, O Ye People*, págs. 282–285; véase también Hinsdale, "Life and Character of Symonds Ryder", pág. 250. **Tema: Healing [Sanación]**
3. Joseph Smith History, 1838–1856, tomo A-1, pág. 183; Faulring y otros, *Joseph Smith's New Translation of the Bible,* pág. 58; véase también Juan 5:29; y Staker, *Hearken, O Ye People,* págs. 319–324. **Tema: Joseph Smith Translation of the Bible [Traducción de José Smith de la Biblia]**
4. Historical Introduction to Vision, 16 de febrero de 1832 [D. y C. 76], en *JSP,* tomo D2, págs. 179–183; Dibble, "Recollections of the Prophet Joseph Smith", pág. 303.
5. Doctrina y Convenios 76:11–24 (Vision, Feb. 16, 1832, en josephsmithpapers.org). **Tema: The Vision (DC 76) [La Visión (D. y C. 76)]**
6. 1 Corintios 15:39–40; Doctrina y Convenios 76:50–112 (Vision, Feb. 16, 1832, en josephsmithpapers.org); Dibble, "Recollections of the Prophet Joseph Smith", págs. 303–304; Historical Introduction to Vision, 16 defebrero de 1832 [D. y C. 76], en *JSP,* tomo D2, págs. 180–182.
7. Doctrina y Convenios 76:116 (Vision, Feb. 16, 1832, en josephsmithpapers.org).
8. Dibble, "Philo Dibble's Narrative", pág. 81; Dibble, "Recollections of the Prophet Joseph Smith", pág. 304.
9. "Phelps, William Wines", Entrada biográfica, sitio web de los Documentos de José Smith, josephsmithpapers.org; Bowen, "Versatile W. W. Phelps".
10. William W. Phelps, *The Evening and the Morning Star Prospectus*, en *Evening and Morning Star*, junio de 1832 (publicado en enero de 1835), págs. 1–2.
11. Murdock, Journal, pág. 18; Brigham Young, en *Journal of Discourses*, 18 de mayo de 1873, tomo XVI, pág. 42; Brigham Young, Discurso, 18 de mayo de 1873, en la Oficina del Historiador de la Iglesia, Reseñas de discursos, 1845–1885, Biblioteca de Historia de la Iglesia; Brigham Young, en *Journal of Discourses*, 29 de agosto de 1852, tomo VI, pág. 281; Wilford Woodruff, en *Journal of Discourses*, 9 de abril de 1857, tomo V, pág. 84; Joseph Young, "Discourse," *Deseret Weekly News*, 18 de marzo de 1857, pág. 11; "Items for the Public", *The Evening and the Morning Star*, junio de 1832, pág. 25; véase también McBride, "The Vision", págs. 148–154.
12. Cahoon, Diary, noviembre de 1831; Joseph Smith History, 1838–1856, tomo A-1, pág. 205; véanse también las cartas de Ezra Booth impresas semanalmente en el *Ohio Star* desde el 13 de octubre hasta el 8 de diciembre de 1831. **Tema: Dissent in the Church [Disensión en la Iglesia]**
13. Hayden, *Early History of the Disciples in the Western Reserve*, págs. 220–221; Ryder, "A Short History of the Foundation of the Mormon Church", págs. 3–4; Staker, *Hearken, O Ye People*, págs. 344–349; Tullidge, *Women of Mormondom*, pág. 404.
14. Joseph Smith History, 1838–1856, tomo A-1, págs. 205–206; véase también Staker, *Hearken, O Ye People*, págs. 349–350.
15. Joseph Smith History, 1838–1856, tomo A-1, págs. 206–207; "History of Luke Johnson", *LDS Millennial Star,* 31 de diciembre de 1884, págs. 834–835; véase también Staker, *Hearken, O Ye People,* págs. 351–352. **Tema: Vigilantism [Vigilancia clandestina]**

16. Joseph Smith History, 1838–1856, tomo A-1, págs. 207–208; "History of Luke Johnson", *LDS Millennial Star,* 31 de diciembre de 1884, pág. 835.
17. Joseph Smith History, 1838–1856, tomo A-1, pág. 208.
18. Joseph Smith History, 1838–1856, tomo A-1, págs. 208–209; Joseph Smith III, "Last Testimony of Sister Emma", *Saints' Herald,* 1° de octubre de 1879, pág. 289. **Tema: Joseph and Emma Hale Smith Family [La familia de José Smith y Emma Hale Smith]**
19. Staker, *Hearken, O Ye People,* págs. 354–355; Joseph Smith History, 1838–1856, tomo A-1, pág. 209; Whitmer, History, págs. 38–39, en *JSP,* tomo H2, págs. 50–51; véanse también Minutes, 26–27 de abril de 1832, en *JSP,* tomo D2, págs. 229–233; y Minutes, 30 de abril de 1832, en *JSP,* tomo D2, págs. 237–240.
20. Doctrina y Convenios 72 (Revelation, Dec. 4, 1831–A, en josephsmithpapers.org); Doctrina y Convenios 78 (Revelation, Mar. 1, 1832, en josephsmithpapers.org). **Tema: Bishop [Obispo]**
21. Doctrina y Convenios 78:14 (Revelation, Mar. 1, 1832, en josephsmithpapers.org).
22. Doctrina y Convenios 82 (Revelation, Apr. 26, 1832, en josephsmithpapers.org); Historical Introduction to Revelation, 26 de abril de 1832 [D. y C. 82], en *JSP,* tomo D2, págs. 233–235.
23. Doctrina y Convenios 82:15, 19 (Revelation, Apr. 26, 1832, en josephsmithpapers.org); véase también Godfrey, "Newel K. Whitney and the United Firm," págs. 142–47. **Tema: United Firm ("United Order") [Firma Unida ("Orden Unida")]**
24. Joseph Smith History, 1838–56, tomo A-1, pág. 213; "Joseph Smith–Era Publications of Revelations," en *JSP,* tomo R2, pág. xxvi; Newel K. Whitney, Declaración, aprox. 1842, Oficina del Historiador de la Iglesia, Documentos históricos de José Smith, aprox. 1839–1856, Biblioteca de Historia de la Iglesia.
25. Joseph Smith to William W. Phelps, 31 de julio de 1832, en *JSP,* tomo D2, págs. 257–271. **Tema: Dissent in the Church [Disensión en la Iglesia]**
26. McLellin, Journal, noviembre de 1831–febrero de 1832.
27. McLellin, Journal, 16 de febrero de 1832.
28. McLellin, Journal, 25 de febrero de 1832.
29. "History of Luke Johnson", *LDS Millennial Star,* 31 de diciembre de 1864, tomo xxvi, pág. 835.
30. William McLellin a "Amados parientes", 4 de agosto de 1832, fotocopia, Biblioteca de Historia de la Iglesia; Joseph Smith to Emma Smith, 6 de junio de 1832, en *JSP,* tomo D2, pág. 251; Doctrina y Convenios 75:6–8 (Revelation, Jan. 25, 1832–A, en josephsmithpapers.org); véase también Shipps y Welch, *Journals of William E. McLellin,* págs. 79–85.
31. Joseph Smith to William W. Phelps, 31 de julio de 1832, en *JSP,* tomo D2, pág. 262; Corrill, *Brief History,* págs. 18–19, en *JSP,* tomo H2, pág. 146. **Temas: Bishop [Obispo], Consecration and Stewardship [Consagración y mayordomía]**
32. William McLellin a "Amados parientes", 4 de agosto de 1832, fotocopia, Biblioteca de Historia de la Iglesia; véanse también Shipps y Welch, *Journals of William E. McLellin,* págs. 83–84; e Isaías 2:3.
33. "To His Excellency, Daniel Dunklin, Governor of the State of Missouri", *The Evening and the Morning Star,* diciembre de 1833, pág. [2].
34. "The Elders in the Land of Zion to the Church of Christ Scattered Abroad", *The Evening and the Morning Star,* julio de 1832, pág. [5]; William McLellin a "Amados parientes", 4 de agosto de 1832, fotocopia, Biblioteca de Historia de la Iglesia; véase también Shipps and Welch, *Journals of William E. McLellin,* pág. 83.
35. Delilah Lykins a Isaac y Christina McCoy, 6 de septiembre de 1831, citada en Jennings, "Isaac McCoy and the Mormons", págs. 65–66.

CAPÍTULO 15: LUGARES SANTOS

1. Phebe Crosby Peck a Anna Jones Pratt, 10 de agosto de 1832, Biblioteca de Historia de la Iglesia; véase también Johnson, "Give Up All and Follow Your Lord", pág. 93.

2. Phebe Crosby Peck a Anna Jones Pratt, 10 de agosto de 1832, Biblioteca de Historia de la Iglesia; "A Vision", *The Evening and the Morning Star,* julio de 1832, págs. [2]–[3]; Doctrina y Convenios 76 (Vision, 16 de febrero de 1832, en josephsmithpapers.org); véase también Johnson, "Give Up All and Follow Your Lord", págs. 94–96.
3. Doctrina y Convenios 84:112–117 (Revelation, Sept. 22–23, 1832, en josephsmithpapers.org). **Tema: United Firm ("United Order") [Firma Unida ("Orden Unida")]**
4. Doctrina y Convenios 84 (Revelation, Sept. 22–23, 1832, en josephsmithpapers.org); Joseph Smith History, 1838–1856, tomo A-1, pág. 229.
5. José Smith a Emma Smith, 13 de octubre de 1832, en *JSP,* tomo D2, págs. 304–314; véase también Pasko, *Old New York,* págs. 1–2.
6. José Smith a Emma Smith, 13 de octubre de 1832, en *JSP,* tomo D2, págs. 304–314.
7. Brigham Young, Sermón, 20 de noviembre de 1864, George D. Watt Papers, Biblioteca de Historia de la Iglesia, según lo transcribió LaJean Purcell Carruth; Joseph Young a Lewis Harvey, 16 de noviembre de 1880, Biblioteca de Historia de la Iglesia; Oficina del Historiador de la Iglesia, Brigham Young History Drafts, 1856–1858, págs. 3–4; "History of Brigham Young", *LDS Millennial Star,* 11 de julio de 1863, tomo XXV, pág. 439.
8. **Tema: Joseph and Emma Hale Smith Family [La familia de José Smith y Emma Hale Smith]**
9. Oficina del Historiador de la Iglesia, Brigham Young History Drafts, 1856–1858, págs. 3–4; Joseph Young a Lewis Harvey, 16 de noviembre de 1880, Biblioteca de Historia de la Iglesia; véanse también 1 Corintios 12–14; y Doctrina y Convenios 45 (Revelation, circa Mar. 7, 1831, en josephsmithpapers.org). **Temas: Gifts of the Spirit [Dones del Espíritu], Gift of Tongues [Don de lenguas]**
10. News Item, *Painesville Telegraph,* 21 de diciembre de 1832, pág. [3]; véase también Woodworth, "Peace and War", págs. 158–164.
11. Joseph Smith History, 1838–1856, tomo A-1, pág. 244; Mateo 24; José Smith—Mateo; Doctrina y Convenios 45 (Revelation, circa Mar. 7, 1831, en josephsmithpapers.org); véanse también "Revenge and Magnanimity", *Painesville Telegraph,* 21 de diciembre de 1832, pág. [1]; y "The Plague in India", *Painesville Telegraph,* 21 de diciembre de 1832, pág. [2].
12. Doctrina y Convenios 84:49, 117–118 (Revelation, Sept. 22–23, 1832, en josephsmithpapers.org).
13. Doctrina y Convenios 87 (Revelation, Dec. 25, 1832, en josephsmithpapers.org). **Tema: Prophecies of Joseph Smith [Profecías de José Smith]**
14. Historical Introduction to Minutes, 27–28 de diciembre de 1832, en *JSP,* tomo D2, págs. 331–333; Historical Introduction to Revelation, 27–28 de diciembre de 1832 [D. y C. 88:1–126], en *JSP,* tomo D2, págs. 334–336; José Smith a William W. Phelps, 11 de enero de 1833, en *JSP,* tomo D2, págs. 364–367.
15. Minutes, 27–28 de diciembre de 1832, en *JSP,* tomo D2, págs. 331–334.
16. Doctrina y Convenios 88:68, 118–119 (Revelation, Dec. 27–28, 1832, en josephsmithpapers.org). **Temas: School of the Prophets [Escuela de los Profetas], Kirtland Temple [Templo de Kirtland]**
17. Joseph Smith to William W. Phelps, 11 de enero de 1833, en *JSP,* tomo D2, pág. 367.
18. Véanse Hyde, *Orson Hyde,* págs, 6, 9; "History of Orson Hyde", pág. 1, en la Oficina del Historiador de la Iglesia, Historias de los Doce, 1856–1858, 1861, Biblioteca de Historia de la Iglesia; Joseph Smith History, aprox. verano de 1832, pág. 1, en *JSP,* tomo H1, pág. 11; y Waite, "A School and an Endowment", págs. 174–182.
19. Doctrina y Convenios 88:78–80 (Revelation, Dec. 27–28, 1832, en josephsmithpapers.org); Backman, *Heavens Resound,* págs. 264–268.
20. Coltrin, Diary and Notebook, 24 de enero de 1833.
21. Minutes, 22–23 de enero de 1833, en *JSP,* tomo D2, págs. 378–382.
22. Minutes, 22–23 de enero de 1833, en *JSP,* tomo D2, págs. 378–382. **Tema: Washing of Feet [Lavamiento de los pies]**
23. Minutas de la Escuela de los Profetas, Salt Lake City, 3 de octubre de 1883.
24. School of the Prophets Salt Lake City Minutes, Oct. 3, 1883; Brigham Young, Discurso, 8 de febrero de 1868, en George D. Watt, Discourse Shorthand Notes, 8 de febrero

de 1868, Pitman Shorthand Transcriptions, Biblioteca de Historia de la Iglesia; véase también Brigham Young, en *Journal of Discourses,* 8 de febrero de 1868, tomo 12, pág. 158. **Tema: Word of Wisdom (DC 89) [Palabra de Sabiduría (D. y C. 89)]**

25. Woodworth, "Word of Wisdom", págs. 183–191; Harper, *Word of Wisdom,* págs. 45–49; Historical Introduction to Revelation, 27 de febrero de 1833 [D. y C. 89], en *JSP,* tomo D3, págs. 11–19.
26. Revelation, Feb. 27, 1833, en josephsmithpapers.org. El libro Doctrina y Convenios actual está basado en otra de las primeras copias de esta revelación, y dice: "Una Palabra de Sabiduría para el beneficio del consejo de sumos sacerdotes reunido en Kirtland, y la iglesia, y también los santos de Sion".(Doctrina y Convenios 89:1; véase también Revelation Book 2, pág. 49).
27. Doctrina y Convenios 89 (Revelation, Feb. 27, 1833, en josephsmithpapers.org); Johnson, Cuaderno, pág. [1]; "The Word of Wisdom", *Times and Seasons,* 1° de junio de 1842, tomo III, pág. 800; Revelation Book 1, pág. 168, en *JSP,* tomo MRB, pág. 313. **Tema: Word of Wisdom (DC 89) [Palabra de Sabiduría (D. y C. 89)]**
28. Doctrina y Convenios 89:1–4 (Revelation, Feb. 27, 1833, en josephsmithpapers.org); Minute Book 2, 26 de enero de 1838; Historical Introduction to Revelation, 27 de febrero de 1833 [D. y C. 89], en *JSP,* tomo D3, págs. 11–20.
29. Minutas de la Escuela de los Profetas, Salt Lake City, 3 de octubre de 1883.
30. Minutes, 23 de marzo de 1833–B, en *JSP,* tomo D3, págs. 50–54; Joseph Smith History, 1838–1856, tomo A-1, pág. 287.
31. Minutes, 2 de abril de 1833, en *JSP,* tomo D3, págs. 55–56; Joseph Smith History, 1838–1856, tomo A-1, pág. 283; Minutes, 4 de mayo de 1833, en *JSP,* tomo D3, págs. 81–82.
32. José Smith a "Hermanos de Sion", 21 de abril de 1833, en *JSP,* tomo D3, págs. 64–67; Historical Introduction to Revelation, 27–28 de diciembre de 1832 [D. y C. 88:1–126], en *JSP,* tomo D2, pág. 334.
33. Doctrina y Convenios 95 (Revelation, June 1, 1833, en josephsmithpapers.org); Robison, *First Mormon Temple,* pág. 8. **Tema: Kirtland Temple [Templo de Kirtland]**
34. Lucy Mack Smith, Historia, 1844–1845, libro 14, pág. [1]; Doctrina y Convenios 95:13 (Revelation, June 1, 1833, en josephsmithpapers.org); Minute Book 1, 3 de junio de 1833.
35. "The Elders Stationed in Zion to the Churches Abroad", *The Evening and the Morning Star,* julio de 1833, pág. [6].
36. Plat of the City of Zion, aprox. principios de junio–25 de junio de 1833, en *JSP,* tomo D3, págs. 121–131; Hamilton, *Nineteenth-Century Mormon Architecture and City Planning,* págs. 13–19.
37. Plat of the City of Zion, aprox. principios de junio–25 de junio de 1833, en *JSP,* tomo D3, págs. 127–128. **Tema: Zion/New Jerusalem [Sion/Nueva Jerusalén]**
38. José Smith a los líderes de la Iglesia en el condado de Jackson, Misuri, 25 de junio de 1833, en *JSP,* tomo D3, págs. 155–156.

Capítulo 16: Tan solo un preludio

1. Young, "What I Remember", págs. 6–7; "To His Excellency, Daniel Dunklin", *The Evening and the Morning Star,* diciembre de 1833, pág. [2]. **Tema: Jackson County Violence [Violencia en el condado de Jackson]**
2. "The Elders Stationed in Zion to the Churches Abroad", *The Evening and the Morning Star,* julio de 1833, págs. [6]–[7].
3. "Free People of Color", *The Evening and the Morning Star,* julio de 1833, pág. [5]. **Tema: Slavery and Abolition [Esclavitud y abolición]**
4. "To His Excellency, Daniel Dunklin", *The Evening and the Morning Star,* diciembre de 1833, págs. [2]–[3].

5. Parley P. Pratt y otros, "'The Mormons' So Called", *The Evening and the Morning Star,* Extra, febrero de 1834, pág. [1]. **Tema: Opposition to the Early Church [Oposición a la Iglesia en sus inicios]**
6. "To His Excellency, Daniel Dunklin", *The Evening and the Morning Star,* diciembre de 1833, págs. [2]–[3]; véanse también Breen, *The Land Shall Be Deluged in Blood;* y Oates, *Fires of Jubilee.* **Tema: Slavery and Abolition [Esclavitud y abolición]**
7. "To His Excellency, Daniel Dunklin", *The Evening and the Morning Star,* diciembre de 1833, págs. [2]–[3]; John Whitmer a Oliver Cowdery y José Smith, 29 de julio de 1833, en *JSP,* tomo D3, págs. 191–194. **Tema: Vigilantism [Vigilancia clandestina]**
8. Reeve, *Religion of a Different Color,* págs. 116–119; 2 Nefi 26:33; Staker, *Hearken, O Ye People,* págs. 182–184.
9. *The Evening and the Morning Star,* Extra, 16 de julio de 1833, pág. [1]; Joseph Smith History, 1838–1856, tomo A-1, pág. 326.
10. Véase "La raza y el sacerdocio", Temas del Evangelio, topics.lds.org.
11. "To His Excellency, Daniel Dunklin", *The Evening and the Morning Star,* diciembre de 1833, pág. [2]; véase también Whitmer, History, pág. 42, en *JSP,* tomo H2, págs. 54–55.
12. Véase José Smith a los líderes de la Iglesia en el condado de Jackson, Misuri, 25 de junio de 1833, en *JSP,* tomo D3, pág. 148.
13. "To His Excellency, Daniel Dunklin", *The Evening and the Morning Star,* diciembre de 1833, pág. [2]; Whitmer, History, pág. 42, en *JSP,* tomo H2, págs. 54–55.
14. [Edward Partridge], "A History, of the Persecution", *Times and Seasons,* diciembre de 1839, tomo I, pág. 18, en *JSP,* tomo H2, pág. 209. **Tema: Jackson County Violence [Violencia en el condado de Jackson]**
15. "To His Excellency, Daniel Dunklin", *The Evening and the Morning Star,* diciembre de 1833, pág. [2]; Robert Weston, Testimonio, Independence, Misuri, pág. 581, Iglesia Reorganizada de Jesucristo de los Santos de los Últimos Días, pág. v. Iglesia de Cristo de Independence, Misuri, y otros, texto escrito a máquina, Testimonios y deposiciones, Biblioteca de Historia de la Iglesia.
16. "To His Excellency, Daniel Dunklin", *The Evening and the Morning Star,* diciembre de 1833, pág. [2]; Edward Partridge y otros, Memorial dirigido a la Legislatura de Misuri, 10 de diciembre de 1838; Edward Partridge, Declaración jurada, 15 de mayo de 1839, copia, Edward Partridge, Documentos, Biblioteca de Historia de la Iglesia.
17. Minute Book 2, 10 de diciembre de 1838, pág. 164; John Patten, Declaración jurada, 28 de octubre de 1839, en Johnson, *Mormon Redress Petitions,* pág. 517; "To His Excellency, Daniel Dunklin", *The Evening and the Morning Star,* diciembre de 1833, pág. [2]; [Edward Partridge], "A History, of the Persecution", *Times and Seasons,* diciembre de 1839, tomo I, pág. 18, en *JSP,* tomo H2, pág. 209.
18. [Edward Partridge], "A History, of the Persecution", *Times and Seasons,* diciembre de 1839, tomo I, pág. 18, en *JSP,* tomo H2, pág. 209; Young, "What I Remember", pág. 8.
19. Young, "What I Remember", pág. 9. **Tema: Book of Commandments [El Libro de Mandamientos]**
20. "Mary Elizabeth Rollins Lightner", *Utah Genealogical and Historical Magazine,* 1926, tomo XVII, págs. 195–196.
21. Young, "What I Remember", págs. 7–8.
22. Edward Partridge, Declaración jurada, 15 de mayo de 1839, copia, Edward Partridge, Documentos, Biblioteca de Historia de la Iglesia. La fuente original dice: "Si debo sufrir por mi religión, no sería más que lo que otros han hecho antes que yo".
23. Young, "What I Remember", pág. 7; Joseph Smith History, 1838–1556, tomo A-1, pág. 327; "To His Excellency, Daniel Dunklin", *The Evening and the Morning Star,* diciembre de 1833, pág. [2].
24. Joseph Smith History, 1838–1556, tomo A-1, págs. 327–328; "To His Excellency, Daniel Dunklin", *The Evening and the Morning Star,* diciembre de 1833, pág. [2].
25. Edward Partridge, Declaración jurada, 15 de mayo de 1839, copia, Edward Partridge, Documentos, Biblioteca de Historia de la Iglesia; "Tar and Feathers", *Deseret Weekly,* 23 de diciembre de 1893, págs. 25–26; Young, "What I Remember", págs, 7–8, 10; Joseph

Smith History, 1838–1856, tomo A-1, págs. 327–328. **Tema: Vigilantism [Vigilancia clandestina]**

26. Doctrina y Convenios 90:28–31 (Revelation 8 de marzo de 1833, en josephsmithpapers.org); Vienna Jaques, Declaración, 22 de febrero de 1859, Biblioteca de Historia de la Iglesia.
27. Vienna Jaques, Declaración, 22 de febrero de 1859, Biblioteca de Historia de la Iglesia; Young, "What I Remember", pág. 8.
28. "Mary Elizabeth Rollins Lightner", *Utah Genealogical and Historical Magazine,* 1926, tomo XVII, pág. 196; "What I Remember", pág. 9.

Capítulo 17: Aunque el populacho nos mate

1. "To His Excellency, Daniel Dunklin", *The Evening and the Morning Star,* diciembre de 1833, pág. 2; Schaefer, *William E. McLellin, manuscrito perdido de,* pág. 167.
2. Schaefer, *William E. McLellin, manuscrito perdido de,* págs. 166–167.
3. Doctrina y Convenios 98:3 (Revelation, Aug. 6, 1833, en josephsmithpapers.org).
4. Oliver Cowdery to Church Leaders in Jackson County, Misuri, 10 de agosto de 1833, en *JSP,* tomo D3, págs. 238, 240.
5. John Whitmer to Joseph Smith, 29 de julio de 1833, en *JSP,* tomo D3. págs. 186–198; "To His Excellency, Daniel Dunklin", *The Evening and the Morning Star,* diciembre de 1833, págs. 2–3.
6. Oliver Cowdery to Church Leaders in Jackson County, Misuri, 10 de agosto de 1833, en *JSP,* tomo D3, págs. 238–243.
7. Historical Introduction to Letter to Church Leaders in Jackson County, Misuri, 18 de agosto de 1833, en *JSP,* tomo D3, pág. 260. "Doctor" era el primer nombre de Hurlbut, no un título. **Tema: Opposition to the Early Church [Oposición a la Iglesia en sus inicios]**
8. Joseph Smith to Church Leaders in Jackson County, Misuri, 18 de agosto de 1833, en *JSP,* tomo D3, págs. 258–269; Revised Plat of the City of Zion, aprox. principios de agosto de 1833, en *JSP,* tomo D3, págs. 243–258. **Tema: Revelations of Joseph Smith [Revelaciones de José Smith]**
9. [Edward Partridge], "A History, of the Persecution", *Times and Seasons,* diciembre de 1839, tomo I, pág. 19, en *JSP,* tomo H2, pág. 211; Historical Introduction to Letter, Oct. 30, 1833, en *JSP,* tomo D3, págs. 331–335.
10. "To His Excellency, Daniel Dunklin", *The Evening and the Morning Star,* diciembre de 1833, págs. 2–3; Joseph Smith to "Dear Brethren", 30 de octubre de 1833, en *JSP,* tomo D3, págs. 331–336; Edward Partridge to Joseph Smith, entre el 14 y 19 de noviembre de 1833, en *JSP,* tomo D3, págs. 344–351.
11. Daniel Dunklin a Edward Partridge y otros, 19 de octubre de 19, 1833, William W. Phelps, Colección de documentos de Misuri, Biblioteca de Historia de la Iglesia; "To His Excellency, Daniel Dunklin", *The Evening and the Morning Star,* diciembre de 1833, pág. 3; [Edward Partridge], "A History, of the Persecution", *Times and Seasons,* diciembre de 1839, tomo I, pág. 19, en *JSP,* tomo H2, pág. 212. **Tema: American Legal and Political Institutions [Instituciones legales y políticas de Estados Unidos]**
12. William W. Phelps y otros a William T. Wood y otras personas, 30 de octubre de 1833, copia, William W. Phelps, Colección de documentos de Misuri, Biblioteca de Historia de la Iglesia.
13. [Edward Partridge], "A History, of the Persecution", *Times and Seasons,* diciembre de 1839, tomo I, pág. 19, en *JSP,* tomo H2, pág. 213.
14. Joseph Smith to "Dear Brethren", 30 de octubre de 1833, en *JSP,* tomo D3, págs. 336–341; "The Outrage in Jackson County, Missouri", *The Evening and the Morning Star,* diciembre de 1833, pág. 7.
15. Lydia B. [Hurlbut Whiting] English, Declaración jurada, en Johnson, *Mormon Redress Petitions,* págs. 447–448. **Tema: Jackson County Violence [Violencia en el condado de Jackson]**

16. [Edward Partridge], "A History, of the Persecution", *Times and Seasons,* diciembre de 1839, tomo I, pág. 20, en *JSP,* tomo H2, págs. 213–214.
17. Dibble, Reminiscences, pág. 7; Dibble, "Philo Dibble's Narrative", pág. 82; [Edward Partridge], "A History, of the Persecution", *Times and Seasons,* enero de 1840, tomo I, pág. 33, en *JSP,* tomo H2, pág. 217. El santo que murió fue Andrew Barber; los otros asesinados fueron Thomas Linville y Hugh Breazeale. (*JSP,* tomo H2, pág. 57, nota 173).
18. Dibble, "Philo Dibble's Narrative", pág. 83; Philo Dibble, Declaración jurada, Condado de Adams, Illinois, 13 de mayo de 1839, Mormon Redress Petitions, 1839–1845, Biblioteca de Historia de la Iglesia.
19. Dibble, "Philo Dibble's Narrative", págs. 83–84; Dibble, Reminiscences, pág. 8.
20. Dibble, Reminiscences, pág. 8.
21. "From Missouri", *The Evening and the Morning Star,* enero de 1834, pág. 5; [Edward Partridge], "A History, of the Persecution", *Times and Seasons,* enero de 1840, tomo I, pág. 33, en *JSP,* tomo H2, pág. 218.
22. "The Outrage in Jackson County, Missouri", *The Evening and the Morning Star,* diciembre de 1833, pág. 8; [Edward Partridge], "A History, of the Persecution", *Times and Seasons,* enero de 1840, tomo I, pág. 33, en *JSP,* tomo H2, págs. 217–219.
23. "From Missouri", *The Evening and the Morning Star,* enero de 1834, pág. 5; Pratt, *History of the Late Persecution,* pág. 19.
24. [Edward Partridge], "A History, of the Persecution", *Times and Seasons,* enero de 1840, tomo I, págs. 34–35, en *JSP,* tomo H2, págs. 219–220; "From Missouri", *The Evening and the Morning Star,* enero de 1834, pág. 5.
25. [William W. Phelps] to "Dear Brethren," 6–7 de noviembre de 1833, en *JSP,* tomo D3, pág. 341.
26. Pratt, *History of the Late Persecution,* págs. 20–22; Young, "Incidents in the Life of a Mormon Girl", págs. 75–76; Lyman, Journal, pág. 9.
27. Dibble, "Philo Dibble's Narrative", págs. 84–85; Dibble, Reminiscences, pág. 8. **Tema: Healing [Sanación]**
28. Edward Partridge to Joseph Smith, entre el 14 y 19 de noviembre de 1833, en *JSP,* tomo D3, pág. 347; Emily Dow Partridge Young, "Autobiography", *Woman's Exponent,* 15 de febrero de 1885, tomo XIII, pág. 138; Partridge, Escritos autobiográficos, aprox. 1833–1836, en Edward Partridge, Documentos varios, Biblioteca de Historia de la Iglesia; véase también *JSP,* tomo H1, pág. 192.
29. Joseph Smith, Journal, 13 de noviembre de 1833, en *JSP,* tomo J1, págs. 16–17.

Capítulo 18: El campamento de Israel

1. Joseph Smith, Journal, 14–19 y 25 de noviembre de 1833, en *JSP,* tomo J1, pág. 18. **Tema: Revelations of Joseph Smith [Revelaciones de José Smith]**
2. Véase Grua, "Joseph Smith and the 1834 D. P. Hurlbut Case", págs. 35–37. **Tema: Opposition to the Early Church [Oposición a la Iglesia en sus inicios]**
3. Joseph Smith, Journal, 25 de noviembre de 1833, en *JSP,* tomo J1, pág. 20.
4. José Smith a Edward Partridge y otros, 10 de diciembre de 1833, en *JSP,* tomo D3, págs. 375–381; véanse también Joseph Smith to Church Leaders in Jackson County, Misuri, 18 de agosto de 1833, en *JSP,* tomo D3, págs. 258–269; Joseph Smith to Emma Smith, 6 de junio de 1832, en *JSP,* tomo D2, págs. 246–257; Doctrina y Convenios 95 (Revelation, June 1, 1833, en josephsmithpapers.org); y Romanos 8:38–39. El original dice: "Al conocer sus sufrimientos".
5. Doctrina y Convenios 101:1–5, 17–18 (Revelation, Dec. 16–17, 1833, en josephsmithpapers.org); véase también Grua, "Waiting for the Word of the Lord", págs. 196–201.
6. Doctrina y Convenios 101:43–62 (Revelation, Dec. 16–17, 1833, en josephsmithpapers.org).

7. Wight, Reminiscences, págs. 5–6; Pratt, *Autobiography,* pág. 114; Minutes, 24 de febrero de 1834, en *JSP,* tomo D3, págs. 453–457; "Elder John Brush," págs. 23–24; William W. Phelps to "Dear Brethren," 15 de diciembre de 1833, en *JSP,* tomo D3, pág. 383.
8. Minutes, 24 de febrero de 1834, en *JSP,* tomo D3, págs. 456–457. **Tema: Zion's Camp (Camp of Israel) [Campo de Sion (Campamento de Israel)]**
9. Doctrina y Convenios 103:15, 27 (Revelation,Feb. 24, 1834, en josephsmithpapers.org); Woodruff, Journal, 1° de abril de 1834.
10. Woodruff, Journal, 1° de abril de 1834.
11. Woodruff, Journal, 11 de abril de 1834.
12. Woodruff, Journal, 26 de abril de 1834; Historian's Office, Brigham Young History Drafts, 1856–1858, pág. 3. **Tema: Daily Life of First-Generation Latter-day Saints [Vida cotidiana de la primera generación de Santos de los Últimos Días]**
13. Holbrook, Reminiscences, págs. 34–35; Radke, "We Also Marched", págs. 152–154, 160–161.
14. Woodruff, "History and Travels of Zion's Camp", págs. 3–4; *JSP,* tomo D4, pág. 138, nota 182.
15. Holbrook, Reminiscences, pág. 34; Woodruff, Journal, 1° de mayo de 1834; Joseph Smith History, 1838–1856, tomo A-1, págs. 477–478.
16. William W. Phelps to Joseph Smith, 15 de diciembre de 1833, en *JSP,* tomo D3, págs. 382–386; Robert W. Wells to Alexander Doniphan and David R. Atchison, 21 de noviembre de 1833, copia, William W. Phelps, Colección de documentos de Misuri, Biblioteca de Historia de la Iglesia; Daniel Dunklin a David R. Atchison, 5 de febrero de 1834, en "Mormon Difficulties," *Missouri Intelligencer and Boon's Lick Advertiser,* 8 de marzo de 1834, pág. [1]. **Tema: Zion's Camp (Camp of Israel) [Campo de Sion (Campamento de Israel)]**
17. *It Becomes Our Duty to Address You on the Subject of Immediately Preparing* [Kirtland, Ohio: 10 de mayo de 1834], copia en la Biblioteca de Historia de la Iglesia; Sidney Rigdon and Oliver Cowdery a "Dear Brethren", 10 de mayo de 1834, en Cowdery, Letterbook, págs. 49–50; Sidney Gilbert y otros a Daniel Dunklin, 24 de abril de 1834, copia, William W. Phelps, Colección de documentos de Misuri, Biblioteca de Historia de la Iglesia.
18. Kimball, "Journal and Record", pág. 8; véase también Deuteronomio 1.
19. Joseph Smith to Emma Smith, 4 de junio de 1834, en *JSP,* tomo D4, págs. 52–59; Bradley, *Zion's Camp,* págs. 27–28.
20. Josep Smith to Emma Smith, 4 de junio de 1834, en *JSP,* tomo D4, pág. 54.
21. Joseph Smith to Emma Smith, 4 de junio de 1834, en *JSP,* tomo D4, págs. 52–59; "The Outrage in Jackson County, Missouri", *The Evening and the Morning Star,* junio de 1834, pág. [8].
22. "Extracts from H. C. Kimball's Journal," *Times and Seasons,* 1° de febrero de 1845, tomo VI, págs. 788–789; George A. Smith, Autobiography, pág. 29; Minutes, 28–29 de agosto de 1834, en *JSP,* tomo D4, pág. 125.
23. Minutes, 28–29 de agosto de 1834, en *JSP,* tomo D4, págs. 129–130, cursiva agregada.
24. Minutes, 28–29 de agosto de 1834, en *JSP,* tomo D4, págs. 129–130. **Tema: Dissent in the Church [Disensión en la Iglesia]**
25. Kimball, "Journal and Record", pág. 11; véase también Crawley y Anderson, "Political and Social Realities of Zion's Camp", pág. 413.
26. Kimball, "Journal and Record" pág. 11; Joseph Smith History, 1838–1856, tomo A-1, págs. 477–478.
27. Holbrook, Reminiscences, pág. 36. La fuente original tiene esta declaración en tiempo pasado: "Si las hermanas estuvieran dispuestas a sufrir un asedio con el campamento, todas ellas podrían acompañarlo".
28. Holbrook, Reminiscences, pág. 36.
29. George A. Smith, Autobiography, pág. 33; Pratt, *Autobiography,* págs. 123–124; Daniel Dunklin a John Thornton, 6 de junio de 1834, en "The Mormons", *Missouri Intelligencer and Boon's Lick Advertiser,* 5 de julio de 1834, pág. [2].
30. Rich, Diary, 14 de junio de 1834.

31. George A. Smith, Autobiography, pág. 36; "Extracts from H. C. Kimball's Journal", *Times and Seasons,* 1° de febrero de 1845, tomo VI, pág. 789. **Tema: Slavery and Abolition [Esclavitud y abolición]**
32. George A. Smith, Autobiography, págs. 36–37; McBride, Reminiscences, pág. 5; "Extracts from H. C. Kimball's Journal", *Times and Seasons,* 1° de febrero de 1845, tomo VI, págs. 789–790.
33. Hancock, Autobiography, pág. 145; Holbrook, Reminiscences, pág. 37.
34. George A. Smith, "My Journal," pág. 216; George A. Smith, Autobiography, pág. 37; McBride, Reminiscences, págs. 5–6; "Extracts from H. C. Kimball's Journal", *Times and Seasons,* 1° de febrero de 1845, tomo VI, pág. 790.
35. "Extracts from H. C. Kimball's Journal", *Times and Seasons,* 1° de febrero de 1845, tomo VI, pág. 790; George A. Smith, Autobiography, pág. 37; Woodruff, Journal, mayo de 1834.
36. Joseph Smith History, 1838–1856, tomo A-2 (copia corregida), pág. 332.
37. Joseph Smith History, 1838–1856, tomo A-1, págs. 496–497; "Extracts from H. C. Kimball's Journal", *Times and Seasons,* 1° de febrero de 1845, tomo VI, pág. 790.
38. Declaration, 21 de junio de 1834, en *JSP,* tomo D4, págs. 65–69; George A. Smith, Autobiography, pág. 38; Holbrook, Reminiscences, págs. 37–38; McBride, Reminiscences, pág. 6; Joseph Smith History, 1838–1856, tomo A-1, págs. 497–498; "Propositions, &c. of the 'Mormons,'" *The Evening and the Morning Star,* julio de 1834, pág. [8].
39. George A. Smith, Autobiography, págs. 39–40; McBride, Reminiscences, pág. 6; Holbrook, Reminiscences, pág. 38; Baldwin, Account of Zion's Camp, pág. 13; Joseph Smith History, 1838–1856, tomo A-1, págs. 497–498.
40. Doctrina y Convenios 105 (Revelation, June 22, 1834, en josephsmithpapers.org). **Tema: Endowment of Power [Investidura de poder]**
41. Véase Historical Introduction to Revelation, 22 de junio de 1834 [D. y C. 105], en *JSP,* tomo D4, págs. 70–72.
42. Account with the Church of Christ, aprox. 11–29 de agosto de 1834, en *JSP,* tomo D4, págs. 135–155; Doctrina y Convenios 105 (Revelation, June 22, 1834, en josephsmithpapers.org).
43. Wilford Woodruff, en *Journal of Discourses,* 12 de diciembre de 1869, tomo XIII, pág. 158.
44. Wilford Woodruff, en *Journal of Discourses,* 27 de julio de 1862, tomo X, pág. 14; Minute Book 2, 5 de noviembre de 1834.

Capítulo 19: Mayordomos sobre este ministerio

1. Holbrook, "History of Joseph Holbrook", págs. 17–18.
2. Woodruff, Diario, [junio de 1834].
3. Joseph Smith History, 1838-1856, tomo A-1, pág. 505. **Tema: Healing [Sanación]**
4. Joseph Smith History, 1838–1856, tomo A-1, pág. 506; apéndices, pág. 16, nota 18.
5. "Afflicting", *The Evening and the Morning Star,* julio de 1834, pág. 8; Joseph Smith History, 1838–1856, tomo A-1, pág. 509.
6. George A. Smith, en *Journal of Discourses,* 15 de noviembre de 1864, tomo XI, pág. 8; Joseph Smith, Journal, Jan. 11, 1834, en *JSP,* tomo J1, pág. 25; "A Mormon Battle", *Erie Gazette,* 31 de julio de 1834, pág. 3.
7. Note, 8 de marzo de 1832, en *JSP,* tomo D2, págs. 201–204; Minutes, 17 de febrero de 1834, en *JSP,* tomo D3, págs. 435–439. **Temas: Primera Presidencia, Wards and Stakes [Barrios y estacas]**
8. Minutes, 17 de febrero de 1834, en *JSP,* tomo D3, págs. 435–439. **Tema: Sumo consejo**
9. Minutes and Discourse, aprox. 7 de julio de 1834, en *JSP,* tomo D4, págs. 90–96.
10. Véanse Robison, *First Mormon Temple,* págs. 45–58; Bushman, *Rough Stone Rolling,* págs. 306–308; y Staker, *Hearken, O Ye People,* págs. 401–434.
11. Kimball, "Journal and Record", pág. 20.

12. Ames, Autobiography and Journal, pág. 10; véase también Probert y Manscill, "Artemus Millet", págs. 60–62.
13. Joseph Smith History, 1838–1856, tomo B-1, pág. 553; Johnson, Reminiscences and Journal, págs. 17–18; Staker, *Hearken, O Ye People,* págs. 421–426, 436. **Tema: Kirtland Temple [Templo de Kirtland]**
14. Kimball, "Journal and Record", pág. 20.
15. Tippets, Autobiography, págs. 9–10; véanse también Doctrina y Convenios 101:67–73 (Revelation, Dec. 16–17, 1833, en josephsmithpapers.org).
16. Doctrina y Convenios 101:70–73 (Revelation, Dec. 16–17, 1833, en josephsmithpapers.org).
17. Tippets, Autobiography, págs. 8–10; Minutes, 28 de noviembre de 1834, en *JSP,* tomo D4, págs. 182–188; Editorial Note y Joseph Smith, Journal, 29 de noviembre de 1834, en *JSP,* tomo J1, págs. 46–47.
18. Véase Staker, *Hearken, O Ye People,* págs. 412–428, 435–437.
19. Véanse Doctrina y Convenios 90:28–29 (Revelation, Mar. 8, 1833, en josephsmithpapers.org); Tullidge, *Women of Mormondom,* pág. 441; Staker, *Hearken, O Ye People,* pág. 436, notas 8–9; Joseph Smith, Journal, 23 de septiembre de 1835, en *JSP,* tomo J1, pág. 62; y Ames, Autobiography and Journal, pág. 12.
20. Ames, Autobiography and Journal, pág. 10; Corrill, *Brief History,* pág. 21, en *JSP,* tomo H2, pág. 151; Joseph Young a Lewis Harvey, 16 de noviembre de 1880, Biblioteca de Historia de la Iglesia; Robison, *First Mormon Temple,* pág. 50.
21. Tippets, Autobiography, págs. 11–12; Minute Book 1, 29–30 de noviembre de 1834; Editorial Note y Joseph Smith, Journal, 29 de noviembre de 1834, en *JSP,* tomo J1, págs. 46–47.
22. Doctrina y Convenios 18 (Revelation, june 1829–B, en josephsmithpapers.org).
23. Doctrina y Convenios 102:30 (Revised Minutes, Feb. 18–19, 1834, en josephsmithpapers.org).
24. Young, *History of the Organization of the Seventies*, pág. 1.
25. Minutes, Discourse, and Blessings, 14–15 de febrero de 1835, en *JSP,* tomo D4, págs. 219–228. **Tema: Cuórum de los Doce Apóstoles**
26. Patten, Journal, págs. 1–2, 4–14.
27. Véanse las entradas biográficas para Luke Johnson, Lyman Eugene Johnson, Parley Parker Pratt y Orson Pratt, sitio web de los Documentos de José Smith, josephsmithpapers.org.
28. Véanse las entradas biográficas para Orson Hyde, William Earl McLellin, John Farnham Boynton y William B. Smith, sitio web de los Documentos de José Smith, josephsmithpapers.org.
29. Joseph Smith History, 1838–1856, tomo B-1, pág. 574; Minutes and Blessings, 21 de febrero de 1835, en *JSP,* tomo D4, págs. 237–247.
30. Lucas 10:1. **Tema: Cuórums de de los Setenta**
31. Minutes and Blessings, 28 de febrero–1° de marzo de 1835, en *JSP,* tomo D4, págs. 255–264; Joseph Smith History, 1838–1856, tomo B-1, págs. 577–578; Minutes, 11 de agosto de 1834, en *JSP,* tomo D4, págs. 97–101; Minutes, 23 de agosto de 1834, en *JSP,* tomo D4, págs. 108–109; Minutes, 28–29 de agosto de 1834, en *JSP,* tomo D4, págs. 120–135; Sylvester Smith a Oliver Cowdery, 28 de octubre de 1834, en *LDS Messenger and Advocate,* octubre de 1834, tomo I, págs. 10–11.
32. Young, *History of the Organization of the Seventies*, pág. 14.

Capítulo 20: No me deseches

1. William W. Phelps to Sally Waterman Phelps, 2 de junio de 1835, en *JSP,* tomo D4, págs. 335–336; William W. Phelps to Sally Waterman Phelps, en la Oficina del Historiador de la Iglesia, Journal History of the Church, 20 de julio de 1835; esta entrada fue copiada de la carta original en posesión de un nieto de William W. Phelps. **Tema: Kirtland, Ohio**

2. Historical Introduction to Book of Abraham Manuscript, aprox. principios de julio–aprox. noviembre de 1835–A [Abraham 1:4–2:6], en *JSP,* tomo D5, págs. 71–77; "Egyptian Antiquities", *Times and Seasons,* 2 de mayo de 1842, tomo III, pág. 774.
3. Joseph Smith History, 1838–1856, tomo B-1, págs. 595–596; "Egyptian Antiquities", *Times and Seasons,* 2 de mayo de 1842, tomo III, pág. 774; Oliver Cowdery to William Frye, 22 de diciembre de 1835, en Oliver Cowdery, Letterbook, págs. 68–74; "Egyptian Mummies", *LDS Messenger and Advocate,* diciembre de 1835, tomo II, págs. 234–235; Certificate from Michael Chandler, 6 de julio de 1835, en *JSP,* tomo D4, págs. 361–365.
4. "Egyptian Mummies", *LDS Messenger and Advocate,* diciembre de 1835, tomo II, págs. 234–235; véase también "Egyptian Papyri", en josephsmithpapers.org.
5. Historical Introduction to Certificate from Michael Chandler, 6 de julio de 1835, en *JSP,* tomo D4, pág. 362; Tullidge, "History of Provo City," pág. 283; William W. Phelps to Sally Waterman Phelps, en la Oficina del Historiador de la Iglesia, Journal History of the Church, 20 de julio de 1835; Mormón 9:32.
6. Joseph Smith History, 1838–1856, tomo B-1, pág. 596; Oliver Cowdery to William Frye, 22 de diciembre de 1835, en Oliver Cowdery, Letterbook, págs. 68–74; Historical Introduction to Certificate from Michael Chandler, 6 de julio de 1835, en *JSP,* tomo D4, pág. 362; Tullidge, "History of Provo City", pág. 283.
7. *JSP,* tomo D4, pág. 363, nota 9; Joseph Coe to Joseph Smith, 1° de enero de 1844, Joseph Smith Collection, Biblioteca de Historia de la Iglesia; Orson Pratt, en *Journal of Discourses,* 25 de agosto de 1878, tomo XX, pág. 65.
8. Joseph Coe to Joseph Smith, 1° de enero de 1844, Joseph Smith Collection, Biblioteca de Historia de la Iglesia; Peterson, *Story of the Book of Abraham,* págs. 6–8.
9. William W. Phelps to Sally Waterman Phelps, en la Oficina del Historiador de la Iglesia, Journal History of the Church, 20 de julio de 1835. **Tema: Book of Abraham Translation [Traducción del Libro de Abraham]**
10. Lyman y otros, *No Place to Call Home,* pág. 44.
11. William W. Phelps to Sally Waterman Phelps, en la Oficina del Historiador de la Iglesia, Journal History of the Church, 20 de julio de 1835; "The House of God", *LDS Messenger and Advocate,* julio de 1835, tomo I, pág. 147; véase también Robison, *First Mormon Temple,* pág. 153.
12. "Short Sketch of the Life of Levi Jackman", pág. 17. **Tema: Sacrament Meetings [Reuniones sacramentales]**
13. Staker, *Hearken, O Ye People,* mapa 8, pág. 413; Anderson, *Joseph Smith's Kirtland,* pág. 155; Lysander Gee to Joseph Millet, 18 de julio de 1885, copia, en Millet, Record Book, pág. 34; Probert y Manscill, "Artemus Millet", pág. 60.
14. Millet, "J. Millet on Cape Breton Island", págs. 93–94; Probert y Manscill, "Artemus Millet", pág. 64.
15. Minutes, 14 de septiembre de 1835, en *JSP,* tomo D4, págs. 414–415; Doctrina y Convenios 25 (Revelation, July 1830–C, en josephsmithpapers.org); Minutes, 30 de abril de 1832, en *JSP,* tomo D2, pág. 240; véase también Hicks, *Mormonism and Music.* **Tema: Hymns [Himnos]**
16. *Collection of Sacred Hymns,* págs. 120–121; Backman, *Heavens Resound,* págs. 281–282; Robinson, "Items of Personal History," *Return,* abril de 1889, pág. 58; William W. Phelps to Sally Waterman Phelps, 16 de septiembre de 1835, Biblioteca de Historia de la Iglesia; Historical Introduction to Revelation, 2 de agosto de 1833–B [D. y C. 94], en *JSP,* tomo D3, págs. 203–204; William W. Phelps to Sally Waterman Phelps, 26 de mayo de 1835, William W. Phelps, Papers, Universidad Brigham Young; Preface to Doctrine and Covenants, 17 de febrero de 1835, en *JSP,* tomo D4, págs. 234–237.
17. Minutes, 17 de agosto de 1835, en *JSP,* tomo D4, págs. 382–396. **Temas: Doctrina y Convenios, Lectures on Theology ("Lectures on Faith") [Discursos sobre teología ("Discursos sobre la fe")]**
18. Minutes, 23 de junio de 1834, en *JSP,* tomo D4, págs. 80–84; Joseph Smith, Journal, 29 de octubre de 1835, en *JSP,* tomo J1, págs. 76–77.

19. Joseph Smith, Journal, 29 de octubre de 1835, en *JSP,* tomo J1, pág. 77; Minutes, 29 de octubre de 1835, en *JSP,* tomo D5, págs. 26–29; véase también Lucy Mack Smith, History, 1844–1845, libro 11, págs. [4]–[5]. **Tema: Church Discipline [Disciplina de la Iglesia]**
20. Joseph Smith, Journal, 29 y 30 de octubre de 1835, en *JSP,* tomo J1, págs. 77–79.
21. Knight, Autobiography and Journal, pág. [63]; Gates, *Lydia Knight's History,* págs. 16–23; Hartley, "Newel and Lydia Bailey Knight's Kirtland Love Story", págs. 10–14.
22. Knight, Autobiography and Journal, pág. [56]. **Tema: Daily Life of First-Generation Latter-day Saints [Vida cotidiana de la primera generación de Santos de los Últimos Días]**
23. Gates, *Lydia Knight's History,* págs. 26–27.
24. Knight, Autobiography and Journal, págs. [60]–[63]; Gates, *Lydia Knight's History,* págs. 10–12; Hartley, "Newel and Lydia Bailey Knight's Kirtland Love Story", págs. 9–10.
25. Knight, Autobiography and Journal, pág. [56]. La fuente original dice: "Le dije que creía que su situación, así como la mía, era bastante solitaria".
26. Knight, Autobiography and Journal, pág. [56]; Gates, *Lydia Knight's History,* pág. 27.
27. Joseph Smith, Journal, 30 de octubre de 1835, en *JSP,* tomo J1, pág. 79.
28. Joseph Smith, Journal, 30–31 de octubre de 1835, en *JSP,* tomo J1, págs. 79–80.
29. Joseph Smith, Journal, 31 de octubre de 1835, en *JSP,* tomo J1, pág. 80.
30. Joseph Smith, Journal, 31 de octubre y 3 de noviembre de 1835, en *JSP,* tomo J1, págs. 80, 83; Revelation, 3 de noviembre de 1835, en *JSP,* tomo D5, págs. 32–36.
31. Véase Tyler, "Recollection of the Prophet Joseph Smith", págs. 127–128. **Tema: Dissent in the Church [Disensión en la Iglesia]**
32. Historical Introduction to Marriage License for John F. Boynton and Susan Lowell, 17 de noviembre de 1835, en *JSP,* tomo D5, págs. 65–66; véase también Bradshaw, "Joseph Smith's Performance of Marriages in Ohio", págs. 23–69.
33. Knight, Autobiography and Journal, págs. [56]–[59]; Gates, *Lydia Knight's History,* págs. 28–31; Joseph Smith, Journal, 24 de noviembre de 1835, en *JSP,* tomo J1, págs. 109–110; Hartley, "Newel and Lydia Bailey Knight's Kirtland Love Story", págs. 6–22.
34. Véase Bushman, *Rough Stone Rolling,* págs. 298–300; y Joseph Smith, Journal, 8 de noviembre y 12 de diciembre de 1835; 16 de enero de 1836, en *JSP,* tomo J1, págs. 86, 120, 158.
35. Joseph Smith, Journal, 18 de noviembre, 12 y 16 de diciembre de 1835, en *JSP,* tomo J1, págs. 106, 120–121, 124.
36. Introducción histórica a Letter from William Smith, 18 de diciembre de 1835, en *JSP,* tomo D5, pág. 112; Joseph Smith, Journal, 16 de diciembre de 1835, en *JSP,* tomo J1, pág. 124; Joseph Smith History, 1834–1836, págs. 149–150, en *JSP,* tomo H1, págs. 147–148; Joseph Smith to William Smith, aprox. 18 de diciembre de 1835, en *JSP,* tomo D5, págs. 115–121.
37. William Smith a José Smith, 18 de diciembre de 1835, en *JSP,* tomo D5, págs. 109–115; Joseph Smith, Journal, 18 de diciembre de 1835, en *JSP,* tomo J1, págs. 129–130.
38. William Smith to José Smith, 18 de diciembre de 1835, en *JSP,* tomo D5, pág. 114; Joseph Smith, Journal, 18 de diciembre de 1835, en *JSP,* tomo J1, pág. 130.
39. Joseph Smith to William Smith, aprox. 18 de diciembre de 1835, en *JSP,* tomo D5, págs. 115–121; Joseph Smith, Journal, 18 de diciembre de 1835, en *JSP,* tomo J1, pág. 131–134.
40. Joseph Smith, Journal, 1° de enero de 1836, en *JSP,* tomo J1, pág. 141.

Capítulo 21: El Espíritu de Dios

1. Robison, *First Mormon Temple,* págs. 78–79; Staker, *Hearken, O Ye People,* pág. 437. **Tema: Kirtland Temple [Templo de Kirtland]**

2. Whitmer, History, pág. 83, en *JSP,* tomo H2, pág. 92; Joseph Smith, Journal, 12 de noviembre de 1835, en *JSP,* tomo J1, págs. 97–98; Levítico 8; Éxodo 29:4–7.
3. Lucas 24:49; Hechos 1–2; véanse también Doctrina y Convenios 38 (Revelation, Jan. 2, 1831, en josephsmithpapers.org); y William W. Phelps to Sally Waterman Phelps, abril de 1836, William W. Phelps, Papers, Universidad Brigham Young. La mención de ser "investidos" aparece en Lucas 24:49. **Temas: Endowment of Power [Investidura de poder], Gift of Tongues [Don de lenguas]**
4. Joseph Smith, Journal, 21 de enero de 1836, en *JSP,* tomo J1, págs. 166–171; Cowdery, Diary, 21 de enero de 1836; Partridge, Journal, 21 de enero de 1836.
5. Joseph Smith, Journal, 21 de enero de 1836, en *JSP,* tomo J1, págs. 167–168; Doctrina y Convenios 137 (Visions, Jan. 21, 1836, en josephsmithpapers.org).
6. Joseph Smith, Journal, 21 de enero de 1836, en *JSP,* tomo J1, págs. 168–171.
7. Joseph Smith, Journal, 27 de marzo de 1836, en *JSP,* tomo J1 pág. 200; Post, Journal, 27 de marzo de 1836; William W. Phelps to Sally Waterman Phelps, 1–3 de abril de 1836, en Harper, "Pentecost and Endowment Indeed," pág. 346.
8. Gates, *Lydia Knight's History,* pág. 32.
9. Joseph Smith, Journal, 27 de marzo de 1836, en *JSP,* tomo J1, págs. 200–201; Gates, *Lydia Knight's History,* págs. 32–33.
10. Joseph Smith, Journal, 27 de marzo de 1836, en *JSP,* tomo J1, pág. 200.
11. Minutes and Prayer of Dedication, 27 de marzo de 1836, en *JSP,* tomo D5, págs. 194–199; Joseph Smith, Journal, 27 de marzo de 1836, en *JSP,* tomo J1, pág. 203; Cowdery, Diary, 26 de marzo de 1836. **Tema: Temple Dedications and Dedicatory Prayers [Dedicaciones de templo y oraciones dedicatorias]**
12. Doctrina y Convenios 109 (Minutes and Prayer of Dedication, Mar. 27, 1836, en josephsmithpapers.org); Joseph Smith, Journal, 27 de marzo de 1836, en *JSP,* tomo J1, págs. 203–210.
13. Doctrina y Convenios 109:35–38 (Minutes and Prayer of Dedication, Mar. 27, 1836, en josephsmithpapers.org); Joseph Smith, Journal, 27 de marzo de 1836, en *JSP,* tomo J1, pág. 207.
14. Doctrina y Convenios 109:78 (Minutes and Prayer of Dedication, Mar. 27, 1836, en josephsmithpapers.org); Joseph Smith, Journal, 27 de marzo de 1836, en *JSP,* tomo J1, pág. 210.
15. *Collection of Sacred Hymns,* págs. 120–121; Joseph Smith, Journal, 27 de marzo de 1836, en *JSP,* tomo J1, pág. 210. **Tema: Hymns [Himnos]**
16. Joseph Smith, Journal, 27 de marzo de 1836, en *JSP,* tomo J1, pág. 211; Minutes and Prayer of Dedication, 27 de marzo de 1836, en *JSP,* tomo D5, pág. 209; Gates, *Lydia Knight's History,* pág. 33.
17. Benjamin Brown to Sarah M. Brown, marzo de 1836, Benjamin Brown Family Collection; *JSP,* tomo J1, pág. 211, nota 443; véase también Harper, "Pentecost and Endowment Indeed", pág. 336.
18. **Tema: Washing of Feet [Lavamiento de los pies]**
19. Joseph Smith, Journal, 27 y 30 de marzo de 1836, en *JSP,* tomo J1, págs. 211, 213–216; Post, Journal, 27–28 y 30 de marzo de 1836; Cowdery, Diary, 27 de marzo de 1836; William W. Phelps to Sally Waterman Phelps, abril de 1836, William W. Phelps, Papers, Universidad Brigham Young; Partridge, Journal, 27 de marzo de 1836; Joseph Smith History, 1838–1856, tomo B-1, apéndices, págs. 3–4; véase también Waite, "A School and an Endowment," págs. 174–182. **Tema: Endowment of Power [Investidura de poder], Solemn Assemblies [Asambleas solemnes]**
20. Joseph Smith, Journal, 3 de abril de 1836, en *JSP,* tomo J1, pág. 219; véase también *JSP,* tomo J1, pág. 218.
21. Joseph Smith, Journal, 3 de abril de 1836, en *JSP,* tomo J1 pág. 219; Doctrina y Convenios 110:1–3 (Visions, Apr. 3, 1836, en josephsmithpapers.org).
22. Joseph Smith, Journal, 3 de abril de 1836, en *JSP,* tomo J1, pág. 219; Doctrina y Convenios 110:3, 6–7 (Visions, Apr. 3, 1836, en josephsmithpapers.org).

23. Doctrina y Convenios 110:8–10 (Visions, Apr. 3, 1836, en josephsmithpapers.org); Joseph Smith, Journal, 3 de abril de 1836, en *JSP,* tomo J1, pág. 222.
24. Doctrina y Convenios 110:11–16 (Visions, Apr. 3, 1836, en josephsmithpapers.org); Malaquías 4:6; Joseph Smith, Journal, 3 de abril de 1836, en *JSP,* tomo J1, pág. 222; véanse también Robert B. Thompson, Sermon Notes, 5 de octubre de 1840, Joseph Smith Collection, Biblioteca de Historia de la Iglesia; Coray, Notebook, 13 de agosto de 1843; Joseph Smith, Journal, 27 de agosto de 1843, en *JSP,* tomo J3, pág. 86; y Woodruff, Journal, 10 de marzo de 1844.
25. Joseph Smith, Journal, 3 de abril de 1836, en *JSP,* tomo J1, pág. 222.
26. Woodruff, Journal, 21 de enero de 1844; véanse también Burgess, Journal, págs. [303]–[306]; y Doctrina y Convenios 128:17–18 (Letter to "The Church of Jesus Christ of Latter Day Saints", 6 de septiembre de 1842, en josephsmithpapers.org). **Tema: Sealing [Sellamiento]**
27. Joseph Smith History, 1838–1856, tomo B-1, págs. 728–729; Whitmer, History, pág. 84, en *JSP,* tomo H2, pág. 93.
28. Gates, *Lydia Knight's History,* págs. 34–37; Knight, Autobiography and Journal, págs. [67]–[68]. **Tema: Patriarchal Blessings [Bendiciones patriarcales]**
29. Joseph Smith History, 1838–1856, tomo B-1, pág. 733; véase también *Collection of Sacred Hymns,* pág.120.

Capítulo 22: Pon a prueba al Señor

1. Véase, por ejemplo, Joseph Smith, Journal, 30 de marzo de 1836, en *JSP,* tomo J1, pág. 216.
2. Backman, *Heavens Resound,* págs. 304–305; Tyler, "Incidents of Experience", pág. 32.
3. Minutes, 30 de marzo de 1836, en *JSP,* tomo D5, pág. 219.
4. Doctrina y Convenios 105:28 (Revelation, June 22, 1834, en josephsmithpapers.org); Minutes, 2 de abril de 1836, en *JSP,* tomo D5, págs. 223–224.
5. Minutes, 2 de abril de 1836, en *JSP,* tomo D5, págs. 222–224.
6. "Anniversary of the Church of Latter Day Saints", *LDS Messenger and Advocate,* abril de 1837, tomo 2, pág. 488; Kimball, "Journal and Record," pág. 33; Minute Book 1, 16 de junio de 1836; véase también Historical Introduction to Revelation, 6 de agosto de 1836, en *JSP,* tomo D5, págs. 272–274. **Tema: Canadá**
7. Pratt, *Autobiography,* págs. 141,145; véase también Givens y Grow, *Parley P. Pratt,* pág. 82.
8. Pratt, *Autobiography,* págs. 141–142.
9. Véase Givens y Grow, *Parley P. Pratt,* págs 71, 82 y 91.
10. Pratt, *Autobiography,* págs. 142, 145 y 146. La fuente original dice "y verás si hay algo que era difícil para Él".
11. Emily Dow Partridge Young, "Autobiography", *Woman's Exponent,* 15 de febrero de 1885, tomo XIII, pág. 138.
12. Joseph Smith to Lyman Wight and Others, 16 de agosto de 1834, en *JSP,* tomo D4, págs. 102–108; Emily Dow Partridge Young, "Autobiography", *Woman's Exponent,* 1° de marzo de 1885, tomo XIII, pág. 145; Partridge, History, Manuscript, aprox. 1839, pág. 18.
13. Emily Dow Partridge Young, "Autobiography", *Woman's Exponent,* 15 de febrero de 1885, tomo XIII, pág. 138. **Tema: Daily Life of First-Generation Latter-day Saints [Vida cotidiana de la primera generación de Santos de los Últimos Días]**
14. Partridge, Journal, 29 de junio de 1836; Emily Dow Partridge Young, "Autobiography", *Woman's Exponent,* 15 de febrero de 1885, tomo 13, pág. 138; "Public Meeting", *LDS Messenger and Advocate,* agosto de 1836, tomo II, págs. 363–364; Partridge, History, Manuscript, aprox. 1839, págs. 17–18.
15. Emily Dow Partridge Young, "Autobiography", *Woman's Exponent,* 15 de febrero de 1885, tomo XIII, pág. 138.
16. Pratt, *Autobiography,* pág. 146.

17. John Taylor, Sermon, 6 de octubre de 1866, George D. Watt Papers, Biblioteca de Historia de la Iglesia, según lo transcribió LaJean Purcell Carruth.
18. Pratt, *Autobiography,* pág. 147.
19. John Taylor, Sermon, 6 de octubre de 1866, George D. Watt Papers, Biblioteca de Historia de la Iglesia, según lo transcribió LaJean Purcell Carruth.
20. Pratt, *Autobiography,* págs. 164–165; "Diary of Joseph Fielding", libro 1, pág. 5. El original dice "vamos a reunión juntos".
21. "Diary of Joseph Fielding", libro 1, pág. 5; Pratt, *Autobiography,* págs. 165–166.
22. Pratt, *Autobiography,* pág. 166.
23. John Taylor, "History of John Taylor by Himself", págs. 10–11, en Histories of the Twelve, Biblioteca de Historia de la Iglesia.
24. Jonathan Crosby, Autobiography, pág. 14; Caroline Barnes Crosby, Reminiscences, pág. 19.
25. Jonathan Crosby, Autobiography, págs. 14–15; Caroline Barnes Crosby, Reminiscences, págs. 15, 19–20.
26. Caroline Barnes Crosby, Reminiscences, págs. 21–22.
27. Historical Introduction to Letter to William W. Phelps and Others, 25 de julio de 1836, en *JSP,* tomo D5, pág. 269; Partridge, Journal, 29 de junio de 1836; "Public Meeting", *LDS Messenger and Advocate,* agosto de 1836, tomo II, págs. 359–361; Partridge, History, Manuscript, aprox. 1839, págs. 17–18.
28. Sidney Rigdon and Others to William W. Phelps and Others, 25 de julio de 1836, en *JSP,* tomo D5, págs. 268–271.
29. Minutes, 2 de abril de 1836, en *JSP,* tomo D5, págs. 222–224; Historical Introduction to Revelation, 23 de abril de 1834, en *JSP,* tomo D4, págs. 19–22.
30. Minutes, 16 de junio de 1836, en *JSP,* tomo D5, págs. 247–253; Staker, "Raising Money in Righteousness", págs. 144–153; Staker, *Hearken, O Ye People,* págs. 445–446; Brigham Young, en *Journal of Discourses,* 9 de octubre de 1852, tomo I, pág. 215; 8 de octubre de 1855, tomo III, pág. 121.
31. Historical Introduction to Revelation, 6 de agosto de 1836, en *JSP,* tomo D5, págs. 271–275; véase también Kuehn, "More Treasures Than One", págs. 229–234.
32. Doctrina y Convenios 111:1–4, 5 y 6 (Revelation, Aug. 6, 1836, en josephsmithpapers.org). La palabra "hasta" fue agregada; la original dice "viaje acá".

Capítulo 23: Toda trampa

1. Jonathan Crosby, Autobiography, pág. 15; Caroline Barnes Crosby, Reminiscences, pág. 53–54; véase también Lyman and others, *No Place to Call Home,* pág. 46.
2. Historical Introduction to Constitution of the Kirtland Safety Society Bank, 2 de noviembre de 1836, en *JSP,* tomo D5, pág. 300; "Parte V, 5 de octubre de 1836–10 de abril de 1837", en *JSP,* tomo D5, págs. 285–290; Staker, *Hearken, O Ye People,* pág. 463. **Tema: Kirtland Safety Society**
3. Kirtland Safety Society Notes, 4 de enero–9 de marzo de 1837, en *JSP,* tomo D5, págs. 331–340; Staker, *Hearken, O Ye People,* págs. 463–464; Historical Introduction to Constitution of the Kirtland Safety Society Bank, 2 de noviembre de 1836, en *JSP,* tomo D5, pág. 302.
4. Mortgage to Peter French, 5 de octubre de 1836, en *JSP,* tomo D5, págs. 293–299; Kirtland Safety Society, Stock Ledger, 1836–1837; "Parte V, 5 de octubre de 1836–10 de abril de 1837", en *JSP,* tomo D5, págs. 285–286; Staker, *Hearken, O Ye People,* pág. 464.
5. Historical Introduction to Constitution of the Kirtland Safety Society Bank, 2 de noviembre de 1836, en *JSP,* tomo D5, pág. 303; *JSP,* tomo D5, pág. 304, nota 91; "Minutes of a Meeting", *LDS Messenger and Advocate,* marzo de 1837, tomo III, pág. 476–477; Staker, *Hearken, O Ye People,* pág. 465.
6. Historical Introduction to Kirtland Safety Society Notes, 4 de enero–9 de marzo de 1837, en *JSP,* tomo D5, pág. 331; Joseph Smith History, 1838–1856, tomo B-1, pág. 750; Articles

of Agreement for the Kirtland Safety Society Anti-Banking Company, 2 de enero de 1837, en *JSP,* tomo D5, págs. 324, 329–331; véase también Isaías 60:9, 17; 62:1.

7. Woodruff, Journal, 6 de enero de 1837.
8. Jonathan Crosby, Autobiography, págs. 14–15.
9. Caroline Barnes Crosby, Reminiscences, pág. 39.
10. "Parte V, 5 de octubre de 1836–10 de abril de 1837", en *JSP,* tomo D5, pág. 286; Kirtland Safety Society Notes, 4 de enero–9 de marzo de 1837, en *JSP,* tomo D5, págs. 331–335.
11. Woodruff, Journal, 6 de enero de 1837; Kirtland Safety Society Notes, 4 de enero–9 de marzo de 1837, en *JSP,* tomo D5, págs. 331–340.
12. Editorial, *LDS Messenger and Advocate,* julio de 1837, tomo III, pág. 536; Willard Richards to Hepzibah Richards, 20 de enero de 1837, Levi Richards Family Correspondence, Biblioteca de Historia de la Iglesia; Historical Introduction to Mortgage to Peter French, 5 de octubre de 1836, en *JSP,* tomo D5, pág. 295; "Parte V: 5 de octubre de 1836–10 de abril de 1837", en *JSP,* tomo D5, pág. 286; Staker, *Hearken, O Ye People,* pág. 481.
13. Ulrich, "Leaving Home", pág. 451; véase también Kirtland Safety Society, Stock Ledger, 1836–1837.
14. Tullidge, *Women of Mormondom,* pág. 412.
15. Woodruff, Journal, abril de 1837. **Tema: Patriarchal Blessings [Bendiciones patriarcales]**
16. Phebe Carter to Family, aprox. 1836, en Wilford Woodruff Collection, Biblioteca de Historia de la Iglesia.
17. Woodruff, Journal, abril de 1837.
18. Woodruff, Journal, 10 de abril de 1837.
19. Staker, *Hearken, O Ye People,* págs. 481-484.
20. Hall, *Thomas Newell,* págs. 132–134; Adams, "Grandison Newell's Obsession", págs. 160–163.
21. "The Court of Common Pleas," *Chardon Spectator and Geauga Gazette,* 30 de octubre de 1835, pág. 2; Eber D. Howe, Statement, 8 de abril de 1885; Maria S. Hurlbut, Statement, 15 de abril de 1885, en Collection of Manuscripts about Mormons, 1832–1854, Chicago History Museum; Adams, "Grandison Newell's Obsession," págs. 168–173.
22. Young, Account Book, enero de 1837; "Our Village", *LDS Messenger and Advocate,* enero de 1837, tomo III, pág. 444; Staker, *Hearken, O Ye People,* pág. 482; véase también Agreement with David Cartter, 14 de enero de 1837, en *JSP,* tomo D5, págs. 341–343; y Agreement with Ovid Phinney and Stephen Phillips, 14 de marzo de 1837, en *JSP,* tomo D5, págs. 344–348. **Tema: Opposition to the Early Church [Oposición a la Iglesia en sus inicios]**
23. An Act to Prohibit the Issuing and Circulating of Unauthorized Bank Paper [27 de enero de 1816], *Statutes of the State of Ohio,* págs. 136–139; "Parte V, 5 de octubre de 1836–10 de abril de 1837", en *JSP,* tomo D5, págs. 288–289.
24. Staker, *Hearken, O Ye People,* págs. 468-477.
25. Staker, *Hearken, O Ye People,* pág. 484; *JSP,* tomo D5, pág. 287, nota 19; pág. 329, nota 187.
26. Kirtland Safety Society, Stock Ledger, pág. 219; Staker, *Hearken, O Ye People,* pág. 391.
27. Woodruff, Journal, 28 de junio de 1835; *JSP,* tomo D4, pág. 72, nota 334; "Parrish, Warren Farr", Biographical Entry, Joseph Smith Papers website, josephsmithpapers.org; véase también Staker, *Hearken, O Ye People,* págs. 465, 480.
28. Kimball, "History", págs. 47–48; Staker, *Hearken, O Ye People,* págs. 482–484; "A New Revelation—Mormon Money", *Cleveland Weekly Gazette,* 18 de enero de 1837, pág. 3; "Mormon Currency", *Cleveland Daily Gazette,* 20 de enero de 1837, pág. 2; "Rags! Mere Rags!!", *Ohio Star,* 19 de enero de 1837; Jonathan Crosby, Autobiography, pág. 16; Woodruff, Journal, 24 de enero–9 de abril de 1837; "Parte V, 5 de octubre de 1836–10 de abril de 1837", en *JSP,* tomo D5, págs. 287–290.
29. "Bank of Monroe", *Painesville Republican,* 9 de febrero de 1837, pág. 2; "Monroe Bank", *Painesville Telegraph,* 24 de febrero de 1837, pág. 3; "Kirtland,—Mormonism", *LDS Messenger and Advocate,* abril de 1837, tomo III, págs. 490–491; "Parte V, 5 de

octubre de 1836–10 de abril de 1837", en *JSP,* tomo D5, pág. 291; Staker, *Hearken, O Ye People,* págs. 492–501.

30. Woodruff, Journal, 10 y 17 de enero de 1837; 19 de febrero de 1837; Charges against Joseph Smith Preferred to Bishop's Council, 29 de mayo de 1837, en *JSP,* tomo D5, págs. 393–397.
31. Woodruff, Journal, 19 de febrero de 1837.
32. Woodruff, Journal, 6 de abril de 1837.
33. Joseph Smith, Discourse, 6 de abril de 1837, en *JSP,* tomo D5, págs. 352–357.
34. Woodruff, Journal, 6 de abril de 1837.
35. "For the Republican", *Painesville Republican,* 16 de febrero de 1837, págs. 2 y 3; Staker, *Hearken, O Ye People,* pág. 498; "Joseph Smith Documents [desde octubre de 1835 hasta enero de 1838]", en *JSP,* tomo D5, pág. 30.
36. Transcript of Proceedings, 5 de junio de 1837, State of Ohio on Complaint of Newell v. Smith, Geauga County, Ohio, Court of Common Pleas Record Book T, págs. 52–53, Geauga County Archives and Records Center, Chardon, Ohio; Woodruff, Journal, 30 de mayo de 1837; Hall, *Thomas Newell,* pág. 135; Historical Introduction to Letter from Newel K. Whitney, 20 de abril de 1837, en *JSP,* tomo D5, págs. 367–369.
37. Woodruff, Journal, 13 de abril de 1837; véase también "The Humbug Ended", *Painesville Republican,* 15 de junio de 1837, pág. 2.
38. Historical Introduction to Letter from Emma Smith, 25 de abril de 1837, en *JSP,* tomo D5, pág. 371.
39. Newel K. Whitney to Joseph Smith and Sidney Rigdon, 20 de abril de 1837, en *JSP,* tomo D5, pág. 370.
40. Emma Smith to Joseph Smith, 25 de abril de 1837, en *JSP,* tomo D5, pág. 372; Emma Smith to Joseph Smith, 3 de mayo de 1837, en *JSP,* tomo D5, pág. 376. **Tema: Joseph and Emma Hale Smith Family [La familia de José Smith y Emma Hale Smith]**
41. Emma Smith to Joseph Smith, 25 de abril de 1837, en *JSP,* tomo D5, pág. 372.
42. Emma Smith to Joseph Smith, 3 de mayo de 1837, en *JSP,* tomo D5, págs. 375–376. **Tema: Emma Hale Smith**
43. Woodruff, Journal, 26 de marzo de 1837; Pratt, *Autobiography,* págs. 181–183; Givens y Grow, *Parley P. Pratt,* pág. 92.
44. Pratt, *Autobiography,* págs. 181–183, 188; Geauga County, Ohio, Probate Court, Marriage Records, 1806–1920, tomo C, pág. 220, 14 de mayo de 1837, microfilm 873,464, U.S. and Canada Record Collection, Biblioteca de Historia Familiar; Givens and Grow, *Parley P. Pratt,* págs. 93–95; Thomas B. Marsh and David W. Patten to Parley P. Pratt, 10 de mayo de 1837, en Joseph Smith Letterbook 2, págs. 62–63.
45. Pratt, *Autobiography,* pág. 183; Historical Introduction to Notes Receivable from Chester Store, 22 de mayo de 1837, en *JSP,* tomo D5, págs. 383 y 384; Historical Introduction to Letter from Parley P. Pratt, 23 de mayo de 1837, en *JSP,* tomo D5, págs. 386–387.
46. Historical Introduction to Letter from Parley P. Pratt, 23 de mayo de 1837, en *JSP,* tomo D5, págs. 386–387.
47. Véase Givens y Grow, *Parley P. Pratt,* págs. 97–98.
48. Parley P. Pratt to Joseph Smith, 23 de mayo de 1837, en *JSP,* tomo D5, págs. 389–391. La carta de Parley se publicó por primera vez al año siguiente en un periódico antagónico. Para un análisis más detallado, véase Historical Introduction to Letter from Parley P. Pratt, 23 de mayo de 1837, en *JSP,* tomo D5, págs. 386–389; y Pratt, *Autobiography,* págs. 183–184.
49. Woodruff, Journal, 28 de mayo de 1831. **Tema: Dissent in the Church [Disensión en la Iglesia]**
50. Woodruff, Journal, 31 de mayo y 16 de julio de 1837; Woodruff, *Leaves from My Journal,* pág. 26; véase también Ulrich, *House Full of Females,* págs. 17–18. **Tema: Early Missionaries [Primeros misioneros]**
51. "Joseph Smith Documents from October 1835 through January 1838", en *JSP,* tomo D5, pág. 32.
52. Woodruff, Journal, 28 de mayo de 1837; West, *Few Interesting Facts,* pág. 14.
53. Woodruff, Journal, 28 de mayo de 1837.

Capítulo 24: La verdad prevalecerá

1. Plewe, *Mapping Mormonism,* págs. 48–49; "Joseph Smith Documents, octubre de 1835–enero de 1838", en *JSP,* tomo D5, págs. 26–27; "Far West, Missouri", Geographical Entry, Joseph Smith Papers website, josephsmithpapers.org. **Tema: Zion/New Jerusalem [Sion/Nueva Jerusalén]**
2. Thomas B. Marsh and David W. Patten to Parley P. Pratt, 10 de mayo de 1837, en Joseph Smith Letterbook 2, págs. 62–63.
3. Allen and others, *Men with a Mission,* pág. 22. **Tema: Kirtland Safety Society**
4. Kimball, "History", pág. 54; Whitney, *Life of Heber C. Kimball,* pág. 116. **Temas: England [Inglaterra]; Early Missionaries [Primeros misioneros]**
5. Kimball, "History", pág. 54.
6. Kimball, "History", pág. 55.
7. Kimball, "History", pág. 55.
8. Tullidge, *Women of Mormondom,* págs. 113–115; Whitney, *Life of Heber C. Kimball,* págs. 120–122.
9. Jonathan Crosby, Autobiography, pág. 16; Joseph Smith and others, Mortgage to Mead, Stafford & Co., 11 de julio de 1837, en *JSP,* tomo D5, págs. 404–410.
10. Jonathan Crosby, Autobiography, pág. 16; Caroline Barnes Crosby, Reminiscences, págs. 39–41.
11. Jonathan Crosby, Autobiography, págs. 16–17. La fuente original dice "provisión" en lugar de "provisiones"; también dice "dar este regalo" en lugar de "darles este regalo".
12. Jonathan Crosby, Autobiography, pág. 17; Caroline Barnes Crosby, Reminiscences, pág. 41.
13. Mary Fielding to Mercy Fielding, aprox. junio de 1837, Mary Fielding Smith Collection, Biblioteca de Historia de la Iglesia; véase también Whitney, *Life of Heber C. Kimball,* págs. 112–114. **Tema: Dissent in the Church [Disensión en la Iglesia]**
14. Mary Fielding to Mercy Fielding, aprox. junio de 1837, Mary Fielding Smith Collection, Biblioteca de Historia de la Iglesia.
15. John Taylor, "History of John Taylor by Himself", pág. 15, en Oficina del Historiador, Historias de los Doce, Biblioteca de Historia de la Iglesia; véase también Roberts, *Life of John Taylor,* pág. 40; y Parley P. Pratt a José Smith, 23 de mayo de 1837, en *JSP,* tomo D5, págs. 386–391.
16. Joseph Smith History, 1838–1856, tomo B-1, pág. 762; Mary Fielding to Mercy Fielding, aprox. junio de 1837, Mary Fielding Smith Collection, Biblioteca de Historia de la Iglesia.
17. Joseph Smith History, 1838–1856, tomo B-1, pág. 763; Warren Parrish, Carta al editor, *Painesville Republican,* 15 de febrero de 1838, pág. 3.
18. Mary Fielding to Mercy Fielding, aprox. junio de 1837, Mary Fielding Smith Collection, Biblioteca de Historia de la Iglesia.
19. Fielding, Journal, pág. 17; Kimball, "History," págs. 60, 62; Watt, *Mormon Passage of George D. Watt,* pág. 17; véase también Ostler, "Photo Essay of Church History Sites in Liverpool and the Ribble Valley," págs. 61–78. **Tema: England [Inglaterra]**
20. Whitney, *Life of Heber C Kimball,* pág. 133; Allen and others, *Men with a Mission,* págs. 25–29.
21. Fielding, Journal, pág. 17; "Mission to England", *LDS Millennial Star,* abril de 1841, tomo XII, pág. 290; Kimball, "History", pág. 60; Whitney, *Life of Heber C. Kimball,* pág. 134.
22. Joseph Fielding to Mary Fielding and Mercy Fielding Thompson, 2 de octubre de 1837, Mary Fielding Smith Collection, Biblioteca de Historia de la Iglesia; "Mission to England", *LDS Millennial Star,* abril de 1841, tomo XII, pág. 290; Fielding, Journal, págs. 17–18.
23. Givens y Grow, *Parley P. Pratt,* pág. 101; Kirtland Safety Society, Stock Ledger, pág. 47.
24. "History of Thomas Baldwin Marsh", pág. 5, en Oficina del Historiador, Historias de los Doce, Biblioteca de Historia de la Iglesia.
25. Parley P. Pratt, "To the Public", *Elders' Journal,* agosto de 1838, págs. 50–51.

26. Pratt, *Autobiography,* págs. 183–184; John Taylor, "History of John Taylor by Himself", pág. 15, en Oficina del Historiador, Historias de los Doce, Biblioteca de Historia de la Iglesia; véase también Givens y Grow, *Parley P. Pratt,* pág. 102.
27. "History of Thomas Baldwin Marsh", pág. 5, en Oficina del Historiador, Historias de los Doce, Biblioteca de Historia de la Iglesia; Woodruff, Journal, 25 de junio de 1857; véase también Historical Introduction to Revelation, 23 de julio de 1837 [D. y C. 112], en *JSP,* tomo D5, págs. 410–412.
28. Véase Cook, "I Have Sinned against Heaven", págs. 392–393; y Historical Introduction to Revelation, 23 de julio de 1837 [D. y C. 112], en *JSP,* tomo D5, págs. 410–411.
29. Véase Doctrina y Convenios 112:1 y 2 (Revelation, 23 de julio de 1837, en josephsmithpapers.org).
30. Historical Introduction to Revelation, 23 de agosto de 1837 [D. y C. 112], en *JSP,* tomo D5, págs. 410-414.
31. **Temas: First Presidency [Primera Presidencia]; Quorum of the Twelve [Cuórum de los Doce]**
32. Doctrina y Convenios 112 (Revelation, July 23, 1837, en josephsmithpapers.org); véase también Darowski, "The Faith and Fall of Thomas Marsh", págs. 54–60.

Capítulo 25: Múdense al oeste

1. Kimball, "History", págs. 62–63; véase también *Illustrated Itinerary of the County of Lancaster,* pág. 159. **Tema: Healing [Sanación]**
2. Kimball, "History", págs. 63–64.
3. Lucy Mack Smith, History, 1844–1845, libro 14, pág. 8; Snow, *Biography and Family Record of Lorenzo Snow,* págs. 20–21; "Cowdery, Oliver", Biographical Entry, Joseph Smith Papers website, josephsmithpapers.org; véase también Huntington, Diary and Reminiscences, págs. 28–29. **Tema: Dissent in the Church [Disensión en la Iglesia]**
4. Historical Introduction to Minutes, 3 de septiembre de 1837, en *JSP,* tomo D5, págs. 420–422; Mary Fielding to Mercy Fielding Thompson, alrededor del 30 de agosto de 1837, Mary Fielding Smith Collection, Biblioteca de Historia de la Iglesia; Huntington, Diary and Reminiscences, págs. 28–29; Esplin, "Emergence of Brigham Young", págs. 295–296.
5. Minutes, 3 de septiembre de 1837, en *JSP,* tomo D3, págs. 422–423. **Tema: Common Consent [Común acuerdo]**
6. Mary Fielding to Mercy Fielding Thompson, 7 de octubre de 1837, Mary Fielding Smith Collection, Biblioteca de Historia de la Iglesia; Minutas, 7 de noviembre de 1837, en *JSP,* tomo D5, págs. 468–472; Minutes, 10 de noviembre de 1837, en *JSP,* tomo D5, págs. 472–476; véase también Minutes, 17 de septiembre de 1837–B, en *JSP,* tomo D5, págs. 444–446. **Tema: Far West**
7. Historical Introduction to Revelation, 4 de septiembre de 1837, en *JSP,* tomo D5, págs. 431–33; Thomas B. Marsh to Wilford Woodruff, *Elders' Journal,* julio de 1838, págs. 36–38; Minute Book 2, 7 de abril de 1837.
8. Williams, "Frederick Granger Williams of the First Presidency of the Church", pág. 256.
9. Oliver Cowdery to Lyman Cowdery, 13 de enero de 1834, en Cowdery, Letterbook, pág. 19; Romig, *Eighth Witness,* págs. 314–315.
10. Minutes, 17 de septiembre de 1837–A, en *JSP,* tomo D5, págs. 442–443; Joseph Smith to John Corrill and the Church in Missouri, 4 de septiembre de 1837, en *JSP,* tomo D5, págs. 426–431.
11. Biblia familiar de Hyrum Smith. **Tema: Hyrum Smith**
12. Historical Introduction to Letter from Thomas B. Historical Introduction to Letter from ThomasB. Marsh, 15 de febrero de 1838, en *JSP,* tomo D6, pág. 12; Jenson, "Plural Marriage", *Historical Record,* mayo de 1887, tomo VI, págs. 232–233; "Report of Elders Orson Pratt and Joseph F. Smith", *LDS Millennial Star,* 16 de diciembre de

1878, tomo XL, pág. 788. **Tema: Joseph Smith and Plural Marriage [José Smith y el matrimonio plural]**

13. Lorenzo Snow, Affidavit, 28 de agosto de 1869, Joseph F. Smith, Affidavits about Celestial Marriage, Biblioteca de Historia de la Iglesia; Tullidge, *Women of Mormondom,* pág. 368.
14. Benjamin F. Johnson to George F. Gibbs, aprox. abril–octubre de 1903, Benjamin Franklin Johnson, Papers, Biblioteca de Historia de la Iglesia; Mosiah Hancock, Narrative, in Levi Hancock, Autobiography, alrededor de 1896, pág. 63; Historical Introduction to Minutes and Blessings, 28 de febrero al 1° de marzo de 1835, en *JSP,* tomo D4, pág. 255; Minutes and Blessings, 28 de febrero al 1° de marzo de 1835, en *JSP,* tomo D4, pág. 259; Young, *History of the Organization of the Seventies,* pág. 4. **Tema: Fanny Alger**
15. Mosiah Hancock, Narrative, in Levi Hancock, Autobiography, aprox. 1896, pág. 63; Historical Introduction to Letter from Thomas B. Marsh, 15 de febrero de 1838, en *JSP,* tomo D6, pág. 12; véase también Andrew Jenson, Research Notes, Andrew Jenson Collection, Biblioteca de Historia de la Iglesia; Benjamin F. Johnson to George F. Gibbs, aprox. abril–octubre de 1903, Benjamin Franklin Johnson, Papers, Biblioteca de Historia de la Iglesia; Eliza Jane Churchill Webb to Mary Bond, 24 de abril de 1876; Eliza Jane Churchill Webb to Mary Bond, 4 de mayo de 1876, Biographical Folder Collection (titulado Myron H. Bond), Community of Christ Library-Archives; y Bradley, "Relationship of Joseph Smith and Fanny Alger," págs. 14–58.
16. Mosiah Hancock, Narrative, en Levi Hancock, Autobiography, aprox. de 1896, pág. 63.
17. Mosiah Hancock, Narrative, in Levi Hancock, Autobiography, aprox. 1896, pág. 63; Eliza Churchill Webb to Mary Bond, 4 de mayo de 1876, Biographical Folder Collection (titulado Myron H. Bond), Community of Christ Library-Archives; Historical Introduction to Letter from Thomas B. Marsh, 15 de febrero de 1838, en *JSP,* tomo D6, pág. 13; Tullidge, *Women of Mormondom,* pág. 368.
18. Benjamin F. Johnson to George F. Gibbs, aprox. abril–octubre de 1903, Benjamin Franklin Johnson, Papers, Biiblioteca de Historia de la Iglesia.
19. Hales, *Joseph Smith's Polygamy,*tomo I, pág. 123.
20. Historical Introduction to Letter from Thomas B. Marsh, 15 de febrero de 1838, en *JSP,* tomo D6, pág. 13; véase también Minutes, 12 de abril de 1838, en *JSP,* tomo D6, pág. 91; y Oliver Cowdery to Warren Cowdery, 21 de enero de 1838, en Cowdery, Letterbook, págs. 80–83.
21. Benjamin F. Johnson to George F. Gibbs, aprox. abril–octubre de 1903, Benjamin Franklin Johnson, Papers, Biiblioteca de Historia de la Iglesia. Esta carta cita lo que Fanny Alger dijo a los demás sobre su relación con José Smith.
22. Historical Introduction to Travel Account and Questions, noviembre de 1837, en *JSP,* tomo D5, págs. 478–480.
23. Woodruff, Journal, 18 de agosto de 1837; Historical Introduction to Letter from Wilford Woodruff and Jonathan H. Hale, 18 de septiembre de 1837, en *JSP,* tomo D5, págs. 447–448; Isaiah 11:11.
24. Woodruff, *Leaves from My Journal,* pág. 34.
25. Woodruff, Journal, 12 de julio y 20 de agosto de 1837; Woodruff, *Leaves from My Journal,* págs. 30–31; Historical Introduction to Letter from Wilford Woodruff and Jonathan H. Hale, 18 de septiembre de 1837, en *JSP,* tomo D5, págs. 447–448.
26. Woodruff, Journal, 8–18 de agosto de 1837.
27. Woodruff, Journal, 20 de agosto de 1837.
28. Woodruff, *Leaves from My Journal,* pág. 33; Woodruff, Journal, 20–25 de agosto de 1837.
29. Woodruff, Journal, 27 de agosto de 1837; Hale, Journal, 27 de agosto de 1837.
30. Woodruff, Journal, 27 de agosto y 3 de septiembre de 1837; Hale, Journal, 27 de agosto y 3 de septiembre de 1837.
31. Woodruff, *Leaves from My Journal,* págs. 33 y 34; Woodruff, Journal, 3–4 de septiembre de 1837.
32. Véase Romig, *Eighth Witness,* págs. 305–308.
33. Hyrum Smith Family Bible; Travel Account and Questions, noviembre de 1837, en *JSP,* tomo D5, págs. 480–481; Joseph Smith History, 1838–1856, tomo B-1, pág. 775.

34. Minutes, 6 de noviembre de 1837, en *JSP,* tomo D5, págs. 464–468; Minutes, 7 de noviembre de 1837, en *JSP,* tomo D5, págs. 468–472.
35. Samuel Smith to Hyrum Smith, 13 de octubre de 1837, Hyrum Smith, Papers, Biblioteca de Historia de la Iglesia; Obituary for Jerusha T. Smith, *Elders' Journal,* octubre de 1837, pág. 16; Lucy Mack Smith, History, 1845, pág. 34; Lucy Mack Smith, History, 1844–1845, miscellany, pág. 11.
36. Joseph Smith History, 1838–1856, tomo B-1, pág. 775.
37. Oliver Cowdery to Warren Cowdery, 21 de enero de 1838, en Cowdery, Letterbook, pág. 81.
38. Oliver Cowdery to Warren Cowdery, 21 enero de 1838, en Cowdery, Letterbook, pág. 81.
39. Joseph Smith History, 1838–56, tomo B-1, pág. 779; Samuel Smith to Hyrum Smith, 13 de octubre de 1837, Hyrum Smith, Papers, Biblioteca de Historia de la Iglesia; Obituary for Jerusha T. Smith, *Elders' Journal,* octubre de 1837, pág. 16; Lucy Mack Smith, History, 1845, pág. 34; Lucy Mack Smith, History, 1844–1845, miscellany, pág. 11.
40. Smith, *Life of Joseph F. Smith,* págs. 41–42, 120.
41. Mary Fielding to Mercy Fielding, alrededor de junio de 1837; Mary Fielding to Mercy Fielding Thompson, 8 de julio de 1837; Mary Fielding to Mercy Fielding Thompson and Robert Thompson, 7 de octubre de 1837, Mary Fielding Smith Collection, Biblioteca de Historia de la Iglesia.
42. Hyrum Smith Family Bible; Geauga County, Ohio, Probate Court, Marriage Records, 1806–1920, tomo C, pág. 262, microfilm 873,461, U.S. and Canada Record Collection, Biblioteca de Historia Familiar; Smith, *Life of Joseph F. Smith,* pág. 120.
43. Vilate Murray Kimball a Heber C. Kimball, 19–24 de enero de 1838, Heber C. Kimball, Collection, Biblioteca de Historia de la Iglesia; Joseph Smith History, 1838–1856, tomo B-1, pág. 779; Thomas B. Marsh to Wilford Woodruff, en *Elders' Journal,* julio de 1838, págs. 36–37; John Smith and Clarissa Smith to George A. Smith, 1° de enero de 1838, George Albert Smith, Papers, Biblioteca de Historia de la Iglesia; Hepzibah Richards to Willard Richards, 18 de enero de 1838, Willard Richards, Journals and Papers, Biblioteca de Historia de la Iglesia.
44. Vilate Murray Kimball a Heber C. Kimball, 19–24 de enero de 1838, Heber C. Kimball, Collection, Biblioteca de Historia de la Iglesia; Historical Introduction to Revelation, 12 de enero de 1838–A, en *JSP,* tomo D5, págs. 495–496.
45. Vilate Murray Kimball a Heber C. Kimball, 19–24 de enero de 1838, Heber C. Kimball, Collection, Biblioteca de Historia de la Iglesia. La carta original dice "creer en el Libro de Mormón y convenios", refiriéndose a Doctrina y Convenios.
46. Vilate Murray Kimball a Heber C. Kimball, 19–24 de enero de 1838; Marinda Johnson Hyde to Orson Hyde, 29 de enero de 1838, Heber C. Kimball, Collection, Biblioteca de Historia de la Iglesia; Joseph Smith History, 1838–1856, tomo B-1, pág. 779; Thomas B. Marsh to Wilford Woodruff, en *Elders' Journal,* julio de 1838, págs. 36–37; John Smith and Clarissa Smith to George A. Smith, 1° de enero de 1838, George Albert Smith, Papers, Biblioteca de Historia de la Iglesia; Hepzibah Richards to Willard Richards, 18 de enero de 1838, Willard Richards, Journals and Papers, Biblioteca de Historia de la Iglesia; Historical Introduction to Revelation, 12 de enero de 1838–A, en *JSP,* tomo D5, págs. 495–496.
47. Warren Parrish to "The Editor of the *Painesville Republican*", *Painesville Republican,* 15 de febrero de 1838, [3]; Warren Parrish to Asahel Woodruff, 9 de septiembre de 1838, Wilford Woodruff, Collection, Biblioteca de Historia de la Iglesia.
48. Vilate Murray Kimball a Heber C. Kimball, 19–24 de enero de 1838, Heber C. Kimball, Collection, Biblioteca de Historia de la Iglesia. La carta original dice "hay algunos de ellos, a los que amo, y tengo un gran sentimiento, y compasión por ellos".
49. Vilate Murray Kimball a Heber C. Kimball, 19–24 de enero de 1838, Heber C. Kimball, Collection, Biblioteca de Historia de la Iglesia; véase también Doctrina y Convenios 101:5 (Revelation, 16–17 de diciembre de 1833, en josephsmithpapers.org).
50. Joseph Smith History, 1838–1856, tomo B-1, pág. 780; "History of Luke Johnson", *LDS Millennial Star,* 7 de diciembre de 1865, tomo XXVII, pág. 5.
51. Revelation, 12 de enero de 1838–C, en *JSP,* tomo D5, págs. 501–502.

52. Joseph Smith History, 1838–1856, tomo B-1, pág. 780.
53. Joseph Smith History, 1838–1856, tomo B-1, pág. 780; Historical Introduction to Revelation, 12 de enero de 1838–C, en *JSP,* tomo D5, págs. 500–501.

Capítulo 26: Una tierra santa y consagrada

1. Oliver Cowdery a José Smith, 21 de enero de 1838, en *JSP*, tomo D5, págs. 502–505; Oliver Cowdery a Warren Cowdery y a Lyman Cowdery, 4 de febrero de 1838, en Cowdery, Letterbook, pág. 83; Joseph Smith History, 1838–1856, tomo B-1, pág. 780.
2. Oliver Cowdery a José Smith, 21 de enero de 1838, en *JSP*, tomo D5, págs. 502–505; Minute Book 2, 20 de enero de 1838.
3. Minute Book 2, 20 y 26 de enero de 1838; Oliver Cowdery a Warren Cowdery y Lyman Cowdery, 4 de febrero de 1838, en Cowdery, Letterbook, págs. 83–86; Phineas H. Young to Brigham Young and Willard Richards, 14 de diciembre de 1842, Brigham Young Office Files, Biblioteca de Historia de la Iglesia; véanse también Doctrina y Convenios 42:30–36 (Revelation, Feb. 9, 1831, en josephsmithpapers.org); Doctrina y Convenios 58:34–36 (Revelation, Aug. 1, 1831, en josephsmithpapers.org); y Doctrina y Convenios 105:28–29 (Revelation, June 22, 1834, en josephsmithpapers.org).
4. Minute Book 2, 26 de enero y 5–9, 10 de febrero de 1838; Oliver Cowdery a Warren Cowdery y a Lyman Cowdery, 4 de febrero de 1838; Oliver Cowdery a Warren Cowdery y a Lyman Cowdery, 24 de febrero de 1838, en Cowdery, Letterbook, págs. 85, 87–90. **Temas: High Council [Sumo consejo]; Church Discipline [Disciplina de la Iglesia]**
5. Oliver Cowdery a Warren Cowdery y a Lyman Cowdery, 4 de febrero de 1838, en Cowdery, Letterbook, págs. 85–87.
6. Oliver Cowdery a Warren Cowdery y a Lyman Cowdery, 24 de febrero de 1838, en Cowdery, Letterbook, pág. 88.
7. Oliver Cowdery a Warren Cowdery, 21 de enero de 1838; Oliver Cowdery a Warren Cowdery y a Lyman Cowdery, 4 de febrero de 1838; Oliver Cowdery a Warren Cowdery y a Lyman Cowdery, 24 de febrero de 1838, en Cowdery, Letterbook, págs. 80–96; véase también Bushman, "Oliver's Joseph", págs. 1–13. **Tema: Oliver Cowdery**
8. Thompson, *Journal of Heber C. Kimball,* pág. 65; Whitney, *Life of Heber C. Kimball,* 154.
9. Véase Pickup, *Pick and Flower of England*, págs. 61–63.
10. Whitney, *Life of Heber C Kimball,* págs. 154–157.
11. José Smith, Journal, marzo–septiembre de 1838, pág. 16, en *JSP*, tomo J1, pág. 237; José Smith a la presidencia en Kirtland, Ohio, 29 de marzo de 1838, en *JSP*, tomo D6, págs. 57–59.
12. José Smith a la presidencia en Kirtland, Ohio, 29 de marzo de 1838, en *JSP*, tomo D6, págs. 57–59.
13. Minutes, 12 de abril de 1838, en *JSP*, tomo D6, págs. 83–94; Synopsis of Oliver Cowdery Trial, 12 de abril de 1838, en *JSP*, tomo J1, págs. 251–255.
14. Minutes, 12 de abril de 1838, en *JSP*, tomo D6, págs. 87–89; Synopsis of Oliver Cowdery Trial, 12 de abril de 1838, en *JSP*, tomo J1, pág. 254.
15. Minutes, 12 de abril de 1838, en *JSP*, tomo D6, pág. 91.
16. Minutes, 12 de abril de 1838, en *JSP*, tomo D6, págs. 89–94; Synopsis of Oliver Cowdery Trial, 12 de abril de 1838, en *JSP*, tomo J1, págs. 254–255. **Temas: Church Discipline [Disciplina de la Iglesia]; Oliver Cowdery**
17. Thompson, *Journal of Heber C. Kimball,* pág. 76; Kimball, *On the Potter's Wheel,* pág. 23.
18. Whitney, *Life of Heber C Kimball,* pág. 157; Richards, Journal, 22 de marzo de 1838.
19. Allen y otros, *Men with a Mission,* págs. 17–19, 46–47. **Temas: Early Missionaries [Primeros misioneros]; Inglaterra**
20. Allen y otros, *Men with a Mission,* págs. 9, 17, 19, 46–47; Whitney, *Life of Heber C. Kimball,* págs. 174, 191.

21. Richards, Journal, 22 de marzo de 1838; Thompson, *Journal of Heber C. Kimball,* pág. 21; Kimball, "Journal and Record," pág. 64; Allen y otros, *Men with a Mission,* págs. 61–62; Whitney, *Life of Heber C. Kimball,* pág. 157.
22. Kimball, *Journal of Heber C. Kimball,* pág. 32.
23. Fielding, Journal, págs. 59–63; Allen y otros, *Men with a Mission*, págs. 52–53.
24. Doctrina y Convenios 115 (Revelation, 26 de abril de 1838, en josephsmithpapers.org). **Temas: Name of the Church [Nombre de la Iglesia]; Far West**
25. José Smith, Journal, 18 de mayo–1 de junio de 1838, en *JSP*, tomo J1, págs. 270–271.
26. Walker, "Mormon Land Rights in Caldwell and Daviess Counties", págs. 28–30.
27. LeSueur, "Missouri's Failed Compromise", págs. 134–135.
28. José Smith, Journal, 18 de mayo–1 de junio de 1838, en *JSP*, tomo, J1, págs. 270–271; "Part 1: 15 de febrero–28 de junio de 1838", en *JSP*, tomo D6, pág. 163.
29. José Smith, Journal, 18 de mayo–1 de junio de 1838, en *JSP*, tomo J1, pág. 271; Doctrina y Convenios 107:53 (Revelation, circa Apr. 1835, en josephsmithpapers.org); Olmstead, "Far West and Adam-ondi-Ahman", págs. 237–238; Doctrina y Convenios 27:11 (Revelation, circa Aug. 1835, en josephsmithpapers.org); Historical Introduction to Revelation, aprox. agosto de 1835, en *JSP*, tomo D4, págs. 408–409.
30. José Smith, Journal, 18 de mayo–1° de junio de 1838, en *JSP*, tomo J1, pág. 271; Joseph Smith History, 1838–1856, tomo B-1, pág. 798. **T ema: Adam-ondi-Ahman [Adán-ondi-Ahmán]**
31. Minutes, 28 de junio de 1838, en *JSP*, tomo D6, págs. 162–167.

Capítulo 27: Nos proclamamos libres

1. Woodruff, Journal, 26 de abril–12 de junio de 1838.
2. Woodruff, Journal, 12 de junio–1 de julio de 1838.
3. Woodruff, Journal, 30 de junio de 1838.
4. Woodruff, Journal, 1 de julio de 1838.
5. Woodruff, Journal, 1 de julio de 1838.
6. Woodruff, Journal, 3 de julio de 1838.
7. "History of John E. Page," *LDS Millennial Star,* 18 de febrero de 1865, tomo XXVII, pág. 103.
8. Kirtland Camp, Journal, 6, 10, y 13 de marzo de 1838; Baugh, "Kirtland Camp, 1838", págs. 58–61. **Temas: Gathering of Israel [La congregación de Israel]; Quorum of the Seventy, [Cuórum de los Setenta]**
9. "Celebration of the 4th of July", *Elders' Journal*, agosto de 1838, pág. 60.
10. Synopsis of David Whitmer and Lyman Johnson Trials, 13 de abril de 1838, en *JSP*, tomo J1, págs. 256–257.
11. José Smith, Journal, 11 de mayo de 1838, en *JSP*, tomo J1, pág. 268; "History of William E. Mc. Lellin", págs. 2–3, en Historian's Office, Histories of the Twelve, Biblioteca de Historia de la Iglesia.
12. Corrill, *Brief History,* pág. 30, en *JSP,*tomo H2, págs. 165–66; Reed Peck to "Dear Friends," 18 de septiembre de 1839, págs. 20–25, Henry E. Huntington Library, San Marino, CA; *JSP,* tomo H2, pág. 97, nota 295; véase también Mateo 5:13. **Tema: Dissent in the Church [Disensión en la Iglesia]**
13. Corrill, *Brief History,* pág. 30, en *JSP,* tomo H2, págs. 165–66; Reed Peck to "Dear Friends," 18 de septiembre de 1839, págs. 22–23, Henry E. Huntington Library, San Marino, CA; *JSP,* tomo H2, pág. 97, nota 295.
14. *JSP*, tomo D6, pág.170, nota 6; "Paz y violencia entre los Santos de los Últimos Días del siglo XIX", Temas del Evangelio, topics.lds.org. **Tema: Danites [Danitas]**
15. Corrill, *Brief History*, págs. 30–31, en *JSP*, tomo H2, págs. 166–167; Sampson Avard and Others to Oliver Cowdery and Others, aprox. 17 de junio de 1838; Constitution of the Society of the Daughter of Zion, aprox. principios de julio de 1838, Mormon War Papers,

Missouri State Archives, Jefferson City; José Smith, Journal, 27 de julio de 1838; Editorial Note, en *JSP*, tomo J1, págs. 274–275, 293; "Part 2: 8 de julio–29 de octubre de1838", en *JSP*, tomo D6, págs. 169–170.

16. "Celebration of the 4th of July", *Elders' Journal*, agosto de 1838, pág. 60; José Smith, Journal, 4 de julio de 1838, en *JSP*, tomo J1, págs. 275–276.
17. *Oration Delivered by Mr. S. Rigdon on the 4th of July, 1838*, págs. 3–12. **Tema: Sidney Rigdon**
18. "Celebration of the 4th of July", *Elders' Journal*, agosto de 1838, pág. 60; Pratt, *Autobiography*, pág. 190; Ebenezer Robinson, "Items of Personal History of the Editor", *Return*, octubre de 1889, pág. 149.
19. Eunice Ross Kinney a Wingfield Watson, septiembre de 1891, págs. 2–3, texto mecanografiado, Wingfield Watson, Correspondence, Biblioteca de Historia de la Iglesia.
20. 1840 U.S. Census, Van Buren, Wayne Co., MI, pág. 255, B; 1850 U.S. Census, Burlington, Racine Co., WI, pág. 152, B; 1870 U.S. Census, Suamico, Brown Co., WI, pág. 422, A. Investigación biográfica completa de Eunice Ross Franklin (Kinney) y Charles O. Franklin en posesión de los editores. **Tema: Elijah Able**
21. Elder's Certificate for Elijah Able, 31 de marzo de 1836, en Kirtland Elders' Certificates, pág. 61; Nuttall, Diary, 31 de mayo de 1879, pág. 29; Reeve, *Religion of a Different Color*, págs. 196–197.
22. Eunice Ross Kinney a Wingfield Watson, septiembre de 1891, págs. 1–2, texto mecanografiado, Wingfield Watson, Correspondence, Biblioteca de Historia de la Iglesia.
23. Eunice Ross Kinney a Wingfield Watson, septiembre de 1891, págs. 2–3, texto mecanografiado, Wingfield Watson, Correspondence, Biblioteca de Historia de la Iglesia; 1 Pedro 4:12.
24. Eunice Ross Kinney a Wingfield Watson, septiembre de 1891, pág. 3, texto mecanografiado, Wingfield Watson, Correspondence, Biblioteca de Historia de la Iglesia.
25. Véase Kerber, "Abolitionists and Amalgamators", págs. 28–30. **Tema: Slavery and Abolition [Esclavitud y abolición]**
26. Eunice Ross Kinney a Wingfield Watson, septiembre de 1891, págs. 3–4, texto mecanografiado, Wingfield Watson, Correspondence, Biblioteca de Historia de la Iglesia.
27. Selections from *Elders' Journal*, agosto de 1838, en *JSP*, tomo D6, págs. 216–217; José Smith, Journal, 1–3 de agosto de 1838, en *JSP*, tomo J1, pág. 296; *Oration Delivered by Mr. S. Rigdon on the 4th of July, 1838* (Far West, MO: Journal Office, 1838).
28. Doctrina y Convenios 115:13 (Revelation, 26 de abril de 1838, en josephsmithpapers.org).
29. Historical Introduction to Revelation, 8 de julio de 1838–C, en *JSP*, tomo D6, págs. 184–187.
30. Minute Book 2, 6–7 de diciembre de 1837; Harper, "Tithing of My People".
31. José Smith, Journal, 6 de julio de 1838, en *JSP*, tomo J1, págs. 278–280; Kimball, "History", pág. 84.
32. Véase "Organizational Charts", en *JSP*, tomo D6, págs. 672–674.
33. Doctrina y Convenios 117:5–6, 12–15 (Revelation, July 8, 1838–E, en josephsmithpapers.org). **Tema: Revelations of Joseph Smith [Revelaciones de José Smith]**
34. Doctrina y Convenios 119 (Revelation, July 8, 1838–C, en josephsmithpapers.org); José Smith, Journal, 8 de julio de 1838, en *JSP*, tomo J1, pág. 288. **Temas: Tithing [Diezmo]; Consecration and Stewardship [Consagración y mayordomía]**
35. Doctrina y Convenios 118 (Revelation, July 8, 1838–A, en josephsmithpapers.org); véase también Tait and Orton, "Take Special Care of Your Family", págs. 242–249.
36. Doctrina y Convenios 118:6 (Revelation, July 8, 1838–A, en josephsmithpapers.org); Minutes, *Elders' Journal*, agosto de 1838, pág. 61; Joseph Smith History, 1838–1856, tomo B-1, pág. 803. **Tema: Cuórum de los Doce Apóstoles**
37. Woodruff, Journal, 14 de julio de 1838.
38. Woodruff, Journal, 16 de julio de 1838.
39. Woodruff, Journal, 20 de julio de 1838.
40. Woodruff, Journal, 30 de julio de 1838.
41. Woodruff, Journal, 9 de agosto de 1838; Woodruff, *Leaves from My Journal*, pág. 51.

Capítulo 28: Intentamos por suficiente tiempo

1. Butler, "Short History", págs. 17–18; Hartley, *My Best for the Kingdom*, pág. 39; Durham, "Election Day Battle at Gallatin", págs. 39–40.
2. Butler, "Short History", pág. 17; Hartley, *My Best for the Kingdom*, págs. 48–50.
3. Butler, "Short History", págs.15–16; Hartley, *My Best for the Kingdom*, pág. 39; Durham, "Election Day Battle at Gallatin", págs. 39–40.
4. Butler, "Short Account of an Affray", pág. 1; Rigdon, *Appeal to the American People*, págs. 17–18.
5. Britton, *Early Days on Grand River*, págs. 6–7; Butler, "Short History", pág. 18; Corrill, *Brief History*, pág. 28, en *JSP*, tomo H2, págs. 162–163.
6. Historian's Office, Journal History of the Church, 6 de agosto de 1838; Butler, "Short History", pág. 18; Butler, "Short Account of an Affray", pág. 1.
7. John D. Lee and Levi Steward, Statement, aprox. 1845, en Joseph Smith History Documents, 1839–1860, Biblioteca de Historia de la Iglesia; Butler, "Short Account of an Affray", pág. 1; véase también Greene, *Facts Relative to the Expulsion*, pág. 18.
8. Butler, "Short History", pág. 18; Butler, "Short Account of an Affray", pág. 1; Hartley, *My Best for the Kingdom*, pág. 11.
9. Butler, "Short History", pág. 18; Butler, "Short Account of an Affray", pág. 1.
10. Butler, "Short Account of an Affray", págs. 1–4.
11. Butler, "Short History", pág. 19.
12. Butler, "Short Account of an Affray", pág. 4; Butler, "Short History", pág. 18. La fuente original dice: "Entonces ellos dijeron que debían tomarme como prisionero" y "les dije que era un hombre que respetaba la ley, pero que no tenía la intención de ser juzgado por un populacho".**Tema: Mormon-Missouri War of 1838 [Guerra de 1838 entre los mormones y Misuri]**
13. Butler, "Short History", pág. 20.
14. Affidavit, 5 de septiembre de 1838, en *JSP*, tomo D6, págs. 223–225; José Smith, Journal, 7–9 y 10 de agosto de 1838, en *JSP*, tomo J1, págs. 298–301; véase también *JSP*, tomo J1, pág. 300, nota 225. **Tema: Danites [Danitas]**
15. José Smith, Journal, 11, 13, y 16–18 de agosto de 1838, en *JSP*, tomo J1, págs. 302–304; *JSP*, tomo J1, pág. 303, nota 234; pág. 304, notas 237–238; véase también "Public Meeting", *Missouri Republican*, 8 de septiembre de 1838, pág.1, "for the country" edición.
16. Historical Introduction to Discourse, 12 de agosto de 1838, en *JSP*, tomo D6, pág. 213; "The Mormons in Carroll County", *Missouri Republican*, 18 de agosto de 1838, pág. 2; "Public Meeting", *Missouri Republican*, 3 de septiembre de 1838, pág. 2; Corrill, *Brief History*, pág. 35, en *JSP*, tomo H2, págs. 173–174; *JSP*, tomo D6, pág. 534, nota 326. **Tema: Vigilantism [Vigilancia clandestina]**
17. Recogniance, 7 de septiembre de 1838, en *JSP*, tomo D6, págs. 226–228; "The Mormon Difficulties", *Niles' National Register*, 13 de octubre de 1838, pág. 103; José Smith, Journal, 2, 4, y 7 de septiembre de 1838, en *JSP*, tomo J1, págs. 312–313, 314, 316–317.
18. Joseph Smith to Stephen Post, 17 de septiembre de 1838, en *JSP*, tomo D6, pág. 244.
19. Woodruff, Journal, 31 de agosto de 1838.
20. Woodruff, Journal, 11 de agosto de 1838.
21. "On Leaving Home", en Phebe Carter Woodruff, Autograph Book, Biblioteca de Historia de la Iglesia.
22. Woodruff, Journal, 11 y 25 de septiembre de 1838. La palabra "me" se añadió para dar claridad.
23. Woodruff, Journal, 11 y 15 de septiembre, 25–1 de octubre de 1838.
24. Woodruff, Journal, 24–25 de septiembre de 1838.
25. Woodruff, Journal, 11, 22–25 de septiembre de 1838; 3–4 de octubre de 1838; véase también Rut 1:15–16.
26. Joseph Smith History, 1838–1856, tomo B-1, pág. 830; Rockwood, Journal, octubre de 1838–enero de 1839, 29 de octubre de 1838; "De Witt, Missouri", Geographical Entry, Joseph Smith Papers website, josephsmithpapers.org.

27. *History of Carroll County, Missouri*, págs. 249–250; Murdock, Journal, pág. 95; "Parte 3, 4 de noviembre de 1838–16 de abril de 1839", en *JSP*, tomo D6, pág. 365.
28. *History of Carroll County, Missouri*, págs. 250–252; Joseph Dickson to Lilburn W. Boggs, 6 de septiembre de 1838; David Atchison to Lilburn W. Boggs, Sept. 17, 1838, Mormon War Papers, Archivos del estado de Missuri, Jefferson City; Joseph Smith History, 1838–56, tomo B-1, págs. 827–828; Citizens of De Witt, MO, to Lilburn W. Boggs, 22 de septiembre de 1838, copia, Mormon War Papers, Archivos del estado de Misuri.
29. "Biographies of the Seventies of the Second Quorum", págs. 208–209, en Seventies Quorum Records, Biblioteca de Historia de la Iglesia; Horace G. Whitney, "Nauvoo Brass Band", *Contributor*, marzo de 1880, pág. 134; Baugh, *Call to Arms*, pág. 67.
30. "Biographies of the Seventies of the Second Quorum", págs. 208–210, en Seventies Quorum Records, Biblioteca de Historia de la Iglesia; Joseph Smith History, 1838–1856, tomo B-1, págs. 828, 831; Baugh, *Call to Arms*, pág. 67; *History of Carroll County, Missouri*, págs. 251–252; Murdock, Journal, págs. 100–102.
31. Joseph Smith History, 1838–1856, tomo B-1, págs. 833–835; *History of Carroll County, Missouri*, pág. 253; Sidney Rigdon, Testimony, 1 de julio de 1843, pág. 3, Nauvoo, IL, Records, Biblioteca de Historia de la Iglesia.
32. Switzler, *Switzler's Illustrated History of Missouri*, pág. 246.
33. Joseph Smith, Bill of Damages, 4 de junio de 1839, en *JSP*, tomo D6, págs. 496–497; Joseph Smith History, 1838–1856, tomo B-1, págs. 834–835; véase también Switzler, *Switzler's Illustrated History of Missouri*, pág. 246; *History of Carroll County, Missouri*, pág. 255.
34. Joseph Smith History, 1838–1856, tomo B-1, págs. 833–836; Joseph Smith, Bill of Damages, 4 de junio de 1839, en *JSP*, tomo D6 págs. 497–498.
35. "Biographies of the Seventies of the Second Quorum", pág. 209, en Seventies Quorum Records, Biblioteca de Historia de la Iglesia.
36. Joseph Smith History, 1838–1856, tomo B-1, págs. 836–837; Rockwood, Journal, octubre de 1838–enero de 1839, 14, 15 de octubre y 11 de noviembre de 1838.
37. Reed Peck to "Dear Friends," 18 de septiembre de 1839, págs. 78–80, Henry E. Huntington Library, San Marino, CA. **Tema: American Legal and Political Institutions [Instituciones legales y políticas de Estados Unidos]**
38. Corrill, *Brief History*, pág. 36, en *JSP*, tomo H2, pág. 176. **Tema: Mormon–Missouri War of 1838 [La guerra entre los mormones y el estado de Misuri, 1838]**

Capítulo 29: Dios y la libertad

1. Memorial to the U.S. Senate and House of Representatives, aprox. 30 de octubre de 1839–27 de enero de 1840, en *JSP*, tomo 7, págs. 159–160.
2. Rigdon, *Appeal to the American People*, págs. 41–42; *Document Containing the Correspondence*, págs. 99, 124–126; Baugh, *Call to Arms*, págs. 84–85.
3. Memorial to the U.S. Senate and House of Representatives, aprox. 30 de octubre de 1839–27 de enero de 1840, pág. 22, en *JSP*, tomo D7, pág. 162; Rigdon, *Appeal to the American People*, pág. 43; Hyrum Smith, Testimony, 1 de julio de 1843, Nauvoo, IL, Records, Biblioteca de Historia de la Iglesia; Rigdon, *Appeal to the American People*, pág. 43; véase también Baugh, *Call to Arms*, págs. 85, 95, nota 30.
4. Rigdon, *Appeal to the American People*, pág. 43.
5. Rigdon, *Appeal to the American People*, págs. 41–42; *Document Containing the Correspondence*, págs. 99, 124–126; Baugh, *Call to Arms*, págs. 84–86.
6. Historical Introduction to Agreement with Jacob Stollings, 12 de abril de 1839, en *JSP*, tomo D6, pág. 417; Sampson Avard, Testimony, 12 de noviembre de 1838, pág. 7, Mormon War Papers, Missouri State Archives, Jefferson City; Corrill, *Brief History*, pág. 37, en *JSP*, tomo H2, pág. 177; Huntington, Diary and Reminiscences, págs. 22–23.
7. Corrill, *Brief History*, pág. 37, en *JSP*, tomo H2, pág. 177; Reed Peck to "Dear Friends," 18 de septiembre de 1839, pág. 85, Henry E. Huntington Library, San Marino, CA;

Philip Covington, Statement, 2 de septiembre de 1838, Mormon War Papers, Missouri State Archives, Jefferson City; Huntington, Diary and Reminiscences, pág. 22; J. H. McGee, Porter Yale, and Patrick Lynch, Testimonies, in *Document Containing the Correspondence,* págs. 141–43, 145. **Tema: Mormon–Missouri War of 1838 [La guerra entre los mormones y el estado de Misuri, 1838]**

8. Baugh, *Call to Arms*, pág. 87; véase también Huntington, Diary and Reminiscences, pág. 22.
9. George A. Smith, en *Journal of Discourses*, 6 de abril de 1856, tomo 3, págs. 283–284.
10. "History of Brigham Young", *LDS Millennial Star*, 25 de junio de 1864, tomo 26, pág. 406.
11. Véase Thomas B. Marsh and Orson Hyde to Lewis Marsh and Ann Marsh Abbott, 25–30 de octubre de 1838, en Joseph Smith Letterbook tomo II, págs. 18–19; "Parte 3: 4 de noviembre de 1838–16 de abril de 1839," en *JSP,* tomo D6, pág- 268; Thomas B. Marsh, en *Journal of Discourses,* 6 de septiembre de 1857, tomo 5, págs. 206–207.
12. Corrill, *Brief History*, pág. 38, en *JSP*, tomo H2, pág. 178; Baugh, *Call to Arms*, págs. 99–102.
13. Thomas B. Marsh and Orson Hyde to Lewis Marsh and Ann Marsh Abbott, 25–30 de octubre de 1838, en José Smith Letterbook , tomo II, págs 18–19.
14. Véase Thomas B. Marsh and Orson Hyde, Affidavit, 24 de octubre de 1838, copia, Mormon War Papers, Missouri State Archives, Jefferson City; y Darowski, "The Faith and Fall of Thomas Marsh", págs. 54–60. **Tema: Thomas B. Marsh**
15. Hales, *Windows*, págs. 34–35.
16. Lilburn W. Boggs to John B. Clark, 27 de octubre de 1838, copia, Mormon War Papers, Missouri State Archives, Jefferson City.
17. Hendricks, Reminiscences, pág.19.
18. Hendricks, Reminiscences, pág.19.
19. Hales, *Windows,* págs. 35, 38; Pratt, *History of the Late Persecution,* pág. 33; Thomas B. Marsh and Orson Hyde, Affidavits, 24 de octubre de 1838, copia, Mormon War Papers, Missouri State Archives, Jefferson City; "History of Brigham Young," *LDS Millennial Star,* 9 de julio de 1864, tomo 26, pág. 440.
20. Pratt, *Autobiography*, 194–195; "History of Brigham Young", *LDS Millennial Star*, 9 de julio de 1864, tomo 26, pág. 440.
21. "History of Brigham Young", *LDS Millennial Star*, 9 de julio de 1864, tomo 26, pág. 440; Corrill, *Brief History*, pág. 39, en *JSP*, tomo H2, pág. 180; Holbrook, Reminiscences , pág. 48.
22. Reed Peck to "Dear Friends," 18 de septiembre de 1839, págs. 96–97, Henry E. Huntington Library, San Marino, CA; John Lockhart, Testimony, en *Senate Document 189,* págs. 35–36.
23. Reed Peck to "Dear Friends," 18 de septiembre de 1839, págs. 96–97, Henry E. Huntington Library, San Marino, CA; Baugh, *Call to Arms,* págs. 47–48.
24. "The Mormons", *Missouri Argus*, 8 de noviembre de 1838, pág. 2; "History of Brigham Young", *LDS Millennial Star*, 9 de julio de 1838, tomo 26, pág. 441.
25. Holbrook, Reminiscences, pág. 48; "History of Brigham Young", *LDS Millennial Star*, 9 de julio de 1864, tomo 26, pág. 441.
26. "History of Brigham Young," *LDS Millennial Star,* 9 de julio de 1864, tomo 26, págs. 440–441; Reed Peck a "Dear Friends," 18 de septiembre de 1839, 98, Henry E. Huntington Library, San Marino, CA; Corrill, *Brief History,* pág. 39, en *JSP,* tomo H2, pág. 180; Pratt, *History of the Late Persecution,* pág. 35.
27. Pratt, *History of the Late Persecution*, págs. 35–36; "History of Brigham Young", *LDS Millennial Star*, 9 de julio de 1864, tomo 26, pág. 441; véase también *JSP*, tomo H2, pág. 246, notas 163–164.
28. Hendricks, Reminiscences, pág. 20.
29. "History of Brigham Young," *LDS Millennial Star,* 9 de julio de 1884, tomo 26, pág. 41; véase también Samuel Bogart to David R. Atchison, 23 de octubre de 1838, Mormon War Papers, Missouri State Archives, Jefferson City. **Tema: Mormon–Missouri War of 1838 [La guerra entre los mormones y el estado de Misuri, 1838]**

30. Samuel Bogart to David R. Atchison, 23 de octubre de 1838, Mormon War Papers, Missouri State Archives, Jefferson City; Pratt, *History of the Late Persecution*, pág. 37. **Tema: Vigilantism [Vigilancia clandestina]Tema: Vigilantism [Vigilancia clandestina]**
31. Sashel Woods y Joseph Dickson a "Sir", 24 de octubre de 1838, Mormon War Papers, Missouri State Archives, Jefferson City.
32. Thomas B. ThomasB. Marsh, Affidavit, 24 de octubre de 1838, Mormon War Papers, Missouri State Archives, Jefferson City.
33. Orson Hyde, Affidavit, 24 de octubre de 1838, Mormon War Papers, Missouri State Archives, Jefferson City.
34. Lilburn W. Boggs to John B. Clark, 27 de octubre de 1838, copia, Mormon War Papers, Missouri State Archives, Jefferson City. **Tema: Extermination Order [La orden de exterminio]**

Capítulo 30: Luchen cual ángeles

1. Véase Baugh, "Joseph Young's Affidavit of the Massacre at Haun's Mill", pág. 192; Greene, *Facts Relative to the Expulsion*, pág. 22.
2. Tullidge, *Women of Mormondom*, pág. 121; Smith, Notebook, págs. 9–10; Baugh, "Rare Account of the Haun's Mill Massacre", pág. 166; Baugh, *Call to Arms*, pág. 118. El relato que se halla en Tullidge, *Women of Mormondom*, presenta una cita en primera persona de Amanda Barnes Smith.
3. Smith, Notebook, págs. 9–10; "Amanda Smith", *Woman's Exponent*, 1 de abril de 1881, tomo IX, pág. 165; "History, of the Persecution", *Times and Seasons*, agosto de 1840, tomo I, pág. 145, en *JSP*, H2, pág. 260; Kirtland Camp, Journal, 24 de octubre de 1838.
4. Smith, Notebook, pág. 10; Tullidge, *Women of Mormondom*, pág. 121; Amanda Smith, declaración jurada, 7 de mayo de 1839, en Johnson, *Mormon Redress Petitions*, pág. 538; Isaac Leany, Statement, 20 de abril de 1839, fotocopia, United States Congress, Material Relating to Mormon Expulsion from Missouri, 1839–1843, Biblioteca de Historia de la Iglesia; Baugh, "Rare Account of the Haun's Mill Massacre", pág. 166. **Tema: Masacre de Hawn's Mill**
5. Smith, Notebook, pág. 9; "History, of the Persecution", *Times and Seasons*, agosto de 1840, tomo I, pág. 145, en *JSP*, H2, pág. 260; Baugh, *Call to Arms*, págs. 116–117.
6. "History, of the Persecution", *Times and Seasons*, agosto de 1840, tomo I, pág. 145, en *JSP*, H2, pág. 261; Tullidge, *Women of Mormondom*, págs. 121–122; Smith, Notebook, pág. 10; "Amanda Smith", *Woman's Exponent*, 1 de abril y 15 de abril de 1881, tomo IX, págs. 165, 173; Amanda Smith, declaración jurada, 7 de mayo de 1839, en Johnson, *Mormon Redress Petitions*, pág. 538.
7. Lewis, Autobiography, pág. 12; Smith, Notebook, págs. 10–11; "History, of the Persecution", *Times and Seasons*, agosto de 1840, tomo I, pág. 146, en *JSP*, H2, pág. 261.
8. Smith, Notebook, pág. 11; Tullidge, *Women of Mormondom*, págs. 121–122, 126; "Amanda Smith", *Woman's Exponent*, 15 de abril y 1 de mayo de 1881, tomo IX, págs. 173, 181; Ellis Eamut, Statement, circa 1839, Joseph Smith History Documents, 1839–1860, Biblioteca de Historia de la Iglesia; Baugh, *Call to Arms*, pág. 120; Dunn, *Amanda's Journal*, pág. 3.
9. Lewis, Autobiography, pág. 12–14; Ellis Eamut, Statement, circa 1839, Joseph Smith History Documents, 1839–1860, Biblioteca de Historia de la Iglesia; Baugh, "Rare Account of the Haun's Mill Massacre", pág. 166; Smith, Notebook, pág. 12.
10. "History, of the Persecution", *Times and Seasons*, agosto de 1840, tomo I, pág. 146, en *JSP*, H2, pág. 262; *History of Caldwell and Livingston Counties*, pág. 147; Greene, *Facts Relative to the Expulsion*, pág. 22; Baugh, *Call to Arms*, págs. 120–123.
11. *Document Containing the Correspondence*, pág. 82; Smith, Notebook, pág. 13; Tullidge, *Women of Mormondom* pág. 123.

12. Smith, Notebook, pág. 12; "History, of the Persecution", *Times and Seasons*, agosto de 1840, tomo I, pág. 147, en *JSP*, H2, pág. 263; Tullidge, *Women of Mormondom*, pág. 127.
13. Tullidge, *Women of Mormondom*, pág. 127.
14. Hyrum Smith, Testimony, 1 de julio de 1843, pág. 8, Nauvoo, IL, Records, Biblioteca de Historia de la Iglesia; Samuel D. Lucas a Lilburn W. Boggs, 2 de noviembre de 1838, Mormon War Papers, Missouri State Archives, Jefferson City. **Tema: Guerra de 1838 entre los mormones y Misuri**
15. Thorp, *Early Days in the West*, pág. 88; Hyrum Smith, Testimony, 1 de julio de 1843, págs. 8–9, Nauvoo, IL, Records, Biblioteca de Historia de la Iglesia; Baugh, *Call to Arms*, págs. 137–138; Corrill, *Brief History*, pág. 40, en *JSP*, H2, pág. 183.
16. Durham, *Gospel Kingdom*, pág. 354; Joseph Smith, Journal, 30 de diciembre de 1842, en *JSP*, J2, págs. 199–200.
17. "Mary Elizabeth Rollins Lightner", *Utah Genealogical and Historical Magazine*, julio de 1926, pág. 199. La fuente original es un relato en primera persona de Mary Lightner y dice "nuestras dos familias" en lugar de "sus dos familias".
18. "Mary Elizabeth Rollins Lightner", *Utah Genealogical and Historical Magazine*, julio de 1926, pág. 199. La fuente original dice: "Entonces dije que él podía irse y llevar al niño consigo, si lo deseaba, pero yo permanecería con el resto".
19. Joseph Smith, Journal, 30 de diciembre de 1842, en *JSP*, J2, pág. 200.
20. Samuel D. Lucas a Lilburn W. Boggs, 2 de noviembre de 1838, Mormon War Papers, Missouri State Archives, Jefferson City.
21. "Lucas, Samuel D.", Biographical Entry, Joseph Smith Papers website, josephsmithpapers.org.
22. Ebenezer Robinson, "Items of Personal History of the Editor", *Return*, enero de 1890, tomo II, pág. 206; Samuel D. Lucas a Lilburn W. Boggs, 2 de noviembre de 1838, Mormon War Papers, Missouri State Archives, Jefferson City.
23. James C. Owens, Testimony, noviembre de 1838, [pág. 47], en State of Missouri, "Evidence"; Ebenezer Robinson, "Items of Personal History of the Editor", *Return*, enero de 1890, tomo II, pág. 206; Burr Rigs, Testimony, en *Document Containing the Correspondence*, pág. 135.
24. Corrill, *Brief History*, pág. 40, en *JSP*, H2, pág. 183; George Hinkle, Testimony, en *Document Containing the Correspondence*, pág. 127; Pratt, *History of the Late Persecution*, pág. 39.
25. Baugh, "Rare Account of the Haun's Mill Massacre", págs. 166–167; Baugh, *Call to Arms*, pág. 123.
26. Baugh, "Rare Account of the Haun's Mill Massacre", pág. 167; Tullidge, *Women of Mormondom*, pág. 123.
27. Smith, Notebook, pág. 13; Tullidge, *Women of Mormondom*, págs. 123–124; Dunn, *Amanda's Journal*, págs. 3–5.
28. Baugh, "Rare Account of the Haun's Mill Massacre", pág. 167; Tullidge, *Women of Mormondom*, pág. 123.
29. Tullidge, *Women of Mormondom*, pág. 124; Baugh, "Rare Account of the Haun's Mill Massacre", pág. 167; Dunn, *Amanda's Journal*, pág. 4. **Tema: Sanación**
30. Tullidge, *Women of Mormondom*, págs. 124–125. **Tema: Amanda Barnes Smith**
31. Corrill, *Brief History*, págs. 40–42, en *JSP*, H2, págs. 183–185; Baugh, *Call to Arms*, págs. 139–140.
32. Foote, Autobiography and Journal, 30 de octubre de 1838; Albert Perry Rockwood, Journal, 2 de noviembre de 1838; Hyrum Smith, Testimony, 1 de julio de 1843, pág. 11, Nauvoo, IL, Records, Biblioteca de Historia de la Iglesia.
33. Hyrum Smith, Testimony, 1 de julio de 1843, págs. 9–10, Nauvoo, IL, Records, Biblioteca de Historia de la Iglesia; Pratt, *Autobiography*, págs. 219–224.
34. Corrill, *Brief History*, pág. 41, en *JSP*, tomo H2, pág. 183.
35. Corrill, *Brief History*, págs. 41–42, en *JSP*, tomo H2, págs. 183–186; Samuel D. Lucas a Lilburn W. Boggs, 2 de noviembre de 1838, Mormon War Papers, Missouri State Archives, Jefferson City; Baugh, *Call to Arms*, págs. 140–141. **Tema: Orden de exterminio**

36. "Extract, from the Private Journal of Joseph Smith Jr.", *Times and Seasons*, 1 de noviembre de 1839, tomo I, pág. 5, en *JSP*, H1, págs. 477–479; Reed Peck a "Dear Friends", 18 de septiembre de 1839, Henry E. Huntington Library, San Marino, CA; Baugh, *Call to Arms,* pág. 141.
37. Hyrum Smith, Testimony, 1 de julio de 1843, págs. 12–13, Nauvoo, IL, Records, Biblioteca de Historia de la Iglesia.
38. Hyrum Smith, Testimony, 1 de julio de 1843, págs. 12–13, Nauvoo, IL, Records, Biblioteca de Historia de la Iglesia; Pratt, *History of the Late Persecution*, pág. 40; *JSP*, H2, pág. 251, nota 181; Corrill, *Brief History*, pág. 42, en *JSP*, H2, pág. 186; "Extract, from the Private Journal of Joseph Smith Jr.", *Times and Seasons* 1 de noviembre de 1840, tomo I, pág. 5, en *JSP*, H1, págs. 477–479.

Capítulo 31: ¿Cómo acabará esto?

1. Gates, *Lydia Knight's History*, págs. 43–46.
2. Gates, *Lydia Knight's History*, pág. 47.
3. Samuel D. Lucas a Lilburn W. Boggs, 2 de noviembre de 1838, Mormon War Papers, Missouri State Archives, Jefferson City; Ebenezer Robinson, "Items of Personal History of the Editor", *Return*, febrero de 1890, pág. 210.
4. Gentry y Compton, *Fire and Sword*, pág. 358–360.
5. Gates, *Lydia Knight's History*, pág. 47.
6. Samuel D. Lucas a Lilburn W. Boggs, 2 de noviembre de 1838, Mormon War Papers, Missouri State Archives, Jefferson City.
7. Samuel D. Lucas a Lilburn W. Boggs, 2 de noviembre de 1838, Mormon War Papers, Missouri State Archives, Jefferson City; Hyrum Smith, Testimony, 1 de julio de 1843, pág. 11, Nauvoo, IL, Records, Biblioteca de Historia de la Iglesia; Brigham Young, Testimony, 1 de julio de 1843, pág. 2, Nauvoo, IL, Records, Biblioteca de Historia de la Iglesia; Kimball, "History", pág. 94.
8. Gates, *Lydia Knight's History*, págs. 48–49.
9. Ebenezer Page, "For Zion's Reveille", *Zion's Reveille*, 15 de abril de 1847, pág. 55.
10. Kimball, "History", pág. 88.
11. Véase Whitney, *Life of Heber C. Kimball,* pág. 83.
12. Kimball, "History", pág. 88.
13. Gates, *Lydia Knight's History*, pág. 48; Hyrum Smith, Testimony, 1 de julio de 1843, pág. 13, Nauvoo, IL, Records, Biblioteca de Historia de la Iglesia.
14. Joseph Smith and Others to the Church and Edward Partridge, 20 de marzo de 1839, pág. 3, en *JSP*, D6, pág. 362; Hyrum Smith, Testimony, 1 de julio de 1843, págs. 13, 24; Brigham Young, Testimony, 1 de julio de 1843, [pág. 2], Nauvoo, IL, Records, Biblioteca de Historia de la Iglesia; "Part 3: 4 de noviembre de 1838–16 de abril de 1839", en *JSP*, D6, págs. 271–272. **Tema: Guerra de 1838 entre los mormones y Misuri**
15. Véanse "Mormonism," *United States' Telegraph,* 21 de agosto de 1833, pág. 2; Hyrum Smith, Testimony, 1 de julio de 1843, pag. 13, Nauvoo, IL, Records, Biblioteca de Historia de la Iglesia; y Samuel D. Lucas a Lilburn W. Boggs, 2 de octubre de 1838, Mormon War Papers, Missouri State Archives, Jefferson City.
16. Lyman Wight, Testimony, 1 de julio de 1843, págs. 20–21, 23, Nauvoo, IL, Records, Biblioteca de Historia de la Iglesia; Hyrum Smith, Testimony, 1 de julio de 1843, pág. 13, Nauvoo, IL, Records, Biblioteca de Historia de la Iglesia.
17. Lyman Wight, Testimony, 1 de julio de 1843, pág. 24, Nauvoo, IL, Records, Biblioteca de Historia de la Iglesia; "History of Lyman Wight", *LDS Millennial Star*, 2 de julio de 1865, tomo XXIX, pág. 457.
18. Lyman Wight, Journal, en *History of the Reorganized Church,* tomo II, pág. 260; "Part 3: 4 de noviembre de 1838–16 de abril del 1839," en *JSP,* tomo D6, pág. 271; Hyrum Smith, Testimony, 1 de julio de 1843, págs. 13–14, Nauvoo, IL, Records, Biblioteca de Historia

de la Iglesia; Eliza R. Snow to Isaac Streator, 22 de febrero de 1839, fotocopia, Biblioteca de Historia de la Iglesia; Alanson Ripley, Letter to the Editor, *Times and Seasons,* enero de 1840, tomo I, pág. 37; véase también Baugh, *Call to Arms,* págs. 150–151.

19. Lyman Wight, Testimony, 1 de julio de 1843, pág. 24, Nauvoo, IL, Records, Biblioteca de Historia de la Iglesia.
20. *History of Caldwell and Livingston Counties*, pág. 137; Lyman Wight, Testimony, 1 de julio de 1843, pág. 24, Nauvoo, IL, Records, Biblioteca de Historia de la Iglesia; "History, of the Persecution", *Times and Seasons*, julio de 1840, tomo I, págs. 130–131, en *JSP*, H2, pág. 258.
21. Hyrum Smith, Testimony, 1 de julio de 1843, pág. 14, Nauvoo, IL, Records, Biblioteca de Historia de la Iglesia; *History of Caldwell and Livingston Counties*, pág. 137; Rigdon, *Appeal to the American People*, pág. 51.
22. *History of Caldwell and Livingston Counties*, pág. 137; véanse también Joseph Smith, Journal, 30 de diciembre de 1842, en *JSP*, J2, pág. 198; y Rigdon, "Lecture", págs. 59–60.
23. Joseph Smith, Journal, 30 de diciembre de 1842, en *JSP*, J2, pág. 198.
24. Hyrum Smith, Testimony, 1 de julio de 1843, págs. 14–15, Nauvoo, IL, Records, Biblioteca de Historia de la Iglesia; Joseph Smith and Others to Edward Partridge and the Church, circa 22 de marzo de 1839, en *JSP*, D6, pág. 395; Doctrina y Convenios 122:6; Joseph Smith, Bill of Damages, 4 de junio de 1839, pág. 6, en *JSP*, D6, pág. 502.
25. Joseph Smith, Journal, 30 de diciembre de 1842, en *JSP*, J2, pág. 198; Joseph Smith, Bill of Damages, 4 de junio de 1839, [pág. 6], in *JSP*, D6, pág. 502; véase también Lyman Wight, Testimony, 1 de julio de 1843, pág. 26, Nauvoo, IL, Records, Biblioteca de Historia de la Iglesia.
26. Hyrum Smith, Testimony, 1 de julio de 1843, pág. 15, Nauvoo, IL, Records, Biblioteca de Historia de la Iglesia; Lucy Mack Smith, History, 1844–1845, libro 16, pág. 3.
27. Lucy Mack Smith, History, 1844–1845, libro 16, págs. 3–4; Lucy Mack Smith, History, 1845, págs. 280–281. **Tema: Lucy Mack Smith**
28. Hyrum Smith, Testimony, 1 de julio de 1843, págs. 15–16, 18, Nauvoo, IL, Records, Biblioteca de Historia de la Iglesia; Parley P. Pratt a Willard Richards, 7 de noviembre de 1853, *Deseret News,* 12 de noviembre de 1853, pág. 3.
29. Parley P. Pratt a Willard Richards, 7 de noviembre de 1853, *Deseret News*, 12 de noviembre de 1853, pág. 3; Pratt, *Autobiography*, págs. 228–230.
30. Hyrum Smith, Testimony, 1 de julio de 1843, pág. 18, Nauvoo, IL, Records, Biblioteca de Historia de la Iglesia; véase también "King, Austin Augustus", Biographical Entry, Joseph Smith Papers website, josephsmithpapers.org. **Tema: American Legal and Political Institutions [Instituciones legales y políticas de Estados Unidos]**
31. Transcript of Proceedings, Richmond, MO, noviembre de 1838, State of Missouri v. Joseph Smith and Others for Treason and Other Crimes, en State of Missouri, "Evidence"; "Part 3: 4 de noviembre de 1838–16 de abril de 1839", en *JSP*, D6, págs. 272–273; Madsen, "Joseph Smith and the Missouri Court of Inquiry", págs. 93–136; *JSP*, H2, pág. 167, nota 140.
32. *Document Containing the Correspondence*, pág. 90; Gentry y Compton, *Fire and Sword*, págs. 240, 408–409; Rigdon, *Appeal to the American People*, pág. 66.
33. Sampson Avard, Testimony, noviembre de 1838, págs. [2]–[23], State of Missouri v. Joseph Smith and Others for Treason and Other Crimes, en State of Missouri, "Evidence"; *Document Containing the Correspondence*, págs. 97, 99.
34. Pratt, *Autobiography,* págs. 230; Parley P. Pratt, Testimony, 1 de julio de 1843, pág. 8, Nauvoo, IL, Records, Biblioteca de Historia de la Iglesia.
35. Hyrum Smith, Testimony, 1 de julio de 1843, págs. 18–19, Nauvoo, IL, Records, Biblioteca de Historia de la Iglesia; LeSueur, "High Treason and Murder", págs. 7–13; Court Documents for State of Missouri v. Joseph Smith and Others for Treason and Other Crimes, en State of Missouri, "Evidence"; *Document Containing the Correspondence*, págs. 97–151.
36. Pratt, *History of the Late Persecution*, pág. 55; véanse también *Document Containing the Correspondence*, pág. 150; y State of Missouri, "Evidence", págs. 124–125.
37. Hyrum Smith, Testimony, 1 de julio de 1843, pág. 21, Nauvoo, IL, Records, Biblioteca de Historia de la Iglesia; Joseph Smith to Emma Smith, 1 de diciembre de 1838, en *JSP*, D6,

págs. 293–294; Littlefield, *Reminiscences of Latter-day Saints*, págs. 79–80; "Jail, Liberty, Missouri", Geographical Entry, Joseph Smith Papers website, josephsmithpapers.org.

38. Littlefield, *Reminiscences of Latter-day Saints*, pág. 80. **Tema: Cárcel de Liberty**

Capítulo 32: "Yo lo sacaré de tinieblas a luz"

1. Joseph Smith History, 1838–1856, tomo C-1, págs. 856–857; Greene, *Facts Relative to the Expulsion*, págs. 13–14; "History, of the Persecution", *Times and Seasons*, septiembre de 1840, tomo I, págs. 161–162, en *JSP*, tomo H2, págs. 272–273.
2. John B. Clark a Lilburn W. Boggs, 10 de noviembre de 1838, Mormon War Papers, Missouri State Archives, Jefferson City; véase también Esplin, "Emergence of Brigham Young", pág. 348.
3. "Speech of General Clarke," 6 de noviembre de 1838, en Joseph Smith Letterbook 2, págs. I–1; Greene, *Facts Relative to the Expulsion,* págs. 26–27; véase también John B. Clark, Report to Lilburn W. Boggs, Jefferson City, MO, 29 de noviembre de 1838, Mormon War Papers, Missouri State Archives, Jefferson City. En los primeros textos del discurso de John B. Clark consta: "Nunca más se organicen con obispos, presidentes, etc."
4. Smith, Notebook, págs. 14–15; "Amanda Smith", *Woman's Exponent,* 15 de mayo de 1881, tomo IX, pág. 189.
5. Tullidge, *Women of Mormondom*, pág. 129; "Amanda Smith", *Woman's Exponent*, 15 de mayo de 1881, tomo IX, pág. 189.
6. Véase Hartley, "Saints' Forced Exodus from Missouri", págs. 347–390.
7. Woodruff, Journal, 1, 27, y 31 de octubre de 1838; Departamento Histórico, Journal History of the Church, 9 de octubre de 1838.
8. Woodruff, Journal, 3, 7, 9, y 16 de noviembre de 1838.
9. Woodruff, Journal, 23–30 de noviembre de 1838; Departamento Histórico, Journal History of the Church, 9 de octubre de 1838.
10. Woodruff, Journal, 1–2 de diciembre de 1838; Departamento Histórico, Journal History of the Church, 9 de octubre de 1838.
11. Departamento Histórico, Journal History of the Church, 9 de octubre de 1838. **Tema: Sanación**
12. "Clay County, Missouri", *Historical Record*, diciembre de 1888, tomo VII, pág. 670; "Liberty Jail", history.lds.org; Joseph Smith to Isaac Galland, 22 de marzo de 1839, en *JSP*, D6, pág. 380; Joseph Smith to Emma Smith, 4 de abril de 1839, en *JSP*, D6, pág. 403; Hyrum Smith, Testimony, 1 de julio de 1843, págs. 21–22; Lyman Wight, Testimony, 1 de julio de 1843, págs. 30–31, Nauvoo, IL, Records, Biblioteca de Historia de la Iglesia; Bray, "Within the Walls of Liberty Jail", págs. 258–259. **Tema: Cárcel de Liberty**
13. *History of the Reorganized Church*, tomo II, pág. 309.
14. Joseph Smith to the Church in Caldwell County, MO, 16 de diciembre de 1838, en *JSP*, D6, págs. 294–310.
15. Biblia familiar de Hyrum Smith; *History of the Reorganized Church*, tomo II, pág. 315; Thompson, Autobiographical Sketch, págs. 3–4.
16. *History of the Reorganized Church*, tomo II, pág. 315; Thompson, Autobiographical Sketch, págs. 2, 4.
17. "Recollections of the Prophet Joseph Smith", *Juvenile Instructor*, 1 de julio de 1892, tomo XXVII, pág. 398.
18. Thompson, Autobiographical Sketch, pág. 4; "Recollections of the Prophet Joseph Smith", *Juvenile Instructor*, 1 de julio de 1892, tomo XXVII, pág. 398.
19. Joseph Smith and Others to Heber C. Kimball and Brigham Young, 16 de enero de 1839, en *JSP*, tomo D6, págs. 310–316. **Tema: Cuórum de los Doce Apóstoles**
20. Minute Book 2, 13 de diciembre de 1838.

21. Albert P. Rockwood a "Dear Beloved Father," enero de 1839, en Jessee y Whittaker, "Albert Perry Rockwood Journal," pág. 34; Joseph Smith and Others to Heber C. Kimball and Brigham Young, 16 de enero de 1839, en *JSP,* tomo D6, págs. 310–316.
22. Comité de Far West, Minutes, 29 de enero y 2 de febrero de 1839; Joseph Smith History, 1838–1856, tomo C–1, págs. 881–883.
23. Huntington, Diary and Reminiscences, pág. 45; Joseph Smith History, 1838–1856, tomo C–1, pág. 884; Hartley, "Saints' Forced Exodus from Missouri", págs. 347–390.
24. En una carta fechada el 22 de marzo de 1839 dirigida a Isaac Galland, José Smith se refiere a "cinco niños". El quinto hijo aparentemente era Johanna Carter, una huérfana que tendría unos quince años de edad en 1839. Hay algunas pruebas de que Johanna vivía con la familia Smith en Far West y de que aún estaba con Emma Smith en Quincy; José menciona de nuevo a Johanna entre sus hijos en una carta fechada el 4 de abril de 1839 dirigida a Emma.(Joseph Smith to Isaac Galland, 22 de marzo de 1839, en *JSP*, tomo D6, pág. 382; Joseph Smith to Emma Smith, 4 de abril de 1839, en *JSP*, tomo D6, pág. 404; véanse también *JSP*, tomo D6, pág. 382, nota 674; pág. 404, nota 817).
25. Joseph Smith History, 1838–1856, tomo C–1, pág. 884; Mary Audentia Smith Anderson, "Memoirs of President Joseph Smith", *Saints' Herald*, 6 de noviembre de 1934, pág. 1416; Cooper, "Spiritual Reminiscences.—No. 2", pág. 18. **Tema: Emma Hale Smith**
26. Joseph Smith History, 1838–1856, tomo C–1, pág. 885; Mary Audentia Smith Anderson, "Memoirs of President Joseph Smith", *Saints' Herald*, 6 de noviembre de 1934, pág. 1416; véase también Cooper, "Spiritual Reminiscences.—No. 2", pág. 18.
27. Leonard, *Nauvoo*, pág. 33; Hartley, "Winter Exodus from Missouri", pág. 18; Bennett, "Study of the Mormons in Quincy", págs. 103–118.
28. Emma Smith to Joseph Smith, 7 de marzo de 1839, en *JSP*, D6, págs. 339–340.
29. Tullidge, *Women of Mormondom*, págs. 128–129.
30. *Collection of Sacred Hymns*, 112; véase también "Qué firmes cimientos", *Himnos*, nro. 40. El relato de Amanda Barnes Smith que se cita en Tullidge, *Women of Mormondom*, presenta diferencias con la traducción y adaptación al español del texto del himno: "Al alma que en Jesús se ampara por reposo, no puedo y no he de entregar a sus enemigos".
31. Tullidge, *Women of Mormondom*, págs. 129–130.
32. Smith, Notebook, pág. 25; Tullidge, *Women of Mormondom*, págs. 128, 131–132; "Amanda Smith", *Woman's Exponent*, 15 de mayo de 1881, tomo IX, pág. 189; Baugh, "Rare Account of the Haun's Mill Massacre", pág. 168; Baugh, "I'll Never Forsake", pág. 338. **Tema: Amanda Barnes Smith**
33. Hendricks, Reminiscences, págs. 20–22.
34. Woodruff, Journal, 13–16 de marzo de 1839; véanse también Woodruff, Journal, 12 de septiembre y 25 de septiembre de 1838; 1 de octubre de 1838. **Tema: Colonia de Quincy, Illinois**
35. Hartley, "Saints' Forced Exodus from Missouri", págs. 347–390; Edward Partridge to Joseph Smith and Others, 5 de marzo de 1839, en *JSP*, D6, págs. 326–331.
36. Edward Partridge to Joseph Smith and Others, 5 de marzo de 1839, en *JSP*, D6, pág. 329; Woodruff, Journal, 16 de marzo de 1839.
37. Woodruff, Journal, 17–18 de marzo de 1839; Joseph Smith History, 1838–56, tomo C–1, págs. 898–899.
38. Woodruff, Journal, 18 de marzo de 1839.
39. Joseph Smith History, 1838–56, tomo C–1, págs. 884, 888, 891–892, 894. **Tema: Recogimiento de Israel**

Capítulo 33: Oh Dios, ¿en dónde estás?

1. Véanse Jessee, "Walls, Grates and Screeking Iron Doors", pág. 26; y Baugh, "Joseph Smith in Northern Missouri", pág. 329.

2. Hyrum Smith, Diary, 29 de octubre de 1838–5 de febrero de 1839; Informe, *Saints' Herald*, 2 de agosto de 1884, pág. 490; "Part 3: 4 November 1838–16 April 1839", en *JSP*, D6, pág. 276; Joseph Smith to Isaac Galland, Mar. 22, 1839, en *JSP*, D6, pág. 379; Sidney Rigdon, Testimony, 1 de julio de 1843, págs. [22]–[23], Nauvoo, IL, Records, Biblioteca de Historia de la Iglesia.
3. Hyrum Smith, Diary, 18 y 31 de marzo de 1839; 3 de abril de 1839; Hyrum Smith, Testimony, 1 de julio de 1843, pág. 22, Nauvoo, IL, Records, Biblioteca de Historia de la Iglesia; Joseph Smith to Isaac Galland, Mar. 22, 1839, en *JSP*, D6, pág. 380; véase también Jessee, "Walls, Grates and Screeking Iron Doors", pág. 28.
4. Hyrum Smith to Mary Fielding Smith, 16 de marzo de 1839, Mary Fielding Smith Collection, Biblioteca de Historia de la Iglesia; Jessee, "Walls, Grates, and Screeking Iron Doors", págs. 30–31.
5. Véase Joseph Smith and Others to the Church and Edward Partridge, 20 de marzo de 1839, en *JSP*, tomo D6, págs. 361–362.
6. Joseph Smith and Others to the Church and Edward Partridge, 20 de marzo de 1839, en *JSP*, tomo D6, pág. 362; Doctrina y Convenios 121:1–2; véanse también Salmos 44:23–24; 77:6–9.
7. Woodruff, Journal, 17 de abril de 1839; Doctrina y Convenios 118:5 (Revelation, July 8, 1838–A, en josephsmithpapers.org); Historian's Office, Brigham Young History Drafts, pág. 21.
8. Véase Historical Introduction to Letter to Heber C. Kimball and Brigham Young, 16 de enero de 1839, en *JSP,* tomo D6, págs. 311–312.
9. Historian's Office, Brigham Young History Drafts, pág. 21. En la fuente original se halla en pretérito: "El Señor Dios había hablado. . . Nuestro deber era obedecer y dejar los acontecimientos en Sus manos".
10. Edward Partridge to Joseph Smith and Others, 5 de marzo de 1839, en *JSP*, tomo D6, págs. 326–331; Don Carlos Smith and William Smith to Joseph Smith, 6 de marzo de 1839, en *JSP*, tomo D6, págs. 331–334; Emma Smith to Joseph Smith, 7 de marzo de 1839, en *JSP*, tomo D6, págs. 338–340; Historical Introduction to Letter from Edward Partridge, 5 de marzo de 1839, en *JSP*, tomo D6, pág. 328.
11. Joseph Smith and Others to the Church and Edward Partridge, 20 de marzo de 1839, en *JSP*, tomo D6, págs. 356–372; Jessee y Welch, "Joseph Smith's Letter from Liberty Jail", págs. 125–145; Bray, "Within the Walls of Liberty Jail", págs. 256–263.
12. Joseph Smith and Others to the Church and Edward Partridge, 20 de marzo de 1839, en *JSP*,tomo D6, pág. 363; Doctrina y Convenios 121:5.
13. Joseph Smith and Others to Edward Partridge and the Church, aprox. 22 de marzo de 1839, en *JSP*, tomo D6, págs. 393–394; Doctrina y Convenios 121:34–39.
14. Joseph Smith and Others to Edward Partridge and the Church, aprox. 22 de marzo de 1839, en *JSP*, tomo D6, pág. 394; Doctrina y Convenios 121:41–46.
15. Joseph Smith and Others to the Church and Edward Partridge, 20 de marzo de 1839, en *JSP*, tomo D6, pág. 362; Doctrina y Convenios 121:1–3.
16. Joseph Smith and Others to the Church and Edward Partridge, 20 de marzo de 1839, en *JSP*, tomo D6, pág. 366; Doctrina y Convenios 121:7–8.
17. Joseph Smith and Others to Edward Partridge and the Church, aprox. 22 de marzo de 1839, en *JSP*, tomo D6, pág. 395; Doctrina y Convenios 122:7–9; véase también Alma 7:12. **Tema: Cárcel de Liberty**
18. Comité de Far West, Minutes, 17–18 de marzo de 1839; Kimball, "History", pág. 99; Theodore Turley, Memoranda, alrededor de febrero de 1845, Joseph Smith History Documents, 1839–1960, Biblioteca de Historia de la Iglesia.
19. Kimball, "History", pág. 99; Theodore Turley, Memoranda, alrededor de febrero de 1845, Joseph Smith History Documents, 1839–1960, Biblioteca de Historia de la Iglesia.
20. Kimball, "History", págs. 99–100.
21. Joseph Smith and Others to the Church and Edward Partridge,20 de marzo de 1839, en *JSP*, tomo D6, pág. 371.

22. Joseph Smith and Others to Edward Partridge and the Church, aprox. 22 de marzo de 1839, en *JSP*, tomo D6, pág. 398; Doctrina y Convenios 123:1–6, 13, 16–17.
23. Joseph Smith to Emma Smith, 4 de abril de 1839, en *JSP*, tomo D6, págs. 404–405.
24. Hyrum Smith, Diary, 7–8 de abril de 1839; Hyrum Smith, Testimony, 1 de julio de 1843, págs. 23–25, Nauvoo, IL, Records, Biblioteca de Historia de la Iglesia.
25. Bill of Damages, 4 de junio de 1839, en *JSP*, tomo D6, pág. 504; Joseph Smith History, 1838–56, tomo C–1, pág. 921; Hyrum Smith, Testimony, 1 de julio de 1843, págs. 25–26, Nauvoo, IL, Records, Biblioteca de Historia de la Iglesia.
26. Hyrum Smith, Diary, 14 de abril de 1839.
27. Burnett, *Old California Pioneer*, págs. 40–41; véase también Baugh, "Gallatin Hearing and the Escape of Joseph Smith", págs. 62–63.
28. Bushman, *Rough Stone Rolling*, pág. 382; Leonard, *Nauvoo*, págs. 38–39.
29. Hyrum Smith, Testimony, 1 de julio de 1843, pág. 26, Nauvoo, IL, Records, Biblioteca de Historia de la Iglesia; Hyrum Smith, Diary, 16 de abril de 1839; Joseph Smith History, 1838–1856, tomo C-1, págs. 921–922; véase también Historical Introduction to Promissory Note to John Brassfield, 16 de abril de 1839, en *JSP*, tomo D6, págs. 422–426.
30. Historian's Office, Brigham Young History Drafts, págs. 21–22; Woodruff, Journal, 18 de abril de 1839.
31. John Taylor to "Dear Sir", en *LDS Millennial Star*, mayo de 1841, tomo II, pág. 13; Woodruff, Journal, 26 de abril de 1839; Kimball, "History", pág. 102.
32. Woodruff, Journal, 26 de abril de 1839; Historian's Office, General Church Minutes, 26 de abril de 1839; *Collection of Sacred Hymns*, págs. 29–30; véase también "Adam-ondi-Ahman", *Hymns*, nro. 49. **Tema: Sion/Nueva Jerusalén**
33. Woodruff, Journal, 27 de abril de 1839.
34. Dimick B. Huntington, Statement, aprox. 1854–1856, Joseph Smith History Documents, 1839–1860, Biblioteca de Historia de la Iglesia; Joseph Smith, Journal, 22–23 de abril de 1839, en *JSP*, tomo J1, pág. 336.
35. Dimick B. Huntington, Statement, aprox. 1854–1856, Joseph Smith History Documents, 1839–1860, Biblioteca de Historia de la Iglesia.
36. Joseph Smith History, 1838–1856, tomo C–1, pág. 922.
37. Dimick B. Huntington, Statement, aprox. 1854–1856, Joseph Smith History Documents, 1839–1860, Biblioteca de Historia de la Iglesia; Joseph Smith, Journal, 22–23 de abril de 1839, en *JSP*, tomo J1, pág. 336; Joseph Smith History, 1838–1856, tomo C–1, pág. 924.

Capítulo 34: Edifica una ciudad

1. Joseph Smith History, 1838–56, tomo C–1, pág. 930; *JSP*, tomo J1, pág. 336, nota 14; José Smith a Isaac Galland, 22 de marzo de 1839, en *JSP*, tomo D6, pág. 388.
2. Comité de Far West, Minutas, febrero de 1839; Leonard, *Nauvoo*, pág. 55.
3. David W. Rogers, Declaración, 1 de febrero de 1839, Biblioteca de Historia de la Iglesia; Joseph Smith, Journal, 13 de abril de 1843, en *JSP*, tomo J2, pág. 354; véase también Plewe, *Mapping Mormonism*, págs. 53–54. **Tema: Nauvoo (Commerce), Illinois**
4. Woodruff, Diario, 20 de mayo de 1839; Woodruff, *Leaves from My Journal*, pág. 61.
5. Véase Rollins y otros, "Transforming Swampland into Nauvoo", págs. 125–157; Flanders, *Nauvoo*, págs. 38–44, 116.
6. Woodruff, Diario, 27 de junio de 1839; Bushman, *Rough Stone Rolling*, págs. 386–389; Esplin, "Emergence of Brigham Young", págs. 398–402.
7. Richards, "Pocket Companion", pág. 17.
8. Woodruff, Diario, 2 de julio de 1839.
9. Joseph Smith, Journal, June 27, 1839, en *JSP*, tomo J1, pág. 343; Woodruff, Diario, 25–27 de junio de 1839.
10. Woodruff, Diario, 12 de julio de 1839, Givens y Grow, *Parley P. Pratt*, págs. 158–165.

11. Woodruff, Diario, 12 y 19 de julio de 1839; Oficina del Historiador, Bocetos históricos de Brigham Young, pág. 25; Oficina del Historiador, "History of Brigham Young", pág. 35; Woodruff, *Leaves from My Journal,* pág. 62.
12. Woodruff, *Leaves from My Journal,* págs. 62–63; Joseph Smith, Journal, July 22–23, 1839, en *JSP,* tomo J1, pág. 349; Oficina del Historiador, Bocetos históricos de Brigham Young, pág. 25; Woodruff, Diario, 22 de julio de 1839; Pratt, *Autobiografía,* pág. 324.
13. Woodruff, Diario, 22 de julio de 1839; Pratt, *Autobiografía,* págs. 324–325.
14. Kimball, "History", pág. 110; Woodruff, *Leaves from My Journal,* pág. 63; Oficina del Historiador, Bocetos históricos de Brigham Young, págs. 25–26; Pratt, *Autobiografía,* pág. 325.
15. Woodruff, Boceto autobiográfico, pág. 3. **Tema: Sanación**
16. Tullidge, *Women of Mormondom,* págs. 213–214.
17. Gates, *History of the Young Ladies' Mutual Improvement Association,* pág. 16; véase también "Madre Celestial", Temas del Evangelio, topics.lds.org. **Tema: Madre Celestial**
18. Woodruff, Diario, 8 de agosto de 1839; véase también Woodruff, Diario, 30 de mayo de 1840; y Alexander, *Heaven and Earth,* pág. 85.
19. Pratt, *Autobiografía,* pág. 325; George A. Smith a Bathsheba Wilson Bigler, 14 de enero de 1841, George A. Smith, Collection, Biblioteca de Historia de la Iglesia; "History of George Albert Smith," pág. 15, enOficina del Historiador, Historias de los Doce, Biblioteca de Historia de la Iglesia; Allen y otros, *Men with a Mission,* págs. 8, 277, 288–289.
20. Oficina del Historiador, Bocetos históricos de Brigham Young, pág. 26; "Biography of Mary Ann Angell Young", *Juvenile Instructor,* 15 de enero de 1891, tomo XXVI, págs. 56–57; Kimball, "History", pág. 111.
21. Oficina del Historiador, Bocetos históricos de Brigham Young, págs. 26–27; Oficina del Historiador, "History of Brigham Young", pág. 35; Kimball, "History", pág. 111.
22. Brigham Young, en *Journal of Discourses,* 17 de julio de 1870, tomo XIII, pág. 211; Kimball, "History", pág. 111.
23. Johnson, *Mormon Redress Petitions,* págs. XIX, XXIII–XXV; McBride, "When Joseph Smith Met Martin Van Buren", pág. 150; Joseph Smith, Discourse, 7 de abril de 1840, en *JSP,* tomo D7, págs. 258–260. **Tema: American Legal and Political Institutions [Instituciones legales y políticas de Estados Unidos]**
24. Sidney Rigdon a Martin Van Buren, 9 de noviembre de 1839; Memorial al Senado y a la casa de Representantes de Estados Unidos, aprox. 30 de octubre de 1839–27 de enero de 1840; Joseph Smith, Discourse, Apr. 7, 1840, en *JSP,* tomo D7, págs. 57–59, 138–174, 258–260.
25. Reynolds, *My Own Times,* págs. 574–575; Joseph Smith and Elias Higbee to Hyrum Smith and Nauvoo high council, Dec. 5, 1839, en *JSP,* tomo D7, pág. 69; Monkman, *White House,* págs. 93–94; Seale, *President's House,* págs. 212–215.
26. Joseph Smith History, 1838–56, tomo C–1, pág. 972; José Smith a Emma Smith, 9 de noviembre de 1839; Sidney Rigdon to Martin Van Buren, Nov. 9, 1839, en *JSP,* tomo D7, págs. 55–59; Reynolds, *My Own Times,* pág. 575; véase también Sidney Rigdon to Joseph Smith and others, Apr. 10, 1839, en *JSP,* tomo D6, págs.408–409; y Bushman, *Rough Stone Rolling,* págs. 391–393.
27. Freidel, *Presidents of the United States of America,* págs. 22–23; Joseph Smith and Elias Higbee to Hyrum Smith and Nauvoo high council, Dec. 5, 1839, en *JSP,* tomo D7, págs. 69–70; Reynolds, *My Own Times,* pág. 575.
28. Joseph Smith, Discourse, Mar. 1, 1840, en *JSP,* tomo D7, pág. 202; compare con *History of the Church,* tomo IV, pág. 80.
29. McBride, "When Joseph Smith Met Martin Van Buren", págs. 150–158; Joseph Smith y Elias Higbee a Hyrum Smith y al sumo consejo de Nauvoo, 5 de diciembre de 1839; Joseph Smith, Discourse, Apr. 7, 1840, en *JSP,* tomo D7, págs. 69–70, 260.
30. Joseph Smith, Discourse, Apr. 7, 1840, en *JSP,* tomo D7, pág. 260; compare con *History of the Church,* tomo IV, pág. 80; Joseph Smith and Elias Higbee to Hyrum Smith and Nauvoo high council, Dec. 5, 1839, en *JSP,* tomo D7, pág. 69.

31. Joseph Smith y Elias Higbee a Hyrum Smith y al sumo consejo de Nauvoo, 5 de diciembre de 1839; Joseph Smith and Elias Higbee to Seymour Brunson and Nauvoo high council, Dec. 7, 1839, en *JSP,* tomo D7, págs. 70, 78–81; *Journal of the Senate of the United States of America,* pág. 138; Bushman, *Rough Stone Rolling,* pág. 397.
32. Véase Minutes and Discourse, Jan. 13, 1840, en *JSP,* tomo D7, págs. 111–115; y Joseph Smith to Robert D. Foster, Dec. 30, 1839, en *JSP,* tomo D7, págs. 89–93.
33. Woodruff, Journal, 11–13 de enero de 1840; Woodruff, *Leaves from My Journal,* pág. 75; Bitton, *George Q. Cannon,* págs. 33–38; John Taylor a Leonora Taylor, 30 de enero de 1840, John Taylor, Collection, Biblioteca de Historia de la Iglesia.
34. Woodruff, Diario, 13–18 de enero de 1840.
35. Woodruff, Diario, 2–4 de marzo de 1840; Woodruff, *Leaves from My Journal,* págs. 77–78.
36. Woodruff, Diario, 4 de marzo de 1840; Woodruff, *Leaves from My Journal,* pág.78–81.
37. Woodruff, Diario, 5–7 de marzo de 1840; Woodruff, *Leaves from My Journal,* págs. 79–81; Allen y otros, *Men with a Mission,* pág. 126.
38. Wilford Woodruff a Willard Richards, 31 de marzo de 1840, Willard Richards, Journals and Papers, Biblioteca de Historia de la Iglesia; véase también Allen y otros, *Men with a Mission,* págs. 126–128. **Temas: England [Inglaterra]; Early Missionaries [Primeros misioneros]**
39. Matthew L. Davis a Sra. Matthew [Mary] L. Davis, 6 de febrero de 1840, Biblioteca de Historia de la Iglesia; Bushman, *Rough Stone Rolling,* págs. 394–395.
40. José Smith a Emma Smith, 20–25 de enero de 1840, en *JSP,* tomo D7, pág. 136.
41. José Smith a Emma Smith, 13 de octubre de 1832, en *JSP,* tomo D2, pág. 313.
42. Hales, *Joseph Smith's Polygamy,* tomo I, págs. 201–202.
43. Pratt, *Autobiografía,* págs. 329–330; véase también Givens y Grow, *Parley P. Pratt,* págs. 173–74.
44. Joseph Smith and Elias Higbee to Hyrum Smith and Nauvoo high council, Dec. 5, 1839, en *JSP,* tomo D7, pág. 72.
45. John C. Calhoun a José Smith, 2 de diciembre de 1843, Colección Joseph Smith, Biblioteca de Historia de la Iglesia; Joseph Smith History, 1838–56, tomo C-1, pág. 1016.
46. Oficina del Historiador, Notas de los Bocetos históricos de José Smith, 4 de marzo de 1840; Report of the Senate Committee on the Judiciary, Mar. 4, 1840, en *JSP,* tomo D7, págs.539–543; McBride, "When Joseph Smith Met Martin Van Buren", págs. 154–158; Bushman, *Rough Stone Rolling,* págs. 396–398.
47. Elias Higbee to Joseph Smith, Mar. 24, 1840, en *JSP,* tomo D7, págs. 232–234.

Capítulo 35: Un lugar hermoso

1. "Autobiography of Emily D. P. Young", *Woman's Exponent,* 15 de julio de 1885, tomo XIV, pág. 26; Lyman, Diario, pág. 12; Obituario de Harriet Partridge, *Times and Seasons,* 1 de junio de 1840, tomo I, pág. 128.
2. Obituario de Edward Partridge, *Times and Seasons,* 1 de junio de 1840, tomo I, págs. 127–128; Lyman, Diario, pág. 12.
3. "Autobiography of Emily D. P. Young", *Woman's Exponent,* 1 de agosto de 1885, tomo XIV, pág. 37.
4. Obituario de Edward Partridge, *Times and Seasons,* 1 de junio de 1840, tomo I, págs. 127–128. **Tema: Church Periodicals [Publicaciones periódicas de la Iglesia]**
5. "Autobiography of Emily D. P. Young", *Woman's Exponent,* 15 de julio de 1885, tomo XIV, pág. 26 ; Lyman, Diario, pág.13.
6. "Nauvoo" y "Immigration", *Times and Seasons,* junio de 1840, tomo I, págs. 122–124; Joseph Smith History, 1838–56, tomo C-1, pág. 1060; Bushman, *Rough Stone Rolling,* pág. 405; Leonard, *Nauvoo,* págs. 60–61.

7. "Proclamation, to the Saints Scattered Abroad", *Times and Seasons,* 15 de enero de 1841, tomo II, págs. 273–274; véase también Leonard, *Nauvoo,* pág. 59. **Tema: Nauvoo (Commerce), Illinois**
8. Véase Leonard, *Nauvoo,* pág. 91.
9. William W. Phelps to Joseph Smith, June 29, 1840, en *JSP,* tomo D7, págs. 303–305.
10. Joseph Smith to William W. Phelps, July 22, 1840, in *JSP,* D7:345–48.
11. Woodruff, Diario, 28 de julio de 1844; véase también Joseph Smith to Presendia Huntington Buell, Mar. 15, 1839, en *JSP,* tomo D6, págs. 354–356; y Esplin, "Joseph Smith's Mission and Timetable", págs. 280–319.
12. **Tema: Bishop [Obispo]**
13. John C. Bennett to Joseph Smith, July 25, 1840, en *JSP,* tomo D7, págs. 348–350; Bushman, *Rough Stone Rolling,* pág. 411; "Bennett, John Cook", Entrada biográfica, sitio web de los Documentos de José Smith, josephsmithpapers.org.
14. John C. Bennett to Joseph Smith and Sidney Rigdon, July 27, 1840, en *JSP,* tomo D7, págs. 350–353; véase también John C. Bennett to Joseph Smith, July 30, 1840, en *JSP,* tomo D7, págs. 368–370.
15. John C. Bennett to Joseph Smith, July 30, 1840, en *JSP,* tomo D7, pág. 370. El ejemplar más antiguo de esta carta dice: "Mi ansiedad de estar con está aumentando diariamente".
16. Joseph Smith to John C. Bennett, 8 de agosto de 1840, en *JSP,* tomo D7, págs. 370–374.
17. Joseph Smith, Discourse, circa July 19, 1840, en *JSP,* tomo D7, págs. 340–345. **Temas: Recogimiento de Israel; Sion/Nueva Jerusalén; Templo de Nauvoo**
18. Lucy Mack Smith, History, 1844–1845, libro 17, pág. 7; libro 18, pág. 1–10; Funeral Address, *Times and Seasons,* septiembre de 1840, tomo I, págs. 170–173; Vilate Murray Kimball to Heber C. Kimball, Sept. 6, 1840, Heber C. Kimball, Letters, Church History Library; Obituary for Seymour Brunson, *Times and Seasons,* septiembre de 1840, tomo I, pág. 176.
19. Jane Neyman, Statement, Nov. 29, 1854, Oficina del Historiador, Documentos históricos de José Smith, Biblioteca de Historia de la Iglesia; Departamento Histórico, Journal History of the Church, 15 de agosto de 1840; Brunson, "Short Sketch of Seymour Brunson, Sr.", págs. 3–4; Doctrina y Convenios 137 (Visions, Jan. 21, 1836, en josephsmithpapers.org); véase también Tobler, "Saviors on Mount Zion", pág. 186, nota 12.
20. 1 Corintios 15:29.
21. Simon Baker, "15 Aug. 1840 Minutes of Recollection of Joseph Smith's Sermon", Colección de José Smith, Biblioteca de Historia de la Iglesia.
22. Jane Neyman, Statement, Nov. 29, 1854, Oficina del Historiador, Documentos históricos de José, Biblioteca de Historia de la Iglesia. **Tema: Baptism for the Dead [Bautismo por los muertos]**
23. Joseph Smith to John C. Bennett, Aug. 8, 1840, en *JSP,* tomo D7, págs. 372–373; "Mormonism—Gen. Bennett, &c.", *Times and Seasons,* 15 de octubre de 1842, tomo III, pág. 955; "Bennett, John Cook", Entrada biográfica, sitio web de los Documentos de José Smith, josephsmithpapers.org; Nota informativa, *Times and Seasons,* 1 de diciembre de 1840, tomo II, pág. 234.
24. Lucy Mack Smith, History, 1844–1845, libro 17, pág. 7; libro 18, págs. 3–4.
25. Lucy Mack Smith, History, 1844–45, libro 18, págs. 3–9; Lucy Mack Smith, History, 1845, págs. 296, 301; Smith, *Biographical Sketches,* pág. 267. **Tema: Joseph Smith, padre**
26. Vilate Kimball to Heber C. Kimball, Oct. 11, 1840, Vilate M. Kimball, Letters, Biblioteca de Historia de la Iglesia.
27. Conference Minutes, *Times and Seasons,* octubre de 1840, tomo I, págs. 185–187; Vilate Kimball to Heber C. Kimball, Oct. 11, 1840, Vilate M. Kimball, Letters, Church History Library; Nauvoo Temple, Baptisms for the Dead, libro A, pág. 149, microfilm 183,376, U.S. and Canada Record Collection, Family History Library; Black and Black, *Annotated Record of Baptisms for the Dead,*tomo VI, pág. 3361; véase también Nauvoo Temple, Baptisms for the Dead, 1840–1845, Biblioteca de Historia de la Iglesia.
28. Vilate Kimball to Heber C. Kimball, Oct. 11, 1840, Vilate M. Kimball, Letters, Biblioteca de Historia de la Iglesia.

29. Isaac Hale, declaración jurada, 20 de marzo de 1834, en "Mormonism", *Registro de Susquehanna y del norte de Pensilvania,* 1 de mayo de 1834, pág. 1.
30. Nauvoo Temple, Baptisms for the Dead, libro A, pág. 45.
31. Act to Incorporate the City of Nauvoo, Dec. 16, 1840, en *JSP,* tomo D7, págs. 472–488; Minutas de la conferencia, *Times and Seasons,* octubre de 1840, tomo I, pág. 186.
32. Nota informativa, *Times and Seasons,* 15 de enero de 1841, tomo II, pág. 287. **Tema: Early Missionaries [Primeros misioneros]**
33. "Report from the Presidency", *Times and Seasons,* octubre de 1840, tomo I, pág. 188.
34. Act to Incorporate the City of Nauvoo, Dec. 16, 1840, en *JSP,* tomo D7, págs. 472–488; Joseph Smith and others, Proclamation, Jan. 15, 1841, en *JSP,* tomo D7, págs. 503–504; véase también Bushman, *Rough Stone Rolling,* págs. 410–412.
35. Doctrina y Convenios 124:19, 91–96, 127 (Revelation, Jan. 19, 1841, en josephsmithpapers.org). **Tema: Hyrum Smith**
36. Doctrina y Convenios 124:16–17 (Revelation, Jan. 19, 1841, en josephsmithpapers.org).
37. Doctrina y Convenios 124:22–24, 49–54, 60–61 (Revelation, Jan. 19, 1841, en josephsmithpapers.org).
38. Doctrina y Convenios 124:40 (Revelation, Jan. 19, 1841, en josephsmithpapers.org); véase también Smith, "Organizing the Church in Nauvoo", págs. 264–271. **Tema: Templo de Nauvoo**
39. Doctrina y Convenios 124:29–38 (Revelation, Jan. 19, 1841, en josephsmithpapers.org). **Tema: Baptism for the Dead [Bautismo por los muertos]**
40. Doctrina y Convenios 124:41–42 (Revelation, Jan. 19, 1841, en josephsmithpapers.org); véase también Smith, "Organizing the Church in Nauvoo", págs. 264–271.
41. Doctrina y Convenios 124:55 (Revelation, Jan. 19, 1841, en josephsmithpapers.org).
42. "Municipal Election", *Times and Seasons,* 1 de febrero de 1841, tomo II, pág. 309; "Inaugural Address", *Times and Seasons,* 15 de febrero de 1841, tomo II, págs. 316–318; "Trial of Elder Rigdon", *Times and Seasons,* 15 de septiembre de 1844, tomo V, pág. 655; An Act to Incorporate the City of Nauvoo [Dec. 16, 1840], *Laws of the State of Illinois,* pág. 55, sección 16; "Bennett, John Cook", Entrada biográfica, sitio web de los Documentos de José Smith, josephsmithpapers.org.
43. "Memoirs of President Joseph Smith", *Saints' Herald,* 8 de enero de 1935, pág. 49.

Capítulo 36: Persuádelos a congregarse

1. Maughan, Autobiografía, págs. 29–34.
2. Maughan, Autobiografía, págs. 29–34; Allen y otros, *Men with a Mission,* pág. 302, nota 37; Winters, Reminiscences, pág. 10; véase también Minutes, Apr. 6, 1841, en *LDS Millennial Star,* abril de 1841, tomo I, pág. 302.
3. Allen y otros, *Men with a Mission,* págs. 225–226.
4. Allen y Thorp, "Mission of the Twelve to England", págs. 503, 510–514; Givens y Grow, *Parley P. Pratt,* págs. 182–183.
5. Véase, por ejemplo, Richard Livesey, *Exposure of Mormonism* (Preston: J. Livesey, 1838); véase también "Mission to England", *LDS Millennial Star,* abril de 1841, tomo I, pág. 295; Givens and Grow, *Parley P. , Pratt,* págs. 183, 186; y Foster, *Penny Tracts and Polemics.*
6. "From England", *Times and Seasons,* junio de 1840, tomo I, págs. 119–122. **Tema: Church Periodicals [Publicaciones periódicas de la Iglesia]**
7. Maughan, Autobiografía, págs. 30–31, 35–38; véase también "Proclamation to the Saints Scattered Abroad", *LDS Millennial Star,* marzo de 1841, tomo I, págs. 270–271; y "Epistle of the Twelve", *LDS Millennial Star,* abril de 1841, tomo I, págs. 310–311.
8. "Celebration of the Anniversary" y "Communication", *Times and Seasons,* 15 de abril de 1841, tomo II, págs. 375–377, 380–383; Reportaje, *Warsaw Signal,* 9 de junio de 1841, pág. 2.

9. *Repaso biográfico del condado de Hancock, Illinois,* pág. 109; véase también Hamilton, "Thomas Sharp's Turning Point", pág. 19.
10. Véase Reportaje, *Western World,* 20 de enero de 1841, pág. 2.
11. "Celebration of the Anniversary" y "Communication", *Times and Seasons,* 15 de abril de 1841, tomo II, págs. 375–377, 380–383; "The Mormons", *Western World,* 7 de abril de 1841, pág. 3; Reportaje, *Warsaw Signal,* 9 de junio de 1841, pág. 2; "Life of Norton Jacob", pág. 6; véase también Leonard, *Nauvoo,* págs. 233–234.
12. "Celebration of the Anniversary" y "Communication", *Times and Seasons,* 15 de abril de 1841, tomo II, págs. 375–377, 380–383. **Tema: Templo de Nauvoo**
13. Reportaje, *Warsaw Signal,* 9 de junio de 1841, pág. 2; Joseph Smith, Journal, Jan. 29, 1843, en *JSP,* tomo J2, pág. 253.
14. "The Mormons", *Western World,* 7 de abril de 1841, pág. 3; Joseph Smith, Letter to the Editors, *Times and Seasons,* 15 de mayo de 1841, tomo II, pág. 414.
15. Véase Whitney, *Why We Practice Plural Marriage,* págs. 23–24; Esplin, "Joseph Smith's Mission and Timetable", págs. 298–299, 303–304; y "Plural Marriage in Kirtland and Nauvoo [Matrimonio plural en Kirtland y Nauvoo]", Temas del Evangelio, topics.lds.org.
16. Pratt, *Autobiografía,* pág. 329; Doctrina y Convenios 132:19 (Revelation, July 12, 1843, en josephsmithpapers.org). **Tema: Sellamiento**
17. Jacob 2:27, 30.
18. Doctrina y Convenios 132:29–37, 63 (Revelation, July 12, 1843, en josephsmithpapers.org); Génesis 16:3–12; 17. **Tema: Joseph Smith and Plural Marriage [José Smith y el matrimonio plural]**
19. Nauvoo City Council Minute Book, 1 de marzo de 1841, pág. 13. El decreto mencionaba específicamente a los "Mahometanos", que era el término comúnmente usado para los musulmanes.
20. Véase, por ejemplo, Doctrina y Convenios 98:3–6 (Revelation, Aug. 6, 1833, en josephsmithpapers.org); y Doctrina y Convenios 134 (Declaration on Government and Law, circa Aug. 1835, en josephsmithpapers.org).
21. "Plural Marriage in Kirtland and Nauvoo [El matrimonio plural en Kirtland y en Nauvoo]", Temas del Evangelio, lds.org/topics.
22. Temple Lot Transcript, parte 3, pág. 395, preguntas 40–41; Joseph Bates Noble, Affidavit, June 6, 1869, en Affidavits about Celestial Marriage, tomo I, pág. 38; "Plural Marriage", *Historical Record,* mayo de 1887, pág. 221.
23. Temple Lot Transcript, parte 3, pág. 395, preguntas 40–41.
24. Joseph Bates Noble, Affidavit, June 6, 1869, en Affidavits about Celestial Marriage, tomo I, pág. 38.
25. Joseph Bates Noble, Affidavit, June 6, 1869, en Affidavits about Celestial Marriage, tomo I, pág. 38; Temple Lot Transcript, parte 3, págs. 395–396, preguntas 43–49; Franklin D. Richards, Journal, Jan. 22, 1869; Charles Lowell Walker, Diary, 17 de junio de 1883, en Larson and Larson, *Diary of Charles Lowell Walker,* tomo II, pág. 610; véase también Woodruff, Journal, 22 de enero de 1869.
26. Véase "The Mormon Plot and League", *Sangamo Journal,* 8 de julio de 1842, pág. 2; y "Trouble among Judge Ford's Constituents", *Alton Telegraph and Democratic Review,* 2 de julio de 1842, pág. 2.
27. "Appointment", *Warsaw Signal,* 19 de mayo de 1841, pág. 2.
28. "The Mormons", *Warsaw Signal,* 19 de mayo de 1841, pág. 2.
29. "Highly Important", *Warsaw Signal,* 2 de junio de 1841, pág. 2; véase también "The Warsaw Signal", *Times and Seasons,* 1 de junio de 1841, tomo II, págs. 431–433.
30. "Highly Important", *Warsaw Signal,* 2 de junio de 1841, pág. 2; "The Mormons", *Warsaw Signal,* 19 de mayo de 1841, pág. 2.
31. "Read and Ponder", *Warsaw Signal,* 9 de junio de 1841, pág. 2.
32. "The Warsaw Signal", *Times and Seasons,* 1 de junio de 1841, tomo II, pág. 431–433.
33. Britton, *Bath and Bristol,* pág. 6. **Tema: England [Inglaterra]; Recogimiento de Israel**

34. Maughan, Autobiografía, págs. 38–44, 48–49; "Bristol to Quebec, 10 May 1841–12 July 1841", sitio web de la Migración Mormona, mormonmigration.lib.byu.edu; "Phelps, William Wines", Biographical Entry, sitio web de los Documentos de José Smith, josephsmithpapers.org. **Tema: Kirtland, Ohio**
35. Maughan, Autobiografía, págs. 38–44, 48–49.
36. *Tullidge's Histories,* tomo II, suplemento, 34–35.
37. Maughan, Autobiografía, págs. 52–53; véase también Ward, "John Needham's Nauvoo Letter: 1843", pág. 41; y Pratt, *Autobiografía,* pág. 47.
38. Hyde, *Voice from Jerusalem,* págs. 7, 16; véase también Bartlett, *Walks about the City and Environs of Jerusalem,* pág. 14.
39. Hyde, *Voice from Jerusalem,* págs. 7–19, 27–28.
40. Hyde, *Voice from Jerusalem,* págs. 28–29; véanse también José Smith—Mateo 1:3; Lucas 19:44; 21:6; Marcos 13:2; and Mateo 24:2.
41. Hyde, *Voice from Jerusalem,* págs. 28–32; 3 Nefi 20:29–37.
42. Hyde, *Voice from Jerusalem,* págs. 19, 32–33. **Tema: Dedication of the Holy Land [Dedicación de la Tierra Santa]**

Capítulo 37: Los probaremos

1. Joseph Smith to Edward Hunter, Jan. 5, 1842, Colección de José Smith, Biblioteca de Historia de la Iglesia; Joseph Smith, Journal, Jan. 5, 1842, en *JSP,* tomo J2, pág. 21.
2. Véase Doctrina y Convenios 109:69 (Prayer of Dedication, 27 de marzo de 1836, en josephsmithpapers.org); y Doctrina y Convenios 124:9 (Revelation, Jan. 19, 1841, en josephsmithpapers.org).
3. Véase Woodruff, Diario, 19 de febrero de 1842; y "A Translation", *Times and Seasons,* 1 de marzo de 1842, tomo III, págs. 704–706. **Tema: Book of Abraham Translation [Traducción del Libro de Abraham]**
4. Abraham 3:25–26; "The Book of Abraham", *Times and Seasons,* 15 de marzo de 1842, tomo III, pág. 720.
5. Joseph Smith, Journal, Jan. 6, 1842, en *JSP,* tomo J2, pág. 26; véanse también Apocalipsis 5:10; Doctrina y Convenios 124:39–41 (Revelation, Jan. 19, 1841, en josephsmithpapers.org); *JSP,* tomo J2, pág. 54, nota 198; y Bushman, *Rough Stone Rolling,* págs. 448–449. **Tema: Investidura del templo**
6. Heber C. Kimball, Discourse, Sept. 2, 1866, George D. Watt Papers, Biblioteca de Historia de la Iglesia, según fue transcrito por LaJean Purcell Carruth.
7. Brigham Young, en *Journal of Discourses,* 14 de julio de 1855, tomo III, pág. 266; John Taylor, "Sermon in Honor of the Martyrdom," 27 de junio de 1854, George D. Watt Papers, Biblioteca de Historia de la Iglesia, según fue transcrito por LaJean Purcell Carruth; "Scenes and Incidents in Nauvoo," *Woman's Exponent,* 15 de octubre de 1881, tomo X, pág. 74; Whitney, *Life of Heber C. Kimball,* pág. 336.
8. Véase Crocheron, *Representative Women of Deseret,* pág. 26; "Plural Marriage in Kirtland and Nauvoo [Matrimonio plural en Kirtland y en Nauvoo]", Temas del Evangelio, topics.lds.org. **Tema: Joseph Smith and Plural Marriage [José Smith y el matrimonio plural]**
9. Aunque es posible que José Smith haya tenido hijos dentro del matrimonio plural, las pruebas genéticas de descendientes potenciales han dado negativo hasta ahora. (Véase "Plural Marriage in Kirtland and Nauvoo [El matrimonio plural en Kirtland y en Nauvoo]", Temas del Evangelio, topics.lds.org).
10. "Plural Marriage in Kirtland and Nauvoo [El matrimonio plural en Kirtland y en Nauvoo]", Temas del Evangelio, topics.lds.org.
11. Mary Elizabeth Rollins Lightner, Remarks, 14 de abril de 1905, págs. 3–5, Biblioteca de Historia de la Iglesia; Mary Elizabeth Rollins Lightner, declaración jurada, 23 de marzo de 1877, Material recopilado concerniente a José Smith y el matrimonio plural, Biblioteca de

Historia de la Iglesia; Mary Elizabeth Rollins Lightner a Wilford Woodruff, Salt Lake City, 7 de octubre de 1887; "Mary Elizabeth Rollins Lightner", *Utah Genealogical and Historical Magazine,* julio de 1926, tomo XXVI, págs. 197, 203.

12. Mary Elizabeth Rollins Lightner, Remarks, 14 de abril de 1905, págs. 3–5, Biblioteca de Historia de la Iglesia.
13. Mary Elizabeth Rollins Lightner, "Mary Elizabeth Rollins", copia, Susa Young Gates Papers [Papeles de Susa Young Gates], Sociedad Histórica del Estado de Utah, Salt Lake City.
14. VéaseMary Elizabeth Rollins Lightner, Remarks, 14 de abril de 1905, pág. 2, Biblioteca de Historia de la Iglesia.
15. Mary Elizabeth Rollins Lightner, Remarks, 14 de abril de 1905, pág. 7, Biblioteca de Historia de la Iglesia.
16. Mary Elizabeth Rollins Lightner, "Mary Elizabeth Rollins", copia, Susa Young Gates Papers [Papeles de Susa Young Gates], Sociedad Histórica del Estado de Utah, Salt Lake City; Mary Elizabeth Rollins Lightner, Remarks, 14 de abril de 1905, pág. 4, Biblioteca de Historia de la Iglesia; Mary Elizabeth Rollins Lightner a Emmeline B. Wells, verano de 1905, Mary Elizabeth Rollins Lightner, Collection, Biblioteca de Historia de la Iglesia.
17. Mary Elizabeth Rollins Lightner, Remarks, 14 de abril de 1905, págs. 4–7, Biblioteca de Historia de la Iglesia.
18. Mary Elizabeth Rollins Lightner, Remarks, 14 de abril de 1905, págs. 4–7, Biblioteca de Historia de la Iglesia; Mary Elizabeth Rollins Lightner, "Mary Elizabeth Rollins", copia, Susa Young Gates Papers [Papeles de Susa Young Gates], Sociedad Histórica del Estado de Utah, Salt Lake City.
19. Mary Elizabeth Rollins Lightner, Affidavit, 23 de marzo de 1877, Biblioteca de Historia de la Iglesia; Mary Elizabeth Rollins Lightner, "Mary Elizabeth Rollins," copia, Susa Young Gates Papers, Utah State Historical Society, Salt Lake City; véase Mary Elizabeth Rollins Lightner to John Henry Smith, 25 de enero de 1892, George A. Smith Family Papers, Marriott Library, University of Utah, Salt Lake City, citado en Hales, *Joseph Smith's Polygamy,* tomo I, pág. 436, nota 90; y Mary Elizabeth Rollins Lightner, Statement, Feb. 8, 1902, Mary Elizabeth Rollins Lightner, Collection, Biblioteca de Historia de la Iglesia.
20. Abraham 3:1, 23–24; 4:1–28; véanse también "A Translation", *Times and Seasons,* 1 de marzo de 1842, tomo III, págs. 703–718; y "The Book of Abraham", *Times and Seasons,* 15 de marzo de 1842, tomo III, págs. 719–734. **Tema: Book of Abraham Translation [Traducción del Libro de Abraham]**
21. Gregg, *History of Hancock County, Illinois,* págs. 296–298.
22. Leonard, *Nauvoo,* pág. 249. **Tema: Barrios y estacas**
23. Clayton, History of the Nauvoo Temple, págs. 3–4, 6, 13–14, 20–21; Sarah M. Kimball, Reminiscence, Mar. 17, 1882, en Derr y otros, *First Fifty Years of Relief Society,* pág. 495; Joseph Smith History, tomo C-1, anexos, pág. 44; Maughan, Autobiography, pág. 54; véase también McGavin, *Nauvoo Temple,* págs. 50–51. **Tema: Templo de Nauvoo; Baptism for the Dead [Bautismo por los muertos]**
24. Crocheron, *Representative Women of Deseret,* págs. 26–27.
25. Sarah M. Granger Kimball, "Auto-biography," *Woman's Exponent,* 1 de septiembre de 1883, tomo XII, pág. 51; comparar con Sarah M. Kimball, Reminiscence, Mar. 17, 1882, en Derr y otros, *First Fifty Years of Relief Society,* pág. 495; véase también págs. 6–7.
26. Sarah M. Kimball, Reminiscence, Mar. 17, 1882, en Derr y otros, *First Fifty Years of Relief Society,* pág. 495.
27. Nauvoo Relief Society Minute Book, 17 de marzo de 1842, en Derr y otros, *First Fifty Years of Relief Society,* págs.28–30.
28. Véase Derr y otros, *Women of Covenant,* págs. 29–30. Para ver información biográfica de estas mujeres y de otros miembros de la Sociedad de Socorro Femenina de Nauvoo, véase churchhistorianspress.org.
29. Joseph Smith, Journal, Mar. 16, 1842, en *JSP,* tomo J2 pág. 45; Woodruff, Diario, 15 de marzo de 1843; Nauvoo Masonic Lodge Minutes, 15–16 de marzo de 1842.

30. Nauvoo Relief Society Minute Book, 17 de marzo de 1842, en Derr y otros, *First Fifty Years of Relief Society,* págs. 28–31; véase también "Enseñanzas de José Smith sobre el sacerdocio, el templo y las mujeres", Temas del Evangelio, topics.lds.org.
31. Joseph Smith, Journal, Mar. 17, 1842, en *JSP,* tomo J2, pág. 45; Nauvoo Relief Society Minute Book, 17 de marzo de 1842, en Derr y otros, *First Fifty Years of Relief Society,* págs. 32–34; Doctrina y Convenios 25:3 (Revelation, July 1830–C, en josephsmithpapers.org); "Enseñanzas de José Smith sobre el sacerdocio, el templo y las mujeres", Temas del Evangelio, topics.lds.org.
32. Nauvoo Relief Society Minute Book, 17 de marzo de 1842, en Derr y otros, *First Fifty Years of Relief Society,* págs. 34–36; *Hijas en Mi reino,* págs. 11–17; Derr y otros, *Women of Covenant,* págs. 26–31; véase también 1 Corintios 13:3. **Tema: Sociedad de Socorro Femenina de Nauvoo; Emma Hale Smith**
33. Nauvoo Relief Society Minute Book, 31 de marzo de 1842, en Derr y otros, *First Fifty Years of Relief Society,* pág. 42. La fuente original dice: "Dijo que él iba a hacer de esta Sociedad un reino de sacerdotes como en los días de Enoc, como en los días de Pablo".**Tema: Investidura del templo**
34. Nauvoo Relief Society Minute Book, 31 de marzo de 1842; Copied Documents, 31 de marzo de 1842, en Derr y otros, *First Fifty Years of Relief Society,* págs. 42, 97–99; Joseph Smith, Journal, Mar. 31, 1842, en *JSP,* tomo J2, pág. 48.
35. Woodruff, Diario, 10 de abril de 1842.
36. Nauvoo Relief Society Minute Book, 28 de abril de 1842, en Derr y otros, *First Fifty Years of Relief Society,* pág. 59.
37. Lucius N. Scovil, Letter to the Editor, Jan. 2, 1884, *Deseret Evening News,* 11 de febrero de 1884, pág. 2; Launius y McKiernan, *Joseph Smith, Jr.'s Red Brick Store,* pág. 28; véase también McBride, *House for the Most High,* pág. 100, nota 10.
38. Joseph Smith, Journal, May 4, 1842, en *JSP,* tomo J2, págs. 53– 54; Joseph Smith History, 1838–1856, tomo C–1, pág. 1328.
39. Véanse Génesis 3:21; Éxodo 40:12–13 y Oficina del Historiador, Historia de José Smith, notas del borrador, 4 de mayo de 1842. **Tema: Investidura del templo**
40. Abraham 3–5; Facsímile no. 2, fig. 3.
41. Véanse Joseph Smith, Journal, May 1, 1842, en *JSP,* tomo J2, pág. 53; Oficina del Historiador, Historia de José Smith, notas del borrador, 4 de mayo de 1842; Joseph Smith History, 1838–56, tomo C–1, pág. 1328; véase también Brigham Young, en *Journal of Discourses,* 6 de abril de 1853, tomo II, pág. 31.
42. Heber C. Kimball a Parley P. Pratt, 17 de junio de 1842, correspondencia de Parley P. Pratt, Biblioteca de Historia de la Iglesia; Historian's Office, Joseph Smith History, notas del borrador, 4 de mayo de 1842; Joseph Smith History, 1838–1856, tomo C-1, pág. 1328. **Topic: Anointed Quorum ("Holy Order") [El Cuórum Ungido ("El Santo Orden")]**
43. Nuttall, Diario, 7 de febrero de 1877.
44. Godfrey, "Joseph Smith and the Masons," pág. 83; Harper, "Freemasonry and the Latter-day Saint Temple Endowment Ceremony," págs. 143–157; Joseph Smith, Journal, Mar. 15, 1842, in *JSP,* tomo J2, pág. 45; Heber C. Kimball a Parley P. Pratt, 17 de junio de 1842, correspondencia de Parley P. Pratt, Biblioteca de Historia de la Iglesia. **Tema: Masonería**
45. Heber C. Kimball a Parley P. Pratt, 17 de junio de 1842, correspondencia de Parley P. Pratt, Biblioteca de Historia de la Iglesia.

Capítulo 38: Un traidor o un hombre leal

1. Boggs, "Short Biographical Sketch of Lilburn W. Boggs", págs. 107–108; "A Foul Deed", *Daily Missouri Republican,* 12 de mayo de 1842, pág. 2; "Governor Boggs", *Jeffersonian Republican,* 14 de mayo de 1842.
2. Boggs, "Short Biographical Sketch of Lilburn W. Boggs," págs. 107–108; Joseph Smith, Letter to the Editor, *Quincy Herald,* 2 de junio de 1842, pág. 2; Launius, "Boggs, Lilburn W.,"

en Christensen y otros, *Dictionary of Missouri Biography,* pág. 92; Hill, "Honey War," págs. 81–88; Gordon, "Public Career of Lilburn W. Boggs," págs. 110–112, 138; Walker, "Lilburn W. Boggs and the Case of Jacksonian Democracy," págs. 81–82; Baugh, "Missouri Governor Lilburn W. Boggs and the Mormons," pág. 116.

3. "A Foul Deed," *Daily Missouri Republican,* 12 de mayo de 1842; "Governor Boggs," *Jeffersonian Republican,* 14 de mayo de 1842, pág. 2; Boggs, "Short Biographical Sketch of Lilburn W. Boggs," págs. 107–108; véase también Thurston, "The Boggs Shooting," págs. 7–11.
4. "Affidavit of Hyrum Smith", *Times and Seasons,* 1 de agosto de 1842, tomo III, págs. 870–871; véase también *JSP,* tomo J2, págs. xxviii, nota 64; y Hales, *Joseph Smith's Polygamy,* tomo I, págs. 560–562.
5. "Affidavit of Hyrum Smith", *Times and Seasons,* 1 de agosto de 1842, tomo III, págs. 870–871; Minutas del sumo consejo de la estaca Nauvoo, 25 de mayo de 1842; George Miller, "To the Church of Jesus Christ", *Times and Seasons,* 1 de julio de 1842, tomo III, págs. 839–842; Smith, *Saintly Scoundrel,* págs. 78–79.
6. George Miller, "To the Church of Jesus Christ", *Times and Seasons,* 1 de julio de 1842, tomo III, pág. 840; "Affidavit of Hyrum Smith", *Times and Seasons,* 1 de agosto de 1842, tomo III, pág. 870; Smith, *Saintly Scoundrel,* págs. 79–80; véase también "Letter from L. D. Wasson", *Times and Seasons,* 15 de agosto de 1842, tomo III, pág. 892.
7. "Affidavit of Hyrum Smith", *Times and Seasons,* 1 de agosto de 1842, tomo III, págs. 870, 872; Notice, May 11, 1842, Joseph Smith Collection, Biblioteca de Historia de la Iglesia; "Notice", *Times and Seasons,* 15 de junio de 1842, tomo III, pág. 830; véase también *JSP,* tomo J2, pág. 55, nota 207.
8. "Affidavit of Hyrum Smith", *Times and Seasons,* 1 de agosto de 1842, tomo III, págs. 870–871. En el relato de Hyrum Smith, José también le preguntó a John Bennett: "¿Le he enseñado alguna vez que la fornicación y el adulterio eran correctos, o la poligamia o cualquiera de esas prácticas?" a lo que Bennett respondió: "Usted nunca lo hizo". En el capítulo 40 se explica que los santos veían sus matrimonios plurales que contaban con aprobación divina como algo distinto de la poligamia.
9. "New Election of Mayor, and Vice Mayor, of the City of Nauvoo", *Wasp,* 21 de mayo de 1842, pág. 3; *JSP,* tomo J2, pág. 58, nota 222.
10. Joseph Smith, Journal, 19 de mayo de 1842, en *JSP,* tomo J2, págs. 58–60; "New Election of Mayor, and Vice Mayor, of the City of Nauvoo", *Wasp,* 21 de mayo de 1843, pág. 3; véase también "Affidavit of Hyrum Smith", *Times and Seasons,* 1 de agosto de 1842, tomo III, pág. 872.
11. "Assassination of Ex-Governor Boggs of Missouri", *Quincy Whig,* 21 de mayo de 1842, pág. 3; véase también "A Foul Deed", *Daily Missouri Republican,* 12 de mayo de 1842, pág. 2; y "Governor Boggs", *Jeffersonian Republican,* 14 de mayo de 1842. **Tema: Intentos de extradición a Misuri**
12. Joseph Smith, Letter to the Editor, *Quincy Whig,* 4 de junio de 1842, pág. 2; véase también José Smith, Journal, 22 de mayo de 1842, en *JSP,* tomo J2, pág. 62; y José Smith, Letter to the Editor, 22 de mayo de 1842, *Quincy Herald,* 2 de junio de 1842, pág. 2.
13. José Smith, Journal, 21 de mayo de 1842, en *JSP,* tomo J2, pág. 62; Minutas del sumo consejo de la estaca Nauvoo, 20–28 de mayo de 1842.
14. Catherine Warren, Testimony, 25 de mayo de 1842, Testimonies in Nauvoo High Council Cases, Biblioteca de Historia de la Iglesia; Minutas del sumo consejo de la estaca Nauvoo, 20–28 de mayo de 1842; véase también "Chauncy L. Higbee," *Nauvoo Neighbor,* 29 de mayo de 1844, pág. 3. **Tema: Church Discipline [Disciplina de la Iglesia]**
15. Oficina del Historiador, Joseph Smith History, notas del borrador, 25 de mayo de 1842; véase también José Smith, Journal, 26 de mayo de 1842, en *JSP,* tomo J2, pág. 63; y "Affidavit of Wm. Law", *Times and Seasons,* 1 de agosto de 1842, tomo III, pág. 873.
16. Oficina del Historiador, José Smith History, notas del borrador, 26 de mayo de 1842; "Affidavit of Hyrum Smith", *Times and Seasons,* 1 de agosto de 1842, tomo III, pág. 872; José Smith, Journal, 11 y 26 de mayo de 1842, en *JSP,* tomo J2, págs. 55, 63; véase también pág. 55, nota 207.

17. Nauvoo Relief Society Minute Book, 26 de mayo de 1842, en Derr y otros, *First Fifty Years of Relief Society,* págs. 69–71.
18. Véase Smith, *Saintly Scoundrel,* pág. 91.
19. Nauvoo Relief Society Minute Book, 28 de abril y 27 de mayo de 1842, en Derr y otros, *First Fifty Years of Relief Society,* págs. 52–54, 72–77. **Tema: Sociedad de Socorro Femenina de Nauvoo**
20. Nauvoo Relief Society Minute Book, 27 de mayo de 1842, en Derr y otros, *First Fifty Years of Relief Society,* págs. 75–76; véase también 75, nota 188.
21. Alexander, *Things in Heaven and Earth,* págs. 103–104.
22. Woodruff, Journal, 29 de mayo de 1842.
23. Véase Nauvoo Relief Society Minute Book, 19 de mayo–9 de junio de 1842, en Derr y otros, *First Fifty Years of Relief Society,* págs. 65–79.
24. "Affidavit of Hyrum Smith", *Times and Seasons,* 1 de agosto de 1842, tomo III, pág. 872; "Notice", *Times and Seasons,* 15 de junio de 1842, tomo III, pág. 830; José Smith, Journal, 26 de mayo de 1842, en *JSP,* tomo J2, pág. 63; véase también 63, nota 249; y "Affidavit of Wm. Law", *Times and Seasons,* 1 de agosto de 1842, tomo III, págs. 872–873.
25. Discourse, 18 de junio de 1842; como lo reportó Wilford Woodruff, en josephsmithpapers.org.
26. "Affidavit of Hyrum Smith", *Times and Seasons,* 1 de agosto de 1842, tomo III, pág. 872; Nauvoo Relief Society Minute Book, 23 de junio de 1842, en Derr y otros, *First Fifty Years of Relief Society,* págs. 84–85; véase también 84, nota 206.
27. José Smith, Letter to the Church, 23 de junio de 1842, *Times and Seasons,* 1 de julio de 1842, tomo III, págs. 839–842.
28. "Astounding Mormon Disclosures! Letter from Gen. Bennett", *Sangamo Journal,* 8 de julio de 1842, pág. 2; "Further Mormon Developments!! 2d Letter from Gen. Bennett" y "Gen. Bennett's Third Letter", *Sangamo Journal,* 15 de julio de 1842, pág. 2; "Gen. Bennett's 4th Letter", *Sangamo Journal,* 22 de julio de 1842, pág. 2; Smith, *Saintly Scoundrel,* pág. 98.
29. Lilburn W. Boggs Affidavit, 20 de julio de 1842, en *JSP,* tomo J2, págs. 379–380; véase también Introduction to Appendix 1, en *JSP,* tomo J2, pág. 377.
30. Thomas Reynolds, Requisition, 22 de julio de 1842, en *JSP,* tomo J2, págs. 380–381.
31. José Smith, Journal, 6 de mayo de 1842, en *JSP,* tomo J2, pág. 54; Nauvoo Female Relief Society, Petition to Thomas Carlin, circa July 22, 1842, en Derr y otros, *First Fifty Years of Relief Society,* págs. 136–141; Nauvoo City Council Minute Book, 22 de julio de 1842, págs. 95–97; Nauvoo City Council Draft Minutes, 22 de julio de 1842, pág. 36; Joseph Smith History, 1838–56, tomo C–1, pág. 1359.
32. Eliza R. Snow, Journal, 29 de julio de 1842; Introduction to Nauvoo Female Relief Society, Petition to Thomas Carlin, circa July 22, 1842, en Derr y otros, *First Fifty Years of Relief Society,* pág. 137; Thomas Carlin, Proclamation, Sept. 20, 1842, en *JSP,* tomo J2, págs. 381–382.
33. Orrin Porter Rockwell, por S. Armstrong, a José Smith, 1 de diciembre de 1842, Joseph Smith Collection, Biblioteca de Historia de la Iglesia; Writ of Habeas Corpus for Joseph Smith, 8 de agosto de 1842, copia, Nauvoo, IL, Records, Biblioteca de Historia de la Iglesia; José Smith, Journal, Aug. 8–10, 1842, en *JSP,* tomo J2, págs. 81–83; véase también 81, nota 319; y "Persecution", *Times and Seasons,* 15 de agosto de 1842, tomo III, págs. 886–889.

Capítulo 39: La enésima tribulación

1. Joseph Smith, Journal, Aug. 8–11, 1842, en *JSP,* tomo J2, pág. 83.
2. Joseph Smith, Journal, Aug. 8–11 y 16 de 1842, en *JSP,* tomo J2, págs. 81–84, 93–94; Orrin Porter Rockwell, por S. Armstrong, a José Smith, Dec. 1, 1842, Joseph Smith Collection, Biblioteca de Historia de la Iglesia.

3. Joseph Smith, Journal, Aug. 11, 1842, en *JSP,* tomo J2, págs. 83–84; Joseph Smith History, 1838–56, volume D-1, pág. 1364; véase también Thomas Carlin, Writ, 2 de agosto de 1842, *Ex Parte* Joseph Smith for Accessory to Boggs Assault, copia, Nauvoo, IL, Records, Biblioteca de Historia de la Iglesia.
4. Joseph Smith, Journal, Aug. 11 y 16 de 1842, en *JSP,* tomo J2, págs. 83–85, 93–95; sobre la "enésima tribulación", véase Job 5:19. **Tema: Emma Hale Smith**
5. Joseph Smith, Journal, Aug. 13–14 y Sept. 9, 1842, en *JSP,* tomo J2, págs. 85–89, 143. **Tema: Intentos de extradición a Misuri**
6. Joseph Smith, Journal, Aug. 15, 1842, en *JSP,* tomo J2, págs. 90–92; Rowley, "Mormon Experience in the Wisconsin Pineries", pág. 121.
7. Joseph Smith to Emma Smith, Aug. 16, 1842, en *JSP,* tomo J2, págs. 107–110; véase también Joseph Smith, Journal, Aug. 16, 1842, en *JSP,* tomo J2, pág. 93.
8. Emma Smith to Joseph Smith, 16 de agosto de 1842, en *JSP,* tomo J2, págs. 110–111.
9. Emma Smith to Thomas Carlin, 16 de agosto de 1842, en *JSP,* tomo J2, págs. 111–114.
10. Thomas Carlin to Emma Smith, 24 de agosto de 1842, en *JSP,* tomo J2, págs. 126–128.
11. Emma Smith to Thomas Carlin, 27 de agosto de 1842, en *JSP,* tomo J2, págs. 128–130.
12. Joseph Smith, Journal, Aug. 29, 1842, en *JSP,* tomo J2, pág. 122; véase también Eliza R. Snow, Journal, Aug. 14–Sept. 4, 1842.
13. Maughan, Autobiography, págs. 51, 54.
14. Véase Leonard, *Nauvoo,* págs. 154–161.
15. Maughan, Autobiography, pág. 55; Joseph Smith, Journal, 12–16 de enero de 1842, en *JSP,* tomo J2, pág. 24.
16. Maughan, Autobiography, pág. 54.
17. Véase Givens, *In Old Nauvoo,* págs. 154–155, 158, 187–188, 221–222. **Tema: Daily Life of First-Generation Latter-day Saints [Vida cotidiana de la primera generación de Santos de los Últimos Días]**
18. Joseph Smith, Journal, 23–29 de agosto de 1842, en *JSP,* tomo J2, págs. 119–124.
19. José Smith, Journal, 31 de agosto de 1842, en *JSP,* tomo J2, pág. 124; Nauvoo Relief Society Minute Book, 31 de agosto de 1842, en Derr y otros, *First Fifty Years of Relief Society,* pág. 93.
20. Joseph Smith, Journal, 3 de septiembre de 1842, en *JSP,* tomo J2, págs. 124–126.
21. Joseph Smith to "all the Saints in Nauvoo", Sept. 1, 1842, en *JSP,* tomo J2, págs. 131–133; Doctrina y Convenios 127; "Tidings", *Times and Seasons,* 15 de septiembre de 1842, tomo III, págs. 919–920. **Tema: Baptism for the Dead [Bautismo por los muertos]**
22. Joseph Smith to "the Church of Jesus Christ of Latter-day Saints," Sept. [7], 1842, en *JSP,* tomo J2, págs. 149–150; Doctrina y Convenios 128:18–24; "Letter from Joseph Smith," *Times and Seasons,* 1 de octubre de 1842, tomo III, págs. 934–936; véase también McBride, "Letters on Baptism for the Dead," págs. 272–276; y *JSP,* tomo J2, pág. 143, nota 491.
23. Thomas Carlin to Emma Smith, 7 de septiembre de 1842, en *JSP,* tomo J2, págs. 151–153.
24. Bennett, *History of the Saints*; "On Marriage", *Times and Seasons,* 1 de octubre de 1842, tomo III, págs. 939–940; Smith, *Saintly Scoundrel,* págs. 114–122; véase también "The Discussion by General Bennett about Joe Smith and the Mormons", *New York Herald,* 31 de agosto de 1842, pág. 2.
25. Véase Joseph Smith to James Arlington Bennet, Sept. 8, 1842, en *JSP,* tomo J2, págs. 137–143; y José Smith, Journal, 5 de octubre de 1842, en *JSP,* tomo J2, pág. 161.
26. Thomas Ford to Joseph Smith, Dec. 17, 1842, en *JSP,* tomo J2, págs. 179–181.
27. José Smith, Journal, 26 de diciembre de 1842, en *JSP,* tomo J2, págs. 193–194; véase también Editorial Note, *JSP,* tomo J2, pág. 194.
28. "From the Editor", *Alton Telegraph and Democratic Review,* 7 de enero de 1843, pág. 2; "Important from Illinois—Arrest of Joe Smith", *New York Herald,* 18 de enero de 1843, pág. 2.
29. Arnold, *Reminiscences of the Illinois Bar,* pág. 3; "Important from Illinois—Arrest of Joe Smith", *New York Herald,* 18 de enero de 1843, pág. 2; José Smith, Journal, Jan. 4, 1843, en *JSP,* tomo J2, pág. 216.

30. Arnold, *Reminiscences of the Illinois Bar,* pág. 3; José Smith, Journal, 4 de enero de 1843, en *JSP,* tomo J2, págs. 216–227; Court Ruling, Jan. 5, 1843, en *JSP,* tomo J2, pág. 401. **Tema: Intentos de extradición a Misuri**
31. Joseph Smith, Journal, 4 de enero de 1843, en *JSP,* tomo J2, págs. 222–224.
32. Joseph Smith, Journal, 5 de enero de 1843, en *JSP,* tomo J2, págs. 227–234; Court Ruling, Jan. 5, 1843, en *JSP,* tomo J2, págs. 391–402. **Tema: American Legal and Political Institutions [Instituciones legales y políticas de Estados Unidos]**

Capítulo 40: Unidos en un convenio eterno

1. José Smith, Journal, 10 y 18 de enero de 1843, en *JSP,* tomo J2, págs. 243, 245–246.
2. José Smith, Journal, 16 de abril de 1843, en *JSP,* tomo J2, pág. 360.
3. Woodruff, Journal, 22 de enero de 1843; Doctrina y Convenios 130:20–21 (Instruction, 2 de abril de 1843, como lo reportaron Willard Richards y William Clayton, en josephsmithpapers.org).
4. Véanse Haven, "A Girl's Letters from Nauvoo", págs. 616–638; y José Smith, Journal, Jan. 11, 1843, en *JSP,* tomo J2, pág. 243.
5. Woodruff, Journal, 1 de marzo de 1843; Nauvoo Relief Society Minute Book, 28 de septiembre de 1842–16 de junio de 1843, en Derr y otros, *First Fifty Years of Relief Society,* págs. 96–100; Emily Dow Partridge Young, "Autobiography", *Woman's Exponent,* 1 de agosto de 1885, tomo XIV, págs. 37–38; Young, "Incidents in the Life of a Mormon Girl", pág. 51; Lyman, Journal, pág. 13; véase también Jeffress, "Mapping Historic Nauvoo", págs. 274–275; y Trustees Land Book A, White Purchase, bloque 146, lote 2.
6. "Young, Emily Dow Partridge", Biographical Entry, en sitio web de First Fifty Years of Relief Society, churchhistorianspress.org; Nauvoo Relief Society Minute Book, 28 de abril de 1842, en Derr y otros, *First Fifty Years of Relief Society,* pág. 53; "Huntington, William, Sr.", Biographical Entry, en sitio web de Joseph Smith Papers, josephsmithpapers.org; "Married", *Times and Seasons,* octubre de 1840, tomo I, pág. 191; "Plural Marriage in Kirtland and Nauvoo", Temas del Evangelio, topics.lds.org; Temple Lot Transcript, parte 3, págs. 373, 385, preguntas págs. 532–534, 770; "Nauvoo Journals, December 1841–April 1843", en *JSP,* tomo J2, págs. XXIX–XXX.
7. Young, Diary and Reminiscences, págs. 1–2; Young, "Incidents in the Life of a Mormon Girl", pág. 54.
8. Young, Diary and Reminiscences, págs. 1–2; Young, "Incidents in the Life of a Mormon Girl", pág. 54.
9. Young, Diary and Reminiscences, págs. 1–2; Young, "Incidents in the Life of a Mormon Girl", pág. 54.
10. Lyman, Journal, pág. 13; Eliza Partridge Kimball, Affidavit, July 1, 1869, en Affidavits about Celestial Marriage, tomo II, pág. 32. **Temas: Sellamiento; Joseph Smith and Plural Marriage [José Smith y el matrimonio plural]**
11. Véase Brigham Young, Discourse, Oct. 1866, George D. Watt, Discourse Shorthand Notes, 8 de octubre de 1866, George D. Watt, Papers, según transcripción de LaJean Purcell Carruth, copia en la Biblioteca de Historia de la Iglesia.
12. Brigham Young, Discourse, Oct. 1866, George D. Watt, Discourse Shorthand Notes, 8 de octubre de 1866, George D. Watt, Papers, según transcripción de LaJean Purcell Carruth, copia en la Biblioteca de Historia de la Iglesia.
13. "Biography of Mary Ann Angell Young," *Juvenile Instructor,* 15 de enero de 1891, tomo XXVI, págs. 57–58; Arrington, *Brigham Young,* pág. 102; Lucy Ann D. Young, Affidavit, July 10, 1869, en Affidavits about Celestial Marriage, tomo I, pág. 48.
14. Brigham Young, Discourse, Oct. 1866, George D. Watt, Discourse Shorthand Notes, 8 de octubre de 1866, George D. Watt, Papers, según transcripción de LaJean Purcell Carruth, copia en la Biblioteca de Historia de la Iglesia; véase también Richards, Scriptural Items, 1843; y Woodruff, Journal, 22 de enero de 1843.

15. Brigham Young, Discourse, Oct. 1866, George D. Watt, Discourse Shorthand Notes, 8 de octubre de 1866, George D. Watt, Papers, según transcripción de LaJean Purcell Carruth, copia en la Biblioteca de Historia de la Iglesia.
16. "Clayton, William", Biographical Entry, sitio web de Joseph Smith Papers, josephsmithpapers.org. **Tema: Barrios y estacas**
17. José Smith, Journal, 1 de abril de 1843, en *JSP,* tomo J2, pág. 321.
18. José Smith, Journal, 1–2de octubre de 1843, en *JSP,* tomo J2, págs. 321–323.
19. José Smith, Journal, 2 de abril de 1843, en *JSP,* tomo J2, págs. 323–325; Doctrina y Convenios 130:1, 3.
20. José Smith, Journal, 2 de abril de 1843, en *JSP,* tomo J2, págs. 326; Doctrina y Convenios 130:22; Joseph Smith History, 1838–56, tomo D-1, pág. 1511. Se agregó la palabra "y" al original.
21. José Smith, Journal, 2 de abril de 1843, en *JSP,* tomo J2, pág. 325; Doctrina y Convenios 130:18–19.
22. Clayton, Journal, 2 de abril y 16 de mayo de 1843; Instruction, May 16, 1843, según reporte de William Clayton, en josephsmithpapers.org; Doctrina y Convenios 131:1–4; véase también McBride, "Our Hearts Rejoiced to Hear Him Speak", págs.277–280. **Tema: Sellamiento**
23. Maughan, Autobiography, págs. 52–54.
24. José Smith, Journal, 6 de abroil de 1843; Haven, "A Girl's Letters from Nauvoo", pág. 624.
25. Véase Doctrina y Convenios 76:70–81 (Vision, 16 de febrero de 1832, en josephsmithpapers.org); Mace, Autobiography, pág. 120; Apocalipsis 12:1. **Tema: Templo de Nauvoo**
26. McBride, *House for the Most High,* págs. 21–27, 91–95.
27. Maughan, Autobiography, pág. 56.
28. "Mary Elizabeth Rollins Lightner", *Utah Genealogical and Historical Magazine*, julio de 1926, tomo XVII, pág. 202.
29. Mary Audentia Smith Anderson, "The Memoirs of Joseph Smith III", *Saints' Herald,* 19 de febrero de 1935, pág. 240; 17 de marzo de 1936, pág. 338.
30. Véase Temple Lot Transcript, parte 3, págs. 350–352, preguntas 22–24; véase también George A. Smith to Joseph Smith III, Oct. 9, 1869, copia, George A. Smith, Papers, Biblioteca de Historia de la Iglesia; "More Testimony," *Ogden Herald,* 21 de mayo de 1886, pág. 1; "Celestial Marriage," *Woman's Exponent,* 1 de junio de 1886, tomo XV, págs. 1–2.
31. Véase Eliza R. Snow to Joseph F. Smith, sin fecha, Joseph F. Smith, Papers, Biblioteca de Historia de la Iglesia.
32. Amasa Lyman, en *Journal of Discourses,* 5 de abril de 1866, tomo XI, págs. 198–208; "Plural Marriage in Kirtland and Nauvoo [El matrimonio plural en Kirtland y Nauvoo]", Temas del Evangelio, topics.lds.org.
33. "Plural Marriage in Kirtland and Nauvoo [El matrimonio plural en Kirtland y en Nauvoo]", Temas del Evangelio, lds.org/topics. **Temas: Emma Hale Smith; Joseph Smith and Plural Marriage [José Smith y el matrimonio plural]**
34. Young, Diary and Reminiscences, pág. 2.
35. Temple Lot Transcript, parte 3, pág. 351, preguntas 31–32; Emily Dow Partridge Young, Statement, *Historical Record,* mayo de 1887, pág. °240; Young, "Incidents in the Life of a Mormon Girl", pág. 51; Lyman, Journal, pág. 13.
36. Young, "Incidents in the Life of a Mormon Girl", pág. 54; Emily Dow Partridge Smith Young, "Testimony That Cannot Be Refuted", *Woman's Exponent,* 1 de abril de 1884, tomo XII, pág. 165; Temple Lot Transcript, parte 3, págs. 351, 353–362, 371–372, preguntas 31–32, 47–272, 488–493.
37. Young, "Incidents in the Life of a Mormon Girl", pág. 54; Emily Dow Partridge Smith Young, "Testimony That Cannot Be Refuted", *Woman's Exponent,* 1 de abril de 1884, tomo XII, pág. 165; Temple Lot Transcript, parte 3, págs. 353–362, 371–372, preguntas 47–272, 488–493. **Tema: Joseph Smith and Plural Marriage [José Smith y el matrimonio plural]**
38. Hyrum Smith, Discourse, en Levi Richards, Journal, 14 de mayo de 1843; Jacob 2:23–30.

39. Hyrum Smith, Discourse, en Levi Richards, Journal, 14 de mayo de 1843; Temple Lot Transcript, parte 3, págs. 373, 385, preguntas 532–534, 770.
40. Watson, *Brigham Young Addresses,* tomo 5, 8 de octubre de 1866; comparaf con Brigham Young, Discourse, Oct. 8, 1866, George D. Watt, Discourse Shorthand Notes, 8 de octubre de 1866, George D. Watt, Papers, según transcripción de LaJean Purcell Carruth, copia en Biblioteca de Historia de la Iglesia; véase también Clayton, Journal, 26 de mayo de 1843. **Tema: Hyrum Smith**
41. José Smith, Journal, 28 de mayo de 1843, en *JSP,* tomo J3, pág. 25; véase también Joseph Smith to Emma Smith, Nov. 12, 1838, en *JSP,* tomo D6, págs. 290–293; y Emma Smith Blessing, 1844, Biblioteca de Historia de la Iglesia.
42. José Smith, Journal, 29 de mayo de 1843, en *JSP,* tomo J3, págs. 25–26; véase también pág. 25, nota 89.
43. Joseph Smith History, 1838–1856, tomo E-1, pág. 1987.
44. José Smith, Journal, 29 de mayo de 1843, en *JSP,* tomo J3, págs. 25–26; Historian's Office, Bocetos históricos de Brigham Young, pág. 69; "Reminiscence of Mercy Rachel Fielding Thompson", citado en Madsen, *In Their Own Words,* pág. 195; véase también Woodworth, "Mercy Thompson and the Revelation on Marriage", págs. 281–293.
45. José Smith, Journal, 29 de mayo de 1843, en *JSP,* tomo J3, págs. 25–26; "Reminiscence of Mercy Rachel Fielding Thompson", citado en Madsen, *In Their Own Words,* pág. 195; véase también Woodworth, "Mercy Thompson and the Revelation on Marriage", 281–293.
46. José Smith, Journal, 29 de mayo de 1843, en *JSP,* tomo J3, págs. 25–26. **Tema: Sellamiento**

Capítulo 41: Dios debe ser el Juez

1. Pratt, Journal and Autobiography, págs. 107–108.
2. Cannon, "Tahiti and the Society Island Mission", pág. 334; Pratt, Journal and Autobiography, págs. 107–108.
3. Pratt, Journal and Autobiography, págs. 107–108; Joseph Smith History, 1838–56, tomo D-1, pág. 1568.
4. Cuórum de los Doce Apóstoles, Minutes, 23 de mayo de 1843.
5. Joseph Smith, Journal, June 13, 1843, en *JSP,* tomo J3, pág. 36; "Missouri *vs* Joseph Smith", *Times and Seasons,* 1 de julio de 1843, tomo IV, pág. 242; Nauvoo Relief Society Minute Book, 16 de junio de 1843, en Derr y otros, *First Fifty Years of Relief Society,* pág. 100.
6. Joseph Smith, Journal, June 11, 1843, en *JSP,* tomo J3, págs. 31–35; Woodruff, Journal, 11 de junio de 1843; Nauvoo Relief Society Minute Book, 16 de junio de 1843, en Derr y otros, *First Fifty Years of Relief Society,* pág. 100.
7. Nauvoo Relief Society Minute Book, 16 de junio de 1843, en Derr y otros, *First Fifty Years of Relief Society,* págs. 100–102. La hermana Chase pudo haber sido o bien Phebe Ogden Ross Chase o Tirzah Wells Chase; véanse las entradas biográficas para ambas mujeres en churchhistorianspress.org.
8. Joseph Smith, Journal, 16 y 18 de junio de 1843, en *JSP,* tomo J3, págs. 37, 38; Clayton, Journal, 18 de junio de 1843; Warrant for Joseph Smith, June 17, 1843, copia, Joseph Smith Collection, Biblioteca de Historia de la Iglesia; Joseph Smith History, 1838–1856, tomo D-1, pág. 1581.
9. "Missouri *vs* Joseph Smith", *Nauvoo Neighbor,* 5 de julio de 1843, pág. 2; Joseph Smith History, 1838–1856, tomo D-1, pág. 1582. **Tema: Intentos de extradición a Misuri**
10. Clayton, Journal, 23 de junio de 1843; Joseph Smith History, 1838–56, tomo D-1, págs. 1583–1588; *JSP,* tomo J3, pág. 39, nota 153; "Missouri *vs* Joseph Smith", *Times and Seasons,* 1 de julio de 1843, tomo IV, pág. 243.
11. Burbank, Autobiography, págs. 43–44; Peter Conover, Statement, Sept. 26, 1854, Historian's Office, Joseph Smith History Documents, Biblioteca de Historia de la Iglesia; José Smith, Journal, July 1–4, 1843, en *JSP,* tomo J3, págs. 48–52; "Missouri *vs* Joseph

Smith", *Times and Seasons,* 1 de julio de 1843, tomo IV, pág. 243; Joseph Smith History, 1838–56, tomo D-1, pág. 1591.

12. Clayton, Journal, 30 de junio de 1843; Joseph Smith History, 1838–56, tomo D-1, pág. 1593; José Smith, Journal, June 30, 1843, en *JSP,* tomo J3, pág. 42; Peter Conover, Statement, Sept. 26, 1854, Historian's Office, Joseph Smith History Documents, Biblioteca de Historia de la Iglesia.
13. Joseph Smith, Journal, July 1, 1843, en *JSP,* tomo J3, pág. 48; Nauvoo Municipal Court Docket Book, págs. 55–87.
14. James, Autobiography, pág. 1; Wolfinger, *Test of Faith,* págs. 1–3; Platt, "Early Branches of the Church of Jesus Christ of Latter-day Saints", pág. 41. **Tema: Esclavitud y abolición**
15. James, Autobiography, pág. 1. **Tema: Don de lenguas**
16. James, Autobiography, pág. 1; Nauvoo Stake High Council Minutes, 9 de diciembre de 1843. **Tema: Jane Elizabeth Manning James**
17. Young, "Incidents in the Life of a Mormon Girl", pág. 54; Lovina Smith Walker, Certificate, 16 de junio de 1869, en Affidavits about Celestial Marriage, tomo I, pág. 30.
18. Clayton, Journal, 12 de julio de 1843; William Clayton, Affidavit, 16 de febrero de 1874, en Affidavits about Celestial Marriage, Biblioteca de Historia de la Iglesia; "Another Testimony—Statement of William Clayton", *Deseret Evening News,* 20 de mayo de 1886, pág. 2.
19. Doctrina y Convenios 132:7–19 (Revelation, 12 de julio de 1843, en josephsmithpapers.org).
20. Doctrina y Convenios 132:20 (Revelation, 12 de julio de 1843, en josephsmithpapers.org).
21. Doctrina y Convenios 132:1–20, 29–37 (Revelation, 12 de julio de 1843, en josephsmithpapers.org).
22. Jacob 2:27–30; véanse también Doctrina y Convenios 132:63 (Revelation, 12 de julio de 1843, en josephsmithpapers.org).
23. Doctrina y Convenios 132:52–56 (Revelation, 12 de julio de 1843, en josephsmithpapers.org).
24. Clayton, Journal, 12 de julio de 1843; William Clayton, Statement, 16 de febrero de 1874, en Affidavits about Celestial Marriage, Biblioteca de Historia de la Iglesia; William Clayton to Madison M. Scott, 11 de noviembre de 1871, copia, Biblioteca de Historia de la Iglesia.
25. William Clayton, Affidavit, 16 de febrero de 1874, en Affidavits about Celestial Marriage, Biblioteca de Historia de la Iglesia; "Another Testimony—Statement of William Clayton", *Deseret Evening News,* 20 de mayo de 1886, pág. 2; Clayton, Journal, 12 de julio de 1843. **Temas: Emma Hale Smith; Joseph Smith and Plural Marriage [José Smith y el matrimonio plural]**
26. Joseph Smith, Journal, 13 de julio de 1843, en *JSP,* tomo J3, págs. 57–59; Clayton, Journal, 13 de julio de 1843; véase también *JSP,* tomo J3, pág. 57, nota 262.
27. Joseph Smith, Journal, 13 de julio de 1843, en *JSP,* tomo J3, págs. 57–59; Clayton, Journal, 12–15 de julio de 1843; William Clayton, Affidavit, 16 de febrero de 1874, en Affidavits about Celestial Marriage, Biblioteca de Historia de la Iglesia; "Another Testimony—Statement of William Clayton", *Deseret Evening News,* 20 de mayo de 1886, pág. 2; Trustees Land Book B, White Purchase, págs. 241–244, 246, 249, 251, 259–261, 265; Galland Purchase, págs. 267–271, 273; véase también *JSP,* tomo J3, pág. 57, nota 262.
28. Véase "Nauvoo Journals, May 1843–June 1844", en *JSP,* tomo J3, págs. XIX–XX; véanse también págs. 57–59, notas 259 y 262.
29. Joseph Smith, Journal, Aug. 31, Sept. 15, y Oct. 3, 1843, en *JSP,* tomo J3, págs. 91, 99, 105; "Nauvoo Mansion", Geographical Entry, sitio web de Joseph Smith Papers, josephsmithpapers.org; Smith, *Biographical Sketches,* pág. 274; véase también *JSP,* tomo J3, pág. 91, nota 421.
30. **Tema: Esclavitud y abolición**
31. James, Autobiography, págs. 1–4; "Joseph Smith, the Prophet", *Young Woman's Journal,* diciembre de 1905, págs. 551–552. **Tema: Jane Elizabeth Manning James**
32. Véase Clayton, Journal, 23 de junio de 1843; 12 de julio de 1843; 3, 16 y 23 de agosto de 1843.

33. Doctrina y Convenios 25:13–15 (Revelation, julio de 1830–C, en josephsmithpapers.org).
34. Emily Dow Partridge Smith Young, "Testimony That Cannot Be Refuted", *Woman's Exponent,* 1 de abril de 1884, tomo XII, pág. 165.
35. Emily Dow Partridge Young, "Autobiography", *Woman's Exponent,* 1 de agosto de 1885, tomo XIV, pág. 38; Young, "Incidents in the Life of a Mormon Girl", pág. 186; Young, Diary and Reminiscences, pág. 2.
36. Young, Diary and Reminiscences, págs. 2–3; Emily Dow Partridge Young, "Autobiography", *Woman's Exponent,* 1 de agosto de 1885, tomo XIV, pág. 38; véase también Lyman, Journal, pág. 13.
37. Young, Diary and Reminiscences, pág. 5.
38. Emily Dow Partridge Smith Young, "Testimony That Cannot Be Refuted", *Woman's Exponent,* 1 de abril de 1884, tomo XII, pág. 165. **Tema: Emma Hale Smith**
39. Young, "Incidents in the Life of a Mormon Girl", pág. 177; véase también Young, Diary and Reminiscences, pág. 5.

Capítulo 42: Preparen sus hombros

1. Woodruff, Journal, 4 de noviembre de 1843; véase también Woodruff, Journal, 16, 17, 18 y 19 de enero de 1844.
2. Wilford Woodruff to Phebe Carter Woodruff, Oct. 1843, Emma S. Woodruff, Collection, Biblioteca de Historia de la Iglesia; véase también Woodruff, Journal, 8 de octubre de 1843.
3. Woodruff, Journal, 11 de noviembre de 1843.
4. Joseph Smith, Journal, 28 de septiembre de 1843, en *JSP*, tomo J3, págs. 104–105; Clayton, Journal, 19 de octubre de 1843; véanse también "Nauvoo Journals, May 1843–June 1844", en *JSP*, tomo J3, págs. XX–XXI; Nauvoo Relief Society Minute Book, 30 de marzo, 28 de abril y 31 de agosto de 1842, en Derr y otros, *First Fifty Years of Relief Society*, págs. 43, 59, 94; y Doctrina y Convenios 132:7–20 (Revelation, 12 de julio de 1843, en josephsmithpapers.org).
5. Joseph Smith, Journal, 28 de septiembre y 1° de octubre de 1843, en *JSP*, tomo J3, págs. 104, 105; "Part 1: 1830, 1842–1854", en Derr y otros, *First Fifty Years of Relief Society,* pág. 10. **Tema: Emma Hale Smith**
6. Joseph Smith, Journal, 8 de octubre y 1 de noviembre de 1843, en *JSP*, tomo J3, págs. 109, 123; Young, Journal, 1° de noviembre de 1843, pág. 21; Helen Mar Whitney, "Scenes in Nauvoo", *Woman's Exponent*, 1° de julio de 1883, tomo XXII, pág. [18]; Bathsheba W. Smith, Affidavit, 19de noviembre de 1903, Biblioteca de Historia de la Iglesia; Whitney, Plural Marriage, pág.14. Smith, Affidavit, Nov. 19, 1903, Biblioteca de Historia de la Iglesia; Whitney, *Plural Marriage,* pág. 14.
7. Joseph Smith, Journal, 2 de diciembre de 1843, en *JSP*, tomo 3, pág. 138; Woodruff, Journal, 2 y 23 de diciembre de 1843.
8. "Nauvoo Journals, mayo de 1843–junio de 1844", en *JSP*, tomo J3, págs. XX–XXI; Joseph Smith, Journal, 28 de septiembre de 1843; 1°, 8, 12 y 29 de octubre de 1843; 1° de noviembre de 1843; y 2, 9, 17 y 23 de diciembre de 1843; en *JSP*, tomo J3, págs. 104–105, 108–109, 112, 122, 123, 138, 142–143, 146, 150; Clayton, Journal, 2 de diciembre de 1843; Ehat, "Joseph Smith's Introduction of Temple Ordinances", págs. 98–100, 102–103; "Quorum, The", entrada del glosario, sitio web de los Documentos de José Smith, josephsmithpapers.org. **Tema: Anointed Quorum ("Holy Order") [El Cuórum Ungido ("El Santo Orden")]**
9. Neibaur, Journal, 24 de mayo de 1844; Consejo de los Cincuenta, "Record", pág. [290], en *JSP*, tomo CFM, pág. 192; véase también la pág. 192, nota 596; y Cook, *William Law*, págs. 25–27, nota 84.
10. "Dr. Wyl and Dr. Wm. Law", *Salt Lake Daily Tribune,* 31 de julio de 1887, pág. [6]; Neibaur, Journal, 24 de mayo de 1844; véase también Cook, *William Law*, págs. 24–25.
11. McMurrin, "An Interesting Testimony", págs. 507–509.

12. Neibaur, Journal, 24 de mayo de 1844; Council of Fifty, "Record", pág. [290], en *JSP*, tomo CFM, pág. 192; véase también la pág. 192, nota 596; y Cook, *William Law*, págs. 25–27, nota 84.
13. Clayton, Journal, 12 de junio de 1844; véase también Cook, *William Law*, pág. 25.
14. Joseph Smith, Journal, 30 de diciembre de 1843, en *JSP*, tomo J3, pág. 154; véase también la pág. 154, nota 692.
15. "Dr. Wyl and Dr. Wm. Law", *Salt Lake Daily Tribune*, 31 de julio de 1887, pág. [6].
16. Law, Record of Doings, 8 de enero de 1844, en Cook, *William Law*, págs. 46–47; Joseph Smith, Journal, 8 de enero de 1844, en *JSP*, tomo J3, pág. 159; véase también la pág. 159, nota 707. No se ha encontrado ninguna versión manuscrita de Law, "Record of Doings". Para un mayor análisis, véase "Essay on Sources", en *JSP*, tomo J3, págs. 491–492.
17. Woodruff, Journal, 21 de enero de 1844.
18. "Great Meeting of Anti Mormons!", *Warsaw Message*, 13 de septiembre de 1843, págs. 1–2; Joseph Smith History, 1838–1856, tomo E-1, pág. 1687; Ford, *History of Illinois*, pág. 319. **Tema: American Legal and Political Institutions [Instituciones legales y políticas de Estados Unidos]**
19. Joseph Smith, Journal, 4 de noviembre y 27 de diciembre de 1843; 5 de mayo de 1844, en *JSP*, tomo J3, págs. 124, 152, 243; pág. 152, nota 683; pág. 166, nota 738; pág. 243, nota 1102; Henry Clay to Joseph Smith, 15 de noviembre de 1843; Lewis Cass to Joseph Smith, 9 de diciembre de 1843; John C Calhoun to Joseph Smith, Dec. 2, 1843, Joseph Smith Collection, Biblioteca de Historia de la Iglesia.
20. Joseph Smith, Journal, 29 de enero de 1844, en *JSP*, tomo J3, págs. 169–171; "Who Shall Be Our Next President?", *Times and Seasons*, 15 de febrero de 1844, tomo V, págs. 439–441; Robertson, "Campaign and the Kingdom", págs. 164–165. **Tema: Campaña de José Smith para presidente de los Estados Unidos en 1844**
21. Addison Pratt, Journal, 13 de enero de 1844; Ellsworth, *Journals of Addison Pratt*, págs. 114–115. **Tema: Bendiciones patriarcales**
22. Addison Pratt, Journal, 6 de octubre de 1843; 3 y 7 de diciembre de 1843; 12 y 19 de enero de 1844; Perrin, "Seasons of Faith", págs. 202–203.
23. Addison Pratt, Journal, 26 de enero de 1844.
24. Addison Pratt, Journal, 19 de enero de 1844.
25. Thompson, Autobiographical Sketch, 7–9; véase también Doctrina y Convenios 85:1–3 (Joseph Smith to William W. Phelps, 27de noviembre de 1832, en josephsmithpapers.org). Revelation, 27 de febrero de 1832, en josephsmithpapers.org. Después del sellamiento de Mercy Fielding Thompson a su esposo fallecido, Robert, en mayo de 1843, este se le apareció a José Smith en una visión y le pidió que casara a Mercy con Hyrum Smith por el tiempo de esta vida. José selló a Hyrum y a Mercy el 11 de agosto de 1843. (Woodworth, "Mercy Thompson and the Revelation on Plural Marriage", págs. 281–293).
26. "To the Sisters of the Church of Jesus Christ in England", *LDS Millennial Star*, junio de 1844, tomo V, pág. 15; véase también Introduction to Boston Female Penny and Sewing Society, Minutas, 28 de enero de 1845, en Derr y otros, *First Fifty Years*, pág. 163.
27. Joseph Smith, Journal, 29 de enero de 1844; 8, 19 y 25 de febrero de 1844; 7 de marzo de 1844, en *JSP*, tomo J3, págs. 171, 175, 179, 183, 194.
28. Joseph Smith, *General Smith's Views of the Powers and Policy of the Government of the United States*, Nauvoo, Illinois: John Taylor, 1844; véase también *JSP*, tomo J3, pág. 168, nota 748; pág. 173, nota 775. **Tema: Campaña de José Smith para presidente de los Estados Unidos en 1844**
29. Joseph Smith, Journal, 20 de febrero de 1844, en *JSP*, tomo J3, pág. 180; "The Council of Fifty in Nauvoo, Illinois", en *JSP*, tomo CFM, págs. XXVI–XXXIX; "Early Discussions of Relocating", sitio web de los Documentos de José Smith, josephsmithpapers.org.
30. "The Council of Fifty in Nauvoo, Illinois", en *JSP*, tomo CFM, pág. XXIII; Consejo de los Cincuenta, "Record", 10–11 de marzo de 1844, en *JSP*, tomo CFM, págs. 17–45. **Tema: Council of Fifty [Consejo de los Cincuenta]**
31. Consejo de los Cincuenta, "Record", 11 de marzo de 1844, en *JSP*, tomo CFM, págs. 39–45; "The Council of Fifty in Nauvoo, Illinois", en *JSP*, tomo CFM, pág. XXXVII.

32. Orson Hyde, Statement about Quorum of the Twelve, aprox. finales de marzo de 1845, Archivos de la oficina de Brigham Young, Biblioteca de Historia de la Iglesia; Baugh y Holzapfel, "I Roll the Burthen and Responsibility", pág. 15, 18 ; Brigham Young, Sermon, 6 de octubre de 1866, George D. Watt, Discourse Shorthand Notes, Oct. 6, 1866, George D. Watt, Papers, según lo transcribió LaJean Purcell Carruth, copia en la Biblioteca de Historia de la Iglesia; Parley P. Pratt to the Church of Jesus Christ of Latter-day Saints, Jan. 1, 1845, en *Prophet,* 4 de enero de 1845, pág. 33.
33. Orson Hyde, Statement about Quorum of the Twelve, aprox. finales de marzo de 1845, Archivos de la oficina de Brigham Young, Biblioteca de Historia de la Iglesia; Baugh y Holzapfel, "I Roll the Burthen and Responsibility", pág. 18; Holzapfel y Harper, "This Is My Testimony", págs. 112–116. **Tema: Sucesión del liderazgo de la Iglesia**
34. Brigham Young, Sermon, 6 de octubre de 1866, George D. Watt, Discourse Shorthand Notes, Oct. 6, 1866, George D. Watt, Papers, según lo transcribió LaJean Purcell Carruth, copia en la Biblioteca de Historia de la Iglesia; Parley P. Pratt to the Church of Jesus Christ of Latter-day Saints, Jan. 1, 1845, en *Prophet,* 4 de enero de 1845, pág. 33. **Tema: Cuórum de los Doce Apóstoles**
35. Orson Hyde, Statement about Quorum of the Twelve, aprox. Finales de marzo de 1845, Brigham Young Office Files, Church History Library; Woodruff, Journal, 25 de agosto de 1844; Wilford Woodruff, Testimony, 19 de marzo de 1897, Biblioteca de Historia de la Iglesia; Historian's Office, General Church Minutes, McEwan copy, Sept. 8, 1844; Clayton copy, Sept. 8, 1844; Nauvoo Stake High Council Minutes, 30 de noviembre de 1844; "Trial of Elder Rigdon," *Times and Seasons,* 15 de septiembre de 1844, tomo V, págs. 650–651; Parley P. Pratt, "Proclamation," *LDS Millennial Star,* marzo de 1845, tomo V, pág. 151; Wilford Woodruff, "To the Officers and Members of the Church of Jesus Christ of Latter-day Saints in the British Islands," *LDS Millennial Star,* febrero de 1845, tomo V, pág. 136; Consejo de los Cincuenta, "Record," 18 y 25 de marzo de 1845, en *JSP,* tomo CFM, págs. 337–338, 379; George A. Smith, Sermon, 25 de diciembre de 1874, págs. 2–4, Saint George Utah Stake, General Minutes, Biblioteca de Historia de la Iglesia; Johnson, "A Life Review,"pág. 96; Benjamin F. Johnson to George F. Gibbs, abril.–octubre de 1903, 1911, Benjamin Franklin Johnson, Papers, Biblioteca de Historia de la Iglesia; véase también Historian's Office, General Church Minutes, Sept. 30, 1855.

Capítulo 43: Una alteración del orden público

1. Law, Record of Doings, 29 de marzo y 15 de abril de 1844, en Cook, *William Law,* págs. 47–49.
2. Woodruff, Journal, 24 de marzo de 1844; Affidavits of A. B. Williams and M. G. Eaton, *Nauvoo Neighbor,* 17 de abril de 1844, pág. [2].
3. Woodruff, Journal, 24 de marzo de 1844.
4. Orson Hyde, Statement about Quorum of the Twelve, hacia fines de marzo de 1845, Archivos de la oficina de Brigham Young, Biblioteca de Historia de la Iglesia; Bushman, *Rough Stone Rolling,* págs. 532–534.
5. Cummings, "Conspiracy of Nauvoo", *Contributor,* abril de 1884, pág. 252.
6. "Conference Minutes", *Times and Seasons,* 15 de agosto de 1844, tomo V, págs. 612–613; Oficina del Historiador, General Church Minutes, Clayton copy, 7 de abril de 1844, pág. 11; Bullock copy, 7 de abril de 1844, pág. 14; Joseph Smith, Journal, 7 de abril de 1844, en *JSP,* tomo J3, pág. 217.
7. "Conference Minutes", *Times and Seasons,* 15 de agosto de 1844, tomo V, págs. 613–614; Oficina del Historiador, General Church Minutes, Clayton copy, 7 de abril de 1844, págs. [12]–14; Bullock copy, 7 de abril de 1844, págs. 15–17. La cita original es ligeramente diferente y dice: ". . . aunque el cuerpo terrenal se deshace, que nuevamente se levantarán en una gloria inmortal".

8. Oficina del Historiador, General Church Minutes, Bullock copy, 7 de abril de 1844, pág. 17; Woodruff, Journal, 7 de abril de 1844; "Conference Minutes", *Times and Seasons,* 15 de agosto de 1844, tomo V, pág. 617.
9. "Conference Minutes", *Times and Seasons,* 15 de agosto de 1844, tomo V, págs. 616–617; Oficina del Historiador, General Church Minutes, Bullock copy, 7 de abril de 1844, págs. 19–22; véase también José Smith, Journal, 21 de mayo y 11 de junio de 1843, en *JSP*, tomo J3, págs. 20, 31; Joseph Smith History, 1838–1856, tomo D-1, pág. 1556.
10. Joseph Smith, Journal, 7 de abril de 1844, en *JSP*, tomo J3, págs. 217–222; Oficina del Historiador, General Church Minutes, Bullock copy, 7 de abril de 1844, pág. 22; "Conference Minutes", *Times and Seasons*, 15 de agosto de 1844, tomo V, pág. 617; véase también "Accounts of the 'King Follett Sermon'", sitio web de los Documentos de José Smith, josephsmithpapers.org. **Tema: Discurso del funeral de King Follett**
11. Ellen Briggs Douglas to Family Members, 14 de abril de 1844, en Derr y otros, *First Fifty Years of Relief Society*, págs. 157–162; George Douglas and Ellen Briggs Douglas to "Father and Mother", 2 de junio de 1842, Ellen B. Parker, Cartas, Biblioteca de Historia de la Iglesia. Una línea es ligeramente diferente en la fuente original: ". . . me dieron el mejor regalo que jamás había recibido de algún lugar del mundo.**Tema: Sociedad de Socorro Femenina de Nauvoo**
12. Cummings, "Conspiracy of Nauvoo", *Contributor*, abril de 1884, págs. 252–253.
13. "Resolutions", *Nauvoo Expositor*, 7 de junio de 1844, pág. 2. **Tema: Dissent in the Church [Disensión en la Iglesia]**
14. "The New Church", *Warsaw Signal*, 15 de mayo de 1844, pág. [2]; Joseph Smith, Journal, 21 de febrero de 1843, en *JSP*, tomo J2, págs. 271–273; véase también pág. 239, nota 1074.
15. Nauvoo City Council Draft Minutes, 8 de junio de 1844, págs. 13–15; Nauvoo Stake High Council Minutes, 20 y 24 de mayo de 1842; *JSP*, tomo J3, pág. 245, nota 1108; pág. 246, nota 1116; véase también Joseph Smith History, 1838–1856, tomo E-1, pág. 1949.
16. Cummings, "Conspiracy of Nauvoo", *Contributor*, abril de 1884, págs. 253–257.
17. Cummings, "Conspiracy of Nauvoo", *Contributor*, abril de 1884, págs. 257–259.
18. Consejo de los Cincuenta, "Record", 11 de abril de 1844, en *JSP*, tomo CFM, págs. 95–96; véase también Apocalipsis 1:6.
19. Consejo de los Cincuenta, "Record", 11 de abril de 1844, en *JSP*, tomo CFM, págs. 97–101. **Tema: Council of Fifty [Consejo de los Cincuenta]**
20. Law, Record of Doings, 19–22 de abril de 1844, en Cook, *William Law*, págs. 50–52; Joseph Smith, Journal, 18 de abril de 1844, en *JSP*, tomo J3, págs. 231–232; véase también pág. 232, nota 1037.
21. Joseph Smith, Journal, 28 de abril de 1844, en *JSP*, tomo J3, pág. 238.
22. Law, Record of Doings, 1° de junio de 1844, en Cook, *William Law*, pág. 54; Joseph Smith, Journal, 28 de abril de 1844, en *JSP*, tomo J3, pág. 239; véase también pág. 239, nota 1074; y "The New Church", *Warsaw Signal*, 15 de mayo de 1844, pág. [2].
23. "Why Oppose the Mormons?", *Warsaw Signal*, 25 de abril de 1844, pág. 2; véase también *JSP*, tomo J3, pág. 238, nota 1068.
24. *Prospectus of the Nauvoo Expositor*, Nauvoo, Illinois, 10 de mayo de 1844, copia en la Biblioteca de Historia de la Iglesia.
25. Joseph Smith, Journal, 6 de mayo de 1844, en *JSP*, tomo J3, pág. 245; Subpoena for Wilson and William Law, 27 de mayo de 1844, State of Illinois v. Joseph Smith for Adultery [Hancock County Circuit Court 1844], Biblioteca Histórica del Estado de Illinois, Expedientes del tribunal de circuito, 1830–1900, microfilm, Biblioteca de Historia de la Iglesia; véanse también *JSP*, tomo J3, pág. 245, nota 1108; pág. 261, nota 1189. **Tema: Nauvoo Expositor**
26. Joseph Smith, Discourse, 12 de mayo de 1844, Colección de José Smith, Biblioteca de Historia de la Iglesia; Joseph Smith, Journal, 12 de mayo de 1844, en *JSP*, tomo J3, págs. 248–249.
27. Joseph Smith, Journal, 17 de mayo de 1844, en *JSP*, tomo J3, pág. 253; véase también pág. 253, nota 1147.

28. Clayton, Journal, 21 de mayo de 1844; José Smith, Journal, 21, 25 y 27 de mayo de 1844, en *JSP*, tomo J3, págs. 256, 260–261, 263.
29. Joseph Smith, Journal, 27 de mayo de 1844, en *JSP*, tomo J3, págs. 263–265.
30. Thomas Sharp, Editorial, *Warsaw Signal*, 29 de mayo de 1844, pág. [2].
31. Pratt, Journal and Autobiography, págs. 108–113.
32. "Preamble" y "Resolutions", *Nauvoo Expositor*, 7 de junio de 1844, págs. [1]–[2].
33. Francis M. Higbee a "Citizens of Hancock County", 5 de junio de 1844, en *Nauvoo Expositor*, 7 de junio de 1844, pág. 3.
34. Joseph Smith, Journal, 8 de junio de 1844, en *JSP*, tomo J3, págs. 274–276; Nauvoo City Council Draft Minutes, 8 de junio de 1844, pág. 18.
35. Nauvoo City Council Draft Minutes, 8 de junio de 1844, pág. 19.
36. Nauvoo City Council Draft Minutes, 10 de junio de 1844, págs. 19–31; Joseph Smith, Journal, 10 de junio de 1844, en *JSP*, tomo J3, págs. 276–277.
37. Nauvoo City Council Draft Minutes, 10 de junio de 1844, pág. 27; véanse también Oaks, "Suppression of the *Nauvoo Expositor*", págs. 862–903; William Blackstone, *Commentaries on the Laws of England*, New York: W. E. Dean, 1840.
38. Nauvoo City Council Draft Minutes, 10 de junio de 1844, págs. 30–31; Nauvoo City Council Minute Book, 10 de junio de 1844, págs. 210–211; Joseph Smith, Journal, 10 de junio de 1844, en *JSP*, tomo J3, pág. 276. Un miembro del concejo de la ciudad, Benjamin Warrington, se expresó en contra de la resolución; argumentó que el concejo debía intentar primero multar al editor del *Expositor*.(*JSP*, tomo J3, págs. 276–277, nota 1258).
39. Joseph Smith, Journal, 10 de junio de 1844, en *JSP*, tomo J3, págs. 276–277; Joseph Smith, Order to Nauvoo City Marshal, 10 de junio de 1844, Colección de José Smith, Biblioteca de Historia de la Iglesia; "Unparalleled Outrage at Nauvoo", *Warsaw Signal*, 12 de junio de 1844, pág. [2]. **Tema: Nauvoo Expositor**
40. "Unparalleled Outrage at Nauvoo", *Warsaw Signal*, 12 de junio de 1844, pág. 2.

Capítulo 44: Como cordero al matadero

1. "Preamble and Resolutions," *Warsaw Signal*, Extra, 14 de junio de 1844; Sarah D. Gregg to Thomas Gregg, 14 de junio de 1844, copia, Illinois State Historical Society Papers, Biblioteca de Historia de la Iglesia; James Robbins to Leanna Robbins, 16 de junio de 1844, James Robbins Letters, Biblioteca de Historia de la Iglesia; Joseph Smith, Proclamation to John P. Greene, June 17, 1844; Joseph Smith to Jonathan Dunham, June 17, 1844, Colección de José Smith, Biblioteca de Historia de la Iglesia.
2. Joseph Smith, Journal, 13 de junio de 1844, en *JSP*, tomo J3, págs. 280–281; véase también pág. 281, nota 1284.
3. Maughan, Autobiography, págs. 57–58; "History of Joseph Smith", *LDS Millennial Star*, 9 de noviembre de 1861, tomo XXIII, pág. 720; véanse también *JSP*, tomo J3, pág. 8, nota 14; pág. 16, nota 39.
4. Maughan, Autobiography, págs. 57–58; *Peter Maughan Family History*, págs. 17–18.
5. Clayton, Journal, 11 de junio de 1844; *JSP*, tomo J3, pág. 279, nota 1272; véase también Joseph Smith, Journal, 11 de junio de 1844, en *JSP*, tomo J3, págs. 277–279.
6. Joseph Smith, Journal, 11–12 de junio de 1844, en *JSP*, tomo J3, pág. 279; Warrant for Joseph Smith and Others, 11 de junio de 1844, Estado de Illinois contra José Smith y otros por disturbios, copia, Colección de José Smith, Biblioteca de Historia de la Iglesia.
7. Joseph Smith, Journal, 12–13 de junio de 1844, en *JSP*, tomo J3, págs. 279–282; Warrant for Joseph Smith and Others, 11 de junio de 1844, Estado de Illinois contra José Smith y otros por disturbios, copia, Colección de José Smith, Biblioteca de Historia de la Iglesia; Nauvoo Municipal Court Docket Book, págs. 108–112.
8. Joseph Smith, Journal, 14 de junio de 1844, en *JSP*, tomo J3, pág. 282; Clayton, Daily Account of Joseph Smith's Activities, 14 de junio de 1844, en *JSP*, tomo J3, págs. 333–334; Joseph Smith to Thomas Ford, 14 de junio de 1844, Colección de José Smith, Biblioteca

de Historia de la Iglesia; Sidney Rigdon to Thomas Ford, 14 de junio de 1844, Colección de Sidney Rigdon, Biblioteca de Historia de la Iglesia; véase también Joseph Smith History, 1838–1856, tomo F-1, págs. 97–98.

9. Joseph Smith, Journal, 16–18 de junio de 1844, en *JSP*, tomo J3, págs. 286–292; Joseph Smith, Proclamation, 17 de junio de 1844, Colección de José Smith, Biblioteca de Historia de la Iglesia; *JSP*, tomo J3, págs. 294–295, nota 1357; Hyrum Smith and Joseph Smith to Brigham Young, 17 de junio de 1844, Colección de José Smith, Biblioteca de Historia de la Iglesia.
10. Joseph Smith, Journal, 18 de junio de 1844, en *JSP*, tomo J3, págs. 290–291; Joseph Smith History, 1838–1856, tomo F-1, págs. 118–119.
11. Oaks, "Suppression of the *Nauvoo Expositor*", págs. 891–903.
12. Thomas Ford to Joseph Smith, 22 de junio de 1844, Colección de José Smith, Biblioteca de Historia de la Iglesia. **Tema: American Legal and Political Institutions [Instituciones legales y políticas de Estados Unidos]**
13. Joseph Smith to Thomas Ford, 22 de junio de 1844, Colección de José Smith, Biblioteca de Historia de la Iglesia; Editorial Note, en *JSP*, tomo J3, págs. 301–302.
14. Joseph Smith History, 1838–1856, tomo F-1, pág. 147; Richards, Journal, 23 de junio de 1844, en *JSP*, tomo J3, pág. 305.
15. Joseph Smith to Emma Smith, 23 de junio de 1844, copia, Colección de José Smith, Biblioteca de Historia de la Iglesia.
16. Joseph Smith History, 1838–1856, tomo F-1, pág. 148; Richards, Journal, 23 de junio de 1844, en *JSP*, tomo J3, pág. 305.
17. Briggs, "A Visit to Nauvoo in 1856", págs. 453–454; Joseph Smith History, 1838–1856, tomo F-1, pág. 148.
18. Briggs, "A Visit to Nauvoo in 1856", págs. 453–454.
19. Joseph Smith History, 1838–1856, tomo F-1, pág. 149; "Pleasant Chat", *True Latter Day Saints' Herald*, 1° de octubre de 1868, pág. 105; Christensen, "Edwin Rushton", pág. 3. **Tema: Familia de José Smith y Emma Hale Smith**
20. Christensen, "Edwin Rushton,"pág. 3; John Bernhisel to George A. John Bernhisel to GeorgeA. Smith, 11 de septiembre de 1854, en la Oficina del Historiador, Documentos históricos de José Smith, Biblioteca de Historia de la Iglesia; Doctrina y Convenios 135:4 (Relato del martirio, aprox. julio de 1844, en josephsmithpapers.org); Joseph Smith History, 1838–1856, tomo F-1, págs. 149–151; Richards, Journal, 24 de junio de 1844, en *JSP*, tomo J3, pág. 305; Clayton, Journal, 24 de junio de 1844.
21. Joseph Smith History, 1838–1856, tomo F-1, pág. 151; Richards, Journal, 24 de junio de 1844, en *JSP*, tomo J3, pág. 305.
22. Richards, Journal, 24 de junio de 1844, en *JSP*, tomo J3, pág. 306; Joseph Smith History, 1838–1856, tomo F-1, págs. 151–152; véanse también "Awful Assassination of Joseph and Hyrum Smith", *Times and Seasons*, 1° de julio de 1844, tomo V, pág. 560; "Statement of Facts", *Times and Seasons,* 1° de julio de 1844, tomo V, pág. 563; y *JSP*, tomo J3, pág. 306, nota 6.
23. Leonora C. Taylor, Statement, aprox. 1856, Biblioteca de Historia de la Iglesia; Clayton, Journal, 24 de junio de 1844.
24. Emma Smith Blessing, 1844, texto mecanografiado, Biblioteca de Historia de la Iglesia. La bendición original que escribió Emma se ha perdido. La historiadora Juanita Brooks informó que estudió el documento original en 1946, comparó la escritura a mano con la de Emma y envió las transcripciones de la bendición a George Albert Smith y a Joseph K. Nicholes. (Véase Juanita Brooks to Joseph K. Nicholes, 29 de abril de 1946, Colección de Joseph K. Nicholes, Biblioteca de Historia de la Iglesia; Juanita Brooks to George Albert Smith, 29 de abril de 1946, Joseph Fielding Smith, Documentos, Biblioteca de Historia de la Iglesia; y Emma Smith to Joseph Heywood, 18 de octubre de 1844, Biblioteca de Historia de la Iglesia). **Tema: Emma Hale Smith**
25. Joseph Smith History, 1838–1856, tomo F-1, pág. 154; Richards, Journal, 24 de junio de 1844, en *JSP*, tomo J3, pág. 306.

26. Joseph Smith History, 1838–1856, tomo F-1, págs. 155–156; Richards, Journal, 25 de junio de 1844, en *JSP*, tomo J3, págs. 307–308.
27. Richards, Journal, 25 de junio de 1844, en *JSP*, tomo J3, págs. 307, 311–314; Joseph Smith History, 1838–1856, tomo F-1, págs. 158–161; "Statement of Facts", *Times and Seasons*, 1° de julio de 1844, tomo V, págs. 561–562; Dan Jones, "Martyrdom of Joseph Smith and His Brother Hyrum!", en Dennis, "Martyrdom of Joseph Smith and His Brother Hyrum", págs. 87–88; Joseph Smith to Emma Smith, 25 de junio de 1844, copia, Colección de José Smith, Biblioteca de Historia de la Iglesia.
28. Dennis, "Dan Jones, Welshman", págs. 50–52.
29. Dan Jones, "Martyrdom of Joseph Smith and His Brother Hyrum!"; Dan Jones to Thomas Bullock, 20 de enero de 1855, en Dennis, "Martyrdom of Joseph and Hyrum Smith", págs. 89, 101.
30. Dan Jones, "Martyrdom of Joseph Smith and His Brother Hyrum!"; Dan Jones to Thomas Bullock, 20 de enero de 1855, en Dennis, "Martyrdom of Joseph and Hyrum Smith", págs. 89, 101. **Tema: Profecías de José Smith**
31. Joseph Smith to Emma Smith, 27 de junio de 1844, copia, Colección de José Smith, Biblioteca de Historia de la Iglesia; Richards, Journal, 27 de junio de 1844, en *JSP*, tomo J3, pág. 323; Dan Jones, "Martyrdom of Joseph Smith and His Brother Hyrum!", en Dennis, "Martyrdom of Joseph Smith and His Brother Hyrum", pág. 90; Joseph Smith History, 1838–1856, tomo F-1, págs. 174–176.
32. Clayton, Journal, 26 de junio de 1844; Joseph Smith to Emma Smith, 27 de junio de 1844, copia, Colección de José Smith, Biblioteca de Historia de la Iglesia; Richards, Journal, 27 de junio de 1844, en *JSP*, tomo J3, pág. 323; véase también Richards, Journal, 26 de junio de 1844, en *JSP*, tomo J3, págs. 314–323.
33. Joseph Smith to Emma Smith, 27 de junio de 1844, copia, Colección de José Smith, Biblioteca de Historia de la Iglesia.
34. Ford, *History of Illinois*, pág. 346; Joseph Smith History, 1838–1856, tomo F-1, pág. 186.
35. Joseph Smith History, 1838–1856, tomo F-1, pág. 186; Mace, Autobiography, pág. 107; Clayton, Journal, 27 de junio de 1844.
36. Clayton, Journal, 27 de junio de 1844; Mace, Autobiography, págs 107–108; Ford, *History of Illinois*, págs. 346–347; Joseph Smith History, 1838–1856, tomo F-1, pág. 192.
37. Richards, Journal, 27 de junio de 1844, en *JSP*, tomo J3, pág. 327; Joseph Smith History, 1838–1856, tomo F-1, pág. 182; "Statement of Facts", *Times and Seasons*, 1° de julio de 1844, tomo V, pág. 563.
38. Richards, Journal, June 27, 1844, en *JSP,* tomo J3, pág. 327; John Fullmer to George A. Smith, Nov. 27, 1854; Cyrus Wheelock to George A. Smith, Dec. 29, 1854, Oficina del Historiador, Documentos históricos de José Smith, Biblioteca de Historia de la Iglesia; *JSP,* tomo J3, pág. 327, nota 128; "History of Joseph Smith," *LDS Millennial Star,* 14 de junio de 1862, tomo XXIV, pág. 375; Stephen Markham to Wilford Woodruff, June 20, 1856, Oficina del Historiador, Documentos históricos de José Smith, Biblioteca de Historia de la Iglesia
39. Richards, Journal, 27 de junio de 1844, en *JSP*, tomo J3, pág. 326; Carruth y Staker, "John Taylor's June 27, 1854, Account of the Martyrdom", pág. 59; Joseph Smith History, 1838–1856, tomo F-1, págs. 180–181; *A Collection of Sacred Hymns*, 1840, págs. 254–257; véase también "Un pobre forastero", *Himnos*, nro. 16. **Tema: Himnos**
40. Richards, Journal, 27 de junio de 1844, en *JSP*, tomo J3, págs. 326–327; Joseph Smith History, 1838–1856, tomo F-1, págs. 181–182.
41. Richards, Journal, 27 de junio de 1844, en *JSP*, tomo J3, pág. 327; Joseph Smith History, 1838–1856, tomo F-1, pág. 182; Ford, *History of Illinois*, pág. 353.
42. Richards, Journal, 27 de junio de 1844, en *JSP*, tomo J3, pág. 327; Joseph Smith History, 1838–1856, tomo F-1, pág. 182.
43. Richards, Journal, 27 de junio de 1844, en *JSP*, tomo J3, pág. 327; Joseph Smith History, 1838–1856, tomo F-1, págs. 182–183.
44. Richards, Journal, 27 de junio de 1844, en *JSP*, tomo J3, pág. 329; Willard Richards, "Two Minutes in Jail", *Nauvoo Neighbor*, 24 de julio de 1844, pág. [3]; John Taylor, "The

Martyrdom of Joseph Smith", en Burton, *City of the Saints*, pág. 537; véanse también "Two Minutes in Jail", *Times and Seasons*, 1° de agosto de 1844, tomo V, págs. 598–599; y Joseph Smith History, 1838–1856, tomo F-1, págs. 182–183.

45. Joseph Smith History, 1838–1856, tomo F-1, pág. 183; Willard Richards, "Two Minutes in Jail", *Nauvoo Neighbor*, 24 de julio de 1844, pág. [3]; véase también "Two Minutes in Jail", *Times and Seasons*, 1° de agosto de 1844, tomo V, págs. 598–599. **Tema: Deaths of Joseph And Hyrum Smith [La muerte de José y Hyrum Smith]**

Capítulo 45: Un fundamento inquebrantable

1. Mary Audentia Smith Anderson, "The Memoirs of President Joseph Smith", *Saints' Herald*, 29 de enero de 1935, pág. 143.
2. Call, Autobiography and Journal, pág. 12.
3. Mary Audentia Smith Anderson, "The Memoirs of President Joseph Smith", *Saints' Herald,* 29 de enero de 1835, pág. 143; "The Prophet's Death!", *Deseret Evening News,* 27 de noviembre de 1875, págs. 2–3.
4. "The Prophet's Death!", *Deseret Evening News,* 27 de noviembre de 1875, págs. 2–3.
5. Joseph Smith History, 1838–1856, tomo F-1, pág. 188; "The Prophet's Death!", *Deseret Evening News,* 27 de noviembre de 1875, pág. 3.
6. Lucy Mack Smith, History, 1845, pág. 312.
7. Joseph Smith History, 1838–1856, tomo F-1, pág. 183; Willard Richards, "Two Minutes in Jail", *Nauvoo Neighbor,* 24 de julio de 1844, pág. 3. **Tema: Profecías de José Smith**
8. *Portrait and Biographical Record of Hancock, McDonough and Henderson Counties, Illinois,* págs. 135–136; véase también Carruth y Staker, "John Taylor's June 27, 1854, Account of the Martyrdom", pág. 31.
9. Willard Richards y John Taylor a Thomas Ford y otros, 27 de junio de 1844, Willard Richards, Diarios y documentos, Biblioteca de Historia de la Iglesia; Joseph Smith History, 1838–1856, tomo F-1, pág. 185; véase también Roberts, *Life of John Taylor,* págs. 144–145.
10. Joseph Smith History, 1838 – 1856, tomo F-1, pág. 188; Vilate Murray Kimball a Heber C. Kimball, 30 de junio de 1844, Biblioteca de Historia, de la Iglesia; "The Prophet's Death!", *Deseret Evening News,* 27 de noviembre de 1875, pág. 3.
11. Joseph Smith History, 1838–1856, tomo F-1, pág. 188; Clayton, Diario, 28 de junio de 1844; Zina D. H. Young, Diario, 28 de junio de 1844.
12. Mace, Autobiography, pág. 110; "Who Are the Rebels?", *LDS Millennial Star*, 20 de marzo de 1858, tomo XX, pág. 179.
13. Lucy Mack Smith, History, 1845, págs. 312–313; "The Prophet's Death!", *Deseret Evening News,* 27 de noviembre de 1875, pág. 3; Joseph Smith History, 1838–1856, tomo F-1, págs. 188–189; Mary Audentia Smith Anderson, "The Memoirs of President Joseph Smith", *Saints' Herald,* 29 de enero de 1935, pág. 143.
14. Lucy Mack Smith, History, 1845, págs. 312–313.
15. "The Prophet's Death!", *Deseret Evening News,* 27 de noviembre de 1875, pág. 3; Joseph Smith History, 1838–1856, tomo F-1, pág. 189.
16. Phelps, Funeral Sermon of Joseph and Hyrum Smith, 1855, Biblioteca de Historia de la Iglesia.
17. Mary Ann Angell Young a Brigham Young, 30 de junio de 1844, Archivos de la oficina de Brigham Young, Biblioteca de Historia de la Iglesia; véase también Vilate Murray Kimball a Heber C. Kimball, 30 de junio de 1844, Biblioteca de Historia de la Iglesia. La fuente original dice: "Nuestro querido hermano José Smith y Hyrum cayó víctimas de un feroz populacho".
18. Vilate Murray Kimball a Heber C. Kimball, 30 de junio de 1844, Biblioteca de Historia de la Iglesia.

19. Phebe Carter Woodruff a "Dear Parents", 30 de julio de 1844, Biblioteca de Historia de la Iglesia; véase también Mahas, "Remembering the Martyrdom", págs. 299–306.
20. Oficina del Historiador, Bocetos históricos de Brigham Young, págs. 98–100; "History of Brigham Young", *Deseret News,* 24 de marzo de 1858, pág. 1; Oficina del Historiador, Manuscript History of Brigham Young, libro G, pág. 103.
21. "History of Brigham Young", *Deseret News,* 24 de marzo de 1858, pág. 1; Oficina del Historiador, Bocetos históricos de Brigham Young, pág. 99; Woodruff, Diario, 18 de julio de 1844.
22. Woodruff, Diario, 18 de julio de 1844.
23. Clayton, Diario, 2–4, 7 y 12 de julio de 1844; Oaks y Bentley, "Joseph Smith and Legal Process", págs. 735–782; para ver un ejemplo de escritura preparada para separar la propiedad personal de José de la propiedad de la Iglesia, véase Bond from Joseph Smith, Sidney Rigdon, and Hyrum Smith, 4 de enero de 1842, en josephsmithpapers.org. **Tema: Emma Hale Smith**
24. Clayton, Diario, 12 de julio de 1844; Obituario por Samuel H. Smith, *Times and Seasons,* 1 de agosto de 1844, tomo V, págs. 606–607; Lucy Mack Smith, History, 1845, págs. 313–314.
25. Clayton, Diario, 4–8 de julio de 1844.
26. Clayton, Diario, 12 de julio de 1844; *JSP,* tomo J3, pág. 163, nota 726.
27. Pratt, *Autobiography,* pág. 371–373; Clayton, Diario, 14 de julio de 1844.
28. Pratt, *Autobiography,* pág. 372; Joseph Smith History, 1838–1856, tomo F-1, pág. 293; Doctrina y Convenios 100:9 (Revelation, Oct. 12, 1833, at josephsmithpapers.org); Council of Fifty, "Record", 6 de mayo de 1844, en *JSP,* tomo CFM, págs. 157–159.
29. "Nauvoo Journals, May 1843–June 1844", en *JSP*, tomo J3, pág. xxiii; *JSP*, tomo J3, págs. 79–80, notas 364–366; "Continuation of Elder Rigdon's Trial", *Times and Seasons,* 1° de octubre de 1844, tomo V, págs. 660–666; Wilford Woodruff a la "Church of Jesus Christ of Latter-day Saints", 11 de octubre de 1844, *Times and Seasons,* 1° de noviembre de 1844, tomo V; págs. 698–700; "Special Meeting", *Times and Seasons,* 1° de septiembre de 1844, tomo V, págs. 637–638.
30. Joseph Smith History, 1838–1856, tomo F-1, pág. 293; apéndices, pág. 10; *Speech of Elder Orson Hyde,* pág. 13. **Tema: Sidney Rigdon**
31. Willard Richards, Diario, 4 de agosto de 1844; Joseph Smith History, 1838–1856, tomo F-1, pág. 293.
32. Woodruff, Diario, 24 de julio y 5–6 de agosto de 1844.
33. Woodruff, Diario, 7 de agosto de 1844.
34. Joseph Smith History, 1838–1856, tomo F-1, pág. 294.
35. Joseph Smith History, 1838–1856, tomo F-1, págs. 295–296; Doctrina y Convenios 100:9–11 (Revelation, Oct. 12, 1833, en josephsmithpapers.org); véase también Doctrina y Convenios 76 (Vision, Feb. 16, 1832, en josephsmithpapers.org).
36. Woodruff, Diario, 7 de agosto de 1844.
37. Joseph Smith History, 1838–1856, tomo F-1, pág. 296.
38. Oficina del Historiador, General Church Minutes, 5 de diciembre de 1847; véanse también Walker, "Six Days in August", pág. 181; Joseph Smith History, 1838–1856, tomo F-1, pág. 296.
39. Sidney Rigdon, Discourse, 8 de agosto de 1844, Oficina del Historiador, General Church Minutes, Biblioteca de Historia de la Iglesia; Jensen y Carruth, "Sidney Rigdon's Plea to the Saints", págs. 133–137; Joseph Smith History, 1838–1856, tomo F-1, pág. 296. El original dice: "Hay un espíritu que será el más grande en medio de nosotros".
40. Brigham Young, Discourse, 8 de agosto de 1844, Oficina del Historiador, General Church Minutes, Biblioteca de Historia de la Iglesia; Jensen y Carruth, "Sidney Rigdon's Plea to the Saints", págs. 138–139; Joseph Smith History, 1838–1856, tomo F-1, págs. 297–298; "Special Meeting", *Times and Seasons,* 1° de septiembre de 1844, tomo V, págs. 637–638; véase también Brigham Young, Diario, 8 de agosto de 1844.
41. Hoyt, Reminiscences and Diary, tomo I, págs. 7, 9–10, 16–17, 19–21; Jorgensen, "Mantle of the Prophet Joseph", págs. 139–142; Whitney, *History of Utah,* tomo IV, pág. 303.

42. Joseph Smith History, 1838–1856, tomo F-1, pág. 296; "Special Meeting", *Times and Seasons*, 1° de septiembre de 1844, tomo V, pág. 637; Brigham Young, Diario, 8 de agosto 1844.
43. Joseph Smith History, 1838–1856, tomo F-1, pág. 298; Woodruff, Diario, 8 de agosto de 1844; Reunión de la tarde, 8 de agosto de 1844, Oficina del Historiador, General Church Minutes, según lo transcribió Sylvia Ghosh, copia en la Biblioteca de Historia de la Iglesia.
44. Hoyt, Reminiscences and Diary, tomo I, págs. 20–21; véase también Jorgensen, "Mantle of the Prophet Joseph", págs. 130, 142.
45. Joseph Smith History, 1838–1856, tomo F-1, págs. 298–299. **Tema: Sucesión del liderazgo de la Iglesia**
46. Joseph Smith History, 1838–1856, tomo F-1, pág. 302; Hoyt, Reminiscences and Diary, tomo I, págs. 20–21; Woodruff, Diario, 8 de agosto de 1844; Reunión de la tarde, 8 de agosto de 1844, Oficina del Historiador, General Church Minutes, según lo transcribió Sylvia Ghosh, copia en la Biblioteca de Historia de la Iglesia. **Tema: Common Consent [Común acuerdo]**
47. Joseph Smith History, 1838–1856, tomo F-1, pág. 303.
48. Hoyt, Reminiscences and Diary, tomo I, págs. 20–21; véase también Jorgensen, "Mantle of the Prophet Joseph", págs. 125–204.
49. Hoyt, Reminiscences and Diary, tomo I, pág. 21.
50. Woodruff, Diario, 9 de agosto de 1844; Brigham Young, Diario, 9 de agosto de 1844.
51. Woodruff, Diario, 12 de agosto de 1844.
52. Woodruff, Diario, 18 de agosto de 1844; "Carta de Joseph Smith a James J. Strang", *Voree Herald,* 18 de enero de 1846, pág. 1; "Strang, James Jesse", entrada biográfica, sitio web de Joseph Smith Papers, josephsmithpapers.org. **Tema: Otros Movimientos de Santos de los Últimos Días**
53. Woodruff, Diario, 18 de agosto de 1844.
54. Woodruff, Diario, 27 de agosto de 1844.
55. Woodruff, Diario, 28 de agosto de 1844; véase también "Jones, Dan", entrada biográfica, sitio web de los Documentos de José Smith, josephsmithpapers.org.

Capítulo 46: Investidos con poder

1. "An Epistle of the Twelve", *Times and Seasons*, 1° de octubre de 1844, tomo V, pág. 668. **Tema: Nauvoo Temple [Templo de Nauvoo]**
2. Peter Maughan a Willard Richards, 21 de septiembre de 1844, Willard Richards, Diarios y documentos, Biblioteca de Historia de la Iglesia; Maughan, Autobiography, págs. 59–60.
3. Clayton, Diario, 7 de diciembre de 1845; Oficina del Historiador, History of the Church, 1838–aprox. 1882, tomo XIII, 24 y 29 de septiembre de 1844; Brigham Young, Diario, 25 de agosto de 1844; véase también Taylor, Diario, 25 de diciembre de 1844.
4. Gregory, "Sidney Rigdon", pág. 51; Brigham Young, Diario, 8–9 de septiembre de 1844; Orson Hyde a "Queridos hermanos", 12 de septiembre de 1844, Archivos de la Oficina de Brigham Young, Biblioteca de Historia de la Iglesia; William Clayton a Wilford Woodruff, 7 de octubre de 1844, Wilford Woodruff, Diarios y documentos, Biblioteca de Historia de la Iglesia; William Player, Declaración, 12 de diciembre de 1868, Biblioteca de Historia de la Iglesia; Carta al editor, *Nauvoo Neighbor*, 21 de mayo de 1845, pág. 3.
5. Clayton, Diario, 15 de agosto de 1844; Oficina del Historiador, History of the Church, 1838–aprox. 1882, History of Brigham Young, tomo XIII, 19 de agosto de 1844; Lucy Meserve Smith, Declaración, sin fecha, Biblioteca de Historia de la Iglesia.
6. Leonard, *Nauvoo*, pág. 503; "Part 2: February–May 1845", en *JSP*, tomo CFM, pág. 209. Se desconoce la cantidad exacta de mujeres a las que José Smith fue sellado en esta vida porque la evidencia es fragmentaria. Estimaciones minuciosas calculan que fueron entre treinta y cuarenta; véase "El matrimonio plural en Kirtland y en Nauvoo", Temas del Evangelio, topics.lds.org.

7. "The Mormon Troubles" y "The Carthage Assassins", *Nauvoo Neighbor,* 4 de junio de 1845, pág. 1, 2; Brigham Young a Parley P. Pratt, 26 de mayo de 1845, Biblioteca de Historia, de la Iglesia; *Journal of the Senate . . . of Illinois,* 19 de diciembre de 1844, págs. 80–81; Oaks y Hill, *Carthage Conspiracy,* págs. 79, 184–86; Leonard, *Nauvoo,* págs. 464–474.
8. Young, Diario, 24 de enero de 1845.
9. "The Council of Fifty in Nauvoo, Illinois", en *JSP,* tomo CFM, págs. xl–xliii; Council of Fifty, "Record", Mar. 1, 1845, en *JSP,* tomo CFM, págs. 251–252, 255, 256–257; véase también "Dana (Denna), Lewis", entrada biográfica, sitio web de los Documentos de José Smith, josephsmithpapers.org. **Tema: American Indians [Indios norteamericanos]**
10. Council of Fifty, "Record", Mar. 1, 1845, en *JSP,* tomo CFM, págs. 257–258.
11. Council of Fifty, "Record", Mar. 1, 1845, en *JSP,* tomo CFM, pág. 262.
12. Council of Fifty, "Record," Mar. 1, 4, 18, and 22, 1845; Apr. 11, 1845, en *JSP,* tomo CFM, págs. 257, 273–276, 290–291, 328, 350, 394–396, 399.
13. Council of Fifty, "Record", Apr. 22, 1845, en *JSP,* tomo CFM, pág. 436; "Tindall, Solomon", entrada biográfica, sitio web de los Documentos de José Smith, josephsmithpapers.org; *JSP,* tomo CFM, pág. 436, nota 757.
14. Phineas Young, Diario, 23 de abril–12 de mayo de 1845.
15. Pratt, Diario, 1° de junio, 22 de julio y 5 de septiembre de 1844; 5 de enero, 23 de marzo y 6 de abril de 1845; "Extract of a Letter", *LDS Millennial Star,* 1° de agosto de 1845, tomo VI, pág. 59; véase también Garr, "Latter-day Saints in Tubuai", págs. 4–9.
16. Pratt, Diario, 6 de abril de 1845.
17. Pratt, Diario, 1° de julio de 1845.
18. Pratt, Diario, 9 de julio de 1845; Ellsworth, *Journals of Addison Pratt,* págs. 238–239; "From the Islands of the Sea", *Times and Seasons,* 15 de diciembre de 1844, tomo V, págs. 739–740.
19. Pratt, Diario, 1° de julio de 1845.
20. Pratt, Diario, 9–13 de julio de 1845. **Tema: Polinesia Francesa**
21. Pratt, Journal and Autobiography, pág. 124; Ellsworth, *History of Louisa Barnes Pratt,* pág. 75; "Mobbing Again in Hancock!", *Nauvoo Neighbor,* 10 de septiembre de 1845, pág. 2; véase también Oficina del Historiador, History of the Church, 1838–aprox. 1882, History of Brigham Young, tomo XIV, 16 de septiembre de 1845.
22. Pratt, Journal and Autobiography, pág. 124; Ellsworth, *History of Louisa Barnes Pratt,* págs. 75–76; "Mobbing Again in Hancock!", *Nauvoo Neighbor,* 10 de septiembre de 1845, pág. 2; "Historic Sites and Markers: Morley's Settlement", págs. 153–155.
23. Brigham Young, Diario, 16 de septiembre de 1845; Oficina del Historiador, History of the Church, tomo XIV, 11 de septiembre de 1845.
24. Pratt, Journal and Autobiography, pág. 125; véase también Ellsworth, *History of Louisa Barnes Pratt,* pág. 76.
25. Foote, Autobiography and Journal, 6 de octubre de 1845; McBride, *House for the Most High,* págs. 231–233.
26. "Conference Minutes", *Times and Seasons,* 1° de noviembre de 1845, tomo VI, pág. 1008.
27. Oaks y Hill, *Carthage Conspiracy,* págs. 184–186.
28. Council of Fifty, "Record", Sept. 9, 1845, en *JSP,* tomo CFM, págs. 467–475. **Tema: Council of Fifty [Consejo de los Cincuenta]**
29. "Conference Minutes", *Times and Seasons,* 1° de noviembre de 1845, tomo VI, págs. 1010–1011; véase también "First Meeting in the Temple", *Times and Seasons,* 1° de noviembre de 1845, tomo VI, pág. 1017. **Tema: Departure from Nauvoo [La partida de Nauvoo]**
30. Tullidge, *Women of Mormondom,* pág. 321; Norton, Reminiscence and Journal, 3, 17 y 26 de noviembre de 1845; Kimball, Diario, 24, 26 y 29 de noviembre de 1845; Leonard, *Nauvoo,* págs. 252–255; McBride, *House for the Most High,* págs. 253–261. **Tema: Investidura del templo**
31. **Tema: Baptism for the Dead [Bautismo por los muertos]**

32. Brigham Young, "Speech", *Times and Seasons*, 1° de julio de 1845, tomo VI, págs. 954–955.
33. Kimball, Diario, 29 de noviembre y 9 de diciembre de 1845; Brigham Young, Diario, 10 de diciembre de 1845; McBride, *House for the Most High,* págs. 264–265.
34. Oficina del Historiador, History of the Church, tomo XIV, 27 de diciembre de 1845; Lee, Diario, 10 de diciembre de 1845; véase también McBride, *House for the Most High*, pág. 286.
35. "Pen Sketch of an Illustrious Woman", *Woman's Exponent,* 15 de octubre de 1880, tomo IX, pág. 74; Kimball, Diario, 10 y 20 de diciembre de 1845; Thompson, Autobiographical Sketch, pág. 10. **Tema: Anointed Quorum ("Holy Order") [El Cuórum Ungido ("El Santo Orden")]**
36. Cowan, *Temple Building: Ancient and Modern*, pág. 29. **Tema: Sellamiento**
37. Young, Diario, 12 y 31 de enero de 1846; Doctrina y Convenios 128:18 (Letter to "The Church of Jesus Christ of Latter Day Saints", 6 de septiembre de 1842, en josephsmithpapers.org).
38. Reports of the U.S. District Attorneys, 1845–1850, Informe de juicios pendientes, Tribunal de circuito del distrito de Illinois, período de diciembre de 1845, 17–18 de diciembre de 1845, microfilm, Records of the Solicitor of the Treasury, copia en la Biblioteca de Historia de la Iglesia; Brigham Young, en *Journal of Discourses*, 23 de julio de 1871, tomo XIV, págs. 218–219; Stout, Reminiscences and Journals, 23–24 de diciembre de 1845.
39. Ford, *History of Illinois*, págs. 404, 410–413; Oficina del Historiador, History of the Church, tomo XV, 27 de enero de 1846.
40. Council of Fifty, "Record", Jan. 11, 1846, en *JSP,* tomo CFM, págs. 510–521; George A. Smith, en *Journal of Discourses,* 20 de junio de 1869, tomo XIII, pág. 85.
41. Council of Fifty, "Record", Jan. 13, 1846, en *JSP,* tomo CFM, págs. 521–522; Lee, Diario, 13 de enero de 1846; véase también Isaías 11:12.
42. Oficina del Historiador, History of the Church, tomo XV, 31 de enero–2 de febrero de 1846.
43. Young, Diario, 3 de febrero de 1846; Oficina del Historiador, History of the Church, tomo XV, 3–7 de febrero de 1846.
44. Lee, Diario, 4 de febrero de 1846; Oficina del Historiador, History of the Church, tomo XV, 8 de febrero de 1845. **Temas: Templo de Nauvoo; Departure from Nauvoo [La partida de Nauvoo]**
45. Véase McBride, *House for the Most High*, págs. 320–322.
46. Pratt, Journal and Autobiography, pág. 126.
47. Young, Diary and Reminiscences, pág. 3.
48. Young, Diary and Reminiscences, pág. 3; "Last Testimony of Sister Emma", *Saints' Herald,* 1° de octubre de 1879, págs. 289–290. **Tema: Emma Hale Smith**
49. Young, Diary and Reminiscences, págs. 3–4; Lyman, Diario, pág. 14.
50. Rich, Autobiography and Journal, pág. 72.

NOTA SOBRE LAS FUENTES

Este tomo es una obra de narrativa real basada en más de quinientas fuentes históricas. Se ha puesto la máxima atención para garantizar su exactitud. Los primeros Santos de los Últimos Días escribieron muchas cartas, diarios, artículos periodísticos y autobiografías. Como resultado de ello, mucha de la historia de la Iglesia entre 1815 y 1846 está documentada de manera sobresaliente. Sin embargo, el lector no debe asumir que la narrativa aquí presentada sea perfecta ni completa. Los registros del pasado, así como nuestra capacidad de interpretarlos en el presente, son limitados.

Toda fuente de conocimiento histórico contiene lagunas, ambigüedades y sesgos, y con frecuencia solo transmite el punto de vista de quien la creó. En consecuencia, los testigos de un mismo acontecimiento lo viven, recuerdan y registran de manera diferente, y sus distintas perspectivas habilitan diversos modos de interpretar la historia. El reto del historiador consiste en montar los puntos de vista conocidos y reconstruir un entendimiento preciso del pasado mediante un análisis y una interpretación cuidadosos.

Santos es un relato verídico de la historia de La Iglesia de Jesucristo de los Santos de los Últimos Días basado en lo que conocemos y entendemos en el presente de los registros históricos disponibles. No es la única versión posible de la historia sagrada de la Iglesia, pero los eruditos que han estudiado, escrito y editado este tomo conocen bien las fuentes históricas, las han empleado a conciencia y las han documentado en las notas finales y en la lista de fuentes citadas. Se invita al lector a evaluar las propias fuentes, muchas de las cuales se han digitalizado y vinculado a las notas finales. Es probable que el descubrimiento de más fuentes, o nuevas lecturas de las que ya existen, deriven con el tiempo en otros significados, interpretaciones y puntos de vista plausibles.

La narrativa de *Santos* bebe de fuentes principales y secundarias. Las fuentes principales contienen información de acontecimientos facilitada por testigos presenciales. Algunas fuentes principales, como cartas y diarios, se escribieron en la época de los hechos que describen. Estas fuentes contemporáneas reflejan lo que las personas pensaron, sintieron e hicieron en ese momento, revelando cómo se interpretaba el pasado cuando era el presente. Otras fuentes principales, como las autobiografías, se escribieron con posterioridad a los hechos. Estas fuentes evocadoras revelan el significado que el pasado llegó a adquirir con el tiempo para el autor, haciendo que a menudo sean mejores que las fuentes contemporáneas a la hora de reconocer la importancia de los hechos pasados. Sin embargo, puesto que dependen del recuerdo, las fuentes evocadoras pueden incluir imprecisiones y estar influidas por las ideas y creencias posteriores del autor.

Las fuentes históricas secundarias contienen información de personas que no presenciaron de primera mano los hechos sobre los que escriben. Tales fuentes incluyen historias familiares y obras académicas posteriores. Este tomo está en deuda con muchas de esas fuentes, las cuales demostraron su valía para ampliar la labor interpretativa y de contextualización.

Se evaluó la credibilidad de cada fuente de *Santos*, y cada frase se verificó repetidas veces para constatar su uniformidad con las fuentes. Las líneas de diálogo y otras citas proceden directa y literalmente de las fuentes históricas. Se ha actualizado la ortografía, el uso de mayúsculas y la puntuación para dotar al texto de mayor claridad. En raras ocasiones se han hecho modificaciones más significativas —como cambiar del pasado al presente en los tiempos verbales o normativizar la gramática— para mejorar la lectura de las citas. En estos casos, los cambios efectuados se describen en las notas finales.

Las decisiones en cuanto a qué fuentes emplear y cómo hacerlo quedaron a cargo de un equipo de historiadores, escritores y editores que se basaron tanto en la integridad histórica como en la calidad literaria.

Por ejemplo, las memorias de Lucy Mack Smith suponen una fuente vital para los primeros capítulos del presente tomo. Lucy la escribió entre 1844 y 1845, a la edad de 69 años, con ayuda de Martha Jane Knowlton Coray y el esposo de esta, Howard. Siendo una fuente evocadora, la historia de Lucy no está exenta de errores, pero por lo general ha demostrado ser fiable. Se usa de manera juiciosa en este tomo y se citó principalmente para hechos que la propia Lucy presenció. Para saber más acerca de esta historia, véase "Lucy Mack Smith" en saints.lds.org.

En la redacción de este tomo se utilizaron algunas fuentes antagónicas, las cuales se citan en las notas. Estas fuentes se usaron principalmente para caracterizar la oposición inicial a la Iglesia. Si bien en gran medida son hostiles con José Smith y la Iglesia, a veces estos documentos contienen detalles que no quedaron recogidos en ninguna otra parte. Algunos de estos detalles se usaron cuando su exactitud general quedó confirmada a través de otros registros. Los datos de estos registros antagónicos se emplearon sin adoptar sus interpretaciones hostiles.

Al tratarse de una historia narrada dirigida a un público general, este tomo presenta un cimiento histórico de la Iglesia en un formato coherente y accesible. Si bien se apoya en técnicas populares de narración, no va más allá de la información contenida en las fuentes históricas. Cuando el texto incluye incluso detalles pequeños como las expresiones faciales o las condiciones climatológicas, ello es porque dichos detalles se hallan en el registro histórico, o se pueden deducir razonablemente de él.

A fin de mantener la fluidez de la lectura, el tomo raras veces alude a problemas con el registro histórico en el propio texto. No obstante, los análisis relacionados con las fuentes quedan relegados a los ensayos temáticos que hay en saints.lds.org. Se alienta al lector a consultarlos mientras estudia la historia de la Iglesia.

FUENTES CITADAS

Esta lista sirve de guía exhaustiva de todas las fuentes citadas en el primer tomo de *Santos: La historia de la Iglesia de Jesucristo en los últimos días*. En las entradas de fuentes manuscritas, las fechas identifican la creación del manuscrito, que no equivale necesariamente al período que comprende este. Los tomos de *The Joseph Smith Papers* [Los papeles de José Smith] se referencian con la sigla "JSP". Muchas fuentes están disponibles digitalmente y hay enlaces a ellas en la versión electrónica del libro, que se encuentra en saints.lds.org y en Biblioteca del Evangelio.

Las siglas siguientes se emplean en esta lista de fuentes citadas:

BYU: L. Tom Perry Special Collections, Biblioteca Harold B. Lee, Universidad Brigham Young, Provo, Utah

CHL: Biblioteca de Historia de la Iglesia, La Iglesia de Jesucristo de los Santos de los Últimos Días, Salt Lake City

FHL: Biblioteca de Historia Familiar, La Iglesia de Jesucristo de los Santos de los Últimos Días, Salt Lake City

Abbott Family Collection, 1831–2000. CHL.

Adams, Dale W. "Grandison Newell's Obsession." *Journal of Mormon History*, XXX, nro. 1, 2004, págs. 159–188.

Albany Evening Journal, Albany, Nueva York, 1830–1863.

Alexander, Thomas G. *Things in Heaven and Earth: The Life and Times of Wilford Woodruff, a Mormon Prophet*, Salt Lake City: Signature Books, 1991.

Allen, James B., Ronald K. Esplin, y David J. Whittaker. *Men with a Mission, 1837–1841: The Quorum of the Twelve Apostles in the British Isles*. Salt Lake City: Deseret Book, 1992.

Allen, James B., y Malcom R. Thorp. "The Mission of the Twelve to England, 1840–41: Mormon Apostles and the Working Class." *BYU Studies*, XIV, nro. 4, verano de 1975, págs. 499–526.

Allen, Lucy M. Apunte autobiográfico, sin fecha. CHL.

Alton Telegraph and Democratic Review, Alton, Illinois, 1836–1855.

Amboy Journal, Amboy, Illinois, 1870–1913.

Ames, Ira, Autobiografía y diario, 1858, CHL.

Anderson, Karl Ricks, *Joseph Smith's Kirtland: Eyewitness Accounts*, Salt Lake City: Deseret Book, 1989.

Anderson, Richard Lloyd, "Jackson County in Early Mormon Descriptions",*Missouri Historical Review*, LXV, nro. 3, abril de 1971, págs. 270–293.

———. *Joseph Smith's New England Heritage: Influences of Grandfathers Solomon Mack and Asael Smith*, edición revisada, Salt Lake City: Deseret Book; Provo, Utah: Brigham Young University Press, 2003.

Arnold, Isaac N., *Reminiscences of the Illinois Bar Forty Years Ago: Lincoln and Douglas as Orators and Lawyers*, Chicago: Fergus Printing, 1881.

Arrington, Leonard J. ""James Gordon Bennett's 1831 Report on 'The Mormonites'", *BYU Studies*, X, primavera de 1970, págs. 353–364.

Ashurst-McGee, Mark, "The Josiah Stowell Jr.–John S. Fullmer Correspondence." *BYU Studies*, XXXVIII, nro. 3, 1999, págs. 108–117.

Backman, Milton V., Jr., *The Heavens Resound: A History of the Latter-day Saints in Ohio, 1830–1838*, Salt Lake City: Deseret Book, 1983.

Baldwin, Nathan Bennett, Account of Zion's Camp, 1882, mecanografiado, CHL.

Ball, Isaac Birkenhead, "The Prophet's Sister Testifies She Lifted the B. of M. Plates", 31 de agosto de 1954, CHL.

Bartlett, W. H., *Walks about the City and Environs of Jerusalem*, Londres: Hall, Virtue, 1840.

Baugh, Alexander L. *A Call to Arms: The 1838 Mormon Defense of Northern Missouri*, disertaciones sobre historia SUD, Provo, Utah: Joseph Fielding Smith Institute for Latter-day Saint History; BYU Studies, 2000.

———, editor, *Days Never to Be Forgotten: Oliver Cowdery*, Provo, Utah: Religious Studies Center, Universidad Brigham Young, 2009.

———. "'I'll Never Forsake': Amanda Barnes Smith (1809–1886)", en *Women of Faith in the Latter Days*, Tomo 1, *1775–1820,* editado por Richard E. Turley Jr. and Brittany A. Chapman, 450–60. Salt Lake City: Deseret Book, 2011.

———. "Joseph Smith in Northern Missouri", en *Joseph Smith, the Prophet and Seer*, editado por Richard Neitzel Holzapfel y Kent P. Jackson, págs. 291–346. Provo, Utah: Religious Studies Center, Universidad Brigham Young; Salt Lake City: Deseret Book, 2010.

———. "Joseph Smith's Athletic Nature", en *Joseph Smith: The Prophet, the Man*, editado por Susan Easton Black y Charles D. Tate Jr., págs. 137–50. Provo, Utah: Religious Studies Center, Universidad Brigham Young, 1993.

———. "Joseph Young's Affidavit of the Massacre at Haun's Mill", *BYU Studies*, XXXVIII, nro. 1, 1999, págs. 188–202.

———. "Kirtland Camp, 1838: Bringing the Poor to Missouri", *Journal of Book of Mormon Studies*, XXII, nro. 1, 2013, págs. 58–61.

———. "Missouri Governor Lilburn W. Boggs and the Mormons."*John Whitmer Historical Association Journal*, XVIII, 1998, págs. 111–132.

———. "A Rare Account of the Haun's Mill Massacre: The Reminiscence of Willard Gilbert Smith", *Mormon Historical Studies*, VIII, nros. 1 y 2, 2007, págs. 165–171.

———. "'We Took Our Change of Venue to the State of Illinois': The Gallatin Hearing and the Escape of Joseph Smith and the Mormon Prisoners from Missouri, April 1839", *Mormon Historical Studies*, II, nro. 1, 2001, págs. 59–82.

Baugh, Alexander L. y Richard Neitzel Holzapfel,"'I Roll the Burthen and Responsibility of Leading This Church off from My Shoulders on to Yours': The 1844/1845 Declaration of the Quorum of the Twelve regarding Apostolic Succession", *BYU Studies*, XLIX, nro. 3, 2010, págs. 5–19.

Benjamin Brown Family Collection, 1835–1983, CHL.

Bennett, Richard E."'Quincy—the Home of Our Adoption': A Study of the Mormons in Quincy, Illinois, 1838–40", *Mormon Historical Studies*, II, nro. 1, 2001, págs. 103-118.

———. "'Read This I Pray Thee': Martin Harris and the Three Wise Men of the East", *Journal of Mormon History*, XXXVI, invierno de 2010, págs. 178–216.

Biblia. Véase *Santa Biblia*.

Biographical Review of Hancock County, Illinois, Containing Biographical and Genealogical Sketches of Many of the Prominent Citizens of To-Day and Also of the Past, Chicago: Hobart, 1907.

"Biography of Mary Ann Angell Young", *Juvenile Instructor*, XXVI, nro. 2, 15 de enero de 1891, págs. 56–58.

Bitton, Davis, *George Q. Cannon: A Biography*. Salt Lake City: Deseret Book, 1999.

Black, Susan Easton y Harvey Bischoff Black, *Annotated Record of Baptisms for the Dead, 1840–1845, Nauvoo, Hancock County, Illinois*, 7 tomos, Provo, Utah: Center for Family History and Genealogy, Universidad Brigham Young, 2002.

Blackstone, William, *Commentaries on the Laws of England: In Four Books; with an Analysis of the Work. By Sir William Blackstone, Knt. One of the Justices of the Court of Common Pleas. In Two Volumes, from the Eighteenth London Edition*. . ., 2 tomos, Nueva York: W. E. Dean, 1840.

Boggs, William M. "A Short Biographical Sketch of Lilburn W. Boggs, by His Son."*Missouri Historical Review*, IV, nro. 2, enero de 1910, págs. 106–110.

A Book of Commandments, for the Government of the Church of Christ, Organized according to Law, on the 6th of April, 1830, Zion [Independence], Misuri: W. W. Phelps, 1833.

The Book of Mormon: An Account Written by the Hand of Mormon, upon Plates Taken from the Plates of Nephi, Palmyra, Nueva York: E. B. Grandin, 1830.

El Libro de Mormón: Otro testamento de Jesucristo, Salt Lake City: La Iglesia de Jesucristo de los Santos de los Últimos Días, 2013.

Bowen, Walter D."The Versatile W. W. Phelps—Mormon Writer, Educator and Pioneer", tesis de maestría, Universidad Brigham Young, 1958.

Bradley, Don, "Mormon Polygamy before Nauvoo? The Relationship of Joseph Smith and Fanny Alger", en *Persistence of Polygamy: Joseph Smith and the Origins of Mormon Polygamy*, editado por Newell G. Bringhurst and Craig L. Foster, págs. 14–58. Independence, Misuri: John Whitmer Books, 2010.

Bradley, James L., *Zion's Camp 1834: Prelude to the Civil War,* Logan, Utah: autopublicado, 1990.

Bradshaw, M. Scott."Joseph Smith's Performance of Marriages in Ohio", *BYU Studies*, XXXIX, nro. 4, 2000, págs. 23–69.

Bray, Justin R."Dentro de los muros de la cárcel de Liberty: D. y C. 121, 122, 123." en *Revelaciones en contexto: Los acontecimientos de trasfondo de las revelaciones de Doctrina y Convenios*, editado por Matthew McBride y James Goldberg, págs. 256–263, Salt Lake City: La Iglesia de Jesucristo de los Santos de los Últimos Días, 2016.

Breen, Patrick H. *The Land Shall Be Deluged in Blood: A New History of the Nat Turner Revolt,* Nueva York: Oxford University Press, 2016.

Brekus, Catherine A. *Strangers and Pilgrims: Female Preaching in America, 1740–1845,* Chapel Hill: University of North Carolina Press, 1998.

Briggs, Edmund C. "A Visit to Nauvoo in 1856"*Journal of History*, IX, nro. 4, octubre de 1916, págs. 446–462.

Brigham Young Office Files, 1832–1878, CHL.

Britton, John, *Bath and Bristol, with the Counties of Somerset and Gloucester, Displayed in a Series of Views; including the Modern Improvements, Picturesque Scenery, Antiques, &c.*, Londres: Jones and Company, 1829.

Britton, Rollin J. *Early Days on Grand River and the Mormon War,* Columbia: State Historical Society of Missouri, 1920.

Brunson, Lewis, "Short Sketch of Seymour Brunson, Sr." *Nauvoo Journal* IV, 1992, págs. 3–4.

Burbank, Daniel M. Autobiografía, 1863, CHL.

Burgess, James, Diario, 1841–1848, CHL.

Burnett, Peter H. *An Old California Pioneer.* Oakland, California: Biobooks, 1946.

———. *Recollections and Opinions of an Old Pioneer,* Nueva York: D. Appleton, 1880.

Burton, Richard F. *The City of the Saints, and Across the Rocky Mountains to California,* Nueva York: Harper and Brothers, 1862.

Bushman, Richard Lyman, "Joseph Smith as Translator", en *Believing History: Latter-day Saint Essays*, editado por Reid L. Neilson and Jed Woodworth, págs. 233–247, Nueva York: Columbia University Press, 2004.

———. *Joseph Smith: Rough Stone Rolling,* con ayuda de Jed Woodworth, Nueva York: Knopf, 2005.

———. "Oliver's Joseph", en *Days Never to Be Forgotten: Oliver Cowdery*, editado por Alexander L. Baugh, págs. 1–13. Provo, Utah: Religious Studies Center, Universidad Brigham Young, 2009.

———. *The Refinement of America: Persons, Houses, Cities,* Nueva York: Knopf, 1992.

———. "The Visionary World of Joseph Smith", *BYU Studies*, XXXVII, nro. 1, 1997–1998, págs. 183–204.

Butler, John L. "A Short Account of an Affray That Took Place between the Latter Day Saints and a Portion of the People of Davis County Mo", 1859, CHL.

———. "A Short History", autobiografía, aprox. 1859, CHL.

Cahoon, Reynolds, Diaries, 1831–32, CHL.

Call, Anson, autobiografía y diario, aprox. 1856–1889, CHL.

Cannon, Brian Q. y personal de BYU Studies,"Priesthood Restoration Documents", *BYU Studies*, XXXV, nro. 4, 1995–1996, págs. 163–207.

Cannon, Eugene M."Tahiti and the Society Island Mission",*Juvenile Instructor*, XXXII, nro. 11, 1 de junio de 1897, págs. 334–336.

Carruth, LaJean Purcell y Mark Lyman Staker, "John Taylor's June 27, 1854, Account of the Martyrdom", *BYU Studies*, L, nro. 3, 2011, págs. 25–62.

Chamberlin, Solomon, autobiografía, aprox. 1858, CHL.

Chardon Spectator and Geauga Gazette, Chardon, Ohio, 1833–1835.

Chenango Union, Norwich, Nueva York, 1847–1975.

Chicago Tribune, Chicago, 1847–Presente.

Christensen, Edith Rushton, "Edwin Rushton: Bridge Builder and Faithful Pioneer", Salt Lake City, no publicado, 1941.
The Church Historian's Press, Departamento de Historia de la Iglesia, La Iglesia de Jesucristo de los Santos de los Últimos Días, http://churchhistorianspress.org.
Church History Department Pitman Shorthand Transcriptions, 2013–2017, CHL.
Clayton, William, History of the Nauvoo Temple, aprox. 1845, CHL.
———. Diario, 1842–1845, CHL.
———. Letter to Madison M. Scott, Nov. 11, 1871, copia, CHL.
Cleveland Daily Gazette, Cleveland, 1836–1837.
Cleveland Weekly Gazette, Cleveland, 1837.
Collected Material concerning Joseph Smith and Plural Marriage, circa 1870–1912, CHL.
Collection of Manuscripts about Mormons, 1832–1954. Chicago History Museum.
A Collection of Sacred Hymns, for the Church of the Latter Day Saints, editado por Emma Smith, Kirtland, Ohio: F. G. Williams, 1835.
A Collection of Sacred Hymns, for the Church of Jesus Christ of Latter-day Saints, in Europe. Selected by Brigham Young, Parley P. Pratt, and John Taylor. Manchester, Inglaterra: W. R. Thomas, 1840.
Coltrin, Zebedee, diarios y cuaderno, 1832–1834, CHL.
Cook, Lyndon W., editor, *David Whitmer Interviews: A Restoration Witness,* Orem, Utah: Grandin Book, 1991.
———. "'I Have Sinned against Heaven, and Am Unworthy of Your Confidence, but I Cannot Live without a Reconciliation': Thomas B. Marsh Returns to the Church", *BYU Studies,* XX, nro. 4, verano de 1980, págs. 389–400.
———. *William Law: Biographical Essay, Nauvoo Diary, Correspondence, Interview,* Orem, Utah: Grandin Book, 1994.
Cook, Thomas L. *Palmyra and Vicinity.* Palmyra, Nueva York: Palmyra Courier-Journal, 1930.
Cooper, F. M. "Spiritual Reminiscences.—No. 2", *Autumn Leaves,* IV, nro. 1, enero de 1891, págs. 17–20.
Coray, Martha Jane Knowlton, cuaderno, aprox. 1850, CHL.
Corrill, John, *A Brief History of the Church of Christ of Latter Day Saints, (Commonly Called Mormons;) Including an Account of Their Doctrine and Discipline; with the Reasons of the Author for Leaving the Church* St. Louis: autopublicado, 1839.
Cowan, Richard O. *Temple Building: Ancient and Modern.* Provo, Utah: Brigham Young University Press, 1971.
Cowdery, Oliver, Diary, Jan.–Mar. 1836. CHL. También disponible en Leonard J. "Oliver Cowdery's Kirtland, Ohio, 'Sketch Book'", *BYU Studies,* XII, nro. 4, verano de 1972, págs. 410–426.
———. Letterbook, 1833–1838, Henry E. Huntington Library, San Marino, California.
———. Letter to Phineas Young, Mar. 23, 1846. CHL.
Crawley, Peter, and Richard L. Anderson. "The Political and Social Realities of Zion's Camp." *BYU Studies,* XIV, verano de 1974, págs. 406–420.
Crocheron, Augusta Joyce, *Representative Women of Deseret, a Book of Biographical Sketches, to Accompany the Picture Bearing the Same Title,* Salt Lake City: J. C. Graham, 1884.
Crosby, Caroline Barnes, reminiscencias, sin fecha, en Jonathan and Caroline B. Crosby Papers, aprox. 1871–1875. copia en CHL.
Crosby, Jonathan, autobiografía, aprox. 1850–1852, en Jonathan and Caroline B. Crosby Papers, aprox. 1871–1875. copia en CHL.
Cummings, Horace, "Conspiracy of Nauvoo", *Contributor,* abril de 1884, págs. 251–260.
Daily Missouri Republican, St. Louis. 1822–1919.
Daniels, William M. *Correct Account of the Murder of Generals Joseph and Hyrum Smith, at Carthage. On the 27th Day of June, 1844,* Nauvoo, Illinois: John Taylor, 1845.
Darowski, Joseph F. "El camino de la Rama Colesville: D. y C. 26, 51, 54, 56, 59." en *Revelaciones en contexto: Los acontecimientos de trasfondo de las revelaciones de Doctrina y Convenios,* editado por Matthew McBride y James Goldberg, págs. 40–44, Salt Lake City: La Iglesia de Jesucristo de los Santos de los Últimos Días, 2016.

Darowski, Kay, "El apoyo que recibió José Smith en el hogar: D. y C. 4, 11, 23", en *Revelaciones en contexto: Los acontecimientos de trasfondo de las revelaciones de Doctrina y Convenios*, editado por Matthew McBride y James Goldberg, págs. 10–14, Salt Lake City: La Iglesia de Jesucristo de los Santos de los Últimos Días, 2016.

Hijas en Mi reino: La historia y la obra de la Sociedad de Socorro, Salt Lake City: La Iglesia de Jesucristo de los Santos de los Últimos Días, 2011.

Davis, Matthew L. Letter to Mrs. Matthew [Mary] L. Davis, Feb. 6, 1840. CHL.

Dennis, Ronald D. "Dan Jones, Welshman." *Ensign*, abril de 1987, págs. 50–56.

———. "The Martyrdom of Joseph Smith and His Brother Hyrum", *BYU Studies*, XXIV, nro. 1, invierno de 1984, págs. 78–109.

Derr, Jill Mulvay, Janath Russell Cannon y Maureen Ursenbach Beecher, *Women of Covenant: The Story of Relief Society,* Salt Lake City: Deseret Book; Provo, Utah: Brigham Young University Press, 1992.

Derr, Jill Mulvay, Carol Cornwall Madsen, Kate Holbrook, and Matthew J. Grow, editores *The First Fifty Years of Relief Society: Key Documents in Latter-day Saint Women's History,* Salt Lake City: Church Historian's Press, 2016.

Deseret News, Salt Lake City, 1850–Presente.

"Diary of Joseph Fielding", 1963, mecanografiado, CHL.

Dibble, Philo, "Philo Dibble's Narrative", en *Early Scenes in Church History*, Faith-Promoting Series, VIII, págs. 74–96, Salt Lake City: Juvenile Instructor Office, 1882.

———. "Recollections of the Prophet Joseph Smith", *Juvenile Instructor*, XXVII, nro. 10, 15 de mayo de 1892, págs. 302–304.

———. Reminiscencias, sin fecha, mecanografiado, CHL.

Dickinson, Ellen E. *New Light on Mormonism*. Nueva York: Funk and Wagnalls, 1885.

Dictionary of Missouri Biography Editado por Lawrence O. Christensen, William E. Foley, Gary R. Kremer, y Kenneth H. Winn. Columbia: University of Missouri Press, 1999.

Doctrina y Convenios de La Iglesia de Jesucristo de los Santos de los Últimos Días: Contiene revelaciones dadas a José Smith el Profeta con aditamentos de sus sucesores en la presidencia de la Iglesia, Salt Lake City: La Iglesia de Jesucristo de los Santos de los Últimos Días, 2013.

Document Containing the Correspondence, Orders, &c., in Relation to the Disturbances with the Mormons; and the Evidence Given before the Hon. Austin A. King, Judge of the Fifth Judicial Circuit of the State of Missouri, at the Court-House in Richmond, in a Criminal Court of Inquiry, Begun November 12, 1838, on the Trial of Joseph Smith, Jr., and Others, for High Treason and Other Crimes against the State, Fayette, Misuri: Boon's Lick Democrat, 1841.

Dunn, Lura S., compilación, *Amanda's Journal*, Provo, UT: Lura S. Dunn, [1977?].

Durham, G. Homer, editor, *The Gospel Kingdom: Selections from the Writings and Discourses of John Taylor*, Salt Lake City: Bookcraft, 1943.

Durham, Reed C., Jr. "The Election Day Battle at Gallatin." *BYU Studies*, XIII, nro. 1, 1973, págs. 36–61.

Ehat, Andrew F. "Joseph Smith's Introduction of Temple Ordinances and the 1833 Mormon Succession Question", tesis de maestría, Universidad Brigham Young, 1981.

Ellsworth, S. George, editor, *The History of Louisa Barnes Pratt, Being the Autobiography of a Mormon Missionary Widow and Pioneer. . .*, Life Writings of Frontier Women, III, Logan: Utah State University Press, 1998.

———, editor, *The Journals of Addison Pratt, Being a Narrative of Yankee Whaling in the Eighteen Twenties, a Mormon Mission to the Society Islands. . .*, Salt Lake City: University of Utah Press, 1990.

"Elder John Brush", *Autumn Leaves*, IV, nro. 1, enero de 1891, págs. 21–24.

Elders' Journal of the Church of Latter Day Saints, Kirtland, Ohio, octubre–noviembre de 1837; Far West, Misuri, julio–agosto de 1838.

Bendición a Emma Smith, 1844, CHL.

Erie Gazette, Erie, Pensilvania 1820–1859.

Esplin, Ronald K. "The Emergence of Brigham Young and the Twelve to Mormon Leadership, 1830–1841", disertación de doctorado, Universidad Brigham Young, 1981; también disponible en *The Emergence of Brigham Young and the Twelve to Mormon Leadership, 1830–1841*,

Dissertations in Latter-day Saint History, Provo, Utah: Joseph Fielding Smith Institute for Latter-day Saint History; BYU Studies, 2006.

———. "Joseph Smith's Mission and Timetable: 'God Will Protect Me until My Work Is Done'", en *The Prophet Joseph: Essays on the Life and Mission of Joseph Smith*, editado por Larry C. Porter and Susan Easton Black, págs. 280–319. Salt Lake City: Deseret Book, 1988.

Evening and Morning Star, reimpresión editada de *The Evening and the Morning Star*, Kirtland, Ohio, enero de 1835–octubre de 1836.

The Evening and the Morning Star, Independence, Misuri, julio de 1832–julio de 1833; Kirtland, Ohio, diciembre de 1833–septiembre de 1834.

Comité de Far West, Minutes, enero–abril de 1839, CHL.

Faulring, Scott H., Kent P. Jackson, y Robert J. Matthews, editores. *Joseph Smith's New Translation of the Bible: Original Manuscripts*. Provo, UT: Religious Studies Center, Brigham Young University, 2004.

Fielding, Joseph, Journals, 1837–1859, CHL.

Flanders, Robert Bruce, *Nauvoo: Kingdom on the Mississippi,* Urbana: University of Illinois Press, 1956.

Foote, Warren, Autobiography and Journal, 1837–79, Warren Foote Papers, 1837–1941, CHL.

Ford, Thomas, *A History of Illinois, from Its Commencement as a State in 1818 to 1847. Containing a Full Account of the Black Hawk War, the Rise, Progress, and Fall of Mormonism, the Alton and Lovejoy Riots, and Other Important and Interesting Events,* Chicago: S. C. Griggs; Nueva York: Ivison and Phinney, 1854.

Foster, Craig L. *Penny Tracts and Polemics: A Critical Analysis of Anti-Mormon Pamphleteering in Great Britain (1837–1860)*. Salt Lake City: Greg Kofford Books, 2002.

Freidel, Frank, with Hugh S. Sidney *The Presidents of the United States of America*, 15ª edición, Washington, D. C.: White House Historical Association, 1999.

Gates, Susa Young, *History of the Young Ladies' Mutual Improvement Association of the Church of Jesus Christ of Latter-day Saints, from November 1869 to June 1910,* Salt Lake City: Deseret News, 1911.

———. [Homespun, seudónimo], *Lydia Knight's History,* Noble Women's Lives Series, I, Salt Lake City: Juvenile Instructor Office, 1883.

———. Papers, 1852–1932, Utah State Historical Society, Salt Lake City.

Geauga County Archives and Records Center, Chardon, Ohio.

Gentry, Leland Homer, y Todd M. Compton. *Fire and Sword: A History of the Latter-day Saints in Northern Missouri, 1836–39*. Salt Lake City: Greg Kofford Books, 2010.

Gilbert, John H. Memorandum, 8 de septiembre de 1892, fotocopia, CHL.

———. Declaración, 23 de diciembre de 1887, CHL.

Givens, George W. *In Old Nauvoo: Everyday Life in the City of Joseph,* Salt Lake City: Deseret Book, 1990.

Givens, Terryl L., y Matthew J. Grow. Parley P. Pratt: The Apostle Paul of Mormonism, Nueva York: Oxford University Press, 2011.

Godfrey, Kenneth W. "Joseph Smith and the Masons,*Journal of the Illinois State Historical Society*, LXIV, nro. 1, primavera de 1971, págs. 79–90.

Godfrey, Matthew C. "Newel K. Whitney y la Firma Unida: D. y C. 70, 78, 82, 92, 96, 104." en *Revelaciones en contexto: Los acontecimientos de trasfondo de las revelaciones de Doctrina y Convenios*, editado por Matthew McBride y James Goldberg, págs. 142–147, Salt Lake City: La Iglesia de Jesucristo de los Santos de los Últimos Días, 2016.

———. "Las cinco preguntas de William McLellin: D. y C. 1, 65, 66, 67, 68, 133", en *Revelaciones en contexto: Los acontecimientos de trasfondo de las revelaciones de Doctrina y Convenios*, editado por Matthew McBride y James Goldberg, págs. 137–141, Salt Lake City: La Iglesia de Jesucristo de los Santos de los Últimos Días, 2016.

Gordon, Joseph, "The Public Career of Lilburn W. Boggs." tesis de maestría, University of Missouri, 1949.

"Temas del Evangelio", La Iglesia de Jesucristo de los Santos de los Últimos Días, http://lds.org/topics.

Greene, John P. *Facts Relative to the Expulsion of the Mormons or Latter Day Saints, from the State of Missouri, under the "Exterminating Order."* Cincinnati: R. P. Brooks, 1839.
Gregg, Sarah D. Carta a Thomas Gregg, 14 de junio de 1844, copia, Illinois State Historical Society Papers, 1840–1845, CHL.
Gregg, Thomas, *History of Hancock County, Illinois, together with an Outline History of the State, and a Digest of State Laws* Chicago: Charles C. Chapman, 1880.
Gregory, Thomas J. "Sidney Rigdon: Post Nauvoo." *BYU Studies*, XXI, nro. 1, invierno de 1981, págs. 51–67.
Grua, David W. "Joseph Smith and the 1834 D. P. Hurlbut Case." *BYU Studies*, XLIV, nro. 1, 2005, págs. 33–54.
———. "En espera de la palabra del Señor: D. y C. 97, 98, 101", en *Revelaciones en contexto: Los acontecimientos de trasfondo de las revelaciones de Doctrina y Convenios*, editado por Matthew McBride y James Goldberg, págs. 196–201, Salt Lake City: La Iglesia de Jesucristo de los Santos de los Últimos Días, 2016.
Grow, Matthew J. ""Eres una dama elegida": D. y C. 24, 25, 26, 27." en *Revelaciones en contexto: Los acontecimientos de trasfondo de las revelaciones de Doctrina y Convenios*, editado por Matthew McBride y James Goldberg, págs. 33–39, Salt Lake City: La Iglesia de Jesucristo de los Santos de los Últimos Días, 2016.
Hales, Brian C. *Joseph Smith's Polygamy*, 3 tomos, Salt Lake City: Greg Kofford Books, 2013.
Hales, Kenneth Glyn, editor, *Windows: A Mormon Family*, Tucson, Arizona: Skyline Printing, 1985.
Hall, Mary A. Newell *Thomas Newell, Who Settled in Farmington, Conn., A.D. 1632. And His Descendants*. Southington, CT: Cochrane Brothers, 1878.
Hamilton, C. Mark, *Nineteenth-Century Mormon Architecture and City Planning,* Nueva York: Oxford University Press, 1995.
Hamilton, Marshall, "Thomas Sharp's Turning Point: Birth of an Anti-Mormon",*Sunstone*, XIII, nro. 5, octubre de 1989, págs. 16–22.
Hancock, Levi, autobiografía, aprox. 1854, CHL.
Harper, Steven C. "Freemasonry and the Latter-day Saint Temple Endowment Ceremony." en *A Reason for Faith*, editado por Laura Harris Hales, págs. 143–157, Provo, Utah: Religious Studies Center, Universidad Brigham Young; Salt Lake City: Deseret Book, 2016.
———. "La ley: D. y C. 42", en *Revelaciones en contexto: Los acontecimientos de trasfondo de las revelaciones de Doctrina y Convenios*, editado por Matthew McBride y James Goldberg, págs. 93–98, Salt Lake City: La Iglesia de Jesucristo de los Santos de los Últimos Días, 2016.
———. "'A Pentecost and Endowment Indeed': Six Eyewitness Accounts of the Kirtland Temple Experience", en *Opening the Heavens: Accounts of Divine Manifestations, 1820–1844*, editado por John W. Welch, págs. 327–71. Salt Lake City: Deseret Book; Provo, Utah: Brigham Young University Press, 2005.
———. *Setting the Record Straight: The Word of Wisdom,* Orem, Utah: Millennial Press, 2007.
———. "'El diezmo de mi pueblo': D. y C. 119, 120", en *Revelaciones en contexto: Los acontecimientos de trasfondo de las revelaciones de Doctrina y Convenios*, editado por Matthew McBride y James Goldberg, págs. 250–255, Salt Lake City: La Iglesia de Jesucristo de los Santos de los Últimos Días, 2016.
Hartley, William G. "'Almost Too Intolerable a Burthen': The Winter Exodus from Missouri, 1838–39",*Journal of Mormon History*, XVIII, nro. 2, 1992, págs. 6–40.
———. *My Best for the Kingdom: History and Autobiography of John Lowe Butler, a Mormon Frontiersman,* Salt Lake City: Aspen Books, 1993.
———. "Newel and Lydia Bailey Knight's Kirtland Love Story and Historic Wedding", *BYU Studies*, XXXIX, nro. 4, 2000, págs. 7–22.
———. "The Saints' Forced Exodus from Missouri", en *Joseph Smith, the Prophet and Seer,* editado por Richard Neitzel Holzapfel y Kent P. Jackson, págs. 347–390. Provo, Utah: Religious Studies Center, Universidad Brigham Young; Salt Lake City: Deseret Book, 2010.
Haven, Charlotte, "A Girl's Letters from Nauvoo",*Overland Monthly*, XVI, nro. 96, diciembre de 1890, págs. 616–638.

Hayden, Amos Sutton, *Early History of the Disciples in the Western Reserve, Ohio; with Biographical Sketches of the Principal Agents in Their Religious Movement,* Cincinnati: Chase and Hall, 1875.

Hendricks, Drusilla D. Reminiscences, circa 1877. CHL.

Hicks, Michael, *Mormonism and Music: A History,* Urbana: University of Illinois Press, 1989.

Hill, Craig, "The Honey War", *Pioneer America*, XIV, nro. 2, julio de 1982, págs. 81–88.

Hinsdale, B. A., "Life and Character of Symonds Ryder", In Amos S. Hayden, *Early History of the Disciples in the Western Reserve, Ohio; with Biographical Sketches of the Principal Agents in Their Religious Movement,* págs. 245–257. Cincinnati: Chase and Hall, 1875.

Historian's Office, Brigham Young History Drafts, 1856–1858, CHL.

———. General Church Minutes, 1839–1877, CHL.

———. Histories of the Twelve, 1856–1858, 1861, CHL.

———. "History of Brigham Young", en Manuscript History of Brigham Young, aprox. 1856–1860, tomo I, págs. 1–104, CHL.

———. History of the Church, 1838–aprox. 1882. 69 tomos, CHL.

———. Joseph Smith History Documents, 1839–1860, CHL.

———. Joseph Smith History Draft Notes, aprox. 1840–1880, CHL.

———. Manuscript History of Brigham Young, 1856–1862, CHL.

———. Reports of Speeches, 1845–1885, CHL.

Departamento Histórico, Journal History of the Church, 1896–2008, CHL.

The Historical Record, a Monthly Periodical, Devoted Exclusively to Historical, Biographical, Chronological and Statistical Matters, Salt Lake City. 1882–1890.

"Historic Sites and Markers: Morley's Settlement", *Nauvoo Journal*, XI, nro. 1, primavera de 1999, págs. 153–155.

History of Caldwell and Livingston Counties, Missouri, Written and Compiled from the Most Authentic Official and Private Sources. . . St. Louis: National Historical Co., 1886.

History of Carroll County, Missouri, Carefully Written and Compiled from the Most Authentic Official and Private Sources. . . St. Louis: Missouri Historical Company, 1881.

History of the Church / Smith, José y otros. *History of the Church of Jesus Christ of Latter-day Saints,* editado por B. H. Roberts, Salt Lake City: Deseret News, 1902–1912 (tomos 1–6), 1932 (tomo 7).

The History of the Reorganized Church of Jesus Christ of Latter Day Saints, 8 tomos, Independence, Misuri: Herald Publishing House, 1896–1976.

Holbrook, Joseph. "History of Joseph Holbrook", en Joseph Holbrook, Autobiography and Journal, aprox. 1860–1871, mecanografiado, CHL.

———. Reminiscences, not before 1871, en Joseph Holbrook, Autobiography and Journal, aprox. 1860–1871, pertenencia privada, copia en CHL.

La Santa Biblia, Reina-Valera 2009, antigua versión de Casiodoro de Reina (1569), revisada por Cipriano de Valera (1602). Otras revisiones: 1862, 1909. Revisada y cotejada con los textos en hebreo, arameo y griego. Con notas explicativas y pasajes correlacionados con los libros canónicos de La Iglesia de Jesucristo de los Santos de los Últimos Días. Publicada por La Iglesia de Jesucristo de los Santos de los Últimos Días, Salt Lake City: La Iglesia de Jesucristo de los Santos de los Últimos Días, 2013.

Holzapfel, Richard Neitzel, and Steven C. Harper. "'This Is My Testimony, Spoken by Myself into a Talking Machine': Wilford Woodruff's 1897 Statement in Stereo." *BYU Studies*, XLV, nro. 2, 2006, págs. 112–116.

Hoyt, Emily S. Reminiscences and Diary, 1851–93. 7 vols. CHL.

Huntington, Oliver B. Diary and Reminiscences, 1843–1900, mecanografiado, CHL.

Hyde, Myrtle Stevens, *Orson Hyde: The Olive Branch of Israel,* Salt Lake City: Agreka Books, 2000.

Hyde, Orson, *Ein Ruf aus der Wüste, eine Stimme aus dem Schoose der Erde: Kurzer Ueberblick des Ursprungs und der Lehre der Kirche "Jesus Christ of Latter Day Saints" in Amerika, gekannt von Manchen unter der Benennung: "Die Mormonen",* Fráncfort: Im Selbstverlage des Verfassers, 1842. Hay fragmentos disponibles en alemán e inglés en el sitio web de The Joseph Smith Papers: josephsmithpapers.org.

———. *A Voice from Jerusalem, or a Sketch of the Travels and Ministry of Elder Orson Hyde, Missionary of the Church of Jesus Christ of Latter Day Saints, to Germany, Constantinople, and Jerusalem. . .*, Liverpool: P. P. Pratt, 1842.

Biblia familiar de Hyrum Smith, 1834, en Hyrum Smith, Papers, aprox. 1832–1844, BYU.

Illinois State Historical Library, Circuit Court Case Files, 1830–1900, microfilme, CHL.

An Illustrated Itinerary of the County of Lancaster, Londres: How and Parsons, 1842.

It Becomes Our Duty to Address You on the Subject of Immediately Preparing, Kirtland, Ohio, 10 de mayo de 1834, copia en CHL.

Jackman, Levi, "A Short Sketch of the Life of Levi Jackman", mecanografiado, CHL.

Jackson, Stephen T. "Chief Anderson and His Legacy." Madison County Historical Society, consultado el 21 de marzo de 2018, http://andersonmchs.com.

James, Jane Manning, autobiografía, aprox. 1902, CHL.

Jaques, Vienna, declaración, 22 de febrero de 1859, CHL.

Jeffress, Melinda Evans, "Mapping Historic Nauvoo", *BYU Studies*, XXXII, nros. 1 y 2, 1992, págs. 269–275.

Jennings, Erin B. "Charles Anthon: The Man behind the Letters." *John Whitmer Historical Association Journal*, XXXII, nro. 2, otoño/invierno de 2012, págs. 171–187.

Jennings, Warren A. "Isaac McCoy and the Mormons", *Missouri Historical Review*, LXI, nro. 1, octubre de 1966, págs. 62–82.

Jensen, Robin S., and LaJean P. Carruth. "Sidney Rigdon's Plea to the Saints: Transcription of Thomas Bullock's Shorthand Notes from the August 8, 1844, Morning Meeting." *BYU Studies Quarterly*, LIII, nro. 2, 2014, págs. 121–139.

Jenson, Andrew, colección, aprox. 1841–1942, CHL.

Jessee, Dean, "Joseph Knight's Recollection of Early Mormon History", *BYU Studies*, XVII, nro. 1, otoño de 1976, págs. 29–39.

———. "'Walls, Grates and Screeking Iron Doors': The Prison Experience of Mormon Leaders in Missouri, 1838–1839", en *New Views of Mormon History: Essays in Honor of Leonard J. Arrington,* editado por Davis Bitton y Maureen Ursenbach Beecher, págs. 19–42. Salt Lake City: University of Utah Press, 1987.

Jessee, Dean C. and John W. Welch. "Revelations in Context: Joseph Smith's Letter from Liberty Jail, March 20, 1839." *BYU Studies*, XXXIX, nro. 3, 2000, págs. 125–145.

Jessee, Dean C., y David J. Whittaker. "The Last Months of Mormonism in Missouri: The Albert Perry Rockwood Journal." *BYU Studies*, XXVIII, nro. 1, 1988, págs. 5–41.

Johnson, Benjamin Franklin, "A Life Review", aprox. 1885–1894, 1923, Benjamin Franklin Johnson, Papers, 1852–1923, CHL.

———. Papers, 1852–1911, CHL.

Johnson, Clark V., editor, *Mormon Redress Petitions: Documents of the 1833–1838 Missouri Conflict,* Religious Studies Center Monograph Series, XVI, Provo, Utah: Religious Studies Center, Universidad Brigham Young, 1992.

Johnson, Janiece, "'Give Up All and Follow Your Lord': Testimony and Exhortation in Early Mormon Women's Letters, 1831–1839", *BYU Studies*, XLI, nro. 1, 2002, págs. 77–107.

Johnson, Joel H. Notebook, not before 1879. Joel Hills Johnson, Papers, aprox. 1877–1879, CHL.

———. Reminiscences and Journals, 1835–82. Joel Hills Johnson, Papers, aprox. 1835–1882, CHL.

Jorgensen, Lynne Watkins, "The Mantle of the Prophet Joseph Passes to Brother Brigham: A Collective Spiritual Witness", *BYU Studies Quarterly*, XXXVI, nro. 4, 1996, págs. 125–204.

Joseph Smith Letterbook 2 / Smith, José, "Copies of Letters, &c. &c.", 1839–1843, Joseph Smith Collection, CHL.

The Joseph Smith Papers, Departamento de Historia de la Iglesia, La Iglesia de Jesucristo de los Santos de los Últimos Días, http://josephsmithpapers.org.

Journal of Discourses, 26 tomos, Liverpool: F. D. Richards, 1855–1886.

Journal of the Senate of the Fourteenth General Assembly of the State of Illinois, at Their Regular Session, Begun and Held at Springfield, December 2, 1844, Springfield, Illinois: Walters and Weber, 1844.

Journal of the Senate of the United States of America, Being the First Session of the Twenty-Sixth Congress, Begun and Held at the City of Washington, December 2, 1839, Washington, D. C.: Blair and Rives, 1839.

JSP, CFM / Grow, Matthew J., Ronald K. Esplin, Mark Ashurst-McGee, Gerrit J. Dirkmaat y Jeffrey D. Mahas, editores. *Council of Fifty, Minutes, marzo 1844–enero 1846.* Administrative Records series of *The Joseph Smith Papers,* editado por Ronald K. Esplin, Matthew J. Grow y Matthew C. Godfrey. Salt Lake City: Church Historian's Press, 2016.

JSP, D1 / MacKay, Michael Hubbard, Gerrit J. Dirkmaat, Grant Underwood, Robert J. Woodford y William G. Hartley, editores. *Documents, tomo 1: julio 1828–junio 1831.* El tomo I de la serie Documents de *The Joseph Smith Papers* editados por Dean C. Jessee, Ronald K. Esplin, Richard Lyman Bushman y Matthew J. Grow. Salt Lake City: Prensa del historiador de la Iglesia, 2013.

JSP, D2 / Godfrey, Matthew C., Mark Ashurst-McGee, Grant Underwood, Robert J. Woodford y William G. Hartley, editores. *Documents, tomo II: julio 1831–enero 1833.* El tomo II de la serie Documents de *The Joseph Smith Papers,* editados por Dean C. Jessee, Ronald K. Esplin, Richard Lyman Bushman y Matthew J. Grow. Salt Lake City: Prensa del historiador de la Iglesia, 2013.

JSP, D3 / Dirkmaat, Gerrit J., Brent M. Rogers, Grant Underwood, Robert J. Woodford y William G. Hartley, editores. *Documents, tomo III: febrero 1833–marzo 1834.* tomo III de la serie Documents de *The Joseph Smith Papers,* editado por Ronald K. Esplin y Matthew J. Grow. Salt Lake City: Church Historian's Press, 2014.

JSP, D4 / Godfrey, Matthew C., Brenden W. Rensink, Alex D. Smith, Max H Parkin, y Alexander L. Baugh, editores. *Documents, tomo IV: abril 1834–septiembre 1835.* Tomo 4IV de la serie Documents de *The Joseph Smith Papers,* editado por Ronald K. Esplin, Matthew J. Grow y Matthew C. Godfrey. Salt Lake City: Church Historian's Press, 2016.

JSP, D5 / Rogers, Brent M., Elizabeth A. Kuehn, Christian K. Heimburger, Max H Parkin, Alexander L. Baugh, y Steven C. Harper, editores. *Documents, tomo V: octubre 1835–enero 1838.* Tomo V de la serie Documents de *The Joseph Smith Papers,* editado por Ronald K. Esplin, Matthew J. Grow y Matthew C. Godfrey. Salt Lake City: Church Historian's Press, 2017.

JSP, D6 / Ashurst-McGee, Mark, David W. Grua, Elizabeth A. Kuehn, Brenden W. Rensink y Alexander L. Baugh, editores. *Documents, tomo VI: febrero 1838–agosto 1839.* Tomo VI de la serie Documents de *The Joseph Smith Papers,* editado por Ronald K. Esplin, Matthew J. Grow y Matthew C. Godfrey. Salt Lake City: Church Historian's Press, 2017.

JSP, D7 / Godfrey, Matthew C., Spencer W. McBride, Alex D. Smith, and Christopher James Blythe, eds. *Documents, tomo VII: septiembre 1839–enero 1841.* Tomo VII de la serie Documents de *The Joseph Smith Papers,* editado por Ronald K. Esplin, Matthew J. Grow y Matthew C. Godfrey. Salt Lake City: Church Historian's Press, 2018.

JSP, H1 / Davidson, Karen Lynn, David J. Whittaker, Richard L. Jensen, y Mark Ashurst-McGee, eds. *Histories, tomo 1: Joseph Smith Histories, 1832–1844.* Tomo I de la serie Histories de *The Joseph Smith Papers,* editado por Dean C. Jessee, Ronald K. Esplin, y Richard Lyman Bushman. Salt Lake City: Church Historian's Press, 2012.

JSP, H2 / Davidson, Karen Lynn, Richard L. Jensen, y David J. Whittaker, editores. *Histories, tomo II: Assigned Historical Writings, 1831–1847.* Tomo II de la serie Histories de *The Joseph Smith Papers,* editado por Dean C. Jessee, Ronald K. Esplin, y Richard Lyman Bushman. Salt Lake City: Church Historian's Press, 2012.

JSP, J1 / Jessee, Dean C., Mark Ashurst-McGee y Richard L. Jensen, editores,. *Journals, tomo I: 1832–1839.* Tomo I de la serie Journals de *The Joseph Smith Papers,* editado por Dean C. Jessee, Ronald K. Esplin, y Richard Lyman Bushman. Salt Lake City: Church Historian's Press, 2008.

JSP, J2 / Hedges, Andrew H., Alex D. Smith, y Richard Lloyd Anderson, editores. *Journals, tomo II: diciembre 1841–abril 1843.* Tomo II de la serie Journals de *The Joseph Smith Papers,* editado por Dean C. Jessee, Ronald K. Esplin, y Richard Lyman Bushman. Salt Lake City: Church Historian's Press, 2011.

JSP, J3 / Hedges, Andrew H., Alex D. Smith, y Brent M. Rogers, editores. *Journals, tomo III: mayo1843–junio 1844.* Tomo III de la serie Journals de *The Joseph Smith Papers,* editado por Ronald K. Esplin y Matthew J. Grow. Salt Lake City: Church Historian's Press, 2015.

JSP, MRB / Jensen, Robin Scott, Robert J. Woodford, y Steven C. Harper, editores. *Manuscript Revelation Books.* Facsimile edition. First volume of the Revelations and Translations series of *The Joseph Smith Papers,* editado por Dean C. Jessee, Ronald K. Esplin, y Richard Lyman Bushman. Salt Lake City: Church Historian's Press, 2009.

JSP, R2 / Jensen, Robin Scott, Richard E. Turley Jr., y Riley M. Lorimer, editores. *Revelations and Translations, Volume 2: Published Revelations.* Vol. 2 of the Revelations and Translations series of *The Joseph Smith Papers,* editado por Dean C. Jessee, Ronald K. Esplin, y Richard Lyman Bushman. Salt Lake City: Church Historian's Press, 2011.

JSP, R3, Part 1 / Skousen, Royal y Robin Scott Jensen, editores, *Revelations and Translations, Volume 3, Part 1: Printer's Manuscript of the Book of Mormon, 1 Nephi 1–Alma 35,* edición facsímil, Parte 1 del tomo III de la serie Revelations and Translations de *The Joseph Smith Papers*, editado por Ronald K. Esplin y MatthewJ. Grow, Esplin y Matthew J. Grow. Salt Lake City: Church Historian's Press, 2015.

Kansas City Daily Journal, Kansas City, Misuri, 1878–1896.

Keller, Karl, "'I Never Knew a Time When I Did Not Know Joseph Smith': A Son's Record of the Life and Testimony of Sidney Rigdon", *Dialogue: A Journal of Mormon Thought,* I, nro. 4, 1966, págs. 15–42.

Kerber, Linda K. "Abolitionists and Amalgamators: The New York City Race Riots of 1834.*New York History*, XLVIII, nro. 1, enero de 1967, págs. 28–39.

Kimball, Heber C. Collection, 1837–1898. CHL.

———. Diario, 1845, BYU.

———. "History of Heber Chase Kimball by His Own Dictation", aprox. 1842–1856, Carta de Heber C. Kimball, documentos, 1837-1866, CHL.

———. "The Journal and Record of Heber Chase Kimball an Apostle of Jesus Christ of Latter Day Saints", aprox. 1842–1858, Carta de Heber C. Kimball, documentos, 1837-1866, CHL.

Kimball, Stanley B., ed. *On the Potter's Wheel: The Diaries of Heber C. Kimball.* Salt Lake City: Signature Books, 1987.

Kimball, Vilate Murray, cartas, 1840, CHL.

———. Letter to Heber C. Kimball, June 30, 1844. CHL.

Campamento de Kirtland, diario, marzo–octubre de 1838, CHL.

Kirtland Elders' Certificates / Kirtland Elders Quorum, "Record of Certificates of Membership and Ordinations of the First Members and Elders of the Church of Jesus Christ of Latter Day Saints Dating from March 21st 1836 to June 18th 1838 Kirtland Geauga Co. Ohio", 1836–1838, CHL.

Kirtland Safety Society, Stock Ledger, 1836–1837, Collection of Manuscripts about Mormons, 1832–1954, Chicago History Museum.

Klingaman, William K., and Nicholas P. Klingaman*The Year without Summer: 1816 and the Volcano That Darkened the World and Changed History.* New York: St. Martin's Griffin, 2014.

Knight, Joseph, Sr., Reminiscencias, sin fecha, CHL.

Knight, Newel, autobiografía, aprox. 1871, CHL.

———. Autobiografía y diario, aprox. 1846, CHL.

Knutson, Phyllis, "Sheffield Daniels and Abigail Warren", FamilySearch, compilado por La Iglesia de Jesucristo de los Santos de los Últimos Días, consultado el 21 de marzo de 2018, https://familysearch.org.

Kowallis, Bart J. "In the Thirty and Fourth Year: A Geologist's View of the Great Destruction in 3 Nephi", *BYU Studies*, XXXVII, nro. 3, 1997–1998, págs. 136-190.

Kuehn, Elizabeth, "Más de un tesoro: D. y C. 111", en *Revelaciones en contexto: Los acontecimientos de trasfondo de las revelaciones de Doctrina y Convenios*, editado por Matthew McBride y James Goldberg, págs. 229–234, Salt Lake City: La Iglesia de Jesucristo de los Santos de los Últimos Días, 2016.

Larson, A. Karl y Katharine Miles Larson, editores, *Diary of Charles Lowell Walker*, 2 tomos, Logan: Utah State University Press, 1980.

Latter Day Saints' Messenger and Advocate , Kirtland, Ohio, 1834–1837.
Latter-day Saints' Millennial Star , Liverpool, 1840–1970.
Launius, Roger D., y F. Mark McKiernan. *Joseph Smith, Jr.'s Red Brick Store* , Macomb: Western Illinois University, 1985.
Laws of the State of Illinois, Passed by the Eleventh General Assembly, at Their Special Session, Began and Held at Springfield, on the Ninth of December, One Thousand Eight Hundred and Thirty-Nine , Springfield, Illinois: William Walters, 1840.
Laws of the State of New-York, Revised and Passed at the Thirty-Sixth Session of the Legislature, with Marginal Notes and References. . ., 2 tomos, Albany, Nueva York: H. C. Southwick, 1813.
Lee, John D., Journal, Feb.–Aug. 1846. John D. Lee, Journals, 1844–53. CHL.
Leonard, Glen M. *Nauvoo: A Place of Peace, a People of Promise*. Salt Lake City: Deseret Book; Provo, Utah: Brigham Young University Press, 2002.
LeSueur, Stephen C. "'High Treason and Murder': The Examination of Mormon Prisoners at Richmond, Missouri, in November 1838." *BYU Studies*, XXVI, nro. 2, 1986, págs. 3–30.
———. "Missouri's Failed Compromise: The Creation of Caldwell County for the Mormons", *Journal of Mormon History*, XXXI, nro. 3, otoño de 2005, págs. 113–144.
Correspondencia de la familia de Levi Richards, 1827–1848, CHL.
Lewis, David, autobiografía, 1854, CHL.
"Liberty Jail", Lugares de interés histórico, Departamento de Historia de la Iglesia, La Iglesia de Jesucristo de los Santos de los Últimos Días, consultado el 21 de marzo de 2018, http://history.lds.org.
"The Life of Norton Jacob", sin fecha, mecanografiado, CHL.
Lightner, Mary Elizabeth Rollins, colección, 1865–1914, BYU.
———. Remarks, Apr. 14, 1905, mecanografiado, CHL.
Littlefield, Lyman Omer, *Reminiscences of Latter-day Saints: Giving an Account of Much Individual Suffering Endured for Religious Conscience* , Logan, Utah: Utah Journal, 1888.
Livesey, Richard, *An Exposure of Mormonism, Being a Statement of Facts Relating to the Self-Styled "Latter Day Saints," and the Origin of the Book of Mormon* , Preston, Inglaterra: J. Livesey, 1838.
Lyman, Edward Leo, Susan Ward Payne, y S. George Ellsworth, editores. *No Place to Call Home: The 1807–1857 Life Writings of Caroline Barnes Crosby, Chronicler of Outlying Mormon Communities* , Life Writings of Frontier Women, editado por Maureen Ursenbach Beecher, Logan: Utah State University Press, 2005.
Lyman, Eliza Partridge, diario, 1846–1885, 1927, CHL.
Mace, Wandle, autobiografía, aprox. 1890, CHL.
MacKay, Michael Hubbard, "'Git Them Translated': Translating the Characters on the Gold Plates", en *Approaching Antiquity: Joseph Smith and the Ancient World,* editado por Lincoln H. Blumell, Matthew J. Grey, y Andrew H. Hedges, págs. 83–116. Provo, Utah: Religious Studies Center, Universidad Brigham Young, 2015.
Madsen, Carol Cornwall, *In Their Own Words: Women and the Story of Nauvoo* , Salt Lake City: Deseret Book, 1994.
Madsen, Gordon A. "Joseph Smith and the Missouri Court of Inquiry: Austin A. King's Quest for Hostages." *BYU Studies*, XLIII, nro. 4, 2004, págs. 92–136.
Mahas, Jeffrey, "Recuerdos del martirio: D. y C. 135", en *Revelaciones en contexto: Los acontecimientos de trasfondo de las revelaciones de Doctrina y Convenios*, editado por Matthew McBride y James Goldberg, págs. 299–306, Salt Lake City: La Iglesia de Jesucristo de los Santos de los Últimos Días, 2016.
Maki, Elizabeth, "'Trasladaos a Ohio': D. y C. 35, 36, 37, 38", en *Revelaciones en contexto: Los acontecimientos de trasfondo de las revelaciones de Doctrina y Convenios*, editado por Matthew McBride y James Goldberg, págs. 70–73, Salt Lake City: La Iglesia de Jesucristo de los Santos de los Últimos Días, 2016.
———. "Traducción de José Smith de la Biblia: D. y C. 45, 76, 77, 86, 91", en *Revelaciones en contexto: Los acontecimientos de trasfondo de las revelaciones de Doctrina y Convenios,* editado por Matthew McBride y James Goldberg, págs. 99–103, Salt Lake City: La Iglesia de Jesucristo de los Santos de los Últimos Días, 2016.

"Mary Elizabeth Rollins Lightner", *Utah Genealogical and Historical Magazine*, XVII, 1926, págs. 193–205, 250–260.
Mary Elizabeth Rollins Lightner Family Collection, 1833–1973 , CHL.
Mather, Frederic G. "The Early Days of Mormonism.*Lippincott's Magazine of Popular Literature and Science*, XXVI, agosto de 1880, págs. 198–211.
Maughan, Mary Ann Weston, autobiografía, tomo I, 1894, CHL.
McBride, Matthew, "La contribuciones de Martin Harris: D. y C. 3, 5, 10, 17, 19", en *Revelaciones en contexto: Los acontecimientos de trasfondo de las revelaciones de Doctrina y Convenios*, editado por Matthew McBride y James Goldberg, págs. 1–9, Salt Lake City: La Iglesia de Jesucristo de los Santos de los Últimos Días, 2016.
———. "Ezra Booth e Isaac Morley: D. y C. 57, 58, 60, 61, 62, 63, 64, 71, 73", en *Revelaciones en contexto: Los acontecimientos de trasfondo de las revelaciones de Doctrina y Convenios*, editado por Matthew McBride y James Goldberg, págs. 130–136, Salt Lake City: La Iglesia de Jesucristo de los Santos de los Últimos Días, 2016.
———. *A House for the Most High: The Story of the Original Nauvoo Temple*. Salt Lake City: Greg Kofford Books, 2007.
———. "Las cartas en cuanto al bautismo por los muertos: D. y C. 127, 128", en *Revelaciones en contexto: Los acontecimientos de trasfondo de las revelaciones de Doctrina y Convenios*, editado por Matthew McBride y James Goldberg, págs. 272–276, Salt Lake City: La Iglesia de Jesucristo de los Santos de los Últimos Días, 2016.
———. "'Sentimos gran regocijo en el corazón al oírle hablar': D. y C. 129, 130, 131", en *Revelaciones en contexto: Los acontecimientos de trasfondo de las revelaciones de Doctrina y Convenios*, editado por Matthew McBride y James Goldberg, págs. 277–280, Salt Lake City: La Iglesia de Jesucristo de los Santos de los Últimos Días, 2016.
———. "El entusiasmo religioso entre los primeros conversos de Ohio: D. y C. 46, 50", en *Revelaciones en contexto: Los acontecimientos de trasfondo de las revelaciones de Doctrina y Convenios*, editado por Matthew McBride y James Goldberg, págs. 105–111, Salt Lake City: La Iglesia de Jesucristo de los Santos de los Últimos Días, 2016.
———. "'La visión': D. y C. 76", en *Revelaciones en contexto: Los acontecimientos de trasfondo de las revelaciones de Doctrina y Convenios*, editado por Matthew McBride y James Goldberg, págs. 148–154, Salt Lake City: La Iglesia de Jesucristo de los Santos de los Últimos Días, 2016.
McBride, Reuben, Sr., reminiscencias, sin fecha, CHL.
McBride, Spencer W. "When Joseph Smith Met Martin Van Buren: Mormonism and the Politics of Religious Liberty in Nineteenth-Century America.*Church History: Studies in Christianity and Culture*, LXXXV, nro. 1, marzo de 2016, págs. 150–158.
McGavin, Elmer C. *The Nauvoo Temple*. Salt Lake City: Deseret Book, 1962.
McLellin, William E. Journal, Nov. 16, 1831–Feb. 25, 1832. William E. McLellin, Papers, 1831–1836, 1877–1878, CHL. También disponible en Jan Shipps and John W. Welch, editores., *The Journals of William E. McLellin, 1831–1836* (Provo, UT: BYU Studies; Urbana: University of Illinois Press, 1994).
———. Carta, Independence, Misuri, dirigida a "Beloved Relatives" ["Mis amados parientes"], Carthage, Tennessee, 4 de agosto de 1832, fotocopia, CHL.
McMurrin, Joseph W. "An Interesting Testimony." *Improvement Era*, VI, nro. 7, mayo de 1903, págs. 507-510.
Millennial Harbinger, Bethany, Virginia, 1830–1870.
Millet, Joseph, "J. Millet on Cape Breton Island", 1927, CHL.
———. Record Book, aprox. 1850–1947, CHL.
Minute Book 1 / "Conference A", 1832–37, CHL.
Minute Book 2 / "The Conference Minutes and Record Book of Christ's Church of Latter Day Saints", 1838, 1842, 1844, CHL.
Misuri, Estado de, "Evidence", Hearing Record, Richmond, Misuri, 12–29 de noviembre de 1838, State of Missouri v. Joseph Smith et al. for Treason and Other Crimes, Eugene Morrow Violette Collection, 1806–1921, Western Historical Manuscript Collection, University of Missouri and State Historical Society of Missouri, Ellis Library, University of Missouri, Columbia.

Missouri Argus, St. Louis. 1835–41.
Missouri Intelligencer and Boon's Lick Advertiser, Franklin, Misuri, 1819–1927; Fayette, Misuri, 1827–1830; Columbia, Misuri, 1830–1835.
Missouri Republican, St. Louis. 1822–1919.
Monkman, Susan C. *The White House: Its Historic Furnishings and First Families*, 2ª edición, Washington, D. C.: White House Historical Association, 2014.
Mormon Migration, Universidad Brigham Young, consultado el 21 de marzo de 2018, https://mormonmigration.lib.byu.edu.
Mormon Redress Petitions, 1839–1845, CHL.
Mormon War Papers, 1838–1841, Missouri State Archives, Jefferson City.
Morning Courier and New-York Enquirer , Ciudad de Nueva York, 1829–1861.
Morris, Larry E. "The Conversion of Oliver Cowdery." *Journal of Book of Mormon Studies*, XVI, nro. 1, 2007, págs. 4–17.
———. "Oliver Cowdery's Vermont Years and the Origins of Mormonism", *BYU Studies*, XXXIX, nro. 1, 2000, págs. 106-129.
Murdock, John, autobiografía, aprox. 1859–1867, CHL.
———. Diario, aprox. 1830–1859, CHL.
Nauvoo, Illinois, registros, 1841–1845, CHL.
Nauvoo City Council Draft Minutes, 1841–1844, Nauvoo, Illinois, registros, 1841–1845, CHL.
Nauvoo City Council Minute Book / Nauvoo City Council, "A Record of the Proceedings of the City Council of the City of Nauvoo Handcock County, State of Illinois, Commencing A.D. 1841", aprox. 1841–1845, CHL.
Nauvoo Expositor, Nauvoo, Illinois, 1844.
Nauvoo Masonic Lodge Minute Book / "Record of Na[u]voo Lodge under Dispensation", 1842–1846, CHL.
Nauvoo Municipal Court Docket Book / Nauvoo, Illinois, Municipal Court, "Docket of the Municipal Court of the City of Nauvoo", aprox. 1843–1845, en Historian's Office, Historical Record Book, 1843–1874, págs. 51–150 y 1–19 (segunda numeración), CHL.
Nauvoo Neighbor, Nauvoo, Illinois, 1843–1845.
Nauvoo Stake High Council Minutes, 1839–1845, CHL.
Templo de Nauvoo, bautismos por los muertos, 1840–1845, CHL.
Neibaur, Alexander, diario, 1841–1862, CHL.
Newell, Linda King y Valeen Tippetts Avery, *Mormon Enigma: Emma Hale Smith*, 2ª edición, Urbana: University of Illinois Press, 1994.
New York Herald, Ciudad de Nueva York, 1835–1924.
Nicholes, Joseph K. Collection, circa 1930–50. CHL.
Niles' National Register , Washington, D. C. 1837–1849.
Norton, Jacob, reminiscencias y diario, 1844–1852, CHL.
Nuttall, L. John, diario, 1876–1884, mecanografiado, en L. John Nuttall, Papers, 1854–1903, CHL.
Oaks, Dallin H. "The Suppression of the *Nauvoo Expositor.*" *Utah Law Review*, IX, invierno de 1965, págs. 862–903.
Oaks, Dallin H., y Joseph I. Bentley. "Joseph Smith and Legal Process: In the Wake of the Steamboat *Nauvoo*", *Brigham Young University Law Review*, nro. 3, 1976, págs. 735–782.
Oaks, Dallin H., and Marvin S. Hill. *Carthage Conspiracy: The Trial of the Accused Assassins of Joseph Smith*. Urbana: University of Illinois Press, 1975.
Oates, Stephen B. *The Fires of Jubilee: Nat Turner's Fierce Rebellion*. Nueva York: Harper and Row, 1975.
Ogden Herald , Ogden, Utah, 1881–1887.
Ohio Star , Ravenna, Ohio, 1830–1854.
Olmstead, Jacob W. "Far West y Adam-ondi-Ahman: D. y C. 115, 116, 117." en *Revelaciones en contexto: Los acontecimientos de trasfondo de las revelaciones de Doctrina y Convenios*, editado por Matthew McBride y James Goldberg, págs. 235–241, Salt Lake City: La Iglesia de Jesucristo de los Santos de los Últimos Días, 2016.
Ontario Phoenix, Canandaigua, Nueva York, 1828–1832.

Oration Delivered by Mr. S. Rigdon, on the 4th of July, 1838. Far West, MO: Journal Office, 1838. También disponible en Peter Crawley, "Two Rare Missouri Documents", *BYU Studies*, XIV, verano de 1974, págs. 502–527.

"The Original Prophet. By a Visitor to Salt Lake City", *Fraser's Magazine*, VII, nro. 28, febrero de 1873, págs. 225–235.

Ostler, Craig James, "Photo Essay of Church History Sites in Liverpool and the Ribble Valley", en *Regional Studies in Latter-day Saint Church History: The British Isles,* editado por Cynthia Doxey, Robert C. Freeman, Richard Neitzel Holzapfel, y Dennis A. Wright, págs. 61–78. Provo, Utah: Religious Studies Center, Universidad Brigham Young, 2007.

Packer, Cameron J. "A Study of the Hill Cumorah: A Significant Latter-day Saint Landmark in Western New York", tesis de maestría, Universidad Brigham Young, 2002.

Painesville Republican , Painesville, Ohio, 1836–1841.

Painesville Telegraph , Painesville, Ohio, 1831–1838.

Palmyra Freeman , Palmyra, Nueva York, 1828–1829.

Parker, Ellen B. Cartas, 1842–1851. In Martha G. Boyle, Family Papers, 1842–1972. CHL.

Partridge, Edward, historia, manuscrito, aprox. 1839, CHL.

———. Diario, enero de 1835–julio de 1836, CHL.

———. Cartas, 1831–1835, CHL.

———. Documentos varios, aprox. 1839–mayo de 1840, CHL.

———. Documentos, 1818–1839, CHL.

Partridge, Edward, Jr., registro genealógico, 1878, CHL.

Pasko, W. W., *Old New York: A Journal Relating to the History and Antiquities of New York City,* Nueva York: autopublicado, febrero de 1890.

Patten, David Wyman, diario, 1832–1834, CHL.

Paul, Hiland y Robert Parks, *History of Wells, Vermont, for This First Century after Its Settlement* , Rutland, Vermont: Tuttle, 1869.

La Perla de Gran Precio: Una selección de las revelaciones, traducciones y narraciones de José Smith, primer Profeta, Vidente y Revelador de La Iglesia de Jesucristo de los Santos de los Últimos Días, Salt Lake City: La Iglesia de Jesucristo de los Santos de los Últimos Días, 2013.

Peck, Phebe Crosby, carta a Anna Jones Pratt, 10 de agosto de 1832, CHL.

Peck, Reed, carta, Quincy, Illinois, dirigida a "Dear Friends" ["Estimados amigos"], 18 de septiembre de 1839, Henry E. Huntington Library, San Marino, California.

Perrin, Kathleen C. "Seasons of Faith: An Overview of the History of the Church in French Polynesia", en *Pioneers in the Pacific,* editado por Grant Underwood, págs. 201–218, Provo, Utah: Religious Studies Center, Universidad Brigham Young, 2005.

Historia familiar de Peter Maughan , Logan, Utah: Peter Maughan Family Organization, 1971.

Peterson, H. Donl, *The Story of the Book of Abraham: Mummies, Manuscripts, and Mormonism* , Springville, Utah: Cedar Fort International, 2008.

Phelps, William W. Collection of Missouri Documents, 1833–37. CHL.

———. Sermón por el funeral de José Smith y Hyrum Smith, 1855, CHL.

———. Carta a Sally Waterman Phelps, 26 de mayo de 1835, William W. Documentos, 1835-65, BYU.

———. Carta a Sally Waterman Phelps, en Historian's Office, Journal History of the Church, 20 de julio de 1835, CHL.

———. Carta a Sally Waterman Phelps, 16 de septiembre de 1835, CHL.

———. Carta a Sally Waterman Phelps, abril de 1836, William W. Phelps, Documentos, 1835-65, BYU.

———. "A Short History of W. W. Phelps' Stay in Missouri", 1864, CHL.

Pickup, David M. W., *The Pick and Flower of England: The Illustrated Story of the Mormons in Victorian England,* Lancashire, Inglaterra: Living Legend, 2001.

Pilkington, William, autobiografía y declaraciones, 1934–1939, CHL.

Pitman Shorthand Transcriptions, 1998–2013, CHL.

Pittsburgh Weekly Gazette , Pittsburgh, 1841–1859.

Platt, Lyman D. "Early Branches of the Church of Jesus Christ of Latter-day Saints 1830–1850", *Nauvoo Journal,* III, 1991, págs. 3–50.

Player, William, declaración, 12 de diciembre de 1868, CHL.
Plewe, Brandon S., editor, *Mapping Mormonism: An Atlas of Latter-day Saint History*, Provo, Utah: Brigham Young University Press, 2012.
Porter, Larry C. "The Book of Mormon: Historical Setting for Its Translation and Publication", en *Joseph Smith: The Prophet, the Man*, editado por Susan Easton Black y Charles D. Tate Jr., págs. 49–64. Provo, Utah: Religious Studies Center, Universidad Brigham Young, 1993.
Portrait and Biographical Record of Hancock, McDonough and Henderson Counties, Illinois; Containing Biographical Sketches of Prominent and Representative Citizens of the County; together with Biographies and Portraits of All the Presidents of the United States , Chicago: Lake City, 1894.
Post, Stephen, diario, 1835–1839, Stephen Post, Papers, 1835–1921, CHL.
Pratt, Addison, diario, septiembre de 1843–octubre de 1844, Addison Pratt, Autobiography and Journals, 1843–1852, CHL.
Pratt, Louisa Barnes, diario y autobiografía, 1850–1880, CHL.
Pratt, Orson, *A[n] Interesting Account of Several Remarkable Visions, and of the Late Discovery of Ancient American Records* , Edimburgo: Ballantyne and Hughes, 1840.
Pratt, Parley P. *The Autobiography of Parley Parker Pratt, One of the Twelve Apostles of the Church of Jesus Christ of Latter-day Saints, Embracing His Life, Ministry and Travels, with Extracts, in Prose and Verse, from His Miscellaneous Writings.* Edited by Parley P. Pratt Jr. Nueva York: Russell Brothers, 1874.
———. Correspondencia, 1842–1855, CHL.
———. *History of the Late Persecution Inflicted by the State of Missouri upon the Mormons, in Which Ten Thousand American Citizens Were Robbed, Plundered, and Driven from the State, and Many Others Imprisoned, Martyred, &c. for Their Religion, and All This by Military Force, by Order of the Executive. By P. P. Pratt, Minister of the Gospel. Written during Eight Months Imprisonment in That State* , Detroit: Dawson and Bates, 1839.
Probert, Josh E., and Craig K. Manscill. "Artemus Millet: Builder of the Kingdom," *Mormon Historical Studies* 5, no. 1, primavera de 2004, págs. 53–86.
The Prophet, Ciudad de Nueva York, Nueva York, mayo de 1844–diciembre de 1845.
Prospectus of the Nauvoo Expositor Nauvoo, IL. 10 May 1844. copia en CHL.
Quincy Herald , Quincy, Illinois, 1841–antes de 1851.
Quincy Whig , Quincy, Illinois, 1838–1857.
Quinn, D. Michael, editor, "The First Months of Mormonism: A Contemporary View by Rev. Diedrich Willers", *New York History*, LIV, julio de 1973, págs. 317–333.
Cuórum de los Doce Apóstoles, actas, 1840–1844, CHL.
Radke, Andrea G. "We Also Marched: The Women and Children of Zion's Camp, 1834", *BYU Studies*, XXXIX, nro. 1, 2000, págs. 147–165.
Raffles, Thomas Stamford, "Narrative of the Effects of the Eruption from the Tomboro Mountain in the Island of Sumbawa on the 11th and 12th of April 1815,—Communicated by the President", en A. H. Hubbard, *Verhandelingen van het Bataviaasch Genootschap, der Kunsten en Wetenschappen*, págs. 1–25 (undécima numeración), Batavia, Indias Holandesas Orientales: autopublicado, 1816.
Recollections of the Pioneers of Lee County, Dixon, IL: Inez A. Kennedy, 1893.
"Recollections of the Prophet Joseph Smith", *Juvenile Instructor*, XXVII, nro. 13, 1 de julio de 1892, págs. 398–400.
"Records of the Session of the Presbyterian Church in Palmyra", 1828–1848, microfilme 900, nro. 59, BYU.
Records of the Solicitor of the Treasury / National Archives Reference Service Report, 23 de septiembre de 1964, "Record Group 206, Records of the Solicitor of the Treasury, and Record Group 46, Records of the United States Senate: Records relating to the Mormons in Illinois, 1839–1848 (Records Dated 1840–1852), including Memorials of Mormons to Congress, 1840–1844, Some of Which Relate to Outrages Committed against the Mormons in Missouri, 1831–1839", microfilme, Washington, D. C.: National Archives and Records Service, General Services Administration, 1964, copia en CHL.

Reeve, W. Paul, *Religion of a Different Color: Race and the Mormon Struggle for Whiteness* , Nueva York: Oxford University Press, 2015.
Reflector , Palmyra, Nueva York, 1829–1831.
Reorganized Church of Jesus Christ of Latter Day Saints v. Church of Christ of Independence, Missouri, et al. (Circuit Court of the Western District of Missouri 1894). Testimonies and Depositions, 1892, mecanografiado, CHL.
Return , Davis City, IA, 1889–1891; Richmond, Misuri, 1892–1893; Davis City, 1895–1896; Denver, 1898; Independence, Misuri, 1899–1900.
Reynolds, John, *My Own Times: Embracing Also, the History of My Life,* no publicado, 1855.
Rich, Charles Coulson, diario, mayo–julio de 1834 mecanografiado, CHL. El original se halla en la Western Americana Collection de la Beinecke Rare Book and Manuscript Library, Yale University, New Haven, Connecticut.
Rich, Sarah P. Autobiography and Journal, 1885–90. CHL.
Richards, Franklin D. Diarios, 1844–1853, tomo XVI, 1 de enero de 1868–29 de enero de 1869, Richards Family Collection, 1837–1961, CHL.
———. Elementos de las Escrituras, aprox. 1841–1844, CHL.
Richards, Levi, diarios, 1840–1853, Levi Richards, Papers, 1837–1867, CHL.
Richards, Willard, diarios y documentos, 1821–1854, CHL.
———. "Willard Richards Pocket Companion Written in England", aprox. 1838, Willard Richards, Papers, 1821–1854, CHL.
Rigdon, John Wickliff, "Lecture on the Early History of the Mormon Church", 1906, CHL.
———. "Life Story of Sidney Rigdon", sin fecha, CHL.
[Rigdon, Sidney], *An Appeal to the American People: Being an Account of the Persecutions of the Church of Latter Day Saints; and of the Barbarities Inflicted on Them by the Inhabitants of the State of Missouri* , Cincinnati: Glezen and Shepard, 1840.
Robbins, James, cartas, 1836 y 1844, CHL.
Roberts, B. H., *The Life of John Taylor, Third President of the Church of Jesus Christ of Latter-day Saints*, Salt Lake City: George Q. Cannon and Sons, 1892.
Robertson, Margaret C. "The Campaign and the Kingdom: The Activities of the Electioneers in Joseph Smith's Presidential Campaign", *BYU Studies*, XXXIX, nro. 3, 2000, págs. 147–180.
Robison, Elwin C. *The First Mormon Temple: Design, Construction, and Historic Context of the Kirtland Temple*. Provo, Utah: Brigham Young University Press, 1997.
Rockwood, Albert Perry, entradas de diario, octubre de 1838–enero de 1839, fotocopia, CHL.
Rogers, David W. Declaración, 1 de febrero de 1839, CHL.
Rollins, Kyle M., Richard D. Smith, M. Brett Borup, and E. James Nelson. "Transforming Swampland into Nauvoo, the City Beautiful", *BYU Studies*, XLV, nro. 3, 2006, págs. 125–157.
Romig, Ronald E. *Eighth Witness: The Biography of John Whitmer.* Independence, Misuri: John Whitmer Books, 2014.
Rowley, Dennis, "The Mormon Experience in the Wisconsin Pineries, 1841–1845", *BYU Studies*, XXXII, nros. 1 y 2, 1992, págs. 119–148.
Rupp, Israel Daniel, editor, *He Pasa Ekklesia* [The whole church]. *An Original History of the Religious Denominations at Present Existing in the United States, Containing Authentic Accounts of Their Rise, Progress, Statistics and Doctrines. Written Expressly for the Work by Eminent Theological Professors, Ministers, and Lay-Members, of the Respective Denominations*, Philadelphia: James Y. Humphreys; Harrisburg, PA: Clyde and Williams, 1844.
Rust, Richard Dilworth, "Una misión a los lamanitas: D. y C. 28, 30, 32", en *Revelaciones en contexto: Los acontecimientos de trasfondo de las revelaciones de Doctrina y Convenios*, editado por Matthew McBride y James Goldberg, págs. 45–49, Salt Lake City: La Iglesia de Jesucristo de los Santos de los Últimos Días, 2016.
Ryder, Hartwell, "A Short History of the Foundation of the Mormon Church", 1902, mecanografiado, Hiram College Collection, 1909–1973, CHL.
Estaca Saint George, Utah, actas generales, 1864–1977, CHL.
Saints' Herald , Independence, Misuri, 1860–Presente.
Salisbury, Herbert Spencer, "Things the Prophet's Sister Told Me", 1945, CHL.
Salt Lake Daily Tribune , Salt Lake City, 1871–Presente.

Sangamo Journal , Springfield, Illinois, 1831–1847.
Schaefer, Mitchell K., ed. *William E. McLellin, manuscrito perdido* Salt Lake City: Eborn Books, 2012.
School of the Prophets Salt Lake City Minutes, Apr.–Dec. 1883, CHL.
Seale, William, *The President's House: A History,* tomo I, Baltimore: Johns Hopkins University Press, 2008.
Senate Document 189, Testimony Given before the Judge of the Fifth Judicial Circuit of the State of Missouri, on the Trial of Joseph Smith, Jr., and Others, for High Treason, and Other Crimes against That State , reimpresión fotomecánica, Salt Lake City: microfilme moderno, 1965, copia en CHL.
Registros de los Cuórums de los Setenta, 1844–1975, CHL.
Shipps, Jan, and John W. Welch, eds. The Journals of William E. McLellin, 1831–1836. Provo, Utah: BYU Studies; Urbana: University of Illinois Press, 1994.
Skousen, Royal, "Another Account of Mary Whitmer's Viewing of the Golden Plates", *Interpreter: A Journal of Mormon Scripture,* X, 2014, págs. 35–44.
Smith, Alex D. "La organización de la Iglesia en Nauvoo: D. y C. 124, 125." en *Revelaciones en contexto: Los acontecimientos de trasfondo de las revelaciones de Doctrina y Convenios,* editado por Matthew McBride y James Goldberg, págs. 264–271, Salt Lake City: La Iglesia de Jesucristo de los Santos de los Últimos Días, 2016.
Smith, Amanda Barnes, cuaderno, 1854–1866, CHL.
Smith, Andrew F. *The Saintly Scoundrel: The Life and Times of Dr. John Cook Bennett.* Urbana y Chicago: University of Illinois Press, 1997.
Smith, Asael, carta y registro genealógico, 1799, aprox. 1817–1846, CHL.
Smith, Emma, carta a Joseph Heywood, 18 de octubre de 1844, CHL.
Smith, George Albert, autobiografía, aprox. 1860–1882, en George Albert Smith, Papers, 1834–1882, CHL.
———. "My Journal", *Instructor,* mayo de 1946, págs. 212–218.
———. Documentos, 1834–1882, CHL.
Smith, Hyrum, diario, marzo–abril de 1839, octubre de 1840, CHL.
———. Documentos, 1834–1843, CHL.
Smith, José, colección, 1827–1846, CHL.
———. *General Smith's Views of the Powers and Policy of the Government of the United States,* Nauvoo, Illinois: John Taylor, 1844.
———. Historia, aprox. verano de 1832 / Smith, José, "A History of the Life of Joseph Smith J[r]", aprox. verano de 1832, en José Smith, "Letterbook A", 1832–1835, 1–[6] (numeración anterior), Joseph Smith Collection, CHL.
———. Historia, [aprox. junio–octubre de 1839]. borrador, CHL.
———. Historia, aprox. 1841, borrador, CHL.
Smith, José, et al., historia, 1834–1836, en Joseph Smith and others, History, 1838–56, tomo A-1, final del libro (numeración anterior), págs. 9–20, 46–187, CHL.
Smith, José, et al., historia, 1838–1856, tomos A-1–F-1 (original), A-2–E-2 (documento mecanografiado), en Historian's Office, History of the Church, 1839–aprox. 1882, CHL. La historia del período posterior al 5 de agosto de 1838 se elaboró después de la muerte de José Smith. También está disponible en el sitio web The Joseph Smith Papers: josephsmithpapers.org.
Smith, Joseph F. Papers, 1854-1918, CHL.
Smith, Joseph Fielding, comp. *Life of Joseph F. Llega a ser Presidente de La Iglesia de Jesucristo de los Santos de los Últimos Días* Salt Lake City: Deseret News, 1938.
———. Documentos, 1893-1973, CHL.
Smith, Leslie, and B. Larry Allen. "Family History of Lucy Diantha (Morley) Allen", FamilySearch, compilado por La Iglesia de Jesucristo de los Santos de los Últimos Días, consultado el 21 de marzo de 2018, https://familysearch.org.
Smith, Lucy Mack, *Biographical Sketches of Joseph Smith the Prophet, and His Progenitors for Many Generations* , Liverpool: S. W. Richards, 1853.
———. "Copy of an Old Note Book", mecanografiado, 1945, BYU.

———. History, 1844–1845, 18 libros, CHL. También está disponible en el sitio web The Joseph Smith Papers: josephsmithpapers.org.

———. History, 1845. CHL. También está disponible en el sitio web The Joseph Smith Papers: josephsmithpapers.org.

———. Carta a Solomon Mack, 6 de enero de 1831, CHL.

Smith, Lucy Meserve, declaración, sin fecha, CHL.

Smith, Mary Fielding, colección, aprox. 1832–1848, CHL.

Smith, William, *William Smith on Mormonism. . .* , Lamoni, IA: Herald Steam Book and Job Office, 1883.

Snow, Eliza R. *Biography and Family Record of Lorenzo Snow, One of the Twelve Apostles of the Church of Jesus Christ of Latter-day Saints.* , Salt Lake City: Deseret News, 1884.

———. Diario, 1842–1834, CHL.

———. Carta a Isaac Streator, 22 de febrero de 1839, fotocopia, CHL.

Speech of Elder Orson Hyde, Delivered before the High Priests' Quorum, in Nauvoo, April 27th 1845, upon the Course and Conduct of Sidney Rigdon, and upon the Merits of His Claims to the Presidency of the Church of Jesus Christ of Latter-day Saints , Liverpool: James and Woodburn, 1845.

Staker, Mark Lyman, *Hearken, O Ye People: The Historical Setting of Joseph Smith's Ohio Revelations* , Salt Lake City: Greg Kofford Books, 2009.

———. "Isaac and Elizabeth Hale in Their Endless Mountain Home", *Mormon Historical Studies*, XV, nro. 2, otoño de 2014, págs. 1–105.

———. "Raising Money in Righteousness: Oliver Cowdery as Banker", en *Days Never to Be Forgotten: Oliver Cowdery*, editado por Alexander L. Baugh, págs. 143–253. Provo, Utah: Religious Studies Center, Universidad Brigham Young, 2009.

———. "Where Was the Aaronic Priesthood Restored?: Identifying the Location of John the Baptist's Appearance, May 15, 1829", *Mormon Historical Studies*, XII, nro. 2, otoño de 2011, págs. 142–159.

Staker, Mark Lyman y Curtis Ashton, "Emma's Susquehanna: Growing Up in the Isaac and Elizabeth Hale Home", Sitio de la restauración del sacerdocio, Departamento de Historia de la Iglesia, La Iglesia de Jesucristo de los Santos de los Últimos Días, publicado el 25 de marzo de 2015, http://history.lds.org.

Statham, J., *Indian Recollections*, Londres: Samuel Bagster, 1832.

Estado de Misuri. Véase Misuri, Estado de.

Statutes of the State of Ohio, of a General Nature, in Force, December 7, 1840; Also, the Statutes of a General Nature, Passed by the General Assembly at Their Thirty-Ninth Session, Commencing December 7, 1840 , Columbus, Ohio: Samuel Medary, 1841.

Stevenson, Edward, colección, 1849–1922, CHL.

———. Diario, 1852–1839, CHL.

Stilwell, Lewis D. *Migration from Vermont.* Montpelier: Vermont Historical Society, 1948.

Stout, Hosea, ———, reminiscencias y diarios, 1845–1869, CHL.

Susquehanna Register, and Northern Pennsylvanian , Montrose, Pensilvania, 1831–1836.

Switzler, William F. *Switzler's Illustrated History of Missouri, from 1541 to 1877.* St. Louis: C. R. Barns, 1879.

Taylor, John, colección, 1829–1894, CHL.

———. Diario, diciembre de 1844–septiembre de 1845, CHL.

Taylor, Leonora Cannon, declaración, aprox. 1856, CHL.

Temple Lot Transcript / United States Circuit Court (8th Circuit), Reorganized Church of Jesus Christ of Latter Day Saints v. Church of Christ of Independence, Missouri, et al., Testimonies and Depositions, 1892. mecanografiado, CHL.

Thompson, Mercy Rachel Fielding, borrador autobiográfico, 1880, CHL.

Thompson, Robert B. *Journal of Heber C. Kimball, an Elder of the Church of Jesus Christ of Latter Day Saints. Giving an Account of His Mission to Great Britain . . .*, Nauvoo, Illinois: Robinson and Smith, 1840.

Thorp, Joseph, *Early Days in the West, Along the Missouri One Hundred Years Ago* , Liberty, Misuri: Irving Gilmer, 1924.

Thurston, Morris A. "The Boggs Shooting and Failed Extradition: Joseph Smith's Most Famous Case", *BYU Studies Quarterly*, XLVIII, nro. 1, 2009, págs. 4–56.

Tiffany's Monthly , Ciudad de Nueva York, 1856–1859.

Times and Seasons , Commerce/Nauvoo, Illinois, noviembre de 1839–febrero de 1846.

Tippets, John H. Autobiografía, aprox. 1882, CHL.

Tobler, Ryan G. "'Saviors on Mount Zion': Mormon Sacramentalism, Mortality, and the Baptism for the Dead", *Journal of Mormon History*, XXXIX, nro. 4, 2013, págs. 182–238.

Towle, Nancy, *Vicissitudes Illustrated, in the Experience of Nancy Towle, in Europe and America* Charleston, SC: James L. Burgess, 1832.

True Latter Day Saints' Herald. Véase *Saints' Herald*.

Trustees Land Books / Trustee-in-Trust, Church of Jesus Christ of Latter-day Saints, Land Books, 1839–1845, 2 tomos, CHL.

Tucker, Pomeroy, *Origin, Rise, and Progress of Mormonism: Biography of Its Founders and History of Its Church* , Nueva York: D. Appleton, 1867.

Tullidge, Edward W. "History of Provo City." *Tullidge's Quarterly Magazine*, III, nro. 3, julio de 1884, págs. 233–285.

———. *Tullidge's Histories,* tomo II, *Containing the History of all the Northern, Eastern and Western Counties of Utah; also the Counties of Southern Idaho* , Salt Lake City: Juvenile Instructor Office, 1889.

———. *The Women of Mormondom* , Nueva York: Tullidge and Crandall, 1877.

Turley, Richard E., Jr., Robin S. Jensen, and Mark Ashurst-McGee. "José el vidente", *Liahona*, octubre de 2015, págs. 10–17.

Tyler, Daniel, "Incidents of Experience", en *Scraps of Biography*, Faith-Promoting Series, X, págs. 20–46, Salt Lake City: Juvenile Instructor Office, 1883.

———. "Recollections of the Prophet Joseph Smith", *Juvenile Instructor*, XXVII, nro. 4, 15 de febrero de 1892, págs. 127–128.

Ulrich, Laurel Thatcher, *A House Full of Females: Plural Marriage and Women's Rights in Early Mormonism, 1835–1870* , Nueva York: Knopf, 2017.

———. "'Leaving Home': Phebe Whittemore Carter Woodruff (1807–1885)", en *Women of Faith in the Latter Days*, Vol. 1, *1775–1820,* ed. Richard E. Turley Jr. and Brittany A. Chapman, 450–60. Salt Lake City: Deseret Book, 2011.

United States' Telegraph , Washington, D. C., 1826–1837.

U.S. and Canada Record Collection. FHL.

U.S. Bureau of the Census, planillas de población, microfilme, FHL.

U.S. Congress, Material Relating to Mormon Expulsion from Missouri, 1839–43, CHL.

U.S. Office of Indian Affairs, Central Superintendency, registros, 1807–1855, Kansas State Historical Society, Topeka. También disponible en kansasmemory.org.

Utah Genealogical and Historical Magazine, Salt Lake City, 1910–1940.

Voree Herald , Voree, Territorio de Wisconsin, enero–octubre de 1846.

Waite, Nathan, "Una escuela y una investidura: D. y C. 88, 90, 95, 109, 110", en *Revelaciones en contexto: Los acontecimientos de trasfondo de las revelaciones de Doctrina y Convenios*, editado por Matthew McBride y James Goldberg, págs. 174–182, Salt Lake City: La Iglesia de Jesucristo de los Santos de los Últimos Días, 2016.

Walker, Jeffrey N. "Mormon Land Rights in Caldwell and Daviess Counties and the Mormon Conflict of 1838: New Findings and New Understandings." *BYU Studies*, XLII, nro. 1, 2008, págs. 4–55.

Walker, Robert John, "Lilburn W. Boggs and the Case for Jacksonian Democracy", tesis de maestría, Universidad Brigham Young, 2011.

Walker, Ronald W. "Six Days in August: Brigham Young and the Succession Crisis of 1844." en *A Firm Foundation: Church Organization and Administration*, editado por David J. Whittaker and Arnold K. Garr, págs. 161–96. Provo, Utah: Religious Studies Center, Universidad Brigham Young, 2011.

Ward, Maurine Carr, "John Needham's Nauvoo Letter: 1843", *Nauvoo Journal*, VIII, nro. 1, primavera de 1996, págs. 38–42.

Warsaw Message , Warsaw, Illinois 1843–1844.

Warsaw Signal , Warsaw, Illinois 1841–1843.
The Wasp , Nauvoo, Illinois, abril de 1842–abril de 1843.
Watson, Eldon J. *Brigham Young Addresses*. 6 vols. no publicado, 1979–1984.
Watson, Wingfield, correspondencia, 1891,1908, CHL.
Watt, George D. Papers, circa 1846–65. CHL. Las transcripciones a cargo de LaJean Purcell Carruth se encuentran en el Departamento de Historia de la Iglesia, Pitman Shorthand Transcriptions, 2013–17, CHL.
Watt, Ronald G. *The Mormon Passage of George D. Watt: First British Convert, Scribe for Zion*. Logan: Utah State University Press, 2009.
Wayne Sentinel , Palmyra, Nueva York, 1823–1852, 1860–1861.
Webb, Eliza Churchill, carta a Mary Bond, 4 de mayo de 1876, Biographical Folder Collection (con el nombre Myron H. Bond). Community of Christ Library-Archives, Independence, Misuri.
———. Letter to Myron H. Bond, Apr. 24, 1876. Biographical Folder Collection (con el nombre Myron H. Bond). Community of Christ Library-Archives, Independence, Misuri.
West, William S. *A Few Interesting Facts, Respecting the Rise Progress and Pretensions of the Mormons*. no publicado, 1837.
Western World , Warsaw, Illinois 1840–1841.
Whitmer, David, *An Address to All Believers in Christ* , Richmond, Misuri: autopublicado, 1887.
Whitmer, History / Whitmer, John, "The Book of John Whitmer Kept by Commandment", aprox. 1835–1846, Community of Christ Library-Archives, Independence, Misuri.
Whitney, Helen Mar, *Plural Marriage, as Taught by the Prophet Joseph. A Reply to Joseph Smith, Editor of the Lamoni (Iowa) "Herald"* , Salt Lake City: Juvenile Instructor Office, 1882.
———. *Why We Practice Plural Marriage* , Salt Lake City: Juvenile Instructor Office, 1884.
Whitney, Horace G. "Banda de música de Nauvoo." *Contributor*, marzo de 1880, pág. 134.
Whitney, Orson F. *History of Utah*. 4 tomos. Salt Lake City: George Q. Cannon and Sons, 1904.
———. *Life of Heber C. Kimball, an Apostle; the Father and Founder of the British Mission*. Salt Lake City: Kimball Family, 1888.
———. "Newel K. Whitney." *Contributor*, enero de 1885, págs. 123–132.
Wight, Orange L. Reminiscences, 1903. CHL.
Williams, Frederick G. "Frederick Granger Williams of the First Presidency of the Church." *BYU Studies*, XII, nro. 3, primavera de 1972, págs. 243–261.
Winters, Mary Ann Stearns, Reminiscences, sin fecha, Texto mecanografiado. Biblioteca de Historia de la Iglesia
Wolfinger, Henry J. *A Test of Faith: Jane Elizabeth James and the Origins of the Utah Black Community*. Washington, D. C.: National Archives and Records Service, 1975, copia en CHL.
Woman's Exponent , Salt Lake City, 1872–1914.
Wood, Gillen D'Arcy, *Tambora: The Eruption That Changed the World* , Princeton, Nueva Jersey: Princeton University Press, 2014.
Woodruff, Emma S. Collection, 1832–1919. CHL.
Woodruff, Phebe Carter, borrador autobiográfico, 1880, en la Bancroft Library de la University of California (Berkeley), y en Hubert H. Bancroft, Utah and the Mormons Collection, before 1889, microfilme, CHL.
———. Libro de autógrafos, 1838–1844, 1899. CHL.
———. Letter to "Dear Parents," July 30, 1844. CHL.
Woodruff, Wilford, colección, 1831–1905, CHL.
———. "The History and Travels of Zion's Camp, Led by the Prophet Joseph Smith from Kirtland Ohio to Clay County Missoura in the Spring of 1838", 1882, CHL.
———. Diarios, 1833–1898, en Wilford Woodruff, Journals and Papers, 1828–1898, CHL.
———. Diarios y documentos, 1828–1854, CHL.
———. *Leaves from My Journal,* Faith-Promoting Series , III , Salt Lake City: Juvenile Instructor Office, 1881.
———. Testimonio, 19 de marzo de 1897, CHL.
Woodworth, Jed, "El lugar central: D. y C. 52, 57, 58", en *Revelaciones en contexto: Los acontecimientos de trasfondo de las revelaciones de Doctrina y Convenios*, editado por

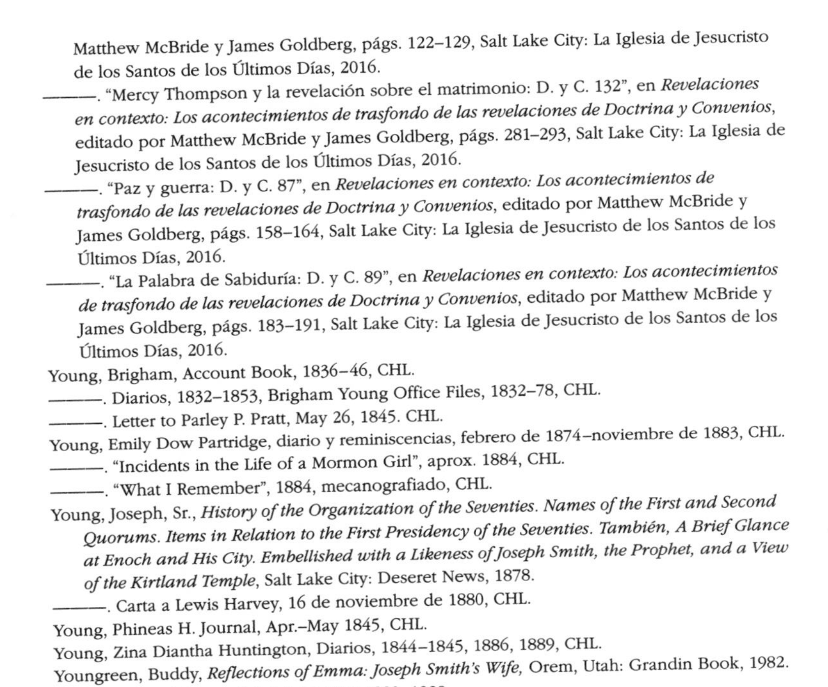

Matthew McBride y James Goldberg, págs. 122–129, Salt Lake City: La Iglesia de Jesucristo de los Santos de los Últimos Días, 2016.

———. "Mercy Thompson y la revelación sobre el matrimonio: D. y C. 132", en *Revelaciones en contexto: Los acontecimientos de trasfondo de las revelaciones de Doctrina y Convenios*, editado por Matthew McBride y James Goldberg, págs. 281–293, Salt Lake City: La Iglesia de Jesucristo de los Santos de los Últimos Días, 2016.

———. "Paz y guerra: D. y C. 87", en *Revelaciones en contexto: Los acontecimientos de trasfondo de las revelaciones de Doctrina y Convenios*, editado por Matthew McBride y James Goldberg, págs. 158–164, Salt Lake City: La Iglesia de Jesucristo de los Santos de los Últimos Días, 2016.

———. "La Palabra de Sabiduría: D. y C. 89", en *Revelaciones en contexto: Los acontecimientos de trasfondo de las revelaciones de Doctrina y Convenios*, editado por Matthew McBride y James Goldberg, págs. 183–191, Salt Lake City: La Iglesia de Jesucristo de los Santos de los Últimos Días, 2016.

Young, Brigham, Account Book, 1836–46, CHL.

———. Diarios, 1832–1853, Brigham Young Office Files, 1832–78, CHL.

———. Letter to Parley P. Pratt, May 26, 1845. CHL.

Young, Emily Dow Partridge, diario y reminiscencias, febrero de 1874–noviembre de 1883, CHL.

———. "Incidents in the Life of a Mormon Girl", aprox. 1884, CHL.

———. "What I Remember", 1884, mecanografiado, CHL.

Young, Joseph, Sr., *History of the Organization of the Seventies. Names of the First and Second Quorums. Items in Relation to the First Presidency of the Seventies. También, A Brief Glance at Enoch and His City. Embellished with a Likeness of Joseph Smith, the Prophet, and a View of the Kirtland Temple*, Salt Lake City: Deseret News, 1878.

———. Carta a Lewis Harvey, 16 de noviembre de 1880, CHL.

Young, Phineas H. Journal, Apr.–May 1845, CHL.

Young, Zina Diantha Huntington, Diarios, 1844–1845, 1886, 1889, CHL.

Youngreen, Buddy, *Reflections of Emma: Joseph Smith's Wife,* Orem, Utah: Grandin Book, 1982.

Young Woman's Journal, Salt Lake City, 1889–1929.

Zion's Ensign, Independence, Misuri, 1891–1897.

Zion's Reveille, Voree, Territorio de Wisconsin, 1846–1847.

RECONOCIMIENTOS

Cientos de personas contribuyeron a esta nueva historia de la Iglesia y estamos agradecidos a cada uno de ellos. Tenemos una deuda con las generaciones de historiadores que trabajaron para la Iglesia y que recabaron y preservaron con meticulosidad los registros en los que se basa este libro. Todo el personal, los misioneros y los voluntarios del Departamento de Historia de la Iglesia contribuyeron directa o indirectamente. Agradecemos especialmente a James Goldberg, David Golding, Elizabeth Mott, Jennifer Reeder y Ryan Saltzgiver por crear los materiales suplementarios en línea. Audrey Spainhower Dunshee y Jay Burton se encargaron de digitalizar las fuentes del Catálogo de Historia de la Iglesia.

El análisis histórico del libro depende de manera particular de *The Joseph Smith Papers*. Agradecemos las reseñas de historiadores de ese proyecto como Matthew Godfrey, Mark Ashurst-McGee, Elizabeth Kuehn, David Grua, Spencer McBride y Alex Smith. Jenny Lund y Mark Staker, de la División de Lugares de Interés Histórico, también aportaron reseñas y realizaron correcciones. R. Eric Smith, gerente editorial de la División de Publicaciones, realizó contribuciones considerables, al igual que Alison Palmer y Stephanie Steed. Los miembros del comité editorial de Publicaciones del Historiador de la Iglesia brindaron apoyo continuado.

Para darle forma a la estructura literaria del libro se consultó a Ardis Parshall, Chris Crowe, Angela Hallstrom, Jonathan Langford (fallecido), Eric C.Olson (fallecido), Brandon Sanderson, Laurel Barlow, Kathleen y Dean Hughes, H. B. Moore, Kimberley Heuston Sorenson y Gale Sears. Los historiadores Alex Baugh y Melissa Wei-Tsing Inouye también brindaron ayuda importante, al igual que Frank Rolapp. Greg Newbold creó las entrañables ilustraciones y los mapas.

John Heath, Debra Abercrombie y Miryelle Resek colaboraron en las tareas de divulgación. Kiersten Olson, Jo Lyn Curtis, Andrea Maxfield y Debi Robins brindaron ayuda administrativa. Lizzie Saltsman se encargó de la gestión del proyecto.

También se recibieron colaboraciones de miembros de otros departamentos de la Iglesia, incluso de un equipo interdepartamental compuesto por Irinna Danielson, Alan Paulsen, Karlie Guymon, Robert Ewer, Jen Ward, Drew Conrad, David Dickson y Paul Murphy. Entre otros colaboradores se cuentan Eliza Nevin, Patric Gerber, Nick Olvera, Paul VanDerHoeven, Randall Pixton, Brooke Frandsen, David Mann, Alan Blake, Jeff Hutchings, Gary Walton, Matt Evans, Scott Welty y Jeff Hatch. Kelly Haws, Mark Eastmond, Casey Olson y Tom Valletta dedicaron muchas horas a revisar el manuscrito. Los traductores prepararon detenidamente todo el texto en trece idiomas, así como los primeros ocho capítulos en varias docenas de lenguas adicionales.

Cientos de lectores voluntarios de todo el mundo revisaron el texto y brindaron comentarios y sugerencias que mejoraron el libro y nos permiten garantizar que hablará a la mente y el corazón de los Santos de todas partes.

ÍNDICE

Libertad de culto, 443, 538

MAID OF IOWA
Lago Superior
TERRITORIO DE WISCONSIN
Río Misisipí
Lago Michigan
TERRITORIO DE IOWA
MICHIGAN
ILLINOIS
NAUVOO
FAR WEST
INDEPENDENCE
Río Misuri
INDIANA
ST. LOUIS
MISURI
KENTUCKY
TENNESSEE
ARK.
Río Misisipí
ESTADOS UNIDOS DE AMÉRICA
MISS.
ALA.

CANADÁ

ME.

VT.

SHARON

N. H.

RONTO

Lago Ontario

PALMYRA

MANCHESTER

MASS.

NUEVA YORK

CONN. R.I.

HARMONY

LAND

PENSILVANIA

CIUDAD DE NUEVA YORK

N.J.

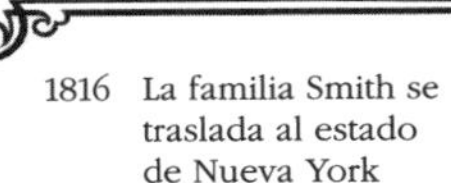

Ohio

WASHINGTON, D.C.

MD.

VIRGINIA

N

NW

NE

W

E

SW

SE

S

1816	La familia Smith se traslada al estado de Nueva York
1820	La Primera Visión de José Smith, Manchester
1830	Se organizó la Iglesia, Fayette
1831	Comienza el recogimiento en Ohio y Misuri
1838	Expulsión de Misuri
1846	Comienza el éxodo desde Nauvoo

N.C.

S.C.